DÉPOSITION

JOURNAL 1940-1944

LÉON WERTH

DÉPOSITION

JOURNAL 1940-1944

Texte de Lucien Febvre

Présentation et notes de Jean-Pierre Azéma

Ouvrage publié avec le concours du Centre national des lettres

VIVIANE HAMY

Conception graphique de la couverture : Pierre Dusser.
ISBN : 2-87858-034-6
Imprimé en France

PRÉSENTATION

par Jean-Pierre Azéma

S'il est un genre dont les historiens du contemporain n'ont pas été assez friands, c'est bien celui des journaux personnels, ces livres de bord ou de raison, encore plus dignes d'intérêt lorsque, comme c'est le cas ici, on les tient en des temps d'airain [1]. *Et sans doute ne suffit-il pas de les publier puisque* Déposition, *paru en 1946 chez Grasset, a été négligé pratiquement par tous ceux qui, à des titres divers, s'occupent de cette période.*

Or ce texte de Léon Werth présente, pour le spécialiste comme pour l'honnête homme, un intérêt évident. D'abord – et c'est essentiel –, son auteur, mort en 1955, ne l'a quasiment pas retouché. Le journal avait seulement été quelque peu élagué, puis découpé en chapitres par Lucien Febvre, un ami de longue date [2]. *Ensuite, il couvre toute la période des années noires : commencé à la fin de juillet 40, il se termine le 26 août 1944 et les dernières pages, consacrées à la libération de la capitale, sont rédigées comme un reportage sur le vif. Enfin, le champ d'observation n'est pas négligeable. Il y a d'abord Saint-Amour, un village du Jura, situé en zone Sud, où les Werth possédaient une maison de vacances; Léon Werth s'y réfugie après 33 jours d'exode; c'est aussi Bourg-en-Bresse, avec un séjour de plusieurs mois dans un hôtel, d'où il fait quelques voyages à Lyon; et enfin Paris, lorsqu'il retrouve son appar-*

1. Le lecteur passionné par cette période de l'Occupation peut se plonger dans trois ouvrages au moins dont je donne les titres : Bernard Lecornu, *Un préfet sous l'occupation allemande, Châteaubriant, Saint-Nazaire, Tulle*, éditions France-Empire, 1984; *Journal d'un honnête homme pendant l'Occupation. Juin 1940-août 1944*, présenté et annoté par Jean Bourgeon, éditions l'Albaron, Thonon-les-Bains, 1990; et surtout, Charles Rist, *Une saison gâtée. Journal de la guerre et de l'Occupation 1939-1945*, établi, présenté et annoté par Jean-Noël Jeanneney, Fayard, 1983.

2. Il existe deux manuscrits : l'un tapé à la machine quasiment au jour le jour par Léon Werth; le second, également tapé, destiné à l'édition. Comme le premier couvrait un nombre de feuillets considérable, certaines longueurs ont été supprimées, mais aucune retouche n'a été apportée qui concernât les jugements formulés sur les personnes et les événements.

tement de la rue d'Assas, en janvier 1944. De la diversité donc, mais avec un point focal, ce bourg de 2 000 âmes que Werth scrute, déshabille, dissèque, pendant près de trois ans.

L'intérêt du témoignage est soutenu par le plaisir de la lecture : l'humour est souvent féroce, servi par une langue belle, drue, précise, toujours nerveuse, qui se garde de toute envolée lyrico-ennuyeuse, comme de tout pédantisme.

La plume n'est pas tenue par un homme politique ou un notable burinant sa propre statue pour l'éternité. L'auteur n'a ni compte à régler ni dossier à plaider. Ce n'est pas non plus pour autant le témoignage naïf, dans un genre aujourd'hui convenu : la vie d'un simple dans la tourmente. À 62 ans, Léon Werth a une carrière d'essayiste, de romancier et de journaliste déjà honorablement remplie; il a fait paraître une douzaine de livres (dont deux viennent d'être réédités par Viviane Hamy, La Maison Blanche, *paru en 1913, qui concourut pour le Goncourt, et* Voyages avec ma pipe*); il a écrit de nombreux articles de critique d'art; il collabore régulièrement à des journaux, notamment à* Marianne, *un hebdomadaire politico-littéraire de qualité, patronné par Gallimard. Bien que le terme d'intellectuel ne lui eût sans doute pas plu, il faut le lui décerner, tout en lui donnant un sens particulier, pour voir en lui un de ceux qui savent ne pas se consacrer exclusivement à leur nombril, qui gardent un esprit totalement indépendant, qui ne se soumettent à aucune chapelle. Plus on le lit, plus on aime à se rappeler qu'en 43, c'est à lui que Saint-Exupéry a dédié* Le Petit Prince.

D'ailleurs, il lui faut bien toute son indépendance d'esprit pour vivre en homme occupé et rester aussi méthodiquement à l'écoute d'une France elle-même partiellement puis totalement occupée. C'est presque volontairement qu'il est devenu une sorte de réfugié malgré lui, « réduit à une espèce d'oisiveté » *et de solitude; jusqu'en janvier 1944 il préfère demeurer à l'écart dans sa maison de vacances. Et lorsqu'il se décide à regagner son appartement parisien, en faisant confiance à la discrétion de son concierge, il ne sort que la nuit, et des coups de sonnette suspects lui font rejoindre, au prix de diverses acrobaties, la cour voisine, qui se trouve être celle d'un patronage. C'est que Léon Werth est juif. Né dans une famille de la petite bourgeoisie vosgienne, il se considère comme ce que les historiens nommeront un juif assimilé, parfaitement agnostique. Le lecteur se gardera de tout anachronisme : nulle trace d'un quelconque judéocentrisme dans ce journal. Non qu'il renie ses origines. Bien au contraire. À la promulgation du deuxième statut des juifs, il écrit noblement :* « Je vais à Lons pour y déclarer qu'aux termes de la loi du 2 juin 1941, je suis juif. Je me sens humilié, c'est la première fois que la société m'humilie. Je me sens humilié non pas d'être juif, mais d'être présumé, étant juif, d'une qualité inférieure... Je fis ma déclaration à la préfecture. Je lançai le mot : Juif, comme si j'allais chanter la Marseillaise. » *Mais c'est ce qui explique qu'il se cache, comptant sur sa femme qui, rentrée à Paris, a pu reprendre, avec le soutien d'Alfred Pose, ses activités de décoratrice d'intérieur à la Banque Nationale pour le Commerce et l'Industrie et qui franchit, à ses risques et périls, par treize fois, la ligne de démarcation.*

Dans cette situation, l'homme – et cela peut surprendre – était fort bien renseigné. Disposant de tout son temps, il a su se faire une idée relativement précise de l'évolution de la conjoncture et du monde. Il lit, il est vrai, très régulièrement la presse lyonnaise, écoute Radio Nationale *mais tout autant la* B.B.C.*; il attrape, au moins une fois, les ondes gaulliennes de* Radio-Brazzaville, *parfois les ondes suisses; il a connaissance de tracts et de « journaux » clandestins, en particulier des* Cahiers du Témoignage chrétien, *dont il cite d'assez nombreux extraits. On ne s'étonnera donc pas, notamment, qu'il puisse, à la suite d'un discours de Churchill, parler précocement d'Auschwitz et des camps de concentration.*

Pourtant sa « déposition » reste difficile à analyser et il éprouve lui-même quelques difficultés à définir sa position de témoin; lui qui vomit les tièdes, il oscille entre le retrait pessimiste dans une tour non d'ivoire mais de livres et de tableaux, et la volonté d'être utile et donc de s'engager. Mais, et peut-être est-ce à cause de son âge, à cause de désillusions passées, à cause encore de sa méconnaissance des Mouvements de Résistance, il demeure ce qu'il a toujours été, une espèce de franc-tireur à peu près inclassable. À Paris il assiste – par épouse interposée – au travail concret de ce qui se révèle un réseau d'évasion efficace et on peut supputer qu'il y prête la main. Mais c'est tout; il est, en somme, une sorte de spectateur engagé, que son ambivalence classe dans une des nombreuses variantes de cet attentisme auquel les historiens aujourd'hui sont devenus très sensibles. Ce qui est sûr, c'est qu'il refuse absolument et continûment de mettre ce qu'il sait être son talent au service de Vichy, de ce qu'il nomme l'hitléro-fascisme, comme l'a fait Emmanuel Berl, par exemple, à qui on pourrait le comparer à divers titres; il refuse, quant à lui, de crier avec les loups.

On peut dire de lui que c'est un homme libre, un homme que son scepticisme garde à une saine distance critique de tout ce qui peut le séduire. Mobilisé en 14, quinze mois de tranchées, avant d'être réformé, l'ont évidemment rendu antimilitariste comme l'a rendu anticolonialiste son séjour de 1924 en Cochinchine; enthousiasmé par la révolution bolchevique et ses perspectives révolutionnaires au point d'être une sorte de compagnon de route, et pendant deux ans le rédacteur en chef de Monde *(dont Barbusse était le directeur), il est devenu résolument antistalinien (conforté en cela par l'emprisonnement de Victor Serge). Foncièrement à gauche, parce que révolté par l'injustice, systématiquement anticlérical, on peut lui attribuer des réflexes libertaires, sans pour autant le soupçonner de dévotion anarchiste. On le classerait volontiers parmi les non-conformistes; mais il n'appartient à aucune de ces chapelles des années trente qu'obsédait ce qu'elles appelaient le désordre établi et dont certaines allaient mal tourner. Et la liste de ce qu'il récuse n'est pas close : il est profondément irrité par la classe parlementaire, elle qui a bradé la république, les notables, petits et grands, ceux qu'il dénomme les* « bourgeois », *les cuistres, les demi-intellectuels et tous ceux qui se croient cultivés parce qu'ils sont bacheliers.*

La guerre modifie-t-elle tous ces ressentiments? Certainement pas tous. Car beaucoup de ses ennemis se sont vautrés et multiplient les courbettes serviles devant l'occupant. Les notables ne lui donnent pas moins d'urticaire après 40 qu'avant et les hommes politiques ne trouvent pas plus grâce à ses yeux, surtout s'ils se sont ralliés – et de quelle manière – au régime; il faut le voir qualifier un Bergery de « vilain petit politicien grêle, petite canaille sans sonorité »*! Il ne pardonne rien non plus à ceux qui sont pourtant à Londres et retrouve chez un ancien ministre la* « banalité des clichés, *[la]* trivialité de la voix »*; il repère ceux qui tentent de sauver leur mise, qui jouent de façon opportuniste dans l'automne 1943 sur une troisième force, requinquant ainsi, de fait, l'État français : le trio Bonnet, Frossard, Monzie lui semble être* « la fripouillerie, la vieille fripouillerie parlementaire », *avec des circonstances aggravantes pour Anatole de Monzie, que décidément il n'aime pas :* « de Monzie, en plus, a de l'orthographe. D'où il conclut qu'il a de la culture ».

Mais il lui arrive d'être partagé. Par exemple, d'abord au sujet des catholiques. Il soupçonne la hiérarchie de graves méfaits, des pires arrière-pensées et note soigneusement petitesses et génuflexions, qu'elles soient devant Pétain ou devant d'autres. Mais l'activité démultipliée de l'abbé Fanget dans la Résistance et encore plus les textes de Témoignage Chrétien *le conduisent à nuancer son jugement. De même, si Staline reste à ses yeux, le « tsar rouge », il reconnaît en lui, en décembre 1943,* « un vrai maréchal... le maréchal de la liberté ». *Il admire l'engagement d'un officier supérieur, le colonel Vendeur, tout en continuant de se défier de la très grande majorité des généraux et il perçoit vite en Giraud* « un garde champêtre gonflé ».

Il revient assez souvent sur cette idée qu'il ne veut pas devenir un stratège de salon et un jusqu'au-boutiste en pantoufles; mais il récuse maintenant tout pacifisme de principe. Ce qui l'irrite le plus, c'est que « la France dort », *c'est qu'elle fasse faire sa guerre aux autres; en avril 1944, il fustige* « la petite bourgeoisie qui attend que les Anglais, les Américains, les Russes ou n'importe qui lui rende les bonheurs du ventre et la liberté du confort ». *C'est pourquoi il se prononce pour l'action immédiate, voire pour les actions baptisées* « terroristes » *et se défie des* « résistants mous », *ceux qui*

« espèrent la délivrance par évaporation des Allemands et un débarquement en pantoufles » *(avril 1944). Ce jacobinisme qui se durcit au fil des semaines se veut* in fine *irénique. Lui, le non-conformiste, formule au printemps 1944 le vœu de voir* « défiler... des groupes de communistes, de chrétiens et une colonne de flics de Paris ». *Mais il sait que les lendemains chanteront moins facilement qu'on ne peut le lire ici et là.*

Ce qui est assez remarquable, c'est que Werth devienne progressivement gaullien (entendons par là que ce qui l'intéresse, c'est bien la personnalité de Charles de Gaulle). Dès septembre 1940, ce militaire qu'on classe à l'extrême droite royaliste l'intrigue. Petit à petit, il lui accorde sa sympathie; malgré les épaulettes de général, il l'exonère de tout « boulangisme raccrocheur », *au point d'affirmer, et la comparaison ne manque pas de poids, que* « la haine de certains bourgeois pour de Gaulle est du même ordre que la haine qui assassina Jaurès »*; parce qu'il tranche sur l'ancien personnel politique, parce qu'il dit haut et fort ce qu'il doit dire sans ruses verbales ni demi-mesures :* « De Gaulle serait-il enfin l'homme d'État qui rompt avec le style diplomatique, avec le style à endormir les peuples? » *Il lui reconnaît une dernière qualité et non la moindre : il sait ne pas se vendre :* « De Gaulle est distant, j'allais dire pudique. Il ne parle pas à la foule, mais à un peuple » *(2 mai 1944).*

Inversement, Werth se déchaîne sur tout ce qui se croit du côté du pouvoir. Contre ses collègues d'abord, qui perdent à ses yeux toute dignité : Giraudoux est un « pédant déguisé », *Morand un* « néant pailleté », *Montherlant* « un Sciences-Po qui veut faire croire qu'il a été au boxon », *Béraud l'*« automate de l'invective », *Henriot dont* « le timbre est canaille. Une voix à offrir des cartes obscènes ». *Puis, contre le petit monde politique. Il connaît mal les collaborationnistes parisiens; il ne prend connaissance de leur presse qu'à la fin février 1944 et n'entend qu'alors l'une des vedettes de* Radio-Paris, *Hérold-Paquis* (« on dirait l'agitation d'un singe, d'un singe qui casse les mots »)*, et ne s'y intéresse que médiocrement. D'autant qu'il n'y a pas à ses yeux de différence de nature – c'est bien caractéristique de l'époque – entre Kollabos et Vichyssois; il voit en Vichy, en effet, de l'« hitléro-fascisme », un fief de la droite extrême et notamment des séides de Maurras qu'il exècre.*

Il précise d'emblée (en décembre 1940) : « en principe les réformes du gouvernement me paraissent impudiques, du fait que les deux tiers de la France sont occupés ». *Il n'aura de cesse de dénoncer les « momeries » de la Révolution nationale, terme qu'il n'emploie pas. Derrière l'obsession de l'ordre, il est très vite sensible à l'évolution policière (surestimant, il est vrai le rôle de la Légion des Combattants proprement dite); la Milice est faite pour lui des* « S.S. de Laval ». *Mais c'est Vichy globalement qui lui fait horreur; ses supporters médiatiques, les béni-oui-ouistes sirupeux, un René Ben-*

jamin, dont il se plaît à rappeler que des fantassins s'étaient promis de le fesser publiquement pour avoir été dans ses charentaises le chantre du jusqu'au-boutisme. Il déteste ces ministres mollassons qui se veulent vertueux; Laval, bien sûr, trop roublard et maquignonneur pour ne pas amener le pays à la catastrophe; et surtout Pétain auquel il laisse la dignité de maréchal mais en lui refusant la majuscule. Au fil des pages, il en dénonce la vanité, l'impuissance désastreuse, le traite régulièrement de sinistre vieillard, de vaniteux garde champêtre qui a avalé sa plaque, de fantôme du père Ubu.

*

En même temps qu'il s'informe systématiquement, il utilise sa solitude forcée à lier conversation, écouter, noter ses observations et c'est ce double registre, ce regard sur le monde et sur son village, qui fait de cette « déposition » un document décisif, un témoignage irremplaçable. Il prend tout en note, les bavardages, les rumeurs, les discours, les réactions de toutes et de tous. Évidemment, il choisit, mais il n'altère pas.

Il y a bien sûr une foule de notations à glaner sur le Paris de 1944, sur sa tristesse, sa lassitude, ses rumeurs incontrôlables; sur la manière dont fonctionne ce qui semble être – sans qu'on ait de précision suffisante – un réseau d'évasion; ou sur les journées haletantes de la Libération proprement dite. Mais le gros des annotations porte sur un petit morceau de Jura, sur Saint-Amour. C'est un bourg de 2 000 âmes, qui vit de l'agriculture, mais s'enorgueillit d'une gare dont la « buvette » *est pour notre narrateur un refuge (ah, la chaleur d'un poêle!), une précieuse source d'informations et le lieu – par cheminots interposés – d'échanges épistolaires. C'est un bourg relativement actif, avec ses quatre boucheries, cinq épiceries, deux pharmacies. La population se situe, semble-t-il, plutôt à gauche, peu sensible à l'influence cléricale.*

Werth les écoute tous; il bénéficie d'une confiance suffisante pour que l'on parle devant lui, de façon sans doute prudente mais significative. Notons que le curé et l'instituteur sont presque absents de ces échanges. Retiennent surtout son attention les propos d'un artisan rempailleur, le père François, et ceux des paysans de toutes conditions. Les sentiments qu'il éprouve à leur égard sont à dire vrai ambivalents. Il commence, en effet, par juger qu'en pleine décomposition des esprits, ils ont une manière de bon sens, car « ils ont le sens du doute ». *Mais, petit à petit, il en arrive à se demander* « s'ils n'abusent pas du concret » *et au bout du compte, ajoute-t-il,* « on n'avance pas ». *Mais cela ne l'empêche pas de les écouter, de discuter avec eux. Il est irrité par une hostilité qui court volontiers les rues : la rancœur contre les villes, contre les ouvriers, les congés payés; et cette certitude que* « quoi qu'il arrive, ils ne mourront, eux, jamais de faim ».

Cela dit, il prend grand soin de noter les réactions individuelles; ce qu'il nous montre, ce n'est pas la paysannerie, ce sont des trajectoires très individualisées. Il se soucie particulièrement de comprendre « Laurent », un ancien métayer qui a arrondi son pécule en devenant petit maquignon, qui fait les foires et répercute les rumeurs. Laurent est devenu très anglophile quand il a cru que les Allemands allaient lui confisquer ses bêtes; après quoi, on le trouve beaucoup plus attentiste, parce qu'il a confiance dans le maréchal, parce qu'il redoute la révolution, celle des Rouges; mais dès la fin 1942, nous le sentons hostile au gouvernement, même si c'est avec une prudence extrême.

Ce qui retient l'attention de tous, c'est – bien sûr – le ravitaillement, les taxations, les réquisitions. Léon Werth est consommateur; la question des prix l'oppose aux paysans fournisseurs. Mais tous se retrouvent pour berner les inspecteurs et autres fonctionnaires empêcheurs de manger en rond, pour faire échouer les descentes chez les uns et les autres, malgré les lettres de dénonciation. Werth confirme que l'autoconsommation paysanne et l'abattage clandestin augmentent; et l'on voit Laurent tuer – sans l'avoir engraissé – un cochon de 130 kilos selon un rituel discret, nocturne. La nécessité n'exclut pas l'impression de culpabilité : le cœur d'un veau ayant laissé des traces sur le pantalon de Werth, il se sent un assassin! Quand les paysans estiment que la taxe est exorbitante, ils font purement et simplement grève, la grève des volailles au marché, et ce dès décembre 1940. Ils n'en font d'ailleurs à peu près qu'à leur tête et pratiquent rapidement – l'expression en est bien connue – le marché gris, avec des prix normaux (quasi des prix d'ami!), des prix de pays, intermédiaires entre ceux de la réquisition et ceux du marché noir. Werth nous donne des repères : 1 000 francs l'oie en 42, 200 francs le lapin. Évidemment, au fil des mois, et avec les intermédiaires, les prix s'envolent : en novembre 1943, la livre de beurre se négocie à la « buvette » *de la gare 100 francs, en juin 44, à Paris il est vrai, le kilo de la même denrée vaut 850 francs (rappelons que le salaire d'un ouvrier qualifié de la région parisienne est évalué à la même époque à 4 500 francs).*

Ce qui frappe Werth, c'est qu'en dehors de ces jeux d'esquive de la taxation et de la réquisition, le paysan – et globalement le village – est « absolument indifférent à tout ce que fait le gouvernement ». *Sauf pour quelques cas isolés, la Révolution nationale glisse, et les hymnes au brave paysan ne rencontrent strictement aucun écho. C'est une indication qu'il faudrait vraisemblablement prendre mieux en compte dans les analyses de l'opinion. Et s'il y a une évolution, sur ce point, elle est négative. Laurent, pourtant encore maréchaliste, estime, dès mai 42, que 95 % des gens sont*

« contre le gouvernement ». *On ajoutera, cependant, deux correctifs. D'abord, le maréchalisme se maintient, et c'est probablement le gouvernement qui sert de fusible lorsque le courant ne passe plus du tout; ensuite, Werth constate dans l'été 43 qu'*« ils méprisent le gouvernement mais respectent encore sa gendarmerie et sa police ». *Mais on sent aussi que ces instruments du pouvoir perdent de leur efficacité. La gendarmerie, pour sa part, fait progressivement la part du feu : si un adjudant croit bon en 41 de dénoncer une habitante qui a écouté la radio anglaise, on peut voir que deux gendarmes laissent filer en 43 un réfractaire dont ils étaient censés se saisir.*

C'est ainsi que la vie s'est progressivement codée jusqu'à l'automne 43. À partir de là on entre dans une autre séquence : la peur s'installe. Peur de l'occupant qui a pourtant fait une entrée discrète en novembre 1942, et n'a laissé sur place qu'une vingtaine de soldats souvent jeunes et peu expérimentés, qui gênent peu. En 1944, avec la montée des sabotages de voies ferrées et des attentats contre les miliciens, la peur des représailles se fait vive; c'est aussi la peur de l'arrestation (Werth lui-même fait grande attention à l'endroit où le soir il met ses souliers) lorsque sont pris celles et ceux qui sont les plus engagés. On redoute encore plus que l'Allemand les miliciens, franchement détestés, ce qui est, somme toute, banal; et on ne trouve pas d'excuses à ceux, peu nombreux, qui choisissent de parader sous le signe du gamma pour ne pas partir au S.T.O. ou pour arrondir leur fin de mois. In fine, *par lettres, Werth saura que le maquis a occupé pendant une dizaine de jours le village qui sera repris, à cause de l'enjeu de la gare, par des forces allemandes.*

En gros, le village est attentiste, mais évolue d'une façon qu'on peut estimer positive. De collaborateurs avérés, penchant pour la collaboration d'État, et peut-être même pour un peu plus, on en compte à peine une vingtaine. Quatre seulement militent ouvertement : un adjudant devenu épicier, un pâtissier, un pharmacien, un quincaillier. Ils sont franchement détestés, d'autant qu'une fois, au moins, on repère que l'un d'entre eux a dénoncé le maire pour attitude malveillante à l'égard du régime, par une lettre anonyme. Et on sent monter, mais progressivement (Werth s'étonne que ces commerçants détestés n'aient pas perdu plus de dix clients en tout) des nuages lourds de règlements de compte à venir. Deux de ces collaborateurs seront emmenés par le maquis; les femmes, en ville, sont promises à des sorts divers. D'ailleurs, on signale régulièrement des attentats contre les miliciens.

On note encore des retournements plus ou moins spectaculaires et en règle générale plutôt méprisés. Mais en gros ce village, même attentiste – et ceci confirme bien les hypothèses de Pierre Laborie concernant l'opinion publique –, se comporte de façon honorable. Donnons un aperçu schématique de l'évolution : le village n'a pas été franchement germanophobe en 40 : les troupes allemandes y ont été « correctes » et leur discipline contrastait pour beaucoup avec la pagaille de la débâcle des forces françaises. Cela dit, dès septembre 1940, Werth note que le village fait des vœux pour la survie des Britanniques : car c'est moins de l'anglophilie que de la britannophilie dont il s'agit, point sur lequel il faut là aussi insister. Britannophilie qui ne se dément pas et qui s'exprime notamment à propos de l'enterrement, noté le 1er novembre 1942, de 9 aviateurs carbonisés dans leur appareil descendu par la Flak. Selon un témoin oculaire, en qui Werth a confiance, un enterrement en présence d'au moins 2 000 personnes : « Les cercueils étaient couverts de fleurs. Jamais je n'ai vu tant de fleurs. » *Retenons encore que la grande coupure, celle qui voit renaître l'espérance, se fait après le succès de l'opération Torch. Et si le S.T.O. laisse les paysans hésitants, ils couvrent les réfractaires qui avant tout se cachent. Plus tard, et la notation est importante car il n'en est pas forcément de même dans d'autres régions, ils sont, si l'on en croit Werth, favorables au maquis qui occupera le village et le contrôlera pendant une dizaine de jours après le 7 juin 1944, car c'est leur chose et non pas une excroissance étrangère. Ce qui n'empêche pas les villageois de conserver pendant un bout de temps confiance dans le Vieux. Et ce point, il est vrai, désole notre narrateur. Si Laval est méprisé, Pétain en revanche demeure un personnage mythique, selon une démarche typiquement maréchaliste : sans lui, ce serait pire et ils sont quelques-uns à lui prêter les vertus du double jeu. Jusqu'à quand dure cette confiance placée dans le maréchal ? Werth note que la première inscription injurieuse à son égard* « Pétain = vendu » *apparaît en octobre 1942 : c'est un graffiti dans l'urinoir de la buvette de la gare.*

En gros, en tout cas, le village s'est bien tenu, à quelques exceptions près. D'ailleurs, le 11 novembre 1942, ils sont quelque 300 à manifester de nuit, silencieusement, devant le monument aux morts ; Werth souligne que ces paysans « ne se révoltent pas », *ils supputent, ils examinent, ils hésitent. Mais ils refusent d'être complices, même s'il y a quelques lettres de dénonciation. C'est la solidarité villageoise contre l'extérieur qui se manifeste encore plus virulente contre l'occupant et qui crée autour de ceux, paysans et encore plus artisans, plus ou moins de gauche, qui s'engagent plus avant, un cercle relativement protecteur.*

Des traces de la Résistance, on en trouve, sans qu'elles soient massives, ce qui est normal, et l'on perçoit bien, à lire ce Journal, ce qui pouvait se passer sous le manteau. Le premier tract ou journal lu par Werth, intitulé « Liberté » *est selon toute vraisemblance sorti en août 1941 par un des tout premiers Mouvements de Résistance de zone Sud, celui qui deviendra un des éléments constitutifs de* Combat ; *après quoi il lira des textes de* Combat, *de* Libération, *du* Franc-Tireur, *la triade majeure de zone Sud ; et aussi un exemplaire de* Défense de la France *qui élargissait ses activités vers le Sud et surtout les* Cahiers du Témoignage chrétien *et même, avec passion, le* Courrier du T.C.*; il est vrai que André Mandouze enseigne les lettres classiques en première à Bourg et qu'il n'est pas homme à demeurer inactif même s'il est contraint* in fine *de se cacher. Peu de traces communistes (sauf un tract); en revanche, Werth constate que les résistants encartés sont socialistes ou socialisants. Si le bourg est plutôt attentiste, tout en penchant du bon côté, la République est bien encore chez elle à Saint-Amour.*

Les suites d'une arrestation sont connues et il court des rumeurs de tortures. Werth admire l'action de ces hommes. Ce qui ne l'empêche pas de prendre note des critiques qu'il entend : on regrette les imprudences, la vanité ou la complaisance, les rivalités internes.

Et chacun de se figurer qu'on va voir la fin du tunnel; mais l'attente est longue et c'est là une notation très récurrente. « Les gens perdent patience », *écrit-il dès le 30 juillet 1942. Après novembre 1942* « nous crûmes que tout allait se terminer par enchantement, par un coup de baguette ». *Plus tard, on se met à croire à la prophétie-promesse de Churchill : la France serait libérée avant que les feuilles ne tombent des arbres. À Paris, c'est encore pire : ce qui l'emporte, dit-il c'est* « lassitude et déception ». « Qu'ils viennent vite dit la rue, la loge, la boutique. » *Et au printemps, on en vient à formuler* « une sorte de rancune envers les Anglo-Saxons à cause de ce débarquement différé ». *Le 5 juin, Werth est lui-même si las qu'il se laisse aller – et il le note comme une forme de déchéance – à faire une partie de réussite!*

*

« Oubliera-t-on aussi l'incroyable dans l'atroce? Oui, comme le reste. Comment faire pour qu'on n'oublie pas? » *Le 22 août en pleine insurrection parisienne. Il s'agit de baliser la mémoire, mais aussi de se donner à soi-même la justification nécessaire à un spectateur engagé, qui ne fut pas un acteur. C'est ainsi que Werth a écrit cette* Déposition. *Grâce à Lucien Febvre, son voisin et son ami, il découvre, dit-il, ce que pourrait être le* « mauvais historien »*:* « Son histoire est l'accusé dans un procès d'assises. Le mauvais historien est le président »*; Werth se garde, lui, de fonctionner de façon manichéenne. Il est perpétuellement sensible aux ambivalences; et en février 1944, il pouvait noter :* « Entre la collaboration et la Résistance, il semble qu'il y ait la différence du blanc au noir. Et il est vrai que quelques êtres, dès juin 1940, ont trouvé dans leurs profondeurs, leur certitude. Mais combien ont oscillé, sans qu'on puisse bien savoir s'ils cédaient à leur intérêt, aux pressions des propagandes, à un étourdissement par les chocs de l'époque. » *Il garde en mémoire cette formulation de Febvre :* « Au fond de l'histoire, il y a des sentiments. » *Cette quête des ambivalences, cette complexité des portraits pourtant composés avec une si féroce netteté, cette prise en compte de toutes les composantes, même de celles qui peuvent apparaître rétrospectivement antinomiques, c'est ce que recherchent aujourd'hui, plus que naguère sans doute, les historiens qui travaillent sur cette période; l'une des grandes avancées de l'historiographie française est précisément cette quête du Français moyen, celui qui se situe en deçà des minorités engagées, celui qui a dû vivre à la fois l'Occupation et la contrainte d'un régime d'exception contraire à des décennies d'esprit républicain. C'est ce qui rend ce texte à tous égards singulièrement moderne. Dans le compte rendu qu'il en fit dans* Les Annales *de janvier-mars 1948 (voir infra), Febvre, toujours critique à l'égard de la profession, s'interrogeait :* « Les historiens... mais liront-ils ces livres ? » *Il semblait convaincu que celui-là serait mal lu. On l'a dit, il n'avait pas tout à fait tort, puisqu'on avait oublié ce beau texte, hors du commun. Félicitons Viviane Hamy d'avoir su le redécouvrir, avec la complicité de Claude Werth, et l'offrir non seulement aux historiens, mais aussi à tous ceux qui prendront à le lire profit et plaisir.*

Paris, juillet 1992.

TEXTE

de Lucien Febvre

Je vais bien étonner, bien scandaliser Léon Werth. Mais enfin, je n'y puis rien, et c'est un fait : sa *Déposition*, qui n'est celle ni d'un ministre de Vichy, ni d'un amiral de Pétain, ni d'un diplomate de la Chèvre et du Chou – sa *Déposition*, un admirable document historique. Et j'en sais peu de plus précieux pour nous, dans tout ce qui a été publié jusqu'à présent sur la France d'entre 1940 et 1944.

Léon Werth, historien : vais-je révéler d'affreux secrets ? Vais-je confier au lecteur, dans cette revue d'histoire, ce que fut le dernier contact avec Clio de l'auteur de *La Maison Blanche* [1] et des *Voyages avec ma pipe* [2] ? C'était à Lyon, je ne veux savoir quand. Le Concours général battait son plein. Devant les concurrents le professeur fit sauter les cachets de la grande enveloppe, et d'une voix un peu solennelle annonça : *« Composition d'histoire : les états généraux de 1614. »* Il faisait très chaud, très beau. Un bain de rivière. Fendre les eaux violentes du Rhône, ou se laisser porter par les eaux nonchalantes de la Saône... Comment résister ?

Léon Werth ne résista point. Sur la belle feuille de papier qu'on lui avait remise, il transcrivit sagement le sujet. Tira un trait. Et de sa grande écriture bien articulée inscrivit ce texte lapidaire : *« Les états généraux de 1614 furent de petits états généraux de rien du tout »*. Signé : *Léon Werth.* Ce fut son dernier contact avec l'Histoire.

Il le croyait du moins. Car, foi d'animal, *Déposition* qu'il vient de publier – un livre d'histoire, et de premier ordre.

Entre autres choses, car, dans ce gros volume que de richesses !

Deux thèmes contrastés : la campagne et la guerre. La campagne qui déplie et replie, au rythme des saisons, roule et déroule ses splendeurs et ses désolations, vit sa vie de nature, totalement indifférente à la peine des « occupés ». Et c'est à travers tout le livre

1. Fasquelle, 1913. Éditions Viviane Hamy, 1990 *(N.d.É)*.
2. Crès et Cie, 1920. Éditions Viviane Hamy, 1991 *(N.d.É)*.

une suite de notations souvent exquises, jamais indifférentes, jetées sur le papier avec une étonnante sûreté de main. Tels ces croquis colorés de Marquet : grande courbe de plage; le bleu du ciel, le bleu de la mer; et sur le sable jaune, qui grouillent, quelques insectes noirs, des hommes. Seulement, Werth, lui, se montre toujours à nous dans un coin du papier. Il ne peut pas ne pas s'y mettre. Il ne part pas, chaque matin, à la chasse désintéressée des images comme un Jules Renard, au cœur léger. Qui pourrait, en 1940, en 1941, en 1942, avoir le cœur léger ? Léon Werth note – et puis, à quoi bon ?

Monde extérieur. Bec à bec, deux dindons se battent. L'un et l'autre, ils se mangent le crâne et se tenaillent le bec. Ils font un petit saut guerrier et redressent la tête avec un air de stupide indignation : « Mais alors... mais alors... » Ils sont féroces et ridicules.

Que le printemps est beau! Un noir de soie chinoise, éteint, chargé de cendre, une poudre d'ocre et un blanc mat, lavé de toute la bourgeoise propreté du blanc. Des rapports de batik, en plus discret encore et plus précieux... La fin du subtil dans l'évidence. Mais ces plaisirs-là, je ne sais plus où les mettre. Cela me touche – et tout à coup, il me semble que je m'en fous.

Une ligne en blanc. Et puis :

J'ai mal à la civilisation. Est-ce que je vais crever de ce mal ?...

Donc, « la Nature », comme on dit en Sorbonne – (« Comparez le Sentiment de la Nature dans l'œuvre de Léon Werth et dans celle de... » : plus libéral qu'on ne l'est ordinairement au Palais Nénot, je laisserai les candidats choisir leur tube témoin...) –, donc, la Nature et la Guerre. Saisie uniformément, cette dernière, à travers les gens de Vichy, la radio de Londres et surtout les rumeurs qui, du bourg voisin, montent jusqu'à l'observatoire du solitaire. Quand celui-ci ne descend pas *« en ville » « prendre langue »* avec les naturels...

Deux thèmes, trois milieux :

– L'observatoire d'abord. Chantemerle. Mais il n'est qu'indiqué. Suggéré d'un mot, par-ci par-là. Jamais peint en pied, pour lui-même. Et c'est d'ailleurs tant pis.

– Le bourg ensuite. Un chef-lieu de canton, comme tous les chefs-lieux de canton. Avec son clocher. Son usine. Sa mairie Restauration, d'assez belle pierre pour qu'on puisse qualifier d'hôtel de ville le bâtiment. Son monument aux morts, hélas; et son esplanade plantée d'admirables tilleuls. Les traces d'un passé militaire, d'un passé de bourgade frontière, vingt fois prise d'assaut, pillée, violée, brûlée. Ce dont n'ont cure, naturellement, ni les deux médecins, ni les deux pharmaciens, ni les deux notaires, ni le juge de paix et le receveur de l'enregistrement, ni le peuple des boutiquiers alignés au long de la grande rue.

Le bourg. Et à trente kilomètres de là, le chef-lieu de département. Bourg-en-Bresse, puisque Werth le nomme en toutes lettres. *« Cette ville en fromage mou »*, écrira-t-il un jour de nausée. Une des plus laides en effet, des plus plates, des plus mornes de France. Même compte tenu des splendeurs tarabiscotées de Brou, de toutes ces gentillesses d'albâtre qui évoquent le trois-mâts dans la bouteille des vieux marins patients. Bourg, capitale de la poularde, conservatoire des quenelles, temple de l'indigestion. Mais sans joie, puisque sans vin, ni vigne, ni vignerons...

Or, dans ce cadre, se donnent la réplique les deux protagonistes, celui qui mène le jeu, celui qui le joue : l'observateur et le sujet, Léon Werth et le Paysan. Que j'affuble d'une majuscule, pour faire pendant. Mais la majuscule n'est point de majesté. Je me rappelle cette réflexion de Werth il y a bien longtemps : *« Pour M. Homais, la machine est un dieu. Pour M. Maurice Denis, elle est un démon. Pour nous, elle est une machine* [1]. *»* Aussi ne se prosterne-t-il point devant le Paysan, cette merveille, cette vertu. Il ne le maudit point non plus, ni ne l'exècre. Pour lui, sans plus, il est un paysan. Mais il le connaît bien.

*

J'arrange, quand je classe ainsi les thèmes, les milieux et les acteurs. Et je fais grand tort à Werth qui n'arrange pas. Il a bien autre chose à faire. Il travaille. Il dresse son chevalet dehors ou dedans, selon ses humeurs et celles du temps. Il peint Léon Werth, il peint le paysan.

> *« Si je ne note rien ici [à la campagne], avouait Guéhenno* [2] *(p. 226), c'est que, hors mon travail, ma vie dans ce village est totalement vide. »*

Il pouvait le dire, parce que, dans son village, il ne venait qu'en passant, pour quelques jours seulement de repos dans l'inaction. Werth s'y trouvant rivé pour un temps qu'il ne pouvait mesurer, il fallut bien que ce vide de sa vie, il le meublât sous peine de périr. Et qu'il s'examinât, s'observât, prît chaque jour sa température, et, faute d'interlocuteur, se parlât à lui-même. Chose faite.

1. *Cahiers d'Aujourd'hui*, I, 1912, p. 130.

2. Ce texte est extrait d'un article intitulé *Une tragédie, trois comptes rendus, 1940-1944*, paru en 1948 dans *Les Annales*, et dans lequel Lucien Febvre rendait compte des livres de Léon E. Halkin, *À l'ombre de la mort*, de Jean Guéhenno, *Journal des années noires (1940-1944)*, et de Léon Werth, *Déposition (N.d.É)*.

Et c'est à travers tout le livre une remarquable suite de réflexions en marge des lectures, en marge des pensées d'un solitaire dont aucun propos n'est indifférent et qui de Pascal à Saint-Simon, de Voltaire à Bossuet, de Diderot à Flaubert ne cesse de chercher *« cet autre monde qui est l'homme »*, avec tant de naturel, de joie et de spontanéité qu'il n'est plus question de « grands écrivains », mais de beaux pains de froment dont chaque matin, pour se nourrir et se délecter, on coupe à la miche une tranche qui sent bon.

Et quel sens critique, qui jamais ne se satisfait à bon marché! Visite de Saint-Exupéry à Chantemerle (15 octobre 1940). Évocation de souvenirs communs :

> *Ce restaurant du Bois où nous dînions ensemble l'an dernier... Comment en vînmes-nous à tenter de porter un jugement sur quelques-uns des hommes qui conduisaient alors la France, autrement dit des ministres? Nous leur prêtions des projets, un dessein. Et soudain Tonio murmura : « Je crois que nous faisons de l'anthropomorphisme... »*

Werth s'arrête un instant. Sourit à son souvenir. Un mot, un mot d'esprit comme on en faisait jadis... Mais ajoute aussitôt :

> *Voici que je trahis l'amitié. On n'écrit pas ce qui fut dit. Double trahison, car je fais d'un sourire une pensée à l'emporte-pièce, et je ne restitue pas la légèreté du soir, des lumières dans les arbres, et l'impalpable de la dîneuse d'en face, façonnée en star, et si respectueuse du parc artificiel et de l'écran qu'elle en avait oublié sa troisième dimension...*

Quand je vous disais qu'il y avait en Werth un historien. Mais combien de ceux-ci devraient lui demander des leçons de critique!

Il y a bien autre chose. Une inquiétude qui toujours s'analyse. Une justice qui sans cesse éprouve le besoin de se justifier [1]. Une méfiance, une horreur instinctive, une haine lucide du lieu commun.

> *Je me méfie de ceux qui parlent sans cesse de la France éternelle... Si la France est par essence éternelle, alors il n'y a qu'à croiser les bras* [2]. (4 avril 1944).

1. Sur Pucheu, cf. p. 579, 582, 587. Sur Déat, la méditation de la page 602, 9 avril 1944 : *« Qu'espère-t-il? Espère-t-il quelque chose? Glissera-t-il sur une pente qu'il ne peut plus remonter? Peut-être, n'ayant pris à l'Université qu'une culture formaliste, une mécanique agilité de l'esprit, joue-t-il avec les idées comme un enfant joue aux osselets? Beaucoup d'hommes que l'on dit cultivés aboutissent à l'ignominie pour avoir manié leurs idées comme des caisses dont ils ignorent le contenu. »* Etc.

2. Il ajoute : *« Je préfère Michelet aimant la France comme une personne. Aux raisons que nous avons d'aimer un être s'ajoute celle-ci qu'il est fragile et unique. Un être naît. Aucun ne fut tout à fait semblable à lui. Aucun jamais ne lui sera tout à fait semblable »* (*ibid.*, p. 598), octobre 1940.

Et ailleurs (21 octobre 1940) :

> *La France ne peut pas disparaître, disent-ils... Ce n'est pas vrai. Comme toutes les figures de la terre, la France change et peut mourir.... Une France germanisée* [Werth écrivait ceci dans les jours pesants de l'automne 1940], *dans combien de siècles la ressuscitera-t-on? Et qui dit qu'on la ressuscitera?*

Rien de plus pathétique que ces méditations, toutes simples, sur les grands problèmes compliqués :

> *Quand pour la première fois, je vis, près de Montargis, un régiment allemand fouler le sol français, ce régiment insultait à la fois à mon sens national et à mon internationalisme. Également blessés l'un et l'autre. Mais je ne savais pas encore que la France deviendrait, sous l'occupation allemande et sous l'occupation Pétain, un mythe, plus lointain et plus insaisissable que l'internationalisme.*

La patrie. La liberté aussi. Qui tout de suite évoque, dans la pensée de Werth, le nom de Michelet (7 novembre 1940) :

> *On comprend la haine qu'ont vouée à Michelet tous les négateurs de la liberté. Pour lui, la liberté n'est pas un mythe, c'est la France elle-même. Ils le traitent de poète ou de rhéteur égaré dans l'histoire. Ils ne lui pardonnent pas d'avoir découvert les signes dont ils usent, et qu'ils détournent de leur sens.*

Et ceci, qui, en effet, résume tout :

> *Il a inventé Jeanne d'Arc. C'est ici le miracle. Le miracle de Jeanne d'Arc, c'est le miracle de Michelet. Qui donc avant lui a parlé d'elle?*

*

Ainsi se dessine un homme, par petits coups, par petits traits de crayon, jamais prémédités, mais attentifs et qui toujours serrent d'un peu plus près la forme. Un homme – l'homme de la tragédie. L'homme que nous fûmes tous, chacun à notre manière, entre 1940 et 1944, dans ces années de méditation solitaire, d'exaltation et de dégoût, d'enthousiasme et d'écœurement. Avec les brusques tentations de lâcher tout... Est-ce à dire : *« Quand la Grèce disparaît, il reste les hellénistes »?* Allons, laissons courir l'Histoire. Laissons couler l'Histoire. Et garons-nous des coups. Se mettre à l'abri, *« se refuser, tout est là »* (9 décembre 1940)...

J'allais me délier du monde. Mais Andrée François revint du bourg. Le général de Gaulle a parlé hier à la radio[1]. *Il a dit que les Italiens étaient fichus, et que les Allemands le seraient bientôt.*

Traduction non garantie par le gouvernement (surtout pas par celui d'alors). Mais elle suffit à dissiper les brumes. À chasser le cauchemar. À mettre en fuite les diables qui sans cesse rôdent autour des ermites. Et qui n'était un ermite, en ces années où l'homme avait rappris à craindre l'homme ?

Mais surtout, dans le livre de Werth, il y a autre chose. Qui à ma connaissance, ne se trouve que là. Autre chose, et pour nous, historiens, d'un poids singulier. Quoi ? Le paysan, le petit artisan, le boutiquier de village, le menu peuple des fermes et des bourgs. Avec ses lenteurs, ses ruminations. Les étonnantes susceptibilités de son protocole. Son impossibilité d'admettre pendant des semaines et des mois ce qui n'entre pas d'emblée dans les cadres de sa morale et de sa raison[2]. Mais aussi ses ironies narquoises. Ses refus de lire ce qu'on écrit pour lui. L'étrange dédain qu'il manifeste pour les petits plats qu'on lui cuisine chez Laval ou chez Abetz : c'est tout un[3]. Les gens du bourg et plus encore ceux des fermes se font à eux-mêmes leur vérité. Leurs Pétains successifs. Du bon papa Pétain et de ses aphorismes au sirop d'orgeat, au Père la Défaite qui trahit et qui tue. Tout cela qui dérive, avec

1. Werth, si insoucieux des contingences et des prudences, n'a garde d'escamoter le haut personnage de Charles de Gaulle. Et ses notations comme toujours sont originales. Et lucides. Depuis les premières, septembre 1940 (p. 45) : « *Qu'espère le général ? Est-il prisonnier de sa résistance, de son premier refus ? d'une attitude enfin qu'il a décidée, mais qui commanderait, en dépit des événements, toutes ses décisions ?* » – jusqu'à la dernière (p. 726, 26 août 1944), qui clôt le livre : « *De Gaulle descend, à pied, l'avenue des Champs-Élysées... Quand il paraît, tous les cris, toutes les rumeurs s'assemblent en une vague unique, à peine oscillante, qui emplit tout l'espace entre ciel et terre.* » Mais en passant par bien d'autres, dont celle-ci (16 mai 1941, p. 205) : « *Général de Gaulle, l'Angleterre gagne, vous débarquez en France... Nous ne vous demandons rien, qu'un peu de génie.* »

2. Admirables matériaux vécus, dans *Déposition*, pour suivre dans son évolution le sentiment du peuple sur Pétain. Cette construction par lui, au début, d'un maréchal semblable au maréchal qu'il souhaite, d'un bon tyran désintéressé. Ses laides paroles, le peuple les annule. Les actes odieux de ses ministres, il les refoule (p. 134, décembre 1940) : « *Le gouvernement, me dit Laurent en même temps qu'il charge une brouette de fumier, le gouvernement est peut-être bien d'accord avec de Gaulle ? Il cherche à rouler l'Allemagne...* » *Et sur un geste de protestation :* « *Pas Laval, bien sûr, mais les autres.* » Sur ce report des hontes, sur Laval, innombrables textes et propos (p. ex., p. 121).

3. Les journaux sont pleins de l'indignation qu'a suscitée en France le bombardement de Marseille par les avions anglais (novembre 1940, p. 109). Oui, mais : « *Un paysan fume son champ. À peine avions-nous échangé quelques mots sur le temps et sur le vent : " Les avions de Marseille, me dit-il, c'étaient des avions italiens, maquillés en avions anglais, on le dit en ville et ça ne m'étonne pas. " Le bourg invente ses vérités. Il les inscrit en marge des communiqués.* »

une lenteur de banquise, sur l'énorme mer des événements; cependant que le régime de Vichy, lui aussi, évolue, de la niaiserie [1] à la cruauté, sous la poussée des catastrophes planétaires.

Au total, une prodigieuse galerie de croquis, une formidable audition de disques enregistrés à leur heure, à leur moment, et que Werth retire de sa phonothèque, dans l'ordre, pour nous les faire entendre. Ce petit horloger de Bourg, en octobre 40, qui parle de la guerre sans passion. Comme si elle ne le touchait point.

> *Il met sur deux plateaux la victoire anglaise et la victoire allemande. Il ne tente pas, par prière ou par vœu, de faire pencher l'un des plateaux. Un artisan. Dont la pensée mal nourrie, zigzagante, réjouit la dialectique spécieuse des Drieu et des Montherlant : « L'Allemagne est vacante, le nazisme vacant. Toutes ces constructions sont vides. On peut y introduire ce qu'on veut, on peut y introduire leurs contraires... » Cependant le hobereau « joue la carte allemande » : drôle d'aveu; « il joue sa patrie aux cartes ». Mais, au bourg, « les gens disent qu'il y aura une révolution ».*

Et Werth note :

> *Ils ne disent pas : « Nous ferons une révolution. » Mais : « Il y aura une révolution »* (29 septembre 1940).

Les imbéciles, eux, pendant longtemps, opiniâtres, répéteront avec une colère de dindon : *« Ni Allemands ni Anglais : Français. »* Hypocrisie ou stupidité? En avril 41, encore, le propos de temps en temps reparaissait. Un propos à la mesure des cerveaux légionnaires.

Je ne peux pas continuer cette « présentation ». Tout le livre de Werth y passerait, finalement. Je dis simplement que, par son admirable sincérité, par la probité d'une logique qui habille tous les faits, tous les hommes, tous les propos, sur mesure, exactement sans faux plis ni rembourrages suspects, par le souci constant d'interprétation juste et fine des réactions paysannes [2], *Déposition*

1. Sur la niaiserie, cf. pensées : les jeunes gens invités à ramasser des marrons d'Inde, octobre 1940, ou : la régénération de la France par les recettes de tante Annette. Technique agricole : défense de tuer les cochons à moins de cent kilos. Mais défense de donner des pommes de terre aux cochons. *« On les engraissera à l'eau claire, disent les paysans. »* Ou bien, novembre 1940, p. 103 : *« Vichy, négligeant aujourd'hui nos âmes régénérées, se penche sur nos ventres et nous conseille de ramasser des glands... »*

2. Qui ne fut possible que parce que Werth n'était pas dans le pays en étranger, ni même en nouveau venu. Il y était chez lui depuis des années. Sans quoi il n'eût rien connu de tant de nuances subtiles. Et il n'eût point pu (à l'usage, entre autres, de Gabriel Le Bras) nous initier aux subtiles nuances des enterrements au bourg : *« Aux enterrements, me dit Laurent, tantôt j'entre à l'église, tantôt je vais au café pendant la messe. Ça dépend de bien des choses. C'est selon qui je*

est pour l'historien un des témoignages les plus directs et les plus précieux dont il puisse disposer pour recomposer l'évolution des esprits dans un coin de terre française, entre les temps nauséeux de l'armistice stagnant et cette grande année de la Libération, que Werth, malheureusement, n'a point vue s'élever dans le ciel du bourg, à la lueur rougeoyante des incendies de village, là-bas, dans la Bresse. Du côté de ce pré sinistre où tombèrent, un soir de juin 44, sous les balles allemandes, dix-sept patriotes. Dont un s'appelait Marc Bloch.

Les historiens. Mais liront-ils ces livres? Ils viendront, j'en ai peur, avec un sourire satisfait – celui qu'ils prennent déjà quand ils nous expliquent, à nous qui n'y avons rien compris du tout, cette France de 1900 qu'ils composent de traits qu'aucun de nous d'ailleurs ne vit jamais. Quelle étrange « France occupée » nous dessineront-ils dans leurs manuels? La vraie, celle qui pendant des années s'est traînée, péniblement, sur un sol sans cesse creusé de nouvelles fondrières, sans cesse hérissé de nouvelles ruines, celle qui, pendant des mois et des mois, ne s'élevait un jour que pour retomber, le lendemain, un peu plus bas, et recommencer sa marche désespérante – celle qui disait avec cette femme que cite Léon Werth (8 octobre 1941) : *« Si je pouvais avoir le moindre doute, ce serait fini de moi. Mais je n'en ai point et tout est encore solide en moi... »* Celle-là, la vraie, c'est dans *Déposition* qu'ils devront la chercher.

Les Annales. 1948.

rencontre. Avec celui-là je vais au café, avec cet autre non. Mais ça dépend surtout du mort. Si de son vivant il allait à la messe, j'entre à l'église. S'il n'allait pas à l'église, je vais au café... » Les paysans sont des « simples », comme chacun sait. Des « frères farouches », comme disait cet autre, et sans délicatesse...

Notez que je connais Laurent, personnellement. Moins bien que Werth. Je l'ai rencontré à des enterrements, et il ne m'a point fait ces confidences... Cf. aussi, p. 206, un autre texte remarquable sur les enterrements de pompiers au village. *« L'église, un des points où le paysan fait l'épreuve de sa liberté »*, écrit excellemment Léon Werth.

AVERTISSEMENT

Les notes infrapaginales s'efforcent de décoder, pour le lecteur non spécialiste qui n'a pas vécu la période de l'Occupation, le plus grand nombre de références ou d'allusions. Elles auraient pu être plus nombreuses, mais elles risquaient alors de noyer le texte du Journal.

Il est apparu souhaitable de fournir le maximum de repères sur Saint-Amour et ses habitants. Je dois ces renseignements à la très cordiale obligeance de Claude Werth, fils de Suzanne et Léon Werth. Qu'il en soit vivement remercié.

Léon Werth avait préféré donner des pseudonymes à ses interlocuteurs de Saint-Amour. Il nous a semblé que, cinquante ans après, il était dorénavant loisible de rétablir les initiales des unes et des autres.

J.-P.A.

DÉPOSITION

JOURNAL
1940-1944

PRÉFACE [1]

On ne trouvera ici que notules et ruminations du temps de l'Occupation. J'ai obéi aux excitations qui me venaient du journal ou de la radio. J'ai noté des propos entendus au bourg et dans les fermes. Je me suis, dans une solitude souvent complète, cogné aux plus hauts problèmes. Comme si c'eût été mon métier. J'ai aussi, cédant à une mode déjà périmée, noté quelques rêves. J'ai retenu du minuscule, de la matière à oubli, de minces sensations. Si je confronte aujourd'hui cette attention à mon « moi », elle me semble indécente. Mais j'ignorais à peu près les bureaux de supplice et les camps d'extermination.

Je n'ai pas supprimé les passages, où je parlais durement d'écrivains, qui, depuis, sont morts. Mon jugement ou ma mauvaise humeur ne portait point sur leurs actes, mais sur leurs ouvrages. Vivants, ils ne pourraient point davantage pour me convaincre.

Étrange pudding. Je n'y ai rien corrigé. C'eût été trop facile d'ajouter des touches après coup, de mettre en valeur mes pressentiments et d'anéantir mes erreurs.

Cela explique beaucoup d'incertitudes, où d'autres que moi peut-être se reconnaîtront. Cela explique l'importance donnée à des faits insignifiants. Cela explique tel jugement sur l'Allemagne, à une époque où je ne savais rien des atrocités.

Cela explique le ton sec de ces notes écrites sans aucun souci de mise au point. Ainsi, sur Antoine de Saint-Exupéry, de simples notes d'agenda, sans retouches. Qu'on ne s'étonne donc pas de ne l'y pas voir immobilisé dans « la perfection de la mort ». Qu'on ne s'étonne pas de n'y rien découvrir d'une peine, qui jamais ne guérira.

1. Il s'agit de la préface que Léon Werth écrivit pour l'édition de *Déposition* de 1946, chez Grasset *(N.d.É.)*.

I

DE L'ARMISTICE AU PREMIER DÉBARQUEMENT

I

INTERROGATIONS ET DILEMMES

Fin juillet 1940

Un bourg. Zone libre. Confins du Jura et de l'Ain. Trois semaines écoulées depuis que nous connaissons l'armistice [1].

C'est jour de marché. Peu de bêtes. Mais le souk est comme il est toujours par un beau jour d'été. Le soleil lèche les bâches des baraquements et transforme en « morceaux » somptueux les chemises, les robes de cotonnade et les orthopédiques bretelles.

Je cherche le secret des événements. « Enfin... quoi... que s'est-il passé?... » Je m'adresse à un hobereau, propriétaire terrien. Il n'hésite pas : « Nous avons été vendus. » – « Par qui? » – « Par qui? Par les gouvernants, par Daladier [2]... »

Mais un général en retraite, qui est de ses amis, a entendu notre brève conversation et livre à mon incertitude une explication plus large : « C'est la faute de l'auto et de la T.S.F. » Je suppose qu'il accuse le machinisme et le monde moderne en sa totalité. Mais l'Allemagne aussi était malade d'auto et de radio.

Deux minutes plus tard, un cantonnier me désigne le général : « On dit qu'il est de la cinquième colonne. »

« C'était un coup monté, c'était voulu, me dit le boucher, c'était pour empêcher la révolution. »

« Les Anglais, me dit une vieille femme, Parisienne réfugiée au bourg, les Anglais sont des égoïstes et des traîtres... Le général de Gaulle, c'est un prétentieux. »

J'ai entendu pour la première fois le nom du général de Gaulle, lorsque j'étais encore à Paris, lorsqu'il fut appelé par le général

1. L'armistice franco-allemand est conclu dans la clairière de Rethondes le 22 juin; après que des négociations sont menées à bien avec l'Italie, il entre en application le 25 juin.

2. Édouard Daladier, l'un des caciques du parti radical-socialiste, a été ministre de la Défense nationale du 6 juin 1936 au 18 mai 1940, ministre des Affaires étrangères du 18 mai au 5 juin 1940, et Président du Conseil (pour la troisième fois), du 10 avril 1938 au 20 mars 1940.

Weygand [1]. C'est au commencement de juillet que j'appris, à Montargis, par un numéro du *Matin*, rédigé par la *Kommandantur*, qu'il avait été « destitué à cause de son attitude et qu'il devrait comparaître devant un tribunal de guerre ». Je ne saurais dire par quel assemblage de détails, par quelles nouvelles fusantes, je me suis fait une image du général de Gaulle.

Seul, captif dans la maison de vacances.

J'apprends à connaître la pendule Empire sous globe. Son cadran est entouré d'une étrange architecture dorée : colonnes à tête de sphinx, aigle aux ailes déployées, angelots porteurs de palmes et cygnes buvant dans une fontaine à trois vasques. Très surréaliste. Elle sonne des heures anciennes. Son timbre tient de la clochette d'église et de la boîte à musique des vieux albums ou des poupées dansantes.

Je me réfugie dans ma chambre, comme les bêtes des jardins zoologiques dans leur réduit.

Vieille demeure, vieille bibliothèque. Tout Voltaire, tout Rousseau, tout Balzac.

Je lis Voltaire, le soir. Ses octosyllabes ne sont pas toujours très drôles. Les funambules de la prosodie ont fait mieux depuis. Cependant ceci :

Une bienveillante catin
À qui le souffleur ou Crispin
Fait un enfant dans la coulisse.

Je ne suis pas sûr qu'il soit un aussi médiocre philosophe qu'on a bien voulu le dire. Sans doute, il ne se baigne pas dans les systèmes. Il les mesure au centimètre. Mais il a des éclairs. Quand il raille les débats théoriques sur la liberté, quand déjà il se moque des facultés de l'âme, quand il dit (dans le *Dictionnaire philosophique*, je crois) qu'il n'y a point de pensée d'homme ou de volonté d'homme, mais seulement des hommes pensant et des hommes voulant, ne devance-t-il pas la « psychologie concrète » de ces dernières années?

Visite aux R... Vieille famille, où l'on aime les traditions. Les hommes cultivent, et pas toujours de haut, sont officiers, parfois prêtres. Famille de province, qui n'aime point à croire que le monde est mobile, où toutes les femmes sont pieuses, où les grands-pères souvent furent voltairiens.

J'avais toute raison de supposer qu'en ce milieu conservateur et patriote, on serait accablé par le malheur de la France, que du

1. Une affirmation inexacte : c'est Paul Reynaud qui le nomme, le 5 juin 1940, sous-secrétaire d'État à la Guerre; Weygand se défie profondément de Charles de Gaulle.

moins on ne l'accueillerait pas paresseusement comme un effet de telle politique ou de la fatalité. Tous, vieux et jeunes, s'apitoyèrent sur nos maigres repas, nos fatigues et nos risques pendant l'exode. Mais notre étonnement devant la débâcle leur parut un sentiment préhistorique. Notre tristesse leur fut étrangère. Ils avaient accepté l'événement, comme s'il appartenait à la plus vieille collection de faits historiques. Ils manifestaient seulement leur satisfaction de ce que la petite ville, près de laquelle ils habitent, n'ayant point résisté aux Allemands, n'avait pas été bombardée. Et Mme R... ne me cacha pas que l'égoïsme avait toujours été le caractère dominant des Anglais.

Je me faisais à moi-même l'effet d'un voyageur qui, revenant de Chine après dix ans d'absence, s'apitoierait sur un mort oublié.

6 septembre 1940

La peur s'est résolue. En acceptation, en attraction même. L'Allemand est devenu un magicien, qui possède le secret de l'ordre. Je me souviens que Rauschning fait dire à Hitler : « Le petit-bourgeois français m'accueillera comme un libérateur [1]. »

Un journal lyonnais du soir invoque, dans un titre de première page, en grandes capitales, la « générosité de Hitler ».

Mais quelques-uns ont le sentiment que toute une civilisation est menacée d'un naufrage. Un professeur de Lyon, qui vécut toute sa vie dans la paix de l'archéologie, qui jamais ne se mêla à aucune politique, se demande s'il ne doit pas songer à s'expatrier, à s'établir avec sa femme et ses enfants dans l'Amérique du Nord. Sans doute, il n'a pas retenu ses places à la Compagnie transatlantique. Ce n'était point un ferme dessein, ce n'était que le suprême recours d'une pensée inquiète, confiée à un ami. Mais quel signe du trouble des temps !

« On ne sait même pas, me dit un fermier, de quel pays on est... On est comme des bêtes... On se réveille le matin sans rien savoir du monde. »

> *« – Hélas ! dis-je, milord, il y a des temps où l'on ne peut pas aisément savoir ce que veut la Patrie...*
>
> *À ces signes funestes, quelques étrangers nous ont crus tombés dans un état semblable à celui du Bas-Empire, et*

1. La citation exacte est : « J'entrerai chez les Français en libérateur. Nous nous présenterons au petit-bourgeois français comme les champions d'un ordre social équitable et d'une paix éternelle... » Hermann Rauschning a rompu avec le parti nazi, s'est exilé, et a publié, en Suisse, en 1939, *Gespräche mit Hitler*, ouvrage immédiatement traduit en français.

des hommes graves se sont demandé si le caractère national n'allait pas se perdre pour toujours. »
(A. de Vigny, *Servitude et grandeur...*, pp. 304 et 348.)

J'ai grimpé par les bois en haut de plateau. J'ai devant moi la plaine panoramique. Mais la pente des prés est douce. Ainsi la plaine ne semble point en contrebas, mais commencer là même où je suis. On dirait qu'on l'a lancée jusqu'à l'horizon, comme on lance un serpentin. Cela détruit l'ennui panoramique, la « belle vue ».

Je m'étends sur l'herbe. J'ai oublié la guerre. Mais un avion passe, allemand ou italien. Avant la guerre, ils ne volaient pas au-dessus de moi, sans ma permission. Maintenant, ils me surveillent.

Les paysans sont immunisés contre les journaux et la radio. Ils ont le sens du doute et construisent lentement leurs passions. Quant aux nouvelles, il leur arrive de les attraper dans l'air, comme les signes de la pluie et du beau temps. Ils savent que le sort de la France se joue sur la Tamise.

Au bourg, on reçoit des nouvelles, vraies ou fausses de Chalon ou de Besançon. Le bourg commence à comprendre que la victoire allemande a d'autres effets qu'un passage de soldats en grandes manœuvres. Le bourg, maintenant, fait des vœux pour l'Angleterre.

C'est ainsi, la France fait des vœux. Elle n'attend plus rien d'elle-même. Elle choisit entre l'Angleterre ou l'Allemagne, comme un parieur choisit un cheval.

Et moi-même, que puis-je d'autre que de vagues ruminations?

Les journaux de Lyon commentent avec docilité les thèmes du gouvernement, ce mélange de nazisme et d'idyllisme champêtre.

Un manœuvre est condamné par le tribunal de Trévoux à six mois de prison pour propos défaitistes. Je voudrais connaître la définition juridique du défaitisme en ce mois de septembre 1940.

Je reçois une lettre « ouverte par les autorités de contrôle » [1].

Quelques Chateaubriant [2] écrivent dans les journaux de la *Kommandantur*. J'espère qu'à la solde d'une Allemagne maîtresse de la France, ils ne sont pas sans indulgence pour ces écrivains français inspirés par Staline, qui du moins ne tenait pas sous sa botte les deux tiers de la France.

On attendait de n'importe quel gouvernement qu'il se déclarât avant tout provisoire, qu'il subsistât jusqu'à la paix dans la réserve

1. Dès l'automne 1940, fonctionne le « contrôle postal et téléphonique », effectué par le Service civil des contrôles techniques, d'abord rattaché au secrétariat d'État à la Guerre. Il permet de surveiller les individus et de contrôler l'opinion publique.

2. Sur Alphonse de Chateaubriant, cf. infra p. 460.

et la pudeur. Mais celui-ci impose ses passions partisanes et les habille des laissés-pour-compte du fascisme.

La France est comparable à une usine incendiée. Tout a croulé. Seule, la loge du concierge est intacte. Le concierge l'habite et garde les décombres. Mais il devient fou, ne se contente pas de chasser les pillards, les ramasseurs de métal. Il s'imagine qu'il est le maître de l'usine. Et il plaque à sa vitre des mandements aux ouvriers, des notes de service et surveille attentivement un appareil de pointage, qui n'enregistre plus ni entrées ni sorties. Tel est le maréchal.

Lucien Febvre est mon voisin de campagne. Ses deux cèdres géants ne lui donnent plus qu'un plaisir mêlé d'amertume. Enfermée dans un creux de vallonnements, qui montent doucement vers des crêtes plus rudes, sa maison ne lui est plus un inviolable asile. L'histoire y pénètre et non plus par les archives. Il est accoutumé à la reconstituer. Mais elle se fait autour de lui, toute seule. Il en veut peut-être à la science historique de ne point lui donner une clef des événements. Au fait, il n'a pas besoin de clef. Sa colère sacrée de paysan comtois lui suffit. Colère d'historien aussi, pour qui l'histoire ne fut jamais une classification botanique, mais la poursuite d'une physiologie, autant dire d'une poésie. Je l'ai vu extraire, de vieilles pierres, la vie. Et aussi d'une vieille brochure. Il tenait à la main je ne sais quelle monographie locale de 1840. L'auteur, dans un style académique, mais sonnant juste, étudiait les origines de l'industrie du marbre dans le département du Jura. Febvre, de ce pauvre texte pour académie de province, fit surgir magiquement toute une bourgeoisie, fière d'elle-même, fière d'être censitaire, riche en principes et riche en terres.

Le père François [1] est peut-être le dernier de ces artisans dont on parle tant. Il fabrique des chaises, des fauteuils et les paille. Son atelier, tout en longueur, est dans une venelle. Il se sert d'un tour primitif, dont déjà son père se servait. Je ne saurais décrire cet appareil, qui tient du métier du tisserand et de la meule du rémouleur. Mais il ne ressemble pas du tout aux machines-outils de la grande industrie.

Aucune puissance ne réduira le père François au silence, à moins de le tuer. Non qu'il parle beaucoup. Il dit ce qu'il a à dire. Rien de plus, rien de moins. C'est lui qui mesure la dose et non les puissances.

Il a appris à lire à l'école des Frères (il n'y en avait pas d'autre alors dans la commune). Je ne sais pas ce qu'il a appris, depuis. Moins de choses que Lucien Febvre, assurément. On prétend qu'il

1. Le « Père François » est artisan-chaisier à Saint-Amour (cité pp. 222, 236, 243, 253, 279, 329, 341, 357, 375, 381, 382, 385, 520 580, 690).

ne lit jamais que les journaux de l'année précédente. Cela établit une certaine analogie entre Lucien Febvre et le père François. Car lire les journaux de l'année précédente, c'est déjà une technique d'historien.

22 septembre

Suppression des écoles normales primaires [1]. C'est cousu de fil blanc... Il est vrai que les instituteurs apprenaient trop de faits bruts. Mais les vouer à l'humanisme dégénéré du bachot, les vouloir semblables à ces avocats et médecins, qui se croient cultivés, parce qu'ils se sont calamistré l'esprit, comme on se fait friser chez le coiffeur...

Il n'est question dans *Le Progrès* que de la famille, de la patrie. Une amplification de bachot enrobe de morale traditionnelle la drogue fasciste.

On ne s'étonne pas qu'un journaliste travaille sur idées en simili, fabriquées en série, interchangeables et réversibles. Mais jamais les gouvernements n'ont été à ce point philosophiques, jamais du moins ils n'utilisèrent si impudemment des déchets de philosophie.

23 septembre

Pas de communications postales entre les deux zones. Quelle est l'intention allemande? Scinder? Décomposer? Cela et davantage. Le temps est passé des guerres de pure conquête. L'Allemagne veut convertir. Dominer le monde, ce n'est qu'un vieux rêve de pygmée. L'Allemagne veut réduire le monde à une seule matière.

On me dit qu'un fonctionnaire, en zone occupée, fut révoqué pour catholico-judéo-marxisme maçonnique. Ce n'est pas pure blague. Peu importe que les idées soient vraies ou fausses, contradictoires ou non. Pour les lier, un trait d'union suffit.

Si jamais le général de Gaulle débarquait en France, quel destin!... Images d'Épinal : le général de Gaulle débarque à Cherbourg ou débarque à Calais. Le réveil de la France. Ceux de Vichy s'enfuient, se cachent dans les caves. Ou, espérant ainsi écarter la victoire populaire, ils lui apportent les clefs de la France.

D'extrême droite, royaliste, m'a-t-on dit. Et après? Tout est retourné. Il revient de Londres et rapporte la France à la France. Qu'il le veuille ou non, il est l'homme de tout un peuple, l'homme de l'histoire. Il a sauvé la France et ce qui restait en Europe de

1. La loi du 6 octobre 1940 supprime, à compter du 1er octobre 1941, les Écoles normales primaires (qui passaient pour des bastions laïques et républicains) envoyant les élèves-maîtres dans les lycées.

civilisation et d'homme. Ce qu'il a voulu est arrivé. Et ce qui est arrivé est plus grand qu'il ne pouvait l'imaginer. Il avait porté en lui une volonté dure et secrète, conçue quand le désastre commençait. Ce n'était encore qu'une volonté militaire. Et sa victoire n'eût été alors qu'une victoire de général. Mais, quand cessa la fuite des soldats sur les routes, on vit la France se fuir elle-même. On ne savait plus où était la France. Il débarque à Cherbourg, il débarque à Calais. Vit-on jamais pareil contact d'un homme et d'une foule?

Mais n'est-ce pas l'espoir d'un miracle? Si demain l'Angleterre s'effondre, si demain l'Europe est pour vingt ans, cinquante ans, pour un siècle, germanisée? Et non pas même germanisée au vieux sens qu'on pouvait encore, il y a vingt ans, donner à ce mot. Et non pas même caporalisée. Car la discipline militaire a ses limites. Demain peut-être l'Europe ne sera plus qu'une machine à fabriquer du produit chimique et de l'homme « synthétique ».

Qu'espère de Gaulle? À tête froide, croit-il que les avions anglais auront raison de l'Allemagne? Ou persévère-t-il pour ne point se trahir lui-même? Est-il prisonnier de sa résistance, de son premier refus? D'une attitude enfin qu'il a décidée, mais qui commanderait, en dépit des événements, toutes ses décisions? Il n'a pas voulu que la France se niât, mais n'est-il pas entraîné désormais par la seule obligation de ne pas se renier lui-même?

24 septembre

De Gaulle à Dakar [1]. Bombardement de Dakar. Le ministère des Affaires étrangères communique : « Le général de Gaulle est un traître. »

La lecture du journal devient intolérable. Je m'épuise à lire les chiffres des communiqués britannique et allemand. Ils agissent sur moi comme sur un joueur, l'annonce d'un numéro à la roulette. Le chiffre des avions allemands abattus me semble toujours faible. J'ai la même impatience que lorsque je m'évertuais en vain à détruire une fourmilière. Et je tournoie dans l'espace, à bord de chaque avion anglais en perdition.

Je suis déçu. J'attendais la destruction totale de Berlin. Ainsi me voilà donc semblable aux stratèges des cafés, aux jusqu'au-boutistes de 1914? Je ne me dissimule point l'analogie, je la regarde en face. C'est une fausse analogie. Je ne m'accuse un instant que par scrupule. Qui m'accusera, son sophisme me laissera sans trouble.

1. Les Forces navales de la France libre, appuyées par une escadre britannique, arrivent devant Dakar, le 23 septembre, pour consolider le ralliement de l'A.E.F. à la France libre et obtenir celui de l'A.O.F.; mais le gouverneur vichyssois fait tirer sur les plénipotentiaires gaullistes et l'escadre anglo-gaulliste doit abandonner les lieux sans succès.

Il m'arrive de plaindre les Allemands autant que les peuples sous leur botte. Mais les Allemands ne savent pas qu'ils sont à plaindre.

Et si l'Europe est germanisée? Tout est perdu, l'essentiel est perdu; mais l'essentiel n'est que nuance. Quand Hitler aura donné du pain aux foules, souffriront-elles beaucoup de n'avoir pas le droit de lire Spinoza, parce qu'il était juif? Entre la liberté et l'oppression, il n'y a que la différence d'un air pur à un air vicié. Mais ceux que Hitler chasse, dépouille ou torture? Ils crèveront, comme d'autres déjà sont morts et oubliés. L'oppression se stabilisera. Une bonne moitié de l'humanité ne la sentira même pas.

On a dépillé, hier soir. Dépiller, c'est libérer la panouille, l'épi de maïs et ne laisser que deux ou trois brides, pour le pendre. La panouille mise à nu, ses graines ont le poli de l'ivoire.

Après quoi, c'est de tradition, nous avons mangé à la ferme d'un rustique gâteau, pâte levée de farine et d'œufs. Mais ce n'était pas gai, comme les autres années. Nous parlons des restrictions, des cartes d'alimentation, du prix du beurre, dont on ne trouve plus une motte au marché, mais qui se vend clandestinement dans les écuries, sous les hangars.

Les gens de la ville m'amusent, quand ils prétendent connaître le paysan. Ils le tiennent pour un animal naïf et rusé. Ils le jugent d'après son langage. Mais ce langage, ils ne le comprennent pas. Les idées du citadin glissent les unes sur les autres, comme des billes. L'important est que ça roule. Il s'enveloppe d'idées, comme un fumeur de sa fumée. Mais une idée de paysan, c'est un de ces ponts faits de troncs rapprochés, qu'on jette par-dessus un ruisseau. Les fûts ne sont pas équarris. Le pied y glisse. Il faut s'y bien accrocher. Qui construit ces passerelles ne pense guère à la beauté des viaducs et des idées générales. C'est pour passer et rien de plus. Qui passe là-dessus se moque des grâces du funambule. D'où l'entêtement des paysans et la difficulté de les persuader par les moyens de la ville.

25 septembre

Les sophismes contre la liberté : liberté de mourir de faim, etc. Il fallait une preuve de la liberté. Nous respirions, sans y penser, un air où flottaient des parcelles de liberté. Nous avons maintenant la preuve par l'asphyxie.

« ... La mode, aujourd'hui, est de prétendre que les géomètres et les métaphysiciens inspirent à la nation le dégoût des armes, et que si on a été battu sur terre et sur mer, c'est évidemment la faute des philosophes... » (Lettre de Voltaire au maréchal de Richelieu, de Genève, le 22 juin 1762).

Si Hitler n'était puissant, il ferait rire. Les idées de Hitler ne sont pas même vulgarisation, elles sont affirmations publicitaires. C'est l'ordre de la publicité pharmaceutique. Elle se moque de la physiologie, de la pathologie, elle se moque de la santé des malades, mais elle fabrique de la croyance et de l'espoir, remue des millions et crée des royaumes du commerce et de l'industrie. L'enseignement de la médecine livré aux poètes de la Quintonine... Le nombre des erreurs de diagnostic diminue. Car on ne fait plus de diagnostic. On en a fini avec les erreurs de la liberté.

Un agent de Paris est venu en permission. « On n'est pas content. » – « De quoi ?... » – « Du gouvernement... » – « Qui se plaint ?... » – « On ne sait pas trop... Les communistes... » – « Que disent-ils ? » – « On ne peut pas savoir... »

Sur un seul point, il fut net, précis : il a reconnu, en uniforme d'officier allemand, un de ses camarades, qui depuis des années servait dans la police, dans le même arrondissement que lui, un agent comme lui. Il croit que ce n'était pas un Allemand espion, mais un Français traître. « Vous a-t-il parlé ?... » – « Non... il a fait comme s'il ne nous reconnaissait pas... »

26 septembre

Solitude. Le brouillard, le matin, ferme le paysage. Solitude sans les diversions de la ville. Solitude presque de prisonnier. Un moi enfermé dans une maison. Le non-moi, c'est la guerre et rien que la guerre. Je suis tout seul avec la guerre. Ce qui du monde extérieur vient jusqu'à moi n'est que la guerre ou dépend de la guerre. Les paysans du moins continuent de soigner leurs bêtes, arrachent des pommes de terre.

Les gens de Vichy veulent régénérer la France. Retour à la terre, famille, morale. Régénérer la France avec des poncifs de bachot. Car ils ne connaissent même plus le beau langage, les belles périodes, le style en toge de la bourgeoisie de 1840.

Brûlure de Pascal, tendresse de Corot, le sec et l'ému de Stendhal, la relativité... êtes-vous bien sûr que pour cela vous accepteriez de mourir ?

Dakar. Possibilité d'une guerre civile. De Gaulle ou Vichy. Mais les Français veulent-ils choisir ? Et si l'Allemagne occupe toute la France ?

Si les vieilles femmes, sous les bombardements, ont moins peur à Londres qu'à Berlin, cela suffit, l'Angleterre gagne.

Paroles paysannes : « On ne nous dit pas tout... Si les Anglais et de Gaulle sont partis comme ça de Dakar, s'ils sont allés jusque-là pour partir comme ça... c'est que c'est des cons.... Je ne le crois pas. »

« Pourquoi, au mois d'août, il y en avait tant qui étaient pour les Allemands ? C'est simple. Quand les soldats français ont passé... à quoi ils ressemblaient ?... Un soulier à un pied, une pantoufle à l'autre. Ils sont venus chez moi : ils ont réquisitionné de la paille... ils ont gâché la meule. Et ils ont profité de ce que ma femme était seule pour ne pas laisser de bon de réquisition... Ailleurs, ils ont pris ce qu'ils ont pu, des bricoles ou n'importe... À peine s'ils demandaient et ils ne disaient même pas merci. Je sais bien... Ils n'avaient plus leur tête... Mais les Allemands ont passé deux jours après. Bien habillés, bien propres. Et ils n'ont pas fait de mal... »

« Pourquoi ne taxe-t-on que notre beurre et nos œufs ? Est-ce qu'on taxe les charrues ? Et le marchand de draps, qui vend 85 francs un mètre d'étoffe, qui, le mois dernier, était à 28 francs ? N'allez pas dire qu'il s'est réapprovisionné... L'étoffe était mangée aux mites. Et le quincaillier, qui a augmenté ses fourneaux ? Il les avait en magasin. Il n'a pu en faire venir de Chalon. Pourquoi nous seulement ?... »

Ils sont devenus riches, depuis la dernière guerre. Mais on oublie qu'il y a trente ans, pas un ne mangeait à sa faim.

« Nulle époque française, me dit Lucien Febvre, n'est économiquement moins connue que le XVIIe siècle. »

Si tous les historiens nous révélaient ce qu'ils ignorent, que nous en saurions davantage !

29 septembre

Dimanche de Bourg-en-Bresse. Bâtiments du gouvernement militaire. Un soldat, devant une guérite, présente les armes à un officier. Avec une remarquable précision mécanique, avec une admirable connaissance intime du maniement d'armes. La France n'a plus qu'une armée fantôme, mais on n'a pas oublié d'apprendre à ce fantôme à rendre les honneurs.

Des journaux sont placardés dans une vitrine. La culture française ne mourra pas d'inanition : elle a à sa disposition le *Journal de la Femme*, *L'Alerte*, *Candide* et *Gringoire*.

Ceux qu'on appelait jadis les conservateurs avaient du moins un dessein positif, qui était de conserver les bonnes rentes et les bonnes mœurs. Mais, entre les deux guerres, ils sentirent que déjà ces biens leur glissaient des mains. Ils étaient conduits à une forme de révolution, qui n'est que la répression permanente. Et ainsi les doctrinaires, dont toute la science est de mettre à l'envers l'histoire des manuels, se confondaient avec les aboyeurs du patriotisme populacier ou de la pureté par les anciens combattants. Comme si la guerre, hélas, conférait aux anciens combattants une autre qualité que d'avoir combattu ou d'y prétendre? Doctrinaires et aboyeurs étaient conduits à l'hitlérisme, à la régénération par la police. La brutalité des événements jeta les scolastiques à bas de leurs perchoirs syllogistiques. Par sadisme ou masochisme, ils cédaient chaque jour davantage. Maurras, peu de temps avant que Mussolini n'entrât en guerre, lui donna de l'homme de génie.

La foule, au début du Front populaire, attendait d'être catalysée. Les staliniens la décomposèrent. Les politiciens du socialisme tempéré casèrent leurs créatures et ces étranges hybrides qui étaient à la fois radicaux-socialistes et staliniens. L'occupation des usines eut le même effet qu'en Italie, avant la marche sur Rome. Elle effraya et rassura en même temps les puissances d'argent. Elle montra que cette foule n'était qu'un chœur d'opéra et que les meilleurs savants unis aux meilleurs des manœuvres ne savent que prier ensemble.

29 septembre

Pour une fois, une nouvelle assez drôle. R... vient d'être révoqué. Il fut, avant la guerre, du cabinet d'un ministre modéré, puis du cabinet d'un ministre Front populaire. Puis devint stalinien de stricte obédience. La débâcle... Il se fait donner par Vichy une sinécure. Mais, en ce mois de septembre, Vichy, tardivement renseigné sur son passé, le révoque. Cette révocation brise la ligne d'une carrière et d'un caractère. Je suis déçu. Je croyais qu'il aurait toute sa vie le génie d'effacer ses successifs passés politiques. Je le croyais d'un protéisme plus adroit.

On me rapporte du bourg cette nouvelle : « Les gens disent qu'il y aura une révolution. »

Ils ne disent pas : « Nous ferons une révolution » mais : « Il y aura une révolution ».

Hitler, monstre de l'insensibilité. Hitler insensible, comme ces hystériques, qui peuvent mimer tous les sentiments mais n'en éprouvent aucun. Cette frigidité facilite et l'orgueil et l'action. On tue Roehm, on tue du *social-democrat*, du communiste, du juif. On torture dans les prisons et les camps. Ainsi la marche sur Vienne, la conquête de la Tchécoslovaquie, la conquête de la Pologne ne furent peut-être que le don-juanisme, jamais satisfait, de Hitler. Ainsi les femmes sexuellement frigides passent souvent d'un amant à l'autre, sont souvent des femmes à « aventures ».

On me dit que Hitler, pendant la guerre de 1914, fut examiné pour cécité psychique (c'est-à-dire sans lésions, cécité de type pithiatique). Et les médecins qui l'ont examiné se demandent encore si Hitler était un pithiatique ou un simulateur ou les deux à la fois.

Dans l'Europe occidentale moderne, jusqu'à Mussolini et Hitler, le pouvoir était intimidé par le savant, l'artiste ou l'écrivain. Qu'on songe à la relative liberté, qu'on n'osa point refuser en France, pendant la guerre de 1914, à quelques écrivains hétérodoxes. Le pouvoir respectait les mystères de l'intelligence. Vers 1900, le sous-off rempilé, si même il brimait le « type calé », l'étudiant, redoutait de lui quelque sortilège.

Hitler n'est pas intimidé par l'intelligence spéculative. On ne peut même pas dire qu'il la méprise. Il l'annule, il la transcende, mais comme un chien transcende Spinoza. Il a non seulement prouvé à l'Allemagne qu'elle pouvait vivre sans Einstein, mais il l'a persuadée qu'elle ne pouvait pas vivre avec Einstein, parce qu'il était juif. Hitler a montré au monde combien étaient superflues ce qu'il faut bien appeler les hautes valeurs de la civilisation.

Hitler, chassant Einstein, n'a condamné que peu d'Allemands à ne plus entretenir avec Einstein de conversations sur la relativité. Brûlez tous les Rembrandt de tous les musées, vous ne changerez rien à la vie de l'Europe. Vous changez tout. Mais dans quoi me suis-je embarqué?...

La civilisation est un échange de politesses. Renoir, qui ne comprend rien à l'espace-temps, au voyageur qui a vécu cinq minutes dans la lune pendant que les terriens vivaient cinq mille ans, salue Einstein. Einstein, qui ne voit dans les arabesques de Renoir qu'une géométrie dans l'espace ratée et qui peut-être n'isole point ces arabesques, salue Renoir. M. Lebrun lui-même tirait son chapeau devant Einstein et Renoir. Mais Hitler ne salue pas.

2 octobre 1940

« Dès ce jour, je vis clairement que les événements ne sont rien, que l'homme intérieur est tout. » (*Servitude et grandeur*... p. 304.)

Pour que l'homme intérieur soit tout, il faut qu'il se soustraie à l'événement ou que, cédant à l'événement, il ne lui cède que son corps. Si l'univers l'écrase, tant pis pour l'univers.

Le chrétien évangélique et l'anarchiste refusent même leur corps. Accorder le corps, c'est déjà une complicité. Ainsi le pasteur Roser, qui fut condamné à cinq ans de prison, les premiers mois de cette année, par un tribunal militaire de Paris. « L'Évangile et la guerre, dit-il à ses juges, sont inconciliables. Mon refus de la guerre est fondé sur une base absolue, sur une révélation [1]. »

1. Le pasteur Henri Roser a été un des rares Français à refuser la mobilisation comme objecteur de conscience.

II

ARMISTICE STAGNANT, VICHY BÉAT

3 octobre 1940

L'ARMISTICE stagnant fait du Français un étrange personnage. Il dépend de l'Allemagne, il dépend de l'Angleterre, il dépend du Japon, des États-Unis, de la Russie. Les avions abattus et les avions vainqueurs, une maison qui brûle à Londres, un maison qui brûle à Berlin décident de son sort. L'univers entier se bat pour lui ou contre lui. Mais il ne participe pas à cette bataille. L'histoire se fait pour lui comme pour les autres, mais elle se fait sans lui. L'événement vient au Français, mais il ne va pas à l'événement. Il lui reste un pouvoir, un droit : celui de faire des vœux. Il peut pratiquer toutes les vertus de l'homme intérieur, dans la mesure où l'homme intérieur est immobile et muet. Son statut est celui de Siméon le Stylite.

Vichy prépare un statut des Juifs [1].

Le Juif de Pologne, du moins il se sentait juif. Les gens du quartier Nalewki à Varsovie ne se concevaient pas comme Polonais. Mais le Juif de France ne se sentait plus juif. Le plus juif de cœur ne l'était que par le souvenir de quelques traditions familiales. S'il était naïf, il ne comprenait pas l'anti-sémitisme, parce qu'il ignorait la méthode politique des abcès de fixation. Ainsi s'explique, sinon se justifie, sa lâcheté ou sa pudeur à s'avouer juif.

Si bien que tel Juif se demandait : « Ne suis-je pas aussi bon philosophe que le meilleur d'entre les chrétiens ? » Et tel autre : « Dans ce conseil d'administration, où j'étais le seul Juif, étais-je donc le seul escroc ? »

Le Juif a des tares : riche, celles du riche, pauvre, celles du pauvre. S'il est d'un pays à pogromes, il n'a le choix qu'entre la servilité et la révolution. Ainsi les émigrés protestants allaient

1. « La loi portant statut des Juifs », faisant des Juifs français une catégorie à part du fait de leur naissance et les transformant en citoyens de troisième zone, est signée le 3 octobre et publiée au *Journal Officiel* du 18.

servir le roi de Prusse, à l'époque où, pour les gens bien nés, le passage du service de France au service de Prusse n'était rien de plus qu'une permutation, un changement d'arme ou de corps.

4 octobre

Les maîtres mots, ceux que les dictateurs et les foules se renvoient à la raquette. L'ivrogne s'est arrêté sur le chemin. Il est courbé vers le sol, dans une attitude à la fois de vomissement et de méditation : « On dit qu'ils vont prendre toute la France et l'organiser. » Et il répète, en scindant les syllabes, comme s'il épelait : « L'or-ga-ni-ser... L'or-ga-ni-ser... l'or-ga-ni-ser... »

Lorsque, réfugié dans le Loiret, j'appris, entre mille bruits contradictoires, que l'armistice avait été signé, un honnête bourgeois français me développa le thème de la douleur du maréchal. Il ne mesurait pas l'étendue de la défaite. Moi non plus d'ailleurs. Anecdotique et sentimental, il réduisait la défaite à l'émotion d'un grand chef, artisan d'une victoire ancienne, contraint à signer l'abdication et jetant dans la balance des nations le poids de sa gloire. C'était un beau monologue du théâtre classique. Et pour un peintre officiel de scènes historiques, le tableau était fait. Des larmes viennent aux yeux du grand soldat qui feint l'impassibilité et raidit le torse. Et, dans sa noble douleur, le guerrier vaincu de 1940 en impose au vainqueur autant que le héros de Verdun lui parut redoutable en 1918.

– Vous savez bien qu'il a quatre-vingt-quatre ans, qu'il n'est qu'un drapeau... Sans lui, nous aurions eu la révolution...

– Vous avez pris bien vite ce parti de préférer une France transformée par l'Allemagne à une France transformée par la révolution. Et pourriez-vous me dire ce que signifie révolution, en 1940?

– Que pouvait-il faire d'autre? Il ne pouvait rien.

– Si...

– Quoi?...

– Briser son glaive en deux tronçons sur son genou, prononcer un mot historique, déclarer qu'il avait accepté d'être le liquidateur de la défaite, mais non pas le complice de l'ennemi, en appeler à la conscience universelle, à sa conscience de soldat, à n'importe laquelle de ces innombrables consciences, qui ont leur tribunal entre le ciel et la terre.

4 octobre

Il pleut. Les petites feuilles tombées des buissons ni ne craquent ni ne roulent. Collées au sol, elles couvrent le chemin d'une mosaïque. Au-delà d'une voûte de feuillages, le pré est si vert qu'on dirait une nappe de lumière du même ton artificiel que les liquides en bocaux, qu'on voyait naguère dans les vitrines des pharmaciens. Je n'ai point eu aujourd'hui d'autre contact avec le monde extérieur : hommes ou choses.

Il n'est pas vrai que les gens de Vichy soient comparables aux révolutionnaires, qui naguère espéraient extraire leur révolution d'une guerre et d'une défaite. Car ces révolutionnaires ne prétendaient pas asservir leur pays à un autre, leur dogme étant l'égalité des patries ou leur négation.

« Je joue la carte allemande », dit à qui veut l'entendre, un hobereau des environs. Drôle d'aveu : il joue sa patrie aux cartes.

« Je ne comprends pas, me dit le commandant F..., rencontré à la foire. Il a fait toute la guerre de 1914 et ses cinq fils ont été mobilisés pendant celle-ci. »

Vieille opposition des aristocrates et des patriotes. Mais le hobereau d'aujourd'hui a une doctrine de l'ordre. Grossière? Qu'importe. Les mécaniciens de cette doctrine la présentent comme l'expression même de la continuité nationale. Il n'y a point de patrie sans ordre. Tel est le glissement : Hitler apporte l'ordre et l'ordre contient la patrie.

On peut voir par Vichy qu'une dictature peut être aussi vacillante qu'un parlement. On ne fait point une dictature avec un vieux maréchal. C'était dans les Balkans de légende d'avant 1900 qu'on fabriquait du dictateur en série avec du général.

Hitler entrait en transe et l'Allemagne après lui. Mussolini hurlait une latinité de beuglant. Il faut au dictateur occidental une éloquence de camelot, un « mauvais genre », qu'il corrige en se regardant au cinéma. Il ne peut rien, si son peuple lui marchande les mouchards. Mais une dictature masochiste !...

Sur un morceau déchiré de vieux journal, je lis ce matin que les responsables de la guerre et de la défaite sont les ouvriers saboteurs, qui, dans la rue ou les meetings, criaient : « Libérez Thaelmann [1] ». Voilà l'histoire, les nations et les hommes enfermés dans une logique passionnelle de petit café. Cette sorte de logique chauffe (comme on dit qu'un moteur chauffe). Mais, quand la bielle coule, le systématique ne s'en aperçoit pas et son idée tourne toujours dans sa tête. Croit-il donc, ce Fustel de gazette, que les hommes vivent dans leur pays, comme les vaches dans un pré d'embouche?

1. Ernst Thaelmann, « Président » du Parti communiste allemand depuis 1925, est arrêté le 3 mars 1933 ; plutôt que de lui faire un procès public, les Nazis préférèrent le transférer dans divers camps de concentration. Des campagnes d'une grande ampleur furent entreprises pour le faire libérer. Thaelmann sera exécuté à Buchenwald le 18 août 1944.

On a dit beaucoup que les guerres étaient une affaire de marchands de canon. C'est s'enfermer aussi dans le petit café. Et pourtant les apparences ici sont fortes. Qu'on se souvienne – mais on ne se souvient pas – des articles dont Krupp, avant 1914, payait la publication dans *Le Figaro*, de ce jeu de relances entre le Creusot et Krupp, chaque coup entraînant des commandes nouvelles. Ainsi les généraux étaient à ces firmes dans le rapport des coureurs aux usines d'autos. Ainsi les généraux servaient Krupp et le Creusot, comme les coureurs servent Bugatti, Alfa Roméo ou Mercedes-Benz.

Le Dr D... [1] est l'homme qui cherche la solitude. Il eût pu être médecin des hôpitaux de Lyon ou professeur. Il n'a pas voulu. Il cite Platon et Montaigne et semble un peu étonné, quand on avoue ne point avoir un souvenir très net du passage qu'il a cité. Chez tout autre, ce serait intolérable. Mais il n'est pas de ces chiffonniers qui crochètent dans les livres. Il y a trois ans, je l'ai trouvé plongeant dans la philosophie hindoue.

Farouche, inapprivoisable, mais sans l'ombre de hargne ou de brutalité. Misanthrope, comme on disait jadis. Il craint d'être capturé. Mais il est incaptable. Je ne sais si sa solitude est de retranchement douloureux ou de délectation.

J'ai pour lui de l'amitié, du moins j'aurais de l'amitié, s'il y consentait. Ai-je le droit d'appeler amitié l'attrait, l'estime que j'ai pour lui ? On peut aimer d'amour qui ne vous aime pas, qui ignore qu'on l'aime. Mais l'amitié ne se passe pas d'échange banal.

Nous ne nous rencontrons que sur les cimes. Il m'arrive d'y mal respirer. Je n'ai jamais songé à me faire peintre de panoramas.

« La France est décomposée... » me dit-il. Et vous entendez bien qu'il ne donne pas à ces mots le sens que lui peuvent donner les moralistes de Vichy. Dans une société aux mœurs effrangées, sans morale dominante et donc sans hérésie, il ne voit plus que des hommes dénoués, sans lien avec la société, sans lien avec eux-mêmes.

J'avais entendu Lucien Febvre déplorant lui aussi l'affaiblissement de la France après la débâcle. Mais Febvre ne filtre point ses pensées à travers une méditation hindoue. Et surtout, historien, il se garde bien de nouer, avec de fragiles ficelles, le présent au passé. Il ne prétend point appliquer au présent l'impassibilité que l'historien applique difficilement au passé. Et Febvre procède par coups de sonde et coups de boutoir. Nous réagissons à l'immédiat. Et, s'il me disait : « La France est foutue... », il ne prétendait pas porter le jugement dernier, ni même un jugement d'historien. C'était façon d'exprimer une tristesse, qui nous était commune.

1. Le docteur Duby, médecin généraliste à Bourg-en-Bresse, est un ami de Léon Werth.

Jugements bien différents en leurs attendus, mais identiques. Si la France est foutue, je ne m'y résigne pas. J'étais habitué à elle.

8 octobre

Il y eut, en Alsace, au milieu du XIXe siècle, une pureté juive, comme il y eut une pureté protestante. Ces religions nues n'offraient que de durs points d'appui. Ceux qui les pratiquaient étaient d'un groupe suspect, d'un groupe d'opposition. Cela conduit à l'orgueil plus qu'à la facilité. Les âmes catholiques ont plus de souplesse et de douceur que les juives et protestantes. Parfois même elles sont des âmes de cour, tant elles disposent d'un cérémonial parfait.

Mais je sais des Juifs décomposés, en lambeaux. Parmi les riches. Ils ont perdu – et en sont vaniteux – tout contact avec le judaïsme. Que dis-je? Avec tout ce qui peut être religion. Ils ne se sentent pas juifs, ils se sentent riches. Leurs ancêtres étaient murés dans leur foi, non dans leur argent. Ici, ce n'est pas le Juif révolutionnaire qui décompose la société (comme le veulent les anti-sémites). C'est la société qui le décompose : on constate une pareille déchéance dans les familles chrétiennes de la bourgeoisie. On y est devenu pratiquant, pour ne penser ni à la foi ni à rien. L'homme y est devenu un accessoire d'automobile. Il n'est ni d'un pays, ni d'une religion. Il est d'une marque d'auto. Ces Juifs voudraient bien aussi fréquenter les offices, sans croire. Mais la messe, depuis Hitler, ne déjuive plus.

Des prisonniers s'évadent de la zone occupée ou des civils en passent la frontière. Ils viennent de Chalon ou de Dôle. On les a conduits à un bois, à un gué. Tantôt les sentinelles allemandes sont complices, tantôt non. Mais, dans tous les récits, un point constant : on « glisse la pièce » au guide. Je croyais qu'il était des services qu'on ne rémunérait pas. Cette pièce glissée (le tarif est, paraît-il, de cinquante francs) me ferait croire en effet que « la France est foutue ».

9 octobre

Vichy, en sa presse, en sa radio, puise à Fontenoy et à Waterloo et dessine de naïves enluminures. Vichy sourit à l'univers, à la France, à soi-même. Le plus étonnant chez les gens de Vichy, c'est leur béatitude. Régnant sur une principauté du Val d'Andorre ou de Monaco, ils parlent comme s'ils régnaient sur la France. Ainsi ces loqueteux, qui, atteints d'un délire de grandeur, se prennent pour le Christ ou Napoléon et s'enorgueillissent de leurs palais en or.

III

SOLITUDE, AMITIÉS, CIVILISATION

10 octobre 1940

JE suis seul. J'ai une maison et un moi. Cette solitude n'est pas une si bonne condition qu'on pourrait croire pour sentir son moi. Le moi s'endort ou roule du souvenir.

Je n'ai pas envie de lire. Mais je me souviens. Pascal ou La Bruyère... les mots s'éloignent, mais l'auteur prend sa place en moi. J'applique aux livres la parole de Hokousaï, presque centenaire : « Ah! vivre assez pour rendre expressif le point géométrique. » Mes anciennes lectures deviennent expressives. Au-delà des mots. Entre les lignes. Quelque chose comme le souvenir d'un visage.

J'ai essayé de lire un roman, pas très ancien. Je n'en ai eu que de l'ennui. Sans doute, nos romanciers contemporains ne travaillent pas dans une pâte grossière d'amplification. Mais ils tirent sur un bout de caoutchouc et, à la fin, le caoutchouc est vraiment trop mince et trop étroit.

J'ai aussi à ma disposition la nature (comme on disait au temps des romantiques). J'ai plaisir à regarder ces pentes d'herbe, ces coteaux en raidillons. Mais ce n'est pas mon pays. Mon pays, c'est la Bretagne, qui est au-delà de la joie et de la tristesse, comme est la prière. C'est le Midi, où les roches sont taillées à la Phidias et où tout est si parfait et ciselé qu'on en devient égoïste. C'est la terre en mamelles du Mâconnais et ses fermes châteaux forts. Et c'est un arroyo indochinois.

J'ai tout loisir pour m'occuper de mon moi. Jamais je n'ai eu aussi complètement un moi à ma disposition. Je n'en abuse pas. Un moi, ce n'est pas grand-chose à soi tout seul. Et je me demande si mon moi est autre chose que mes pipes, mon briquet et la manie d'assembler des idées sur une guerre, qui sans doute se moque des raisonneurs.

Et même ces pipes... J'avais vingt ans. Une certaine façon de les bourrer me fut enseignée par M... Tête géniale et cœur puissant, il devait mourir avant l'étape des trente ans, qui nous paraissait l'étape définitive. Je me souviens. Nous causions au milieu de la place du Panthéon, presque déserte par un temps sec d'hiver. Nous possédions la place, le monde et – croyions-nous – nous-même. Il tassait le tabac dans le fourneau d'une pipe en terre, m'expliquait son système, avec le sérieux d'un chirurgien indiquant une technique opératoire. Et je m'aperçois soudain que, tant d'années après, le geste de mon pouce imite le sien. Mon moi n'est-il fait que de petites habitudes empruntées? A-t-il un centre, un centre à lui?

Si l'Allemagne gagne la guerre, Pétain reste au pouvoir ou on le remplace par n'importe quel garde champêtre. Si l'Angleterre gagne, les troupes allemandes évacuent France, Belgique, Hollande. L'hitlérisme craque. Pour l'Angleterre et la France, ère d'idylle et de béatitude? Hélas! vainqueurs et vaincus, les peuples auront subi un choc opératoire. Et non pas seulement par la dislocation des familles et des amitiés. Mais la familiarité avec la mort, telle que la guerre l'établit, la continuité du risque ne conduisent pas aux hautes méditations et aux vastes desseins, mais à l'acceptation de la fatalité. Que de Français, après l'armistice, ont dit : « Ouf... » Ainsi les soldats de toutes les armées, dès la seconde année de la guerre de 1914, quand ils voyaient passer des prisonniers ennemis, disaient : « la guerre est finie pour eux... » Ces milliers d'aviateurs qui, tous les jours, ont volé, qui ne furent plus des envoyés extraordinaires de la mort, mais qui s'envolaient, comme les fantassins partaient du pied gauche, qui peut penser que leur sorte d'héroïsme deviendrait le subtil héroïsme, sans lequel toute paix se pourrit?

Après 1918, une France de joyeuse apparence et une Allemagne morose se désagrégeaient également. Ce fut en France l'époque des belles affaires, du roman roquet et du dancing. Un jeune écrivain disait de son frère : « Il fait sa médecine et des affaires. »

La pédérastie naissait. J'entends qu'elle naissait à la société. Je n'ai point de statistique du nombre des pédérastes avant et après 1914. Mais, en 1910, la pédérastie n'était point une carrière. C'était une maladie. Le pédéraste était un homme à part, qu'on plaignait. L'inversion semblait une monstruosité. À Lyon, qu'on accusait pourtant d'être à la fois un centre de magie et d'homosexualité, je n'ai pas connu de pédérastes; ou ils dissimulaient bien leur qualité.

Je ne porte pas un jugement moral. Mais il ne me paraît pas plaisant que la pédérastie soit un drapeau. Un signe de ralliement, cela devrait suffire.

À Berlin, en 1930, le bar de l'Eldorado présentait en liberté des jeunes gens si bien déguisés en femmes que l'on s'y méprenait. C'était un bar assez familial d'ailleurs où les petits-bourgeois berlinois venaient volontiers boire du café, le dimanche. L'homosexualité y était *gemütlich*. Mais les vrais de vrais fuyaient ces exhibitions, méprisaient cet excès de féminité où le mâle disparaissait complètement et qui leur pouvait donner (quelle réinversion!) l'abominable illusion d'étreindre une femme.

En France, Gide prêchait en même temps l'Évangile, la révolution et Corydon. Le premier chapitre de *Si le grain ne meurt...* n'est que le voyage en Algérie de deux jeunes gens de vingt-cinq ans, qui ne traversent la mer et ne changent de continent que dans l'espoir d'éprouver enfin, devant une femme, un désir.

À l'homosexualité s'ajoutait parfois une aimable nécrophilie. Une femme de lettres publiait un roman, dont le héros ou l'héroïne (je ne sais plus) récupérait un désir total, un désir efficace, en baisant la bouche d'un cadavre.

11 octobre

Message de Pétain. Il ne commence pas par « Nous, Philippe... » [1]. On a dû lui dire que cela avait été d'un mauvais effet. Un salut aux régimes d'Allemagne et d'Italie. Ils ont « leur sens et leur beauté ». Mais « l'ordre nouveau ne peut être une imitation servile d'expériences étrangères ». Donc, servile, non, mais imitation, oui.

Nazisme patelin. De ce fatras, on ne peut tirer qu'une conclusion : le sort du Caudillo d'ici dépend de sa police. Trouvera-t-il en France des miliciens et des mouchards, comme il a trouvé des scribes?

Si on cherche un sens à ce pathos, il est plein de menaces pour les Français, plein de promesses aux Allemands. On verra.

Promenade dans les prés, les taillis, les sentiers. Un bâton à la main, non une canne. L'auto m'avait déshabitué. Cela me change d'époque. Je reviens au temps du promeneur solitaire.

12 octobre

Je vais au marché, pour faire une cure de monde extérieur.

Le message de Pétain n'a pas convaincu M..., mécanicien et capitaine des pompiers... (Je l'ai vu, il y a quelques années, une grange brûlant, debout sur une poutre. C'était la nuit. Il braquait le jet, à la lueur d'un phare d'auto.) « J'ai bon espoir, me dit-il.

1. Le « Message » adressé aux Français le 10 octobre est un véritable discours-programme de la Révolution nationale. Aucun des discours prononcés par le chef de l'État français ne débute par un « Nous, Philippe Pétain, maréchal de France.... », formule qui ouvre en réalité le seul Acte constitutionnel n° 1 du 11 juillet 1940 (les autres Actes débutent par « Nous, maréchal de France, chef de l'État français »).

Vous verrez qu'un beau jour de Gaulle débarquera. S'il a besoin d'un fusil, je serai là. »

Deux jeunes mécaniciens d'aviation. Râblés. Paletots de cuir : « Si les Anglais avaient voulu, on arrêtait les Allemands sur la Somme. Mais les Anglais se sont embarqués... Les ouvriers disaient : " On manque de matière première... " Et les patrons : " Les ouvriers ne travaillent pas... " Pour le sabotage, pas de doute... Communistes ou cinquième colonne? On ne peut pas croire que des ouvriers aient fait ça... »

Cet armistice stagnant n'est pas moins obsédant que la guerre. La guerre, c'était le coup de dés, l'émotion de jeu. Le sort du soldat, le sort des pays se décide. Un coup de dés, un tragique pile ou face. Celui-ci est tué, celui-là ne l'est pas. Mais la guerre armistice opère par petites touches.

Monde extérieur. Assez japonais, mais un peu long pour un haï-kaï. De ma fenêtre, je vois, à travers le buisson, un sentier. Une jeune paysanne s'y engage. Elle n'est qu'une tache sombre dans les arbustes. Et soudain un éclair, une traînée de vif-argent vacille, flotte, sans support, plus légère que l'air. Je ne vois plus qu'un miroir et une nuque penchée.

– De Gaulle, me dit N... rencontré à Bourg, aurait pu être un « grand homme ». Mais ce n'est qu'un petit officier d'état-major et un petit orgueil... Sans doute il a prédit la guerre motorisée. Preuve de sens tactique. Mais il est saoul de lui-même. Il n'est rien que lui-même. Il ne se dépassera pas lui-même.

– Prenez garde... N'êtes-vous pas le nonchalant véhicule d'une propagande? Il y a trois mois, quand le bourg était germanophile, une vieille femme, toute nourrie de radio allemande me disait : « De Gaulle, c'est un prétentieux ».

La politique est compliquée et à plusieurs étages. Je comprends comme vite on y devient fripouille. Je ne rapporterai pas cette conversation à M... qui me disait hier : « Si de Gaulle débarque, je prends mon fusil ».

Monde extérieur. Les rouges de la vigne vierge ne sont pas végétaux, mais de corail ou de vieux maroquin.

Je ne sais ce qu'il en est pour les prisonniers. Mais la solitude libre, je ne puis même dire qu'elle a changé pour moi le goût du temps. Elle a supprimé le temps. Le temps se résorbe, en moi, sans que j'en aie conscience. Et je ne sais s'il est long ou court. Il a perdu sa mobilité. C'est une eau étale. Ni lui, ni moi ne bougeons. Mais mon fils est arrivé hier soir et repart cet après-midi. Dès qu'il fut là, ce fut une invraisemblable galopade du temps. Comme si la minute de son arrivée et celle de son départ s'attiraient l'une l'autre. Comme si le temps nous emportait avec lui. Je comprends la résignation de certains vieillards. Ils s'installent dans le temps. Ils craignent le plus minuscule événement, redoutent même les visites qui remuent leur temps.

14 octobre

« Nous, Philippe... » Des hérauts d'armes frappent au sol du bout de leur hallebarde, pour annoncer le maréchal. Et ce projet de timbres-poste et de monnaies à son effigie.

Cette tremblante dictature n'est qu'une dictature de la rancune politique. Les guignols de droite mettent en prison les guignols de gauche.

Cependant, chaque jour, ils amputent une liberté. À peine si l'on s'en aperçoit, parce que la liberté est un objet de luxe. Et nos mœurs en contiennent une telle réserve qu'il n'est ni loi ni décret qui puisse l'épuiser d'un seul coup.

La foule accepta d'abord Pétain comme militaire hors politique, militaire planant. Il couvre le plus vicieux des parlementaires. C'est Laval qui régénère la France. Laval travaille pour l'éternité. Non... Laval n'a pas une gueule d'éternité.

15 octobre

Saint-Exupéry a passé deux jours avec moi. L'amitié *« exercice des âmes, sans autre fruit »*. L'amitié n'a guère inspiré la littérature. Il y a plus d'amitié dans ces mots de Montaigne que dans des siècles de livres. Pourquoi l'extraordinaire privilège de l'amour ? Peut-être, parce qu'il est presque universel, qu'il est peu d'hommes qui n'en aient connu quelque chose.

L'amitié est aussi mystérieuse que l'amour, plus peut-être. Car les qualités ou les formes, qui provoquent chez eux le désir, beaucoup d'hommes peuvent les définir. Dans les maisons d'amour on demande aux clients quelles sont leurs préférences. Il n'y a pas de maisons d'amitié.

L'exhibition du moi, les acrobaties d'analyse ne sont que les exercices des amitiés d'adolescents et peut-être les adolescents d'aujourd'hui y ont-ils renoncé.

Il n'est pas d'amitié, si l'ami n'accepte pas l'ami, tel qu'il est. Il n'est pas d'amitié sans acceptation de soi-même. Si l'un des amis s'agrandit ou se diminue, si les deux à la fois se composent un personnage, il n'est plus d'amitié.

Comment disparaît une amitié ? Par l'effet d'une erreur, qui est toujours une double erreur, une erreur à répercussion. Jacques, se trompant sur lui-même, trompe Paul, sans le vouloir. N'étant point assez fort pour une amitié à égalité avec Paul il mime Paul, se calque sur Paul, devient Paul. Mais il ne réussit qu'un Paul stéréotypé. Cependant Paul ne reste point tout à fait le même, il vit. Jacques ne pardonne point à Paul cette variation; il la tient pour trahison. Paul ne pardonne point à Jacques cette fausse image, cet instantané, qui donne à une parcelle de mouvement l'immobilité de la pierre, le définitif de la statue.

On croit que la politique sépare des amis. Ce n'est qu'une apparence. Un système ne peut rien sur l'amitié. Mais s'il pénètre la chair et le sang, l'amitié en peut mourir. Car elle est chair et sang. Il n'est pas d'amitié, si l'on n'a ensemble rompu le pain.

Il n'y a point d'amitié entre fous. Le fou vit seul, vit pour lui.

L'amitié, comme l'amour, se crée des temples du souvenir : un salon, une auberge au bord d'un fleuve. À Fleurville, la Saône, les arbres pâles, le poulet, la friture auront toujours pour moi un goût d'amitié.

Qui osera écrire un livre sur l'amitié? C'est peut-être le seul sujet neuf.

Mais pourquoi ai-je parlé de l'amitié *more geometrico?* Par pudeur peut-être.

Tonio me lit quelques passages de son prochain livre. C'est bloc de cristal. Il n'y veut voir encore qu'une gangue. Alors, c'est que la gangue est en cristal.

Je me souviens d'un vol d'Ambérieu à Paris. Tonio pilotait un Simoun. Il a volé assez longtemps en rase-mottes et, quand pour passer un bois, il cabrait l'avion, je sentais dans mon corps toutes les puissances de l'accélération.

Si jamais je voulais l'étonner par mes belles relations, si je pensais à organiser une soirée philosophique, j'inviterais avec lui Vigny. Ils s'entendraient sur la servitude et la grandeur. Mais Tonio n'accepterait pas le « froid silence », qui est le recours de Vigny. Il croit que les résistances de l'univers et les contraintes que l'homme s'impose sont les occasions de sa délivrance. J'inviterai Vigny quand même. Il me remerciera.

Ce restaurant du Bois, où nous dînions ensemble, l'an dernier. Comment en vînmes-nous à tenter de porter un jugement sur quelques-uns des hommes qui conduisaient alors la France, autrement dit : des ministres? Nous leur prêtions des projets, un dessein. Et soudain Tonio murmura : « Je crois que nous faisons de l'anthropomorphisme... »

Un mot, un « mot d'esprit », comme on en faisait jadis, mais moins serré, plus libre. Et voilà que je trahis l'amitié. On n'écrit pas ce qui fut dit. Double trahison. Car je fais d'un sourire une pensée à l'emporte-pièce et je ne restitue pas la légèreté du soir, des lumières dans les arbres et l'impalpable de la dîneuse d'en face, façonnée en star et si respectueuse du parc artificiel et de l'écran qu'elle en avait oublié sa troisième dimension.

15 octobre

J'ai sous les yeux une de ces cartes postales [1], que les Allemands autorisent entre cette zone et la zone occupée. On doit biffer ou compléter les mentions imprimées, comme on remplit une feuille de contributions. Le droit vous est accordé d'écrire que vous êtes en bonne santé, que vous manquez d'argent ou que vous êtes décédé.

Au bourg, dans la salle de l'hôtel. Deux commerçants attablés devant une bouteille de rouge. Ils parlent permis de circuler, répartition d'essence. Puis ils remontent jusqu'à la débâcle le cours de l'histoire. Et l'un d'eux inlassablement répète : « Trahis-vendus-vendus-payés ».

Visages de dictateurs. Je n'y mets pas de parti pris. Mais ils ne sont pas beaux. Mussolini débutant ressemblait à un petit ténor rondouillard de tournées en province. Mais il s'est travaillé le masque. Il s'est fait une mâchoire carrée de chef. Cette transformation, le cinéma en montra les étapes. Mais on voit trop que le torse en met un coup. Et ce « dynamisme » est celui des forains bonimenteurs, qui vendent leur marchandise par lots et donnent aux ménagères l'illusion d'acheter tout un souk.

Le visage de Hitler, la pauvreté en est lamentable. C'est fait d'un trait regrigné. La vulgarité en est obsédante. Et le regard – c'est ainsi – est punais.

Les « autorités occupantes » ont fait briser à Paris les matrices des disques de Wanda Landowska [2], parce que Wanda Landowska est juive.

C'est un pouvoir fort que celui qui brise l'ébonite et porte un jugement musical fondé sur les chromosomes.

17 octobre

Les jeunes gens sont invités à ramasser des marrons d'Inde. La régénération de la France par les recettes de tante Annette.

Conseils de pastorale : les jeunes dactylos, les dactylos des bureaux

1. La réglementation du courrier entre les deux zones n'admet alors que l'envoi de cartes postales dites « familiales », comportant treize lignes de formules préétablies. Il est spécifié que « toute carte dont le libellé ne sera pas uniquement d'ordre familial ne sera pas acheminée et sera probablement détruite ».

2. Wanda Landowska est une des grandes interprètes au clavecin de Bach, Scarlatti...

et des films, qu'elles renoncent à la Remington, qu'elles s'arment de houlettes et traient les vaches!

Technique agricole : défense de tuer un cochon ne pesant pas au moins cent kilos. Défense de donner des pommes de terre aux cochons. « On les engraissera à l'eau claire... » disent les paysans.

D..., venant de Paris, passe avec moi quelques heures.

Les Chateaubriant, les Drieu la Rochelle travaillent avec les Allemands. Même défense que pour le gouvernement de Vichy : « Si l'Allemand avait face à lui une France unanime, dressée dans le dégoût et dans la haine, il ne serait point embarrassé, il adopterait une politique rectiligne et brutale. Bardé de fer, armé d'une impénétrable cuirasse, il aurait à sa merci un adversaire désarmé et nu. Mais les Chateaubriant, les Drieu obligent l'Allemand à quitter sa cuirasse, à laisser son épée dans le porte-parapluie. Un Allemand sans armes, ce n'est rien. On ne sait point assez ce que la brutalité allemande dissimule d'incertitude. L'Allemand n'a point de forme. L'Allemand n'est pas dessiné. Son armature n'est qu'une orthopédie. S'il consent à la discussion, il est perdu. Si Polyphème veut qu'Orphée l'admire pour son sens de la poésie, Polyphème est perdu. »

Jamais les Allemands ne se sont enorgueillis d'être des Barbares. Il paraît que « l'Attila motorisé » les a beaucoup fâchés. Je les ai vus, dans le Gâtinais, soulevant les enfants dans leurs bras, souriant à ces enfants. J'en ai entendus qui, reposant l'enfant à terre, murmuraient pour son édification : « Tu les as vus les *Poches*, les *Parbares...* » Et ce mot de Barbares leur faisait mal aux lèvres. Ils se sont étendus sur l'Europe. Et cependant Hitler refuse la succession d'Attila. Et déjà, avant la guerre de 1914, l'Allemagne de Guillaume ne se bardait de fer qu'en invoquant la *Bildung* et la *Kultur*. L'Allemand est un Barbare, que perd la vanité de ne pas vouloir l'être.

Ainsi les Chateaubriant, les Drieu obtiendront peut-être des concessions que n'eût point obtenues la froide dignité d'un vaincu réfugié dans le mépris, la honte, le silence.

Ces arguments me cognent à l'agent double. Si même les Chateaubriant et Drieu ne sont pas à la solde de l'Allemagne, ils ont perdu et perdent chaque jour les sentiments que leurs négociations exigeraient du négociateur.

Leur sympathie pour le fascisme, le nazisme, est, au fond d'eux-mêmes, plus forte qu'un sens national impulsif ou fondé sur l'histoire. J'ai vu naître ce type d'homme, après la guerre de 1914. Elle les avait contraints, elle les contraignait au mensonge. Elle fut pour eux d'abord une vieille chose légendaire. Soldats, ils allaient y éprouver leur jeunesse et leur goût de la vie. Mais elle prit bien vite une odeur de fruit pourri. Elle était morne, sans éclat. Ils espéraient une aventure; on leur offrait les risques et la monotonie d'un métier insalubre. Mille doutes bientôt leur étaient proposés sur les origines et les fins du conflit. Bientôt, dans l'inextricable guerre, ils ne virent plus que leur jeunesse, que la mort menaçait de leur voler. Et la guerre leur apparut comme une injustice violant les droits de leur jeunesse.

Mais ils étaient de décente bourgeoisie. Les idées contre la guerre étaient de celles qu'on ne dit pas. Dirigées contre leurs biens et, de plus, inélégantes. La révolution était du répertoire du zingueur. Humanitaire, ridicule et vulgaire, comme l'anti-cléricalisme lui-même. Les femmes, qui leur proposaient l'apprentissage de l'amour n'étaient pas des pétroleuses et pas encore des marxistes de salon.

En ce temps-là, le loyalisme guerrier était si puissant qu'il vouait à l'insuccès et au mépris quiconque tentait de lui résister. De solide bourgeoisie, ils étaient prudents. Délivrés de la guerre, ils comprirent qu'avouer leur peur, leur dégoût, leur refus, c'était compromettre leur carrière. C'est ainsi qu'ils furent à la guerre ce que les libertins hypocrites furent à la religion, tantôt confessant une pointe d'athéisme, tantôt témoignant de leur fidélité. Ce pharisaïsme, cette hypocrisie faisaient d'autant mieux illusion qu'ils avaient adopté un ton d'insolence. Un peu de brutalité, un ton sec simulent assez bien beaucoup de sincérité.

À l'âge où leurs aînés traversaient le *no man's land* qu'était la vie d'étudiant, allaient en monôme manger des prunes chez la mère Moreau et s'admiraient en leurs premières maîtresses et leurs premières idées, ils faisaient des monômes entre la Somme et les Vosges.

Ils n'avaient pas jeté leur gourme. Rentrés chez eux, ils ne savaient pas bien s'ils étaient des enfants ou de vieux hommes. Le fascisme flatta à la fois leur goût du chahut et leurs passions « sciences po » et « classes dirigeantes ». Leur dégoût du parlementarisme fut peut-être leur seule innocence. Ils furent éblouis par les défilés gymnastiques, en même temps qu'ils espéraient un nouveau siècle de Louis XIV. La grande secousse de la guerre les laissait vacillants. En deçà des vieilles règles, ils se crurent au-delà. Nourris d'une littérature du fin du fin, ils étaient sans défense. Ils furent entraînés par des idées simples de machiavélisme et de force, séduits, comme une caillette de salon par un lutteur forain. Et les dictateurs leur clignaient de l'œil. « Sautez par-dessus le vieux monde. »

Monde extérieur. Bec à bec, deux dindons se battent. L'un l'autre, ils se mangent le crâne et se tenaillent le bec. Ils font un petit saut guerrier et redressent la tête avec un air de stupide indignation. « Mais alors... mais alors... » Ils sont féroces et ridicules.

Que leur plumage est beau! Un noir de soie chinoise, éteint, chargé de cendre, une poudre d'ocre et un blanc mat, lavé de toute la bourgeoise propreté du blanc. Des rapports de batik, en plus discret encore et plus précieux. Une répartition d'ornement égyptien ou plutôt nègre. Le fin du subtil dans l'évidence. Mais ces plaisirs-là, je ne sais plus où les mettre. Cela me touche et tout à coup, il me semble que je m'en fous.

J'ai mal à la civilisation. Est-ce que je vais crever de ce mal? Ne puis-je me réfugier dans un bel égoïsme? Moi et ceux que j'aime? Dans une de ces tours que le maréchal, quand il philosophie, appelle individualistes? J'ai beaucoup entendu parler, dans ma jeunesse, du culte du moi. J'ai toujours été là-dessus fort grossier. Et je ne reculais pas devant les plus faciles comparaisons avec l'onanisme. Je crois encore que beaucoup de bassesses s'expliquent par une sexualité qu'il faut cravacher. Le culte du moi ne me semblait tolérable que chez les femmes. Je leur permettais de s'orner l'âme avec élégance. J'ai peu donné dans ces philosophiques enfantillages de l'adolescence.

Mais la sérénité de ce Gœthe, dont je n'ai lu que les *Mémoires*, qui ne m'ont guère ému? Mais l'*amor intellectualis necessitatis*? Et ne puis-je utiliser à mon usage personnel Corot ou Stendhal et tant d'autres? Je puis me faire de la musique avec eux. J'ai de quoi m'occuper jusqu'à ma mort.

Mais Gœthe était conseiller aulique. Et Spinoza polissait des verres de lunettes. Si j'étais seulement petit rentier.

Son mari est prisonnier. Elle a fait les semailles avec son père. « Qu'est-ce qu'on va devenir?... Les Anglais, les Boches... Et si tout augmente encore?... À faire le compte de tout... L'heure de battage était à soixante-cinq francs... Et j'ai fait un repas pour vingt personnes. En tout, ça a bien fait cinq cents francs... Mon pain me coûte aussi cher qu'à celui qui l'achète chez le boulanger... Enfin, il faut bien qu'il y en ait qui sèment. »

C'est leur pensée à tous. Ils nourrissent le monde, ils nourrissent les bourgeois, ils nourrissent les ouvriers, auxquels ils ne pardonnent pas les congés payés.

21 octobre

Je tiens à une civilisation, à la France. Je n'ai pas d'autre façon de m'habiller. Je ne peux pas sortir tout nu.

Les paysans font grève. Ils vendaient, au marché de Louhans, la volaille tuée trente francs le kilo. La préfecture ou l'intendance, je ne sais, la taxèrent à quinze francs. La semaine suivante, le marché fut sans volailles. Les paysans étaient restés chez eux.

Quelle étrange manie de s'accrocher à la France! La France ne peut pas disparaître... disaient-ils. Ce n'est pas vrai. Elle n'a même pas vingt siècles d'existence. Et les Savoyards ne sont Français que depuis 1866. Comme toute figure de la terre, la France change et peut mourir. La Grèce, vous savez bien... Les moines ont transmis la Grèce à l'Occident, mais non pas à la Grèce. Une France germanisée, dans combien de siècles la ressuscitera-t-on? Et qui dit qu'on la ressuscitera? Peut-être cependant, dans dix siècles, un bonze chinois révélera la France à la Chine, c'est-à-dire révélera à un quarteron de professeurs chinois un philosophe ou un poète français, dont trente-huit millions de Français de 1940 ne connaissaient même pas le nom.

Céderais-je à l'entité narcissique? Vais-je moi aussi fonder la France sur le classicisme, sur Racine, sur une hiérarchie, telle que l'établissent, d'après les manuels scolaires, ces journalistes de l'histoire que les académies prennent pour des historiens? Céderais-je au nationalisme impulsif du badaud des revues du 14 Juillet? Vais-je moi aussi hurler à la France, comme les chiens hurlent à la lune?

Quand j'étais un adolescent, la France, c'était ses écrivains, ses savants, un éternel siècle de Louis XIV. En y ajoutant la justice, tout irait bien. Nos professeurs d'histoire dormaient. Nous dormions aussi, surtout quand le poêle de fonte tirait fort. Leur histoire était une morne chronologie, que chauffait légèrement une vague de chaleur de batailles éteintes.

Beaucoup plus tard, nous connûmes des sentiments révolutionnaires. Le fond en était simple : on tient pour intolérable que des millions d'hommes soient voués à une misère, qui n'est pas seulement effet de la fatalité, mais un véritable statut qui la légalise et fonde sur elle en même temps les spéculations de la finance ou même les hautes joies d'une élite.

Après la révolution russe, le marxisme précisa cet évangélisme, puis devint lui-même religion. Mais le maréchal Pétain opère une vaste synthèse. Il dénonce le capitalisme international et le socialisme international, étroitement conjugués pour la destruction de la France.

L'internationalisme ne pouvait être que pour de pauvres têtes une négation totale des patries. Mais il refusait à la patrie le droit de justifier l'injustifiable. Retranchant du patriotisme le droit à l'oppression et le narcissisme, il le réduisait à ses plus hautes valeurs.

Quand, pour la première fois, je vis, près de Montargis, un régiment allemand fouler le sol français, ce régiment insultait à la fois à mon sens national et à mon internationalisme. Également blessés l'un et l'autre. Mais je ne savais pas encore que la France deviendrait, sous l'occupation allemande et sous l'occupation Pétain un mythe plus lointain, plus insaisissable que l'internationalisme.

Le soir, la plaine de Bresse n'est plus du tout la graisse de la terre. Elle est embrumée : rien n'y est dessiné, rien n'y est plein que la fumée horizontale d'une locomotive.

Quant au bourg, on dirait un petit port mélancolique, battu par une mer de brouillard. La tour de l'église est une tache bizarrement noirâtre et tordue.

Le journal est plein d'exercices de bonne humeur et d'optimisme. La France va se relever, la France se relève. Cette rhétorique de consigne déconcerte par sa stupidité, j'allais dire par sa goujaterie : on ne danse pas dans la chambre d'un grand malade.

22 octobre

Le Progrès : « L'israélite Herschel Grynszpan, qui assassina, le 8 novembre 1938, M. von Rath, conseiller à l'ambassade d'Allemagne, vient d'être transféré à Berlin, où il sera jugé [1]. »

Quand les anarchistes des années 1890 tuaient, on les jugeait, on ne les livrait pas. Caserio, qui tua le président Carnot; Luccheni, qui tua l'impératrice d'Autriche. « Pauvre petit Caserio... » écrivait Charles-Louis Philippe.

Grynszpan sera jugé par Hitler. Quel chemin depuis l'incendie du *Reichstag*! Tel était encore le prestige de la France que des avocats français purent assister au procès, que Moro-Giafferi put défendre Dimitrov [2]. Et pourtant Hitler savait bien que la France ne lui déclarerait pas la guerre, s'il chassait les avocats français.

Pauvre petit Herschel Grynszpan. Tu as vu incarcérer, massacrer, humilier les tiens. Tu n'étais pas un grand politique. Mais il y avait en toi du cœur de ces anarchistes, qui n'étaient criminels que parce qu'ils ne consentaient pas au crime : ils n'étaient pas de ces bêtes domestiques, qui ne connaissent pas le goût de l'in-

1. C'est le 7 novembre 1938 que Herschel Grynszpan, un jeune Juif de 17 ans, allemand d'origine polonaise, tue, à Paris, Ernst von Rath, pour attirer l'attention sur le sort de ses parents, expulsés sans bagages d'Allemagne vers la Pologne, comme 15 000 Juifs allemands. Cet assassinat avait été le prétexte de la « Nuit de cristal » (dans la nuit du 10 au 11 novembre 1938, 367 synagogues avaient été brûlées, 91 Juifs tués et 30 000 raflés et internés). Alors qu'il n'a pas encore été jugé, la police française le livre à l'occupant en juillet 1940.

2. Né en 1882, l'ouvrier typographe Georgi Dimitrov, un des fondateurs du parti communiste bulgare, est un des hommes clefs du *Komintern*, qui l'envoie à Berlin; arrêté en mars 1933, il est l'un des inculpés du procès de l'incendie du *Reichstag* qui se déroule à Leipzig de septembre à décembre 1933. Libéré en février 1934 à la suite d'une campagne internationale et faute de la moindre preuve, il regagne triomphalement Moscou.

tolérable. Lucchenі, Caserio, Vaillant, Émile Henri... Les juristes et les psychiatres s'accordent à vous définir. Ils ont des cases toutes prêtes pour vous. Je sais... On ne refait pas un monde en lançant des bombes, on ne refait pas un monde à coups de poignard. Mais pourtant vos poignards et vos bombes ont troublé un instant les puissances d'argent plus que n'ont fait deux guerres et leurs millions de morts.

Pauvre petit Grynszpan. Tu as du moins prouvé à tes bourreaux qu'un Juif savait tuer. Les chrétiens ont-ils assez reproché aux Juifs d'être des lâches, de tendre l'autre joue. L'autre joue aux pogromes, l'autre joue à Hitler.

Von Rath était peut-être un courtois diplomate. Et sa mère est venue à Paris veiller son cadavre. A-t-elle une seconde pensé au sort des enfants juifs sous Hitler? Et ce diplomate sans doute ne croyait ni à la légende de Hitler ni à la légende des Juifs. Mais il consentait, pour sa carrière. Et parce qu'une subtile complicité avec le crime n'est pas pour effrayer les gens de bonne éducation.

Le soleil perce la brume. La plaine est tendue, légère, sans rehauts ni repentirs. Ainsi des peintres amateurs croient faire aérien en amincissant la couleur. Mais le peintre d'ici, sa toile et son modèle ne font qu'un. Son jeu de ce matin est d'éteindre tous les rouges, même ceux de la vigne vierge. Sous le soleil déjà haut, pas une tuile ne luit en rouge. Les toits sont de vieille écorce. C'est une ruse délicate pour enfermer dans l'automne les maisons et les toits. Les toits, pris dans les arbres, semblent eux-mêmes végétaux.

Loisirs de la solitude. Je lis la Bible. Si Abraham avait refusé d'égorger Isaac, Dieu aurait eu plus d'estime pour les hommes et leur aurait envoyé moins de catastrophes.

23 octobre

« La journée à Vichy... Enfin l'école ne se désintéresse plus de la vie privée de l'instituteur. M. Ripert [1] a estimé qu'il ne serait plus tolérable que les opinions exprimées au-dehors par le maître fussent en désaccord avec l'enseignement qu'il donne à l'école. Tout entier consacré à une tâche qui lui est donnée par l'État, l'instituteur ne sera donc plus désormais – de même que l'officier – un citoyen comme les autres... »

Rencontré l'instituteur :

– On veut faire de nous des mouchards, des espions...

– Réagirez-vous ?

– On ne peut que rester passif... La majorité ne bougera pas,

1. Sur Georges Ripert, cf. infra p. 124.

elle pensera à sa croûte... À moins que quelque chose ne change, à moins que l'Angleterre...

Étrange époque. La France attendant son sort de l'Angleterre, comme un malade attend dans son lit le médecin, comme elle attendrait le retour du soleil après la pluie, comme elle attendrait une conjonction d'astres dans le ciel.

Dix heures du matin : un pré couvert de rosée blanche sous le soleil. La nappe est mise.

Du fond d'un vallonnement, le brouillard monte, non point en brume, mais en fumée blanche. Le Stromboli vu du large. Mais la lumière est froide, une lumière de laboratoire sur cour.

Quelques kilomètres sur la route en bicyclette. Vu de l'auto, le paysage était une suite d'instantanés. J'en faisais une photographie composite. Au lieu qu'en bicyclette mon œil furète, se glisse, se niche ou s'accroche. Je ne suis plus locataire, je suis propriétaire.

IV

HITLER, LAVAL, PÉTAIN

24 octobre 1940

Le petit avocat d'Auvergne louchait vers la politique. Un large sourire de matrone et une moustache de flic d'antan. Ses souliers alors étaient dressés en proue et ses semelles bâillaient. Maintenant un des grands de la terre. Les grands de la terre, dites-vous, avaient autrefois meilleure apparence. N'êtes-vous pas dupes des costumes d'apparat, des beaux déguisements? Au musée de Berlin, on voit un Charles Quint, qui n'est qu'un pauvre débile, un vacillant Gribouille.

Voit-il quelquefois dans ses cauchemars sa tête au bout d'une pique? Non... ce petit avocat joue aux échecs sur le cadastre de la France. Il travaillerait avec la même impassibilité sur le cadastre du monde. Et rien n'empêche qu'il gagne, si, comme il est arrivé quelquefois, les pièces du jeu ne s'éveillent de leur sommeil de bois et ne sautent à la gorge des joueurs.

Si le vieux militaire et le petit avocat s'étaient, au temps de leur jeunesse, rencontrés par hasard, ils ne se fussent ni flairés ni devinés. Leurs origines, leurs aboutissements vraisemblables étaient sans parenté. Si Pétain n'eût été maréchal, il eût été gendarme. Si Laval n'eût été ministre, il eût été tenancier de maison.

Si Laval avait fait son temps dans la compagnie du capitaine Pétain, il n'eût prévu pour Pétain d'autre avenir politique que celui de maire du village, où il prendrait sa retraite. Et Pétain eût pensé de Laval qu'on n'en pouvait faire qu'un sergent-major, ou mieux, un fourrier (à cause de la caisse). Mais la fortune les assemble et les met en équipe.

Le secrétaire d'État aux Finances : « Le régime qui se crée ne veut s'inspirer que de ces grandes idées : travail, famille, patrie... » Ainsi nous voilà délivrés des erreurs démocratiques. Mais il nous reste le style dont usaient les ministres en leurs discours du dimanche. Hitler et Mussolini travaillent mieux la pâte humaine.

Les discours de Hitler sont des aboiements d'idées. Ceux de Mussolini sont d'une plus luisante rhétorique et de cette sorte d'éloquence, qu'un imbécile appellerait méditerranéenne.

L'entrevue Hitler-Laval. L'ancien peintre en bâtiment et le petit avocat de Clermont se réunissent en tableau historique [1]. Ces deux « marque-mal », les yeux dans les yeux, vont fabriquer de l'histoire.

L'un face à l'autre : ils ont la même trivialité, la même roture d'âme. Mais Laval est plus grassement trivial, plus étalé. Il ne se sent pas l'égal de l'autre. Il n'y eut pas jonction entre la foule et lui. Pour Hitler l'Allemagne a trépigné. Les soldats allemands mouraient (on lisait cela dans les journaux du *Reich*) *« für Führer und Vaterland »*. Hitler avant la patrie.

Si je tentais, pour quelques jours au moins, de quitter les lieux bas? Lire Spinoza, retrouver l'âme sous la scolastique, m'attabler avec Spinoza, qui fumait une pipe en terre en buvant une chope de bière. Lire Balzac ou Stendhal. Me réfugier en ces retraits où Rembrandt donne ses plus mystérieux rendez-vous. On touche la terre de ses doigts et quelles lueurs pourtant qui semblent d'au-delà de la terre. M'attendrir auprès des figures de Corot. Assister aux grands feux d'artifice de la chair, me faire inviter par Rubens.

Et même le boudin du pays et le fromage de chèvre. Le coup de vin par-dessus.

Fuir au Yunnan et y fumer l'opium? Mais les Japonais?

Promenade solitaire. Assez haut dans la montagne. Je me suis assis sur l'herbe. J'étais heureux. Un état de grande perfection, qui doit être celui des animaux, quand ils ne souffrent pas. Un état que je pourrais aussi appeler de méditation. Il me semblait que je pourrais vivre là des années, ermite vénéré. À condition que les gens du village voulussent bien chaque jour faire six kilomètres pour m'apporter en offrande du lait et du pain.

Ou simplement m'anesthésier, comme tant d'autres. Chasser de moi l'avenir, comme on chasse un importun. Mais je ne puis. Qui n'a pas d'enfant peut se dire : « Que m'importe demain, la France dans dix ans, les siècles des siècles? Que m'importent les blessures du monde? Si je veux, je suis invulnérable. »

Qui a un fils est vulnérable.

1. Le 22 octobre, à Montoire, Pierre Laval rencontre une première fois Hitler (qui se rend à Hendaye pour s'entretenir avec Franco). C'est Hitler lui-même qui affirma avoir dû travailler comme ouvrier du bâtiment pour gagner sa vie à Vienne. Rien n'est moins sûr. Il est certain, en revanche, qu'il vendit aquarelles et tableaux. Quant à Laval, originaire de Châteldon, en Auvergne, il fut d'abord répétiteur puis avocat, mais il installa son cabinet à Paris.

25 octobre

Paradoxe. Le paysan est un luxe inutile, anachronique, qu'entretiennent les vieux pays. Sans la douane protectrice, il n'y aurait plus de paysans en Occident. Leur blé revient plus cher que le blé du Canada, la viande de leurs bœufs, plus chère que la viande des bœufs d'Argentine. La distribution des richesses bien réglée, les transports améliorés et multipliés, le paysan français dépasserait, dans l'ordre du luxe superflu, le plus hermétique des poètes.

Une heure de sentiers montants et sinueux. Pas une âme... Si pourtant... dans un champ lointain, un paysan herse. En taches sur le gras du labour : l'homme, la femme, les bœufs. Le silence est tel qu'un oiseau, sautillant dans un buisson, surprend comme un coup de tonnerre.

Il ne m'arrivera rien, je sais qu'il ne m'arrivera rien. Rien, dans cette solitude des bois et des champs, ne peut modifier ce qu'il faut bien que j'appelle mon destin. Si même je rencontrais un paysan, nous ne parlerions que de la pluie mauvaise pour les semailles. Le miracle de la ville, c'est qu'on y attend partout l'être ou le mot magique, l'être qu'on n'a jamais rencontré, le mot qu'on n'a jamais entendu. Pourtant, même dans cette solitude, j'attends, j'attends je ne sais quoi, je ne sais qui au prochain détour du sentier.

De cette solitude, je passe à la solitude de ma chambre. Elle est d'une sorte plus feutrée, pleine d'embûches que me tend le passé.

Premier effet de la solitude : elle supprime tout besoin de ce que l'homme des villes nomme distraction. On la goûte, on en souffre ou on jette un appel muet à deux ou trois êtres. Mais on ne songe pas à lui offrir de diversion, à la caresser pour l'amadouer. On est seul avec soi-même, ni plus haut ni plus bas, au niveau de soi-même. Mais on n'a rien pour mesurer ce niveau.

Un champignon a poussé sur le talus, devant ma fenêtre. Je surveille ce champignon, je m'intéresse à lui, comme à un membre important de ma famille. Je n'ai pas le cœur de lire un petit roman myope, qui traîne sur la commode. J'essaye de la Bible. Je m'étonne de cette barbarie agricole, de ce rituel des offrandes, de ce dieu guerrier qui prend à son compte la stratégie des peuples. (Ainsi, pendant la guerre de 14, le dieu français et le dieu allemand, auquel l'Allemagne avait confié la mission de punir l'Angleterre.) Dieu militaire, qui connaît bien mal ce qu'il a créé, puisqu'il classe la chauve-souris parmi les oiseaux.

28 octobre

Les entretiens Laval-Hitler, Pétain-Hitler, préparent « l'intégration » de la France au bloc germanique. Laval et Hitler tentent de noyer dans une offensive de paix le sentiment national français. J'apprends que Laval se permet des passions historiques. Comme deux journalistes allemands, avant de quitter Vichy pour Paris, prenaient congé de lui : « J'espère, leur a-t-il dit, que vous m'enverrez bientôt une carte postale de Londres, quand ces cochons d'Anglais auront été battus. »

En auto, la vitesse, si l'on y cherche autre chose qu'un chiffre glorieux, est une illusoire libération. Mais elle s'oublie plus vite encore que l'amour physique. Évaporée du souvenir, elle ne laisse rien après elle.

L'effet immédiat de la marche est d'augmenter le sentiment que j'ai d'être seul. La solitude conseille l'immobilité, invite à se tapir. Il ne faut pas trop l'agiter : elle devient trouble.

Le Progrès publie une photographie du Conseil des ministres : le maréchal et Laval rendent compte de leurs négociations avec Hitler. Dix personnages sont groupés autour d'un tapis vert. Cette photographie est d'une étrange impudeur. Hors deux ministres, dont on ne voit guère que les nuques et Pétain, qui semble inquiet et absent, tous les autres s'épanouissent dans la béatitude et la jubilation. On dirait les convives d'un déjeuner de chasse, réjouis de vin et de gaudriole. On dirait qu'ils se gaussent de la dernière histoire marseillaise. Si même la France eût écrasé l'Allemagne, cette photographie, pour des yeux un peu délicats, ne serait point tout à fait sans indécence.

On dit au village que Laval est vendu à l'Allemagne. Mais le maréchal ne voudrait pas le suivre. Et plusieurs ministres – et peut-être le maréchal lui-même – sont partisans d'un double jeu : signer avec l'Allemagne, et, si l'Angleterre gagne, accueillir de Gaulle, s'unir à lui.

Pour une esthétique de la Radio.

Le speaker développe sur un ton langoureux le thème de la collaboration franco-allemande. Dans ce petit atelier de bijouterie, personne n'écoute. Ils n'interrompent pas l'émission, n'en diminuent même pas l'intensité. Pour me parler et m'entendre, cela ne les gêne pas. J'ai quelque difficulté à ne pas entendre. Eux pas.

La Radio enseigne à ne pas entendre. Elle est annulée, comme le tic-tac de la pendule. Mais la pendule donne deux sons égaux. Les escamoteurs disent que la difficulté d'un tour augmente, si les accessoires sont de poids inégaux. Le prestidigitateur d'oreille acquiert, par l'usage de la Radio, une étonnante maestria : il escamote tous les bruits, tous les sons, tous les mots.

29 octobre

L'Italie et la Grèce en guerre [1].

Les communiqués sur Laval aux Affaires étrangères, les céréales, les carburants, l'autorité et la responsabilité des préfets, la collaboration franco-allemande, l'idyllique promesse par l'Italie d'une « paix sans vaincus », tout cela n'est que remplissage, potion hypnotique, bercements de foules. Mais un signe neuf : interdiction d'entendre la Radio anglaise dans les lieux publics.

Ils n'osent point encore frapper à domicile. C'est seulement dans les « lieux publics » qu'il n'est point permis d'écouter. Mais ils y viendront, s'ils ne sont pas balayés. Et les mœurs françaises sont-elles si fortes en 1940 que nous ne voyions bientôt, comme on le vit en Allemagne et en Italie, le voisin dénonçant le voisin?

Monde extérieur. La route serpente à flanc de montagne. On n'en voit que trois tronçons séparés. D'abord de nobles courbes d'allées de parc; puis un zig-zag d'éclair; puis, à peine incurvé, un dur trait blanc entre les arbres : un os dénudé.

Chez B... (commerçant du bourg) la Radio fonctionne à longueur de journée, mais il ne l'écoute guère. « On nous bourre le crâne, me dit-il. On est dans un beau pétrin. »

L'Allemagne ou l'Angleterre, c'est tout un pour lui. Il croit que les Anglais vont bombarder Paris.

Laurent [2] a dix têtes de bétail dans son étable. Quand il a su, il y a deux mois, comment un ancien gendarme, originaire de Bresse et propriétaire d'une petite ferme en Alsace, avait été chassé de chez lui et qu'on lui avait permis d'emporter seulement le contenu d'une petite valise, Laurent eut une brève crise d'anglophilie. Aujourd'hui, il se sent solide sur sa terre. On ne parle plus de transferts de populations.

Laurent a craint aussi des réquisitions globales de bétail, de cochons, de blé, d'avoine. J'ai senti alors en lui la colère du paysan qui prend sa fourche. « On ne sait pas ce qui peut arriver, m'a-t-il dit. Ça pourrait bouger dans les campagnes. Quand l'homme a

1. Mussolini entend redorer son blason assombri par les succès foudroyants de la *Wehrmacht* et son entrée tardive dans la guerre; il entend également, par la conquête de la Grèce, assurer sa domination sur la Méditerranée; il envoie, le 28 octobre, un ultimatum à la Grèce qui refuse de se soumettre; et c'est la guerre; mais les Grecs repoussent assez aisément les envahisseurs italiens.

2. C'est le pseudonyme de Marius B..., un agriculteur d'une petite cinquantaine d'années, fermier de Suzanne Werth depuis 1920, et habitant une ferme située à une cinquantaine de mètres de la demeure de Léon Werth. Son nom revient souvent dans ce Journal (pp. 300, 315, 337, 344, 358, 359, 367, 385, 387, 401, 408, 410, 414, 439, 445, 450, 456, 467, 479, 483, 499, 500, 502, 504, 505, 508, 511, 512, 514, 515, 532, 535, 543, 545, 548, 554).

faim... » Il attribuait alors aux Allemands l'intention d'affamer la France et se méfiait du gouvernement dans la main de l'Allemagne.

Aujourd'hui, il attend sans inquiétude. Il est convaincu que ni Hitler ni Pétain ne seront assez malins pour lui prendre sa ferme, tout son bétail, toute sa récolte. Londres et Vichy lui paraissent beaucoup plus loin qu'il y a trois mois.

30 octobre

J'ai été soldat pendant l'autre guerre, mêlé à ces millions d'hommes, qui vivaient entre la vie et la mort, mais qui, ayant passé d'une civilisation encore chaude au cataclysme, méditaient si peu sur la mort et la vie. J'étais enfoncé dans la terre. Si je levais les yeux, je ne voyais que la terre boursouflée par les termitières de ceux d'en face. Je me confondais avec ces millions d'hommes, qui croyaient que l'air aurait le même goût qu'avant : un goût de pantoufle et de civilisation. Mais l'armistice stagnant de 1940, je le vis seul, je le rumine.

Pourquoi donc ai-je un tel souci de mon âme européenne et de mon âme française? « L'homme est tout... » Pourquoi ne pas me réfugier dans mon homme intérieur? Si laide que puisse être l'Europe de demain, je n'ai qu'à décider d'y vivre en meublé.

Mais l'homme intérieur n'est pas un atome indivisible, une molécule d'absolu. L'homme intérieur, moins que rien suffit à le corrompre : une grippe, Hitler.

L'homme intérieur, il est agile, mais nu. Il arrive que l'homme nu cherche ses poches, le nœud de sa cravate. Les moines, dans leur monastère, ont peut-être le temps de s'accoutumer à leur homme intérieur. Et encore il n'est pas sûr qu'ils ne lui mettent pas un uniforme. Je fuis dans les sous-bois d'automne, ils me renvoient mon homme intérieur. Parfois, je le trouve maigre. L'aurais-je mal nourri?

Descendu au bourg. À la porte du bureau de tabac, un magazine est affiché. Je lis quelques lignes. De Montherlant y conte son scrupule d'écrivain, son goût de la bonne ouvrage. « Polissez-le sans cesse... » Il a presque réécrit un de ses livres. Il s'étend longuement sur le soin qu'il donna au choix de ses mots. Enfin il se commente lui-même, comme jadis un régent de collège eût accumulé des gloses sur un texte classique. Cela ne prête qu'à sourire. Mais l'auteur ajoute que ce travail de révision « ne lui a pas rapporté un sou ». Qui aurait écrit cela avant 1914, sans que le lecteur en fût dégoûté? Mais le lecteur d'aujourd'hui prend un vieux gant de crin pour un cilice. Naguère aucun écrivain n'eût osé affirmer sur ce ton de boutiquier qu'il mettait quelque soin à écrire et qu'il ne travaillait pas uniquement « pour les sous ». Cette naïve gros sièreté, cette indécence, je n'irai point jusqu'à dire que, par elles et quelques signes du même ordre, on peut expliquer la débâcle de juin. Et pourtant, si on cherche plus loin que les grosses causes immédiates, que le mécanisme de la bille choquant la bille... Ainsi – et cette blague allait plus loin qu'il ne pensait – Vlaminck disait : « La guerre de 1914 était dans le cubisme ».

Une vis dose la pression de mon ressort de briquet. Cette vis est mue par un axe quatre pans, qui coulisse en elle. Cet axe n'est plus retenu, il s'échappe de la vis creuse. J'ai fait un bel effort de précision et je suis sûr que vous n'avez rien compris à mon savant exposé mécanique. Et, comme dit l'autre, « ça ne me rapportera pas un sou ».

Je consulte G..., l'horloger, ingénieux à résoudre les problèmes de petite mécanique. À peine a-t-il jeté un regard sur mon axe coulissant qu'il trouve quatre combinaisons pour le maintenir au bout de sa course.

Il parle de la guerre sans passion. Comme si elle ne le touchait pas. Il met sur deux plateaux la victoire anglaise et la victoire allemande. Il ne tente pas, par prière ou par vœu, de faire pencher l'un des plateaux. « On ne voit pas, dit-il, comment l'Angleterre, si elle ébranle l'Allemagne, s'y prendra pour manifester sa victoire... » L'Allemagne est-elle capable d'effacer les frontières, d'unifier l'Europe, par persuasion, par la force des armes, par police et par assassinat ? Va-t-elle, par le crime, réaliser le rêve des anciens pacifistes ?

Ce n'est pas un intellectuel désaxé qui parle, mais un artisan. Je m'étonne de cette philosophie planante, de ce point de vue de Sirius. Mal nourrie, zigzagante, la pensée de G..., l'artisan, rejoint la dialectique que D..., il y a quelques jours, attribuait aux Drieu, aux Montherlant. « L'Allemagne est vacante, le nazisme est vacant. Toutes ces constructions sont vides. On y peut introduire ce qu'on veut, on y peut introduire leurs contraires. Peu importe le cadre, peu importe la ruche... Une abeille intelligente y fabriquera peut-être son miel... Le miel de l'avenir sera peut-être, dans le nazisme même, anti-naziste. »

31 octobre

J'ai lu dans le journal qu'on avait révoqué des postiers « marxistes ». Ainsi tous les adversaires du gouvernement sont des « marxistes ». Cela est d'un haut comique pour qui imagine le visage du maréchal ou de Laval devant trois lignes de Marx, prises au hasard.

Au bourg on ne parle plus de la paix, ni de l'Angleterre, ni de la Grèce, ni de l'Italie. On ne parle même plus des restrictions.

Le bourg, si inquiet, il y a quelques jours, de ce qu'il mangerait l'hiver prochain, ne pense même plus l'hiver prochain. Il vit au jour le jour, il dort.

1er novembre 1940

Déclaration de Laval à la presse, une phrase dont le comique est terrible : « Quand j'ai vu le maréchal Pétain, face à face avec le *Führer* Adolf Hitler, j'ai compris que l'on pourrait autrement que par des batailles régler le sort de nos deux nations. » En effet...

Pétain et Hitler face à face. Nous apprenons que Hitler n'a point brutalisé le maréchal. Le maréchal lui en a rendu témoignage. « Aucune contrainte, aucun *Diktat*... » lui fait-on dire à la Radio. Il est gonflé d'histoire, il est satisfait. Ne lui a-t-on pas rendu les honneurs militaires [1] ?

2 novembre

À la foire, le chanteur à l'accordéon sous un dais. « Honneur et gloire à nos poilus. » Et « Amours – toujours... » « Mignonne – pardonne ».

Au début du Front populaire, les chanteurs ambulants vendaient, réunies sur la même feuille, *La Marseillaise*, *La Carmagnole* et *L'Internationale*.

Une chanson nouvelle sur l'assassinat d'une petite fille, par un satyre, près de Louhans. Autre forme d'art local : un théâtre forain, peu avant la guerre, jouait un drame, dont le sujet était une erreur judiciaire, que quelques vieux du pays n'ont pas oubliée. De la pauvreté du décor, de la lumière dure, des tirades humanitaires naissait une sorte de poésie rugueuse, de bizarrerie foraine, de laideur (celle des bossus, des géants et des nains), qui n'était pas tout à fait sans charme.

Le père François : « On aurait annoncé à la T.S.F. que la paix était signée... Ça ne peut faire que du vilain... Tous les jeunes que je connais, aucun ne se battrait contre l'Angleterre... »

Un gendarme : « On attend, on attend... Mais quoi ?... »

La mercière : « Les familles sont découpées. La mère en zone interdite, le père ici, les enfants on ne sait où... »

Une vieille paysanne : « Il y en a qui disent que ça va pouvoir s'arranger... Si c'était vrai... »

1. Le 24 octobre 1940, Philippe Pétain, en arrivant à Montoire est accueilli par Ribbentrop et Keitel, tandis que la garde personnelle du *Führer* lui rend les honneurs, au son de *La Marseillaise*; Hitler se montra particulièrement déférent à son égard. Le « Message » – important – adressé aux Français par Philippe Pétain le 30 octobre, qui les incite fermement à collaborer avec le *Reich*, précise effectivement que, lui Pétain, n'a subi aucun *« Diktat »*.

Les nationalistes ont trahi la nation. Les révolutionnaires ont trahi la révolution. Les nationalistes se disent révolutionnaires (par en haut). Les révolutionnaires, il y a quelques mois, se disaient nationaux. Cela tient sans doute à l'usage crapuleux que les politiciens font des mots. Cela prouve aussi que ces mots doivent à nouveau être définis.

3 novembre

L'automne a perdu ses habitudes romantiques. Il abandonne au style journaliste ses accessoires de rouille et cuivre. Les prés sont plus verts que l'été. Les arbres ne sont ni pourpre ni cuivre, mais d'un jaune qui rappelle l'aigre du printemps. Et les sapins ne sont d'aucune saison. La forêt de Fontainebleau aurait-elle seule gardé le secret du vrai Automne?

Le premier régiment allemand que j'ai vu défiler sur une route française, des larmes vinrent à mes yeux. Je n'aime pas les défilés militaires. Mais ce régiment allemand me fut intolérable. C'était un sentiment banal, conformiste si l'on veut. Il est devenu hétérodoxe. Il est de ceux que maintenant la censure réprouve. Il est devenu « défaitiste ».

Lorsque, pour la première fois, à la fin de juin, j'ai rencontré deux femmes françaises, qui s'ouvraient tout entières cuisses et tête, à Hitler, j'en fus stupéfait; elles me parurent deux monstres. Je croyais observer deux cas et je ne voyais pas l'épidémie. J'étais persuadé que, si un mouchard les eût dénoncées, elles eussent subi les rigueurs de la justice militaire.

Poignées de main historiques. Les photos de journal nous ont montré la poignée de main Hitler-Laval. Deux larges sourires, deux faces épanouies. « Topez là... » Poignée de main Pétain-Hitler. Hitler costaud et bienveillant semble « remonter » le maréchal. La dernière poignée de main que les journaux nous avaient montrée, c'était, en août 1939, celle de Staline et de von Ribbentrop [1].

4 novembre

Je pense beaucoup à Victor Serge [2]. Il m'avait, au début de juin, annoncé sa décision de quitter Paris. Depuis, je ne sais rien de

1. Le 23 août 1939, à Moscou, la signature du premier pacte germano-soviétique est suivie de toasts au champagne et de poignées de main.

2. Victor Serge, militant libertaire qui se rallia à la révolution de 17 et rejoignit Moscou, fut un actif propagandiste de la littérature révolutionnaire. Le premier titre cité est un roman publié aux éditions Rieder en 1932 et qui débute ainsi : « *Je dédie ce livre à mes camarades français et d'Espagne car il faut que nous cherchions à dégager de la légende et de l'oubli le vrai visage de la révolution.* » Il y décrit la lutte du peuple de Petrograd en 1919 pendant le communisme de

lui. Où s'est-il réfugié? « Plusieurs fois, m'avait-il dit un jour, il m'est arrivé de recommencer sur table rase, d'être contraint d'abandonner soudain un appartement, un logement, une chambre, tout ce que contenait une demeure où je m'étais accoutumé. »

Serge, depuis les temps de l'anarchisme évangélique et dynamiteur, fut révolutionnaire. La révolution n'était pas en lui un moyen de salut et de purification, mais l'acte de toute sa vie. Par ses livres, *Ville conquise* et *S'il est minuit dans le siècle*, la révolution russe est entrée dans notre littérature. Et non plus en doctrine romancée ou imagerie de manuel, mais telle qu'elle fut dans le cœur et les actes des hommes d'octobre 17.

Lorsque, pour la première fois, je le vis à Paris, je le contemplai avec une curiosité quelque peu enfantine, un peu naïvement romantique. J'avais rencontré au commencement du siècle un révolutionnaire russe assez notoire, qui avait pris part aux émeutes de 1905 et dont j'ai vu plus tard le nom dans quelques ouvrages de doctrine. Il s'appuyait au dossier d'une chaise, la faisait régulièrement basculer et transformait immédiatement tout lieu privé en réunion publique. Peut-être attendais-je en Victor Serge un personnage farouche, martelant des abstractions.

Serge entra, prit possession de l'espace avec douceur et fermeté. Il est bien des façons d'entrer en contact avec un espace neuf. L'un l'explore, cet autre le bouscule, cet autre s'en retranche, cet autre s'y enclave, cet autre le fait éclater. Mais Serge y avait fait sa niche sans avoir rien déplacé. Les couches d'air n'avaient pas bougé. Serge, assis dans un fauteuil, était un bloc qui n'avait point encore tout à fait la forme de Serge et d'où rayonnait une immobile lueur, comme d'une veilleuse de l'ancien temps.

5 novembre

J'ai pris dans la bibliothèque les *Mémoires* d'Odilon Barrot [1]. En vingt ans, l'idée ne m'en était jamais venue. Sans la guerre et sans la solitude, j'aurais laissé à leur place les *Mémoires* d'Odilon Barrot. Comme ils s'accordent aux portraits qui sont aux murs de ma chambre, aux visages à favoris, aux cols hauts des redingotes, aux cravates à double tour. Le malheur est que je me perds dans la chronologie, je confonds Charles X, Louis XVIII, Louis-Philippe. Tant pis.

Le style est solennel. Mais quel avocat politicien d'aujourd'hui

guerre. Le second titre est celui d'un roman écrit en 1936-1938, paru chez Grasset en 1939, qui analyse le système de répression stalinien (Victor Serge a lui-même connu les geôles staliniennes et Léon Werth a œuvré pour sa libération); l'action se déroule dans l'U.R.S.S. du début des années trente.

1. Odilon Barrot était, sous la monarchie de Juillet, un des chefs de « l'opposition dynastique ».

serait capable d'une syntaxe aussi sûre et d'une semblable précision dans le choix des mots? Et cet Odilon n'est pas un artiste, un tempérament. On sent bien que sa langue ne lui est pas personnelle, pas plus du moins que ne l'est une façon décente de s'habiller. C'est un instrument d'époque. L'époque était sur ce point plus délicate que la nôtre.

De 1815 à 1840 et au-delà, la France ne fut pas aussi calme que le laisseraient entendre les portraits de grands bourgeois et les cravates à double tour. Voici pour la Restauration : *« Je ne relaterai pas ici tous les procès de même nature où j'eus à intervenir comme avocat à la Cour de cassation. À Montpellier, c'étaient de malheureux artisans qui, pour avoir défendu leur vie contre des chevaliers dits du Brassard, étaient, les uns condamnés et exécutés avec une rapidité qui ne permettait pas même le recours en Cassation; les autres condamnés aux travaux forcés à perpétuité, marqués sur l'épaule immédiatement!... C'était, à Nîmes, toute la population protestante d'une commune qui, menacée du pillage, de l'incendie et de la mort par des bandes catholiques, pour avoir repoussé la violence par la force, passa presque tout entière sous la main du bourreau... »*

Cet Odilon est d'un cynisme candide : voulant démontrer la vanité des émeutes populaires, il dit que les ouvriers n'y ont rien gagné, sinon de ne plus travailler que dix ou onze heures par jour.

Sans l'ombre de honte ou de gêne, il écrit :

« Le général Bréa [1] avait poussé l'émeute à travers les faubourgs Saint-Marceau et Saint-Jacques, jusques et au-delà de la barrière de Fontainebleau. Sur ce point l'insurrection était surtout alimentée par les hommes qui travaillent aux carrières et qui, passant une partie de leur vie, depuis leur plus tendre enfance, sous terre, privés de lumière et de tout contact avec la société, y contractent les mœurs féroces des sauvages. »

Au bourg, ils vivent une vie en réduction, comme les animaux des jardins zoologiques.

Les S..., à Paris, ont gorgé leurs armoires de provisions. Depuis le mois de juin, ils en font venir des campagnes et des villes. Avant que leur appartement ne ressemblât à une succursale de Potin, ils tenaient presque table ouverte. Maintenant ils n'invitent plus personne. Quelques-unes de leurs provisions se gâtent. Mais ils ont opéré un curieux « transfert ». Leurs victuailles ont pris le caractère à part, le caractère sacré que l'argent prend chez l'avare. Un jour viendra où ils se laisseront mourir de faim devant leur buffet plein.

1. Il sera tué durant les journées de juin 1848.

Napoléon a dit, paraît-il, qu'entre ces deux forces : le sabre et l'esprit, le dernier mot restait toujours à l'esprit. Napoléon était un dictateur timide.

J'admire les révolutionnaires qui ne désespèrent pas. Mais ne sont-ils pas semblables à ces prêtres qui ne se posent plus le problème de la foi et qui, de même qu'ils ne se représentent pas le néant ne se conçoivent point eux-mêmes sans leur foi.

Et me voilà distillant de nobles pensées. Me voilà réfugié dans un humanisme qui n'est que de tour d'ivoire. Je me chauffe au coin du même feu que ces équilibristes académiques, que mon ami Nguyen-An-Ninh [1] comparait aux moralistes de la décadence chinoise. Et j'ai bien perdu le tiers de ma vie à leur reprocher leur âme frileuse et leur mépris du peuple.

6 novembre

L'histoire simplifiée. Deux réfugiés, dans une épicerie du bourg, annoncent que la paix sera signée le 11 de ce mois. Telle est la décision de Hitler, elle ne fait point de doute. Dent pour dent, œil pour œil. Hitler a voulu signer l'armistice de juin dans le même wagon où Foch reçut en 1918 les plénipotentiaires allemands. Il signera sa paix victorieuse le jour anniversaire de la défaite allemande.

Cinq heures de l'après-midi. Le soleil, masqué par des nuages, éclaire comme une lampe basse. La colline, les prés, les arbres jaunissants, les vaches, deux cochons sont à leur plein de couleur. Une nature de plein tube, mais lisse, parfaite, sans une retouche. Pas une vibration de lumière. Les prés, les arbres semblent éclairés par l'intérieur. C'est d'une fabuleuse somptuosité. Tout le paysage a la qualité des fleurs au crépuscule. Cela n'a pas duré trois minutes. La nuit vient : tout se dessine grêle, les masses d'arbres se sont affaissées. Tout est terne, rêche.

Le journal d'aujourd'hui ne m'offre qu'une nouvelle importante : « Le maréchal a apporté à la population toulousaine le réconfort de sa sollicitude [2]. »

J'ai marché sur un tapis de feuilles. J'ai rencontré trois chasseurs. J'ai oublié l'Europe, j'ai vécu dans l'automne.

1. Nguyen-An-Ninh est un militant anarchiste, rencontré par Léon Werth à Saïgon, en 1924.
2. Philippe Pétain entreprend dans l'automne 1940, pour consolider le maréchalisme, des voyages qui l'amènent dans les grandes cités de la zone Sud; il reçoit à Toulouse, le 5 novembre, un accueil particulièrement chaleureux.

7 novembre

Je me réveille avec une obsédante envie d'un vêtement en homespun : quelque chose dans les bruns, avec des points rouges et des points bleus, et avec un remords, touchant mes ruminations sur le sens national. Tant que j'ai été mêlé à la horde des réfugiés, je distinguais mal entre le sens national et cette dignité, qui impose au vaincu de se raidir contre le vainqueur. Elle n'est que politesse envers soi-même. Si j'étais l'hôte d'une tribu saharienne et que je fusse capturé, en même temps qu'elle, par une autre tribu, je n'irais pas me rouler aux pieds du chef vainqueur.

Mais depuis?... N'ai-je pas trop accordé au sens national de l'artisan en chaises? Ce peuple, dont une partie tend vers l'Angleterre et vers de Gaulle, est-il la vérité et la chair de l'histoire, continue-t-il Jeanne d'Arc ou élimine-t-il les dernières toxines d'un patriotisme narcissique, que ses maîtres lui inspirèrent?

Je me bute au même point. Selon que ce peuple est lié à Pascal, c'est ou non une escroquerie que de lui demander de mourir pour la France. Peut-être Pascal n'échange-t-il des signes qu'avec Montaigne et les Pères. Peut-être Cézanne ne fut-il – par le truchement d'ignobles reproductions – en communication qu'avec Véronèse. Ainsi que les gens du monde ont des liens d'usage et de vocabulaire, ainsi les maîtres seraient d'un même monde, le monde du génie. Et peut-être Bossuet n'est-il rien que le sublime dans l'éloquence. Pour le reste, un membre de l'Académie des sciences morales et politiques. Vous souvenez-vous, Tonio, quand je vous disais à l'hôtel du bourg : « S'il n'y a point un secret entre la servante et Pascal, de quel droit demanderions-nous à la servante de résister à Hitler ? »

La liberté de l'esprit... Les malins vous diront qu'elle est inutile, qu'il y aura toujours des libertins, qui se refuseront à la vérité d'État comme il y eut des libertins qui se refusèrent à la religion d'État. Ceux qu'on hisse sur un bûcher, c'est qu'ils ont parlé devant le peuple. Et le peuple n'a pas besoin de cette liberté. Si on la lui donne, c'est le désordre, c'est le régime de l'apprenti sorcier.

On comprend la haine qu'ont vouée à Michelet tous les négateurs de la liberté. Pour lui, la liberté n'est pas un mythe, c'est la France elle-même. Ils le traitent de poète ou de rhéteur égaré dans l'histoire. Ils ne lui pardonnent pas d'avoir découvert les signes même dont ils usent et qu'ils détournent de leur sens.

Il a inventé Jeanne d'Arc. C'est ici le miracle. Le miracle de Jeanne d'Arc, c'est le miracle de Michelet. Qui donc avant lui a parlé d'elle? Villon la cite avec Archipiada et Thaïs. Et Voltaire écrit la Pucelle. Des siècles ont passé sans qu'il soit question d'elle. Au XVIIe siècle, au XVIIIe, les prédicateurs et les moralistes se soucient bien d'elle. Sans Michelet, notre siècle n'aurait pas vu les cortèges de Jeanne d'Arc.

La liberté supprimée, quelques dizaines d'hommes en souffrent, pour qui elle est le sel de la terre. Mais au bourg et dans les fermes, on n'a point encore senti la dictature. Il est vrai qu'elle procède par étapes et que, comme ils disent, on attend.

Un peuple libre devient vite semblable à ces riches, qui ne sentent plus leur luxe.

Promenade sous la pluie par les sentiers et par les « teppes ». Un hameau isolé. Renaud, du fond de son hangar, m'appelle. Sa femme remue dans un baquet la pâtée des cochons.

Le 17 juin, me conte-t-il, il causait sur la route avec un gendarme. Une auto vient à eux; à travers les vitres, ils ne distinguent que des visages de femmes et des valises. Le gendarme fait signe au conducteur de s'arrêter. Celui-ci, un capitaine, se penche à la portière, crie au gendarme : « J'ai l'autorisation d'emmener ma famille... », embraye et repart.

Renaud en reste stupéfait. Il a raison. Ce qu'il a vu n'est qu'un détail entre mille, superposable à des milliers d'autres. Mais qu'on le rapporte à la panique ou à la disparition soudaine de toute autorité, on n'explique pas comment s'évanouit, en quelques heures, non pas seulement toute résistance, mais cette forme même de pudeur, qui semblait se confondre avec les mœurs de la France. On explique la panique par la panique. La panique endormait la pudeur, parce qu'il y avait en elle une vertu dormitive.

V

MÉDITATIONS : PASCAL, L'ÉGLISE, LA SCIENCE

8 novembre 1940

Le gouvernement s'apprête à « reconstituer les élites ». Et le maréchal parcourt les chambrées en criant : « Debout, là-d'dans... Les élites en bas et en blanc... »

Ce gouvernement est tout « vêtu de probité candide et de lin blanc ». Il s'enveloppe d'une nuée blanche. Il est voué au blanc, comme une petite fille est vouée au bleu.

Ceux du bourg s'en fichent. Ils ne lisent plus les mandements et messages. Mais ils sont de mauvaise humeur et très près de la colère à cause des dernières taxations. Le boucher dit qu'il perd deux francs par kilo de viande. Le client n'est pas content de payer cinq francs le kilo d'os de bœuf et huit francs la livre de foie de génisse. Les gens de Vichy manient mieux leur idéal désossé que la viande de boucherie.

Je ne sais si les sujets politiques sont ceux qui font dire le plus de bêtises. Mais il n'en est pas où les hommes les plus différents trouvent plus facilement une commune mesure. Le plus ignorant et le plus savant s'appliquent un commun langage et de communes passions. L'écart, entre les nuances de leur pensée, est bien plus faible qu'en toute autre matière. La cause en est-elle que tous les Français ont le génie de la politique ou que toutes les idées politiques sont grosses ?

Je domine les vieux toits des fermes basses, les labours riches comme du chocolat. Des arbres sveltes s'élancent dans la brume. Lointains sur glacis, fond de vieux tableaux de bataille. L'œil ne se perd pas dans ce flou. C'est une fantasmagorie très délicate pour clavecin.

J'avais sur ma table de chevet la Bible, un Montaigne... Et c'est *L'Almanach de Marius*, destiné à allumer le feu, que j'ai lu un instant. On me croira, si l'on veut. Mais c'est beaucoup plus ennuyeux encore...

Descente au bourg. Marché.

Les prés sont givrés, sous un soleil qui a la qualité d'un vin blanc sec à goût de pierre à fusil. Pas de nuages. On n'était plus habitué à ce ciel important, à ce ciel coupole, à cette voûte architecturale sur la tête, à ce ciel bleu... Et quel bleu! Non pas fraîchement teint, sorti de la cuve, mais un bleu chargé de vieux soleils et de vieux hivers, un beau bleu d'Europe. Sur les prés, le soleil souffle doucement sa lumière, sans frotter à la brosse, sans faire reluire.

Dans l'atelier de P... le forgeron. Un paysan dépose un sac dans un recoin. « Contrebande... » me dit P... Je ne sais pas ce qu'il y a dans le sac. Je ne l'ai pas demandé. Il me l'aurait dit volontiers. Mais je n'aime pas répondre à une confidence par une indiscrétion.

Avant la guerre de 14, les contrebandiers en allumettes, qui allaient chercher du phosphore en Suisse, avaient coutume de déposer leur sac dans l'atelier. La tradition remontait au père, au grand-père de P... Avaient-ils pour les contrebandiers une affection de réfractaires ou simplement de frondeurs? Non... Il faut chercher plus loin. Ces vieux voulaient choisir eux-mêmes entre l'honnête et le déshonnête. Leur morale était au-delà du gendarme. Elle n'était pas une obéissance, mais un commandement qu'ils se donnaient à eux-mêmes.

« C'est extraordinaire, me dit un fermier; c'est extraordinaire, ce... (Il cherche le mot...) ce retournement : en juin et juillet, après le passage des Allemands, tous les gens du bourg ne juraient que par eux. Il y avait un commerçant qui disait : " Il n'y a qu'avec eux qu'on peut faire des affaires. " Maintenant, ils sont tous pour les Anglais et ceux qui crient le plus fort, c'est ceux qui attendaient que Hitler " arrange tout "... »

Le journal. Le maréchal Pétain aura son chêne. Les Druides. On apprend avec émotion que le maréchal a déjeuné à Cérilly dans la maison natale de M. Jacques Chevalier, secrétaire général à l'Instruction publique. Mais M. Jacques Chevalier s'abuse lui-même et ne trompera personne : Cérilly n'est pas sa ville natale, c'est celle de Charles-Louis Philippe [1].

1. C'est le 8 novembre qu'eut lieu la cérémonie du « chêne du Maréchal », en forêt de Tronçais. Après le déjeuner, Philippe Pétain assiste, devant une foule appréciable, au martelage de ses initiales sur un chêne, selon le cérémonial des Eaux et Forêts; il repartit avec une hachette. Le professeur de philosophie Jacques Chevalier, filleul de Pétain et futur ministre de l'Instruction publique, était né à Cérilly en 1882. Charles-Louis Philippe était également né à Cérilly en 1874, où son père était sabotier; poète et romancier, il est un des précurseurs de la littérature populiste.

10 novembre

J'ai souvent dans ces notes jeté le nom de Pascal. Comment ai-je connu Pascal? Notre professeur de « rhétorique » nous donna à apprendre par cœur quelques lignes du mystère de Jésus. Puissance de la forme. Je fus saisi par un tableau, dont on néglige le sujet. Mon émotion était musicale. Mystère de la forme, bienfaits et dangers d'une culture, qui offre ainsi de beaux tableaux, dépouillés de leur sens primitif. Mais cette brûlure intérieure? Pourquoi brûlait-il? De quoi brûlait-il? Je ne m'en souciais pas. Mais qui ne brûlait pas ainsi avait perdu le pouvoir de me toucher. Quand j'avais laissé mon exemplaire des *Pensées*, je pénétrais dans cet espace où l'ange et la circonférence troublent et séduisent également. Il est vrai qu'il n'y a pas beaucoup d'anges chez Pascal, d'anges avec des ailes, d'anges faisant un métier angélique.

Je ne sais comment je trouvai un exemplaire des *Provinciales*. Que pouvaient bien me faire le jansénisme et le molinisme? Et pourtant je le lus comme un roman défendu. Je détestai Suarez de Mendoza. Je devins janséniste. Je me demandai comment on pouvait n'être pas janséniste. Il me semblait que seul le jansénisme ne faisait pas de la religion un troc avec Dieu. Il ne prétendait point contraindre Dieu. Dieu restait libre. La vertu de l'homme n'enchaînait point Dieu, l'homme ne pouvait contraindre Dieu à le récompenser. La foi n'était plus un placement, elle n'assurait point à ceux qui avaient su choisir une éternité de béatitude. Suarez de Mendoza pouvait être sauvé et Pascal non. J'en eusse alors remontré à un théologien sur la grâce suffisante, la grâce efficiente et la grâce efficace. Sublime désintéressement, qui m'entraînait bien plus que la démonstration du pari. Enfin une foi, enfin une certitude qui n'exigeait pas son pourboire.

Quelle fausse idée ces quelques lignes pourraient donner de mes compagnons et de moi-même, de notre jeunesse avant les deux guerres. Nous ne vivions pas enfermés dans les livres, même dans Pascal. Nous étions des provinciaux évadés : il y avait encore une province. Nous étions un groupe étrange, en marge. Nous n'avions ni l'esprit de Montmartre, ni celui du Boulevard. Nous cherchions des perles humaines dans les mauvais lieux. Mais pour que l'un de nous acceptât une besogne dans un journal, il fallait que la faim le pressât fort. Saurai-je jamais conter ces temps, sans être infidèle aux morts ni injuste pour les survivants? Et suis-je même capable de retrouver en moi la résonance de ce passé?

Pluie et vent. À la lisière d'un bois, des feuilles se détachent, tournoient ou prolongent un vol ondulant. Deux oiseaux passent et leur vol se mêle au vol des feuilles.

Les quatre boucheries du bourg seront fermées quinze jours. Les bouchers ont vendu au-dessus de la taxe. Pour que le bourg ne soit pas privé de viande, les boutiques fermeront alternativement.

11 novembre

Le matin, les nuages sont bas. Le paysage est blême, fripé. On dirait qu'il a passé toute la nuit en chemin de fer.

« Les heures qu'il avait libres furent remplies de bonnes lectures, et ce qui passe toutes les lectures, de sérieuses réflexions sur les erreurs de la vie humaine et sur les vains travaux des politiques, dont il avait tant d'expérience. » Ainsi je vis à peu près comme Michel Le Tellier, depuis que je suis « réduit à une espèce d'oisiveté et de solitude ». La différence est que je n'ai pas une grande expérience des travaux des politiques.

Je lis Bossuet. Je me vante d'ailleurs quand je dis que je lis Bossuet. Ni je lis, ni je ne relis. Je consulte la partition et je fredonne. Je me demande si je n'ai pas toujours lu ainsi.

Faute d'informations, j'en suis réduit à mettre le présent et l'avenir en syllogismes. Mais c'est l'imprévu qui gagne. La débâcle totale n'était pas prévue; les plus pessimistes ne prévoyaient que la défaite. Au début de 1940, qui eût prédit une dictature à la solde de l'étranger et une terreur blanche en miniature qui ne demande qu'à grandir?

Si le conflit se prolonge, accumulant les destructions, mais n'aboutissant à rien, combien de temps encore les foules tolèreront-elles ce provisoire, ces parenthèses de guerre ou d'armistice? Viendra-t-il en quelque pays un homme qui parle langage d'homme, non point un aboyeur du type Hitler, non point un trafiquant du type Laval, non pas un parlementaire cauteleux, mais un homme, libérateur ou despote, tel qu'on puisse, comme faisait Stendhal de Napoléon, le nommer « un grand homme »? Les peuples, partout soumis à des dictatures, lesquelles concluront des accords économiques, s'en iront-ils vers un avenir de bestialité confortable?

Par sentiers et sous-bois, j'ai été jusqu'à l'Aubépin, hameau perché en haut de colline. Je dis colline par modestie. Mais on sent déjà la montagne; tout est plus serré, moins ondulant. En cette saison, le promeneur ne s'aventure guère jusque-là. Personne, sauf les chiens, ne me témoigne d'hostilité. Mais j'ai le sentiment d'être indiscret. Le chemin entre les fermes me semble un couloir intérieur. Et je suis gêné, comme si j'y avais pénétré par effraction.

Hypocrisie: une belle fille rousse dans l'ombre d'un hangar m'épie. Je m'approche et lui demande où mène un sentier, dont je sais fort bien qu'il se perd dans les « teppes ». Je prolonge jusqu'à la limite des convenances cette conversation topographique.

Je traverse le hameau, j'arrive à une route, une route empierrée, avec traces de goudronnage. Elle monte en lacets entre des bouleaux et des pins. Depuis des semaines, je n'avais pas vu de route, de vraie route. J'allais par des sentiers, par des pistes, à travers prés. Je m'accrochais à des ronces. Je ne voyais que des ronces. Il me fallait ruser, franchir une haie pour apercevoir un peu de paysage. Mon pied se heurtait à de la roche, à des racines, enfonçait dans une couche de feuilles sèches ou dans la boue. J'étais enfermé, enfoncé dans la terre. Cette dure matière, ce ferme dessin d'une route m'étonnent, comme si j'avais sans transition passé d'un continent à un autre. Comme si, n'ayant jamais vécu que dans les bois, je découvrais l'architecture. Car cette route, c'est une architecture. Tous ces sentiers, je les suivais en explorateur, m'orientant comme un sauvage. Mais la route fait un grand signe, un grand signe clair. Son langage est plein de souvenirs et d'allusions. Elle ressuscite en moi des voyages anciens, des villages conquis, des bonheurs oubliés. Elle me rend à ma mobilité, elle me délivre de ce moi collé à sa solitude, comme l'anémone de mer à son rocher.

12 novembre

Toute la nuit, sur deux registres, le vent a soufflé en tempête.

Sur un bruit de vague se brisant et déferlant glissait un long sifflement, une voix gémissante, une imploration de fantôme. Les volets de bois plein craquaient, comme craquent les bateaux. Tantôt j'attendais la visite du fantôme, tantôt j'étais en mer balancé dans ma cabine.

J'apprends par le journal que Mistinguett donne à Lyon quelques représentations. Mistinguett aura duré plus que Napoléon. Je l'ai vue, quand elle avait vingt ans, à Lyon, à l'Eldorado. Elle faisait très bien la roue, le saut indien. Je l'ai revue une seule fois, il y a quelques années, au milieu de ses « boys ». Le groupe des boys s'ouvrait. Elle apparaissait, comme les personnages des horloges célèbres. C'était un peu solennel, un peu triste.

Le café-concert est devenu académique et les chanteuses y ont même du talent : elles ont une mécanique de métier compliquée. C'est artistique comme le bronze d'art des bazars est artistique.

Il est mort le beuglant obscène et sentimental de jadis. Quelques chansons, à force d'ingénue stupidité, touchaient à la grandeur, au mystère. Mais nous n'écoutions guère les chansons. Ce n'était point la chanteuse que nous cherchions, mais, sous la chanteuse, la femme, la blanchisseuse ou la fille.

Les journaux sont affichés à la porte vitrée du bureau de tabac. J'ai failli acheter l'*Action française*. Et puis non... je connais ces jeux de logique formelle, ce mélange de haine et de nigauderie intellectuelle.

Maurras est le véritable assassin de Jaurès. Il l'a accusé d'avoir touché de l'or allemand. La haine ici va jusqu'à l'infamie. C'est cette haine qui a prêté à Maurras et à ses disciples en syllogistique quelque apparence de consistance. Tous les fascismes étaient en eux et pas même le royalisme. François Poncetton [1] a montré dans ses *Paradoxes royalistes* que Maurras n'avait aucun sens de la royauté, qu'il n'était qu'un Jacobin pourri. Maurras, incapable de rien définir, sauf des concepts de manuel, ne s'est point encore aperçu – et ses lecteurs pas davantage – que s'il haïssait la démocratie, son patriotisme n'était que déviation et inversion de sentiments nés de la Révolution. C'est l'espèce même où se recrute le fasciste ou l'hitlérien. Le réactionnaire aristocrate y cède plus difficilement.

Sous le portail de la cathédrale de Clermont-Ferrand, le maréchal Pétain est reçu par Mgr Piguet. Échange de hautes politesses entre hautes puissances. L'évêque peut-être voit au-delà du cérémonial. Mais peut-être le maréchal ne sait-il pas ce qu'il véhicule. Le maréchal est ce voyageur malchanceux, dans la malle duquel un malfaiteur a caché son attirail de cambrioleur. Le maréchal est semblable à ces porteurs de germes, qui répandent autour d'eux une maladie qu'ils ignorent. Le maréchal croit peut-être reconstituer l'alliance du trône et de l'autel. Il ignore les propriétés de la toxine hitlérienne, que Laval a cachée dans ses cantines [2].

Si peu qu'il y ait de christianisme dans le catholicisme et le protestantisme réunis, cette dose est intolérable à Hitler. Hitler ne peut supporter aucun partage de pouvoir ou de prestige. Que son peuple un instant soit distrait, il ne peut plus l'hypnotiser.

Il a emprisonné quelques prêtres catholiques et quelques pasteurs. Il n'a pu frapper en bloc comme il a fait pour les communistes et les sociaux-démocrates, parce que la religion est plus fortement nouée à la coutume que la révolution. Hitler consentit à des compromis, les églises aussi. Au début du nazisme, les théologiens protestants mirent en question si la religion et le nazisme étaient conciliables. Les quelques pasteurs qui ne trouvèrent pas au nazisme un fondement théologique méditèrent en prison sur les contradictions du siècle et de la foi.

Le vieux maréchal monte les marches de la cathédrale. Il croit

1. Paru en 1926, aux éditions Crès, l'ouvrage, mince et peu original (des dialogues entre « moi » et « mon maître ») reproche en fait à Maurras de ne pas être suffisamment expéditif et tranchant; par amitié, Léon Werth oublie de souligner que cet ultraciste est intolérant, xénophobe et raciste.

2. Quelques mois plus tard, Mgr Piguet sauvait des enfants, cachait des aviateurs anglais, était arrêté par la *Gestapo* au sortir de la grande messe, le 28 mai 1944, était déporté en Allemagne *(N.d.A.)*.

que son uniforme et la robe de l'évêque sont l'image définitive du monde qu'il avait rêvé. L'ordre catholique et l'ordre militaire sauvent la France.

Mais Laval sait où il va. Du moins, il sait qu'il y a plusieurs routes au carrefour. Laval a joué le destin de Laval. Il ne s'agit plus seulement de s'enrichir ou de garder ses millions. C'est une autre partie. Il a fait à sa manière un acte de foi. Il a joué sur Hitler. Il ne tient que par Hitler et les exigences de Hitler seront selon que l'Angleterre gagnera ou perdra, selon le degré de sa victoire ou de sa défaite. Si la paix est boiteuse, si elle ne livre pas complètement la France à l'Allemagne, Hitler n'exigera rien de plus que l'ordre Pétain, il laissera la France à ses luttes intérieures. Mais si l'Angleterre perd, Hitler ne se contentera pas de l'ordre du maréchal. Car Hitler gagnant ne peut plus rien refuser à l'hitlérisme. Il est entraîné à détruire non seulement tout ce qui s'oppose à lui, mais aussi tout ce qui n'aboutit pas à lui.

Laval le sait. Il contemple cyniquement l'évêque, qui demain peut-être sera persécuté par Hitler, et le maréchal qui prépare les voies de cette persécution. Il se dit : « Le maréchal ne peut savoir, l'évêque sait peut-être. » L'ancien avocat de Miguel Almeyreda [1] connaît sa plus belle émotion de jeu. Ou on le tuera ou il terminera sa vie fastueusement, comme Gœring. Il chassera avec Gœring en Pologne. C'est mieux quand même que les fourrés de Rambouillet. À moins qu'une Europe lasse d'elle-même, après les paix signées, ne sombre dans une telle décomposition que les plus puissants régimes n'y trouvent même pas un point d'application.

Le journal : « Le Comité des Forges n'est plus. » Tableau d'histoire : le maréchal Pétain et Laval chassent la famille Schneider, qui s'enfuit, mendiant sur les routes.

Marie-Claire reparaît. La France crèvera-t-elle de l'Allemagne, de l'alcool ou de *Marie-Claire*? Je n'ai pas le cœur de développer. Mais c'est un beau sujet pour le bachot.

13 novembre

J'ai comme tout le monde, je l'avoue, utilisé ces répugnantes cartes postales destinées à la correspondance entre les deux zones. Des cadres y sont préparés pour toutes nos effusions et pour toutes circonstances du temps de guerre comme du temps de paix. Un gouvernement fort se devrait, même la paix signée, de n'autoriser

1. Laval, quand il était jeune avocat d'extrême gauche, défendit des militants ouvriers. Almeyreda Eugène, alias Miguel, né en 1883, anarchiste, est devenu en 1913 directeur du journal *Le Bonnet Rouge*; soupçonné d'intelligence avec les puissances centrales, il est arrêté et trouvé mort en prison (le 20 août 1917) dans des conditions mal éclaircies.

que cette sorte de correspondance. Il éviterait ainsi à son peuple les dangereuses aberrations du sentiment intime et ce peuple serait sans cesse averti que tous les sentiments et toutes les pensées sont sous le contrôle de l'État.

Si aucun Français n'avait consenti à utiliser ces cartes, je ne dis pas que les troupes allemandes auraient passé le Rhin. Mais nous eussions remporté la seule victoire qui nous fût possible. Et nous eussions déconcerté l'ennemi autrement qu'en fuyant sur les routes.

14 novembre

Le vent a soufflé toute la nuit. La mer était forte et tous les cordages grinçaient. J'étais bien protégé dans mon lit. Le contraste était assez voluptueux. Mais le vent s'est calmé. J'ai entendu par deux fois un gémissement rauque, qui semblait venir de la pièce voisine. J'ai eu peur. L'espace autour de moi s'est vidé et la maison s'est contractée autour de cette plainte. J'ai eu peur. J'ai attendu un personnage silencieux, dont les pas ne feraient pas de bruit au plancher, un assassin au regard terrible ou une vieille femme au regard égaré, une victime, mais au moins aussi redoutable que l'assassin. Mais ne croyez pas que cela ait duré très longtemps ni que j'ai eu très peur. À raconter ces choses, on les grossit, on les fausse. Comme si on décrivait en vingt pages un frisson.

Je ne sais même pas si l'Angleterre voulut d'abord faire une guerre de l'opium ou une guerre de la liberté. Mais si même elle entreprit une guerre de l'opium [1], elle est devenue une guerre de la liberté.

La guerre épuise. On a vu des guerres pour la liberté aboutir à la dictature. Pour l'Angleterre nourrie de guerre, pour la France nourrie de défaite, la liberté ne sera-t-elle pas une nourriture trop forte? Après la guerre de 1914, la France et l'Allemagne n'ont-elles pas laissé leur liberté se corrompre?

Comme ces gens qui ne sauraient vous aborder sans dire : « Il vient de m'arriver une histoire extraordinaire... », n'avons-nous point tort de tenir pour exceptionnels les bouleversements de notre temps? N'est-ce point une erreur que d'attribuer à leur succession une rapidité inconnue des époques antérieures? N'est-ce point une illusion que fondent les classifications de l'histoire? Nous disons :

1. La Grande-Bretagne a bien voulu cette guerre-là. La vente d'opium, à Canton, par des marchands anglais, que les autorités chinoises voulaient interdire, servit de prétexte au gouvernement de Sa Majesté qui voulait « ouvrir » la Chine. À la suite de divers incidents, la guerre dite de l'opium débute le 19 mars 1840; elle durera dix-huit mois et se terminera par le traité de Nankin le 29 août 1842, le premier des traités dits inégaux.

un homme de 89, un homme de 1815, un homme de 1830. Mais un Français, âgé de vingt ans en 1789, n'en avait que quarante-six en 1815 et soixante et un en 1830. Ce petit jeu arithmétique est très amusant. Et d'ailleurs Balzac y a joué. Il n'est pas sûr que le monde aille tellement plus vite qu'au bon vieux temps, dont on nous a fait croire qu'il s'avançait tout doucement, en tâtant de sa canne les cailloux du chemin. Nous sommes dupes d'une illusion. Nous confondons la vitesse dans l'espace et la vitesse dans l'histoire. Nous sommes hypnotisés par les engins mécaniques. Mais si l'avion va plus vite que la diligence, on allait aussi vite de la Révolution à Napoléon que de Guillaume II à Hitler. Et Napoléon a passé plus vite que le moindre dictateur d'aujourd'hui.

Les événements ne vont pas plus vite. Mais les guerres tuent bien davantage et les prisonniers pourrissent dans les camps. Les survivants, affaissés ou « shokés », sont incapables de refaire proprement l'histoire. Ainsi ces soldats des jeunes classes qui, en 1918, avaient fait sept ans d'armée, trois ans de service et quatre ans de guerre. Une bonne statistique montrerait que les effets d'une guerre ou d'une dictature sont aujourd'hui à plus longue échéance que dans le passé.

L'égoïsme total? Se saisir de l'heure. La garder pour soi, en extraire ce qu'elle contient de plaisir, pour l'esprit ou la chair, fermer les yeux et revoir le portrait par Rembrandt de sa sœur, au musée de Stockholm, ou goûter le parfait rapport d'un vin sec et d'un fromage pure chèvre?

Mais il faudrait se rendre invulnérable : n'aimer personne. Et quel ennui ce doit être!

Simplifications des politiques d'aujourd'hui. Une médecine de cheval et une seule pour toutes les maladies. Ainsi ces infirmeries de régiment, où il n'y avait qu'une seule drogue : l'ipéca.

15 novembre

Il arrive qu'en Bretagne la pluie soit « mélancolique ». L'ajonc, la mer sont, sous le crachin, comme ces visages que les larmes n'enlaidissent pas, qu'elles ne font pas grimacer, qu'elles altèrent à peine. La pluie n'y apparaît pas comme une injustice. À Singapour, elle tombe quelques minutes, en cascade. Un nuage a passé, mais le ciel, d'un bleu chauffé à blanc, n'a pas été touché. Ici, la pluie masque ou sabre le paysage. Elle est indiscrète, obsédante, comme une troupe d'occupation.

J'ai écrit : mélancolique, et sans réfléchir, je l'ai mis entre guillemets. Pourquoi cette prudence que je n'ai pas préméditée? Il est vrai que c'est un mot qu'on n'écrit plus. Il dit une nuance du sentiment qui n'est plus aujourd'hui, une douceur dans la tristesse qui semble romantique, du moins littéraire. Il n'appartient plus qu'au vocabulaire des psychiatres, où il n'est point en deçà, mais au-delà de la tristesse.

Un autre mot ne fait même plus sourire, mais a tout à fait disparu. C'est : vertu. Pas plus qu'elle ne désigne encore la noblesse d'une âme, la vertu ne s'applique plus aux mœurs de la femme. Le mot n'est plus que chimique : les vertus de l'opium, les vertus de l'arsenic.

Communication officielle du gouvernement de Vichy : « L'autorité allemande en Lorraine vient d'inviter (inviter est du dernier galant) les Lorrains de langue française à opter entre leur transfert en Pologne ou leur départ pour la France non occupée... Depuis le lundi 11 novembre leur expulsion (étrange effet d'une invitation) a lieu au rythme de cinq à sept trains par jour [1]. »

Ce transfert de populations n'éveille point chez un paysan français d'agréables images. On laisse la terre, on laisse les bêtes, on emporte ce qui tient dans une valise. Et, comme me disait un fermier : « Il n'y a pas que les bêtes, il n'y a pas que les meubles, il y a les bricoles ou n'importe quoi... »

Interview du maréchal. L'auteur de cet interview, Henri Béraud [2], écrivit un jour, au temps de sa jeunesse, que j'étais sa conscience. J'ai eu envie, depuis, de lui demander s'il croyait vraiment que ma conscience était si souple. Mais déjà je n'étais plus disposé à ce qu'on appelle dans les journaux : polémique. Je serai toujours reconnaissant à Valery Larbaud d'avoir écrit que, même s'il détestait quelques-uns de mes emportements, il ne lui vint jamais l'idée de les rabaisser au plan de la polémique.

Je revois Béraud arrivant à Paris, sonnant à la porte de Vildrac et frappant à la mienne, croyant trouver en nous des chroniqueurs à la mode du second Empire, maîtres du Boulevard. Et nous demandant conseil, il voulait vivre une vie d'écrivain, réaliser son œuvre. Je me souviens de mon prêche : « Puisque vous gagnez votre vie

1. Du 11 au 21 novembre, quelque 60 000 Lorrains réputés francophiles seront expulsés; ils doivent choisir entre la zone Sud et la Pologne; la quasi-totalité d'entre eux optent pour la première solution et arrivent à Lyon par trains entiers. Philippe Pétain s'en dit « bien peiné » dans une allocution radiodiffusée, tout en soulignant, il est vrai, que cette mesure est le fait de la seule Allemagne.

2. Henri Béraud (1885-1958) écrivain (il reçoit le prix Goncourt en 1922 pour son *Martyr de l'obèse*) et surtout journaliste (il écrit dans *L'Œuvre*, dans *Le Petit Parisien*, dans *Paris-Soir* et surtout – à compter de 1934 – dans *Gringoire*) mit ses talents de polémiste au service de la droite extrême : il est anglophobe (les articles d'une rare violence qu'il écrit en octobre 1935 sont réunis en une plaquette *Faut-il réduire l'Angleterre en esclavage ?*), italophile et franquiste. L'interview qu'il fait du « Maréchal », parue dans le numéro de *Gringoire* du 15 novembre, est d'une platitude extrême et d'une flagornerie sans bornes.

en province, fuyez Paris, fuyez les journaux. Je sais ce qu'il en coûte de ne pouvoir s'en passer. Si vous vous résignez à n'être qu'un journaliste, venez à Paris. Sinon, retournez à Lyon, offrez-vous le luxe de cinq ans, de dix ans de silence, de travail... »

Il me remercia avec effusion. Mais le soir je le rencontrai dans l'antichambre du *Gil Blas*.

Quelqu'un voulut m'expliquer sa carrière par le seul calcul et la bassesse. D'un homme qu'on a vu, ne fût-ce que quelques minutes, on ne fait point ainsi un tout abstrait et allégorique. On ne peut plus refuser toute nuance et contraste, le réduire au schéma. On distingue les courants qui l'ont entraîné. Et si l'eau est bourbeuse, on comprend que toute la boue n'était pas en lui.

Il croyait encore à la légende de Paris. Il était par avance ébloui. Et déjà, polémiste local, gâché par ces jeux où l'on acquiert sans risque réputation de courage. Et déjà sachant que les polémiques de journaux cachent bien des compromissions. Il faut qu'il serve à son public des monstres, des monstres tout cuits. C'est fini : le polémiste n'est plus à soi-même. Étrange spectacle : un automate de l'invective abat les personnages d'une noce à Thomas. Peu à peu le jeu polémique fait sa conviction et non pas sa conviction, le jeu polémique.

16 novembre

Je cherche je ne sais plus quoi. Je me vois passant d'une chambre à l'autre. Car je remplis seul l'espace. Rien ne me distrait de moi. La solitude a pour effet qu'on se voit bougeant et même qu'on s'écoute pensant. Un soldat me disait pendant le guerre de 14 : « Me marier?... Jamais... Ta femme, elle voit tout ce que tu fais... » Eh bien, je vois tout ce que je fais. Ainsi la solitude augmente d'abord le moi, aboutit au même effet que, par le truchement de la vanité, la vie de société. Avec l'habitude, on doit finir par ne plus se voir. Sans quoi, quel obstacle à l'humilité pour les anachorètes!

Sur la table de la ferme, un numéro de *Paris-Soir* du dimanche 2 octobre 1938. « À 14 heures, les Allemands ont commencé l'occupation de la zone des Sudètes. » « Les dons affluent pour offrir en France à M. Neville Chamberlain la maison de la paix et des souvenirs de reconnaissance à MM. Daladier et Georges Bonnet [1]. »

Et dans un article de Saint-Exupéry, qui sera un des matériaux

1. Au lendemain de Munich, *Paris-Soir* et *L'Œuvre* ont ouvert une souscription pour offrir à Neville Chamberlain une « Maison de la paix sur un coin de terre de France »; mais le projet tourne court. Un livre d'or portant les signatures de plus d'un million de « Français reconnaissants » sera bien remis à Édouard Daladier et Georges Bonnet.

de *Terre des Hommes* : « Quand la paix nous semblait menacée, nous découvrions la honte de la guerre. Quand la guerre nous semblait épargnée, nous ressentions la honte de la paix. »

L'homme ne résout les contradictions que par un nouveau langage. Ainsi Newton, Einstein. Il en est des contradictions de la société comme de celles de la science. Un nouveau langage est une simplification. Et la simplification qu'il faut trouver, c'est l'homme. Je résume ainsi une aérienne méditation de Saint-Exupéry. J'enferme en gangue scolastique des pensées qui sont de la vie purifiée prises aux quatre coins du monde et dont aucune n'a souffert d'être capturée.

Je me bute à la conclusion. Je touche un obstacle.

Mais je n'ai pas avec Saint-Ex, l'esprit de discussion. Je suis vaincu. Je lui dois trop : il m'a rendu ma jeunesse, j'avais égaré ma jeunesse, il m'a fait cadeau d'une autre.

S'il est là, nous avons l'air d'argumenter. C'est une illusion. Ce n'est pas discuter que chercher la meilleure prise. L'un veut déplacer l'autre, pour qu'il distingue mieux on ne sait quelles traces sur l'horizon. L'autre résiste. Il se croit bien installé. Mais il m'est arrivé, quand j'avais tard la nuit, causé avec Saint-Ex, de me rendre compte, plusieurs jours après, que j'avais bougé.

Et il m'écrivait, il y a quelques mois : « J'ai souvenir de longues discussions avec vous. Et je ne suis pas partial, je vous donne presque toujours raison. »

Mais que notre amitié est au-delà d'un banal accord d'idées !

Je crois que je finirai par donner des notes au paysage, que je vois par ma fenêtre. Il travaille assez mal, ce trimestre d'automne. Aujourd'hui, trop de vent, des nuages mal lavés. Le pré prend mal la lumière. Comme un paillasson dans l'ombre d'un escalier.

17 novembre

Les taxations de denrées et les condamnations de commerçants d'une part, le transfert des Lorrains (ces mystérieux Lorrains, ces Lorrains de communiqué, étrangers à toute arithmétique et à toute géographie) éveillent le bourg de sa léthargie. Le bourg se demande « où on va ».

Si nous sommes sans défense contre l'Allemagne, du moins sommes-nous défendus contre nos propres erreurs. Le chirurgien Laval et son chloroformisateur Pétain sont d'étranges praticiens. On leur amène un grand traumatisé, tombé d'un sixième étage. Fracture du crâne. Et ils se penchent à son chevet et lui indiquent un régime, quelques principes d'hygiène et d'éducation physique.

Claude m'apporte de Bourg les *Paris-Soir* du 13 et du 15. Je n'avais pas vu de *Paris-Soir* depuis des mois. Je pense au naufragé de l'île déserte. Un bateau a aperçu ses signaux. Le voilà, à bord. On lui a donné des vêtements, on lui apporte une boisson chaude. Il retrouve une civilisation : une façon de se mouvoir dans l'espace, une façon de sourire. Et tout à coup un passager lui tend un numéro de *Paris-Soir*. Et cela suffit pour anéantir l'image qu'il s'était faite de la civilisation pendant les longs jours et les longues nuits de l'île déserte.

Cet univers topographique, cette graduation topographique de l'univers, cette mensuration de l'univers en corps de capitales et de bas de casse m'épouvantent. On m'avertit, on me guide. Mais les signes par lesquels on me guide et m'avertit sont si gros qu'ils anéantissent la chose signifiée. Tantôt les titres s'avancent vers moi comme des vagues, dont les déferlements se mêlent. Tantôt ils se font saillie sur la page comme les lanternes rouges sur les façades d'un quartier réservé. Toutes les vieilles à châles, tapies au seuil de toutes les portes, m'appellent en toutes les langues du monde. Je suis un marin saoul, je ne sais où entrer.

« 150 000 kilos de bombes en une nuit sur Londres. » Mais ces bombes sont en gros corps d'antiques, bien plus grosses et plus meurtrières que ces bombes misérables en petit bas de casse qui ont abattu quatre bombardiers allemands.

Un bas de casse de moyenne grandeur m'apprend que Mgr Gerlier, à la séance de rentrée des facultés catholiques de Lyon, exalte l'œuvre du maréchal Pétain. « Chef admirable et vénéré d'un peuple auquel il a rendu l'espoir et le secret de sa grandeur. » Nous voyions il y a quelques jours, à Clermont-Ferrand, Mgr Piguet accueillir le maréchal sous le portail de la cathédrale. Rien jusque-là n'est attendu, rien ne blesse la tradition. Bossuet savait à la fois rendre hommage aux grands de la terre dans le siècle et les abaisser dans l'éternité. Mais je me pose à nouveau la question : ces prélats rendent-ils au vieux guerrier un académique hommage? une Église puissante, un maréchal de droit divin, une morale selon l'Église, une discipline selon l'armée, une France selon cette morale et cette discipline? Sont-ils dupes de cette imagerie d'Épinal? Ne voient-ils pas que le pauvre maréchal véhicule avec lui ce nazisme et ce fascisme condamnés en cour de Rome [1]? Ne voient-ils pas qu'une étape de cléricalisme conservateur serait brève? Que, si même la France, pendant des années, acceptait la dictature, le dictateur ne serait point Laval, mais un homme imprévu, qui galvaniserait au moins la masse des imbéciles et qui lui proposerait autre chose

1. Dans l'encyclique rédigée en allemand *Mit brennender Sorge*, promulguée le 14 mars 1937, Pie XI ne condamne pas explicitement « le fascisme » mais rejette sans clause de style le nazisme, son totalitarisme et son racisme; il incite le clergé allemand à ne pas se compromettre avec un système de pensée condamnable.

que le masochisme de la défaite? Que ce serait alors le règne de la violence absolue et qu'elle ne s'exercerait point en France au profit de l'Église?

Il semble que la France ne puisse se passer ni des rites de l'Église ni de résister à l'Église. Aucun village de France n'est délivré des catégories de la droite et de la gauche. Il n'est pas de paysan français qui n'ait dans son vocabulaire les blancs et les rouges. L'Église serait-elle sage en se réjouissant de l'immobilité des rouges, fût-ce en des camps de concentration? Ce n'est pas à Franco, c'est à Hitler que les fascistes français demandent des leçons. La masse française constate que les rouges sont frappés. Un dictateur ne s'imposera à elle qu'en frappant et les blancs et les rouges, non pas en pesant sur un plateau de la balance, mais en cassant la balance.

Si l'Allemagne gagne, nous aurons une compensation. Désespérant pour des années et des siècles peut-être de toute civilisation, conservateurs d'un musée pillé et désaffecté du moins serons-nous délivrés de toute inquiétude spirituelle. Le règne de la brute est venu. Si l'Allemagne gagne, non seulement le passé est mort, mais l'avenir est bouché. Nous n'avons plus, en attendant la mort, qu'à nous abandonner à un égoïsme total et monstrueux.

L'inverse n'est pas vrai. Personne n'oserait le soutenir. Laval et Pétain ont bien amorcé quelque chose dans ce sens : « Si nous n'avions pas signé l'armistice, c'eût été l'asservissement total à l'Angleterre... » Mais ce n'est qu'un prétexte de défense personnelle. Qui, parmi ceux même qui la redoutent, oserait dire que la victoire anglaise anéantirait la civilisation?

J'entends aussi ceux qui disent qu'il y a dans la France une force propre qui la préserverait de jamais descendre au niveau de l'Allemagne hitlérienne. Les plus beaux organismes ne sont pas à l'abri des maladies les plus graves et elles ne débutent point à grand orchestre. C'est comme si vous disiez qu'un athlète complet ne peut pas attraper la vérole. Voyez les débuts insidieux du nazisme en France.

18 novembre

Nouvelles du bourg : les Allemands auraient limité à deux minutes la durée des conversations à la barrière, entre membres d'une même famille, habitant les uns la zone libre, les autres, la zone occupée. Les Allemands expédieraient en Allemagne les hommes de moins de trente ans.

Le journal : Laval revient de Paris. Il n'a pas parlé. Mais « on remarqua cependant qu'il avait l'air particulièrement satisfait des résultats de son voyage... » Ce journaliste est évidemment très physionomiste.

Il paraît que le maréchal a le regard clair. Le bleu vide du regard est l'ordonnance chez les vieux militaires et chez les vieux domestiques de famille.

19 novembre

Le ciel a la couleur d'un vieux pot d'étain.

Quelques étoiles figées, qui ne scintillent pas. Elles semblent toutes proches : on les saisirait avec la main. C'est un ciel discret pour réception intime, c'est une belle nuit d'automne. Par une telle nuit, comme il serait désolant que Londres fût bombardé, comme il serait satisfaisant que Berlin le fût! Le bombardement de Berlin est en harmonie avec cette nuit, le bombardement de Londres y insulte. Pour satisfaire la nuit, la justice et moi-même, il faut que Berlin soit touché par les bombes anglaises. Et, Berlin détruit, la nuit serait plus belle encore.

Ainsi cheminent dans les têtes d'hommes les passions de la politique, hautes ou basses. Mais la plupart des hommes ne s'en étonnent pas et croient qu'au bout de toutes leurs passions est l'harmonie du monde.

Ce matin, écrasé par des nuages sales, qui laissent passer un peu de soleil et l'interceptent aussitôt, le paysage est regrigné, maussade. À Paris, à peine aurais-je constaté que la lumière était triste. À Paris, on ne sort jamais de chez soi. Paris n'est qu'un grand appartement.

Se méfier de tout homme qui n'a pas d'enfant, s'il n'a pas de génie.

J'apprends par une lettre de Paris, passée en fraude il va de soi, que Langevin a été arrêté [1]. On me donne le fait brut sans commentaire ni détails.

Ainsi Langevin rejoint, si j'ose ainsi parler, Einstein au Panthéon des victimes du nazisme. La preuve est faite qu'il y a un nazisme français, portant ses coups aux mêmes points que l'autre. L'étape conservatrice, familiale et bien pensante de Vichy est franchie.

Les professeurs vont-ils se taire? Et les deux ou trois acadé-

1. C'est le premier scientifique français de renommée internationale à subir la répression. Physicien, professeur au Collège de France depuis 1909, militant à l'extrême gauche, il est arrêté le 30 octobre 1940 et incarcéré à la prison de Fresnes, malgré ses 68 ans, au régime du droit commun et au secret; après qu'une campagne de protestations eut abouti à sa libération, il est placé en résidence surveillée à Troyes.

miciens qui ont une syntaxe et qui, s'ils n'ont jamais joué les martyrs, n'ont point encore déclaré qu'ils faisaient métier de laquais? S'ils veulent courir leur risque, ils risquent peu aujourd'hui. S'ils ne courent pas leur risque, demain, ils seront tous en péril. Le savent-ils?

Il fut un temps où notre scepticisme se fût peut-être amusé à contempler la crapuleuse ascension d'un Laval.

J'ai vu d'assez près un ou deux personnages de journaux, fabriqués de la même matière. Et, quand je les avais regardés, j'éprouvais la même satisfaction que, lorsque étant encore un enfant, je revenais du jardin zoologique.

Mais que je suis loin de cette planante et fausse sagesse. Je me sens peuplé. J'aime la physique à la façon du peuple. La physique m'est indispensable. Il ne m'est pas tolérable qu'on touche à la physique ou à l'astrophysique.

Et qui y touche, qui emprisonne Langevin? Voyez les hommes, les vies, les âmes, les visages. Je vous dis que je crois à la pureté du laboratoire, à la pureté de la science. Je suis peuple et cours du soir. C'est la clarté de la science. La science, entends-tu?... la science éclaire le monde.

Qui emprisonne la science? Qui emprisonne Langevin? Le politicien véreux et le soldat stupide. Ainsi se dessine la France de demain.

Je me souviens avoir écrit, avant cette guerre, que la France connaissait ce désespoir et cet affaissement, qui précèdent les dictatures, que plus rien ne s'opposait à la dictature que les mœurs de la liberté française, qu'elles étaient le dernier obstacle au nazisme. Que la France et l'Allemagne différaient en ceci que Hitler pouvait chasser Einstein ou l'emprisonner, mais que nul Daladier ou Laval ne pouvait toucher à un Langevin. L'obstacle est franchi.

VI

GÉNÉROSITÉS D'HITLER, GENTILLESSE D'ALLEMAGNE

21 novembre 1940

De la déclaration de M. Scapini chargé de mission à Berlin, à propos de nos deux millions de prisonniers [1] :

« Je me suis adressé à la générosité du chancelier Hitler... »

En 1871, les Alsaciens eurent le choix de leur nationalité. Ceux qui voulaient rester Français partirent librement. L'Allemagne de Guillaume et de Bismarck ne chassa pas les Alsaciens et ne les remplaça pas par des Wurtembergeois. Guillaume et Bismarck n'eussent point osé. Et ils n'en étaient point empêchés par une contrainte physique, par une impossibilité de fait. Guillaume et Bismarck ne cédaient qu'à une contrainte des mœurs. Ils ne chassèrent pas les Alsaciens pour la même raison qu'ils n'ordonnèrent pas aux sages-femmes, à l'exemple du roi de la Bible, de mettre à mort tous les enfants mâles. C'était alors de l'ordre de l'inconcevable.

Hitler expulse de Lorraine les Lorrains. Dans le même temps que le maréchal, à Lyon, passe des revues, tend un drapeau à la foule et pose la première pierre du pont Philippe-Pétain. Le maréchal parcourt, en deux jours, sous les acclamations, trente-cinq colonnes de journal.

Hitler chasse les Lorrains. Qui ne constaterait, de Bismarck à Hitler et du maréchal de Mac-Mahon au maréchal Pétain, une grande simplification de la politique? Les peuples sont devenus des cheptels. L'État les fabrique en série sur un modèle standard. Si même ils sont de moins bons praticiens qu'un Hitler, il n'y a

1. Un protocole du 16 novembre 1940 autorise le « Service diplomatique des prisonniers de guerre », dirigé par Georges Scapini, ancien combattant, ancien député de la droite autoritaire, ancien membre du Comité France-Allemagne, à s'installer à Berlin pour y assurer la protection des prisonniers français; Vichy y gagne de contrôler indirectement les 1 650 000 hommes qui ont rejoint *Stalags* et *Oflags*; le *Reich* est satisfait de laisser en dehors les États-Unis qui assuraient jusqu'alors la protection des prisonniers français.

point de raison pour qu'un Laval ou un Pétain n'usine pas du Français, comme Hitler a usiné de l'Allemand.

Je suis honteux de ces banalités, de ces vues à vol d'oiseau, de ces misérables généralités. Mais ce n'est pas de ma faute si du chaos même surgissent d'énormes évidences.

Le journal fait allusion aux prisonniers et aux Lorrains. Je ne sais rien que par le journal. La réalité politique est enfermée dans le journal, comme l'Éternel était enveloppé dans une colonne de fumée.

22 novembre

Il pleut. Sur la montagne on ne voit ni les arbres ni le hameau perché. Elle est couverte d'une bâche.

La sorcellerie du Sud n'est pas toute-puissante. Il n'est pas d'abri contre l'époque. Marcelle Marquet [1] m'écrit d'Alger :

« Et ce pays est si beau, il y a des heures où on s'y laisse prendre et c'est aussi réparateur que du sommeil, mais il y a les mêmes réveils. » Elle ne chasse pas le cauchemar, elle ne peut pas, elle ne veut pas le chasser. « Que retrouverons-nous à Paris? Quand le retrouverons-nous? Nous restera-t-il l'envie de retrouver quelque chose? » Toutes les lettres que je reçois rendent le même son. Nous vivons de l'intolérable. Sauf miracle, l'incohérence et la bassesse du présent semblent contenir l'incohérence et la bassesse de l'avenir. « Restons en communication, en nous écrivant... Il faut bien tenter de sauver quelque chose. » Qu'espérons-nous en effet sinon contempler un jour le passé comme une belle œuvre d'art, qu'espérons-nous sinon que nos amitiés ne soient pas désamorcées?

On m'apporte le journal au moins tous les deux jours. On m'apporte les événements à domicile. Je détache du journal des indices, comme mes chats détachent de leur pâtée quelques minces déchets de viande.

Le front italo-grec, les inquiétudes de la Turquie.

La propagande pour la collaboration continue. Plus d'une colonne sur « l'effort déployé par l'administration militaire allemande dans la France occupée, pour assurer le ravitaillement, collaborer avec les autorités françaises et réorganiser la production ». On ne sait plus où mettre le pied : la France est tout entière couverte par les quintaux de pommes de terre importés d'Allemagne. Des chiffres, des chiffres idylliques. Du charbon, du lait. L'Allemagne, si l'on en croit Vichy, est la mère nourrice de la France. Conclusion : « Ces remarques prouvent que la politique de collaboration découlait de la nature des choses. »

1. C'est l'épouse du peintre Albert Marquet.

La nature des choses est le plus beau talisman des politiciens et des journalistes politiques. La nature des choses, c'est leur politique même.

Je ne crois pas que les rédacteurs des journaux connaissent la puissance de leur génie comique. Une page de journal est pleine des plus beaux contrastes de haute farce. Le ministre des Finances donne aux Français de sages conseils sur leurs capitaux disponibles.

Cela pourrait mécontenter quelques Français qui, par hasard, n'auraient dans leur portefeuille ou dans leur tiroir que de faibles disponibilités. On a pensé à eux. On lit dans la colonne voisine ce beau titre : « Le bonheur d'être pauvre ». Ainsi les riches peuvent s'appuyer sur la solidité de la politique financière de Vichy. Et les pauvres, eux, n'ont besoin de rien, puisqu'ils sont heureux. « La pauvreté, c'est peut-être la seule forme de bonheur, qui nous soit donnée sur la terre. Quand on ne manque de rien, on n'aime pas toujours son travail. Or aimer son travail, c'est la grande affaire... »

Pourquoi, dites-vous, lisez-vous ces choses ? Et quel sadisme vous y rend attentif ? Je lis ces choses, parce qu'un signe est un signe. Parce qu'en ces temps la chronique est comme le reste dirigée, l'amplification orientée. Parce que la pathologie est une belle science. Parce que jamais la collaboration ne fut aussi étroite entre M. de la Palisse, M. Prudhomme et Ubu roi.

Le Siamois et la Siamoise ont trouvé un rayon de soleil. Ils ne le laissent pas perdre. Ils s'installent et font dire qu'on ne les dérange pas.

23 novembre

Marché. « Les Italiens en ont pris un coup... » me dit une vieille femme, de celles qui portent encore le bonnet bressan. Elle ne commente pas et je ne lui pose aucune question. Je n'ai pas lu le journal d'aujourd'hui. Elle non plus, sûrement. Mais c'est une nouvelle circulante et elle a créé en elle un état de béatitude politique.

L'idée vole un peu partout que le maréchal joue contre les gens de Vichy, qu'il n'est pas leur complice, qu'au contraire il les attend au tournant.

Le père François, l'artisan en chaises, n'est pas loin de croire à cette fable. Je lui demande sur quoi il se fonde. « Je ne sais pas, me répond-il, à de petites choses ici ou là... »

« J'ai vu dans le journal qu'à Lyon on n'a pas chanté devant Pétain le premier couplet de *La Marseillaise*, mais le troisième. Le journal disait : " Le couplet cher à Pétain ". Vous rappelez-vous les paroles? Non pas, *Allons enfants de la Patrie...* mais : *Liberté, liberté chérie...* »

Je me souviens que Régis Gignoux, dans la revue *1912*, qu'il écrivit en collaboration avec Charles Muller, nous révéla que personne n'était capable de réciter *La Marseillaise* d'un bout à l'autre. La scène était très amusante : un ministre, pour quelque inauguration, prie son chef de cabinet de lui en écrire les paroles. Le chef de cabinet ne peut aller au-delà du premier couplet. Il mande le chef adjoint, qui mande le secrétaire, qui mande les attachés, qui mandent l'huissier qui mande le garçon de bureau. Au-delà du premier couplet, personne ne sait plus que « Pom... pom... »

Ils n'avaient oublié que le vieux chaisier. Je vous jure que, de *La Marseillaise*, il connaît tous les couplets. Je l'ai entendu, après un souper de moisson, chanter *Les Montagnards*. Il chantait de toute sa poitrine. Ce n'est point ainsi qu'il me chante le troisième couplet. Nous sommes seuls, lui et moi, dans son atelier. Assis sur un siège bas, il achève de pailler une chaise. Il interrompt son travail mais ne lâche pas son brin de « laîche ». Et, comme s'il disait une prière, à voix basse, mais détachant les mots, il chante :

> *Liberté, liberté chérie*
> *Conduis, soutiens nos bras vengeurs...*

Il chante pour lui et pour moi. Il chante, comme il réciterait une prière. N'allez pas lui dire en cet instant que la liberté n'est que la permission qu'on accorde au peuple de mourir de faim. Je m'excuse auprès des personnes délicates de la vulgarité de mon émotion. Un vieux chaisier me chante un couplet de *La Marseillaise* et je suis ému. Je sens bien que je ne me délivrerai jamais d'un je ne sais quoi de canaille.

Je pense au père de Charles-Louis Philippe, qui fut sabotier. Charles-Louis Philippe, Marguerite Audoux. Je pense à ces soirs de l'île Saint-Louis, à ces soirs de la rue Léopold-Robert. L'un comme l'autre étaient loin de la foule des usines. Peut-être l'inventaient-ils, le peuple. Et leur fierté d'en être n'était peut-être que leur fierté d'être eux-mêmes. Mais pour eux, seul, le sang du peuple était du sang bleu.

Vichy, négligeant aujourd'hui nos âmes régénérées, se penche vers nos ventres et nous conseille de ramasser des glands... « Ils peuvent être utilisés soit à la nourriture des porcs, soit comme produit de remplacement du café... »

24 novembre

J'ai attendu Claude à la gare. De la gare jusqu'à notre maison, il faut compter plus d'une demi-heure. À peine avons-nous quitté la ville, à peine sommes-nous engagés dans le chemin montant que Claude m'expose les opérations des armées grecque et italienne et les opinions des élèves du lycée de Bourg sur l'Europe et la guerre. Claude a quinze ans et demi et, par un effet de la guerre, il est, hélas! interne au lycée de Bourg. Mais un externe apporte chaque jour des journaux. Autre effet de la guerre : les élèves des lycées connaissent étonnamment la géographie du Proche-Orient. Le lycée est partagé en deux groupes : un groupe Pétain et un groupe de Gaulle (on entend parfois dans les cours fredonner le *God Save the King*). Mais il n'est jamais question de Laval. Laval est hors de cause.

Quand j'étais, à l'âge de mon fils, élève du lycée de Lyon, je crois bien que je ne connaissais le nom d'aucun ministre. Les ministres, tous les ministres étaient pour mes camarades et pour moi des proviseurs d'un plus haut grade. Nos sentiments pour le proviseur étaient d'indifférence. Nous ne discutions que des professeurs. Âge de haute civilisation où l'administration n'est point sentie. Âge de haute santé où le corps social ne sent pas ses organes! Et d'ailleurs nos conversations d'adolescents n'avaient jamais trait à la politique. La politesse était de ne point toucher à ces sujets.

Telles que je les puis imaginer par le récit de mon fils, les conversations de ses camarades sur les destins de l'Europe ne sont ni moins sages ni moins nourries de réalités que celles des grandes personnes. Et cela me conduit à une autre remarque : que je cause de la guerre avec un paysan ou avec le plus « cultivé » de mes amis, les sources de leur information, leurs jugements, leurs conclusions sont du même plan ou à peu près. Quoi que vaille ce langage, il me semble que tous les hommes ont un commun langage, s'ils parlent de ce qu'il faut bien appeler la politique. Ce n'est vrai pour aucune autre matière. En faut-il conclure que les hommes flairent la politique, comme les chiens flairent le gibier? Ou les sources de leur information politique sont-elles si grossières que les plus subtils comme les plus épais sont conduits aux mêmes jugements sans nuances? les uns comme les autres ne disposent-ils en cette matière que d'abstractions sans chair, d'une sorte d'algèbre dont les signes leur sont donnés par les journaux?

Il est beaucoup plus facile de lier des concepts fermes sur les rapports de la Rome conquérante et de la Grèce civilisatrice que sur le ravitaillement du département du Jura en 1940.

Les élèves du lycée ont été conduits à une conférence organisée par le club alpin. Le Dr B... de Lyon, neurologiste notoire, y commenta de belles photographies de montagne projetées à l'écran. « Cela a duré deux heures, me dit Claude, et il nous a intéressés et amusés. Mais il a terminé par une invocation à Pétain. »

Nous avons été, B... et moi, grands copains, pendant notre dernière année de lycée. Spinoza et Kant étaient pour nous sans mystères. Te souviens-tu de la revue que tu avais composée et dont les thèmes s'entrelaçaient, tantôt scolaires, tantôt pudiquement licencieux. J'ai oublié le couplet sur Nina de La Russe. (La Russe était une brasserie.) Mais je me souviens du couplet sur les autorités du lycée :

Et si l'infecte astration
S'avis' de fair' d' la rouspétance,
Non contents d'lui flanquer des gnons
Nous irons lui crever la panse.

À peine si nous nous sommes revus. Le lycée fut un cadre à notre amitié et non pas la vie. Et je reste, aujourd'hui encore étonné que notre familiarité ait toujours été aussi exempte d'intimité. Nous n'avons été liés qu'à la façon de ces acrobates qui font un numéro à deux et qui n'ont plus rien de commun, quand leur association est rompue et qu'ils s'engagent en des troupes différentes. Nous faisions un assez beau numéro. Nous jonglions avec les philosophes, nous plongions dans le Rhône, nous fréquentions d'ombreuses et atroces brasseries aux servantes vermoulues et nous attrapions des prix au Concours général.

C'était après l'autre guerre. Comme j'avais mal à une jambe, je t'ai consulté. Oh! tu n'as pas fait le pédant. Même tu m'as pincé avec une pince hémostatique, pour bien saisir l'instant, m'as-tu dit, où je comprendrais qu'il ne s'agissait plus d'un examen, mais d'une blague.

Tu étais un des gros pontes de la médecine lyonnaise et cependant on me contait de toi de frondeuses fantaisies. Pendant la guerre, comme un règlement t'obligeait à porter un sabre pour je ne sais quelle démarche aux bureaux du Service de santé, tu décrochas d'une panoplie un vieux sabre courbe de cavalerie et tu l'accrochas à ta ceinture.

Et maintenant tu invoques Pétain. Ne sais-tu pas que la neurologie aussi peut être menacée par le sabre de Pétain? Et, je suis triste à penser que tu vas peut-être finir en grande personne et t'en laisser imposer par « l'infecte astration ».

Gelée blanche sur les prés. En contrebas, un paysage encadré par des pins : le chemin en pente, le portail de la cour, un arbre aux feuilles jaunes d'un éclat métallique. Rien ne se mêle à rien, rien ne passe dans rien, rien ne flotte ni se balance comme est un paysage d'été. Tous les morceaux sont cimentés. Tout est assemblé, serré, congelé. C'est d'une étonnante solidité.

Laurent, qui conduisait son char à bœufs, a tué sur le chemin, d'un coup d'aiguillon, un lièvre. Je suis invité à manger du lièvre. J'ai dîné à la ferme.

« Il faudrait bien des années, quoi qu'il arrive, me dit Laurent, pour qu'on retrouve la liberté qu'on avait... Je ne retournerai pas de longtemps à la foire vendre ou acheter des bêtes, comme j'y ai mon intérêt ou comme ça me fait plaisir... »

« Si l'Angleterre gagnait, me dit Laurent, Pétain ne se sauverait pas... on ne lui ferait rien. Mais Laval, il aurait déjà disparu. »

25 novembre

Le journal : une visite à M. Paul Claudel dans son château des Brangues. M. Paul Claudel n'aime pas Stendhal.

Il n'avait pas besoin de le dire : nous nous en doutions.

Une allocution du pape. Une citation de quelques lignes est reproduite d'après le D.N.B. Si bien que le pape semble prier pour le nouvel ordre germanique.

Dans un hameau voisin, des Parisiens ont une maison de campagne. Entre leur maison des champs et leur appartement parisien, ils font la navette, en auto. Ils ont de l'essence à volonté et passent la ligne sans difficultés. On sait par leur bonne, qu'à Paris, ils reçoivent des officiers allemands. « À Paris, disent-ils, on mange à sa faim, il n'y a pas de queues et la vie continue comme avant. » Sont-ils chargés d'une mission de propagande ou sont-ils d'une abominable bonne foi, semblables à ces gavés, à qui les pauvres sont invisibles ?

On murmure dans le pays que ces touristes optimistes, qui ont toutes facilités de communications entre les deux zones, appartiennent à la cinquième colonne. Je n'en sais rien. Je ne recrute pas facilement pour la cinquième colonne. Autant que je les puis imaginer, ces gens sont du type qui, entre 1914 et 1918, eussent été d'acharnés jusqu'au-boutistes, eussent cru dur comme fer aux Allemands qu'on faisait prisonniers par divisions en leur tendant une tartine de confiture, aux Allemands qui coupaient au ras du poignet les mains des enfants, à Lille comme à Lens. Ils eussent classé le Boche parmi les bêtes immondes et dénoncé un voisin qui eût joué Wagner. Tel était le conformisme d'alors. Les voici aujourd'hui se vantant de leurs belles relations avec les Allemands.

S'ils étaient cinquième colonne, il me semble qu'ils feindraient sinon la haine, tout au moins quelque réprobation pour le vainqueur. Mais nous sommes au point, paraît-il, où le partisan et l'agent du vainqueur peuvent sans risque s'avouer.

La bibliothèque ne contient pas que Montaigne, Pascal et Bossuet. J'y trouve une collection du *Pêle-Mêle* de l'année 1899 [1]. D'où vient-elle? Qui dans la famille, lisait le *Pêle-Mêle*? Autant qu'il me souvient, c'était un de ces journaux qu'on trouvait chez le coiffeur. L'humour était alors de mode. Il y avait une hiérarchie de l'humour, du dessinateur du *Pêle-Mêle* jusqu'à Jules Renard. Mais chez les plus humbles des dessinateurs, s'il était systématique, leur humour n'était pas encore mécanique, comme on a vu depuis. Le rire n'était pas toujours industriel, il était parfois encore artisanal. Ces vieux numéros du *Pêle-Mêle* me semblent bien moins nocifs que ces magazines d'hier, dont les images provoquent une incohérente excitation et dont le texte commentant l'univers entier : cuisine, cabinet de toilette, sports, art et politique, le réduit à ce qu'en peut saisir un idiot de Bicêtre.

Je sais aussi que l'éloignement dans le temps accorde à tous les vieux journaux des vertus que les contemporains ne pouvaient soupçonner. Les caricaturistes de 1899 et 1900 ont pour motifs la royale insolence des cochers de fiacre, pendant l'Exposition; les dangers du cyclisme et la vanité des vélocipédistes, qui ne pédalent que pour s'exhiber; la passion des automobilistes déguisés en ours polaires, qui n'est que d'écraser les piétons.

Une génération d'adolescents surgit, si on lit les annonces des produits qui font pousser la moustache :

« La moustache n'a pas d'âge. Jeunes gens! Civils ou soldats, demandez le spécifique de Picard. Moustache et barbe en 15 jours... Prix : 2 fr. 25... »

Et celle-ci :

« La sève capillaire fait pousser la barbe et la moustache magnifiquement même à 15 ans... »

Mais c'est à l'Angleterre que me conduit le *Pêle-Mêle*. C'est le temps de la guerre des Boers. L'Angleterre est impopulaire en France au point que les caricaturistes, qui, sur tout autre motif, s'interdisent l'allusion politique, nous montrent des Anglais vêtus de complets à carreaux, coiffés de casquettes, osseux aux longues dents et sans gêne. Et voici l'annonce du célèbre professeur Victor Vaissier :

ENGLISH PICK-POCKETS

Si l'English est battu presque à chaque rencontre
C'est après le combat que sa valeur se montre

1. *Le Pêle-Mêle*, journal à caricatures avant tout de mœurs parut de 1895 à 1921 et de 1924 à 1929.

Car dépouillant les morts ainsi qu'un vil corbeau
Il prend or, habits et savon du Congo.

Je ne m'offrirais pas aujourd'hui le jeu facile du vol historique planant. Je ne veux que tourner les pages d'un vieil album, revoir quelques images, me rappeler quelques contacts.

Je pense à Berlin, à ses quartiers neufs, d'une architecture courageuse et tonique. Les architectes avaient renoncé à paraphraser de vieux styles. Soumis à la raison, à la logique, ils atteignirent à cette harmonie, qui souvent naît de la logique et à un véritable lyrisme du standard. Au lieu que nos cités modernes aux environs de Paris sont indigentes, vulgaires et de laides proportions. Je visitais ces quartiers neufs de Berlin avec le professeur Poliany, qui enseignait à l'Université la chimie physique. « Il n'y a pas, me disait-il, derrière ces façades, ce qu'on pourrait croire. Cette architecture est sans doute une heureuse adaptation à une minute du temps. C'est une belle thérapeutique de logique pure. Une philosophie moderne. Mais pas plus que les travaux du savant, l'architecture ni la vie ne peuvent être ordonnées par la logique pure. Vous êtes d'un pays qui tient encore par quelques liaisons organiques. Mais l'Allemagne oscille comme un pendule. Du nazisme au communisme. Demain matin, nous nous réveillerons communistes ou nazistes. » Quelques mois après, c'était les élections hitlériennes.

On ne tient pas assez compte de la « gentillesse » allemande. L'Allemand est gentil, terriblement gentil. L'Allemagne est le pays du monde où le passant auquel on demande son chemin est le plus complaisant. Vous lui demandez de vous indiquer une rue. Il vous répond par le don de son amitié. J'ai cru que c'était par vertu bienveillante. Je crois maintenant qu'il est dénué d'intimité résistante. Il est vide, vous ne le dérangez pas. Vide, vacant, attendant le communisme ou l'hitlérisme, aimable et prêt à vous tuer. Là est aussi le secret de sa discipline. Rien ne résiste en lui. L'Allemand n'est qu'une fiction d'homme.

Au cours d'une soirée où je fus invité à Berlin, le salon me parut rempli de monolithes. Je cherchai en vain quelque esprit de société. L'Allemand ne s'attache pas à l'Allemand par les liens subtils de l'allusion. Il lui faut de gros cordages ou plutôt un ciment : il ne le trouve qu'à la caserne ou dans la foule.

Quand un Allemand se présente, il tape du talon et se met au garde-à-vous.

Les lieux de plaisir sont pleins d'ingénieuses inventions : on communique d'une table à l'autre par téléphones ou tubes pneumatiques. Cette simplification mécanique est pour l'Allemand la vie de société.

Avant 1914, quand les Allemands ne croyaient point encore à

Hitler, ils étaient obsédés par la culture. Tantôt ils présentaient leur *Kultur* ou *Bildung*, comme un traiteur offre à son client une fine Napoléon.

Berlin est vivant, mais comme une gare. Je ne me souviens d'aucun paysage de Berlin, où j'ai passé plusieurs semaines. À peine un vieux restaurant aux boiseries calcinées et un petit pont courbe sur une rivière morte entre des façades.

Je n'ai vécu que dix jours à Londres. Pas un détail d'architecture n'y a par lui-même une vertu plastique. On pourrait dire que l'architecture n'y existe pas ou qu'elle est du style des vieilles carrosseries. Cependant cent paysages de Londres s'encadrent en moi. J'y ai retrouvé cent maisons d'une de mes enfances. J'y garde d'innombrables complicités. Et je ne dis rien de la Tamise et de la brume sur les docks.

Je fus invité à un thé chez des Anglais de classe moyenne. La politesse n'était pas rituelle, comme chez les peuples barbares. Le bonhomme humain n'était pas confectionné, il était sur ses mesures à lui. La civilisation était dans l'air. Qui croit sentir cette sorte de civilisation à Berlin, il n'est pas difficile.

27 novembre

Les journaux sont pleins de « l'indignation qu'a suscitée en France » le bombardement de Marseille par des avions anglais [1]. Un paysan fume son champ. À peine avions-nous échangé quelques mots sur le temps et le vent : « Les avions de Marseille, me dit-il, c'étaient des avions italiens maquillés en avions anglais... on le dit en ville et ça ne m'étonnerait pas... »

Effet de la dictature : la presse est tenue pour nulle. Le bourg invente ses symboles.

J'ai causé au bourg avec un de ses riches marchands. Ils forment un groupe dont les origines sont de l'autre guerre. Ils n'étaient que boutiquiers prospères. Ils sont devenus des riches. On dit que le quincaillier, le marchand de drap sont plusieurs fois millionnaires, d'autres encore. Ils n'ont guère changé leur train de vie, ils ont continué leur métier, ils ne cherchent point à paraître.

Quand ils ont acheté de la terre, ils ne savent plus où s'accrocher. Ils n'ont ni la constance de type et de mœurs qui fit un caractère à leurs ancêtres de 1830 et qui aida Balzac à être Balzac. Ils se cherchent une justification. Le bourg conte avec malice qu'une de ces familles, connue pour son indifférence religieuse, devint dévote aussitôt après qu'elle eut gagné son premier million.

1. Des bombes lâchées, le 25 novembre 1940, d'avions réputés anglais font quatre morts et cinq blessés.

Impuissants, les Français pèsent le monde chaque nouveau matin et ils se communiquent les résultats de leur pesée.

Le problème de la liberté n'a guère de sens pour L... Il sait que, quoi qu'il advienne, la liberté du négoce ne sera point intacte. Quant aux autres libertés, il ne s'en soucie pas, elles sont un luxe qui lui est indifférent; il ne les désire pas plus qu'il ne désire un yacht de plaisance ou la direction de l'Opéra.

Le journal :

Le préfet de Saône-et-Loire interdit « dans les lieux ouverts au public la réception des émissions de postes britanniques et, en général, de tous les postes se livrant à une propagande anti-nationale ».

Demain, ce sera l'interdiction de la réception à domicile.

Après-demain, le voisin dénoncera le voisin.

« On communique de source allemande (Où donc est l'autre?) que 50 000 Lorrains seulement (et seulement est admirable) ont été transférés en zone non occupée. »

La gelée blanche couvre les prés. Dans le sentier elle dessine les nervures des feuilles au sol et en couvre les creux d'un implacable tamis. Chaque feuille est un chef-d'œuvre de fée. Je me promène dans une campagne de dentelle.

Il faut peut-être au début un peu de courage pour supporter la solitude, pour boucher toutes les fissures par où l'ennemi pourrait passer, pour dompter le temps. Mais bientôt il vous porte. Bientôt le temps et le travail se confondent. Le temps devient travail, comme il était paresse. On n'a plus affaire qu'à soi-même et au temps. On dispose du temps et on n'a plus une minute à soi.

28 novembre

Chasser de soi la guerre. Ne plus penser à la France, à l'Angleterre, à l'Allemagne, à la civilisation, à un instable état des mœurs, ne plus souffrir en soi la souffrance de deux millions de prisonniers et de cinquante mille Lorrains chassés.

Je ne veux plus cesser d'être un homme pour devenir un animal historique, je ne veux plus m'anéantir dans une pitié trop vaste, qui cesse d'être de la pitié, qui devient elle-même historique.

L'époque me touche, me traverse, m'envahit, s'attaque à ma chair. Mais elle opère sur de tels chiffres et de telles dimensions que je n'ai pas assez de points de ma chair pour en recevoir les excitations. Que les deux millions de prisonniers et les cinquante mille Lorrains et cette civilisation en voie de dissolution, ne soient plus que des abstractions historiques, ne me touchent plus qu'en ces froides régions de moi-même, où je contemple l'exode de la Bible, les grands massacres classiques, la conquête de la Grèce par Rome et la défaite de Vercingétorix!

Il serait peut-être temps de me réfugier dans l'amour intellectuel de la nécessité. Pendant la précédente guerre, dans la tranchée, je lisais Spinoza. Que cette phrase fait bien et me donne une belle attitude! Les balles sifflent, les obus tombent et je lis *L'Éthique.* Voulez-vous que je conte aussi que mon Spinoza fut traversé d'un éclat d'obus ou qu'une balle s'y vînt amortir et que Spinoza ainsi me protégea de la mort? Il est vrai qu'un ami m'ayant demandé quel livre il pouvait m'envoyer, je réfléchis que j'avais peu de place dans ma musette, qu'un roman se lit en une heure et que devenant l'homme d'un seul livre, j'avais avantage à choisir un ouvrage qui ne se lût pas comme un magazine et avec lequel ma familiarité ne fût point complète. Il m'est donc arrivé de lire Spinoza dans ma termitière.

N'avoir du monde qu'une vue philosophique, lui opposer une impassibilité de géomètre. Je n'y puis rien : je ne suis pas philosophe. Je suis selon le temps qu'il fait et les êtres sont pour moi autant d'absolus, distincts les uns des autres, comme l'étaient l'ogre et le Petit Poucet de mon enfance. Les plus beaux théorèmes, les plus belles lois ne me sont de rien. Je n'ai pas la tripe philosophique et les philosophes eux-mêmes, je sais bien que leur chair n'est pas de leurs systèmes. Le philosophe me promène en sa philosophie comme le pilote me promène en son avion. Je monte, je vois jusqu'à l'horizon. C'est une ivresse. Mais ces deux mécaniques me sont étrangères. Et même de là-haut, je regarde avec attendrissement les petites maisons d'en-bas.

Il y a Dieu. Mais le Dieu d'aujourd'hui est vraiment trop modeste et trop peu exigeant. Trop poli pour être honnête.

La conciliation du temporel et du spirituel dans le catholicisme me semble une admirable construction. Bossuet a réponse à tout. Les révolutions et les guerres sont les moyens de Dieu, servent ses desseins. Il sait à la fois louer les grands dans le siècle et les abaisser dans l'éternité.

Mais le siècle est devenu trop encombrant et personne ne fait croisade, sauf Hitler. Quel Dieu meut quelque chose pour le dérèglement du monde?

Et l'argent pose des questions brutales, auxquelles il faut personnellement répondre. Je ne sais si la guerre a donné une maladie à l'argent. Mais elle ne l'a pas supprimé. Qu'on ne dise pas : « les plus riches aujourd'hui ne sont pas assurés du lendemain ». Même en cas de famine, les riches mourront de faim les derniers. Si je n'avais pas de soucis d'argent, je bâtirais bien plus facilement ma niche dans le désastre et j'y astiquerais bien plus à l'aise mes ornements spirituels.

Ou je mènerais la vie d'une bête domestique. Je vivrais, comme tant d'autres, sans autre raison de vivre que d'être vivant.

VII

DE LA RADIO ANGLAISE À MAURICE CHEVALIER

29 novembre 1940

JE n'ai pour imaginer Paris que quelques signes dispersés. Queues devant les boutiques. Un ami me demande de lui envoyer un sac de choux et de poireaux. Manifestations d'étudiants [1]. Mais je ne sais rien de ces manifestations. Je ne sais si vraiment les facultés sont fermées. Les élèves de l'école de Sèvres doivent chaque matin apposer leur signature sur un registre, au commissariat de police. Les rues, la nuit, sont sans lumière et le couvre-feu est à minuit. Mais je ne sais pas si Paris étouffe, s'irrite ou dort.

Étonnant diptyque. D'une part, les journaux sont pleins des projets de Vichy : « Refaire la race, refaire une éducation. » D'autre part, le pays tout entier suspendu à la radio anglaise. Le gouvernement opère en vase clos. S'il s'occupe de la foule, la foule ne s'occupe pas de lui. Étrange parallélisme : où et quand ces deux lignes cesseront-elles d'être parallèles, où et comment se rencontreront-elles ?

« Je n'achète plus le journal, me dit Aimé François [2], jeune employé du chemin de fer à Louhans, j'écoute la radio anglaise. »

Je l'interroge sur la ville, ses camarades. « On ne s'occupe, me dit-il, que des restrictions et, pour le reste, on attend. On espère que l'Angleterre gagnera. C'est tout. On ne parle pas de politique... » – « Et Laval... » – « Très impopulaire... » – « Et Pétain ?... » – « Beaucoup pensent que, sans lui, les Allemands feraient pire... »

1. Pour protester contre l'arrestation de Paul Langevin et surtout exprimer leur patriotisme à l'occasion du 11 novembre, plus de 3 000 lycéens et étudiants parisiens manifestent, notamment le long des Champs-Élysées ; il y eut des blessés graves et les Allemands et les policiers français procédèrent à 200 arrestations ; l'occupant fit fermer les facultés et n'en n'autorisa la réouverture qu'après les vacances de Noël.

2. C'est le fils du « Père François » (cf. supra p. 43) et le frère d'Andrée François (cf. infra p. 131) ; cité pp. 448, 696.

1 900 millions ont été votés pour la construction de stades, de terrains de sports, de piscines... On revoit dix ans de cinéma, les défilés des jeunesses hitlériennes, toutes les béatitudes du rang serré.

Le commandant de Maisonneuve révèle à la presse que « le développement corporel sera la pierre angulaire de l'éducation générale ». Il faut former des hommes de caractère... « L'intelligence tourne en rond si elle ne s'appuie pas sur le caractère... »

Pour cette classe de primaires du secondaire, l'intelligence est en effet soit une mécanique qui tourne à vide, soit un arsenal d'engins subversifs. Ils n'ont pas tout à fait tort. Dans un monde organisé par eux, l'intelligence en effet sera toujours subversive.

Je pense à Stendhal, à ses « deux bêtes d'aversion, l'hypocrisie et la sottise ».

Quand, en 1918, les peuples furent démobilisés, ils avaient perdu tout sens de la vérité et du mensonge, toute envie et toute curiosité de les distinguer. Les guerres précédentes n'avaient été que des échauffourées, auxquelles ne participaient guère que des spécialistes. Les civils y épuisaient leur goût de l'héroïsme, comme les spectateurs de vélodromes y épuisent leur goût de la vitesse. Mais les peuples furent embauchés dans l'usine insalubre de la guerre de 14. Ils connurent la plus déprimante des émotions : l'émotion de jeu. Chacun se demandait s'il serait le lendemain vivant ou mort. Et les mères se demandaient si leur fils serait vivant ou mort. Quand on ferma le casino, il n'y eut plus en Europe que des joueurs décavés.

Ainsi l'Allemagne pouvait accepter sans dégoût le grossier ciment de l'hitlérisme. Ainsi devenait possible sur les routes de France cette fuite d'officiers ayant lâché leurs unités. Ce sont deux faits du même ordre, si l'on veut bien y réfléchir.

Lorsque j'étais un enfant, un de mes camarades demanda à notre professeur d'histoire s'il était bien vrai qu'autrefois on ne pouvait pas sans passeport passer d'un pays dans l'autre. Cela lui paraissait inconcevable. Cette question d'enfant éclaire un état de mœurs. Et la liberté de passer une frontière, sans que les États interviennent, n'est tout de même pas une forme métaphysique de la liberté.

Voici peut-être un des aspects de cette mystérieuse civilisation : le rôle de l'État n'est que celui de l'agent qui règle la circulation ou du cantonnier qui balaye.

On rapporte de la zone interdite que les troupes allemandes sont démoralisées, qu'il y a même des bagarres entre les jeunes et les vieux. Les jeunes, hitlérisés, et les vieux repris des vieux doutes du civilisé. C'est par là peut-être que l'Allemagne craquera. Hitler fusillera, torturera. Mais on ne sait quoi venu du fond de l'homme anéantira Hitler.

30 novembre

Unité de la neige, arbres secs. Le paysage est méconnaissable. La neige révèle des plans inconnus. Elle ne garnit ni les haies, ni les creux. Elle sépare et délimite ce qui ne l'était pas. Les collines, qui, l'été, sont d'une seule coulée, se découpent en facettes, forment prisme. Le moindre mur, la moindre tuile étale sa couleur amortie, bien passée, bien unie. Paysage sans agitation ni métamorphoses de couleurs, paysage où le doute n'entre pas. Paysage limité et complet, comme j'en construisais, enfant, avec les arbres en copeaux de mes bergeries.

Il y a quelques années, le bachot se pouvait comparer à ces tickets, qui donnent droit d'accès aux quais de la gare. Brevet de bourgeoisie, disait Le Dantec. Aujourd'hui, il arrive, paraît-il, que quelques jeunes bourgeois fassent la queue devant le guichet. Petit signe de la déchéance de la bourgeoisie. Le milieu du notaire ou de l'avoué n'est plus capable de produire, spontanément, du bachelier.

Le magistrat ne traduit plus Horace. Le notaire et l'avoué, dont les grands-parents avaient tous une bibliothèque, n'achètent plus de livres que dans les gares. Leur inculture est totale. Leur vanité n'est pas moindre. S'ils s'aperçoivent par hasard qu'ils sont moins savants que les élèves de l'école primaire, ils pensent à part eux : « Mais nous avons une formation classique ». Élevés dans cet air, leurs enfants arrivent dans les lycées comme s'ils venaient de la brousse. Et, comme ils n'ont point l'agilité du nègre adolescent ou ce respect du travail qu'ont les fils d'instituteurs, ils deviennent assez vite des cancres nonchalants. Quelle chance pour eux, si le coefficient des mouvements rythmiques allait compenser le coefficient de la version latine.

Une jeune paysanne écrit au maréchal : « Je suis si heureuse de voir notre cher pays repartir sur des bases nouvelles, pour refaire la France comme nous aurions toujours voulu qu'elle soit. » « Je voulais faire connaître à monsieur le Maréchal (on le dit si bon que je suis certaine qu'il m'écoutera) le mérite qu'ont eu nos chers parents à nous élever tous... »

Les scribes de Vichy ou d'ailleurs devraient mieux soigner la vraisemblance.

Jorga assassiné. Des centaines et peut-être des milliers de morts d'assassinats en Roumanie.

Le coude du Danube à Buda-Pesth est beau et les façades qui le dominent sont monumentales. On y sent Ninive et Berlin. On se croirait au théâtre. Les grands de la terre ont des airs de grands de la terre. Le peuple est misérable et nonchalant. En plein hiver les servantes d'un grand hôtel de Buda-Pesth circulaient nu-pieds et s'attendaient quand elles entraient dans une chambre à ce qu'on les culbutât. Au marché d'innombrables tonneaux dressés sont pleins d'énormes cornichons, d'un vert de jeune pousse.

Prestige de la France, jadis, en ces pays, de la France classique et terre de liberté. Légende ou non, c'est ainsi qu'on imaginait la France, malgré ses diplomates, malgré le quai d'Orsay. Voyageur français, j'en étais intimidé. Je n'avais point pensé que je portais en moi tant de liberté et que, du seul fait que j'étais Français, la liberté rayonnait de moi, sans même que j'y prisse garde.

Les grands mots. La France était donc le pays des grands mots. Et je me demande pourquoi seule une catégorie de grands mots fait sourire et non pas l'autre et pourquoi seraient seuls sacrés les grands mots des religions des dictatures. Car l'ordre n'est pas un moins grand mot, ni moins métaphysique, que la liberté.

1er décembre 1940

Arrêté du préfet : « La découverte de tracts extrémistes sur le territoire d'une commune entraînera l'internement administratif des militants communistes notoirement connus, à moins qu'ils ne soient déjà poursuivis judiciairement... »

C'est bien au-delà du délit d'opinion. Est coupable non seulement qui a commis le délit, mais qui peut être suspecté de l'approuver intimement.

Le bourg a souci des restrictions, mais non pas de la liberté. Il attend les résultats du match Angleterre-Allemagne. J'ignore s'il a oublié la liberté ou s'il croit qu'elle lui sera rendue par l'Angleterre gagnante.

Quatre inspecteurs des fraudes étaient hier au marché. Allure de commis des Indirectes, de rats de cave, mais en louche.

Quant aux paysans, ils pensent que, quoi qu'il arrive, ils ne mourront jamais de faim. Ils le pensent sans orgueil, mais il est naturel qu'ils le pensent. Ils vont en mairie déclarer leurs bêtes et le lait qu'ils tirent. Leurs déclarations se narguent des schémas administratifs. Elles sont étudiées par des fonctionnaires qui ne savent pas si une vache donne par jour deux ou vingt litres de lait et qui ignorent qu'elle en donne moins en hiver qu'en été.

Je mangerai du boudin demain. Laurent va tuer un cochon non déclaré, un cochon qui fait dans les cent trente kilos.

Voluptés des sous-bois. Ces jours derniers, mon pied enfonçait dans une couche de feuilles étalées sur un terreau gras, deux tapis. Cette marche est d'un luxe très doux. Aujourd'hui, les creux étaient remplis de glace et le moindre bourrelet de terre m'envoyait rebondir. J'allais de tremplin en tremplin.

Chiappe est mort. Pauvre Guillaumet [1].

Les pages de Saint-Ex sur lui, dans *Terre des hommes* [2].

Guillaumet si calme. Saint-Ex et Guillaumet ensemble. Ils parlaient de l'Aéropostale. Guillaumet perdu dans les Andes, seul, près des débris de son avion. On vole, on le cherche, on ne le trouve pas.

« Je voyais ton avion... » disait Guillaumet. « Comment savais-tu que c'était moi ? » – « Personne n'aurait osé voler si bas... »

2 décembre

Gel et brouillard. Le soleil dans la brume fait un halo comme une lune dans les nuages. Mais il chauffe, il se dilate et toute la brume et toute la neige sont roses. Deux secondes, tout se plombe et les métamorphoses continuent.

Il n'est pas permis au maréchal (je veux dire à cette entité pour foule qu'on a fabriquée avec le maréchal) de parler le langage brutal qui fut celui d'un Hitler. Il lui faudrait d'abord ajouter aux internements administratifs quelques assassinats, pour lesquels il ne semble pas que le pays soit tout à fait mûr encore. Il faudrait surtout que ceux qui tirent les fils du maréchal inventassent une formule publicitaire neuve. Le personnage du maréchal est de vieille chanson.

J'ai ouvert un exemplaire des *Contes* de la Fontaine. Il est de 1818 et orné de quelques gravures assez comiques. Elles traduisent le licencieux en images d'une parfaite rigidité premier Empire. J'ai été injuste peut-être pour ce grivois kilométrique. Le grivois n'est ici que prétexte, une convention initiale. Ainsi l'obscénité de la caserne, énorme et sans trivialité, épurée jusqu'au rite. Ainsi les images érotiques japonaises, où les personnages transposent l'acte charnel en géométrie dans l'espace, où toute la sexualité n'est plus qu'un inextricable labyrinthe dessiné par des jambes et des bras. Le bonhomme, où on s'attend à une allusion, développe en quinze vers son allusion. Ces riens grivois, le plus souvent, il n'en invente pas les sujets. C'est pris dans Boccace ou *Le Décaméron*. Aujourd'hui, nos écrivains n'inventent plus rien que leurs sujets.

1. Jean Chiappe (1878-1940), ancien préfet de police (1927-1934), et l'un des protagonistes de la manifestation du 6 février 1934, avant d'être élu député de Paris en 1936, venait d'être nommé Haut-Commissaire en Syrie et au Liban ; c'est en rejoignant son nouveau poste que son avion, piloté par Henri Guillaumet, est abattu accidentellement, le 27 novembre 1940, dans l'un des combats que se livrent en Méditerranée avions italiens et anglais.

2. Dans cet ouvrage publié chez Gallimard en 1939, Antoine de Saint-Exupéry consacre un chapitre particulièrement chaleureux à Henri Guillaumet (1902-1940), une des grandes figures de l'Aéropostale, qui avait réchappé de justesse en juin 1930 à un accident survenu dans la traversée des Andes.

Et parfois – oh! bien une dizaine de fois – ces vers d'une étrange sonorité, qui n'est pas de son époque et qu'il n'a peut-être pas entendue :

Le fond des bois et leur vaste silence.

Oui... mais le vers précédent rétrécit ce silence :

Nul n'accourut. O belles! évitez
Le fond des bois et leur vaste silence.

3 décembre

Je me souviens que le professeur Polyani, qui enseignait la chimie physique à l'Université de Berlin, me disait en 1932 : « Les autorités nous invitent, pour ne pas dire plus, à multiplier les recherches pratiques au détriment des recherches spéculatives. » Je ne sais s'il voyait là un signe du nazisme montant. Mais assurément un signe de la déchéance allemande, en ces mois où l'Allemagne, me disait-il, oscillait du nazisme au communisme.

Selon qu'il tient ou non pour subversive la science spéculative, un régime d'oppression peut être ou non bon tyran pour les savants. Mais il n'est pas sûr que la science ne soit pas subversive. Dans ces dernières années, les philosophes de métier et les philosophes mondains avaient si peur du fantôme de M. Homais qu'ils n'osaient plus demander conseil à la science. Ils en faisaient la servante sans cœur. Ils rabaissaient son orgueil. Elle ne pouvait plus sortir de chez elle, sans être attaquée par de mystiques rôdeurs.

J'ai peut-être voué aux paysans une excessive admiration. J'étais ébloui, parce qu'ils ne parlaient pas par abstractions. La terre et les bêtes. Ils sèment la terre et conduisent les bêtes avec leur aiguillon. Mais je commence à me demander s'ils n'abusent pas du concret. Il arrive que je trouve leur concret un peu juste à mon pied. Il arrive que je ne puisse plus marcher avec ces souliers-là. On n'avance pas.

Et ils sont si fermés, si diplomates. Que de précautions, circonlocutions et réticences! Quand Laurent m'a conté une bonne histoire du bourg, une des histoires qu'il ne m'eût sans doute pas confiée il y a dix ou quinze ans, parce qu'il n'aurait point eu assez confiance en moi, il arrive qu'il me la livre d'un coup. Mais il a une telle habitude des précautions oratoires qu'il ne peut s'en passer et qu'au lieu de les mettre avant ou pendant, il les met après. Quand il m'a tout dit et que je sais tout, il recommence, en usant de mille réticences et détours. Comme s'il atténuait ainsi l'audace de sa première version.

Ils sont fiers de leur liberté, je veux dire d'un travail qui n'est commandé que par la terre, le soleil ou la pluie. Mais ils n'éprouvent pas d'étonnement, quand un des leurs se fait flic à Paris.

Ils travaillent dur, mais ceux-ci seuls s'enrichissent, qui ont le sens du maquignonnage et le maquignonnage leur devient vite un plaisir d'artiste.

Pendant l'exode de juin et juillet, j'ai vécu quinze jours dans un hameau du Gâtinais [1].

Je vais fâcher beaucoup Abel Delaveau, qui nous hébergea, ma femme et moi, en disant qu'il n'est pas un type parfait de paysan. Il est paysan avec ferveur. Ce n'est plus tout à fait paysan.

Pays plat, hérissé de soldats allemands. Ils masquaient le pays. Je n'ai pas vu le pays. Je n'ai pas vu où on avait mis la nature.

C'était à Chapelon, à quatre kilomètres de Ladon, à seize kilomètres de Montargis. Je n'ai pas connu de jeunes gens; ils étaient soldats. Mais les vieux, auprès desquels j'ai vécu ces quinze jours, ne ressemblaient guère aux paysans de Bresse ou des confins de Bresse. Ni lents, ni raides, parlant net une langue, sans contournements, qui allait droit à son but. Les savants géographes et ethnologues que nous sommes expliquent immédiatement : « Paris n'est qu'à cent kilomètres. » Sans doute, mais la proximité de Paris n'agit point globalement. Ils se soucient peu de Paris, quand ils disent : *« J'ons »* pour : j'ai et *« vouaire »* pour : voir. Ils ont gardé ces formes, que je croyais réservées aux paysans de théâtre et qui étonneraient nos Bressans patoisant.

C'était chez Abel Delaveau [2], à la lueur du crépuscule ou d'une vieille lampe à pétrole au pied d'onyx (les fils de l'électricité avaient été coupés). Ces paysans ne limitaient point l'événement au hameau, ni ne recevaient stupidement la fatalité. Ils avaient rêvé la justice et la paix (n'allez point leur dire que ce sont nuées métaphysiques, ils vous riraient au nez). Ils avaient rêvé le socialisme et le désarmement, ils avaient rêvé un monde de raison. Si la raison n'est plus à la mode chez les intellectuels, elle l'est encore parmi les vieux paysans de Chapelon. Je ne sais s'ils en pressentent les au-delà, mais je sais qu'ils haïssent ce qui est en deçà : c'est-à-dire la guerre et l'oppression. Tels étaient ces paysans cartésiens et ce n'est pas de ma faute si cette sagesse paysanne n'est point exactement celle que prêtent aux paysans les romanciers académiques. « Ce qui nous a manqué, me dit un de ces vieillards, c'est Jaurès... »

La politique est dans les profondeurs de ces paysans. Elle n'y est pas frénétique. Elle est en quelque sorte leur philosophie. Ce qui ne dépend pas de l'ordre des saisons, c'est par la politique

1. Cf : Léon Werth, *33 Jours*, texte inédit, éd. Viviane Hamy, 1992.
2. « Abel Delaveau ». Agriculteur à Chapelon (Loiret), il hébergea (cf. infra pp. 308, 309) Suzanne et Léon Werth pendant l'Exode; cité p. 668.

qu'ils le touchent. Ils n'ont pour l'exprimer qu'un langage politique. Ils pensent par blanc et rouge. Cela fait sourire les sceptiques des villes, qui prétendent dominer ces grossières catégories. Mais, croyant les dominer, ils les fuient.

Le socialisme de ces paysans n'est pas une doctrine. C'est une réponse à deux problèmes : vivre de la terre et ne pas vivre comme des bêtes. Les réponses du passé ne les satisfont pas. Ils connaissent quelque chose du passé. Ils ont tous touché quelque chose du passé. Quelque chose du passé est préservé dans ces fermes, où leurs parents ont vécu. Les vieux ont le temps de conter aux enfants comment on mangeait et comment on pensait de leur temps. Le jeune domestique de ferme sait que son père couchait à l'écurie. Où donc l'ouvrier, dans la mobilité des faubourgs, irait-il chercher son passé proche ? Ses visions historiques lui viennent de l'école et des meetings.

Comment on mangeait, comment on pensait... Que cela sonne vulgaire à nos mystiques de l'ordre et de l'action. Que cela sonne vulgaire aussi aux délicats qui se fabriquent dans un monde décomposé une mystique religieuse à la mesure des lectrices de *Marie-Claire* ! Sans doute sont-ils choqués par ces deux mots associés. Mais le second leur paraît aussi trivial que le premier. Penser leur paraît aussi dégoûtant que manger.

La raison est un instrument pour cerveaux calleux.

C'est ainsi. Ces paysans du Gâtinais croient à la philosophie des lumières. Leur pensée peut se traduire dans le langage des hommes du XVIIIe siècle. On raillera ma naïveté, on se gaussera de mes passerelles historiques. Mais si j'avais écrit que ces vieux paysans étaient tous pareils aux parents de Jeanne d'Arc, on eût admiré mon juste sens et ma perspicacité.

La flamme de la lampe à pétrole brûle dans la salle de ferme d'Abel Delaveau. Je ne regrette point en ce moment les commodités de l'électricité. L'ampoule qui pend au plafond eût noyé les visages; la pénombre les médite, les révèle. Ces vieillards disent des pensées sages et simples. Les pensées compliquées, que nous croyons devoir opposer à la complication et au désordre du monde, ne sont pas plus efficaces. Je crois, je veux croire à leur raison. À saisir trop de contradictions, on se perd dans les remous. Par quelle aberration, les hommes d'Occident acceptent-ils d'être simplifiés par les dictateurs et refusent-ils toute simplification, quand elle leur est proposée par les sages ?

Cinq mois ont passé et les mois que l'on sait. Nous mesurions la violence du désastre mais non pas sa durée. Que dit-on, en ce mois de décembre, dans la salle de ferme d'Abel Delaveau ? Et sans doute une roulante allemande est toujours installée dans sa cour.

4 décembre

Le soleil à peine glisse un œil au-dessus de la montagne. Les nuages sont sans lumière. Les arbres bruns, les prés vert bouteille où la neige a fondu, la neige ambrée, cette ambre, ces glacis, c'est tout à fait un vieux tableau hollandais.

Chère Hollande, ses beaux contrastes : le port de Rotterdam et les fumées des remorqueurs, les vieux costumes de Walcheren, le passé et le présent ensemble comme ils ne sont nulle part, la Hollande qui est chez Rembrandt et à Batavia, cette Hollande si hollandaise et dont je ne puis m'imaginer qu'elle ait pris un visage allemand.

Le maréchal à Marseille. Douze colonnes de journal. Hier, on le comparait à Napoléon, pinçant l'oreille de ses grognards, aujourd'hui « une petite fille qui voulait à toute force l'embrasser, ne pouvant y parvenir, éclate en sanglots. » Ainsi les journaux ont pour consigne de fabriquer une légende du maréchal. Mais les rotatives ne sont pas, en cette matière, si efficaces qu'on pourrait croire. Le peuple n'accepte point telles quelles les vérités qu'elles lui débitent. Je dis : les rotatives. Car le gouvernement commande les rotatives et les journalistes ne sont plus entre la rotative et le gouvernement qu'un organe de transmission. Un ingénieur habile demain les remplacera par une machine, comme on remplace une équipe de porteurs par un plan incliné ou une benne basculante.

On ne voit plus du tout le nom de Laval. La presse travaille à une sorte de transfert au maréchal des passions de la foule. Ses haines s'évacuent sur Laval et les disponibilités de son loyalisme sont orientées vers le maréchal. La foule n'a plus devant elle un gouvernement, mais un vieux soldat qui pince l'oreille des grognards et qui embrasse les petites filles, porteuses de bouquet. Quant aux ministres et secrétaires d'État, à peine si on en retient les noms. Ils sont les adjudants, les chiens de quartier du maréchal.

Nous ne savons pas si le maréchal est mené par ses chiens de quartier ou si d'autres montreurs de marionnettes, invisibles dans la coulisse, en tirent les ficelles. Reste l'hypothèse que le maréchal se conduise par lui-même. Aux débuts de la dictature, on le tenait pour une idole protectrice, à jamais calée dans sa niche. Mais le maréchal, depuis son voyage à Lyon et son voyage à Marseille, a prouvé qu'il était parfaitement transportable.

Je ne puis résister à un intolérable dégoût, quand le maréchal invoque « la personne humaine ». Depuis quelques jours, le journal donne la vedette à la personne humaine. Le maréchal en parle ou on l'en fait parler.

Non... pas vous... pas ceux de Vichy. Ordonnez à vos scribes de railler en elle la pire des nuées métaphysiques. Ordonnez-leur de nous montrer que, si elle se croit sa propre maîtresse, elle se dissout elle-même et conduit à l'anarchie. Dites ou faites dire cela et créez vos sections d'assaut et vos gardes de fer. C'est de votre ordre. Germanisez et roumanisez la France. Mais laissez la personne humaine; elle n'est pas à vous.

Nous l'avons rencontrée dans le christianisme épars, dans Tolstoï, dans le socialisme. Ce sont des terres où vous ne sauriez respirer. Elle nous a troublés d'inquiétudes et de scrupules, qui ne sont pas les vôtres. Hitler et Mussolini du moins ne l'invoquaient pas. Si vous êtes assez forts, comme on vient de tuer Jorga en Roumanie, faites tuer ceux qui croient en elle. Mais foutez-lui la paix, à la personne humaine. Elle n'est pas de votre monde. C'est une étonnante création de l'homme; une de ses plus audacieuses hypothèses.

5 décembre

Je n'ai qu'un poêle à bois et je rêve d'un âtre, où l'on jette des troncs d'arbre. Je m'offre un âtre en réduction. J'ouvre la porte du poêle, je me mets à quatre pattes et je contemple les lèchements de la flamme et, près d'un nœud, un bouillonnement de résine.

La nuit dernière, une nuit claire, au ciel congelé avec quelques astres sans mystère, bien découpés, des avions ont passé, tout près de la maison. Ce sont, dit-on, des Anglais, qui vont bombarder l'Italie. Ces jeunes hommes là-haut, qui volent à cinq cents à l'heure, ne sont pas, comme furent les fantassins de l'autre guerre, enfermés, endormis dans la guerre. La mort ne vient pas les chercher à domicile, ils vont à elle, ils la contournent. Leur risque est dans un cadastre de ciel. Ils ont quitté leur popote chaude. La veille, ils dînaient peut-être dans un restaurant de grande ville. Leur vie est faite de cette alternance.

Mais après la guerre, les survivants? J'entends déjà le beau développement académique (nous l'avons entendu pendant la précédente guerre) : « Voici des hommes qui ont su vaincre et se vaincre. Ils nous referont un monde à l'image de leur héroïsme. » Hélas! si pourries qu'elles puissent être de guerre, les vertus d'une paix n'ont rien de commun avec les vertus de la guerre. Ces hommes redeviendront des enfants agités ou las. Ils chercheront quelque part une popote ou des pantoufles.

Pendant toute la guerre, Antoine de Saint-Exupéry accomplit des vols de grande reconnaissance. Un jour après l'autre. Je le voyais entre deux vols. Il reprenait sa place parmi nous, comme s'il n'avait eu la veille ou le jour même aucune relation avec la mort, comme s'il n'en devait pas avoir le lendemain. Tantôt je ne pouvais m'empêcher d'imaginer l'avion abattu, une carlingue brisée et lui, immobile à jamais, dans cette carlingue. Et aussitôt je me disais : il est invulnérable. Ne pas le croire invulnérable me semblait une trahison.

Ce risque, il le voulait. Que de fois lui avons-nous répété qu'il pouvait mieux servir que par l'exemple de sa mort.

Ce n'était ni les Andes, ni le désert, ni le Guatemala. C'était un autre risque. Comme les autres risques, il veut non pas seulement l'affronter, c'est trop facile, mais le recueillir, l'enrichir de sa propre substance, le filtrer. Ce que le risque lui donne est peu au prix de ce qu'il lui donne. Il a tant à offrir, outre sa vie.

J'ai vécu deux jours de l'hiver de 1939 à la popote de son escadrille. J'ai marché par les champs congelés, j'ai bu au bar de Klondyke, j'ai vu un avion partir dans la nuit. On chantait à table des chansons de salle de garde, de ces chansons où l'obscénité à sa limite n'est plus qu'une convention rituelle. Chansons de rapins d'autrefois, chansons de régiment, où l'obscène géométrie, délivrée de la canaillerie du grivois, atteint à une pureté de cantique. Je suppose cette soirée contée par un reporter : de jeunes héros se délassant et opposant à la mort une gaîté plus forte que la mort. En vérité, c'était grave et triste, c'était la seule façon décente dont on pût être grave et triste. Et déjà j'imaginais après la guerre les survivants éparpillés, ou réduits à des tâches de comptable, cherchant en vain quelque sens à la paix.

Les paysans d'ici, s'il ne s'agit de restrictions ou réquisitions, sont absolument indifférents à tout ce que dit et fait le gouvernement. Ils ne lisent même pas « la journée à Vichy ». Ils s'intéressent au duel entre l'Angleterre et l'Allemagne et, en ce moment, surtout à la guerre italo-grecque. Ils ont découvert l'Albanie et tout échec italien les met en état de jubilation.

Si bien que tous les actes, mesures, réformes ou projets de Vichy passent inaperçus. Comme si un coup de baguette magique avait rendu invisibles et impalpables les gens de Vichy. Les paysans et les gens du bourg ni ne se réjouissent ni ne s'effrayent de cet hitléro-fascisme. Soit qu'ils ne l'identifient pas, soit qu'ils tiennent que Vichy n'est pas dans le coup, que la partie se joue ailleurs.

6 décembre

Le temps est bouché. Il pleut. Plus de lointains, plus de vert bouteille, d'ambre ou de glacis. Le mamelon de pré que je vois de ma fenêtre est d'un vert sans vraisemblance, d'un vert d'ameublement, le vert des bureaux de chef de gare ou des salles d'attente de premières.

À vol d'oiseau. Les hommes du XVIIIe siècle et ceux de la première moitié du XIXe siècle aimaient la raison et la sensibilité. La seconde moitié du XIXe siècle divinisa la raison. Le XXe siècle a découvert les vertus de l'irrationnel et enfermerait volontiers la raison dans la maison des fous. Mais ce qu'il appelle l'irrationnel n'est pas au-delà, mais en deçà de la raison.

Il n'est pas au pouvoir du gouvernement de rapatrier les deux millions de prisonniers qui sont en Allemagne. Mais il rapatrie Dieu. Les nouveaux programmes introduisent Dieu à l'école primaire [1] : « Devoirs envers nous-mêmes, envers nos semblables et envers Dieu. »

Je sais combien l'anti-cléricalisme est chose vulgaire. Je sais aussi que, si, par définition, l'anti-clérical est vulgaire, Barrès ne l'était pas, quand il traitait l'instituteur de Maître Aliboron.

Mais ce Dieu de l'école primaire, quel est-il? Celui du maréchal Pétain ou celui de Voltaire? Quel Dieu vont enseigner les instituteurs de France? Chacun enseignera-t-il son Dieu? Et ceux qui n'ont pas de Dieu ou qui ont d'autres dieux que Dieu? Le maréchal Pétain et Laval vont-ils, un soir, tête à tête, assis à la même table, définir un Dieu qui leur soit commun? Je donnerais beaucoup pour connaître le Dieu de Laval.

Je jure que je n'ai envers aucun dieu une de ces pensées qu'ils appellent primaires. Si pourtant, ce dieu façonné par un vieux militaire et par un vieux parlementaire et auquel M. Ripert [2] a mis la dernière main, me répugne.

Et tant pis pour les pensées vulgaires. Je pense que la liberté de penser, c'était une conquête.

J'entends qu'on me reproche de prendre au sérieux des morceaux de propagande et de commenter les textes d'un attaché de cabinet. C'est d'abord s'abaisser et c'est aussi choisir une partie trop facile. Sans doute ces misérables morceaux viennent de chez le brocanteur. Mais ils n'en sont pas moins des symptômes, ils n'en montrent pas moins des tendances. Ce fascisme, qui se développe en vase clos, qui semble n'exciter, ni dans un sens ni dans l'autre, les passions de la foule, se couvre de momerie. C'est sa faiblesse. Hitler et Mussolini proposaient des au-delà de la morale traditionnelle, un narcissisme nouveau. Ils galvanisaient les brutes et les intellectuels débiles. (Cet horrible mot : « intellectuel » charriait une nuance péjorative de l'intelligence. Il en faudrait un autre déjà

1. C'est à l'instigation de Jacques Chevalier, futur ministre de l'Instruction publique, que sont réintroduits dans les programmes scolaires les « devoirs envers Dieu », par un arrêté ministériel du 23 novembre 1940; *La Croix* peut titrer le 12 décembre : « L'École sans Dieu a vécu »; la mesure sera reportée par Carcopino le 10 mars 1941.

2. Georges Ripert, membre de l'Institut, est depuis 1937 doyen de la faculté de droit de Paris. Notoirement réactionnaire, il sera secrétaire d'État à l'Instruction publique et à la jeunesse du 7 septembre au 14 décembre 1940.

pour désigner l'intellectuel qui n'est même plus un stérile manieur de concepts, mais l'agent de publicité des dictatures.) Hitler et Mussolini avaient des vertus de bonimenteurs forains. Ceux de Vichy sont ternes. Le fascisme est le gouvernement d'un parti, mais d'un parti nouveau. Ils n'ont même pas su inventer un parti. Ils ne sont que l'extrême droite au pouvoir et ne s'appuient que sur les troupes d'occupation. Ils ne conduisent la France qu'à une exaspération de ses luttes politiques. D'où naîtra une révolution ou un fascisme. À moins qu'un grand miracle national ne suive le miracle d'une victoire anglaise. À moins qu'une victoire allemande ne résorbe tout, la France et Vichy.

7 décembre

Ils m'accueillent ainsi, les paysans ou les gens du bourg :

– Qu'en dites-vous ?...

– De quoi ?...

– De la situation...

Je fais des deux bras un geste vague, qui veut dire :

« Que sais-je ?... Je n'en sais pas plus que vous... C'est d'une complication qui nous dépasse tous... »

Alors, ils me disent : « On attend... » Si je demande : « Quoi ?... » Ils répondent : « L'Angleterre... » Jamais un mot sur Vichy.

« Que pensez-vous de la situation ? » Je n'en pense pas grand-chose, mais je ne fais qu'y penser. J'y penserais peut-être moins, si je n'étais isolé des miens. De mes amis. Je la partagerais avec eux, la situation. Mais je suis seul avec elle.

L'ai-je assez dit, l'ai-je assez écrit, pendant la précédente guerre, que la dimension des événements n'était point à considérer et que l'homme avait son refuge en lui-même. Et voici qu'au fond de moi-même je me cogne à Hitler et à Laval. Je n'avais jamais été si salement habité. Mes hôtes étaient d'une autre qualité.

J'ai un fond canaille. C'est canaille que se coller ainsi à l'événement. L'élégance est de le filtrer, n'en traiter que par allusions, le dépouiller de cette vulgarité qui n'est point séparable de l'immédiat, l'accommoder historiquement alors qu'il est encore tout chaud, en faire un concept aux facettes bien taillées, un bloc délicat de cristal.

Dominer les temps, se dominer soi-même, ne point égarer sa liberté intérieure, je trouve ce thème jusque dans le journal. De nobles vulgarisateurs s'évadent ainsi et de l'Allemagne et de Vichy. Ils me proposent tantôt d'être le roseau pensant, tantôt le flexible roseau qui résiste à la tempête. Je flaire en ces propos une odeur d'hypocrisie. Ce n'est pas de l'événement qu'ils se garent, mais des risques.

Un écrivain, un vrai, avait pendant l'autre guerre écrit des notes terribles sur les mensonges de l'héroïsme par contrainte. Empruntant la forme de la parabole évangélique, il montrait Jésus faisant des miracles. Jésus passait. Et celui-ci était paralysé de la jambe gauche et celui-là paralysé du bras droit. Et ainsi ils étaient délivrés de la guerre.

J'admirais son courage et lui demandais quand son livre paraîtrait.

« Jamais, me répondit-il. Mes lecteurs n'ont point à savoir ce que je pense de la guerre. Je n'ai nulle envie de me colleter avec mon époque. Je veux, s'il me plaît, être académicien, sénateur, ou mieux, pair de France. Pair de France est un titre que j'eusse aimé. Je ne me bats point contre la guerre, mais je ne lui donne rien. La littérature n'est pas du tout ce que vous croyez. Je veux plaire. Avez-vous oublié que les vieux auteurs voulaient plaire? Je ne cède pas aux puissances, comme vous croyez. Je me gare. Ma tradition est celle du libertin. Je goûte au fond de moi-même la joie de nier avec sérénité ce que la foule adore. »

J'ai lu quelques versets de Josué et des Juges. Les enfants d'Israël n'ont guère de mérite à gagner des batailles. L'Éternel crée la panique ou la stupeur chez leurs ennemis ou les fait s'entre-tuer. Mais les enfants d'Israël, ayant connu les signes de la protection de l'Éternel et de sa puissance, ont à peine battu un peuple qu'ils adorent ses dieux et rejettent l'Éternel. Cette stupide ingratitude étonne. J'ignore l'interprétation des docteurs. Y a-t-il un sens caché? Par exemple qu'il est difficile de trouver Dieu en soi et de l'y préserver?

8 décembre

La neige est intacte, sauf des lignes de flèches égales et d'un dessin parfait. Ces flèches indicatrices, ce travail de précision sont les traces imprimées par les pattes des poules.

Le fermier a acheté au bourg un numéro de *Paris-Soir*. J'apprends ainsi « qu'il faut revaloriser l'esprit amateur en boxe ». Qu'avec un jardin de 45 mètres de côté on peut vivre en autarcie, à condition d'élever une chèvre, des poules, des lapins. Qu'à Merovitza en Serbie, le mari achète sa femme au kilo et qu'un futur beau-père avait tenté de tricher sur le poids. Qu'on allait restaurer une fresque de l'hôtel de ville de Lyon.

J'apprends aussi que Maurice Chevalier a représenté la France devant 1 500 Zurichois. « Cette première réapparition d'un artiste français dépasse les limites d'une manifestation artistique ordinaire... » Maurice Chevalier « salue avec une dignité teintée de réserve... donne un exemple de tact et de noblesse ».

Et on s'étonne de la débâcle.

Dans dix siècles, un historien compulseur de textes montrera que Maurice Chevalier incarnait la France de 1940. En effet, le maréchal Pétain, en ses savants articles de la *Revue des Deux-Mondes*, et le gouvernement de Vichy, en ses mandements à la presse, nous convient à former notre caractère et nous mettent en garde contre les méfaits de l'intelligence. Ainsi Maurice Chevalier chante à Zurich la régénération d'une France, qui connaît d'autres valeurs enfin que les intellectuelles :

Elle n'avait pas beaucoup d'intelligence,
Mais, au plumard, ça n'a pas d'importance.

VIII

FRANCE LÉTHARGIQUE

9 décembre 1940

Qu'il y a donc de dieux, depuis le dieu de Vichy jusqu'à l'infinité des dieux possibles. Avant 1914 ce fut le temps des conversations littéraires et pédérastiques. On eût dit que l'homosexualité conduisait tout droit à la religion. Puis le catholicisme devint confortable. M. Paul Claudel remercie Dieu de ne l'avoir fait semblable ni à Voltaire, ni à Michelet, ni à Renan. C'est trop de contentement de soi-même. Mais la religion de littéraire et confortable devint, aux temps des hostelleries, une manière de complément de la gastronomie.

Je n'ai pas sur Dieu de pensée bien à moi, mais je ne puis supporter qu'on l'accepte comme une mode ou comme un règlement d'administration publique. Je ne hais point Dieu, mais je hais tout dieu facilement accepté.

La politique de Vichy, c'est l'intégration de la France à l'Allemagne. Le pays la repousse mollement, la réprouve. Mais c'est un mouvement intime, une réprobation intérieure. Il ne résiste pas et sans doute il ne peut résister. Et c'est face à mon papier que depuis six mois je résiste. Mais ne serait-il point temps de m'évader de ces pensées étroites et de ces passions, accrochées au présent?

Juif, vais-je réduire le monde aux commodités qu'auront les Juifs dans l'Europe de demain? Mon jugement va-t-il dépendre de ce que, depuis quelques semaines, je n'ai plus le droit d'être maréchal de France?

Serais-je de ces idéalistes au regard vide qui glissent leur main dans les engrenages de la machine à fabriquer l'histoire et se la font broyer? Serais-je la dupe de vieux mots (pas si vieux que ça, après tout) qui traînaient hier dans les journaux même et dans les discours des politiciens du dimanche? Ne saurais-je point encore que la foule ne pense pas? Il est vrai que les savants ne pensent guère davantage, quand ils ne pensent pas les choses de leur laboratoire. Ignorerais-je que l'histoire ne s'enferme pas dans un système de logique? Pour faire cette France à laquelle je tiens tant, il a fallu que des pendus se balançassent sur les routes de la Bretagne de la Sévigné [1]. Les Lorrains et les Juifs fabriquent de l'histoire à la façon de ces pendus bretons.

Un peu de sagesse enfin, un peu de vol planant. Par-dessus les cimes, par-dessus les temps.

Et si même la France mourait, qui s'en apercevrait? Certes pas ces patriotes, qui acceptent d'un cœur si léger qu'elle risque de mourir. Qui s'en apercevrait dans une bonne paix germanique? Le vieux Cournot [2] peut-être, dans sa tombe, qui disait que le génie français était inséparable d'un « pli d'opposition ». Einstein, Eddington ou Langevin ne sont pas indispensables au fonctionnement des centrales électriques. L'Allemagne abattrait les taudis. Sans doute on verrait, comme après toutes les guerres, quelque désordre dans les mœurs. On y parerait par la religion ou la gymnastique. À moins que la morale d'État ne s'affranchisse des vieux préjugés sexuels. Les trains et les avions arriveraient à l'heure. Et n'avons-nous point vu, quand les bourgeois français jugèrent le fascisme à ses débuts, que c'est là le plus haut signe de la plus haute civilisation?

Les petits pays comme les grands empires disparaissent. C'est peut-être la seule certitude de l'histoire. Que de vaines alarmes! Quand la Grèce disparaît, il reste les hellénistes. Et quelle stupide illusion de continuité est la nôtre, en ce qui touche les Beaux-Arts et les Lettres! Déjà les moralistes de la débâcle s'apprêtent à reconstituer nos arts et notre littérature. Comme on recrute une armée et comme on embauche chez Renault. Les grandes époques d'art sont des îlots dans le temps. Venise, Florence, c'est un siècle de peinture. Après quoi les Italiens calligraphient ou paraphent. Ou deviennent futuristes et font de la sculpture avec des tuyaux de poêle. La pourriture française, entre 1920 et 1940, serait-elle donc à préserver? Vais-je défendre et souhaiter la liberté de pourrir? Non, je laisse couler l'histoire et je me gare. Je ne risque même pas l'erreur. Ce qui arrive fera toujours de l'histoire.

Je n'ai point tant d'années à vivre. Que puis-je faire de mieux

1. La Bretagne s'était insurgée en 1675 contre l'instauration d'un nouvel impôt : c'est la révolte du « papier timbré », énergiquement réprimée par les soldats du roi. La marquise, de sa résidence près de Vitré, écrit à sa très chère fille, madame de Grignan, le 24 septembre 1675 : *« Nos pauvres bas bretons, à ce que je viens d'apprendre, s'attroupent quarante, cinquante par les champs et dès qu'ils voient les soldats, ils se jettent à genoux et disent* mea culpa *: c'est le seul mot de français qu'ils sachent... On ne laisse pas de pendre ces pauvres bas bretons. Ils demandent à boire et du tabac et qu'on les dépêche... »*

2. Antoine Cournot (1801-1877), mathématicien, économiste et philosophe français, qui développa une conception probabiliste et relativiste de la connaissance, fit volontiers figure de non-conformiste.

que travailler à les aménager confortablement? Et j'entends non pas les années de l'histoire, mais les miennes. J'ai vécu assez pour que mon passé me soit un roman-fleuve. Et mon présent, pourquoi tenter autre chose que le protéger, m'isoler avec ceux que j'ai choisis, me refuser aux grandes conflagrations et ne contempler qu'en curieux ces conflits de forces immenses, que meuvent des pensées puériles? Penser contre un Hitler ou un Laval, n'est-ce point déjà aussi bas que borner sa pensée au monde d'un Hitler ou d'un Laval?

Se refuser, tout est là. Tout est-il là?

Je pense avoir été lâche assez souvent pour conter un de mes actes courageux ou, si l'on préfère, le seul peut-être que j'aie jamais accompli. J'entends courage en son plus pauvre sens. Je n'avais pas beaucoup plus de vingt ans. Il pouvait être deux heures ou trois heures du matin. C'était l'hiver. Je suivais le boulevard Arago, désert, sinistre. J'avais hâte de regagner mon lit. Soudain, j'entendis un grand cri de : « Au secours!... » poussé par une voix de femme. Je ne sais à quel absurde instinct de terre-neuve j'obéis. Je courus, je courus « vers ce cri ». Bientôt je distinguai dans l'ombre un groupe d'hommes en cercle. Je courus plus fort. J'ai pourtant très peur des rôdeurs. Je n'eus pas le temps d'avoir peur. Je ne sais quelle puissance souveraine me guidait et me protégeait. Je m'arrêtai net devant le groupe. Il me sembla que j'avais arrêté sous moi un cheval au galop, que je sautais à bas de ce cheval et que j'étais invincible. Quatre ou cinq hommes et la femme m'attendaient et déjà la femme semblait à l'abri de leur attaque.

C'étaient quelques jeunes gens, point du tout patibulaires et une jeune femme d'allure fort convenable. Ils avaient innocemment plaisanté et la jeune femme avait crié par jeu. Mais je devais dans cette minute si bien ressembler à un guerrier tartare que personne ne se moqua de moi et que la scène me fut expliquée avec beaucoup de gentillesse.

Il y a peu d'années, j'ai entendu de ma chambre le même cri : « Au secours! » Je sautai de mon lit, j'ouvris la fenêtre. Mais je ne descendis pas. Je me donnai à moi-même le prétexte que j'étais en pyjama, que je ne pouvais pas descendre en pyjama (et pourquoi donc pas?...), que le temps que je mettrais à m'habiller même sommairement était du temps gagné par les agresseurs. C'était la sagesse. Mais c'était aussi la peur. Je me penchai par la fenêtre et poussai un grand cri qui les fit s'enfuir. Car il s'agissait bien cette fois d'une véritable agression. Deux escarpes avaient eu le temps de coucher au trottoir un jeune homme qui habitait la maison voisine.

Quoi m'empêcherait aujourd'hui de rester dans mon lit? Ce qui me lie aux conflits historiques est moins consistant que ce qui me liait à ces inconnus criant au secours dans la nuit? Un rien suffit à nous délier du monde.

J'allais me délier du monde. Mais Andrée François [1] revient du bourg : « Le général de Gaulle a parlé hier à la Radio... Il a dit que les Italiens étaient fichus et que les Allemands le seraient bientôt... »

10 décembre

J'ai marché dans la neige. Elle collait en grosses mottes aux semelles de bois de mes galoches et durcissait par la marche. Il me semblait avancer sur des échasses. Dans les sous-bois, j'étais protégé de la rafale. Mais arrivé en haut de colline, je fus assailli. Les flocons lancés par le vent me piquaient au visage. Une brume opaque cachait la plaine. J'étais un trappeur de l'Alaska, un explorateur polaire.

Parfois la France léthargique rêve et, comme un fumeur d'opium, ne voit pas d'obstacle à ses flottants désirs. C'est bien la dixième fois que je l'entends l'histoire du prisonnier évadé. « Les Allemands m'ont dit, conte le prisonnier : cette année, c'est nous qui vous gardons, mais, l'an prochain, c'est vous qui nous garderez... »

Il est possible, après tout, qu'un Allemand ait dit cela et que ce flocon de parole ait fait boule de légende. Les paroles aussi ont leur destin. Et il en est peut-être auquel l'instinct du peuple reconnaît une vertu prémonitoire. Mais le dernier de ces prisonniers évadés (celui-ci ne serait point un mythe, on l'aurait vu au bourg) me semble exagérer, quand il prétend tenir d'un officier allemand cet aveu de découragement et cette fataliste annonce d'un changement de fortune. Je ne vois point encore un raide *Oberleutnant* s'effondrant ainsi devant un soldat français prisonnier. Mais qui eût prévu qu'en juin des officiers français, lâchant leurs unités, s'efforceraient, doublant la caravane des réfugiés, de transformer en autodromes la gauche des routes?

Le journal cite le *Regime Fascista*. J'apprends ainsi que la Suisse, à l'image de l'Angleterre, est « maçonnique et judaïque ». En cette matière, les textes les plus stupides ou les plus publicitaires ont un sens s'ils sont convergents. Le Maçon, le Juif, le judéo-marxiste ne sont pas des hasards dans la polémique des dictateurs. On dirait même qu'ils ont une vertu propre, indépendante des lieux et des climats. Si l'anti-sémitisme avait sa tradition en Allemagne, il était, paraît-il, inconnu en Italie et Mussolini tardivement l'em-

1. Employée au service de Suzanne et de Léon Werth, depuis 1922, Andrée François fait partie de la famille. On la retrouve citée à maintes reprises dans le *Journal* (pp. 215, 217, 317, 328, 330-331, 419, 456, 516, 531, 536, 560, 605, 610-611, 631, 634, 649, 696, 714, 715, 720).

prunta à Hitler, comme une baguette magique, comme un talisman, comme s'il avait des propriétés incantatoires.

Je ne sais pas du tout ce qu'est la Maçonnerie. On m'a dit qu'elle était une sorte de dépôt de remonte, où l'on venait se fournir de députés radicaux. J'ai vu aussi sur un catéchisme que les Francs-Maçons étaient les ennemis de la religion.

On en viendrait à croire que l'anti-sémitisme et la haine du maçon ne sont que des persistances, des épisodes masqués des plus vieux conflits entre hérésies et orthodoxies. Dans le vocabulaire polémique, le Jésuite s'oppose au Juif et au Maçon. En un sens les puissances du Jésuite et du Juif sont réelles. Ce sont des puissances de groupes. Vienne fut animée par les Juifs. Le Grand État-Major de l'armée française se recrutait parmi les élèves des Jésuites. Mais les Juifs et les Jésuites sont transformés en abstractions personnelles. Ce sont des symboles qui ont réussi. Je me souviens qu'une vieille persécutée, qui avait trente ans d'asile et dont le mécanisme intellectuel était intact, me contant les innombrables injustices dont elle avait été la victime, me disait : « On m'a donné le conseil de m'adresser aux Juifs ou aux Jésuites... »

11 décembre

La Bible, Montaigne... Il y a aussi sur ma table de chevet *Le Crime de Gramercy Park*, que j'ai trouvé au fond d'un placard.

La plupart des romans dits littéraires, qui ont paru depuis la guerre de 1914, ne sont pas supérieurs aux romans policiers. Ce n'est qu'une autre algèbre, une autre combinaison de cadenas de coffre-fort. La vieille amplification de rhétorique y est remplacée par une accumulation de détails en vrac. Ou même le vieux morceau de rhétorique classique est dépoli, tronqué, mutilé volontairement. Ainsi les sculpteurs qui, pour faire moderne, bâtissent des pans coupés sur le rond de l'école et fabriquent du carré plus rond que le rond.

Le plaisir de la lecture est devenu l'acte de tourner des feuilles et de construire des mots avec les signes typographiques. Une distraction, comme de fumer? Non pas... le type nouveau de lecteur venu après la guerre de 1914 roule à vide des feuilles de papier à cigarettes.

Sous la neige. Les arbres sont légèrement capitonnés. Mais les arbustes et surtout les bruyères s'épanouissent en floraisons prismatiques, en minuscules facettes de lustres pour poupées. En haut de colline, hors du bois, l'horizon est fermé; un mur de brouillard, mais non pas le brouillard flamboyant de l'Escaut, un mur. Il n'y a rien au-delà. Je suis enfermé et sur cette toile de fond, les arbres se projettent en houppettes de brindilles d'un trait léger. Je descends dans la forêt, les broussailles me fouettent le visage de leur mèche glacée. Je retrouve un chemin, bordé de châtaigniers. J'ai passé de Lilliput au royaume de l'Ogre. Sur les troncs boursouflés, les bosses se modèlent en gueules de grands sauriens.

12 décembre

M. de Gaulle (ainsi parle le journal) et le général Catroux sont déchus de la nationalité française.

La France aussi.

La neige, le ciel épais, les arbres maigres, dessinés comme sur le blanc d'une feuille de papier. Dès que le paysage se couvre de neige, je pense à mon enfance. Parce que la neige, en moins d'une nuit, fait du paysage accoutumé « une surprise », parce qu'elle accomplit un miracle, à la façon du prestidigitateur et du magicien, parce que tout s'est passé, comme dans les contes de fées? Non, pas seulement. Le monde de la neige est le monde de l'enfance. Tout y est limité. Je puis compter ces piquets d'une barrière, j'en suis la direction, comme des bâtons d'une page d'écriture. Tout y est clos, enfermé dans la boîte de brume. Tout y est immobile. C'est bien le monde de l'enfant.

Vichy ne néglige pas les problèmes économiques : de nouvelles pièces de cinq, dix et vingt francs seront frappées à l'effigie du maréchal.

La Bible.

L'Éternel est monothéiste. Mais ce n'est pas par grandeur ou perfection. C'est par jalousie.

Le plus bel exemple de glissement du sens des mots nous est donné par ce vieux maréchal académicien, qui emprunte le langage des orateurs de meetings socialistes et d'universités populaires de 1900, qui s'en prend au capitalisme et veut soudainement que l'argent soit la « récompense du travail ». Nous le verrons demain disputer de la plus-value et dénoncer « l'exploitation de l'homme par l'homme ». Au besoin, crier : « Vive la sociale! » Et « Vive la sociale! » aura pris une sonorité de tout repos, une sonorité académico-fasciste.

Je lisais, il y a peu d'années, le récit d'un voyage à Rome par un de ces écrivains, qui découvrirent le monde après l'autre guerre. Il décrivait avec enthousiasme un défilé de jeunes fascistes. Mais lui-même se posait à lui-même une objection ou plutôt imaginait les questions que lui pourrait poser sur le régime et son économie tel de ces Français séniles, qui croient encore que l'économie et la gymnastique ne relèvent pas uniquement d'un ordre de la mystique pure. « Rien à répondre à ces vieillards, disait-il, car la réponse n'est que dans les yeux de cette jeunesse. Les vieux problèmes sont pour elle autant de vieilles lunes. Et elle ne leur connaît d'autre solution que l'injure ou l'éclat de rire. »

Pour cette sorte de jeunesse, qui se croit barbare et forte, les mots n'ont plus de sens, ils attirent ou repoussent, selon le ton.

D'après le sous-secrétariat d'État aux Colonies, « des éléments communistes, depuis longtemps travaillés par la propagande, se sont livrés à certains excès... Surtout dans les provinces de Tay-Vinh, de Mytho, de Vinh-Long, de Tra-Vinh, de Cantho... » Lumière blanche de là-bas, nuits délicates, vieux peuple puéril et raffiné, où l'homme est finement ciselé. Peut-être si la France avait envoyé des poètes... Ou même des braves gens. Mais, pour administrateurs, résidents et gouverneurs, sans exception, elle choisit le pire d'elle-même. Les ingénieurs, les officiers le savaient bien. Mais ils se taisaient ou on ne les écoutait pas. Ce furent ces administrateurs qui introduisirent en Cochinchine le communisme. Il y était complètement ignoré, entre 1920 et 1925. Mais, si un Annamite témoignait, non pas même de quelque résistance, mais de quelque dignité, on l'incarcérait comme communiste. Si bien que le communisme devint pour une partie de la jeunesse annamite la figure même de la justice et de la dignité. La propagande de Moscou fut postérieure à celle des administrateurs.

Quiconque a un peu vécu là-bas peut deviner à travers le communiqué que les prisons sont pleines, que la troupe a généreusement massacré et la police abondamment torturé.

Je rencontre Riffault [1] sur le chemin. Il arrête ses bœufs. « On n'a pas de goût à travailler, me dit-il. Quand ça finira-t-il ? Quand est-ce qu'on sera de nouveau tranquille ? »

Mais de qui, mais de quoi attend-il sa tranquillité ?

Il me dit aussi : « Je n'ai jamais fait de politique... »

Je n'ai guère de peine à lui démontrer qu'il se trompe :

– Ce n'est pas à moi qu'il faut raconter ça... Je vous ai vu en pleine politique, jeté dans la politique, cédant tout à la politique. Oui... sur ce même chemin... en septembre de l'an dernier. Vous n'étiez pas gai... vous alliez rejoindre votre dépôt... Ce n'était pas de la politique... ça ?...

– Tiens... c'est vrai, me dit-il, je n'y avais pas pensé.

« Le gouvernement, me dit Laurent, en même temps qu'il charge une brouette de fumier, le gouvernement est peut-être bien d'accord avec de Gaulle. Il cherche à rouler l'Allemagne. »

1. Pseudonyme de Paul B..., agriculteur qui occupe une ferme voisine de celle de Marius B... (cité pp. 241, 264, 265, 266, 282, 287, 289, 293, 295, 315, 322, 337-338, 373, 404, 405, 409, 438, 448, 456, 459, 469, 483, 487, 498, 505, 508, 509, 510, 515, 541, 552).

Je lui exprime là-dessus quelque doute. Il résiste :
« Pas Laval, bien sûr, mais les autres... »

La réforme municipale.

En principe, les réformes du gouvernement me paraissent impudiques, du fait que les deux tiers de la France sont occupés.

Tandis qu'un pauvre vieux était à l'hôpital, ses voisins en profitèrent pour ranger sa maison à leur idée. Le vieux en est mort.

Je suis incapable de juger cette réforme. Au sens où Riffault entendait la politique, j'en ai fait moins que lui. Je n'ai jamais voté. Non par principe ni même par paresse. Et non pas par un scrupule magnifique, qui m'eût fait craindre de mal remplir mon devoir de voter. Et non pas, comme on pourrait croire, à cause de mon casier judiciaire. Mais toutes les fois où j'ai songé à retirer ma carte d'électeur, j'en ai été empêché par mon horreur des couloirs de caserne, de prison ou d'administration. Les mairies parisiennes sont trop tristes. Si je n'ai pas de carte d'électeur, c'est la faute des architectes.

14 décembre

Gringoire, au mur du coiffeur, est présenté dans un ingénieux appareil en fil de fer. L'article de tête est d'un journaliste politique, dont je ne sais rien, sinon qu'il touchait du gouvernement tsariste une mensualité de trois cents francs.

L'Abominable Vénalité de la presse française est un bien curieux livre et je m'étonne qu'il soit si peu connu. J'ai oublié le nom de son auteur [1]. C'est un Russe, qui négocia à Paris le dernier emprunt. Il publie la correspondance qu'il échangea avec le ministre des Affaires étrangères Sazonof. Il publie aussi la liste des sommes exigées par les journaux parisiens et leurs répugnants marchandages. Jamais personne n'a mis en cause l'authenticité de ces documents, aucun journal, aucun rédacteur n'a démenti ou poursuivi.

Le grand public ignore ce livre. On croirait que sa conscience, selon le système du docteur Freud, exerce une censure sur les vérités qui la gênent.

Les relations de la presse et des chancelleries, en ces dernières

1. Il n'y a pas de nom d'auteur. En 1931, la librairie du travail reprend, en les complétant, une série d'articles publiés par *L'Humanité* entre le 5 décembre 1923 et le 30 mars 1924, s'appuyant sur l'analyse des archives tsaristes; elles contiennent notamment la correspondance entre les responsables tsaristes et Arthur Raffalovitch, conseiller occulte – en France – du ministre des Finances russes, très introduit auprès des milieux de presse et politique français. Les hommes politiques et encore plus les directeurs de journaux et les journalistes ont bien reçu des versements déguisés en échange de prises de position systématiquement favorables à la Russie.

années, c'est de l'histoire et c'est une drôle d'histoire. Pour un peu les directeurs des grands journaux eussent dit qu'ils n'étaient point vénaux, mais qu'ils véhiculaient de l'information, comme les compagnies de chemins de fer transportent des voyageurs ou des marchandises et qu'ils touchaient ainsi une juste rémunération.

Il va de soi aussi que le gros des rédacteurs ignorent tout de ces manœuvres. Sauf pourtant en ce qui touche les colonies françaises. On est entre soi et les marchands d'information ne frôlent plus la haute trahison. Le secret des dieux est le secret de tous. Les affaires ne se traitent même plus entre hautes parties contractantes. La direction envoie un rédacteur au siège parisien du gouvernement général de l'Indochine, par exemple, et sollicite quelques dizaines de milliers de francs, en échange desquels elle montera une page sur la prospérité et le loyalisme de la colonie. Vous entendez qu'il n'y a point vénalité. Le journal ne sollicite qu'une honnête subvention qui le rembourse en partie de ses frais de rédaction, de typographie et de clichage. Mais il arrive que le journal dénonce certains abus coloniaux ou laisse entendre, en un discret article, qu'il les pourrait dénoncer. On peut alors se demander si ces informations objectives et « courageuses » ne coïncident point avec une période où le gouvernement général manque de crédits ou ne les dispense pas avec une suffisante générosité. C'est la forme supérieure et distinguée du chantage.

15 décembre

J'ai passé la soirée d'hier à la ferme. J'ai un instant repris la vie de société. Nous avons parlé du congédiement de Laval.

Seul dans ma chambre, je fus mal à mon aise, comme une marmotte qu'on aurait réveillée. À Paris, les excitations multipliées se compensent.

Je n'étais plus habitué au jeu de raquette de la conversation. Je n'ai pas pu dormir. J'avais une courbature, une courbature à mon silence.

La neige délimite et fignole les branches des sapins. Le paysage est fait à la main. Les arbres serrés semblent des îlots de rocaille artificielle, que contourne un lac de neige.

Laval congédié [1]. Flandin le remplace. Quand nous étions à Chapelon, au mois de juillet, déjà une nouvelle, une nouvelle prémonitoire circulait : la constitution de 1875 était abrogée et Flandin était dictateur. Nous disions, Abel Delaveau comme moi, que sa légende n'était pas faite. Mais il avait du moins sa légende

1. Sur le renvoi de Pierre Laval, cf. infra p. 151.

hitlérienne, qu'on ne pouvait encore utiliser. C'était trop tôt encore. C'est fait maintenant.

Hitler annonce à Pétain en des termes empreints de la plus haute noblesse : « la remise à la France des cendres du duc de Reichstadt... » Cette restitution, la France l'attendait avec une fiévreuse impatience [1].

1. Hitler fait effectivement le geste symbolique de ramener à Paris le corps du Duc de Reichstadt inhumé depuis le 24 juillet 1832 dans la crypte des Capucins à Vienne. Arrivé à la gare de l'Est, le cercueil du fils de Napoléon 1er est conduit aux Invalides le 15 décembre; la cérémonie, organisée par l'occupant, fut, à tous égards, des plus froides; Werth évidemment n'est pas dupe et dirait volontiers comme nombre de Parisiens : « Ils nous prennent notre charbon, ils nous rendent des cendres. »

IX

LYON 1940, STENDHAL 1820

22 décembre 1940

Il y aura demain une semaine que j'ai quitté mon nid et ma neige. J'ai passé ces journées à Lyon chez mon vieil ami Latarjet.

Depuis trois mois, je vivais seul face à la guerre, pas même face à moi-même. Je commence à comprendre que la solitude dissout le « moi », plutôt qu'elle ne le cristallise. Les premiers jours, elle est héroïque, bientôt elle n'est plus qu'un faisceau d'habitudes. Tout s'éloigne du moi et le moi s'éloigne de lui-même. Je veux bien qu'à pousser plus loin la solitude on atteigne à un très haut état de méditation. Mais je me méfie. On a vite fait d'appeler méditation le demi-sommeil.

Ce fut d'abord le train. Wagon complet. Trois soldats, deux du type dolent et un costaud, haut en taille et en couleur. Une jeune femme ni de la grande ville, ni de la campagne, de quelque Lons-le-Saunier peut-être. Petit être, petite nature, des traits mous, que l'œil ne sait par où saisir, mais que rassemble un sourire timide, où il n'y a que de la gentillesse, une gentillesse qu'un rien ferait passer à la maussaderie. Elle est triste comme sa pauvre fourrure en peau de lapin. On voudrait la sauver, l'aimer. En face de moi, un vieux qui louche en toutes directions (ses prunelles sont décolorées et ressemblent à des taies), crachote entre ses jambes, avec une remarquable virtuosité dans cette balistique. Il me répugne. Je pense à Tolstoï, décrivant un wagon rempli de moujiks sales et tout près de Dieu et jetant ce cri : « La voilà la vraie aristocratie! » Philippe aimait à citer ce passage : comme je comprends Tolstoï et comme j'aimerais voyager seul dans un wagon de première.

Ma solitude a fondu. Cela paraît tout simple. On s'assied autour d'une table. Et l'on retrouve une famille et une civilisation.

Le soir je me suis promené dans les rues obscures, reniflant le passé. Je pourrais tenter de décrire ce passé, mais non pas ces rues trop pleines de mon adolescence. Ce que j'aperçois d'elles est à peine de l'ordre visuel. Je n'ai jamais vu qu'en rêve des rues si délivrées de leurs matériaux, de leur architecture, de leur urbanisme. Ces façades, ces fenêtres n'ont de sens que pour moi. Je ne sais distinguer ce que j'en aperçois et ce que mon souvenir en a gardé. Elles sont fixées en moi à jamais et, telles quelles, mourront avec moi.

De mon lit, j'entends le tramway, dont les roues, en prenant le tournant, frottent contre les rails et gémissent. Cette chanson du tramway est aussi belle que le silence de la campagne.

À la campagne, le maréchal n'était pas obsédant. Nous n'avions vu son image que sur le journal. Les vendeurs de cartes postales ne sont pas venus jusque dans les fermes isolées. À Lyon, le maréchal est partout. Ses portraits, ses messages, ses allocutions radiodiffusées sont collés aux glaces des magasins. Signe d'un incontestable enthousiasme? J'apprends qu'avant son passage à Lyon la préfecture avait distribué ces placards et que nul commerçant ne se fût risqué à ne les point apposer. La publicité du maréchal fut organisée comme celle d'un grand cirque. Sur les arbres des quais, la préfecture a fait coller des bandes imprimées, qui portent l'inscription : « Vive Pétain! »

À la devanture d'une librairie, je lis quelques lignes d'un article de tête, signé d'Henri Béraud. Chiappe est un grand Français. L'Angleterre nous hait. On ne comprend rien aux événements, si l'on ne part de ce principe historique que l'Angleterre nous hait. Je n'ai pas lu plus loin. J'ai retrouvé la lie des conversations bistrotiques. Pour avoir une ou deux fois vu le visage de ce journaliste, je refusais de me laisser entraîner à un jugement tout d'une pièce. Le plus misérable, si on l'a vu en chair et en os, on lui prête des nuances et des complications d'homme. Et l'on craint de porter au compte de la bassesse ce qui n'est que de l'ordre de la vulgarité. Ce scrupule ou cette manie psychologique m'ont trompé. Il n'y a là que bassesse. Ces quelques lignes suffisent à reconstituer un tout. Qui a pu les écrire est bas. Il fait honte [1].

Latarjet [2] me montre un numéro d'un nouvel hebdomadaire : *Vaillance*. Il en a lu quelques lignes et n'a pas été plus loin. Il hausse les épaules. Il annule ces menus symptômes. Je n'ai pas cette sagesse. Je n'annule pas un symptôme pour raison de bassesse ou de sottise. Si totale que soit la sottise, elle a une direction, qu'elle choisit selon ses propres lois ou qu'on lui impose. Cet hebdomadaire est d'une insupportable momerie : toute âme un peu

1. Dans *Gringoire* du 12 décembre 1940, Henri Béraud célèbre la mémoire de Chiappe et se livre à un violent réquisitoire contre les Anglais.

2. André Latarjet, professeur d'anatomie à la faculté de médecine de Lyon, est un ancien condisciple de Léon Werth au lycée Ampère à Lyon; il est cité pp. 199, 250, 252, 292, 363, 557, 670.

noble prendrait à tout jamais le dégoût de la famille, de toute discipline et de toute patrie. Cette orthodoxe momerie est pire que toute pourriture. Elle me dégoûte autant que la pornographie et je l'en distingue mal. L'une et l'autre salissent et abêtissent ce qu'elles touchent.

Ce séjour à Lyon me désoriente dans le temps. J'aurais besoin que quelqu'un me prouvât que je n'ai pas quinze ans, que je n'ai pas de leçon à apprendre, que je ne dois pas préparer mon cartable pour aller au lycée.

Dans le hall d'une banque, des passants sont assemblés, pendant qu'un employé inscrit à la craie des nouvelles sur un tableau noir. Les nouvelles n'ont pas le temps de « déposer », comme à la campagne. Chaque minute apporte la sienne. Elles se poussent.

Je ne sais plus réagir à toutes ces piqûres d'épingle. J'en suis gêné, troublé. Tous mes raisonnements liés dans la solitude m'apparaissent sans vie, comme des pétrifications logiques.

N... espère et souhaite la victoire de l'Angleterre et, en même temps, il croit en Pétain. J'ai déjà constaté que quelques paysans séparaient Pétain d'avec les hommes de Vichy. Mais pour eux Pétain est une manière de bon vieux. Au lieu que N... lui prête de fermes desseins. Il a sauvé, de la France, ce qui, après la débâcle, en pouvait être sauvé. En attendant que l'Angleterre ait gagné, Pétain fait l'intérim de de Gaulle. Pour résoudre cette contradiction, N... ne manque pas d'arguments logiques. Il en manque d'autant moins que, depuis sa jeunesse, il a vécu sans préoccupation politique et qu'il est naïvement « bon Français ». À peine s'il fut troublé par la propagande de « saine politique » de la droite. Quant au marxisme, il n'en a jamais approché son nez, même pour le renifler. Toutes les doctrines et toutes les passions de la politique, depuis une trentaine d'années, lui sont étrangères. Il croit à la sainte duplicité de Pétain. Le maréchal est par-dessus Vichy une carte postale en couleurs, une image de piété, une icône dans sa niche. N... construit une France sans Saint-Barthélemy, une France où Henri IV ne fut jamais assassiné, une France sans pli d'opposition, une France artisanale et de bons laboureurs, pendant à leur mur la photographie du bon maréchal.

Nous passons, rue de la République, devant le *Centre de propagande individuelle des Français*. On y voit circuler les gendarmes ou des gardes mobiles. Aux glaces sont collés des papillons : maximes extraites des messages du maréchal ou témoignages de fidélité. Je lis sur un de ces papillons : « Vous avez été contraints à la guerre par 5 000 Francs-Maçons et Juifs, payés par l'étranger. » Telle est la philosophie de l'histoire pratiquée par le maréchal.

N... et ses amis construisent sur l'anecdote. Quelques-unes sont belles et non sans signification. Mgr Gerlier a cité, dans une récente allocution, Sidoine Apollinaire. Si corrompue que fut la Rome antique, a dit Sidoine Apollinaire, elle domine les hordes des Barbares ariens. Le cardinal a détaché : « ariens ». Noble espace où les maréchaux et les cardinaux font de l'histoire avec de nobles allusions. Le cardinal jouait sur aryens et ariens (partisans d'Arius).

Deux soldats allemands, revolver au flanc, traversent la place Bellecour [1].

La place Ampère est hors le temps, une oasis de province, non pas une de ces places où le passé s'habille d'architecture et murmure des secrets historiques, non pas une place musée. Elle est aimable et triste. Ampère est assis au milieu du terre-plein et rend paternellement la justice. Les arbres montent moins haut que sa tête.

Vue par la vitre du tramway, le soir, la place Bellecour ne me donne rien du Lyon compact, étouffé, qui fut le mien. Quelques baraques de fleuristes font une bizarre fantasmagorie. Sous les ampoules électriques voilées, les fleurs ont l'air d'être peintes au Duco.

Lyon serait-il le refuge des snobs parisiens? Mme G... pépie comme elle pépiait à Paris. Sur les musiciens et les peintres. Elle ne m'irrite pas moins qu'à Paris, il y a dix ans. Cette irritation, m'a-t-on dit, est ridicule, et de plus, injustifiée. Le snob est nécessaire. Il véhicule du peintre et du musicien. Je ne me laisse guère persuader. Le snob véhicule n'importe quoi et juge de n'importe quoi. Le vieux snob joue au juge, comme les enfants jouent au soldat. Il rend la justice à longueur de journée, une justice sans attendus. Il picore ses idées dans l'air du temps. Et non pas seulement ses idées sur la peinture et la musique. Tout se lie, tout se tient. Il répand partout sa poussière de jugements, de modes et d'émotions feintes. Il est contaminant. Et qui apprend à se mentir sur Matisse apprend à se mentir sur tout. Une balance faussée l'est pour les poids de tout métal.

J'apprends que R... [2] est à Vichy, qu'il a adhéré à la politique de collaboration. J'en suis stupéfait. Chassé d'Italie au début du fascisme, R... vécut en Russie, fit partie du *Komintern*, quitta la Russie. Il avait lu les philosophes, dont Marx. Il n'était pas de ces révolutionnaires qui remplacent par un catéchisme de vulgarisation marxiste leurs concepts de certificat d'études. Il ciselait Marx et toute doctrine d'un net trait de burin. Il semblait avoir nourri

1. Léon Werth, en homme de zone Sud, note la présence de deux soldats allemands.

2. « Angelo Tasca (dont le pseudonyme est Rossi) travaille à Vichy dans les services de l'information. »

de sa propre chair les plus lointaines espérances de l'ordre socialiste. Possédé autant et plus peut-être par le besoin de donner un sens aux événements que par le démon de l'agitateur.

Et il collabore. Je commence à croire qu'il y a une passion de la haute politique, indépendante de son contenu, comme il y a un goût de l'amour qui se satisfait de n'importe quelle femme.

J'ai rendez-vous avec quelques amis à la brasserie du Lion d'Or. Cette salle aux boiseries sombres, calcinées, me fait penser à je ne sais plus quel bar de Londres. Mais comme on s'y sent à Lyon! Comme on s'y sent dans un Lyon qui pèse son juste poids de Lyon! Loin des agitations du monde et de la rue de la Ré, la taverne du Lion d'Or est, à cinq heures de l'après-midi, un retrait de silence...

« La masse lyonnaise, me dit Faure, c'est lui prêter beaucoup de consistance que la diviser en partisans de Pétain et en partisans de de Gaulle. Il est peu de Lyonnais qui, par hâte d'en finir, souhaitent la victoire allemande. Mais il en est peu qui croient fermement à la victoire anglaise. »

Que Mermillon [1] me pardonne. Je me demandais si j'allais le retrouver semblable à lui-même. Doute sacrilège. J'ai vu, en ces vingt dernières années, quelques-uns de mes meilleurs amis parisiens se laisser mettre en loques par l'époque. J'ai craint une seconde pour son parfait équilibre, pour cet étonnant dosage de générosité et d'horreur du flou, pour ce courage à accepter le sens commun, s'il le tient pour juste et à le bafouer, s'il lui paraît méprisable. Mermillon que Signac appelait Marius, Mermillon est intact. Mermillon est incassable.

Il me décrit un bizarre petit groupe lyonnais, qui tient la défaite, la débâcle pour nulles et non avenues. Ça ne compte pas. Dans un monde épuisé par la guerre, la France sera l'arbitre.

Je me demande si trois mois de solitude n'ont pas transformé en obsessions les plus pauvres de mes pensées. La solitude ne priverait-elle pas l'homme de lui-même? Il se creuse et, se creusant, il se vide de sa substance. Le meilleur ne nous vient-il pas par choc, par ébranlement?

Du 23 au 25 décembre

À la gare de Perrache, j'ai sous mes yeux, j'ai en ma possession les visages des deux employés qui distribuent les billets : un brun cordial, un blond bouffi. Mon guichet, c'est celui du blond. Il semble distribuer les billets à regret. J'ai le sentiment que je vais passer un examen. Pourquoi ne puis-je choisir l'autre guichet? Depuis quelques jours, la rue m'offre mille choix platoniques de

1. A collaboré aux *Cahiers d'Aujourd'hui* dans les années 20.

cette sorte, la rue, les tramways. Elle me propose tous ses visages et le roman de chacun de ces visages.

Deux heures de train. Et c'est le bourg, puis le chemin montant, puis mon asile. La neige a tout changé. Avant que je ne parte, elle n'avait procédé que par allusions, elle posait ses touches de blanc, elle fabriquait des paysages morcelés pour haïkaï. Maintenant elle couvre tout. Elle est épaisse. On ne la salit plus en marchant. Je suis en pleine neige, comme on est en pleine mer.

J'attends Suzanne. Je me fous de la guerre, je me fous de la civilisation. J'attends. Des millions d'hommes sont ainsi, tantôt s'éloignent et tantôt s'approchent du cours de l'histoire.

26 décembre

L'heure du « souper » à la ferme. Ils ont tourné le bouton de la radio. Personne n'écoute ni même ne prête vaguement l'oreille. Si l'on coupait brusquement, si on leur demandait : « est-ce de la musique ou de la parole?... », aucun ne pourrait répondre sans un bout de réflexion. L'appareil mal réglé altère les timbres. Les sons se chevauchent et grincent. On croirait entendre des ritournelles brassées par les orgues d'une lointaine fête foraine.

Un instant, j'écoute. C'est une causerie pour les paysans. Ils sont la classe chérie du gouvernement. Ils sont le sel de la terre. Ils ne doivent pas émigrer dans les villes. C'est sur eux que reposent l'économie et la morale du pays. Dans les journaux, à la radio, le ton d'homélie s'est renforcé. La France devient de plus en plus belle, de plus en plus lavée des souillures d'avant le maréchal. La France devient de plus en plus la France. Au point que ce serait vraiment dommage qu'il n'y eût pas eu la débâcle.

Un journal vieux de huit jours. Le docteur Serge Huard, secrétaire général à la Santé et à la Famille, est reçu, à l'Hôtel-Dieu de Lyon, par les médecins compagnons. Je ne sais si ces compagnons agissent. Mais ils parlent. Le journal donne des extraits de douze discours.

Ils se vautrent tous dans le lieu commun. Avec une si totale complaisance qu'on ne sait si elle est l'effet d'une totale stupidité ou d'une totale bassesse.

Mais, j'y pense, le professeur Leriche était présent. On le tient pour un parfait chirurgien et pour un remarquable biologiste. Il n'est point de ces tâcherons de la chirurgie, qui pratiquent en série amputations, résections et anastomoses. Il pense son métier et, biologiste, il ne peut pas ne pas penser au-delà de son métier.

Faut-il prendre acte de ce qu'il n'a point parlé? Président de l'ordre des médecins [1], il ne pouvait refuser d'assister à cette réunion? C'est donc que ce titre ne le laisse point libre? Cède-t-il ou ne cède-t-il pas? Se fait-il ou non complice de la momerie officielle et de l'hitlérisme qui sont sous cette momerie? Il est professeur au Collège de France, comme Langevin le fut, avant que le maréchal n'eût décidé de lui interdire l'enseignement de la physique. Approuve-t-il cette mesure? Sinon, comment entend-il manifester qu'il la réprouve? Pratique-t-il envers le gouvernement la sainte duplicité que ses partisans envers l'Allemagne prêtent au maréchal? Et ceux de ces hauts universitaires, qui ne sont pas révoqués par le maréchal, vont-ils tous, silencieux, se calfeutrer dans leurs laboratoires? Vont-ils tous baisser le nez vers leurs éprouvettes, comme ces potaches domptés, quand le pion a mis un de leurs camarades à la porte?

Hier et avant-hier, nous attendions Suzanne. Nous sommes descendus, le soir, Claude et moi, à la gare. Le train arrive noblement. Il n'est pas impossible qu'elle n'en descende pas. On espère contre toute vraisemblance. Ces silhouettes sur le quai obscur, on les arrache de l'ombre, on mendie, auprès de chacune. On la supplie de n'être pas elle-même mais celle qu'on attend. Et, quand tous les voyageurs ont passé, j'attends encore, j'attends un miracle. Pourquoi pas un miracle? Claude est plus sage. Il me tire par la manche. J'argumente : « Elle est peut-être embarrassée par ses valises... pas sortie encore du wagon... » Le train est parti. J'attends encore. Claude me trouve ridicule. « Tu vois bien que... » Mais non... je ne vois pas...

Il n'y a pas de train jusqu'à demain. Cela ne m'empêche pas d'aller vers la porte, si l'escalier craque ou si la chienne aboie.

28 décembre

Congélation intérieure par le froid, congélation par la solitude. Je me réveille le matin en me demandant quelle est la lointaine catastrophe qui me retient ici. Ah! oui... la guerre. Quelle guerre? Je mets le nez à la fenêtre. Une pente de neige et l'horizon à deux cents mètres. Le paysage est plus clos que ma chambre. Je suis bien enfermé. Au-delà de cette neige et de cette brume, je me souviens vaguement que l'Angleterre se bat avec l'Allemagne et l'Italie, que les Allemands occupent la France et que j'habite une principauté privilégiée, gouvernée par le maréchal Pétain. Mais on

1. La loi du 26 octobre 1940 crée le « Conseil de l'Ordre des Médecins ». Elle institue des conseils départementaux et un Conseil supérieur, dont les membres sont nommés; les élections professionnelles auront lieu dans l'automne 1941; en attendant, le Conseil supérieur de l'Ordre est présidé par René Leriche, professeur au Collège de France et à la faculté de médecine de Lyon.

n'y entre pas facilement. Depuis la veille de Noël, j'attends Suzanne. J'attends et je n'ai pas de nouvelles.

L'eau gèle dans les tuyaux de lavabos. La neige est dure, dure aux yeux, rêche aux yeux, elle ne matelasse plus le paysage. Mais depuis Noël, je boude le paysage. Il fait trop froid, il fait trop guerre. Ce matin, j'ai bâti une extraordinaire mathématique selon laquelle Suzanne doit arriver ce soir. Le monde extérieur compte à nouveau. La neige est étonnamment blanche. Une mouche s'y promènerait qu'on la verrait passer. Et les bouquets d'arbres, d'un ton indiscernable, sont vaporeux et flottants; du nuage d'arbres.

Depuis des semaines, je n'avais pas lu. J'avais entrouvert des partitions. Mais Claude a apporté *La Chartreuse de Parme* :

> *« Le Directoire de Paris, se donnant des airs de souverain bien établi, montra une haine mortelle pour tout ce qui n'était pas médiocre. Les généraux ineptes... »*
>
> *« Il avait l'insolence de prôner cet esprit de justice, sans acception de personnes, que le marquis appelait un jacobinisme infâme. »*
>
> *« Mais, si tu crois, ne tombe point dans la vulgarité de parler avec horreur de Voltaire, Diderot, Raynal et de tous ces écervelés de Français, précurseurs des deux chambres... »*

29 décembre

Le chef d'armée est devenu un chef d'usine. Il travaille dans un bureau. Il ne court point de risque physique. Il n'a même pas besoin de bravoure physique. On ne peut plus se l'imaginer droit sur ses étriers, sabre au clair. Mais même cette image de légende Premier Empire, Stendhal ne la laisse point intacte. Je cite de mémoire : *« Mais quelle prudence sur le champ de bataille et quel souci des décorations. »*

Tous les récits de bataille, tous les exposés stratégiques m'ont toujours fait penser aux simplifications farce du père Ubu. *« Tu joins ton aile droite au gros, tu éparpilles ton aile gauche. Tu amènes tes troupes où on ne les attendait pas. Tu les retires d'où on les attendait. »* Il y a aussi le moral des troupes. Quels sociologues que ces militaires! Et il est vrai que cet effet de tant de causes historiques et de causes immédiates, ils savent assez bien le mesurer. Ce n'est pas difficile. Les soldats grognent ou non, avancent ou non.

Dans les cadres subalternes, il y a place pourtant pour une vertu militaire. C'est une certaine façon d'être calme et de nier le danger. Celui qui tremble à l'intérieur de lui-même, il est rare qu'il puisse le dissimuler. J'ai connu de ces hommes qui servaient au sens qu'on trouve à ce mot chez Vigny. Le capitaine Mercier, quand je faisais mon service militaire à Belley. Il eût été tout naturellement ce que la foule appelle un héros. Mais, même à la caserne, je l'ai vu dépassant cette sorte d'héroïsme. Je conterai cela plus tard, peut-être. Le capitaine Ingellar, tué les premiers jours de la guerre de 1914. Deux hommes. Ils ne connaissaient pas, je crois, la puissance de leur regard. Ils n'en jouaient pas à la militaire. Ils n'évaluaient pas le soldat de la tête aux pieds, d'un regard appris, d'un regard d'acteur, d'un regard de revue de détail. Pour un seul de leurs regards on eût donné sa vie, par politesse, par courtoisie.

De *La Chartreuse* : *« ... Et voilà ce qui fait ton danger, cher Fabrice! ce sont ces bêtes brutes qui vont décider de mon sort et du tien! »* À peine si j'étends le sens du texte de Stendhal, en le rapportant au présent. Il oppose le despote, les courtisans, les valets aux âmes sublimes, aux caractères. En ce sens ce sont toujours des bêtes brutes, qui décident de notre sort. Et sans doute depuis les origines du monde. Plus une politique est brutale, plus elle est facile. Jusqu'au jour où la foule ne la tolère plus. Mais, ce jour, les politiques ne le prévoient jamais. Le tyran fait son métier de tyran, tant qu'il n'en est point empêché. Et aussi les parlementaires pourris. Et ils disparaissent, comme si on avait soufflé sur eux. Et ne dites pas que les prévoyants ont prédit quelquefois la chute des régimes. Ce sont des spécialistes de la prédiction. Ils s'obstinent toute leur vie dans une même prédiction. Comme les cartomanciennes, ils ont une chance sur deux de ne pas se tromper.

Il faut, pour gouverner, être en quelque façon « bête brute ».

Parler assez gros pour être entendu de la foule. Penser assez vague pour n'être pas trop brutalement contredit par le détail des événements. Accepter les moyens bas. Les plus grands s'abaissent à ce consentement.

Mirbeau aimait à conter que Napoléon, à Sainte-Hélène, expliquait ses campagnes à quelques nègres ébaubis. Il mettait Napoléon au rang de ces nègres. Ce qui scandalisa un jeune philosophe, tout en nuances et subtilités. « C'est jouer, disait-il, un jeu trop facile. Si l'on veut, tout peut être réduit aux dimensions de la farce. » Il est vrai que Mirbeau n'était guère historien, il faut comprendre que sa rage évangélique ne supportait pas cette sorte de gloire.

La journée à Vichy : « Le passage et l'apparition de M. Jacques Doriot, récemment arrivé de Paris, a seul rompu la monotonie de la journée dans les couloirs de l'hôtel du Parc. »

Un des arguments que l'on m'avait donné à Lyon en faveur du maréchal était celui-ci : « Voudriez-vous donc à sa place Doriot?... » On dit en effet que si le gouvernement Pétain n'est point assez docile, les Allemands ont un gouvernement Doriot tout prêt dans la coulisse.

Petites annonces du *Progrès*. De l'adverbe :
« Demande jeune femme pour tenir intérieur et cuisine, même réfugiée... »

30 décembre

Un certain Lousteau, directeur du cabinet de Baudoin [1], parle à la jeunesse lyonnaise. Pauvre jeunesse à laquelle le présent n'offre que les juleps du maréchal.

Ce Lousteau s'applique à définir la condition prolétarienne. Cela, il n'y a pas vingt ans, eût sonné subversif. Le marxisme de Vichy est filtré à travers la comtesse de Ségur. Quant à la condition prolétarienne, elle sera à tout jamais abolie par « l'ordre corporatif », à condition toutefois que tous les jeunes gens veuillent bien « être des apôtres ».

2 janvier 1941

En une nuit la neige a fondu. Les prés sont d'un vert de mousse, d'algue d'eau douce.

On me dit que les Allemands ont acquis la moitié plus une des actions de la *Nouvelle Revue Française* [2]. Avant la guerre, une partie de ces actions aurait appartenu à un écrivain communiste.

Ce jeu financier, cette souterraine spéculation, appliquée à une revue littéraire, sont d'un haut enseignement pour qui veut connaître l'industrie des belles-lettres et ses rapports avec la politique en ces dernières années.

Une nouvelle légende du maréchal s'est créée. Il est devenu le maréchal d'un seul bloc, dressé contre l'Allemagne et tout prêt à s'allier aux Français de Londres.

Discours d'Hitler à l'armée allemande. Il lui promet que « Dieu ne l'abandonnera pas ».

Lettres des petits enfants de France au maréchal :

« Monsieur le Maréchal, j'ai envie de battre ma petite sœur, je ne l'ai pas fait pour que vous soyez content... »

« Cher maréchal Pétain, toute la journée j'ai obéi; pour que vos ministres vous obéissent bien aussi. »

« On n'aime pas être pris pour des cons... » m'a dit Laurent tandis qu'il faisait la litière de ses vaches.

1. Paul Baudouin, ministre des Affaires étrangères jusqu'à Montoire, est pour l'heure en charge de l'Information et de la Jeunesse.

2. L'information est inexacte : Gaston Gallimard vient de refuser, le 23 novembre, une participation allemande au capital des éditions Gallimard, tout en acceptant que Pierre Drieu La Rochelle dirige la *N.R.F.*

3 janvier

Ma femme est arrivée. Non pas par les voies régulières, non pas avec des tampons de la *Kommandantur*, mais elle a franchi la ligne à travers champs, la nuit, entre Montceau et le mont Saint-Vincent. Une organisation ingénieusement ramifiée assure, moyennant un prix forfaitaire, le passage clandestin de la ligne. Les clients prennent d'abord contact dans l'arrière-salle d'un bistrot des Ternes. À la gare de Lyon, ils sont accueillis par un certain Roger, qui porte casquette et foulard rouge. Roger est accompagné d'une jeune femme. Il fait le voyage avec ses clients. À Montceau, on descend du train. On fait escale dans un bistrot. Roger témoigne de la plus vive tendresse envers sa jeune amie. À la nuit on prend la route, on la quitte, on passe à travers champs. Il faut faire dix kilomètres à pied pour atteindre la ligne de démarcation. Cette nuit-là, la route et les sentiers étaient couverts de verglas. Hommes et femmes glissaient. L'un des hommes tomba dix-sept fois.

Le groupe, conduit par Roger et par un homme du pays, était composé de trois prisonniers évadés, de Suzanne et d'une dame, qui allait rejoindre à Marseille son mari et ses fils. La petite amie de Roger portait un capuchon en gutta, dans lequel s'engouffrait le vent bruyamment.

– Enlevez ça, dit le guide, on ne va pas au bal...

– Tout ça, dit Roger, on le verra plus tard au cinéma... Mais ne vous en faites pas trop... la sentinelle est dure de la feuille...

On ne sait pas si Roger a par expérience découvert que la sentinelle entendait mal ou s'il a acheté cette dureté d'oreille.

On arrive au mont Saint-Vincent. On est en zone libre.

J'éprouve à ce récit la plus violente indignation. Quelle abjection que se faire payer cette sorte de services! Toute ma morale se hérisse. Mais la morale n'est qu'un cadre imparfait où glisser les actions des hommes. « Ce n'est pas si simple, me dit Suzanne. Et d'abord ces gens ne font pas payer les prisonniers évadés. » Leur milieu est difficile à définir! Le milieu, si l'on veut. Ils ressemblent à ces habitués des boîtes de Montmartre, qui trafiquent de la coco.

Comme seuls ils ont des sauf-conduits en règle, ils portent sur eux, pour le passage de la ligne de démarcation, l'argent, les bijoux, les lettres de leurs clients. Les clients retrouvent tout la ligne franchie.

L'un d'eux, dans le bistrot de Montceau, ayant déposé sur la table une sacoche, montrait avec plus de vanité encore que de plaisir le gain de sa semaine ou de son mois : cent cinquante billets de mille francs. Quelqu'un lui dit : « Vous serez désolé, quand la guerre sera finie... » Il se redressa, indigné. « Tout ça, je le donnerais pour qu'elle cesse immédiatement. Et pas seulement parce qu'on a du cœur, mais parce que nous, on s'en fout, parce que nous, on sait toujours gagner de l'argent... »

Il est exact que Langevin fut quelques jours emprisonné par les autorités occupantes. Elles lui ont volé sa montre. Il est actuellement en résidence surveillée, à Troyes. Je demande sous quelle forme ont protesté le Collège de France et la Sorbonne. Il paraît qu'ils n'ont pas bronché ou que, s'ils ont témoigné de leur sympathie à Langevin, ce fut si discrètement que personne n'en a rien su. Je pense avec quelque tristesse au commentaire que j'écrivais, il y a quelques années, d'une photographie représentant des professeurs allemands, écoutant avec docilité un discours que leur tenait Gœbbels. Je montrais qu'un pareil consentement n'était point absolument impossible en France et que les voies académiques ouvrent une belle route à la lâcheté.

Les Allemands ont fait savoir à Langevin qu'ils l'emprisonnaient comme « belliciste », mais qu'ils n'avaient pas exigé sa révocation, dont seul Vichy était responsable. C'est donc bien le maréchal qui, pour le salut de sa principauté de Monaco, a révoqué Langevin. Beau sujet d'image d'Épinal.

La France du maréchal ne peut s'accommoder de Langevin. Le maréchal fout dedans Langevin et la physique, comme Hitler, si Einstein ne s'était exilé, eût foutu dedans Einstein et la relativité. C'est parler gros, je le sais. L'académisme veut plus de nuances et aussi plus de mensonge. J'entends l'objection déjà. Einstein ne fut chassé par Hitler que parce qu'il était juif et Langevin ne fut révoqué par le maréchal que parce qu'il assista à des meetings communistes.

« La France n'a pas besoin d'intelligence. La France n'a que trop d'hommes intelligents. » J'avais entendu cela, au début de la guerre, de la bouche d'un officier d'état-major. Ainsi parlent beaucoup de ces savants philosophes, qui ont appris la philosophie dans les manuels du bachot. Déjà, Stendhal répondait à ces sortes de philosophes et dénonçait cette « vulgarité ». J'ai cité ce passage de *La Chartreuse*. Mais tout est renversé depuis Stendhal. L'élégance est dans la foi du charbonnier. L'élégance est de dénoncer le rationalisme et la science. De montrer au besoin, par de subtils jeux acrobatiques, que la science elle-même n'est pas rationnelle. On ne sait si ces ingénieux penseurs font ou non exprès de confondre la science avec ces appareils qui, dans les charcuteries, découpent avec une haute précision les tranches de jambon.

Il paraît que les journaux de Paris ont bassement attaqué Langevin et Perrin [1]. Le comique est que les rédacteurs de ces feuilles

1. Sur Paul Langevin et son arrestation, cf. supra p. 98; Jean Perrin, physicien renommé pour ses travaux sur la physique nucléaire, Prix Nobel en 1926, est parvenu à gagner les États-Unis.

ont mis le débat sur le plan scientifique et les ont dénoncés comme de pauvres savants. L'ignoble est que ces physiciens de feuilles publiques s'abritent, pour insulter des savants français, derrière les autorités occupantes.

La France est en tronçons : France occupée, France du maréchal, France des paysans, France des ouvriers, France des bourgeois, France de droite et France de gauche, l'une prétendant étouffer l'autre et tout résoudre par le fascisme, qui demain peut-être se décomposera en Italie même. France travailleuse, savante et pensante, France des cartes postales du maréchal, tous ces tronçons de France se rassembleront-ils? Sous la botte allemande, par la brutalité du fascisme, d'un parti de l'ordre à tout prix? Ou bien la France se réinventera-t-elle? Le peuple la réinventera-t-il? La bourgeoisie n'est plus capable de penser la France. L'idée de France est devenue une idée difficile. Le peuple l'éclaircira-t-elle? Mais le peuple existe-t-il encore?

Quoi que devienne la France, qu'elle doive se perdre à jamais ou se réinventer, la France espère. Je sais maintenant que Paris espère et résiste. Et le bourg espère. Ce n'est plus du tout le bourg d'après la débâcle, le bourg renonçant, contaminé par des relents d'hitlérisme. Je ne sais s'il pèse juste les victoires anglaises en Libye [1], et le déconcertement de l'Allemagne devant sa victoire sans combat. Mais il espère, il prend peu à peu dans la défaite une âme de vainqueur. « Ils sont foutus... » me dit le médecin, que j'ai rencontré dans la rue, couverte de neige. « Ils sont foutus. » Et il a dit cela, comme il eût dit : « Il fait froid... » avec la même certitude.

Une dame d'âge, qui ne connaît la politique que par les bruits en circulation dans l'air d'une petite ville de province, téléphonant à une amie, lui demande des nouvelles de la santé de ses enfants et soudain pose cette question, tout simplement : « Est-il vrai que le maréchal Pétain s'est mis avec de Gaulle?... »

« Je ne suis pas riche, m'a dit Laurent... Mais pour que l'Angleterre gagne, je donnerais bien une de mes vaches. »

6 janvier

J'ai changé de solitude. Une chambre d'hôtel à Bourg. Ce n'est pas un décor très savoureux. Mais l'homme est une drôle de bête.

1. Le 9 décembre, les forces du général Wavell lancent une contre-attaque contre les forces du maréchal Graziani; les Italiens sont battus, trois jours plus tard, à Sidi-Barrani et perdront Tobrouk le 23 janvier. Dans cette offensive éclair, les Anglais qui déplorent 476 morts font 130 000 prisonniers.

En deux jours, j'y ai déjà des habitudes, des attaches. Je ne la quitterais pas sans un rien de mélancolie.

Le journal : M. Jacques Chevalier est bien décidé à « donner à tous le sens des valeurs spirituelles, de la norme divine qui les mesure, de la foi qui y adhère, et sans laquelle rien, ici-bas, ne se fait de grand et de durable ».

Ce Chevalier est-il un vieux philosophe spiritualiste pour femmes du monde, une ganache branlante ou un roublard? Soit dit en passant, son « qui y adhère » n'est pas fameux.

Je serais bien incapable de dire comment s'est constitué en moi le scénario Pétain-Laval-Abetz : Laval ouvrant aux troupes allemandes les voies ferrées de la zone libre vers l'Italie, Laval congédié et sous la surveillance des gardes du maréchal, Abetz exigeant le retour de Laval, l'ultimatum d'Hitler, le refus du maréchal. Quelle est la part de la tradition orale, quelle est la part de mon interprétation des très brefs communiqués de Vichy, je n'en sais plus rien. Mais le scénario est ferme, bien établi. Et non seulement dans ma tête, mais dans toutes les têtes. Dans la zone libre comme dans la zone occupée. Et cet unanime accord est sans une divergence de détail. Chacun a son scénario et ce scénario coïncide avec tous les autres. Des millions d'hommes, dont aucun ne pourrait donner la même version que l'autre d'une brève séquence de cinéma ou d'un accident de bicyclette, ont un identique scénario dans la tête. Et, si l'on en cherche les sources contrôlables, à peine trouve-t-on la moitié d'une colonne de journal, qui se réduit à ceci : Laval a été congédié, Pétain a déjeuné avec Abetz, et sur la fin de l'après-midi a reçu Laval [1].

1. L'information ne filtre que lentement puisque le renvoi de Laval date de la mi-décembre. À l'issue d'un bref conseil des ministres, tenu dans la soirée du 13 décembre, Laval a été effectivement congédié par Philippe Pétain. Encore que la politique officielle de collaboration ne fût pas en cause, l'ambassadeur d'Allemagne en France, Otto Abetz, arrive à Vichy, le 17, accompagné de deux automitrailleuses. Après une entrevue très orageuse entre Pétain et Laval, ce dernier repart pour Paris dans la voiture d'Otto Abetz.

X

BOURG-EN-BRESSE, VILLE MOLLE

13 janvier 1941

POUR que Claude [1] ne soit plus interne, j'ai loué à Bourg cette chambre d'hôtel qui est grande, mais qui s'aère sur une courette et dont la fenêtre donne sur un mur. Mais il y a un radiateur. Nous habitons un radiateur.

Que le jour est triste! Si triste que je me prends à contempler avec ravissement, sur la table, quelques morceaux de cellophane, qui enveloppaient des bonbons. D'un vert, d'un rouge, d'un violet pas vrais, d'une matière luisante et cassante, qui renvoie de bizarres reflets, qui ne sont ni ceux du métal ni ceux de la joaillerie, ils font penser aux ballons de gutta, dans les jardins publics, aux danseuses des fêtes foraines et à l'Océan Indien.

Sur la difficulté d'interpréter les textes, sur la précision du langage et l'art de lire entre les lignes.

Je lis dans *Le Progrès* du 13 janvier : « Les membres du conseil de l'Ordre des médecins du département de l'Ain ont adopté l'ordre du jour suivant : Le conseil de l'Ordre... adresse à M. le maréchal Pétain l'hommage de sa gratitude et de sa confiance. Il l'assure de son concours le plus dévoué à l'œuvre de restauration fondée sur la notion traditionnelle de " valeur " se substituant au culte de l'irresponsabilité et à la souveraineté du " nombre "; et par conséquent sur la reconstitution des élites dont le rôle éminent est de se serrer autour du chef de l'État, pour l'aider à promouvoir la dignité et les libertés de la personne humaine. »

Je n'avais point donné grande attention à ce texte mou. J'avais seulement remarqué que les médecins de l'Ain n'hésitaient pas à se tenir pour une élite.

Mais j'ai su par le docteur D... qu'ils prétendaient marquer un coup d'arrêt, témoigner à la fois de leur loyalisme et indiquer qu'ils n'étaient pas des « totalitaires », qu'ils ne voulaient pas que

1. Claude est le fils unique de Suzanne et Léon Werth.

personne – fût-ce le maréchal – touchât à « la dignité et aux libertés de la personne humaine ».

Mais pourquoi n'ont-ils pas parlé un langage moins mou? Parce qu'ils n'en connaissent point d'autre? Parce que leur tranquillité eût été menacée?

Étrange époque où le mot de personne humaine sert à la fois au maréchal totalitaire et à ceux qui prétendent réprouver les régimes totalitaires. Étrange époque où le conseil de l'Ordre des médecins est contraint de paraître totalitaire pour dire qu'il ne l'est pas et, pour exprimer une réserve, de paraître approuver sans réserve. Telle est la liberté sous la dictature. Tout peut être dit à condition que personne ne comprenne, pas même celui auquel on s'adresse.

14 janvier

Bombardements sur Londres, bombardements sur Brest, Lorient, Le Havre, opérations en Albanie et en Libye. La guerre jour à jour. À chaque jour sa dose de guerre filtrée par la province, amortie par le froid (le thermomètre est descendu à moins 16), réduite à on ne sait quoi dans cet hôtel, qui n'est de nulle part. Hors le docteur D..., qui plonge dans la Grèce et dans l'Inde, je ne connais personne à Bourg. Je ne sais comment Bourg prend la guerre. Je n'ai pu observer qu'un signe : l'oculiste a fixé au mur de son salon un chromo du maréchal.

La fille qui fait ma chambre me parle de la température et non pas de la guerre.

On a vu que la foule, une partie de la foule au moins et les praticiens du département de l'Ain séparent le maréchal de ses ministres et annulent ses propres paroles. Ils construisent un maréchal semblable au maréchal qu'ils souhaitent, un bon tyran. Les actes de ses ministres et ses propres paroles, ils les refoulent selon un processus freudien ou par paresse d'esprit. Et il n'est pas absolument impossible que le maréchal ne devienne semblable au personnage qu'ils ont imaginé. Il donnait prétexte à sa légende, quand il en usait avec ses ministres comme un montreur de marionnettes, quand on vit Laval dessiner un demi-cercle en chute molle, comme un gnafron rejeté en coulisse.

En première page de *Candide*, un article de Charles Maurras. Telle en est la puérilité polémique qu'on n'y pourrait voir qu'un signe pathologique, tout individuel. Mais que ce délire d'interprétation apparaisse comme une pensée à quelques Français de culture secondaire, le signe est grave. Entendez bien que tous les points de départ, non plus que dans le délire, ne sont pas faux. « Mais il n'est pas fou, il raisonne parfaitement », disent au médecin les parents du malade.

Cet article exprime une totale jubilation. Le maréchal a sauvé la France dans la mesure où il est le disciple de Maurras. Les idées de Maurras sont au pouvoir. Depuis le maréchal, la France n'est plus esclave des Juifs et des Métèques « qui faisaient même brûler la cervelle, sur les grandes routes, à d'innocents prisonniers ». Louis XIV a triomphé de Blum et de Mandel [1].

Nul fou raisonneur ne croit davantage que le monde s'enferme en son système. Maurras explique la défaite en ses moindres détails. Il n'eût pas été plus gêné pour expliquer la victoire. La débâcle est le fait de Blum et de Mandel. La victoire eût été expliquée par les persistances de l'ancien régime.

Les Maurras pullulent dans les cercles politiques et dans les petits cafés. Mais les médecins, les avocats qui le tiennent pour un grand homme témoignent d'une extraordinaire déchéance d'une partie de la bourgeoisie moyenne. Qu'ils partagent les passions de Maurras, ce n'est pas cela qui inquiète. Mais qu'ils acceptent pour justifier ces passions les théories de Maurras et sa vision primaire de l'histoire, qu'ils se croient historiens et grands politiques quand ils inversent et mettent tête en bas les manuels de l'école primaire, cela est plus grave. Ils s'admirent en cette pauvre scolastique. On voit le chemin qui, de ce narcissisme, les conduit à l'hitlérisme.

Maurras mégalomane : « Le 10 juin de 1940, écrit-il, un jeune astrologue habile à déchiffrer notre avenir dans le ciel, déclara qu'il n'était d'astres favorables que sur un point : dans le désastre et la déroute confirmés, mes idées se trouvaient extrêmement proches d'accéder au pouvoir ».

Les astres mettent en balance la débâcle de juin et les idées de Maurras. Le triomphe de ces idées n'est pas moins important que la défaite de la France, puisqu'il n'est point de France hors ces idées.

Bergson est mort. *Candide* publie deux articles sur Bergson, deux articles de bon journalisme, où l'admiration ne se ménage pas. Mais les auteurs de ces articles ne disent pas que, si le maréchal eût alors régné, Bergson n'aurait eu le droit d'enseigner ni à Clermont-Ferrand, ni à Henri-IV, ni au Collège de France [2].

Destin de Bergson. Ce grand psychologue, quand il devint métaphysicien, eut d'étranges publics.

1. Georges Mandel a fait arrêter le 5 juin une partie de l'équipe de *Je Suis Partout* ainsi que des germanophiles notoires; pendant l'Exode, Armand Thierry de Ludre (dont le corps vient d'être exhumé) avait été tué par un garde mobile.

2. Henri Bergson est mort le 4 janvier. Son renom, tant en France qu'à l'étranger, était grand. Tout en étant devenu catholique de cœur, il a tenu à différer sa conversion face aux discriminations dont sont victimes les Juifs.

Je n'ai guère été touché par lui et les plus philosophes de mes amis pas davantage. Quand il était au plein de sa gloire, nous avions dépassé l'âge philosophique, l'ivresse du systématique. Nous n'avions pas besoin qu'on nous délivrât des systèmes. Le « se faisant » de Bergson, il ne nous parut pas qu'il s'adressait à nous. Nous aimions les systèmes rigides, comme on aime les peintures hiératiques. Nous ne nous sentions ni opprimés ni menacés par les systèmes. Seuls les peintres faibles retournent par principe à l'hiératisme.

Bourg à six heures du soir, par la neige. Lumières de défense passive. Passants feutrés. Je frôle un groupe de deux jeunes femmes arrêtées, penchées l'une vers l'autre, se confiant leurs âmes sans doute. Et j'entends en effet la parole d'espoir et de délivrance : « *Marie-Claire*, dit à l'autre l'une des jeunes femmes, *Marie-Claire* est arrivée. »

Et *Paris-Soir* aussi. Un pauvre bougre crie mélancoliquement *Paris-Soir*. Par-dessus la débâcle, par-dessus les catastrophes et les révolutions, *Paris-Soir* surnage, surnagera toujours. *Paris-Soir* est de l'essence de l'homme. Il y aura toujours des *Paris-Soir* et des rédacteurs pour le rédiger et des typos pour l'imprimer et des lecteurs pour le lire. *Paris-Soir* est éternel. *Paris-Soir*, c'est le péché originel. Quel rédempteur viendra ?

Le maréchal a encore ouvert une de mes lettres, cette indiscrétion m'irrite. Même quand j'étais au régiment, le colonel n'ouvrait pas mes lettres.

20 janvier

Claude a parmi ses livres de classe des morceaux choisis de Victor Hugo. Je crois bien que, depuis mon adolescence, je ne m'étais pas plongé dans cet océan. Je comprends maintenant pourquoi les petits lettrés disent que c'est un océan de mots. Ils reprocheraient aux vagues de la mer de ne point onduler en syllogismes. Victor Hugo n'entre pas dans leur pied à coulisse.

> *... Par la même occasion, il sauve*
> *La Famille, l'Église et la société;*
> *Il veut avoir Saint-Cloud plein de roses l'été*
> *Où viendront l'adorer les préfets et les maires...*

J'ai perdu ma noble solitude de la campagne, mes collines, mes arbres, ma neige. Je me sens déchu : cette chambre d'hôtel est sinistre. Les murs sont revêtus d'un papier en imitation de voile de Gênes. Le tapis de la table est, si l'on ose dire, oriental, bicot plutôt. Non pas, patiné. Souillé, il montre cette déchéance qu'on ne voit qu'aux hardes des fripiers. Le jour vient d'une courette et il est si pauvre qu'il faut laisser l'électricité allumée sans interruption. Le souvenir de cette chambre, je voudrais déjà le rejeter dans ce fond où l'on ensevelit ses vieux crimes.

Dès que j'en suis sorti, je suis ébloui par le grand jour. Il me semble à chaque fois que je suis un prisonnier qu'on extrait de son cachot.

La guerre, toute pensée sur la guerre me semble, depuis quelques jours, lointaine. Comme des milliers d'autres, j'ai réduit la guerre à ses effets sur moi-même. Qu'elle finisse et que je puisse reprendre une vie qui fut la mienne. J'en ai assez de vivre frileusement parmi des cataclysmes, j'en ai assez d'essayer de penser des cataclysmes.

Lettre de Serge [1]. « Impossible, m'écrit-il, de vous dire en deux mots toutes les raisons d'espérer fermement qui m'apparaissent. Ce vieux monde délabré est entré malgré lui dans un cycle de catastrophes pleines de promesses et de promesses à échéance nullement trop longues. Impossible que tout cela – d'à présent – dure bien longtemps. La vie va rebondir dans quelques années comme une balle bien lancée. D'ici là, évidemment, tout le problème sera de survivre, et je ne me dissimule pas que c'est un problème ardu (je m'en rends compte tous les jours)... Quel que doive être le rajeunissement de l'Europe, il ne se fera sentir, après ces crises noires, dont nous ne voyons encore que le commencement, que dans quelques années... »

Qu'il est courageux et que je suis lâche. Qu'il est, dans le grand sens du mot, révolutionnaire! Le gros des hommes s'agite. Chacun veut trouver un petit port où mettre sa barque à l'abri. Mais lui... Quel bond et quelle foi dans l'avenir!

Le vieux monde est délabré, c'est vrai. Mais où Serge prend-il la certitude que la vie rebondira? Sans doute le monde n'est pas arrivé à sa période de refroidissement total. Et nous savons bien que, pour peu qu'on ait la patience d'attendre un siècle, ou deux, ou trois, les hommes auront retrouvé une civilisation et peut-être même de quoi se créer du bonheur. Mais qui me dit que le monde de demain, le monde qui sortira de cette guerre ne sera point un monde où l'homme aura renoncé à l'homme? Un monde hitlérien où chacun touchera chaque jour sa ration alimentaire, sa ration de vérité, sa ration de mystique? Car il n'est point d'idée pour laquelle on ne puisse faire vivre ou mourir les hommes : la pureté de la race, la propreté des égouts, la gloire militaire, la haine de la gloire militaire, l'indépendance de la patrie ou l'asservissement de la patrie à une autre patrie, ainsi que nous l'avons vu dans ces derniers mois. Vichy aussi nous promit des « lendemains réparateurs ».

1. Sur Victor Serge, cf. supra pp. 78, 79.

Serge, je m'y perds. Je ne suis qu'un pauvre ci-devant. J'ai cru qu'il était très important de montrer ma haine des mauvais peintres comme des mauvais bergers. Je croyais que l'art, la science étaient des buts. Je me souviens... C'était à Vienne, vers 1920. J'y avais rencontré Marcel Ray, dont Larbaud eût voulu qu'il fût ambassadeur. Et il le fut ou presque. Et devant des Viennois, auxquels il m'avait présenté, je déclarai que la politique était un mauvais lieu. « *Apolitisch...* » précisait Marcel Ray. J'avais à cette époque l'illusion que, délivré de la guerre, le monde était délivré du mal, que la guerre était une parenthèse, une interruption, après quoi le monde allait recommencer. Ainsi la lumière de l'électricité, quand la compagnie distributrice, trois secondes, coupe le courant. Je croyais que l'homme fort pourrait vivre au-dessus, au-delà de la politique. Deux ou trois révolutions pour régler les questions économiques et tout irait bien et le monde repartirait.

Je ne sais plus voir si loin. Je voudrais que l'Angleterre gagnât. Et je ne sais même pas peser les effets de cette victoire anglaise. Les partisans de Vichy attendent quelque chose de l'Allemagne, attendaient quelque chose du moins, au temps où le maréchal promettait un assouplissement de la ligne de démarcation. Les partisans de l'Angleterre attendent tout de l'Angleterre. Je sais bien que ce n'est pas si simple. Et il me suffit, pour m'inquiéter, d'inverser les rôles. Je suppose que l'Angleterre ait renoncé et que la France se batte et gagne. Après sa victoire, prendrait-elle l'Angleterre par la main, comme une mère qui retrouve son enfant volé par des Bohémiens?

20 janvier

Le journal : Entrevue du maréchal et de Laval. « Dissipés, les malentendus qui avaient amené les événements du 13 décembre. » Le maréchal lâche-t-il sa légende?

Comment être chrétien et ne pas comprendre ce que signifie : être révolutionnaire? Les chrétiens se croient-ils quittes, quand ils ont donné dix sous à un pauvre? Être révolutionnaire, ce n'est pas seulement mettre une économie, qui ne soit pas une fausse pièce, dans la sébile des foules.

21 janvier

Au lycée de Bourg, un tract a été collé sur un placard où l'on appose d'ordinaire les notes et circulaires de l'administration.

« Si vous voulez la liberté : PÉTAIN.

« Si vous voulez être esclaves des Juifs et des Francs-Maçons : DE GAULLE. »

Ce qui prête à désespérer, c'est qu'on ne peut pas plus sur la bêtise que sur la folie. Je sais : les généreux sursauts des foules, l'esprit qui a toujours le dernier mot. Mais si les sages ne sont point sages avec rage, l'Europe sera pendant vingt ans gouvernée par des fous menant des imbéciles. Antonesco, Hitler et Pétain pourront se tendre les bras et s'étreindre à travers l'Europe.

Je trouvais que ma chambre était sale. La bonne en a dix-sept à « faire » par jour. Mais elle sera bientôt riche. Le maréchal a dit que désormais « l'argent serait la récompense du travail ».

D'une revue de presse. M. Fernand-Laurent [1] (*Jour-Écho de Paris*) : « Le nouveau régime s'acharne à remettre en honneur ce qui est au fond la vieille notion paysanne et artisanale de chez nous, la notion du travail bien fait... »

C'est à cette poésie du passé, à cette poésie pour échotiers et à un moralisme flou que la bêtise s'accroche. J'ai entendu dans la rue deux bougres, deux belles têtes d'apéritif, ni ouvrier, ni monsieur, tout petits boutiquiers ou tout petits représentants : « Nous n'avons que ce que nous avons mérité... Personne ne voulait plus faire son devoir... »

On ne m'a guère donné, comme preuves de notre déchéance, que la loi de quarante heures, les congés payés et le sabotage. Bons apôtres. Mais l'impureté des avocats, des juges, des médecins, l'esprit de lucre dans les professions dites libérales et les mauvais peintres. Et ces officiers qui, en juin 1940 fuyaient en autos sur les routes et dépassaient leurs soldats. Et aujourd'hui même on me lit la lettre d'un médecin dénonçant un confrère qui, en juin, aurait abandonné sa formation (ces deux médecins sont d'âpres concurrents et exercent dans le même village). L'oubli de toute décence et de la stupidité dans la peur – et bien avant cette guerre – la voilà, l'explication de la débâcle.

Nous ne pouvons pas nous évader des catégories de la droite et de la gauche. Toute pensée politique s'intègre en elles. Et la gauche, dans son vague espoir d'une civilisation humaine, tente d'étreindre un insaisissable avenir. Et la droite, en son désir d'un monde hiérarchique et bien cadastré, tente d'étreindre un passé qui n'est guère moins inconnu que l'avenir.

J'ai quitté ma chambre qui donnait sur un mur et qui ressemblait à une toile d'araignée désaffectée. Par ma fenêtre, il entre maintenant du jour. Et j'ai vue sur un flanc de l'église jésuite, quelques charrettes à bras et un extraordinaire édifice qui est fait d'un urinoir et d'un kiosque à journaux accolés l'un à l'autre. La guerre ne m'en semble pas moins intolérable.

1. Camille Fernand-Laurent est un député conservateur inscrit à la Fédération républicaine; il rejoindra Londres puis New York en décembre 1942.

Il me souvient qu'en octobre 39, C..., très anarchiste, très personne humaine et récusant la guerre pour sa stupidité, me disait : « Avant tout, pour ne pas déchoir, ne pas entrer dans les passions de la guerre, la mépriser, la fuir – et au moral et au physique – ne rien donner à la guerre. » Mais si en ne donnant rien à la guerre, on donne tout à Hitler? Ce n'est qu'en rejetant la guerre qu'on peut rejeter Hitler. Un peuple assez grand, assez sûr de lui pour se refuser à la guerre, n'a rien à craindre de l'envahisseur. Sa seule présence anéantirait, déconcerterait jusqu'à l'anéantissement, l'envahisseur.

Nous sommes immatriculés à l'hôtel.

La bonne, portant les plats, traverse la salle, d'un pas de cheval dressé, tête levée. Elle encense. La patronne a un étrange sourire. Je suis toujours ému par un sourire. Mais j'ai remarqué que ce sourire était réglé selon les lois de la plus stricte économie. Il se déclenche d'un coup, demeure invariable et cesse d'un coup, en même temps qu'elle s'éloigne du client. Il ne faut pas qu'il y ait de restes perdus.

Il m'arrive d'échanger quelques mots avec elle ou avec les hommes. Jamais un mot de la guerre. La vie de l'hôtel continue, la vie de Bourg continue au ralenti.

Hier soir, la salle du restaurant se reflétait, était projetée à travers la glace, dans la rue. Étrange tableau surréaliste. Les tables bien dressées, brillantes sous les lampes du plafond, les pensionnaires sages qui baignaient dans l'ombre de la rue, posés sur la boue de la rue. Cette ombre de rue baignait leurs visages. Ils n'étaient plus que silhouettes incorporelles et l'ossature de leurs visages semblait transparaître. Quelle belle mise en scène pour *Le Grand Large*, cette pièce anglaise que donna Jouvet et dont les personnages étaient des morts, qui ne savaient pas qu'ils étaient morts. Quel symbole : une petite bourgeoisie, ni vivante ni cadavre, persistante et décomposée, dans la guerre, qui est partout, comme une saison, comme la boue, comme la pluie.

25 janvier

Je n'ai plus d'idées sur la guerre.

Bourg et l'hôtel peut-être tuent les idées. Dans cette chambre d'hôtel tous les meubles, tous les objets me semblent souillés, déshonorés. Chacun me donne la même secousse nerveuse qu'un rat immobile, dont je rencontrerais sans cesse le regard.

L'expérience hitlérienne montre que dix millions d'ouvriers peuvent, du jour au lendemain, être immobilisés, hypnotisés par un regard du dictateur. Le sort de l'Europe va-t-il se régler comme si les masses n'existaient pas? Ce que Kropotkine [1] appelait « l'essor spontané des masses populaires », est-ce une blague ou le plus réel et le plus mystérieux de l'histoire?

Le journal annonce la création du Conseil national et donne les noms de ses cent quatre-vingt-huit membres [2]. Le père Ubu est dépassé. On y voit les noms des gens du 6 février et de ceux qu'ils accusèrent d'être leurs assassins. On y voit le prince de Broglie et Doriot. Le prince de Broglie approuve-t-il la révocation de Langevin? J'imagine le prince de Broglie et Doriot échangeant quelques hautes pensées sur l'astrophysique et le destin des peuples.

« C'est étonnant, me dit D..., vous n'avez aucune angoisse métaphysique. L'être et le non-être, la matière et l'esprit, l'au-delà enfin, vous n'y pensez pas? »

C'est vrai, je n'ai guère cette angoisse. J'ai connu, je crois bien que je n'avais pas vingt ans, l'ivresse philosophique. La philosophie, c'était un pays nouveau, ni la vie, ni la littérature. Je me suis souvent baigné dans Spinoza. Et j'y plongeais encore quelquefois pendant la guerre de 1914. Mais je n'étais guère philosophe. Je ne voyais pas le monde à travers les philosophes. Et s'ils m'apportaient quelque exaltation ou quelque sérénité, c'était par leur présence, par leur façon noble de s'avancer dans l'éther, comme si je regardais le Bois sacré cher aux Arts et aux Muses. Puis j'ai connu cette foi dans la science expérimentale, qui fut la forme que prit l'amour des « lumières » chez mes contemporains. Nous riions de ceux qui proclamaient la faillite de la science et s'évertuaient à démontrer qu'elle ne pouvait donner ce qu'elle n'avait jamais promis de donner.

– Mais l'au-delà?... Je n'arrive pas, dis-je à D..., à me dépêtrer des problèmes de ce monde. Laissez-moi repousser ceux de l'autre monde. S'il n'y a pas d'autre monde, je ne serai pas le premier qui passera au néant. Si l'autre monde existe, il doit y avoir un service d'ordre. Ce sont là de bien grossières pensées. Et votre sensibilité spiritualiste doit me mépriser ou me prendre en pitié. Prenez garde. J'ai bien souvent remarqué que l'évasion dans les hauts espaces de l'esprit permettait d'étranges licences et lâchetés dans le monde de la matière. Il n'y a point d'irréparable pour qui croit à l'au-delà. Au lieu que nous, qui n'avons pas l'éternité pour

1. Mort en 1921, le prince Kropotkine, révolutionnaire professionnel, est l'un des théoriciens majeurs de l'anarchisme révolutionnaire.

2. La loi du 22 janvier 1941 institue le Conseil national, organisme consultatif destiné à être un corps intermédiaire dans ce régime autoritaire; il tiendra sa première séance en mars 41. Un peu moins du tiers de ses 213 membres, tous nommés, sont d'anciens parlementaires (28 sénateurs et 49 députés). Les 136 autres conseillers sont des syndicalistes, des activistes ralliés au régime (tel Doriot) et des représentants des élites économiques, sociales et culturelles.

racheter nos fautes, nous respectons le périssable; nous le tenons pour sacré et il faut que chaque instant nous aide à gagner notre dignité. Nous ne voulons pas que la mort nous surprenne en négligé, nous n'avons pas l'espoir de réparer le désordre de notre toilette.

D... lit Tacite et les mystiques hindous. Son jugement est lucide, mais souvent fondé sur des attendus qui datent de vingt siècles.

Qu'il ignore tout du marxisme, cette ignorance théorique ne me gêne en aucune façon. Mais, quoi que vaille la philosophie de Marx, comment peut-on saisir quelque chose de ces vingt dernières années, si l'on n'a aucune idée de la brûlure marxiste, si l'on ignore quelle fut sa puissance d'excitation quasi religieuse sur des milliers d'hommes et en particulier d'intellectuels, dans toute l'Europe?

26 janvier

Voyez les espèces sociales, qui fleurissent en Europe, les espèces chétives que donne la France... Qu'espérez-vous?... Un miracle?... Non... une mutation brusque.

27 janvier

Lorsque j'ai quitté Paris, en juin de l'an dernier, je me disais : « Tout sera peut-être pillé dans mon appartement, je ne retrouverai rien de ce que j'aime, ni de ce à quoi je tiens sans l'aimer. » J'acceptais en moi-même (ces acceptations globales sont faciles). À ce qu'on conçoit comme définitif, total, on oppose une géométrie de la résignation. « Ils pilleront tout, me disais-je, et après ce sera un recommencement. » Tout juste si je n'imaginais point une jeunesse nouvelle des choses et de moi-même. Lorsque les Allemands furent à nos trousses, nous pensions : « Il y aura un front sur la Loire. » À l'événement on opposait un événement, une succession, un développement visible de faits. Lorsque les Allemands occupèrent le village du Gâtinais, où nous nous étions immobilisés, nous voyions déjà leurs régiments, quittant la France. Le mot même d'armistice a je ne sais quoi de provisoire. On dirait une brève parenthèse entre la guerre et la paix. On dépose les armes, on jette ses cartes sur la table.

On n'imaginait pas, ni les paysans ni les bourgeois avec lesquels j'échangeais quelque conversation, n'imaginaient l'immobilité de l'armistice, son installation dans le temps.

Par un effet de l'accoutumance et de l'éloignement, les faits de guerre, d'où à lointaine échéance notre sort dépend (bombardements sur l'Angleterre ou l'Allemagne, guerre en Libye, guerre en Albanie) ne sont plus qu'une abstraction quotidienne, une inerte matière de journal. Des gens déplient leur journal et disent : « Il n'y a rien. »

Pauvres petits-bourgeois français, qui croient que tout sera résolu, si l'on fait la soudure au printemps et si les Allemands ne gardent qu'une vingtaine de départements.

J'ai calomnié Bourg. Bourg entre plus avant dans l'événement que je ne croyais. C'est une famille de commerçants. On me fait entrer dans l'arrière-boutique.

Ils résistent, mais à l'intérieur d'eux-mêmes, sans se demander comment leur résistance pourrait être efficace. Ils jugent dur ceux qui accueillaient les Allemands bras ouverts. Cette cliente, qui accepta de guider les soldats allemands, de boutique en boutique. « Mais cela n'a duré qu'un temps, disent-ils. Hors les gens d'un certain clan, tout le monde souhaite la victoire anglaise et tout le monde y croit. » Ils regrettent les dimanches d'avant la guerre, les promenades en auto. Ils craignent que l'argent ne s'effondre. Ils voudraient qu'on réglât le désordre économique du monde, qu'on ne jetât plus de café à la mer, qu'on n'y rejetât pas les cargaisons de sardines. Tout cela est clair, assez mal lié. Mais le monde est-il bien lié?

Comme je rentrais à l'hôtel, j'ai croisé deux femmes en noir, maigres, ascétiques. Et l'une d'elles prophétisait ainsi :

– Moi, je dis que ça finira par une révolution.

Dieu, c'est l'homme d'action. Il n'y avait rien. Il crée le monde et l'homme. Mais sa création lui échappe. Il crée l'appétit sexuel; subversif, l'homme invente l'amour. Il crée les sens, l'homme invente la science. Il crée l'appétit, l'homme invente la poésie. Et il fait jouer son tonnerre et ses tempêtes pour terroriser l'homme. Mais l'homme invente la religion. Dieu n'y avait jamais pensé.

Qui apportera une lumière dans la nuit? Si le monde n'est pas hitlérisé, les démocraties s'enliseront-elles dans leur légendaire pourriture ou, comme la statue de la Liberté, éclaireront-elles le monde?

Ce quasi mystique espoir dans la démocratie, c'est peu. C'est tout. Tant pis pour les sots qui croient qu'on peut ranger l'avenir dans les compartiments d'un passé, bien mis en ordre par l'histoire.

La démocratie contient un espoir : la justice. Quand elle est injuste, c'est contre sa nature. L'injustice n'est jamais qu'un effet de sa pourriture. Et, même en sa pire pourriture, elle n'ose faire de l'injustice sa loi avouée. Les droits de l'homme disent : un seul être qui souffre d'une injustice, tout le corps social est lésé. Et Marx dit qu'une seule nation étant opprimée, c'est comme si on tuait le socialisme.

Cette idée de justice, les partisans des emplâtres de l'ordre s'acharnent à démontrer sa vanité. Comme l'esprit de liberté, ils en font une grue métaphysique. Justice et liberté ne sont qu'abstractions. La chair aussi n'est qu'une abstraction pour les eunuques et la vie n'est qu'une abstraction pour les morts.

Les milieux autorisés démentent catégoriquement les bruits selon lesquels des troubles auraient éclaté en Italie. « Les trains circulent de façon régulière. » Au début du fascisme, on se souvient qu'ils arrivaient à l'heure. Les dignes Italiens sont toujours ferroviaires. N'y aurait-il point quelque irrégularité dans le service ? Et quelles conséquences ? Les Allemands viendront-ils mettre de l'ordre ? Mais ces grands ordonnateurs du monde suffiront-ils à la tâche ? Ce serait un beau spectacle si ces spécialistes de l'organisation crevaient de leur ordre même ; si cette cohésion des individus croulait, réduite à elle-même, faute de consistance des individus.

Chez Barachin, les journaux et les magazines sont groupés dans des casiers. La presse du maréchal, la presse officielle est abondante. Un changement des hommes au pouvoir et un renversement de la politique, on verrait la même presse, les mêmes journaux au service de la politique nouvelle, pour peu que cette politique fût également autoritaire. Que de magazines ! Je les feuillette. Quelle débauche de vertu ! Mais on y voit toujours des aventures de star et du conte de fées mécanique. Et la photographie offre du réel brut, capté dans les cinq parties du monde et donne au plus vide des imbéciles l'illusion qu'il est un Bouddah au centre des apparences.

Confidences d'un « retour de Vichy » qui fut reçu par un chef de cabinet : « S'il nous arrive de prendre des mesures en contradiction avec nos principes, si nous semblons, dans le détail, incohérents, c'est parce que nos déclarations de principes et nos règles administratives furent exigées par l'Allemagne. Nous sommes sous le contrôle de l'Allemagne, nous dépendons de l'Allemagne. L'Allemagne n'a point que des soucis de force et d'économie. L'Allemagne est prosélyte, l'Allemagne a entrepris une croisade. »

Le monde de janvier 1941 n'est grossièrement explicable que par une opposition des fascismes et des démocraties. Cette explication n'est point agréable aux esprits délicats. Ils la trouvent trop à la portée du vulgaire. Il faut reconnaître qu'elle ne permet de rien préjuger du plus proche avenir. Sans doute, si le fascisme gagne, il tiendra un temps, pour la raison qu'il peut ce qu'il veut, tant que le peuple accepte. Mais si les démocraties gagnent, il faudra qu'elles se définissent, qu'elles s'inventent sur les ruines du monde...

31 janvier

J'ai passé une journée dans « la maison des champs ». Les premières ondulations de montagnes, vues par la portière du wagon, m'ont délivré de Bourg. Je serais revenu de Chine que je n'aurais pas été plus ému par le vaporeux paysage, qui m'attendait au sortir de la gare, à la tombée de nuit. Quelle soudaine béatitude dans le petit chemin montueux, qui me conduit chez nous. Bourg a le nez aplati, les traits mous. Le chemin me paraissait noble et lavé de la guerre, hors les temps que nous vivons.

Andrée François, qui descend au bourg chaque jour, m'a dit : « Les gens ici s'attendent à un coup de Trafalgar. – C'est-à-dire ?... – Un coup de Trafalgar... – Qu'entendent-ils par là ?... – Ils attendent une révolution... quoi... – Ils sont contre Pétain ?... – Non... mais les commerçants en ont assez de coller des tickets et les paysans ne sont pas contents des réquisitions... »

31 janvier

Discours d'Hitler. « Je me suis heurté à l'internationalisme juif. » Cette explication du désordre du monde satisfait à la fois les Maurras et les marlous qu'on embauche pour les manifestations de rues. Elle n'est donc pas inefficace. « En 1941, il n'y aura plus de privilèges, plus de tyrannie, plus de grandes puissances financières. » « Notre mouvement n'est pas le fait d'un homme, il durera mille ans... » Me voilà rassuré. Ce bond dans les nues de l'avenir me rassure. Je sais, les yeux fermés, que le national-socialisme ne durera pas mille ans. Si Hitler le croit, il est fou, il est perdu. Croire que le national-socialisme durera mille ans, c'est une plus grande illusion que de croire à la justice immanente. Voilà que, par Hitler, la justice immanente devient une créature de chair et de sang.

« Vous avez tort, me dit D..., de chercher à connaître la pensée des gens de Bourg. Ils pensent à leur ventre. » C'est trop simple. Si je disais que les gens de Bourg ne pensent qu'à l'immortalité de l'âme et qu'au destin de la France, ce ne serait pas beaucoup moins vrai. Ce que dit D... n'exprime que sa propre souffrance. Elle ne date pas de la guerre. D... est sensible à l'impureté du monde, comme d'autres sont sensibles au froid. Il se calfeutre. Je ne sais quelles furent, quand il était jeune, ses tentatives de contact avec les hommes, avec les femmes. Mais il fuit aujourd'hui, comme une biche. Ou il se rétracte. Il porte une barbe grise. Mais c'est un adolescent blessé.

Je me demande parfois pourquoi il ne s'est pas réfugié dans la religion ou dans quelque mystique personnelle. Parce que la religion sans doute contient encore trop d'impureté, trop de sentiment. Et le sentiment est trop près de la chair, trop près de la palpitation physiologique. Parce que la religion ne promet pas le repos absolu, le néant. D'où son goût physique pour la métaphysique hindoue. Je n'arrive guère à m'intéresser à ces spéculations. Je reste à la porte. Je n'y vois que de la logique formelle à sa limite. Mais j'entends encore, après quinze ans, un monotone, un obsédant orchestre, quatre ou cinq musiciens accroupis, qui jouaient à Ceylan, je crois, dans une pagode. C'est tout ce que je connaîtrai jamais de la métaphysique hindoue.

Les gens de Bourg ne pensent qu'à leur ventre. J'aimerais mieux dire : ne pensent que leur ventre. Le reste, ils ne le pensent pas. Mais ils le sentent vaguement. Les grands événements ne sont un excitant, un bouleversement de pensée que pour les forts. Les faibles se laissent ballotter ou s'agrippent davantage à leurs petites doctrines. Toutes leurs doctrines étaient assez floues pour coller à tout événement et leur permettre de prendre des airs de prophètes. Je sais quelques camarades à Paris qui dormaient sur l'oreiller de la paix. Ils se calfeutrent. Ils ne sont pas malheureux. Ils sont prêts à accepter leur pitance de l'Allemagne, de l'Angleterre, de l'Amérique, de la Chine. Ils mendient au cataclysme un peu de bien-être. Pour un peu, ils n'achèteraient pas le journal, si la lecture du journal ne leur était une nécessité automatique, comme de fumer, d'échanger quelques mots sur un film, de jouer aux cartes. Ils s'endorment dans la guerre. Ils se couchent de tout leur long sur la guerre. Comme sur un lit d'hôtel. Ils tâchent de ne pas entendre la guerre, comme on tâche de ne pas entendre les trains dans un hôtel près d'une gare.

Qui ne songe à la guerre en fonction de soi-même? Sans doute. Mais un soi-même est plus ou moins étendu, plus ou moins ramifié. Je ne voudrais pas être pharisien; mais je ne crois pas avoir commis de péchés de guerre. J'entends la guerre qui commence en 1914 et dont celle-ci n'est que le prolongement. Par la faute des hommes. Car rien ne prouve qu'on ne pouvait amputer net la guerre, en 1916 et même en 1918. Il ne fallait que faire un saut par-delà les rites. Mais les hommes ne sont guère bondissants.

En 1914, je partis consentant. Je devançai mon départ pour le front. Il fallait infliger une leçon à la belliqueuse Allemagne. Nous étions un petit détachement commandé par un caporal. Nous offrions notre vie, ou plutôt nous courions notre risque pour la paix. Nous étions volontaires. On ne nous embarquait pas dans le train comme du bétail militaire. Et quand nous arrivâmes aux lignes, le caporal Fabre, qui fut tué plus tard, s'approcha de moi et me fredonna à l'oreille :

Et demain L'Internationale
Sera le genre humain...

Cela prête à sourire aujourd'hui. C'était ainsi.

Avant 1916, nous comprîmes le mensonge de la guerre, son absence de signification ou son abjecte signification. Il ne s'agissait plus que d'en délivrer le monde et de s'en délivrer soi-même, comme d'une maladie honteuse.

1920-1940. La bourgeoisie, par peur du communisme, créait tout ce qui crée la guerre. Et bien avant la débâcle, toutes les doctrines et tous les sentiments nationaux ou révolutionnaires se mélangent, comme ces résidus de peinture que les peintres en bâtiment déversent dans un même pot.

2 février 1941

L'argent ne compte pas. Le franc peut tomber à rien. La richesse est un mot vide. Ce n'est pas vrai, ce sont là des considérations métaphysiques sur l'argent, sur l'au-delà de l'argent. Présentement plus que jamais, l'argent est tout. Si j'avais le moindre argent, j'irais facilement à Lyon. J'y possède une certitude d'amitié, un havre d'amitié. Je n'y oublierais pas la guerre, l'incertitude des temps, mais la guerre serait moins forte contre moi. J'y goûterais des biens que la guerre ne peut pas toucher.

Mais je suis serré par l'argent, comme je suis serré par la guerre et la dictature. Plus étroitement encore sans doute. L'argent reste pour moi un étrange animal, avec lequel je ne sais pas établir de rapports. L'amour, l'amitié, le hasard les apporte. On les reçoit, si l'on en est digne. Mais l'argent se gagne. Il y faut un génie spécial. Il y a entre l'homme et l'argent un secret, que je n'arrive pas à découvrir. Sans doute lui aussi veut-il être aimé pour lui-même.

D... m'a prêté le livre de René Guénon : *Introduction générale à l'étude des doctrines hindoues*. Je conçois fort bien qu'on veuille s'évader de la science expérimentale, la dépasser et qu'on veuille dépasser les religions et leur symbolisme sentimental. Mais je vois mal en quoi la métaphysique hindoue est, comme le prétend Guénon, totalement distincte des métaphysiques occidentales. Il est vrai que tout le livre n'est qu'une introduction. Il n'a d'autre but que montrer qu'un esprit occidental, s'il ne renonce pas à son occidentalisme, ne franchira même pas le seuil de cette métaphysique, n'apercevra même pas ce seuil. Je m'y résigne. J'avoue que je n'ai pas fait un pas dans l'initiation et que je suis peu séduit à la pensée de construire ma niche dans le « tout absolu ».

Ma chambre d'hôtel : un lavabo dans une toile d'araignée.

3 février

Le journal annonce treize nouveaux déchus de la nationalité française, parmi lesquels un amiral, un lieutenant de vaisseau, un ancien gouverneur des colonies, un ingénieur des Ponts et Chaussées en Indochine, un professeur à l'école de médecine de Hanoï. Mais un décret d'octobre 1940, portant également déchéance de la nationalité française, est rapporté. La nationalité française a perdu tout caractère ethnique, juridique ou historique. Elle est devenue un cadeau du maréchal, un de ces cadeaux, que les enfants en bas âge, par jeu, offrent et retirent selon leur caprice.

4 février

Claude me fait remarquer que la chambre d'hôtel devient de jour en jour plus supportable. La crasse des autres s'efface. Nous vivons dans la nôtre.

5 février

Le maréchal est populaire. Hier, dans un bureau de tabac, un enfant, dont la tête ne venait pas jusqu'au plateau du comptoir, envoyé tout seul en commission, demandait « la carte du maréchal ». Ce matin, une paysanne (c'est jour de foire) achète un journal au kiosque et, sans hésitation, demande la *France Nouvelle*, brochure de propagande avec portrait du maréchal. Une brochure, presque un livre. Je n'avais jamais vu une paysanne achetant un livre.

7 février

Un policier a dit à la patronne de l'hôtel qu'il y avait à Paris un gouvernement Laval.

Les politiques sont semblables à des manœuvres qui, dans une centrale électrique, mettent en mouvement des forces immenses. Les chefs connaissent les peuples, comme les maquignons connaissent les chevaux. Mais les maquignons du moins ne parlent pas aux chevaux de la cellule familiale et de l'honneur national. Que les politiques s'occupent de l'eau courante et des égouts. Qu'ils ne touchent pas aux choses nobles. *« On brave le danger à la tête d'un escadron tout brillant d'acier, mais le danger solitaire, singulier, imprévu, vraiment laid? »* Je relis *Le Rouge et le Noir*. Il y a beaucoup de politique dans *Le Rouge et le Noir*. Mais elle n'embrassait pas d'aussi vastes troupeaux. Elle touchait à des faits, à des idées, à des sentiments qui ne semblaient pas que confusion, qui n'allaient pas au vague de la démence ou à l'absurde cohérence du délire.

Julien, dans son cachot, se confronte à la politique, à la religion, aux mœurs de l'époque, à lui-même. Il brise les cadres de l'hypocrisie et de l'hypocrisie envers soi-même. Quand il se découvre hypocrite envers lui-même, il résiste, il rebrousse chemin. Ce n'est pas l'examen de conscience, avec ses aboutissements préparés et son itinéraire réglé d'avance dans un labyrinthe de Luna-Park. Qui veut se confronter aux années 1940, comme Julien à 1830?

8 février

J'apprends qu'il n'y a pas à Paris, à proprement parler, un gouvernement Laval, mais un « rassemblement national populaire » [1], qui s'oppose (comment s'y oppose-t-il, comment s'oppose-t-il à du néant?) à la révolution nationale. Ce groupe de politiciens de tous bords, qui dira au juste ses rapports avec l'Allemagne? Toléré par elle, c'est comme s'il en était inspiré.

Pendant la séance de la Chambre américaine, une femme masquée a crié que le vainqueur de la guerre ne serait ni l'Angleterre ni l'Allemagne, mais la mort. Ce n'est pas mal dit. Mais selon que l'Allemagne ou l'Angleterre gagnera, la mort n'aura pas la même tête de mort.

Le journal. Un appel de M. Jacques Chevalier aux jeunes. « Qu'ils soient patients enfin, comme le paysan qui sait attendre l'automne pour récolter la promesse des fleurs printanières. » Quelle drôle d'idée se fait, des travaux des champs, ce ministre [2]! Tout son texte serait à citer. Il possède à un degré inconnu, même de Vichy, le génie du poncif. Du tas des politiciens d'avant et d'après le maréchal, il se détache en vieille ganache pittoresque, en vieille bête « spiritualiste ». Cet auxiliaire du fascisme est d'une autre époque. C'est le philosophe du *Monde où l'on s'ennuie...* Il doit y avoir, dans le répertoire de de Flers et Caillavet ou des auteurs du Boulevard, une « vieille noix » qui lui ressemble.

En vain les théoriciens politiques du royalisme ou des divers nationalismes tentent d'opposer leur tradition à la démocratie.

1. C'est le 1er février 1941 que naît officiellement le rassemblement national populaire (R.N.P.) – avec la bénédiction de l'ambassade d'Allemagne – regroupant d'anciens néo-socialistes ou des syndicalistes pacifistes autour de Marcel Déat et des activistes de l'ultra-droite autour de Eugène Deloncle. L'objectif du R.N.P. était moins de former un parti que de constituer un vivier d'activistes militant pour la collaboration; il soutient pour l'heure Pierre Laval.

2. Ce normalien agrégé de philosophie, catholique traditionaliste, bien en cour auprès de Philippe Pétain (cf. supra p. 85) a réorganisé l'enseignement dans l'Espagne franquiste. Il demeurera brièvement à la tête de l'Instruction publique de décembre 1940 à février 1941.

Leurs doctrines glissent, qu'ils le veuillent ou non, aux fascismes. Les fascismes résorbent leur tradition. On ne sait par quoi est attendue la tradition démocratique. Mais, si pourrie qu'elle soit, c'est elle qui contient et charrie les dernières parcelles d'une tradition occidentale.

D... m'a prêté un ouvrage de psychiatrie, à peu près illisible, de médiocre vulgarisation. L'auteur, quand sa pensée n'est pas nette, forge un nouveau mot ou use d'un jargon médical. Il résume assez clairement la théorie de Freud, mais si sommairement qu'on n'a point de scrupule à en inventer immédiatement une autre. Par exemple : Les névroses ne sont pas l'effet d'un instinct refoulé et censuré par la conscience, mais d'un instinct trop faible, qui se crée, par imitation, par besoin intellectuel des compensations malsaines ou des sublimations de midinettes. Ce n'est pas le désir refoulé, mais l'impuissance, qui crée la névrose. Le grand accord des sens et du cœur est une magnifique exception. L'homme sexuellement puissant, s'il n'a point l'occasion de sublimer, le regrette, mais se fait une raison. Mais l'impuissance cherche une excitation intellectuelle de suppléance. L'idée tantôt provoque le réflexe et tantôt non. En ce dernier cas, elle n'est pas résorbée. Elle devient une idée folle.

Dimanche de Bourg. Bourg prend bien sa part de la tristesse du dimanche. Les passants sont déguisés en retraités et petits rentiers d'avant-hier. Il y a une foule serrée devant le cinéma. On ne voit plus les anciens soldats du dimanche, raides, tirés vers le sol par leurs godillots. Ils sont remplacés par les « camps de jeunesse »[1] enveloppés dans de longues pèlerines qui les font ressembler à des séminaristes en kaki. D'autres portent des vestes blousons à larges parements : on dirait les boys d'un jazz dissous. Quelques skieurs reviennent de la montagne. Une vieille femme ataxique tient à deux mains, devant son ventre, son sac de réfugiée, d'errante, de nomade exténuée; elle le dépose au trottoir, tous les dix mètres. On a honte, on détourne les yeux. Cette rue est une assez lugubre image en réduction de la France.

Bourg est la ville de l'antiquaire et du truquage. On y vendait des fauteuils bonne femme, exécutés par le père François, le chaisier de Saint-Amour. On les maquillait si bien que lui-même avouait ne pas les reconnaître. Je vois dans une boutique un bureau Louis XVI, que j'achèterais volontiers. Pourtant, vers 1910, j'aimais tant les meubles géométriques, la thérapeutique par les angles. Des

1. Les Chantiers de la jeunesse imaginés par le général La Porte du Theil sont d'abord des structures improvisées pour accueillir quelque 100 000 recrues, conscrits de la classe 1920, qui n'avaient pu être incorporés. Pour les jeunes mâles des classes d'âge suivantes, une loi du 18 janvier 1941 fixe à 8 mois le temps à passer dans ce qui est dénommé les « camps de jeunesse ».

meubles d'aujourd'hui pour nos âmes d'aujourd'hui. On espérait quelque chose de ce monde machinisé. On le croyait digne de prendre figure de meuble. Et maintenant j'accepte le vieux meuble, comme j'accepte une belle légende.

La poésie n'est bonne que pour la jeunesse. Je pourrais lire ou relire les poètes. Je n'en fais rien. Et si je me fredonne les plus belles filles de Minos ou les plus beaux : « Il pleure dans mon cœur », c'est sans enthousiasme. C'est condensé en moi comme : « Au clair de la lune... » Je n'ai plus besoin des poètes. Je me fabrique moi-même ma poésie. Et il ne me manque pour l'exprimer qu'un peu de génie.

Le Rouge et le Noir. On peut entrer là-dedans, y trouver sa vie. Les contemporains, après Balzac, après Stendhal, ils ne tiennent pas. Ma pipe contient plus de sens qu'ils n'en contiennent. Ils ne valent pas la peine qu'on prend d'accommoder pour l'acte matériel de lire. Les uns éructent artificiellement. Les autres procurent la même sorte de plaisir que les mots croisés. Car le plus noble plaisir des mots croisés est de découvrir un mot banal par un de ses sens dérivés, un de ses sens accessoires. Plus court, quand il est droit. *Piano*. Ainsi procèdent, en littérature, les plus notoires de nos contemporains.

11 février

Claude apprend sa leçon : « *Que l'homme contemple donc la nature entière dans sa haute et pleine majesté...* » J'ai appris cela aussi par cœur, comme un exercice de solfège. Plus tard, je l'ai aimé comme on aime un tableau à motif religieux, en oubliant tout à fait le motif. Je me jouais à moi-même une musique sublime. Il m'est arrivé aussi d'imaginer Pascal, le roman de Pascal, d'entretenir avec lui d'étranges colloques. Je tentais de me représenter son visage sans perruque, d'en rendre ainsi les traits lisibles comme les traits d'un visage d'aujourd'hui. *« J'ai versé telle goutte de sang pour toi... »* Je me fabriquais une sensation d'abîme à droite, je montais aux cimes de la charité, je me prenais d'une sainte colère et d'une rage de polémiste contre les jésuites, qui prétendaient que Dieu n'est point maître de sa grâce, qui veulent contraindre Dieu à une justice médiocrement humaine.

Dans l'ensemble, le XVIIe siècle ne pouvait nous donner que des joies de forme, des joies de musée. Les plus savants d'entre nous étaient capables de saisir ce haut formalisme. C'était quand même un plaisir de tradition chinoise. Je ne vois guère les jeunes gens de 1941 dans cette immobilité de mandarins.

« Que l'homme contemple donc la nature entière... » Oui... et le ciron et l'infiniment grand et l'infiniment petit et le pari... Toute

cette logique me laisse froid. Elle vaut ce que vaut le sujet, le sujet traduit en mots, d'une symphonie. Mais cette logique a le goût du grain de sublime, qui y fut ajouté.

Un bataillon défile, musique en tête. Ce rythme sans ambiguïté me prend aux reins. On me mènerait où on voudrait, avec cette musique, si je ne savais pas que c'est une musique et qu'elle est militaire.

D'une lettre de Paris : « J'ai vu les R... gentils, mais si vagues ». Si on regarde au-delà de l'apparence, c'est cela que la guerre, toute guerre fait des hommes : elle les fait vagues. Et, au-dessus de ce vague montait, de 1914 à 1918, le chant des écrivains héroïques et, aujourd'hui, le chant plus faible des écrivains de Vichy. Une différence pourtant : aujourd'hui les autres ne peuvent pas les siffler.

12 février

Jour de marché. Les étalages n'ont pas splendeur de souk; le jour est triste. Une foule noire, des paniers au creux des bras. Un vent terrible : une charrette à bras, poussée par le vent, traverse la place toute seule comme dans un rêve. Une vieille dame à l'air distingué, derrière un mince tréteau, vend la pierre qui porte chance. « Je vous donne la pierre de votre mois et le jour de votre chance. » Une paysanne (elle n'a guère plus de trente ans) achète sa pierre. Elle la paye vingt francs. Elle doute, mais sans ironie ni sourire ou plutôt elle demande qu'on lui ôte son doute. « Je ne crois pas que j'aie beaucoup plus de chance que je n'en ai eu. » – « Hé bien, vous verrez... je ne peux pas vous dire que vous gagnerez le gros lot, mais je puis vous assurer qu'il y aura une amélioration, un changement dans votre vie... » La paysanne s'éloigne de deux pas, puis se retourne, revient et demande :

– Est-ce que je peux la garder dans mon porte-monnaie ou faut-il que je la porte à mon cou?...

13 février

Je comprends la misère de certains « psychopathes ». Il me semble que l'orange de mon dessert a, elle aussi, goût de graisse.

La France, l'Angleterre, l'Allemagne, les succès anglais en Libye, c'est sur ces vastes ensembles que nous raisonnons. Nous brassons des pensées de vaste étendue et de mince profondeur. En vérité, nous sommes en plein monde d'abstractions. Nous faisons de l'algèbre.

Angleterre + États-Unis > Allemagne + Italie
Angleterre + France = liberté + dignité.

Il y a d'autres équations :

Allemagne + France = ordre nouveau.

Ceux-mêmes qui manient le mieux ces équations, ceux-mêmes à qui l'événement donnera raison, ne font que des raisonnements de jeu d'échecs. Ils pensent les peuples, ils pensent la liberté, la dignité, comme les joueurs d'échecs pensent la reine et la tour. Ils ne peuvent dépasser cette histoire algébrique. Il va de soi que cette algèbre est, de plus, sentimentale. Tous ces A + B sont gorgés de passions bien plus confuses encore que l'amour et la haine, quand la haine et l'amour vont de l'individu à l'individu. La loyale Angleterre prend sa place où se logeait jadis la perfide Albion. L'Allemagne de l'ordre nouveau, où se logeait le royaume des Vandales boches.

Le plus haut, le plus subtil de la civilisation dépend du résultat d'une rixe, d'un pugilat. Le vocabulaire héroïque n'y peut rien changer. Une guerre n'est qu'une rixe. Des hommes pris de boisson se battent. Et l'enjeu de la rixe, c'est le pain, c'est la terre et la mystérieuse liberté.

Aucun de nous n'est capable de comprendre un hameau. Chacun de nous doit comprendre l'univers. Plus les idées sont vastes, plus elles glissent facilement les unes sur les autres. Moins elles opposent de résistance. Ce sont bien ces idées générales qui s'appliquent à tout, sans rien accrocher. Plates comme des vues panoramiques, elles sont la limite où bassesse et bêtise se rejoignent. En elles s'assemblent les résidus des souvenirs scolaires (ils remontent en surface, comme les souvenirs d'une enfance religieuse), la lie des polémiques de journal et la « sublimation » des plus bas intérêts.

Ainsi toute guerre crée des âmes faibles. À l'heure de la paix, les combattants qui ont couru un risque à force d'être quotidien et commandé devenu mécanique ne seront plus capables que de divagation dans les bars. Et les stratèges et les philosophes de l'histoire que nous sommes tous devenus, à force d'avoir volé de cime en cime (et je ne dis rien des hypocrites), retomberont au sol, étourdis. Et ceux qui ne sont encore que des enfants ne comprendront rien à ces événements que l'histoire aura truqués et ennoblis et ils recommenceront sans doute.

Et Pascal dit : *« S'ils ont écrit de politique* (Platon et Aristote), *c'était comme pour régler un hôpital de fous; et s'ils ont fait semblant d'en parler comme d'une grande chose, c'est qu'ils savaient que les fous à qui ils parlaient pensaient être rois et empereurs. Ils entraient dans leurs principes pour modérer leur folie au moins mal qu'il se pouvait.* »

Prodromes : Dans le manuel de littérature française, que le lycée prescrit à Claude, Maurras est présenté comme un penseur.

14 février

Aujourd'hui encore, un bataillon défile musique en tête. Le tambour-major agitant sa canne a l'air d'un grand chef. Quand il marche à reculons, on dirait qu'il embrasse de l'œil tout le bataillon et qu'il le fait avancer par la puissance de son regard. Ainsi, au cirque, l'écuyer, qui présente des chevaux. Il les maintient dressés sur les pattes de derrière. La volte des clairons tournoyant au-dessus des têtes me paraît merveilleuse autant que si j'avais encore neuf ans. Qu'il y ait là autre chose qu'un jeu enfantin est incompréhensible. Il est vrai que, depuis 1914, les drapeaux et les musiques ont été éloignés, retranchés de la guerre. Au fait, où était la musique, au temps où la vieille garde se formait au carré? Mon âme de cirque est prise. Si je n'avais jamais entendu de musique d'aucune sorte, si celle-ci était descendue par miracle du ciel sur la terre, je n'hésiterais pas, je suivrais cette musique n'importe où, jusqu'à la mort, je « croirais » en cette musique.

Entrevue à Montpellier du maréchal Pétain et du général Franco [1]. L'amiral Darlan accompagnait le maréchal. On est entre civils.

La femme de chambre de l'hôtel : « Il y a huit mille réfugiés à Bourg ». Il n'y a plus de touristes, de passants, « à cause des événements qui nous ennuient ».

Bourg à huit heures et demie du soir, Bourg tout noir, docile aux règles de la défense passive. Parfois une lanterne de bicyclette ou un phare d'auto éclaire la rue. Des ombres glissent, se suivent : un trajet de fourmis. Elles se rassemblent, elles s'arrêtent. Quel obstacle imprévu les immobilise? Un cinéma.

1. Le 13 février, Franco, après avoir eu un entretien à Bordighera avec Mussolini rencontre – à sa demande – Pétain; à Montpellier, les deux hommes, en se faisant des amabilités, cherchent à adopter une position relativement commune à l'égard du *Reich*.

XI

BOURG-EN-BRESSE (Suite)

17 février 1941

Le rapport des événements aux hommes, non pas l'équation historique, mais ce rapport, tel qu'il est senti. Il est de plus en plus lâche, de plus en plus fragile. Ou plutôt chacun se gare comme il peut, chacun prépare sa niche. Ils voudraient bien que les Allemands s'en aillent, parce que les Allemands gênent le commerce. Et aussi ils ne voudraient pas « être des Allemands ». Mais l'hitlérisme, le fascisme les préoccupent peu. Ils ne veulent pas être Allemands. Mais ils ont surtout peur du communisme. Et Dieu sait comment ils se représentent l'hitlérisme et le communisme.

Et moi-même, qui depuis quelques mois pesais le monde, comme si l'histoire et moi, comme si ma propre peau et le sort des États ne faisaient qu'un, n'ai-je point été la dupe d'une illusion d'intellectuel solitaire ? N'ai-je point été victime d'une obsession qu'un peu de fermeté et de critique eût écartée ? N'ai-je point été un sot de désirer, d'espérer autre chose que ce que je puis encore attendre pour moi-même de bonheur ou de joie ? Ai-je vraiment été sincère ? J'entends : sincère vraiment, d'une sincérité qui nettoie tout dans les tripes comme dans la tête. Et non pas d'une sincérité nourrie de résidus de morale, de religiosité et de politique. Que d'écrivains, depuis vingt ans ou un peu davantage, ont travaillé fin la plus grosse matière ! Les idées surgissaient devant eux comme les icebergs dans la débâcle des glaces. Ils polissaient l'iceberg, qu'il fût national, catholique ou russe. Ils choisissaient selon les préférences de leur vieille mère, de leur éditeur ou selon la mode. Ou plutôt ils ne choisissaient pas, ils cédaient aux pressions de l'époque. Ils étaient sincères : les hystériques aussi, quand ils se laissent persuader.

L'amiral Darlan à l'Intérieur. Tout nous manque, mais nous avons des sabres. Peyrouton, ambassadeur en Argentine. Que signifient ces figures de danse ?

Les membres de l'assemblée consultative indigène du Laos tiennent à proclamer solennellement la volonté unanime du peuple laotien de demeurer uni sous la protection française. Quatorze lignes de ce ton et : « La motion a recueilli l'adhésion spontanée de la population... »

Cette dépêche en rappelle une autre, du temps de la guerre de 1914; les indigènes de je ne sais quel Cameroun manifestent leur enthousiasme, apprenant qu'ils étaient délivrés de l'oppression allemande et qu'ils allaient désormais goûter les joies de la liberté française ou britannique.

On saisit ici l'une des méthodes de propagande dont usent tous les gouvernements. Car ces informations, on ne peut même pas dire qu'elles sont à base de mensonge. Mensonge suppose encore l'altération d'un fait, le contraire d'une vérité. On peut, en le retournant, en faire une sorte de vérité. Mais ces dépêches sont à base de néant, nourries d'impossible. Fabriquées par le Vichy de l'Allier ou n'importe quel autre, elles irritent et font éclater de rire quiconque a voyagé au-delà de Port-Saïd.

19 février

Foire. Je vais voir les bœufs et les vaches pour me donner une sensation de campagne. Mais c'est la Bourse. Les bœufs et les vaches sont entourés de maquignons. J'ai envie d'acheter une chèvre. Je m'en irais avec elle au haut d'une montagne et je me nourrirais de son lait. Quelle blague! Au haut de cette montagne, tout ce qui m'est précieux me manquerait.

La marchande de pierres porte-bonheur est là. Elle vient donc de huit jours en huit jours. Elle dit aussi un peu de bonne aventure. Son système est cryptographique : elle demande à sa cliente le jour de sa naissance, puis elle fait glisser une grille sur quelques lignes d'écriture. Une cliente la consulte sur sa fille : « Très nerveuse, dit la magicienne, et le cœur trop bon... » La cliente, penchée vers le léger tréteau, opine de la tête et murmure : « C'est tout à fait ça... » Et, se tournant vers les plus proches badauds : « elle m'a tout dit, tous mes bonheurs et tous mes malheurs... » – « Mais oui..., mais oui, dit la magicienne, on ne se figure pas l'influence des planètes sur nous tous... » J'affirme que cette paysanne n'était point de mèche avec la sibylle foraine. Et je n'ai pas aujourd'hui le cœur à rire de sa crédulité. Cette sibylle, sans doute, disait la vérité. Elle embrassait la vie de cette paysanne d'un plus vaste coup d'œil que cette paysanne elle-même. Elle évaluait un ensemble de chances simples. Elle interprétait quelques indices, quelques signes. Ainsi opèrent les grands chefs sur les peuples crédules.

Je vomis la guerre. J'en ai assez de penser France, Angleterre, Allemagne. N'ai-je pas été pendant des mois cette paysanne crédule? N'ai-je pas cru aux plus grossiers symboles? Les stratégies me dégoûtent, qu'elles soient militaires, littéraires ou politiques. Je n'ai jamais vécu dans cette crasse, dans la bassesse de ces combinaisons et de ces exaltations. Qu'on me laisse à quelques hauts souvenirs de tableaux ou de livres. Ils sont en moi, comme le souvenir d'un rêve, qui jour à jour change de couleur, qui ressemble de moins en moins au rêve initial et de plus en plus à moi-même. *« Car c'est vraiment, Seigneur, le meilleur témoignage... »* Pour le cœur, c'est d'êtres qu'il a besoin et non de foules. Quand je cherchais le sens national dans l'âme d'un homme du peuple, dans l'âme d'un savant, n'étais-je pas la dupe de ces vieux sentiments qui traînent au fond de nous tous, qui traînent partout? N'étais-je pas de ce peuple dont les femmes embrassaient, au temps de l'alliance, les amiraux russes, qui faisaient en France une tournée de démarcheurs? N'étais-je pas de ce peuple qui, au temps de Fachoda, injuriait la perfide Albion? N'étais-je pas de ce peuple qui hurlait au Boche? N'étais-je pas de ce peuple qu'on chauffe en jetant des abstractions dans sa gueule ouverte? Ou de ces cuistres, qui se font, à coups de systèmes, un monde commode? La liberté pourtant?... À un directeur de journal qui me conseillait « un peu de souplesse... », je répondis, me donnant le luxe de fabriquer un mot historique : « C'est question d'échine... » Mais quelle liberté? Et me voilà repris. Mais ne pourrais-je me contenter d'un bonheur sans liberté? D'un bonheur à moi, enfermé en moi? Ne puis-je renoncer à tracer la courbe de l'humanité? Aimer qui j'aime. Et pour le reste une impassible curiosité. Attendre la mort avec sérénité : je ne serai pas sa première victime.

Hasard? Miracle? Signe d'un dieu, qui apparaît à l'heure du doute et de la négation? Attraction des âmes, qui se cherchent et se portent secours? Je comprends le croyant : il se persuade que Dieu, détournant les yeux des univers, lui tend la main. N'y a-t-il pas une âme, une âme qui flotte dans l'espace, qui entend ceux qui l'appellent et qui entend aussi ceux qui ne savent pas qu'ils l'appellent?

Claude a pris à la bibliothèque l'*Histoire de la Révolution* de Michelet. Je me refuse d'abord. N'y aurait-il là qu'un confus romantisme? Ces idées sont trop simples. Ce feu? n'est-il pas qu'une flambée? On peut chauffer instantanément une chambre glaciale en y faisant flamber de l'alcool dans une cuvette en zinc, mais, sitôt la flamme éteinte, la chambre redevient glaciale. Mon doute n'a pas duré. Cette chaleur n'est pas d'un instant. Mais il y a des grelottants que rien ne réchauffe. Je vois mieux par quelle sorte d'esprits Michelet est aujourd'hui méprisé. La « grâce de Dieu » et la « faveur royale » ont pris d'autres formes. Mais le conflit est le même. Je redeviens peuple et je veux la justice. Romantisme confus... Je plains ceux qui ne savent pas distinguer entre les idées vagues et les idées vastes. Il est vrai aussi que les adversaires actuels de Michelet ne lui pardonnent ni d'avoir laborieusement fouillé les archives, ni de n'avoir point, comme font les âmes nobles, oublié les ventres vides. Ils préfèrent déduire l'histoire d'un postulat « utile » et confortablement académique, d'un maigre postulat dont on peut facilement faire le tour. Ainsi leur histoire est claire, comme un manuel de géométrie plane.

Le Groupement Corporatif de la Presse quotidienne de Paris, sous la présidence de M. Jean Luchaire [1], a offert un dîner dans un restaurant des Champs-Élysées aux correspondants des journaux étrangers. Y avaient été conviés : MM. de Brinon, Scapini, Achenbach, conseiller à l'ambassade d'Allemagne, Schleier, consul général d'Allemagne, les officiers de la *Propaganda-Abteilung*, le préfet de la Seine...

On voit qu'entre MM. de Brinon, Scapini [2], Luchaire, et les Allemands, les communications sont plus faciles qu'entre les Français de la zone occupée et les Français de la zone libre.

Un bataillon défile, précédé de la musique. Les tambours sont drapés de velours vert, ornés de croix d'argent. Ce velours brodé de scintillations est du même ton que celui dont les antipodistes, au cirque, agrémentent leurs accessoires.

Le défilé est mou. Mais le soldat, qui monte la garde devant les bureaux de l'État-Major, présente l'arme à un général, qui descend d'une somptueuse auto, avec une remarquable précision mécanique. Nous contemplons, D... et moi, ce spectacle avec un peu d'ahurissement. Ce spectacle nous paraît quasi impudique... L'armée de police joue au soldat. Et devant ce général, allègre comme un général vainqueur, il nous vient à l'esprit que, si le maréchal a sauvé la France, il a d'abord sauvé l'État-Major. Jamais la presse du maréchal, qui dénonça toutes les faillites de la France, ne fit l'ombre d'une allusion à ce haut commandement qui, en juin, renonça si unanimement à commander.

On rencontre dans la rue d'innombrables êtres hybrides, ou « désaffectés ». Des camps de jeunesse, ni soldats ni civils, des

1. Jean Luchaire, un journaliste lié à Aristide Briand, désormais familier d'Otto Abetz, membre fondateur du R.N.P., collaborationniste convaincu, dirige les *Nouveaux Temps* depuis novembre 1940; il préside depuis septembre 1940 le Groupement corporatif de la presse quotidienne de Paris, avant d'être à la tête de la Corporation nationale de la presse française, mise sur pied en 1941 et avalisée par Vichy en avril 1942.

2. Journaliste, Fernand de Brinon a milité au comité France-Allemagne et est un partisan convaincu de la Collaboration; il est devenu l'un des personnages clefs de la Collaboration en France en étant nommé, depuis le 18 décembre 1940, délégué général du gouvernement français dans les territoires occupés. Sur Scapini, cf. supra p. 100.

Compagnons [1], ni chômeurs ni travailleurs, des rapatriés de Suisse, qui portent des vêtements de coupe civile taillés dans du drap militaire. Des jeunes gens vêtus de bleu errent, embauchés dans je ne sais quelle équipe. Ils ne savent peut-être pas non plus. Mais ils se définissent, se connaissent et se reconnaissent aux écussons cousus sur leur manche ou sur leur poitrine. J'ai connu, il y a quelques années, un jeune Suisse, qui sans doute se sentait égaré et sans lien dans la société : il avait arboré, comme insigne à sa boutonnière, le losange de la marque des automobiles Renault.

23 février

Pour cinq jours, nous laissons l'hôtel et retrouvons la maison des champs. Je n'en ai pas franchi le seuil que déjà, la maison s'installe en moi comme un chef-d'œuvre retrouvé. L'odeur de la cuisine me paraît admirable. Comme un forçat délivré, je pense au couloir de l'hôtel, que nous devons traverser, avant chaque repas, pour arriver à la salle à manger. Ce couloir donne sur la cuisine, sur la soute aux graisses placée comme un patio au centre de l'hôtel. Chaque fois, je frôle, je racle le mur de mon épaule, comme s'il y avait des bêtes féroces passant leur patte par le guichet de la soute, comme si, en m'enfonçant dans le mur, je me mettais à l'abri des odeurs de la soute.

Ma chambre est froide, mais son froid me réchauffe. Et le vent souffle à travers les branches. Sa sonorité dans la campagne est belle. Quand ce même vent passe dans les couloirs des villes, il est sans timbre, sans accent, il est fade.

Décidément, ce brin de bruyère, que j'ai planté, il y a quatre ou cinq ans, prend le dessus. J'ai peut-être réussi à acclimater la bruyère. Les feuilles ne font plus un tapis dans les sentiers des bois. Elles se sont mêlées à la terre. Je marche sur un riche charnier végétal. Le bourg et son clocher, obliquement éclairés par un soleil bas, semblent vus par transparence comme au fond d'un lac.

24 février

Discours de Hitler. « Nos ennemis ne comprennent pas encore. Ils ne comprennent pas que, lorsque je considère un homme comme ami, mon amitié est fidèle et que cette position ne comporte pas de machinations commerciales. »

1. Vichy entend effectivement mener une politique active en matière de jeunesse. Les Compagnons de France furent le premier mouvement de jeunesse officiel de Vichy; dès l'été 1940, Henri Dhavernas rassemble, en zone Sud, des jeunes chômeurs dans des camps; ils peuvent être astreints à des travaux d'utilité publique, tout en étant rémunérés.

C'est de cela qu'il crèvera, pour peu qu'il y ait, de par les mondes, une infinitésimale parcelle de justice immanente, c'est d'avoir invoqué l'amitié.

« Nous ne bâtissons pas notre économie suivant les désirs des banquiers de New-York ou de Londres, mais exclusivement d'après les intérêts du peuple allemand. Je suis, dans ce domaine, un socialiste fanatique, qui ne voit jamais que les intérêts généraux de son peuple. »

Si elle existe, cette infinitésimale parcelle, il crèvera d'avoir invoqué le socialisme. Je ne sais si elle existe, mais lui affirme qu'elle existe : « Nous croyons à une justice immanente. » « La Providence bénira ceux qui ont mérité sa bénédiction. » « De même que la Providence nous a protégés depuis 1931 jusqu'à aujourd'hui, de même, à l'avenir, elle nous conservera son appui. »

Crèvera-t-il d'avoir invoqué la Providence? Il n'est pas sûr que la Providence soit si délicate.

26 février

Le journal : « La nouvelle organisation du gouvernement. » Personne ne m'en avait dit un mot ni au bourg, ni à la ferme. Si je leur avais posé une question à ce sujet, ils se seraient demandé si je tombais de la lune. Ils tiennent pour négligeable la politique du gouvernement. Ils pensent ravitaillement et réquisitions. Et ils tiennent la carte postale du maréchal pour un fétiche, qui maintient provisoirement le tiers d'une France non définie.

Par dizaines, révocations de maires « pour avoir adopté une attitude hostile à l'œuvre de redressement national entreprise par le gouvernement ».

27 février

« On annonce que le maréchal Pétain sera à Saint-Étienne samedi 1er mars. »

Éloquence de la syntaxe. Le correspondant accrédité du *Progrès* à Vichy nous ouvre les coulisses d'un enthousiasme prémédité. « Les commerçants stéphanois vont recevoir par les soins de l'administration des P.T.T. de petites affiches reproduisant les allocutions et les messages du maréchal : ils apposeront ces affiches bien en vue... Tous les Stéphanois donneront à la cité industrielle son air de fête en décorant et en pavoisant leurs fenêtres, grandes ou modestes, riches ou pauvres... » Il n'est pas toujours facile de distinguer le futur de l'impératif.

« Le maréchal se rendra en pèlerinage à la cathédrale du Puy, pour y renouer une tradition établie par dix rois de France. »

Quinze mille veaux et je ne sais plus combien de cochons ont passé de la région louhannaise en Allemagne.

À Louhans, un des inspecteurs préposés à la répression de la fraude emportait chez lui quelques kilos de beurre. Un gendarme lui a dressé procès-verbal.

À Saint-Amour, la femme d'un inspecteur achète deux shampooings chez un coiffeur. Elle les paye trois francs. Quelques minutes après, l'inspecteur dresse contravention. Le coiffeur n'avait pas le droit de les vendre plus de deux francs cinquante.

Le maréchal avait raison de dénoncer la corruption de la France : on n'a ni lapidé ni écharpé la femme de l'inspecteur.

Retour à Bourg.

Je croyais que la femme de chambre n'avait « fait » ma chambre qu'à moitié. Elle a laissé la descente de lit sur l'appui de la fenêtre et des moutons traînent un peu partout. Mais elle s'en va et je m'aperçois qu'elle est à d'autres pensées, qu'elle rêve. Je ne sais pas à quoi, mais elle rêve.

Cela me réconforte, cela me donne de l'espoir. Tout peut être sauvé, s'il est encore des êtres pour faire sans amour ce qui doit être fait sans amour.

Le maréchal à Saint-Étienne : « Renoncez à la haine... on ne construit que dans l'amour et dans la joie. »

Cependant l'Allemagne gouverne la France, les bombes de la *Luftwaffe* éclatent sur l'Angleterre, les bombes de la *R.A.F.* sur l'Allemagne; les troupes allemandes entrent en Bulgarie, les Anglais battent les Italiens en Somalie [1], vingt mille soldats de Tchang Kaï-Chek entrent en Birmanie, l'Europe ne sait pas comment elle mangera demain, s'il lui restera, dans dix ans, dix hommes capables de saisir une pensée, fût-elle la plus pauvre. Mais le maréchal, au milieu du cataclysme, joue du pipeau.

2 mars 1941

Pour fuir Bourg endimanché, j'ai été jusqu'à la forêt de Seillon. Le haut des arbres est balancé par le vent. Ils oscillent légèrement, avec précaution, du même mouvement que les acrobates, quand ils cherchent leur équilibre, debout sur la barre d'un trapèze, en haut du cirque.

Je me demande si j'ai choisi mes idées par amour de la vérité ou par amour du risque.

1. Sous l'impulsion du germanophile Bogadan Filov, nommé à la tête du gouvernement le 15 février 1940, la Bulgarie adhère le 1er mars 1941 au pacte antikomintern et autorise l'entrée des troupes allemandes sur son territoire; depuis la mi-janvier 41 Britanniques et Français libres attaquent l'Afrique-Orientale italienne; Mogadiscio est tombée, le 26 février.

Peut-être n'ai-je plus d'autre désir que vivre à la campagne dans une vieille demeure meublée de vieux meubles. Et un pied-à-terre à Paris, avec quelques chaises nickelées, pour faire moderne.

3 mars

Le professeur de première du lycée vendait hier devant l'église l'hebdomadaire : *Temps nouveau*, journal catholique mais qui prétend « éliminer la politique cléricale » [1].

Un collaborateur de *Temps nouveau* reproche à Anatole France de n'avoir été qu'un bourgeois. Soit. Mais il ne reproche à Maurras que de n'avoir pas « servi le culte de la mesure attique ». C'est aussi trahir ce culte que de parler si révérencieusement de ce Maurras.

Le Progrès. Le maréchal au Puy. « Il a visité cette basilique, où quinze rois de France sont venus, EUX AUSSI, affirmer leur foi... » Le 27 février, ces rois, comptés par le même journal, n'étaient que dix.

« Un public houleux à Marseille : Devant une foule énorme et un peu partisane, il faut l'avouer, les Toulousains, bien que privés de Diagne et de Zatelli, ont éliminé les Hyérois, derniers représentants des amateurs et qui, tout au long, seront fortement encouragés. Des bagarres éclatent même entre spectateurs des tribunes. Le premier but fut marqué par Doly, sans que la foule hostile daigne applaudir... »

Et D... qui prétend que la France est inerte.

4 mars

Chez le coiffeur. Il me conte que deux escrocs ont tenté de lui vendre dans l'emballage des plus récentes lames Gillette, de « vulgaires » lames à trois trous. Il me conte comment il ne fut pas leur dupe et comment il les chassa. Tout était dans ce récit : la fuite honteuse des escrocs, sa propre perspicacité et sa domination de l'événement dans cette minute. Tout cela et bien d'autres choses encore : la paix et la guerre, la morale et la politique, l'univers et la philosophie. Mais inexprimé et inexprimable. Aucun écrivain ne fut assez génial pour exprimer ce que contient une minute du temps, fût-elle la plus banale, fût-elle chez le coiffeur. L'écrivain extrait de la minute des matériaux comme des pierres d'une carrière, puis il taille ces pierres, et, au besoin, les polit. Ainsi naissent la maxime du moraliste ou la dégoûtante affabulation du dra-

1. Stanislas Fumet, qui a dirigé avant guerre *Temps présent*, peut faire paraître à Noël 40 le premier numéro de *Temps Nouveau*, la rédaction regroupait des catholiques de tendance démocrate-chrétienne bien décidés à résister à l'emprise du nazisme; l'hebdomadaire sera définitivement interdit en août 1941.

maturge ou du romancier. C'est pourquoi les vieilles chansons et l'art archaïque nous plaisent : ils ne cherchent pas à donner l'illusion de la vie.

La France du maréchal est quelque chose comme l'Autriche après le traité de Versailles.

Dôle, zone interdite; un homme, qui parlait parfaitement français, est venu chez le curé : « Je suis un prisonnier évadé... Comment puis-je rentrer en zone libre? » Le curé renseigne l'évadé avec complaisance. L'évadé était un mouchard de la *Kommandantur*. Le curé est en prison.

Le neveu de Mlle R... qui tient à Saint-Amour une boutique de mercerie a reçu une lettre d'un camarade démobilisé : « Tu verras qu'on va remettre ça... On verra si nous ne sommes pas des soldats... » J'ai appris, pendant la guerre de 1914, ce que valaient, en profondeur, ces affirmations de la décence patriotique, ces abandons au conformisme. Mais, précisément, ce jeune soldat n'est pas conformiste. Le maréchal ne lui a jamais proposé de remettre ça. Il lui a même expliqué dans un de ses messages pourquoi il ne fallait pas « remettre ça ».

Existe-t-il, contre Vichy, un sens populaire de la nation? Et trouvera-t-il son occasion? Dans une levée en masse, emportant tout? Dans une guerre civile? Car le maréchal, fabriquant son entité de révolution nationale sur une miette du territoire, a préparé d'assez bonnes conditions de guerre civile, pour le cas où l'Allemagne vaincue ou renonçante ne pourrait entériner ses messages.

Lu quelques lignes d'Henri Béraud dans un hebdomadaire en vitrine. La sincérité du polémiste est l'effet d'un délire, qui lui devient confortable. Chaleur de cette sincérité; c'est en bougeant qu'on s'échauffe le sang. Et plus sa polémique lui devient automatique, plus le polémiste, délivré de scrupule, devient sincère.

Les arguments ne sont plus qu'accessoires de polémique. Ainsi ses ballons et ses bâtonnets pour le jongleur. Le polémiste n'y met aucun cynisme. Le plus honnête des journalistes connaît et respecte les « tabous » de son journal. Le plus honnête journaliste s'est assoupli à bien établir le départ entre les idées de « la maison » et les autres. Notre polémiste n'a peut-être pas même aperçu l'insensible dégradation, qui le menait à la vénalité. Il ne se tient pas pour vénal. Il ne sait même plus ce qu'est n'être pas vénal.

J'erre dans les rues de Bourg. Je connais par cœur les étalages. Je connais par cœur les visages. Je m'y cogne comme à des murs de prison. Ma vie flotte; je ne puis pas la rattraper.

Claude a pris à la bibliothèque *L'Éducation sentimentale*. Me voici en état de lecteur de roman. Je ne connais guère cet état second, je n'en ai guère l'habitude. Je me laisse aller. Je voyage en diligence, en bateau sur la Seine. Je flâne dans un Paris disparu, j'écoute le vieux peintre raté, qui parle de la Beauté, je vais au bal chez Rosanette. Je rêve.

Mais ce rêve n'est point parfait. Je sais trop que c'est un rêve. Je suis comme un fumeur d'opium qui n'a pas sa dose. Et pourtant, le maître des cérémonies, c'est Flaubert. Que serait-ce s'il était un de ces petits romanciers, qui travaillent pour la grande confection ou un de ces équilibristes de la jolie nuance? Mais je n'ai plus assez de docilité pour me plier même à un grand écrivain. L'admiration et l'abandon total du lecteur à l'auteur sont deux choses. Je cède au vertige du bal chez Rosanette, mais j'y mêle mes bals à moi. La littérature, peut-être ne s'adresse qu'à la jeunesse, peut-être n'est-elle pas pour adultes. J'ai besoin de fabriquer moi-même les matériaux de mon rêve.

8 mars

« Ils ne pensent qu'à leur ventre... » Et moi aussi, je commence à y penser. Mais l'opposition entre le ventre et l'idéal, entre les patriotes et les « vendus », elle n'est pas d'aujourd'hui. Je lis dans *L'Éducation sentimentale* (Flaubert décrit une soirée chez les Dambreuse, un peu avant 1848) : *« La plupart des hommes qui étaient là avaient servi au moins quatre gouvernements; et ils auraient vendu la France ou le genre humain, pour garantir leur fortune, s'épargner un malaise, un embarras, ou même par simple bassesse, adoration instinctive de la force. »*

« La simple bassesse, l'adoration instinctive de la force... » On croirait que Flaubert pense à quelques Français de 1941.

Un mot qu'il faudra remplacer : révolution; Hitler et Mussolini l'ont employé à leurs fins. Vichy et le maréchal aussi. C'était un beau mot vacant, mal surveillé. Ils l'ont volé, comme une montre. Mais ils jouent avec la montre, comme un sauvage, qui ne sait pas lire l'heure.

10 mars

La haute pensée française, c'est M. Jacques Chevalier et la pensée vulgarisée, c'est la presse. Formes unilatérales de la pensée écrite. La foule même n'est pas dupe. Ce qui ramène au temps où l'imprimerie n'était pas inventée.

Les pensionnaires de l'hôtel se parlent maintenant de table à table. L'échantillonnage est assez varié : un ancien officier, mis à la retraite, après la débâcle; il a une parfaite tête de gendarme de théâtre. Un personnage indéterminé qui est le brillant causeur : « Connaissez-vous le Grand-Guignol à Paris? » Il leur envoie un jet de théâtre, de coulisses, de grande vie. Un jeune homme à l'œil vide, qui fait comprendre qu'il a été aux « Sciences-Po » ou qu'il s'y prépare. Un compagnon, mais de luxe, en complet bleu bien taillé, qui prend ses repas avec sa femme. Ils n'ont pas de front. Un Belge. Il conte au viveur parisien qu'il a guéri ses brûlures d'estomac par du vin à 14 degrés. J'aime mieux les clients des jours de foire, paysans, marchands ou maquignons.

11 mars

Sur les quarante élèves de la classe de première, Claude me donne cette statistique approximative : 20 anglophiles, soit pétinesques, soit gaullistes; 14 pétinesques vichyssois, dont 2 hitlériens, 3 Action Française, 3 partisans de la collaboration, 6 indifférents.

Est-ce une image de la France non occupée?

Claude doit préparer les vingt premiers vers de la première *Églogue*. Il est sans enthousiasme. Je tente de l'encourager. « Évidemment, ce n'est pas très rigolo. Mais suis les mots jusqu'au bout, la syntaxe, et tâche de trouver des équivalents. C'est au moins aussi amusant que les mots croisés et c'est moins bête. » Mais déjà il a pris le journal et le décortique. « Les événements me pèsent sur le crâne », me dit-il.

J'erre dans Bourg, pour tuer le temps. Je connais maintenant les quatre ou cinq chiens, qui n'ont ni nurse ni gouvernante et qui, faute de chienne à poursuivre, se donnent rendez-vous derrière l'église ou l'école Carriat... Je les connais de vue, comme les pensionnaires de l'hôtel.

Je suis obsédé par la tête du jeune Sciences-Po, et par la tête de l'homme qui a été au Grand-Guignol.

12 mars

Marché. Sous un parasol, l'accordéoniste et sa femme vendent des ritournelles sentimentales.

On voit d'étranges métiers. Comment nourrissent-ils leur homme? Un vieux vend, chaque mercredi, quelques feuilles de verveine. Un autre propose quelques lunettes et non pas des lunettes fumées contre le soleil. Les yeux bressans doivent être de bonne composition.

Un jeune homme bien vêtu tient dans le creux de sa main des rubans larges comme des serpentins : « Soyez chouettes avec moi... Achetez-moi... Je ne suis pas un voleur. » Une paysanne s'approche et marchande. Elle n'a pas compris. Le visage du jeune homme est crispé, hagard. « Voulez-vous que je me déguise en mendiant?... » Personne ne s'arrête près de lui, personne ne prend garde à son lot de serpentins. Alors il trépigne. On dirait qu'il amorce une crise de nerfs. Il crie : « Vous voulez donc me faire encore coucher ce soir en tôle?... » Il va plus loin, sans plus de succès. Quelques femmes font cercle autour de lui, aucune n'est tentée par ces inutilisables rubans, ces faveurs à envelopper des boîtes de bonbons. Par-dessus leurs têtes, il injurie une foule absente. « Si j'étais un Allemand, vous m'achèteriez n'importe quoi... Je suis un réfugié du Calvados... » Tantôt il gémit, tantôt il insulte. Cette vente de rubans, il la concevait comme une mendicité dissimulée, délicate. Je ne crois pas du tout que ce malheureux soit un camelot, qui ait inventé un boniment corsé. Il pensait jouer sa dernière chance.

L'Indochine, la France, le Siam, le Japon. Pensent-ils que quelqu'un soit dupe de leurs euphémismes? Après tout, on peut dire aussi que les événements de juin sont l'effet d'un accord entre la France et l'Allemagne.

13 mars

Le journal : « Du nouveau chez les boulistes! La saison va s'ouvrir; des concours sont déjà annoncés. Mais la saison 1941 va s'ouvrir sous le signe d'une nouvelle ligne de conduite qui témoigne du vif désir de la Fédération nationale de participer à l'œuvre de rénovation nationale. » La régénération de la France par les joueurs de boules. Mais tout se lie, tout se tient. La circulaire de M. Joseph Barthélemy [1] aux procureurs généraux est du même style.

Le pessimisme de D... est systématique. Au point que je ne comprends pas son dégoût de la pourriture de ce temps, puisqu'il croit à l'irrémédiable pourriture de l'homme. La pourriture actuelle ne devrait être pour lui qu'un épisode de la pourriture universelle, du mal éternel. À sa façon, il croit au péché originel. Pourquoi systématise-t-il sa tristesse, pourquoi met-il en doctrine le peu de goût qu'il a pour la vie, son manque d'appétit?

Que je lui ai de reconnaissance! Il songe à soigner ma solitude, lui qui est plus seul que moi et qui sans doute ne tient pas la solitude pour un mal, mais pour un refuge. Appelé en consultation à Jujurieux, il m'emmène. Le roulement de l'auto est déjà pour moi une béatitude et D... sourit gentiment de ma puérilité. Bourg

1. Professeur écouté à la faculté de droit de Paris et à l'école libre des sciences politiques, membre de l'institut, conservateur-né, totalement rallié à Vichy, Joseph Barthélemy est garde des Sceaux du 26 janvier 1941 au 27 mars 1943.

et sa campagne plate ont disparu. Le ciel, saturé de bleu, était un peu trouble, comme un vin nouveau. Pendant que D... examinait son malade, j'ai marché dans la campagne. Un torrent, sur un lit de grosses pierres, roulait ses bruits de cascade, prodiguait ses gerbes d'écume et venait de je ne sais où révéler au monde la fraîcheur. Quelle bourgeoise sagesse m'empêcha de m'y plonger, de m'y régénérer?

Un groupe de soldats, alignés par deux, passe sur la route, commandé par un lieutenant. Ce lieutenant leur apprend à « partir ». Il leur montre comment on doit s'y prendre pour « partir ». C'est un spectacle d'un haut comique que cet officier, devant les soldats immobiles, projetant une jambe en avant, faisant trois pas raides et s'arrêtant. Mais les soldats n'ont pas su se nourrir de cet exemple. Leur départ n'est pas satisfaisant, ou il y manque un je ne sais quoi. Le lieutenant les fait partir, les arrête et les fait repartir. Les commandements : « En avant... marche » et « Halte » se succèdent à une brutale cadence. L'officier les hurle d'une voix terrorisante. Je pense à Renan, qui disait qu'il eût préféré se faire couper un bras plutôt que d'être soldat. J'ai vu dresser des bêtes au cirque. La méthode est plus patiente et plus douce. C'est par ces exercices de rang serré, paraît-il, que le chef met sa troupe en main, en fait un corps unique, d'une parfaite obéissance. Mais le sens du ridicule, la décence humaine? Ne verra-t-on jamais une civilisation où l'homme laissera aux chevaux du cirque le bénéfice de ce parfait automatisme?

Chaque matin, à l'école primaire, on doit écrire sur le tableau noir : Travail, famille, patrie. Trois inventions du maréchal. Trois découvertes de Vichy. Ils ont inventé le travail, la famille, la patrie. Il faudra décrasser les mots. Ainsi Mirbeau, dédicaçant un de ses livres, pour une loterie de bienfaisance au profit de je ne sais quels Russes persécutés par le tsarisme, écrivait sur la page de garde (c'était au temps où l'on jouait *Michel Strogoff* au Châtelet) : « Contre Dieu, contre le Tsar, contre la patrie ».

14 mars

Je fais remettre des clous à mes souliers. Me voici donc dans l'attitude du grand Corneille. Le cordonnier a un visage mobile, errant, vagabond. On sait que ce métier incline aux « idées avancées » et même à « l'anarchisme ». Celui-ci n'est pas du tout anarchiste. Il est – tout comme sa femme – opinion moyenne, mais opinion moyenne d'un chef-lieu endormi et non occupé : « Pas de cuir. Pas d'œufs, pas de lait au marché. La taxe. Il faudrait vendre meilleur marché qu'à la production. Ceux qui ont taxé ont travaillé sur le papier... » – « Le père Pétain fait ce qu'il peut, c'est un bon

Français. Ça n'empêche pas – qu'on soit de droite ou de gauche – qu'on espère tout de l'Angleterre. Moi, je préfère la banque d'Angleterre au socialisme de Hitler. » (Il dit ces derniers mots dans un éclat de rire, comme pour excuser un excès d'évidence.)

Devant le Centre de propagande de la Révolution Nationale, le père, la mère et l'enfant contemplent un portrait agrandi du maréchal. L'enfant a de trois à quatre ans. Le père et la mère se penchent vers lui : – « Envoie-lui un baiser », dit la mère, – « Dis-lui bonjour, au bon papa Pétain », dit le père.

La mère, en manteau safran, du type petite modiste, le père est en uniforme de sous-lieutenant. Pas du tout bombant le torse, naturel dans sa vareuse, l'air bon type.

Le « pli d'opposition » inséparable, selon Cournot, du génie français. Un professeur de l'École Normale d'instituteurs a dit à ses élèves : « Les circulaires gouvernementales me définissent l'esprit dans lequel je dois vous enseigner l'histoire. Je vous en préviens et je pense que vous êtes assez grands pour mettre au point. » Claude tient cela d'un des élèves.

D... me passe quelques journaux : *Ankara*, *Le Temps*. Dans *Le Temps*, analyse d'une étude de M. Albert Rivaud [1] sur le marxisme parue dans la *Revue des Deux-Mondes*. Le rédacteur du *Temps* accepte sans réserve l'exposé et les conclusions de cette « remarquable étude ». Où est le vieux *Temps*, qui donnait un tour universitaire à ses passions financières? Marx « ne voit dans l'idée qu'un instrument au service de l'instinct et de la passion... » Pour Marx, l'organe essentiel de l'homme est l'estomac... « Marx et ses fidèles se soucient très peu de la misère des travailleurs... »

Ou ce Rivaud n'a pas lu trois lignes de Marx, ou c'est un débile ou une pauvre canaille politicienne. On peut rejeter Marx en philosophe, en économiste, on peut récuser la passion de justice. Mais cette improbité d'esprit, ce mépris des textes, cette critique de Homais renversé sont un signe de l'époque.

17 mars

Le programme de redressement universitaire de Jérôme Carcopino [2]... Non... On ne commente pas ça. Et pourtant, pour qui a le goût des bas-fonds, Chevalier et Carcopino offrent matière à

1. Professeur à la Sorbonne, catholique réactionnaire, Albert Rivaud a été jusqu'au 12 juillet 1940 le premier ministre de l'Instruction publique de Philippe Pétain.

2. Normalien, professeur à la Sorbonne d'histoire romaine, directeur de l'École de Rome, puis de la rue d'Ulm, nommé recteur de l'académie de Paris après la manifestation du 11 novembre, Jérôme Carcopino est depuis février 1941 le nouveau ministre de l'Éducation nationale.

tournée des grands-ducs. Chevalier, c'était la vieille catin spiritualiste. Carcopino s'habille de vêtements universitaires, travaille en robe montante dans une maison à salons, et il a de la conversation. Chevalier avait réintroduit Dieu à l'école. Carcopino dit que ce n'est point la place de Dieu. Ils jouent avec Dieu à coucou le voici, coucou le voilà.

Les pensionnaires de l'hôtel se parlent de table à table. Je suis pris entre ces feux. Ce soir, ils se lancent des anecdotes d'almanach, par exemple : ce farceur qui, sur sa carte de visite, s'était donné le titre d'abonné au gaz. Ce ne sont que des rites. Mais je n'ai pas les mêmes rites. Et je me cherche une patrie commune avec eux, sans la trouver.

Un rêve : j'arrive dans une ruelle nocturne, mais dont les façades pourtant sont blanches ou plutôt d'un gris de rêve. Il y a une maison à gros numéro. Sur l'une des faces de la lanterne rouge, je lis le chiffre 9, sur les autres faces, des maximes morales. Je comprends tout de suite, par la subite intuition du rêve, que M. Jérôme Carcopino a décidé d'introduire Dieu au B... Il l'a dit par T.S.F. Il a dit – et la phrase se forme en moi, comme ces titres de cinéma naissent sur l'écran par la projection successive de chacune de leurs lettres : « De nombreuses civilisations nous ont montré que l'exercice public de la prostitution n'est pas inconciliable avec certains rites religieux. » J'entre. Sur un banc rivé au plancher, sont assis plusieurs personnages parmi lesquels je reconnais M. Henry Bordeaux et M. Henri Massis, que je reconnais d'ailleurs sans les connaître, sans les avoir jamais vus. Tous ces personnages sont à la fois distincts et un. Ils se substituent les uns aux autres. Ils passent les uns dans les autres par l'effet d'une transmutation, qui me semble tout à fait naturelle. Un instant, M. Henry Bordeaux paraît moins fluide, plus consistant que les autres et il dit : « Il n'est point de famille, c'est la mort de la famille, si on détruit le contraste par lequel elle prend toute sa valeur. » Une vieille femme me rendit ma liberté et, comme elle m'ouvrait la porte de prison à guichet, elle me dit : « Donnez-moi dix sous pour mes péchés. »

De la nouvelle prémonitoire et de l'impératif futur. Les journaux du 19 mars : « Grenoble fera aujourd'hui au maréchal Pétain une chaleureuse réception. »

20 mars

Rien ne semble entamé de la légende du maréchal distinct de ses ministres, pur, aseptique, passé à l'autoclave. Ce maréchal de légende n'est pas seulement celui qui reconstruit la France, mais celui qui la défend contre l'Allemagne.

Bulletin n° 25, en date du 15 mars, de l'Amicale de France. Centre d'études et d'entraide professionnelles et sociales. Direction et propagande, 11, rue Alquié, Vichy.

« Nous connaissons les promoteurs de cette lutte (sociale) : les capitalistes. Nous connaissons leurs complices dans le profit : les socialistes. Le maréchal s'est exprimé dernièrement en termes clairs sur leur ténébreuse alliance et nous désignons leurs malheureuses victimes : les ouvriers. »

Nos indéfectibles présidents de la République parlaient gélatineux. Mais du moins ne tentaient-ils pas d'exécuter des exercices de prestidigitation et d'escamotage avec des mains de paralytiques.

Tous ces esprits distingués qui nous chantent qu'on ne trouve rien par raison, que seul l'irrationnel est créateur. Oui... sans doute. Mais épuisez d'abord la raison.

Le style de Pascal est d'un trait sublime, comme les vieilles peintures chinoises.

Mais je ne suis pas troublé dans mon indifférence à l'absolu, dans ma vénération du relatif. Ou le monde, notre monde n'est qu'un mystérieux hasard biologique : les espèces animales et l'homme tournant autour de sa pensée comme un chien autour de sa queue. Ou s'il y a quelque chose, après la mort, ce ne peut être un dieu de bonne maison.

21 mars

Les pensionnaires de l'hôtel se sont créé une patrie provisoire.

Mon voisin en est le plaisant et l'animateur. Il est riche en ana et gauloiseries et les débite de table à table. C'est un jeune homme de vingt-cinq à trente ans, évadé d'un camp de prisonniers.

Je ne dis pas que ce jeune homme ait tué son père et sa mère. Mais il est bête. D'une évidente et palpable bêtise, qui fait corps avec lui. Je n'y puis rien; c'est ainsi. La voix est pauvre, mal tenue, effilochée, il roule prétentieusement les syllabes finales. Je laisse le thème de la bêtise; j'en ai, je crois, souvent abusé. D'un mot, la bêtise est moins un déficit qu'un tempérament, une constitution. Ce jeune homme est « dégourdi », mais il est bête. Une conversation sur la pipe peut être la plus pudique et la plus noble des confessions. Il ne confesse rien que son impuissance à saisir l'âme de la pipe.

Il lit *Candido*, *Gringoire*, l'*Action Française*, et le groupe des pensionnaires aussi. Car il leur passe ses journaux. Mais la position politique des Français ne dépend point étroitement des journaux qu'ils lisent. Ceux-ci sont tous anti-allemands et anglophiles. Je crois avoir compris qu'ils sont hostiles au général de Gaulle. D'un mot, ils attendent, le nez en l'air, que l'Angleterre victorieuse dépose aux pieds du maréchal deux millions de prisonniers et la

France occupée. Des Allemands de la même classe seraient plus lourds, auraient des rires de gorge charriant des gravats. Ceux-ci sont plutôt agaçants comme des guêpes.

Les anglophiles qui sont contre le général de Gaulle me paraissent d'assez lâches parieurs. Leur choix est intime et sans risque. De Gaulle a tout risqué. Et, si l'Angleterre gagne, espèrent-ils le mettre en résidence surveillée ou lui offrir une place de secrétaire dans les bureaux du bon papa Pétain?

« La Turquie dit... » « La Yougoslavie affirme... » « L'Amérique déclare... » Quoi qu'on veuille, pour penser la guerre, il faut penser « Café du Commerce ».

Les pensionnaires. Bourgeoisie informe. La plupart ont fait la guerre. L'un d'eux a perdu un bras à la guerre de 1914; ils sont tous capables de se faire tuer. Aucun n'est capable de se faire vivre.

Claude lit *Les Châtiments* :

« L'histoire a pour égouts des temps comme les nôtres. » On connaît la grimace de dégoût que font les littérateurs du type distingué devant cette poésie de l'éloquence. Ils sont délicats, mais dans le sens où l'on dit qu'un estomac est délicat. Ils prétendent n'aimer que les plus subtils élixirs, mais en réalité ils ne digèrent que les nouilles.

Les pigeons sont taxés de treize à dix-neuf francs. Les coquetiers les payent vingt-trois francs.

Quelques pages de la Bible. Le livre des Rois. Ces rois sont tout autant de pères Ubu, qui se font stupidement la guerre et qui déjà prétendent qu'elle leur est ordonnée par leur dieu. Mais le prophète Élie n'est pas sans humour. Et sur le midi Élie se moquait d'eux et disait : *« Criez à haute voix, car il est dieu; mais il pense à quelque chose, ou il est après quelque affaire, ou il est en voyage; peut-être qu'il dort et il s'éveillera. »* Ainsi raille-t-il, devant les prophètes de Baal, leur dieu qui dort ou qui voyage.

Il semble bien que Dieu ne s'est pas réveillé ou qu'il continue à voyager.

Aujourd'hui, cet Achard [1], qui a pour mission de nous assurer du pain et de la viande, déclare que « l'autarcie » départementale est une grave erreur. Il faut que le coffre soit vide pour qu'il s'aperçoive qu'une subdivision administrative ne contient pas en elle-même une vertu nutritive. Ils croient tous que les mots règlent l'univers.

1. Jean Achard, naguère membre éminent du lobby des betteraviers, est devenu secrétaire d'État au ravitaillement.

26 mars

La guerre continue, la Yougoslavie adhère au pacte tripartite [1]. Le sort de la France se joue en Angleterre, en Orient, en Amérique. Elle ne participe ni aux coups d'échecs, ni aux coups de dés, ni aux relances de poker. La France est semblable à ces joueurs qui, autour d'une table de jeux, attendent une aumône du gagnant. Quelques Français même n'attendent rien du tout sinon que demain succède à aujourd'hui et que la viande et le pain reviennent par miracle en abondance sur leur table. La France ne sait même pas si le maréchal joue la politique de Montoire ou feint de la jouer. Mais on lui propose de croire au maréchal, comme on croit à une relique. Le salut de la France lui viendra par radiations, par effluves et fluides de la personne du maréchal.

27 mars

La guerre naît de la bêtise des hommes. Mais tout état de guerre augmente cette bêtise. On peut attendre le jour où il n'y aura plus sur la terre que la guerre et la bêtise s'engendrant l'une l'autre. « La bêtise des hommes a augmenté, au point que le médecin, me dit D..., n'en apprend pas plus de son malade que le vétérinaire. » Et il me répète ce dialogue d'hôpital :

– Vous n'avez jamais été malade?...
– Non...
– Mais cette cicatrice?...
– On m'a enlevé un fibrome...
– Et celle-ci?
– On m'a opérée d'un ulcère à l'estomac...
– Ce n'étaient pas des maladies?...
– Je ne sais pas...

Quand je passe devant le kiosque à journaux, je m'écarte, comme si j'avais à craindre quelque souillure, quelque émanation délétère. Ce même sentiment, il m'arrive encore de l'éprouver, quand je pénètre dans un couloir ou dans un bureau de journal. Ce n'est peut-être que la persistance d'un vieux souvenir, que je n'ai pas refoulé. Quand, au début du siècle, j'accomplis dans un quotidien, pour la première fois, je ne sais quelle vague besogne, j'étais dans un merveilleux état d'innocence : un jour, j'apportai une couleuvre, que j'enroulai autour de mon poignet. Elle était un objet d'horreur et de dégoût. On s'écartait d'elle et de moi. Elle créait autour de moi un cercle d'inviolable pureté. Et pourtant je suis attiré par les paysages de linos, par l'agitation de cette mécanique. Et j'éprouve

1. Le Régent, le prince Paul, foncièrement antilibéral, cède aux pressions du *Reich* : la Yougoslavie adhère le 25 mars au pacte tripartite (anti-*Komintern*).

aussi une sensation de « mauvais lieu ». C'est ici que l'argent couche avec les idées. Dès que l'argent arrive, toutes les idées se présentent au choix. L'argent choisit celle qu'il veut. Il y a dans les couloirs d'un journal une drôle d'odeur d'argent. Toutes les odeurs de tous les argents s'y mêlent : argent des fonds secrets, argent des ambassades, argent de l'industrie, argent de la finance, argent des marchands, argent habillé, argent tout nu.

28 mars

M. Matsuoka chez M. Hitler... Coup d'État en Yougoslavie... Keren [1] a capitulé... Et en France? En France, « le buste du maréchal remplacera celui de Marianne dans les mairies, les écoles, les tribunaux ».

30 mars

L'état de siège en Yougoslavie, une protestation du ministre allemand à Belgrade. Pendant ce temps, le gouvernement de Vichy adopte un projet de loi sur le divorce, décide, pour apaiser tous les conflits sociaux, que le 1er mai serait célébré à la fois comme fête du travail et jour de la Saint-Philippe et peut-être même propose au prince de Monaco une modification du règlement de la roulette.

M. Jacques Chevalier pose sa candidature au fauteuil d'Henri Bergson à l'Académie française. Étranges courbes. De bon psychologue, Bergson devint métaphysicien pour dames, puis inclina vers le spiritisme, dit-on, et vers le catholicisme. De philosophe il devint consolateur. Et peut-être va-t-on le remplacer par Chevalier, métaphysicien pour valets de chambre.

« Je ne suis ni pour l'Angleterre, ni pour l'Allemagne; je suis neutre... » Ainsi parlait un élève de sixième du lycée de Bourg.

Le docteur D... me prête *La Pensée chinoise*, de Marcel Granet, livre savant. Je ne puis lire ceci sans plaisir : *« Houaï nan tseu dit d'une danseuse : " Son corps, c'est un iris d'automne aux souffles du vent ". »*

Je lie la sagesse chinoise aux vieilles peintures chinoises et aux petites chanteuses des restaurants de Cholon. Mais la sagesse hin-

1. M. Matsuoka est le ministre des Affaires étrangères du Japon; en Yougoslavie, des officiers favorables aux démocraties libérales, inquiets de la politique pro-allemande du Régent, contraignent, le 27 mars, le gouvernement Cvetkovic à démissionner, le remplace par le général Simovic, tandis que le roi Pierre II accède au trône; Keren est une ville d'Érythrée, sur la route d'Asmara, prise le 26 mars 1941 par les Britanniques, après une bataille de cinquante-trois jours.

doue (le sage qui touche l'absolu, qui devient l'absolu) je ne sais point la décrasser d'une logique formelle qui, à travers les transcriptions européennes, me semble vaine. Je ne suis qu'un pauvre Occidental. Un Philistin sans doute. Mais il me semble que ces jeux austères ne sont que jeux de mots, si l'on n'est point un philosophe de métier, bien armé, accoutumé à mettre au point la jumelle à rapprocher les doctrines.

La métaphysique de D..., son schopenhauerisme, sa curiosité de la philosophie hindoue ne sont rien que son refus de la bêtise et de la cruauté, l'effet d'une intolérance organique. Mais, pour une fois, il n'a pas fait le diagnostic.

À une vingtaine de kilomètres de Bourg, à la limite des Dombes, un étang mélancolique, une ferme basse, la maison du pauvre pêcheur, les monts du Bugey, d'un bleu de velours.

31 mars

Le journal : « Incident naval franco-britannique. Un convoi de bâtiments de commerce français protégé par un torpilleur est pris à partie par une force anglaise. » Maladresse anglaise? Ou bien Darlan et Vichy sont-ils des agents provocateurs au profit de l'Allemagne?

La stoppeuse habite au fond d'une ruelle, où grouillent quelques gosses. Je dis : « grouillent », par habitude, car les enfants de Bourg ne sont guère grouillants. Elle accepte de remettre à neuf un veston, qui a laissé des poils sur les routes de l'exode. C'est une réfugiée. Grande pitié des errants. Vaillance populaire. Le monde du travail.

Elle prend le veston à deux mains, l'étale dans l'espace : « Un joli petit veston... Ce serait vraiment dommage de ne pas le remettre en état... » Elle dessine son travail, comme un peintre esquisse un tableau. Elle le médite. Elle daigne m'en confier les difficultés et comment elle les surmontera : « Je prendrai dans le droit fil... » J'admire ces doigts ingénieux, la fée laborieuse.

Quelques jours plus tard, je vais chercher mon veston. La stoppeuse a souligné et serti son travail, délimité, par des rectangles de faufilé, les espaces régénérés. J'admire, je ne sais comment remercier. Je paye, sans lésiner, une somme astronomique.

Dans ma chambre, je veux admirer encore. Je m'aperçois alors que la stoppeuse a serti de fil blanc des trous imaginaires et qu'elle a si grossièrement ravaudé les trous réels qu'ils n'en sont que plus apparents.

J'avais eu un pressentiment. Elle m'avait dit quelques mensonges, pour le plaisir. Et elle avait l'œil roulé, le regard en rollmops.

3 avril 1941

Il y a des boutiques en ce pays de Bresse, où je n'ose plus entrer. J'ai l'impression que je m'y enlise. Derrière le comptoir, le marchand se meut au ralenti. Il a l'air de dormir dans un bain de glu.

L'espoir de la foule, mon espoir : la Yougoslavie et l'Amérique. Demain, nous attendrons notre salut de la planète Mars.

Les dissertations sur la vanité de l'histoire sont du même ordre que les plaisanteries sur l'art médical. Beaucoup d'historiens, beaucoup de médecins sont de plats vulgarisateurs. Qu'importe? Nos certitudes sur le présent sont-elles beaucoup plus fermes que les plus douteuses de nos certitudes historiques? On en arrive à ne pas trouver absolument ridicules les explications par les éléments subtils et les influences errantes, par les forces diaboliques ou la disposition des astres.

La pourriture démocratique... Oui, sans doute. Mais la décomposition se faisait en plein air. Tandis que Hitler, Mussolini ou le pâle Pétain, c'est la pourriture, la même pourriture enfermée dans une armure. Un seul trou dans la cuirasse, les nez les plus grossiers sentiront la puanteur.

La patronne de l'hôtel prit en pitié une Juive allemande, misérable, la logea trois mois, sans rien exiger d'elle. Elle semble s'en excuser, craindre que, pour cela, je ne la juge avec sévérité : « C'était une petite chambre, une chambre très modeste... »

4 avril

D... m'a prêté un *Talleyrand* par le comte de Saint-Aulaire, ambassadeur de France [1]. Un écrivain élégant. Encore que cette élégance s'accorde bien des facilités. Encore que cette élégante négligence touche parfois à l'esprit de table d'hôte. Ainsi Talleyrand aux États-Unis, brocantant pour gagner sa vie, est préparé par là à « brocanter les opinions et les consciences ». Il y a beaucoup de glissements de mots et de pensées qui sont de ce style. Cela me met à mon aise. Je ne suis plus du tout intimidé par le monocle diplomatique.

Je ne sais pas ce que vaut historiquement ce Talleyrand subtilement construit. Il montre toutes les grosses finesses d'un personnage de théâtre. Mais ce n'est pas lui que j'ai saisi. C'est l'auteur. Tous les compartiments de cette tête sont visibles, comme si on

1. Cette biographie, parue chez Dunod en 1936, trace de Talleyrand un portrait flatteur avec une approche plutôt maurassienne.

avait enlevé la calotte crânienne. C'est une parfaite image phrénologique, aux localisations bien délimitées, avec légendes. La circonvolution où siègent la sagesse de l'Ancien Régime et la superficielle insanité de la Révolution y est pathologiquement développée. L'auteur pose en principe les vertus de la royauté créatrice. Quant à la Révolution, elle se réduit à un travail de désagrégation, à une médiocre phraséologie.

Mais, pour défendre Talleyrand, M. de Saint-Aulaire est conduit à une assez amusante contradiction. Après nous avoir dit que l'Ancien Régime, c'était l'ordre, la santé, la raison, il invoque, pour justifier Talleyrand, le désordre, l'incohérence, les mœurs dissolues de ce même régime. L'idée de nation n'était pas claire. Trahir n'était pas, pour un général, déshonorant. Un général allemand commandait des troupes françaises. Le roi touchait des pots-de-vin. Les émigrés prenaient les armes contre la France.

Le comte de Saint-Aulaire en oublie la décence diplomatique, qui est d'être royaliste. Sans doute s'est-il pris d'un amour d'artiste pour son personnage. Et, pour donner un tour ci-devant à la fripouillerie de Talleyrand, il use d'arguments contradictoires et nomme blanc dans la seconde partie de son livre ce qu'il nommait noir dans la première.

Il manifeste son aristocratique regret *« d'un cosmopolitisme, fleur de l'internationalisme à l'usage des élites »*. Cet internationalisme n'est point celui de la canaille. Je ne sais si ce livre est un bon document pour Talleyrand. Mais une figure en surgit : celle d'un diplomate français du XXe siècle, pour qui l'art de penser est proche de l'art de la danse, de la vieille danse à figures, qui croit que l'histoire est un jeu pour personnes de haute distinction et l'élégance un principe.

Un enfant traverse parfois la salle de restaurant, vêtu d'une vieille peau de chèvre, mal lavé, mal mouché : il vend des bouquets de violettes ou des brins de mimosa poussiéreux, qu'il tend d'un air maussade et réprobateur... Il a passé près de moi sans insister. Je regardais dans le vague, j'étais l'homme important qui ne voit même pas les petits mendiants. Ce fut ma défense contre lui et contre ma honte. Claude me reproche cette impolitesse, cette apparence de mépris. Claude lui a souri. Mais croit-il qu'ainsi il a épuisé toute la charité? Et si même j'avais été le grand seigneur compatissant, si je lui avais acheté un bouquet?

XII

RETOUR À LA TERRE

5 avril 1941

Je quitte Bourg, ville de nulle part, pas même bressane.

Un pâtissier de Saint-Amour, comme deux inspecteurs voulaient pénétrer dans son « laboratoire », a jeté sur eux sa veste blanche et a cogné, l'une contre l'autre, leurs deux têtes.

J'apprends par le bulletin paroissial que Dieu a accordé un miracle à la France en la personne du maréchal.

De Paris. L'historien Lucien Febvre, et le bibliothécaire de l'École Normale, ont chargé sur une charrette à bras et transporté en lieu sûr les papiers et notes de travail de l'historien Marc Bloch, réfugié en zone libre.

Quelques savants ou hommes de lettres, en aucune façon suspects de trahison à la Chateaubriant, ont accepté le contact avec des délégués de la propagande allemande. Délégués de haute culture, sans nazisme bestial. Ils n'ont même pas peut-être de mission déterminée, sinon de créer une atmosphère, de sauver la face, de masquer ou troubler l'image de l'hitlérisme. Inutile, il va de soi, de signaler leur haute courtoisie. Mais je suis trop simple pour ne point être gêné de la courtoisie des Français. Cette courtoisie cède à Hitler.

Les pèlerins révolutionnaires de Kienthal et de Zimmerwald [1] étaient respectivement les ennemis de leurs régimes nationaux. Ils transcendaient la guerre. Ils n'étaient que les partisans de la révolution, d'une révolution qui était de tous les peuples. Mais ces Français délibèrent de hauts problèmes avec ces Allemands qui, si même ils laissent entendre qu'ils ne croient pas au nazisme de la rue, ne dissimulent pas leur loyalisme hitlérien. Ces Français,

1. À Zimmerwald, du 5 au 8 septembre 1915, et à Kienthal, du 24 au 30 avril 1916, s'étaient tenues en Suisse deux réunions de militants socialistes, « minoritaires », des pays belligérants, radicalement opposés à la guerre « impérialiste » et à l'Union sacrée.

plus que vaincus, s'approchent de ces Allemands dans le cadre de la guerre, à l'intérieur des frontières de la guerre.

9 avril

Espoir en la Yougoslavie. Nos passions jouent avec la mort lointaine, la mort abstraite. Nous souhaitons des milliers de cadavres allemands.

Où est le temps où Choum, le Siamois, se nourrissait de poisson et de riz? Il s'est mis à la soupe. Il a maigri de moitié. Je l'ai vu, tout à l'heure, dévorer comme une proie un morceau de papier qui avait enveloppé du boudin.

10 avril

Radio de Vichy : Les gaullistes ne sont que Juifs, Francs-Maçons, communistes, tous bellicistes et responsables de la défaite. À leur bellicisme s'oppose le pacifisme réorganisateur de Hitler.

Montrer comment le jusqu'au-boutisme de la guerre de 1914 coïncide, malgré les apparences, avec le partisan actuel de la collaboration.

On vole à Bourg environ une bicyclette par jour. À Montpellier, on ne sait où mettre en sûreté une bicyclette, même liée par un câble et cadenassée. Pour cette rubrique, le rédacteur du *Progrès* a trouvé un très joli titre : « Le trafic des vélos. »

Contrastes. Un village à quelques kilomètres de Chalon. Quelques jeunes filles plaisantent avec des soldats allemands. Quelques jeunes gens portent à leur veston la croix de Lorraine.

De la zone occupée. Les Allemands tantôt polis avec ostentation, tantôt usant à petite dose des méthodes d'humiliation, qui furent, en Allemagne, celles du nazisme à ses débuts. Ainsi à Chalon ils arrêtent une quinzaine de personnes, qui tentaient de franchir la ligne de démarcation, des hommes, une seule femme. Ils les enferment dans une chambre sans meubles et les obligent à se tenir debout toute une nuit. Ils ont placé un baquet au milieu de la chambre. La femme demande l'autorisation de sortir quelques minutes. Ils refusent et lui montrent le baquet.

Les journalistes parisiens sont invités, par circulaire des autorités françaises, à dénoncer ceux de leurs confrères qui manifestent des sentiments anglophiles.

P..., qui se cache à Paris, croit que Staline attend l'heure où il pourra sauver l'Europe épuisée, la contraindre ou la convertir à l'économie mystique du communisme, faire les affaires de la révolution et non celles de la Russie.

Regard sur l'intérieur d'une famille provinciale. Le notaire et sa femme sont anti-anglais avec fureur. Son frère, médecin, et sa belle-sœur, sont gaullistes. La guerre est devenue une sorte d'Affaire Dreyfus, aux dimensions de l'univers.

Ferme isolée. Le père Mireau [1] va à la cave et rapporte une bouteille de son vin de quatre ans. Sur la table, le journal est déplié. Les titres sont puissamment orchestrés : « Le gouvernement a décidé de prendre des mesures sévères pour mettre un terme à l'émigration des Français sur les centres de dissidence... Dans le secteur d'Ochrida, les troupes du *Reich* ont rejoint les Italiens de l'armée d'Albanie... L'armée hongroise pénètre en Yougoslavie. Prise de Monastir et d'Ochrida par les Allemands... » Comment résister à ces titres contondants? Comment ne point croire que le gaullisme est erreur ou trahison, qu'il n'est de France, que celle du maréchal, que l'Allemagne s'étend sur le monde comme une force invincible? Qui résisterait à l'obsession de ces titres, à la répétition, à la continuité de ces moyens publicitaires? La feuille de journal est étendue sur la table. Il n'est pas possible qu'elle ne soit pas la vérité de la maison.

Mais le père Mireau m'a dit : « On veut nous vendre au syndicat du maïs pourri à trois francs le kilo. Et notre blé est taxé à deux francs quinze... On nous dit d'élever des poules, mais nous n'avons pas le droit de leur donner du grain... Les Yougoslaves vont-ils tenir le coup? Ce soir, on prendra la Radio suisse ou la Radio anglaise. La Radio de Vichy est plus boche que le Boche... »

Le bourgeois furieux dit : « Je ne suis ni Allemand, ni Anglais. Je suis Français. »

Hypocrisie, ou stupidité?

La légende du bon vieux est en voie de disparition. Je vois naître la légende du « cagoulard ». « Vendus, trahis... », nous étions trahis et vendus avant la guerre. Le complot est né en Espagne. Hitler, Mussolini, Franco et Pétain étaient de mèche. La guerre ne fut qu'une mise en scène, une figuration destinée à la fois à dissimuler le complot et à le faire aboutir, un épisode surajouté à l'intrigue principale. On n'en est point encore aux preuves. La légende est encore dans les limbes. Pourtant, n'est-il pas vrai que, bien avant la débâcle, on distribuait dans les campagnes une brochure, dont

1. C'est le pseudonyme de Joseph M..., agriculteur âgé, voisin de Paul B...; cité pp. 310, 337, 338, 441, 445, 466, 467, 500, 504, 506, 509, 511, 514, 519, 527.

le titre était : « C'est Pétain qu'il nous faut [1]. » La trahison avait déjà choisi Pétain. La légende précède les faits ou elle s'allume à de petits faits, à des bribes de faits. Je n'ai pas, pour affabuler et construire un scénario de trahison, l'imagination du peuple ou du cinéaste. Mais, pour peu que je tente d'imaginer les âmes, comment ne découvrirais-je pas quelques affinités électives entre ces hommes d'ordre, entre les deux plébéiens et les deux militaires? Ils ont de communes passions, ils ont un commun langage. Aucun d'eux n'est un monstre pour l'autre.

Numéro 31 du Bulletin de France, organe de l'Amicale de France et des comités de propagande sociale du maréchal, avril 1941. Ce tract est envoyé à domicile, à des médecins, avocats, négociants. « Ce qu'il faut, c'est agir d'abord sur les prisonniers. Glissez dans vos lettres une petite phrase disant la sollicitude du maréchal pour le prisonnier, la pitié qu'il a de son sort... »

L'Évangile : le sabbat pour l'homme, l'homme pour le sabbat. Le fascisme, l'hitlérisme, c'est l'homme pour le sabbat.

Le peuple des villes et des faubourgs, le peuple de la ceinture rouge de Paris est-il résigné, communard, communiste? La sagesse paysanne commence à me lasser. Elle manque trop de colère d'idées. Je ne suis pas désintoxiqué des idées et des foules. Je sens en moi des colères faubouriennes.

Quelque temps après la débâcle, les mineurs de Sens se sont mis en grève [2], parce que le charbon qu'ils extrayaient était expédié en Allemagne. Les Allemands ont fusillé quelques mineurs. Suzanne tient le fait de la femme d'un ingénieur de la mine. Elle réprouvait les mineurs et non la répression.

28 avril

Huit jours à Lyon. Les bâtisses alignées en double six et les jardins suspendus, les jardins babyloniens des collines. Huit jours d'amitié chez les Latarjet [3]. On est inquiet de l'écrasement des troupes yougoslaves, de l'avance des Allemands en Grèce, de l'occupation des Îles. On tente de se réchauffer à la Radio anglaise.

On dit que Darlan va signer un pacte étroit de collabora-

1. Le 14 février 1935, Gustave Hervé, nationaliste échevelé, fait paraître dans son journal *La Victoire* un article au titre fameux : « C'est Pétain qu'il nous faut »; cette campagne de presse mène à la publication, en 1935, d'une brochure sous le même titre. Léon Werth se trompe de date et en exagère la portée.

2. Des mouvements sporadiques ont éclaté, ici et là, notamment les 9 et 11 octobre 1940 à Hénin-Liétard; mais rien de comparable à la grande grève – aux accents très patriotiques – qui va secouer l'ensemble du bassin houiller du 27 mai au 9 juin 1941.

3. Sur Latarjet, cf supra p. 139.

tion[1]. Ordre a été donné aux journaux d'annoncer en gros titre la visite à je ne sais quelle ville du maréchal aseptique et planant et de l'amiral et – sous peine de suspension – d'imprimer en même corps le nom du maréchal et le nom de Darlan.

Catherine a trois ans. Je lutte avec elle. « Quel est le plus fort de nous deux ?... » Elle me répond : « C'est toi... » Et elle ajoute : « Moi aussi ».

Retour à la maison des champs. Avril a bien travaillé. Les renoncules jouent à Claude Monet.

En gare de Perrache. Un vieil homme, rosette et croix de guerre, monte dans mon compartiment, où deux soldats dormeurs déjà sont installés. Il a l'air très « notabilité provinciale ». À peine est-il assis qu'il me montre une jeune femme sur le quai et me dit : « On voit de drôles de choses... Cette dame a fait trois mois de prévention, sous le prétexte qu'elle avait tenu des propos communistes... » Je sursaute. N'était l'aspect rustique et loyal de ce vieil homme, je croirais à un agent provocateur. La jeune femme monte dans notre compartiment. Elle est coiffée d'un grand chapeau de feutre souple. Elle est vive, elle est de ces femmes qui jaillissent comme des sources. Le vieil homme oublie tout à fait ma présence et reprend avec elle une conversation interrompue. Je comprends qu'elle fut impliquée dans un procès pour menées communistes, intenté au maire d'Oyonnax et à quelques membres de l'ex-parti communiste. L'homme à la rosette est un colonel de gendarmerie en retraite. Il fut cité au procès comme témoin à décharge. J'apprends que le procès fut monté sur des dénonciations de sales âmes de petite ville. J'apprends de ce colonel de gendarmerie que le maire ne distinguait pas, quand il s'agissait de secours, entre ses partisans et ses adversaires politiques. Un peu solennel, il répète : « La charité n'est ni de droite, ni de gauche, elle est une... » Il dit aussi et répète : « On a une conscience ou on n'en a pas... » J'ai compris qu'on lui demandait un faux témoignage ou du moins un témoignage altéré, que les juges pensaient, ainsi que M. Charles Maurras, qu'un faux témoignage n'est pas coupable, s'il fortifie la bonne cause. Le colonel et la jeune femme descendirent à Bourg.

Le Progrès m'apprit que l'ex-maire Nicod avait été condamné à un an de prison et que la femme Louvatière avait été acquittée. La voyageuse au grand chapeau de feutre, c'était sans doute

1. Une rumeur qui sera confirmée, cf. infra p. 205.

celle que le journal appelle délicatement la femme Louvatière [1].

Un autre voyageur monta. Un des soldats s'éveilla. Le civil parla haut et tutoya le soldat. Je le pris d'abord pour un maquignon ou un forain. C'était un commerçant de Belfort, qui trafiquait des pommes de terre. Le soldat avait fait la Somme, était caserné à Périgueux. Ses parents habitant la zone interdite, il allait en permission chez des amis, dans un village du Jura. Ils parlèrent d'abord restrictions. Puis ils montèrent aux sommets de la haute politique. Le marchand paraissait fort satisfait : en Lorraine, tout va bien, depuis que les soldats qui occupent le pays sont des Autrichiens. « Au début, ça ne roulait pas rond... mais maintenant ça va... » Pour l'avenir, il n'est point inquiet : « En haut lieu, on a bien manœuvré... (Il fait la liaison, il prononce : *ennolieu.*) Quant à Hitler, il s'épuisera dans sa propre victoire... L'histoire le prouve... Voyez César, voyez Néron... » Il répète : « Voyez César, voyez Néron... »

Quant au soldat, il espère remettre ça un jour. Cependant, il aime autant les Allemands que les Anglais. « Personne ne voulait plus travailler... Les ouvriers avaient les quarante heures... Ils auraient demandé les trente heures... et puis plus d'heures du tout... Hitler, c'est un homme de génie, ambitieux non pas pour lui, mais pour le bien des Allemands... » Je cite aussi textuellement qu'il est possible, si l'on n'a pas sténographié. Ils ont des idées claires, mais non liées. Ils répètent des phrases de journaux. Leurs idées glissent en eux et se suivent comme des hallucinations.

« Les forces allemandes poursuivent l'occupation du Péloponnèse. » Le bourg fléchit, s'inquiète. L'ancien garde champêtre, qui fut trépané, dit : « J'aime mieux les Allemands que les Anglais. Les Allemands sont des ouvriers, les Anglais sont des capitalistes. »

30 avril

Du journal : « ... En 1914, peu d'observateurs auraient osé inscrire Péguy parmi les maîtres de la nouvelle génération entre Barrès et France ou Maurras et Jaurès. » Maurras et Jaurès ! L'assassin et la victime. C'est Maurras qui dirigea le bras de Villain. C'est Maurras qui accusa Jaurès d'être en France l'agent de l'or

1. C'est en réalité le numéro du 30 avril 1941 qui relate le procès qui s'est déroulé 6 jours auparavant devant le tribunal militaire de la 1re région pour infraction au décret du 26 septembre 1939 interdisant le parti communiste; René Nicod, député, ex-maire d'Oyonnax, et trois autres militants, sont condamnés à des peines de prison et des amendes. Raymonde Louvatière (le journaliste parle effectivement de « femme Louvatière »), directrice de l'imprimerie ouvrière, est acquittée.

allemand. L'homme du faux patriotique [1] et Jaurès. Quel rapprochement, quelle abjecte conciliation!

Laurent a tué un cochon. Il m'a donné un rôti. Je pense trop à ce rôti. Je me laisse trop aller à contempler la campagne de mai, sa fraîcheur qui lave les yeux. Je me laisse trop aller à la béatitude du lit et du sommeil. Je me mets en état d'opium.

Une journée sans journal, c'est presque une journée sans guerre.

Oublier les borborygmes de l'histoire et poursuivre un ou deux chefs-d'œuvre d'amour ou d'amitié.

L'immobilité des feuillages, le soir.

On s'évaderait volontiers dans la religion. Mais ce n'est pas sérieux.

« Et les événements?... me demande le gendarme G... » Que lui répondre? Je n'en sais pas plus que lui sur la puissance industrielle des États-Unis. Mais il se penche vers moi et me dit : « J'ai bon espoir... » On ne peut pas tout à fait désespérer, si les gendarmes ne croient plus au maréchal.

7 mai 1941

Petit voyage en auto avec Faure, qui a une autorisation de circuler pour ses affaires.

Annecy est plus Annecy qu'Annecy. Les arbres sont des arbres, l'eau n'est que de l'eau, les montagnes sont des montagnes. Ce ne sont pas des paysages de peintre. Cette lumière un peu suisse, ce pittoresque, qui n'est pas pour la peinture, reposent. La peinture nous avait envahis. C'est la nature, telle que Voltaire la décrit, la nature pour bonnetiers, littérateurs et bonnes gens. Il paraît qu'un peintre des Artistes Français, membre de l'Institut, a sa villa dans le pays. Je serais presque tenté de le défendre. Tant de peintres artistes ont, ce dernier quart de siècle, inventé des moyens de nous tromper plus subtils et plus dangereux que le trompe-l'œil.

J'ai rôdé dans la vieille ville, sous les arcades. J'ai retrouvé ce plaisir de m'enfoncer dans une ville, oublié de m'y refaire une vie.

Dans je ne sais plus quel bourg avant Chambéry, un filateur

1. Raoul Villain, qui assassina Jean Jaurès, le 31 juillet 1914, écrivait à son frère : « Ainsi donc, j'ai abattu le porte-étendard, l'archi-traître de la loi des Trois ans... »; cet ultranationaliste a pu être influencé par la campagne de Maurras, dénonçant tout au long du mois de juillet 1914 en Jaurès un traître et un agent allemand. Maurras, on le sait, s'était fait connaître en politique en justifiant, dans la *Gazette de France* des 6 et 7 septembre 1898, le faux commis par le colonel Henry pour empêcher la révision du procès Dreyfus.

anglais, fixé dans le pays, dit à Faure qu'il est sûr de la victoire anglaise, mais qu'il faut compter sur trois ans de guerre. Sans doute, mais que restera-t-il, dans trois ans, de la France effilochée, d'une France, qui peut-être ne sera plus la France? Si l'Angleterre, si la France ne sont plus rien que de la matière à gouverner?

Deux heures à Lyon. La table de brasserie où se réunissent des Lyonnais sans rémission et des Lyonnais qui, avant la guerre, vivaient à Paris. Qu'ils sont différents de mes Burgraves, de ces Lyonnais qui, au début du siècle, s'en venaient à Paris, lourds de résistance, bardés d'opposition, hostiles aux modes, croyant presque que l'art est à la fois un tour très difficile et un sacerdoce, un peu solennels, un peu bourrus, vivant de peu mais jamais de journalisme, sans entregent, humbles de mœurs, orgueilleux d'esprit! Ces ci-devant n'existent plus. Mermillon seul et Faure pourraient comprendre ces Burgraves.

Les Parisiens réfugiés découvrent à tour de bras le mystère de Lyon. Ils truffent leurs récits de topographie lyonnaise : Saint-Jean, Saint-Just et Fourvière. Colette, avec légèreté, les avait précédés. Dans je ne sais plus lequel de ses livres, trompée par une plaque de tramway, elle fait allusion au Parc Saint-Jean. Ainsi, au temps des omnibus, un voyageur pressé eût visité la crypte du Panthéon-Courcelles.

À la tombée de nuit, le chemin montant qui conduit chez nous. Solitude et silence. Puis un chant de rainettes. C'est la note flûtée du crapaud, mais non distillée, multipliée par un chœur qui ne prend pas de temps, une musique giratoire et liquide. L'école des rainettes.

9 mai

Le journal : « La politique de collaboration entre dans une phase active... Allégements de la ligne de démarcation. » Le jeu est de chloroformer la France. Le problème est de savoir si la France se réveillera et quel sera son réveil.

10 mai

La vieille Parisienne qui, au mois d'août de l'an dernier, préférait les Allemands aux Anglais, n'a plus aujourd'hui de préférence. Elle accorde même que « avec les Anglais on serait plus libres... » Mais elle « les déteste autant que les Allemands, parce qu'ils prennent tout et ne rendent jamais rien ».

Pourquoi ne suis-je pas à Londres ou en Amérique? Il semble qu'on puisse retrouver la France, en en quittant le sol.

Ainsi on sort un instant d'une chambre de malade, pour respirer une bouffée d'air.

Que la France doit être belle, vue d'Amérique!

La France est réduite à l'état contemplatif. Elle reçoit les événements *sub specie æternitatis* et en fonction de son ventre. Étrange combinaison. Les paysans sont devenus des seigneurs féodaux. Ils possèdent tous les biens de la terre : le lard, le lait, les œufs. Des Lyonnais viennent par le train, viennent en bicyclette leur mendier quelques victuailles.

Et moi-même, est-ce que je veux autre chose que préserver mes petites habitudes? Que deviendrais-je sans pipe, sans tabac, sans briquet? Et mes briquets n'ont même pas la vertu de l'interchangeabilité mécanique. Mes deux briquets sont des « souvenirs », auxquels je tiens, qui sont irremplaçables. Qu'est-ce que je désire comme incidence personnelle de la paix? Finir ma vie en aïeul respecté et le droit de prononcer quelques jugements derniers sur la peinture.

Qu'est-ce qu'un bourgeois français? Un ventre qui se voudrait à nouveau de délicates pensées de ventre bien nourri et frotté d'un peu d'esthétique. Et encore si on faisait le compte des ventres non frottés.

12 mai

Vichy déclare que « nous sommes en pleine période de soudure du fait de la brusque raréfaction des pâturages atteints par les récentes gelées. Le gouvernement a donc dû réquisitionner des animaux incomplètement engraissés. »

Que les pâturages de Vichy sont donc sensibles à la température! Ils s'enrhument pour quatre jours de gelée matinale.

« Le type qui a écrit ça, me dit Laurent, en pansant ses vaches, ou il n'a jamais été dans une campagne, ou il nous croit plus bêtes que les bêtes. »

Pour nous sauver de la grande lâcheté, de la grande paresse hitlérienne, nous n'avons que la grande lâcheté, la grande paresse de la guerre. Et l'héroïsme est l'acceptation de la lâcheté de la guerre. De ces deux lâchetés, laquelle faut-il choisir? Je choisis l'héroïsme de la guerre. Mais mon enjeu, c'est le sang anglais. Quelle misère!

Les prés sont pointillés de pâquerettes, de renoncules. Ce sont les prés émaillés de fleurs des vieux poètes. Les ondulations des collines sont déraidies. Les prés et les feuillages se fondent. Plus de creux, plus de réserves. La campagne s'est garnie. Elle semble comblée. Béatitude des feuillages et des prés, le soir.

Je m'enfonce dans la verdure, je m'y absorbe. Je lis de vieux romans anglais, pleins de manoirs et de fantômes. J'ai tout un Cornouailles de romans dans la tête. Mais dans les pires de ces romans, il y a des personnages typiques, des âmes nobles et des « originaux ». Et quelque chose déjà de l'humour de Dickens ou de Galsworthy. De l'humour, de l'ironie, c'était peut-être cela, la civilisation.

Six condamnations, par le tribunal de Chalon, pour « tenue de propos de nature à exercer une influence fâcheuse sur l'esprit des populations ».

16 mai

L'entrevue Darlan-Hitler [1]. « Ce nouvel entretien, déclare le maréchal, nous permet d'éclairer la route de l'avenir. » Il permettra à la France de « surmonter sa défaite ».

Rudolf Hess. Sa descente en parachute sur l'Écosse [2]. Notes confuses du D.N.B. qui, tour à tour, le déclare fou, anglophile, idéaliste, humanitaire.

Général de Gaulle, l'Angleterre gagne, vous débarquez en France. Nous ne vous demandons rien qu'un peu de génie.

Inauguration à Paris d'un Institut d'études des questions juives [3].
Si l'on veut juger l'anti-sémitisme, il est absurde, il est bas de le prendre où il touche, il faut le prendre à son point de départ. Car les Juifs sont indéfendables. Tout autant que les Auvergnats, ces empoisonneurs publics, tout autant que les Corses, ces gabelous, ces adjudants. D'ailleurs, il est à remarquer que la foule, aux dénominations ethnologiques, attribue presque toujours un caractère péjoratif. Le Normand est processif, le Breton est brut, le Méridional est lâche et bavard. À tout groupe humain, l'homme-foule oppose d'abord un jugement de défense et de réprobation. Son narcissisme y trouve son compte. Mais s'il s'agit des Juifs, le

1. Les 11 et 12 mai, Darlan rencontre Hitler à Berchtesgaden dans une atmosphère détendue. Darlan, qui entend signifier que la collaboration continue malgré l'éviction de Laval, dit et redit que le gouvernement français développera la politique de Montoire, tout en demandant que, en retour, le *Reich* fasse un certain nombre de concessions politiques.

2. À la surprise générale, Rudolf Hess qui était jusqu'alors considéré comme le dauphin du *Führer*, se fait parachuter en Écosse, en se disant porteur d'un plan de paix. Après quelques jours d'hésitations, les autorités britanniques l'internent comme prisonnier de guerre, tandis que Hitler le qualifie de « malade mental ».

3. En mai, les nazis parrainent l'Institut d'études des questions juives, une officine de propagande française, dirigée par un ultra de l'antisémitisme, le capitaine Sézille, stipendié par l'occupant.

mot entraîne tout. Il est chargé de souillure par vingt siècles de persécution. L'abstraction juive est une des moins réversibles. On passe plus facilement de la perfide Albion à la loyale Angleterre. On passe plus facilement de l'Allemand boulimique et pillard à l'Allemand organisateur. Il n'y a donc rien de spécifique chez le Juif? Mais si... Et chez le Marseillais aussi. Et rien ne vous empêche d'expliquer Cézanne par Marius.

17 mai

Jour de marché. Marché mort, marché nul. Un seul marchand a dressé ses tréteaux, un fantôme de marchand, sous une petite pluie grise. Pas une âme devant ses bretelles et ses jarretières.

« Darlan, me dit un fermier, a vendu nos colonies à l'Allemagne. Il veut que nous nous battions contre l'Angleterre... Roosevelt lui a dit son fait. » Et, d'une voix plus serrée : « On aura une révolution... – À cause des ventres vides ou de la politique allemande du gouvernement? – Les deux... »

Ce mot : révolution, je l'ai entendu, ce matin, trois fois. C'est une redoutable personne, qui ne sait point agir avec modération, qui casse tout, qui viendra on ne sait comment, qui fait souvent plus de mal que de bien, mais qui viendra châtier ce criminel des ténèbres, qu'on appelle la trahison. Cette révolution n'est pas désirée. Elle est la catastrophe de justice.

Comment l'histoire, demain, brassera-t-elle les continents, les peuples, le calcul des politiques et ces pensées d'hommes simples?

19 mai

Les langues vont fort au bourg à propos des instituteurs, qui ont conduit leurs élèves à la messe de Jeanne d'Arc. Le bourg est-il donc anti-clérical? Il tient à sa coutume. Il ne se conçoit pas sans baptême, mariage et enterrement à l'église. Les paysans reçoivent volontiers la visite du curé, pourvu qu'il ne leur parle pas du bon Dieu. Si un pompier meurt, une délégation des pompiers accompagne son cercueil jusqu'aux portes de l'église, mais elle n'y entre pas. S'il plaît à un pompier de suivre l'office, il se détache du groupe. Et aucun des autres ni ne l'approuve ni ne le blâme. Telle est la coutume. Et c'est en vain que, dans une commune voisine, le maire, un hobereau, a tenté de la changer. L'Église est un des points où le paysan fait l'épreuve de sa liberté.

« Moi-même, dit le maréchal aux représentants du Secours national, j'ai eu l'occasion de vous apporter quelques ressources, qui viennent de m'être précisées, en particulier par la vente de mes portraits qui, à elle seule, a rapporté 150 millions... Je vous ai donc aidé le mieux que j'ai pu. »

Un long communiqué définit « le rôle de la Légion dans la nation »[1]. C'est une invitation au mouchardage. Cependant, déclare le « porte-parole » de la direction générale de la Légion, « il ne s'agit pas d'organiser la délation, mais plus précisément d'étayer une administration débordée par les événements... » Le « plus précisément » est admirable. Où les prennent-ils, leurs porte-parole? Ainsi le chef d'une bande de voleurs pourrait dire qu'il ne s'agit pas d'organiser le vol, mais « plus précisément » d'attendre, la nuit, dans la rue, les passants isolés, pour les détrousser.

Je prends dans un placard de vieux romans anglais. J'ai rejeté Miss Cummins, qui ne fait qu'un travail de patronage; mais je lis Miss Braddon. Il y a là un policier, qui déguste son métier comme Sherlock Holmes lui-même et ses descendants. Il y a de longues descriptions de paysages, de plantureuses canailles, des cœurs héroïques et la Providence. Et d'étonnantes digressions, sur Paris notamment : *« Paris! Cité de* fashion, *de plaisir, de beauté, d'opulence... cité de palais sous les lambris desquels ont résonné les échos de la voix de Bossuet, que tous les fous du monde venaient entendre et qui s'en allaient en larmes, uniquement pour oublier le lendemain ce qu'ils avaient entendu la veille... Paris, plus riche en souvenirs de Ninon de Lenclos qu'en souvenirs de Jeanne d'Arc... »*

Je lis les romans de Miss Braddon. C'est un opium parfaitement acceptable. Les œuvres du grand art n'ont qu'exceptionnellement cette magie de l'opium. Elles lancent des traits dans nos profondeurs, il faut répondre. La lecture d'un grand livre est un dialogue. On n'y trouve pas l'oubli. Mon opium est donc ce pudding confectionné par une Miss. J'ai passé deux journées à lire Miss Braddon, à la façon dont lisent les adolescents. Qu'il y a de belles jeunes filles dans les parcs et dans les taudis! Comme j'ai envie de croire à la Providence! Je lis et je suis comme en rêve les plus nobles âmes et les plus criminelles.

Mais à cette rêverie, née de la lecture, une autre s'ajoute, indépendante, sans rapport avec elle. Sur un autre plan, sur un autre registre. Une rêverie personnelle, faite de souvenirs ou de projections dans l'avenir. Le livre, c'est un théâtre. En même temps que je suis attentif aux épisodes et péripéties de la pièce, je rêve pour mon compte personnel. Ce ne sont que deux rêves parallèles. Mais, en s'y exerçant, on pourrait peut-être rêver sur dix plans, sur dix

1. Les responsables de la légion française des combattants, instituée en zone Sud le 29 août 1940, rassemblant quelque 1 600 000 anciens combattants, viennent de tenir une conférence de presse sur le thème : « le Maréchal précise et renforce les importantes attributions de la Légion dans l'État ». En fait, la Légion parvient difficilement à trouver ses marques à l'intérieur de l'État vichyssois.

registres différents. Sur vingt, sur cent, à l'infini et conduire ensemble ses rêves, comme on conduit un troupeau.

21 mai

« La démocratie, quand même... me disait le vieux jardinier, les dents serrées sur sa pipe, la démocratie, c'est quelque chose... »
Une telle phrase fait sourire les marchands et les esprits fins.

La réglementation du ravitaillement change de semaine en semaine. Les coquetiers reçoivent, chaque semaine et même deux fois la semaine, des dix pages de dactylographie. Vichy croit à la paperasse créatrice. Les ventres n'y croient pas.

André Mandouze [1], professeur de Première au Lycée de Bourg, vend *Temps nouveau* aux portes de l'église. Catholique, il se veut chrétien. Son catholicisme n'est pas le catholicisme bedonnant de tant de littérateurs. Le maréchal, en son dernier mandement, invitait les Français à ne plus « supputer » les chances d'une victoire anglaise. Mandouze croit en ces chances et ne le cache pas à ses élèves. Et nul maître ne s'efforce davantage de conduire ses élèves au stupide bachot sans les bachoter.

Il y a quelques années, au même lycée, Paul Nizan enseignait la philosophie [2]. Il était de ces jeunes universitaires, qui se donnèrent au communisme, qui se nettoyaient, dans le marxisme, de la crasse des vieux jeux conceptuels. Le marxisme leur fut une religion.

En ces deux jeunes hommes deux certitudes d'égale force. Et je me demande si les contradictions entre leurs deux doctrines ne sont pas plus facilement conciliables que les contradictions intérieures à chacune d'elles.

Deux élèves du Lycée, suspects de gaullisme, ont été convoqués au bureau de Police, installé à la Préfecture. Quels avaient été leurs dénonciateurs? Faut-il vraiment soupçonner ceux de leurs camarades, qui sont en relation avec le centre de propagande de la Révolution nationale?

Écrire des romans, c'est encore besogne de tâcheron, c'est prendre des facilités avec la vie. Les grands romanciers inconnus sont ceux qui, comme Cuvier reconstituait un squelette, composent pour eux-mêmes le roman de chaque passant qu'ils rencontrent. Un roman par tête.

1. André Mandouze, ancien jeciste, normalien, latiniste, enseigne alors au lycée de garçons de Bourg-en-Bresse.

2. Paul Nizan, agrégé de philosophie et militant communiste, a enseigné au lycée de Bourg-en-Bresse en 1931-32.

Menaces de réquisition des pommes de terre, interdiction d'arracher les pommes de terre nouvelles. « Qu'est-ce qu'on va manger?... » Ils parlent de prendre leurs fourches et leurs triandines. Si même ils les prenaient, l'Allemagne est là, qui opposerait ses mitrailleuses à leurs triandines. Pendant ce temps, Darlan négocie.

N'ai-je pas été injuste, injuste en moi-même, envers Mandouze, le professeur de Claude? N'ai-je point opposé à son christianisme des arguments depuis toujours déposés dans ma tête, tout un arsenal de polémique? J'ai réagi mécaniquement, comme un orateur de réunion publique. J'ai puisé dans mon hangar aux vieilles ferrailles. Je m'en accuse, je ne veux pas m'en tenir là. Mais Mandouze voudra bien convenir que le pape est plus prudent que lui.

Ils ont engagé la France. Ils espèrent tous être ou Gœbbels ou Gœring. Le faste de Gœring, des palais en marbre et en or... Ils passeront en revue l'armée de terre, l'armée de mer, l'armée des airs et le peuple. Le peuple marchera au pas cadencé. Mais si l'Angleterre dure et gagne, se cacheront-ils dans les caves, finiront-ils en Allemagne, formeront-ils un cercle d'émigrés ou tenteront-ils une guerre civile?

La France – ce que d'ici je puis voir et présumer de la France – se laisse museler par Vichy, comme un chien docile. Elle ne peut échapper, il faut qu'elle consente à la muselière. Mais du moins pourrait-elle grogner.

Les peintres sont frileux. Ils n'ont guère peint que les rondes périodes des feuillages d'été. Quand ils sortent l'hiver, on sent qu'ils accomplissent un acte de haut sport; qu'ils n'ont pas voulu manquer la neige et les squelettes d'arbres.

Le candide Lénine, qui croyait que partout en Europe s'allumeraient les foyers de la révolution. Qu'en reste-t-il pour l'instant de la révolution, telle que Lénine et Trotsky l'entendaient? Quelques mots dans les mandements de Hitler, de Franco, de Pétain?

D'un vieux roman anglais (*Aurora Floyd*, par Miss Braddon). Elisa *« était heureuse... dans ses jardins et ses serres, au milieu de ses chiens et de ses chevaux et parmi ses pauvres »*. On lit dix lignes plus loin que la même Elisa ne traite point les pauvres en dame de charité : *« Au lieu de leur dire tout de suite d'une manière franche et chrétienne qu'ils étaient tous malpropres, dépravés, ingrats, impies... »*

Je pense que la mort, c'est le néant. Mais, si elle n'est pas le néant, quelle satisfaction pour les personnes curieuses de savoir enfin quelque chose sur la nature de l'être! Ceux qui ont le goût des mots croisés se penchent, s'acharnent. Chaque mot non trouvé provoque en eux une angoisse d'amnésique. Il en faut peu pour captiver la curiosité des hommes. En ce qui touche la mort, il n'y a pas de bon dictionnaire. Et pourtant le mot vaut d'être trouvé. S'il y a quelque chose après la mort, cela vaut la peine de mourir.

Il n'est pas mauvais (pour la préservation de ces fleurs fragiles qu'on appelle dignité ou pensée) d'être prisonnier en Silésie, Alsacien, Lorrain ou Juif, d'être touché par la guerre en sa peau et ses tripes, dans sa liberté au sens le plus grossier, le plus palpable. On évite ainsi cet espoir souterrain, cet espoir caché dans la lie de l'âme : retrouver sous la domination allemande un peu de paix et de sérénité bourgeoise.

28 mai

La guerre insensibilise. En temps de paix, une grange qui brûle, tout un village s'émeut de l'incendie. En temps de guerre, une ville détruite, ce n'est qu'un fait, un fait de guerre. Sur terre, sur mer et dans les airs, la mort n'est plus qu'un chiffre. La guerre conduit les hommes à une grossière acceptation de la fatalité.

Je n'ai rien fait hier, que contempler des genêts en fleur.

La solitude me dessèche. Le journal m'apporte le monde extérieur : hors de France, la bataille de Crête, le *Bismarck* coulé [1]; en France, la réorganisation de la police [2], qui « sera dotée d'un matériel technique, égal ou supérieur à celui déjà en service dans les polices étrangères... camionnettes rapides, engins lacrymogènes... » (Voilà pour l'ordre dans la rue.) Mais la surveillance de chaque Français n'est pas moins bien assurée : « des machines très modernes permettront l'impression rapide et en grande quantité de fiches de signalement. »

Vers 1900, on distinguait en gros parmi les écrivains les probes et les négociants. On ne concevait pas qu'il y eût en littérature de probes négociants. Mais un type nouveau d'écrivains s'est créé un peu avant cette guerre : l'aventurier. Accroché à l'actualité politique et fabriquant avec cette matière première des œuvres truquées. Prêt au fascisme, prêt au bolchevisme, transformant en

1. Le 20 mai 1941, après de violents bombardements, des forces aéroportées allemandes sont larguées sur la Crête, car cette base britannique est à neutraliser avant que ne débute la campagne de Russie; l'île est conquise au bout de 12 jours de violents combats.

Le *Bismarck*, un des fleurons de la *Kriegsmarine*, cuirassé de 35 000 tonnes, finit par être coulé à 380 miles de Brest, après une véritable chasse organisée par toute une escadre britannique.

2. Entre le 19 avril et le 17 juillet 1941, onze lois et décrets modifient profondément l'organisation de la police qui est à tous les niveaux étatisée et dont les fonctionnaires sont dorénavant recrutés par concours.

roman la politique du jour, comme les écrivains académiques construisaient avec des entités traditionnelles les personnages du bon propriétaire terrien, de la noble jeune fille ou de la crapule incroyante. Mais à une bourgeoisie affaissée et décomposée il fallait de plus fortes excitations. Ces écrivains flagellèrent leur public. Mais leurs martinets, comme ceux que l'on confie aux sadiques dans les maisons spécialisées, étaient inoffensifs et montés avec des lanières de feutre. Martinets confortables, si l'on peut dire.

30 mai

Après la guerre de 1914, l'Allemagne était malade. Elle consulta plusieurs médecins, elle fit venir à son chevet la République de Weimar, qui ne fit pas un bon diagnostic. Elle fit alors ce que font tant de malades las de tout. Elle consulta le rebouteux. Il arrive que le rebouteux remette des muscles en place ou agisse par persuasion. L'Allemagne crut que Hitler l'avait sauvée. Mais les rebouteux ne savent soigner ni le diabète ni la vérole.

Ce fut après la guerre de 1914 que mourut le patriotisme de café-concert :

Qu'est c'qui casse la gueule aux Pruscos?
C'est mon homme, c'est mon Julot.

Les formes virulentes du patriotisme, les diverses catégories du nationalisme tendaient à se résorber dans le fascisme.

Dès la fin du XIXe siècle, le patriotisme était devenu un narcissisme ou un délire de haine ou un attribut de la petite épargne. La presse l'orientait à volonté contre l'Allemagne ou contre l'Angleterre. Le mot s'était teinté d'une trivialité électorale, d'une bassesse de bastringue ou d'académie. Il ne rend plus le son qu'il rendait au milieu du XIXe siècle. Dans *Le Médecin de campagne*, Balzac montre, en longues dissertations, les vertus humaines et sociales du catholicisme et de la royauté. Mais soudain il use du mot patriotisme. Et le voilà sur un autre plan. Ce qu'il nomme patriotisme, c'est une austère passion du bien, c'est presque la charité.

Une conférencière officielle se promène de chef-lieu en chef-lieu et de bourgade en bourgade. Elle parle devant les enfants des écoles. Elle s'appelle Dorvyl, bon pseudonyme pour une figurante ou une petite chanteuse. Elle fait joujou avec Saint Louis, Montaigne, Corneille, Péguy et le maréchal. Ces jeux de cime et de siècle à siècle ont toujours eu bonne place dans les discours officiels. Et on les propose comme sujets de dissertation aux candidats au bachot. Mais, en France, les clichés, qui sont les engins de ces jeux, ne sont pas le résidu de vérités moyennes, les aboutissements d'une tradition, ce sont des mots en liberté. Car la France, si elle est nourrie d'histoire, n'en est nourrie que dans son inconscient. La France n'a point de passion pour ses héros historiques. Ils ne sont que souvenirs scolaires et gloires de musée. C'est le XIXe siècle qui découvre Jeanne d'Arc. On sait à quelle sorte de divertissement Voltaire, sans faire scandale, l'utilisa. Puis elle est devenue prétexte à défilés, patronne des partis de droite. Si Hitler a la France, il en fera sa sainte. On croirait que les Français n'aiment l'histoire que quand elle n'est point histoire, quand elle est actualité ou politique. Vercingétorix ne les émeut pas. Et guère davantage les hommes de 89. Ils se passionnent pour ou contre la Révolution, mais ils ignorent Robespierre ou Danton. L'histoire n'est pour eux qu'un souvenir d'albums d'enfance, de contes de fées, de quelques images : Clovis et le vase de Soissons, Saint Louis sous son chêne, Louis XIV à Versailles. Les héros nationaux ne hantent point l'âme du peuple. Et ils ne sont de mode, une saison ou deux, que si les littérateurs ou les petits historiens s'en mêlent.

Les élèves du lycée, me dit Claude, ne se réunissent que selon leurs idées, selon qu'ils sont ou non « collaborationnistes ». Les collaborationnistes cherchent la bagarre. Ils n'ont rien à craindre. Ils sont en relation avec le cercle de propagande. Les fils d'instituteurs doivent être prudents. S'ils parlaient trop fort, on révoquerait leurs pères.

Quand nous avions seize ans, nous discutions des poètes. Que sera la génération de ceux qui discutent de la France, de l'Allemagne, de l'Angleterre et de la liberté ?

Les élèves réfugiés de Besançon ou les Alsaciens résistent durement à toute idée de collaboration. Parmi les élèves dont les familles habitent Bourg, la plupart sont inertes. Pour eux, l'Allemand est loin et il y a encore du beurre dans les fermes.

1er juin 1941

Une fois de plus, les portraits de Pétain et de Darlan sont, dans tous les journaux, de même dimension et symétriquement mis en page. La France a perdu jusqu'à la liberté typographique.

V... L..., vers 1912, me disait : « Je ne suis patriote qu'à l'étranger. Je veux dire que je suis patriote étranger, patriote anglais en Angleterre, patriote hollandais en Hollande... » Il entendait : « La pudeur interdit la confession de certains sentiments. On ne dit pas si l'on aime ou si l'on n'aime pas sa mère. Mais, par l'effet des contrastes et de la surprise, un pays étranger me touche, m'émeut " poétiquement ". »

Claude avait pour sujet de devoir le génie français et la raison. La raison expérimentale du XIXe siècle. La raison métaphysicienne, acrobatique dans les cintres, des physiciens d'aujourd'hui. Mais les philosophes mondains ou littéraires s'obstinent à présenter la raison comme une vieille dame, qui fait des confitures de logique.

5 juin

La solitude tout d'abord met l'homme face à lui-même. Puis il s'enfonce en lui et croit y faire des découvertes. Il en fait peut-être. Mais peu à peu la solitude le mure. Il vit dans une sorte de cachot, il s'abandonne à un papillotement de souvenirs. Il se désagrège. Ses émotions sont amorties, ses points de repère sont ceux de la bête, du prisonnier, qui épie les pas de son gardien et l'heure des repas.

Tous mes sentiments, tendresse, amitié, je les vis seul. Quelques lettres ne suffisent pas à créer l'échange, le juste contact. Tous mes sentiments me font mal. Il m'arrive de les repousser. Ce ne sont plus des sentiments, ce sont des obsessions.

J'admire le naturel des personnages du rêve. Je sais bien que le rêveur a une médiocre capacité d'étonnement, mais je juge mes personnages après le réveil, avec ma raison d'homme éveillé. Les acteurs du rêve montrent une constante perfection dans leur mimique. Quant aux traits des visages de rêve, ils sont parfaitement assemblés. Ils donnent l'absolu et l'inexprimable de l'expression. Les visages du rêve ont presque toujours cet aspect d'évidence que prennent exceptionnellement les visages réels, quand une merveilleuse circonstance d'émotion, de lieu et de lumière les transfigure. Quelle que soit l'absurdité de l'intrigue, les acteurs du rêve jouent juste, sans emphase ni trivialité.

Je prends *Jack* [1], d'Alphonse Daudet, dans la bibliothèque. Je parcours des yeux. Les romanciers de cette génération écrivaient mal, d'autres ensuite ont écrit trop bien. C'est d'un bourgeoisisme à peine imaginable, sans dissimulation aucune, d'une pleine inconscience : *« Il était honnête sans nuances, sans délicatesse, comme on l'est dans le peuple où la distinction des sentiments, les scrupules de conscience ne se rencontrent qu'exceptionnellement, ainsi qu'une fleur rare parmi des plantes rustiques... »*

Laurent a quitté sa ferme tout un jour, pour aller à la foire de Bourg. Il ne songeait ni à vendre ni à acheter une bête. C'était un voyage d'études : il voulait connaître les cours, se documenter, examiner l'état et la qualité des bêtes.

1. Ce roman en deux volumes publiés en 1876 chez Dentu est dédié à Flaubert; il relate les aventures douloureuses d'un adolescent.

Il a déjeuné au restaurant avec des amis. « On était connu du patron, bien entendu. On a eu des quenelles avec de la sauce tomate, du lapin tant qu'on voulait et de la dinde. On aurait bien insisté, je crois qu'on aurait eu encore une portion de veau. On a payé vingt-cinq francs. »

Mais je ne donne là que le schéma de son récit, je fais entrer à force ses paroles dans un cadre qui est le mien, dans une convention de dialogue clair. Mais Laurent n'a rien séparé, rien isolé, rien supprimé : « On a dit à la bonne : " Est-ce qu'on peut dîner?... – Mais oui, mais oui, Messieurs... " Je n'avais pas de tickets de viande, mais celui qui était avec moi en a donné pour moi... »

Souvent les paysans ne composent pas leur récit. On dirait qu'ils coupent un morceau du temps et vous le servent brut.

Salle de ferme. Deux verres de marc sur la table. Je suis seul avec le garde champêtre d'une commune voisine.

– Bien sûr, me dit-il, je ne le dirais pas au café, on irait en prison. Mais nous sommes seuls... Peut-être vous en savez plus que moi... Je crois que depuis des années la débâcle se préparait... Il y avait entente entre les gros des deux pays. Ils voulaient la débâcle, pour prendre le pouvoir. Et ils en font plus à Vichy que l'Allemagne n'en demande... je veux dire pour la zone libre... Croyez-vous qu'ils pourront nous entraîner dans une guerre contre l'Angleterre?...

Je fais un effort d'optimisme :

– On ne peut imaginer, lui dis-je, gouvernement plus artificiel que celui de Vichy...

Mais il secoue la tête :

– Non... la France est « défaillante ». Voyez ma commune de six cents habitants... L'instituteur (il est là depuis dix ans... c'était un bon socialiste) eh bien... il va plus vite que les violons... il a peur d'être révoqué. Un jour c'est deux qu'il entraîne, le lendemain c'est trois. Le gouvernement nous travaille...

Et ce mot :

– Je ne sais pas quel jour on sera *exactement* Français...

Il parle avec calme, j'allais dire : avec sérénité. Les Français ont adopté le point de vue de Sirius.

Ils ne disent même plus : la guerre. Ils disent : les événements. Les événements : la fatalité, on ne sait quoi qui se passe sous un autre ciel que le leur.

Ceux qui continuent à vivre dans leur maison du temps de paix, qui continuent leur métier du temps de paix, si noble que puisse être leur inquiétude, il n'est pas possible que par l'effet même de la durée, de la succession des jours, de l'accoutumance, ils ne finissent par penser la guerre comme un problème abstrait. On s'accoutume plus vite à avoir mal à l'Europe ou à l'univers qu'à avoir mal dans sa peau. Ils finissent par penser à la guerre comme on pense au destin de la poésie ou à l'évolution de la science.

9 juin

En 1918, j'ai fait pleurer une jeune fille, en lui montrant l'absurde inutilité des hécatombes. Elle pleurait parce que j'avais ébranlé en elle une confortable orthodoxie, elle pleurait parce que je lui arrachais la pensée consolante que ses morts étaient douillettement, pour l'éternité, installés dans l'héroïsme, parce que je lui imposais la pensée que des millions d'hommes étaient entrés dans le néant pour du néant.

Quelle illusion, quelle passion serait aujourd'hui assez forte pour faire pleurer une jeune fille, si on l'y bousculait, si on l'en expulsait? L'époque est molle. Mais, avant l'orage, le temps aussi est mou.

Le journal : « Les Anglais et les gaullistes ont attaqué la Syrie. » [1]

Le bourg s'éveillerait-il? Andrée François, qui en revient, me dit :

– Les gens sont par petits groupes et ça bavarde...

10 juin

Une lettre de Delort [2]. Il espère qu'il pourra venir me voir. « Que de pensées à déblayer... » m'écrit-il. Mais aurai-je encore des pensées? La solitude, qui d'abord nourrit les pensées, finit par les manger.

Les événements de Syrie feront-ils éclater au-dehors cette guerre civile qui n'est que dans les cœurs, dans ces cœurs qui semblent battre mou? Pour un partisan de Vichy, pour un Français hitlérisé (qu'il se sache ou non hitlérien), la balle qui vise un soldat de de Gaulle, c'est une balle de justice. Son cœur accompagne la trajectoire de cette balle. Et un partisan de de Gaulle, son cœur est avec la balle du soldat gaulliste. Et ceux qui pleurent sur la guerre civile n'y changeront rien.

J'ai rencontré au bourg l'instituteur. Il a peur, peur de tout. Il voudrait que je parle et non pas lui. Il a l'air d'un enfant qu'on vient de battre.

1. Le 8 juin, des troupes anglaises auxquelles s'étaient jointes les Forces Françaises Libres pénètrent en Syrie dès lors que Vichy a accordé, un mois plus tôt, des facilités de transit à la *Luftwaffe* lors d'un soulèvement antibritannique en Irak. Les combats opposent surtout soldats gaullistes et troupes demeurées fidèles à Vichy.

2. Gastro-entérologue parisien, ami de Léon Werth.

11 juin

Message de Darlan. Si vous n'êtes pas gentils avec les Allemands, ils ne le seront pas avec vous... Communisme et gaullisme, c'est tout un.

Quand as-tu été patriote? Quand tu as reconnu, quand tu as aimé une façon de vivre en société. Stendhal est patriote, quand il dit le plaisir qu'il a d'endosser son habit pour aller passer la soirée avec des gens d'esprit.

12 juin

Du *Pester Lloyd* : « ... Le discours de l'amiral Darlan prouve une fois de plus que celui-ci reconnaît que l'intégration rapide et complète de la France dans la nouvelle Europe est le seul moyen de préserver l'unité française et de sauver la nation elle-même. » « Intégration rapide et complète » a je ne sais quoi de vif et guilleret. On pense à l'Alsace, à la Tchécoslovaquie.

13 juin

Le journal. « Depuis plusieurs jours les murs de Lons-le-Saunier étaient recouverts d'inscriptions outrageantes envers le chef de l'État. L'auteur de ces inscriptions vient d'être pris sur le fait. Il s'agit de Maurice Sauvageot, âgé de soixante-six ans, greffier à la Cour d'appel de Besançon. »

Ce vieillard de basoche écrivant la nuit sur les murs.

14 juin

Le statut des Juifs [1]. La déclaration de judaïsme est obligatoire comme celle d'une maladie contagieuse. Les Juifs ne pourront plus être croupiers. Le métier de croupier retrouvera sa grandeur et la tradition de Jeanne d'Arc.

Le plus ignoble, ce sont les exceptions prévues. Les Juifs autorisés à exercer leur métier devront-ils choisir de mourir de faim ou accepter la faveur que leur consentent les Vallat, les Darlan et les Pétain de Vichy?

1. Le 2 juin, paraît le deuxième « Statut des Juifs », modifiant celui du 3 octobre 1940; il précise la définition du Juif et multiplie le nombre des professions interdites aux Juifs français. Le même jour, une loi prescrit le recensement des Juifs en zone Sud. Elle fait obligation aux Juifs de remettre à la préfecture ou à la sous-préfecture « une déclaration indiquant qu'ils sont juifs au regard de la loi et mentionnant leur état civil, leur situation de famille, leur profession et l'état de leurs biens ». En zone Nord, un recensement des Juifs a déjà été fait en vertu d'une ordonnance allemande du 27 septembre 1940.

À Bourg, un élève interne de Première décide de rentrer au lycée, une après-midi de dimanche, pour « potasser » son bachot. Mais les heures d'entrée et de sortie sont déterminées. La concierge refuse à l'élève l'entrée du lycée. L'élève s'adresse au proviseur, qui le renvoie au censeur, qui refuse l'autorisation, pour la raison que le tableau de service ne prévoit, à cette heure d'après-midi dominicale, la présence d'aucun surveillant. L'élève sort du lycée, en fait le tour, saute le mur et s'installe flegmatiquement dans une étude vide.

Le jeune Clerc, dont le camion ne roule plus, traîne lui-même un char chargé de tonneaux. Il croit à l'effondrement de l'Allemagne et de Vichy. « Mais nous n'avons pas de chefs, me dit-il. Il faudrait des hommes, comme les vieux républicains. » Voilà qui eût fait éclater de rire un jeune fasciste.

Clerc se réattelle à son char, se penche vers moi et me dit à voix basse : « On retrouvera la liberté ».

16 juin

L'Éducation sentimentale et *Le Rouge et le Noir* sont en fait des romans historiques. Mais fera-t-on jamais des romans avec l'histoire de notre temps? Les caractères se décomposent et les traits se désassemblent.

J'ai compris la répression et l'âme d'un général en chef. Choum le Siamois a tué et mangé un poussin dans une ferme. Dans une autre, il a attrapé un lapin presque aussi gros que lui, un joli lapin blanc, l'a étouffé et l'a ramené, en le tirant avec sa gueule, jusque chez nous. Ce fut du beau travail.

« Il faut l'enfermer ou le détruire... » me dit Andrée François. Elle n'a pas osé dire : le tuer.

L'enfermer, cela ne rime à rien. La première fois qu'on ouvrira distraitement la porte, il filera. J'ai dit : « On verra... » Je n'ai pas dit : « On ne le tuera pas... » Il est vrai pourtant qu'on ne peut pas se brouiller avec tout le pays à cause de Choum. J'ai déjà fait deux visites d'excuses et de condoléances. Je suis pris dans la discipline. J'ai un haut grade. Si jamais on exécutait Choum, ce serait pour le bien de tous et je n'assisterais pas à l'exécution.

Andrée François a trouvé une solution, une solution opportuniste. Le Siamois d'un cafetier de Bourg a disparu. Peut-être prendrait-il Choum.

17 juin

Radio à la ferme. Déat [1] nous invite à ne pas suivre « les invertis du patriotisme, les mutilés du sens national ». Par quels chemins ce professeur en est-il venu à son délire d'ambition ? Sa tête n'a-t-elle pas résisté au bachotage ? À force d'avoir disserté sur des thèmes contraires, amplifié au commandement des thèses opposées, a-t-il fini par croire que les idées sont réversibles ? A-t-il une tête, où tournent les engrenages d'un bachotage éternel ? Ses « invertis du patriotisme » sont les Français qui espèrent en la victoire anglaise. Ainsi les deux tiers des Français sont des invertis. Déat me fait penser à ce pédéraste, qui, s'il voulait injurier un homme normal, le traitait de « sale tante... »

« Ils nous conseillent, me dit un fermier, d'engraisser des porcs. Rien n'est plus facile, disent-ils, que d'engraisser des porcs. Ils nous conseilleraient d'engraisser le plus de porcs qu'on peut... je ne dis pas que ça servirait à grand-chose. Mais enfin ce serait un bon conseil. Mais quand ils nous disent qu'aujourd'hui on les engraisse facilement, ça me révolte... » Il dit : « ça me révolte » avec une fureur concentrée.

On mange à la ferme des beignets aux fleurs d'acacias. Dans leurs têtes, il y a les foins, le bétail. Parfois, la guerre est aussi loin d'eux que la chimie physique, que l'idée d'atome ou d'électron.

Plus près quand même. Elle compte dans la mesure où elle règle le prix du beurre, l'écrémage du lait, l'obligation de vendre aux coquetiers.

20 juin

Hier, message de Darlan aux dissidents. Aujourd'hui, le gros du journal n'est que propagande pour « l'ordre nouveau ». On promène à Limoges et à Saint-Léonard le maréchal-icône. L'évêque de Limoges reçoit le maréchal. La fabrique de mots historiques ne chôme pas. « Vous avez trois prisonniers, madame, fait-on dire au maréchal. J'en ai un million et demi car, vous le savez, tous les prisonniers sont mes enfants. »

Le professeur de Première, André Mandouze, le professeur de philosophie, dix professeurs, hommes et femmes, du lycée Lalande et du lycée de jeunes filles, un dominicain, le père Chéry, quelques élèves du lycée ont manifesté hier à Bourg, contre la projection

1. Marcet Déat est en effet un ancien normalien et professeur de philosophie ; il milite à la S.F.I.O. avant de la quitter en décembre 1933 ; il est pour l'heure l'un des chefs du R.N.P. (cf. supra p. 168).

du film anti-sémite allemand : *Le Juif Süss* [1]. Le père Chéry s'était demandé s'il devait ou non, par décence, dissimuler sa robe. Il a finalement décidé de la recouvrir du manteau de pluie de Mandouze.

Les professeurs, les élèves, le père Chéry crièrent : « À bas Hitler... » Mandouze et le professeur de philosophie furent traités, par quelques opposants, de « Sales Juifs » et de « Vendus aux Juifs ».

Quelques spectateurs d'âme bourgeoise protestèrent : ils avaient payé leur place, ils étaient venus pour voir le spectacle.

Le cri de « À bas Hitler » déconcerta les partisans du maréchal, qui n'osaient quand même pas répondre par un « Vive Hitler ».

Un petit vieux, qui restait sagement assis à sa place, murmurait : « *Heil Hitler* », doucement, gentiment, sans colère.

Les gendarmes conduisirent au poste André Mandouze et le professeur de philosophie. Mandouze ne fut qu'encadré, mais ils passèrent les menottes au professeur de philosophie.

Une quarantaine de jeunes gens les suivaient dans la rue et obtinrent que les menottes fussent enlevées.

Après vérification d'identité, les deux professeurs furent relâchés.

Je donne ce récit d'après Claude, qui faisait pour la première fois, hier soir, acte de citoyen.

21 juin

J'ai refait de la bicyclette. J'avais oublié. Claude se moque de moi. Je fais de la bicyclette à coups de dictionnaire, je ne lis pas à livre ouvert. Tout à coup, comme par un déclic, une vieille mémoire ressuscite. Je glisse.

Au moulin. Je suis dans un salon, en pleine civilisation paysanne. Ainsi dans le Gâtinais.... Non pas chez le paysan de calendrier, dont quelques littérateurs ont fait un rassurant fétiche pour classes dirigeantes. Non pas chez un de ces paysans dont la tête n'est que comptabilité fourrages et comptabilité cheptel. J'éprouve ici une béatitude de civilisation. Je l'ai connue chez des paysans d'Extrême-Orient.

Nous parlons, Michel, sa femme et moi, d'un vieux fermier qui, s'étant mis à boire, avait mal fait ses affaires, d'une jeune fille, qui s'est laissé engrosser. Belles brèches ouvertes à la malveillance comme à la trivialité. Mais une civilisation vaut selon que l'homme juge l'homme. Tout est dit par eux noblement, sans trait méchant, en toute sagesse.

1. Xavier Vallat a décidé d'accorder son patronage à la projection en zone Sud du film, doublé en français, *Le Juif Süss*, de Veit Harlan. En mai, des étudiants ont manifesté contre sa projection au cinéma Scala, en plein centre de Lyon ; à Bourg, c'est effectivement André Mandouze qui organise la manifestation avec C. Devivaize, professeur de philosophie.

Michel n'use guère de ces circonlocutions, précautions et réticences, si fréquentes chez les hommes de la terre. Il dit pourtant : « Moi qui ne suis qu'un simple paysan, moi qui ne suis pas un lettré. » Nous comparons l'homme des champs et l'homme des villes, qui a plus de mots à son service. Nous parlons de la guerre et de la liberté. Liberté ne s'applique point ici à l'écrémage du lait et aux déclarations de cheptel.

Michel est convaincu que le haut commandement, en juin dernier, a trahi, qu'il a, affolé par la peur d'une révolution, ordonné la débâcle en collaboration avec le haut commandement allemand. Il pense que, depuis longtemps déjà, le haut commandement préparait un coup contre le régime. « Et comme il est curieux, me dit-il, qu'en pleine débâcle le bruit se soit répandu jusque dans les plus petits hameaux de France que " c'était la faute aux instituteurs ". »

Qui n'a entendu en effet cette « explication » infâme ? Les instituteurs responsables de la débâcle et par leur enseignement et parce que, presque tous officiers de réserve, ils avaient abandonné leur unité ou conseillé la fuite à leurs hommes. Il est difficile de déterminer l'origine des bruits, qui circulent dans l'air d'une débâcle. Naissent-ils de la fureur politique ? Naissent-ils par génération spontanée ? Et je me souviens de Barrès, qui traitait l'instituteur de « Maître Aliboron ».

XIII

TOILE DE FOND : RUSSIE, SYRIE

23 juin 1941

L'ALLEMAGNE déclare la guerre à la Russie. Première image : on voit déferler des Cosaques et des Tartares. On voit l'Allemagne engloutie dans les steppes.

Hitler lance un appel au peuple allemand. « Dans le passé, l'Angleterre a ruiné l'Espagne par de nombreuses guerres. En 1815, elle fait la guerre à la Hollande. » Le ton est d'un manuel de révision pour le bachot. On s'étonne que Hitler ne remonte pas jusqu'à Jeanne d'Arc. Tous les politiciens du monde excellent à ces vues planantes de manuel. Hitler, en terminant, invoque le Très-Haut dans le ciel.

Hitler accomplit-il un acte de désespoir? Se jette-t-il contre la Russie comme il se jetterait à l'eau ou croit-il qu'il vaincra? Le monde sera-t-il délivré d'Hitler ou ce dément rusé, aux propos d'asile et de petit café, dominera-t-il le monde?

Le journal, c'est-à-dire Vichy, déclare que cette guerre « est moins une offensive contre la Russie qu'une réaction de l'esprit européen contre le bolchevisme ». Ce n'est plus le soldat polonais qui veille aux portes de la civilisation, c'est le soldat allemand.

Un appel de la radio allemande aux soldats russes les invite à fraterniser avec les soldats allemands. « L'armée allemande est essentiellement révolutionnaire : elle cherche à établir la justice sociale dans le monde entier. » Hitler, comme ses partisans français, prétend annexer jusqu'aux mots. Les transferts de sens sont complémentaires des transferts de populations.

24 juin

Un des visages de la France sous le consulat du maréchal : le préfet du Jura communique qu'il ne tiendra pas compte des lettres anonymes. Le préfet du Jura lui-même trouve que ses administrés exagèrent.

Laurent reste fidèle au maréchal : « Ce qu'ils font ne lui fait pas plaisir... Mais que voulez-vous qu'il fasse à quatre-vingt-quatre ans ?... Ils le mènent comme je mène mes bœufs avec mon aiguillon... »

Le « flic » parisien en vacances aide à biner, à faner. Non pas en amateur. Il s'entend à la culture, les paysans estiment son travail et son ardeur au travail. Si donc il a choisi la vie des villes, ce n'est pas parce que la terre le rejetait. « Le 6 février, dit-il, c'est un coup de politique... La débâcle, c'est un coup de politique... Tout ça... c'est des coups de politique... Quand Eden était à Paris, les ouvriers, le lendemain, occupaient les usines Renault... Les cagoulards... les communistes... Je suis à même par mon service de connaître bien des choses... La Rocque a proposé aux Allemands de faire revenir le duc de Guise... Les Allemands l'ont jeté dehors... Daladier n'est pas un homme de droite, mais Herriot, c'est l'homme des curés... »

Je lui demande : « Les agents de Paris se battraient-ils contre les Anglais ?... » Il me répond net : « Non ».

25 juin

« Aux enterrements, me dit Laurent, tantôt j'entre à l'église, tantôt je vais au café avec des amis, pendant la messe. Ça dépend de bien des choses. C'est selon qui je rencontre. Avec celui-là, je vais au café, avec cet autre, non. Mais ça dépend surtout du mort. Si, de son vivant, il allait à la messe, j'entre à l'église. S'il n'allait pas à la messe, je vais au café. »

Après ?... Après, ce sera la fin du monde... Mais non, le monde peut vivre sans justice. Le monde peut vivre dans la bestialité. Et la bestialité sait fort bien se camoufler en ordre et justice. Il faut rejeter l'idée paresseuse et peut-être consolante de la fin du monde.

Le camionneur et son fils, venus de Besançon, ont dit au café que les Allemands se conduisaient très bien, qu'on n'était pas malheureux en zone occupée. Mais le fils avoua qu'il avait reçu des coups de pied au cul. Il disait : « Bien sûr, il faut obéir, il faut obéir. » Le père François l'interrompit : « Et la liberté ?... Une gifle, un coup de pied au cul... Ils m'auraient tué, j'aurais frappé jusqu'à ce qu'ils me tuent. »

27 juin

Un prisonnier libéré a dit que les Allemands, avant de relâcher les prisonniers, leur font une injection, dont la plupart meurent quelques jours plus tard.

Un médecin, qui fut prisonnier, pendant la guerre de 1914,

m'affirma qu'il n'échappa que de justesse à l'effet d'une injection, dont il aurait dû mourir. Ce médecin est aujourd'hui partisan de Vichy et de la collaboration.

En décembre de l'an dernier, un journaliste affirmait à Lyon avoir entendu quelques propos non officiels que le maréchal adressait à des ouvriers de Saint-Étienne.

Mais qu'est-ce qu'un journaliste entend par entendre?

30 juin

Vichy orchestre la Syrie. « C'est l'esprit de Verdun qui anime les défenseurs de la Syrie... » dit le général Huntziger.

Laurent est métayer. Il a débuté sans autre fortune que deux vaches achetées à crédit. Il a travaillé dur; il sait soigner les bêtes et c'est un adroit maquignon. Il a fait une petite fortune.

Je l'ai connu timide. Je vois monter en lui je ne sais quel orgueil. L'argent peut crouler. Il a ses vaches, ses bœufs à l'écurie et du porc au saloir. Il plane au-dessus de la guerre. Mais je n'ai pas l'intention d'écrire un roman paysan.

Toile de fond : Syrie, Russie. Premier plan : ventre et tabac.

Dans les villes, dans les bourgs, dans les villages, chacun dit : « Les journaux mentent. » Mais personne ne s'en indigne ou ne s'en fâche. On ne leur en garde pas rancune. Comme s'il était dans la nature du journal de mentir, comme si le mensonge était l'essence même du journal. Nous sommes loin d'une civilisation, où le seul crime puni de mort serait le mensonge.

3 juillet 1941

Pendant la guerre de 1914, le plus humble pouvait garder l'illusion qu'il agissait, de façon infinitésimale, sur les événements. Les pensées n'étaient ni tout à fait souterraines, ni tout à fait muettes. La presse d'alors, machine à bourrer les crânes, était peut-être moins pernicieuse que la presse actuelle, machine à vider les crânes. Il était possible – et c'était un soulagement – de dénoncer la stupidité d'une guerre, qui tuait de l'homme en série, plus destructive qu'on n'en avait jamais vu, mais dont les fins étaient limitées, enfermées encore dans de vieux cadres de diplomatie traditionnelle. Sans doute, on baissait la voix dans les cafés; sans doute, le mouchard guettait. Mais la censure avait d'étranges délicatesses. Elle n'avait pas annulé d'un coup la coutume, les mœurs de la liberté. Toute pensée qui n'était pas de trahison vénale s'exprimait à peu près impunément. Les lecteurs de Romain Rolland n'étaient pas inquiétés. On ne leur demandait guère qu'un peu de discrétion.

Mais qui peut prétendre aujourd'hui à cette action infinitésimale sur les événements? La dictature de Vichy est de beaucoup la dictature de la guerre. Elle ne se présente pas comme une nécessité temporaire, mais, reflet d'hitlérisme, elle s'installe, elle prend ses aises, elle prétend organiser la paix et même organiser nos âmes. Les gens du maréchal aussi veulent être des ingénieurs d'âmes.

Je suis entré à l'auberge de village, où naguère nous allions parfois déjeuner. « On ne sert plus de repas, m'a dit la patronne. Mon mari travaille à la ferme de ses parents, il aide à rentrer les foins. Moi, je soigne les bêtes... »

Elle me parle de la débâcle : « En juin de l'an dernier, les Allemands ont passé ici... Les jeunes filles leur souriaient. (Je me souviens d'une jeune fille à Chalon, qui marchait légère et souriante, au milieu d'un groupe de soldats allemands.) Quelques heures avant, des soldats français avaient passé, les pieds sanglants, sans un sou dans leur poche pour acheter du pain... À peine si on s'occupa d'eux... Ils avaient été abandonnés par leurs officiers, qui étaient partis en auto. Ils voulaient gagner Lyon. Ils croyaient encore qu'on allait se battre, qu'on allait les reformer... »

« Et maintenant?... » – « Les gens d'ici sont nonchalants. Ils ne savent rien que par le journal. Ils n'ont pas la radio. Les fermes sont isolées. Il n'y a pas d'ouvriers groupés... » Ouvriers groupés, ce sont exactement ses mots.

Elle dit d'une voix plus basse : « Et quand même, on manque de... » Elle hésite. On dirait qu'elle hésite devant un mystère. Elle eût ainsi baissé la voix et hésité avant de me confier qu'un fantôme, la nuit, hantait l'étable ou la grange. Un silence de quelques secondes pèse dans l'ombre de cette salle d'auberge. Et soudain : « Quand même... on manque de liberté... »

Elle parle sans pause, d'une seule venue. On dirait une chronique populaire, une cantilène.

Chez un commerçant du bourg :

– Que dit la radio?...

– On ne prend plus la radio... Ça nous ennuie...

Cent mille cadavres allemands ne sont pour moi qu'une nécessité historique. Un seul cadavre russe, c'est le cadavre d'un pauvre moujik.

8 juillet

Moune (dix-sept ans) et Poulette (quatorze ans) [1] arrivent de Paris. Elles ont passé en fraude (Buxy, Ouroux), ont fait trente

1. Surnoms respectifs des deux filles de Lucien Febvre, Lucile et Paulette.

kilomètres à pied. Adolescence et robes légères, elles sortent du train, comme deux oiseaux des Îles s'envolent d'une cage noire.

À les entendre, on comprend que Paris n'est point en sommeil autant que la zone non occupée. Deux jeunes filles parlent et je vois dans les steppes des milliers de cadavres allemands, de beaux cadavres historiques, de beaux cadavres de tableaux d'histoire. Le monde est délivré. Deux jeunes filles venues de Paris viennent témoigner de sa délivrance.

9 juillet

Je vais à Lons. Il me semble, sur le quai de la gare, que le monde a fait une rechute. Un gendarme demande à la marchande de journaux si elle a un *Paris-Soir*. « C'est pour le feuilleton », dit-il. Et il voudrait savoir si *Gringoire* a paru. L'univers allégé qu'apportaient, hier soir, Moune et Poulette, a disparu.

Je vais à Lons pour y déclarer qu'aux termes de la loi du 2 juin 1941, je suis juif. Je me sens humilié, c'est la première fois que la société m'humilie. Je me sens humilié non pas d'être juif, mais d'être présumé, étant juif, d'une qualité inférieure. C'est absurde, c'est peut-être un défaut d'orgueil, mais c'est ainsi.

Ainsi le maréchal et M. Xavier Vallat [1] me contraignent à me réclamer d'une patrie juive, à laquelle je ne me sentais pas lié. Une patrie, une seule, c'est parfois déjà encombrant. On n'y pense pas, on n'en fait guère cas. Mais si un étranger prétend m'humilier à travers cette patrie, je suis blessé et je ne sais plus si c'est cette patrie ou moi-même que je dois défendre. Mais la plus simple dignité m'oblige à m'identifier avec elle.

Peu après la guerre de 14, j'avais pris le train à Budapest pour Paris. Mon wagon de troisième était complet. Un Hongrois se mit à exalter l'Allemagne, qui bientôt, disait-il, prendrait sa revanche. Je croyais encore en ce temps-là qu'on pouvait sauver le monde en démontrant la stupidité de la guerre. Je n'avais pour l'Allemagne ni haine ni mépris. Je croyais que les peuples voulaient la paix et que les marchands de canons voulaient la guerre et que les peuples pouvaient vaincre les marchands de canons. Cependant tous les voyageurs du compartiment regardaient narquoisement ce Français qu'on prétendait humilier. Il me parut que c'eût été lâcheté que d'invoquer mon pacifisme, mon internationalisme. Peut-être me trompais-je, peut-être eût-ce été plus sage. Mais c'était trop facile, c'était fuir. Je préparai laborieusement ma réponse. Je mobilisai mon vocabulaire allemand, que je dois tout entier à M. Gélis,

1. Ancien combattant, député de l'Ardèche, militant catholique de la droite extrême, nationaliste germanophobe et antisémite convaincu, partisan d'une exclusion sociale des Juifs, Xavier Vallat a été nommé à la tête du Commissariat général aux questions juives créé le 29 mars 1941.

qui fut en septième mon professeur de langues et je répondis ou à peu près : « J'ai quelques amis allemands, mais aucun parmi eux ne serait assez goujat pour parler ainsi à un Français qu'il ne connaît pas. » Mon Hongrois agressif se tut. Le wagon fut pour moi. J'avais gagné.

Ainsi ils prétendent m'imposer une autre patrie, un autre groupe. Quelle lâcheté serait de délibérer sur le point de savoir si je me sens ou je ne me sens pas juif! Si vous insultez en moi le nom de juif, je suis juif, éperdument juif, juif jusqu'à la racine des cheveux, juif jusqu'aux tripes. Après on verra.

Je décidai donc de remettre au préfet du Jura la déclaration à laquelle me contraignait la loi du 2 juin. Je descendis le chemin qui mène au bourg et où broutaient des chèvres, dressées tout droit sur leurs pattes de derrière, comme les chèvres de fables. Je pris le train de Lons-le-Saunier. Comme d'autres vont déclarer leur cheptel et le poids de leurs cochons, j'allai à la préfecture déclarer que j'étais juif.

Je me souviens d'une audience de Correctionnelle, où l'on jugeait des affaires d'adultère. Le président demanda à un jeune homme qui s'avançait dans le prétoire : « Qui êtes-vous?... » – « Je suis venu, lui répondit le jeune homme, pour dire que j'ai couché avec Mme Gorenflot... »

Je fis ma déclaration à la préfecture. Je lançai le mot : Juif, comme si j'allais chanter *La Marseillaise.*

J'erre à l'heure du déjeuner, sous le soleil, dans la ville sans passants. On dirait une ville oubliée dans une anse du temps, où le temps a cessé de couler.

Le journal nous apprend que « le maréchal Pétain a établi les principes de la future constitution de la France ». La France se soucie peu d'un projet de constitution, dont elle sait qu'il ne lui sera appliqué que si elle est anéantie.

Le XVIIe siècle... On vous permet tous les topos que vous voudrez sur le classicisme. Mais si Racine de l'au-delà arrivait parmi nous, s'asseyait à notre table, que de difficultés dans la conversation! Il faudrait tout expliquer, tout traduire. Au lieu que les hommes du XVIIIe siècle en quelques instants seraient au point, seraient de plain-pied.

11 juillet

À peine le général Dentz a-t-il demandé en Syrie une suspension d'armes [1] que Vichy multiplie les anecdotes du type guerre de 14 sur les « héros de l'Empire ». C'est le bourrage de crânes par mots

1. Sur les opérations en Syrie, cf. supra p. 215 et infra pp. 228, 250.

historiques. Le général visite les blessés à l'hôpital. L'agonisant cesse de râler et, dans un style romain, condense sa haine des gaullistes et l'intime satisfaction qu'il éprouve à mourir pour l'Empire. Propagande aveugle, qui se trompe d'époque.

Le *Voelkischer Beobachter* [1] dénonce une fois de plus la collusion de la ploutocratie et du bolchevisme. Hitler ne veut ni bolchevisme ni ploutocratie. Ainsi le petit-bourgeois d'hier ne voulait ni réaction ni révolution. On retrouve ici la logique formelle du petit-bourgeois stupide, réchauffé par Hitler jusqu'à l'ébullition. L'hitlérisme est une fureur du juste milieu, une transposition démente des passions du boutiquier.

13 juillet

Il y a un an, jour pour jour, nous arrivions ici, après trente-quatre jours d'exode. Ayant vécu sur les routes, nous savions seulement que la France était vaincue. Mais, quelle que pût être la mutilation imposée par l'Allemagne, nous n'imaginions pas que la France, une partie de la France au moins, travaillerait elle-même à se mutiler, prendrait contre elle-même le parti du vainqueur.

Je trouve dans un placard une brochure du S.O.I. (Secours ouvrier international) et un livre de Paul Valéry : *Regards sur le monde actuel*. La brochure et le livre sont à peu près de la même date : 1930 et 1931. Parmi les membres du premier comité du S.O.I., Anatole France, Einstein et Bernard Shaw.

Dans cet essai politique où il traite de l'Europe et du monde décomposés par la guerre de 1914, Valéry ne fait aucune allusion à ces passions de justice, qui entraînèrent tant d'écrivains et de savants. Illusoires, si l'on veut. Mais est-il permis de tenter un portrait de l'époque, en les négligeant, en les effaçant? Valéry rejette, pour composer son tableau, tous les traits, toutes les indications qui ne sont point de l'ordre d'un discours académique. Non point par lâcheté, mais par une habitude de l'esprit, qui est de n'utiliser que des concepts cristallisés, arrivés à leur état de perfection. Ainsi eût opéré Pascal, s'il eût composé un traité théologique, sans faire allusion aux Jésuites et aux Jansénistes. Ainsi la peur du trivial et l'amour du pur cristal conduisent à d'étranges aberrations et condamnent au plus vague formalisme un esprit qui ne cherche que finesse et précision.

17 juillet

Il y a un an, ce journal se justifiait peut-être par l'état incohérent et sporadique des informations. Les nouvelles arrivaient à moi,

1. Journal du parti nazi.

comme elles fussent arrivées dans la brousse ou la forêt vierge. L'Angleterre, disaient les Allemands, en avait pour quinze jours. Les gens de Vichy semblaient encore des préposés intérimaires pour la durée d'un armistice bref. Ils se préparaient à escamoter la France. Mais ils ne présentaient point encore sur la scène un numéro complet de prestidigitateurs. Il y avait peut-être quelque intérêt à montrer les pressentiments d'un homme isolé dans une époque sans dessin, où l'on ne saisissait encore que deux gros faits bruts : la débâcle et l'occupation allemande.

Il y aura bientôt un an, un paysan me disait : « On est comme les bêtes... on se réveille le matin sans rien savoir... » Il disait fort bien ainsi qu'il vivait dans une sorte de nuit historique. Dans cette nuit, je cherchais des signes, des repères. Aujourd'hui, les repères et les signes abondent... Quand une solide convention historique aura fait un système des événements présents (Syrie, Russie), quand tous ces événements seront figés d'un seul bloc, qui pourra prendre la peine de s'intéresser encore aux démarches de chacun pour s'orienter au jour le jour ? Les événements apparaîtront à ceux qui furent les plus hésitants, comme un aboutissement logique, qu'ils croiront avoir prévu.

19 juillet

Je me sens comme ces insectes, qui, ne pouvant plus fuir, font le mort.

Les paysans, les gens du bourg étaient des personnages de vacances, les figurants des vacances. Je n'arrive pas à en faire ma ressource quotidienne.

Claude a reçu (on a dû relever les noms des nouveaux bacheliers) une lettre circulaire du colonel du 5e régiment d'Infanterie, en garnison à Saint-Étienne. Ce colonel l'invite à s'engager dans son régiment, qui « fut celui de Navarre et qui est demeuré plein de chic et d'allant ».

« Tribunal correctionnel de Saint-Claude. Trois mois d'emprisonnement et 10 francs d'amende à Pierre M..., dix-sept ans, étudiant, poursuivi pour cris de nature à favoriser les entreprises d'une puissance étrangère. » Il y a quelques jours, je ne sais plus où, un an de prison pour offenses à la personne du maréchal.

La zone libre attend les résultats de Russie, mais avec un peu moins d'impatience que, naguère, les résultats du Tour de France cycliste.

L'*Ancien Testament* est connu par le grand opéra. *Les Évangiles* se réduisent dans les têtes d'aujourd'hui, à quelques formes proverbiales : le chameau et le trou d'aiguille, la paille et la poutre.

23 juillet

Le journal : « Les engagements dans la légion des volontaires contre le bolchevisme [1]. »

Je n'y suis pas; je ne reçois pas. Je puis écarter les autres de moi. Mais moi de moi?

25 juillet

Sous le gouvernement de Vichy ou sous la troisième République, le mensonge colonial est le même. Je lis dans le journal : « La semaine de la France d'outre-mer... a été pour l'Indochine une occasion nouvelle de manifester son attachement profond à la mère patrie. »
Où donc ai-je entendu déjà parler de collaboration? C'était en Indochine, en 1923. Quelques Annamites, à la solde du gouvernement colonial, acceptaient une collaboration sans conditions, quelques prébendes pour eux et l'oppression pour tous. Ngyen-An-Ninh fut condamné à trois ans de prison pour avoir dit : « Nous voulons bien de la collaboration, mais non pas celle du buffle et du laboureur. »

Les joueurs de flûte de l'hitlérisme. Le journal annonce une nouvelle revue : *Patrie*. Message du maréchal. Article de Giraudoux, qui parle de l'aménagement de notre pays dans le style scintillant que nous lui connaissons... Ainsi Giraudoux, par-delà la tête du maréchal, fait sa cour à Hitler. Cela n'a rien qui surprenne. Giraudoux n'a jamais eu l'idée que les mots eussent la moindre signification. C'est le type même du pédant déguisé. Son originalité est d'employer les mots dans un sens toujours décalé. Jamais langage n'eut moins de tripes. Ces perpétuels décalages, ces mots qui ne sont jamais le mot juste, donnent aux lecteurs faibles l'illusion de ce que le journaliste appelle une scintillation. En réalité, il trébuche à chaque pas sur le sens des mots et il se fait une élégance de l'à-peu-près. Je n'ai jamais pu lire plus de six lignes de Giraudoux, pédant sémillant.

Le journal publie les projets de Carcopino sur l'enseignement. Là-dessus, j'ai entendu une voix de paysan : « On envoyait les gosses à l'école pour qu'ils en sachent un peu plus que nous... Mais ça ne vaut plus la peine de leur faire faire huit kilomètres par jour. (Sa ferme est à deux kilomètres du bourg.) On ne leur apprend

1. Le 18 juillet a été créée par les collaborationnistes parisiens, avec l'aval de l'occupant, une « Légion des volontaires français contre le bolchevisme » (L.V.F.). Quelque 7 000 volontaires, regroupés dans un régiment de la *Wehrmacht*, partiront sur le « front de l'Est ».

plus qu'à chanter un ou deux couplets de *La Marseillaise* et à marcher en rangs. »

Temps présent : tickets d'alimentation, Japon, Indochine, Amérique, liberté morte.

Ah! que survienne un grand événement transfigurateur, un événement qui transcende les événements. Qu'on voie apparaître dans la nue un archange! Ou que, quelque part, les hommes, non pas même se révoltent, mais se réveillent, que leur seul regard anéantisse et les vieux diplomates et les grands parvenus de la politique et les armées puantes et les tanks.

27 juillet

R... est venu avec sa femme passer deux jours avec moi. Je les ai vus pour la dernière fois en mai de l'an dernier, à Paris. Nous avons séparément voyagé dans le temps, séparément exploré l'année qui a passé entre la débâcle et ce mois de juillet. Nous sommes semblables aux deux témoins de la vulgarisation einsteinienne qui, emportés à des vitesses différentes, observent les mêmes signaux.

« Je n'ose toucher aux événements, me dit-il. On s'y salit les doigts... Pour rien. Le sort des armées ne dépend pas de moi. Je n'arrive pas à attribuer quelque importance aux actes de Vichy. Le maréchal fait des pâtés de sable. Les autres aussi. »

Il ne croit pas en de Gaulle. « Il est, me dit-il, entouré d'une clique. » Je lui demande quelque précision. Il élude et ne sait que me citer le nom d'un journaliste, dont la sincérité lui semble douteuse. Il oppose à l'hitlérisme une étrange négation. « La France, l'Europe, me dit-il, sont dans un tel état de bassesse que cet état ne peut être que provisoire... Dans dix ans, Berlin acclamera Einstein et Toscanini. »

Ainsi il semble croire que la sagesse, en fin de compte, règle le monde et il répond aux questions de l'époque par un acte de foi en la justice immanente et le bon sens des dieux *.

Voix du bourg :

« Quand les prisonniers reviendront, on dit qu'il y aura quelque chose. » – « Quoi ? » – « Je ne sais pas... »

N'ai-je pas perdu mon temps à suivre chaque jour, à épier chaque jour l'ombre des événements ? Ne valait-il pas mieux faire la marmotte, écrire un traité de numismatique ? L'ombre des événements... les malins les saisiront quand ils commenceront à se pétrifier historiquement.

* Cet idéalisme planant a conduit R... à se lier corps et âme aux hitlériens de Paris (N.d.A).

Le maréchal et la terre. Tribunal correctionnel de Mâcon : « Trois mois de prison et 25 francs d'amende à Mme veuve Clément, cultivatrice à Cortambert, pour avoir, en présence des jeunes du camp de jeunesse, outragé le chef de l'État français. »

Marx Dormoy assassiné à Montélimar [1]. Je ne sais rien de Marx Dormoy, sinon qu'il fut ministre au temps du Front populaire. Est-ce le commencement d'une terreur nazie?

Je m'étonnais en Indochine de ces Annamites qui flattaient le vainqueur, abandonnaient leurs coutumes et qui, fonctionnaires, véhiculaient, parmi leurs compatriotes, l'oppression du vainqueur. Des coloniaux invoquaient à ce propos la lâcheté ou la duplicité des Extrême-Orientaux. Mais la France d'aujourd'hui?

Pourquoi ne suis-je pas à Londres? Parce que je n'ai pas de courage civique ou parce que je n'en ai pas assez pour qu'il m'entraîne sans qu'on le sollicite.

30 juillet

Le journal : « Saint-Claude. Sévères condamnations pour chants séditieux. Les gendarmes ont surpris cinq individus sur le chemin de la Mouille, alors qu'ils interprétaient un chant *n'ayant aucun rapport même lointain* avec le programme de la révolution nationale... Ils ont été condamnés à six mois de prison et cinq francs d'amende... »

Dialogue. Le professeur d'anglais du lycée de Bourg s'arrête devant un paysan qui travaille à la lisière de son champ.

Le paysan : « Alors... ça y est...

– Quoi?...

– Le miracle...

– Quel miracle?...

– Les Russes... »

Mais une vieille femme de Saint-Amour, dont la table est ornée d'un bouquet de fleurs en papier :

– « Il ne faudrait pas que le communisme vienne chez nous... »

1er août 1941

Le journal : « L'attachement du peuple annamite à la France... Les ministres du gouvernement annamite ont fait parvenir au gouverneur général un message d'attachement indéfectible... etc. »

1. Marx Dormoy est assassiné le 25 juillet 1941 à Montélimar, à l'hôtel du Relais de l'Empereur, où il avait été placé en résidence surveillée, après avoir été interné. Une femme et trois hommes, militants de l'extrême droite, peut-être cagoulards, et plus vraisemblablement agissant au nom du P.P.F. de Doriot, ont déposé une bombe dans le lit de l'ancien ministre de l'Intérieur qui est tué sur le coup; arrêtés, les assassins seront rapidement libérés.

Les ministres du gouvernement annamite!

Le Français était semblable à ce touriste modeste qui visite un casino et s'intéresse à la roulette, sans y jouer. Il suivait le jeu de l'Angleterre, il suit maintenant le jeu de la Russie. Plus exactement le Français est comparable, non pas à ce spectateur désintéressé, qui admire les grands joueurs, mais aux filles qui guettent le gagnant pour le taper d'une petite somme.

La France ne peut pas mourir, disait il y a un an, le président Reynaud. Si je regarde les gros commerçants du bourg, je vois bien que la France peut mourir. Ils renonceraient assez volontiers à la France, pourvu qu'ils puissent garder quelque espoir en leur commerce. La France est menacée de mourir et par leur acceptation de l'Allemagne et par le patriotisme qu'ils tiennent en réserve, au cas où l'Allemagne serait battue.

2 août

Le secteur de Smolensk; les pertes soviétiques, les pertes allemandes. La France fera la statistique des cadavres. Pendant que l'histoire fabrique ses millions de cadavres, le garde des Sceaux, Barthélemy, définit la future constitution. « Le maréchal veut qu'elle soit traversée par une grande vibration humaine et généreuse. » Il veut aussi « restaurer la mystique, la chevalerie du travail ». Hier ou avant-hier, Carcopino annonçait qu'il allait abattre « les frontières entre l'école et la vie ». Quelle puanteur, ce monde de clichés et de cadavres!

J'apprends la mort de Paul Nizan, tué, en mai 1940, dans la Somme [1].

Dans les premiers jours de la guerre, il envoya une lettre de démission au secrétaire du parti communiste. Quelles pensées furent les siennes; pendant ces huit mois, à la guerre?

Je l'ai vu (il venait d'être reçu à l'Agrégation) tout plein d'une colère sacrée. Il avait découvert dans Kant un passage où le philosophe refusait aux pauvres l'accès de je ne sais quelle cité nouménale ou terrestre. Il fut, un an, professeur de philosophie à Bourg. « Il y avait un souffle en lui... » m'a dit un de ses anciens élèves.

À Paris, me dit-on, l'activité des catholiques sociaux est grande. Mais le catholicisme peut-il être chrétien? Le mouvement de ces chrétiens n'est-il pas toléré par l'Église comme soupape d'échappement? L'Église peut-elle être autre chose qu'une force de conser-

1. Interprète auprès du corps expéditionnaire anglais, Paul Nizan (cf. supra p. 208) est tué d'une balle dans la tête, le 23 mai 1940, à Recques-sur-Hem, en Artois.

vation? Et je songe à ce prêtre qui me disait : « Les élèves des séminaires sont aujourd'hui plus curieux de politique que d'apologétique. »

L'intérêt de Vichy serait de pousser à une révolte prématurée et à en obtenir la répression par les troupes allemandes.

5 août

Il en est de la solitude comme de la faim. Qui est resté plusieurs jours sans manger ne digère pas une trop grossière nourriture. J'ai rencontré G... qui vient de prendre ses vacances à quelques kilomètres d'ici. Tout se traduit dans sa tête en formules algébriques. Les événements passent sur lui comme sur une toile cirée. Il n'a d'angoisse qu'en ce qui concerne le ravitaillement et il ne voit dans l'avenir d'autre menace que celle d'une famine.

Il ne peut rien contre ma solitude. Je ne sais pas, comme certains sauvages, apaiser ma faim avec de l'argile...

6 août

Le bruit circule au bourg de troubles à Saint-Étienne. Des mineurs auraient été tués [1].

Je cause avec des terrassiers qui travaillent à l'élargissement de la route. Ils sont un groupe de cinq. L'un d'eux (visage mou, on dirait : sans charpente osseuse) m'entraîne à l'écart et me dit qu'il n'est pas terrassier de métier, qu'il est anti-syndicaliste et lit chaque jour l'*Action française*. Si je raisonnais à la façon de Maurras, je conclurais qu'un ouvrier français sur cinq est lecteur de l'*Action française*.

9 août

J'attends le train de Bourg. Sur le quai de la gare, un gendarme m'annonce que l'Allemagne a demandé la paix. La nouvelle, dit-il, a été donnée par la radio anglaise. Je doute de toute ma force critique. Je monte dans le train avec le gendarme, sa femme et leur petite fille. Mais la nouvelle m'a envahi. Je ne serais point étonné si tous les voyageurs du wagon s'embrassaient. Les petites gares, leurs jardins étriqués éclatent de bonheur. Les petites gares chantent la victoire. Mais les voyageurs ne s'embrassent pas.

La petite fille s'est endormie. Le gendarme et sa femme contemplent ensemble ce visage d'enfant qui dort. La ménagère est devenue une madone.

1. C'est une rumeur.

Division de la bourgeoisie. À la faculté de médecine de Lyon aucune unanimité ni parmi les professeurs, ni parmi les étudiants. Il y a des gaullistes, des partisans de la « collaboration » et des partisans de la paix personnelle à tout prix.

La bibliothèque de la gare de Bourg. Ouvrages de propagande; un numéro de *Gringoire*. Il n'y est question que de la « Peste rouge ».

Mais les nouvelles sont bonnes. « Au village de Montagna, me dit un paysan, tout le monde était joyeux... c'était presque comme un jour de fête. Il y en a bien sept, il y en a bien huit qui m'ont appelé, pour m'offrir un canon ou un verre de marc... Mais il y en a qui croient qu'il y a des gros qui voudraient que les Allemands gagnent... »

La revue des revues du journal. Vichy reconstitue la France à grands coups de Péguy.

Patrie naturelle, attachement à tel paysage, à telles mœurs.

Patrie fabriquée, comme un thème latin, à coups de dictionnaire.

Patrie, reflet d'une passion politique.

Patrie liée au sentiment révolutionnaire. Commune, révolution russe. Gorki a décrit un Lénine russe jusqu'aux tripes.

Le sens national est à éclipses. En 17, avant la révolution, les Russes voulaient la paix, rien que la paix (Lettres de Sadoul à Albert Thomas [1]). Pendant la débâcle française de juin à juillet de l'an dernier, une partie des Français avait perdu tout sens national et jusqu'au sens de la plus simple dignité. Ils se jetaient au cou du vainqueur, comme des filles qui se saoulent de soldats.

J'oubliais la bêtise qui nourrit tant de sentiments et, en particulier, le sentiment national. J'oubliais le narcissisme collectif, faible de village à village, mais fort encore de nation à nation. Ce narcissisme, chez l'imbécile, touche au sublime du comique.

Je visitais, il y a quelques années, une exposition de peinture anglaise. C'était au musée Carnavalet. Il ne s'agissait ni de Constable, ni de Turner. On avait rassemblé d'élégants portraits, trop parfaitement bichonnés, du commencement du XIXe siècle. Il y avait là deux visiteurs qui se promenaient comme deux chiens dans un jeu de quilles. Deux Français; deux caricatures de Français. Assez typiques dans le ridicule, contents d'eux, contents de se sentir aptes à porter sur tout ce qui est entre le ciel et la terre un immédiat et ferme jugement. Après des années, je revois encore leurs yeux de portraits de militaires de haut grade, vides. Ils se penchaient,

1. Albert Thomas et Jacques Sadoul étaient deux militants de la S.F.I.O., qui s'étaient liés d'amitié. Le premier était nommé en décembre 1916 ministre de l'Armement et des Fabrications de guerre; le second, d'abord partisan de l'Union sacrée, membre de la mission militaire française en Russie fut gagné à la révolution bolchevique.

jusqu'à toucher les toiles du bout de leur nez; attitude qui laisse à tout visiteur d'exposition ou de musée le bénéfice du doute, puisqu'on ne sait pas s'il cherche la signature ou le détail du métier. Puis ils rejoignirent leurs femmes qui attendaient au milieu de la salle le prononcé de leur jugement dernier. Alors j'entendis ces paroles toutes nues : « Ne croyez-vous pas que l'école française vaut bien l'école anglaise?... » Et l'autre répondit, avec un inoubliable sourire de vieille dame dont on vante les charmes : « Nous avons tout... nous avons tout... Nous avons mieux que tous les autres... »

L'idée de patrie est une idée difficile. Comme toutes les idées difficiles, elle est surtout utilisée par ceux qui n'ont pas d'idées.

XIV

L'ATTENTE DÉTÉRIORE

11 août 1941

Le jeune tonnelier, qui pousse à bout de bras son char, me dit : « Il y a du changement, même chez les paysans. Ils ont passé le temps de la grande peur. Ils *se cherchent...* »

J'avais communiqué au père François un exemplaire du tract : *Liberté* [1]. Il a voulu le répandre. Il l'a copié à la main; il est resté à sa table de neuf heures du soir à deux heures du matin. Et un autre, parmi les anciens, a fait de même. Ils s'appliquaient, ils copiaient de leur mieux, dites, si vous voulez, qu'ils copiaient saintement. Que les littérateurs de fin sourient tout à leur aise. Je dis que ces copies autographes sont au cœur de l'histoire. Je dis que la France est là.

Le gouvernement réquisitionne les « métaux non ferreux ». Il veut que cette réquisition soit « une bonne affaire pour les bons Français ».

Le gouvernement ne dit pas à quel usage il destine nos casseroles. Mais tous les paysans pensent qu'elles seront transformées en cartouches allemandes. Laurent, pompant le purin de l'étable, me dit : « Même s'ils m'offraient une vache, j'aimerais mieux tout enterrer sous mon fumier... Ils ne nous disent pas ce qu'ils veulent en faire de notre cuivre... Ils ont raison... ça fait un mensonge de moins... Bien sûr, je ne le dirais pas à eux, mais je le dis à vous... »

Étapes et formes diverses d'un bruit circulant :

Des ouvriers se sont révoltés à Lyon. Il y a des morts.

Il y a quatre ou cinq morts.

1. C'est dans l'automne 1940 que se met en place *Liberté*, un des tout premiers Mouvements de Résistance à vocation politique, dont les responsables sont des professeurs de droit, démocrates-chrétiens, François de Menthon, Pierre-Henri Teitgen, René Courtin; les militants confectionnent un « journal » (une feuille recto-verso) et des tracts contre l'occupant. Les premiers Mouvements de Résistance se manifestent donc de manière relativement précoce.

Il y a quarante-cinq morts.

Les ouvriers ont su que le préfet devait recevoir un plein camion de ravitaillement. Ils ont attaqué le camion. La police a tiré. Il y a des morts des deux côtés.

On a découvert deux pleins camions de ravitaillement, l'un pour le préfet, l'autre pour Mgr Gerlier [1].

Glissements et transferts. Une forte pensée d'homme. J'ai deux pipes que Suzanne m'a apportées de Londres quelques mois avant la guerre. Je les ai grattées et regrattées. J'ai pendant une minute, le sentiment que, si je cessais de les fumer, l'Angleterre en serait affaiblie.

Une lettre de X..., pleine d'idées claires, heureusement balancées. Mais ce ne sont que des idées de tête. Ses idées et lui font deux. En 1917, il ne voulait plus être mobilisé. Il étudiait passionnément son cas de réforme, réel d'ailleurs. Il ne liait pas le développement de la guerre et sa participation personnelle à la guerre. C'étaient pour lui deux plans différents, qui ne se rencontraient pas. Un an plus tard, au cours d'une discussion violente, je lui rappelai cruellement qu'il avait tout fait pour échapper aux risques du front. Il me regarda avec des yeux étonnés et, avec une absolue bonne foi, une totale candeur, il nia. Les seules démarches dont il se souvînt étaient celles de son esprit.

20 août

Je dis à une charmante vieille, dont l'intérieur est de peluche et franges, que la prise d'Odessa ne serait point une catastrophe. Mais elle a lu le journal et, comme si elle avait dans le cœur une carte de tous les gisements métalliques du globe, elle riposte : « Et le manganèse?... »

La radio anglaise cite Mgr Baudrillard [2], qui annonce en Hitler le grand pacificateur. Une chrétienté nouvelle de nations libres naîtra, un nouveau Moyen Âge... – Et les catholiques sociaux? Où est l'unité du catholicisme? Mais où y a-t-il unité?

F..., commandant en retraite, était gaulliste, il y a dix mois. Aujourd'hui, il fait partie de la Légion. La guerre civile est en lui, comme ces maladies que le malade ignore.

Il parle avec colère de la politique dans l'armée. Ce qu'il appelle

1. Tous ces bruits sont infondés.
2. Mgr Baudrillard (1859-1942), ancien normalien, recteur de l'Institut catholique de Paris, est fait cardinal par Pie XI en 1935. Germanophobe déclaré jusqu'en 1940, il prend nettement parti pour la Collaboration et surtout pour la croisade contre le bolchevisme (« J'affirme que le tombeau du Christ sera délivré »), en bénissant les armes de la L.V.F., « une chevalerie nouvelle ».

politique, c'est l'effet des passions de « gauche ». Mais il n'attribue aucun caractère politique aux passions de « droite ».

26 août

On a battu hier. À neuf heures du soir, il y eut, selon l'usage, grand souper à la ferme. J'étais invité. On avait tué deux lapins et deux poules. La vie coulait. Le café ne fut pas national. Et le marc fut celui que le fermier lui-même distillait. Je me souvenais du souper d'août 1939, où les jeunes disaient : « On veut bien partir... on en a assez de n'être jamais sûr de faire la moisson... »

Jusqu'à minuit, on plaisanta comme en temps de paix. Quelques-uns, qui étaient venus pour aider s'en allèrent. Sur les deux heures du matin, il n'y avait plus que cinq ou six jeunes gens, groupés en bout de table.

Ils se méfiaient de tout, de l'Angleterre et de l'Allemagne, du communisme et du gouvernement. Mais une haine leur semblait commune, la haine des ouvriers : « Ils nous envient, mais ils n'envient pas notre travail. S'il y avait une révolution, ils viendraient chez nous, ils se vengeraient sur nous... »

Je leur dis que cette image d'une foule ouvrière en émeute pillant leurs fermes me paraissait déraisonnable. Mais un jeune paysan : « S'il y avait une famine, ils viendraient chez nous. Ils nous disent : " Vous êtes riches, vous avez du lait, vous avez du beurre, vous avez des œufs... " Ils viendraient chez nous... Ils nous pilleraient... »

Puis ce fut la comparaison du dur travail des champs et du facile travail de l'usine. Le jeune paysan leur reprocha de ne travailler que huit heures, quand lui travaillait de l'aube à la nuit et leur reprocha leurs salaires excessifs. On aurait cru que la haute finance internationale était la finance ouvrière.

Je rentrai chez moi, écœuré, découragé.

29 août

Quand le peuple parlait de trahison, je ne me laissais point aller à construire un scénario facile. Je me disais : « C'est plus compliqué que ça... » Je tentais de construire un maréchal plausible, pas trop d'une seule pièce. Pour éviter les simplifications du mélo, je me perdais dans les complications d'une psychologie livresque. C'est trop balancer d'idées. Un mécanicien, à la buvette de la gare, disait hier la vraie vérité : « Tout ça, c'est des fumiers... »

En l'honneur de la flamme, le bourg est pavoisé. Cet enthousiasme fut organisé par la Légion. Un ancien adjudant de métier et deux acolytes coiffés de bérets pénétrèrent dans les boutiques et montèrent aux étages. Ils collèrent aux vitres des tracts de Vichy et des portraits du maréchal et placèrent aux fenêtres des écussons et des drapeaux. Ils apportaient leurs drapeaux, comme ces gens qui, s'invitant indiscrètement, apportent un fromage ou un gâteau. Ainsi déjà furent pavoisés Rome et Berlin.

La politique de Hitler opère par suppression globale des adversaires : exécutions, camps de concentration, prison. Marcel Ray cite à ce propos un passage de Renan : si Rome, au lieu d'organiser quelques massacres sporadiques de chrétiens, les avait systématiquement anéantis, le paganisme eût peut-être persisté des siècles encore et le monde n'eût point connu la civilisation chrétienne.

Les Juifs, en zone occupée, n'ont plus le droit de posséder un appareil de radio [1]. Ce n'est pas de si mauvaise politique. Les mesures répugnantes ou grotesques sont les plus satisfaisantes pour les partisans de l'obéissance pure. Plus l'autorité devient odieuse ou déraisonnable, plus l'obéissance devient un plaisir gratuit, un plaisir d'art.

L'attentat contre Laval et Déat [2] réjouit les villages.

4 septembre 1941

Une journée à Bourg. Innombrables portraits de Pétain dans les boutiques. Chez les libraires, *Gringoire* et l'*Action française*. Maurras est le philosophe des lecteurs d'anas et d'ouvrages de petite histoire. Maurras n'est qu'un maigre symptôme. Mais le signe important, c'est qu'une partie de la bourgeoisie française prenne au sérieux ce polémiste. Le signe important n'est pas qu'une partie de la bourgeoisie partage les passions de Maurras, mais qu'elle accepte et même admire la justification qu'en donne Maurras.

Bourg est une ville en fromage mou, dans laquelle on a piqué des portraits de Pétain et des tracts de la révolution nationale.

Nous avions fini de déjeuner, nous causions dans l'obscure salle d'un restaurant modeste. Marcel Ray examine ma pipe en connaisseur, une pipe achetée à Londres avant la guerre. Un vieil homme, à la table voisine, se souleva de sa chaise, se pencha vers moi et me dit : « Il y a un an, vous la fumiez avec amertume, maintenant vous la fumez avec espoir... » Avant de s'en aller, il me tendit la main. Ce fut tout.

1. L'ordonnance allemande du 13 août 1941 interdit aux Juifs de zone Nord de posséder des postes récepteurs de T.S.F., leur enjoignant d'aller les déposer à la mairie de leur commune ou au commissariat de police.

2. Le 27 août, Paul Collette blesse assez grièvement Pierre Laval et Marcel Déat lors de la remise d'un drapeau au premier contingent de la Légion des volontaires français contre le bolchevisme qui part sur le front russe.

6 septembre

Le journal donne des nouvelles de Déat et Laval. Mais pas un mot de Paul Collette. Vichy a peur de fournir matière à la légende d'un martyre. Déat et Laval ne sont plus les victimes d'un attentat, mais de simples malades.

Laurent a arrêté ses bœufs. Nous causons de la mollesse du bourg et des événements : « Oui, me dit-il, j'y pense cent fois par jour... Mais il y en a qui n'y pensent que quand on leur en parle. »

Écrire une histoire du bourg? Mais, quelles que soient les différences d'époques, Balzac planerait encore par-dessus.

« Quelle vie, me dit le charron. Tout n'est plus que mensonge et contrebande. On vit dans le mensonge par les journaux. On est réduit à la contrebande pour manger. »

Rencontré le commandant en retraite. Nous remontons à la débâcle, aux « connivences » sans lesquelles elle est inconcevable : « Je ne crois pas, me dit-il, qu'il y ait un général français qui ait voulu une victoire totale de l'Allemagne. » Je marque le coup. Je lui révèle l'aveu involontaire contenu dans son « totale ».

Dans le train, un imbécile bien habillé, ganté de frais, disait : « Je ne suis ni anglophile ni germanophile, je suis Français. » C'est bien la dixième fois que j'entends cela.

L'Allemand, les cours martiales, quelques magistrats de la Cour d'appel prononcent à Paris des condamnations à mort [1]. Réaction de la vieille Parisienne réfugiée : « Les gens à Paris ne sont pas raisonnables... ça complique les choses... »

17 septembre

Dix otages fusillés à Paris par les troupes d'occupation. Les biens de la reine de Hollande ont été saisis, parce qu'elle s'est compromise avec le front bolchevico-capitaliste. Le général Dentz est reçu par le maréchal. Le général Dentz [2] est déjà un fantôme.

1. Une cour martiale allemande a condamné à mort deux jeunes militants communistes exécutés le 19 août; le 21, l'aspirant de la *Kriegsmarine* Moser est tué au métro Barbès-Rochechouart; par une loi antidatée – et rétroactive – Vichy décide alors, le 24, d'instituer auprès des cours d'appel des « sections spéciales »; celle de Paris, composée de cinq magistrats, condamne pour l'exemple trois militants communistes qui sont guillotinés le 28.

2. Le général Dentz commandait les forces vichyssoises du Levant. Après l'armistice de Saint-Jean d'Acre signé le 14 juillet, les forces demeurant fidèles à Vichy ont été rapatriées en France.

20 septembre

Le général von Stulpnagel, chef de l'administration allemande dans les territoires occupés, communique : « Raymond C... et Louis T... d'Argenteuil ont été condamnés à mort par le tribunal militaire, pour aide à l'ennemi. Ils ont été fusillés aujourd'hui. »

Le général von Stulpnagel invite la population parisienne à la délation. « Dans tous les cas, la population n'a pas secondé d'une manière suffisante les recherches entreprises en vue d'identifier et d'arrêter les coupables. »

Je cherche dans un bois, avec Claude, des trompettes de la mort. Nous y rencontrons Riffault, dont la ferme est à quelque cent mètres. Il m'apprend que deux cultivateurs d'un hameau voisin ont été condamnés à huit ans de travaux forcés pour propos « communistes ». « Il ne faut pas parler trop fort... » me dit-il. Et nous regardons à droite et à gauche, comme si, dans le bois, quelqu'un pouvait nous épier.

Riffault me dit aussi que la gendarmerie a reçu trois lettres, anonymes il va de soi, dont les auteurs l'accusaient de ne point vendre tout son lait au laitier « ramasseur ».

22 septembre

Le maréchal invite les Français à dénoncer les auteurs d'attentats contre l'occupant.

Trois communistes condamnés à mort à Paris.

Au bourg, un client de l'hôtel lit le journal et commente ainsi cette nouvelle : « Des communistes, on n'en tuera jamais assez. »

Le *Trait d'Union*, bulletin paroissial de Saint-Amour. « La disparition du bolchevisme serait incontestablement un bienfait pour l'univers... Sa main redoutable et sournoise est apparue partout... La France n'a pas été indemne et notre Front populaire n'a été pour beaucoup qu'un essai de bolchevisation de la nation... Avant la guerre de 1939, il y avait chez nous de braves gens qui étaient " communisants " sans le savoir ou sans le vouloir. Ils ne s'apercevaient pas qu'ils étaient pris dans l'immense toile d'araignée dont le centre était à Moscou et la circonférence nulle part... »

Comment s'accordent ces cléricaux de chef-lieu de canton et les catholiques de *Temps nouveau*?

Où en sont les Russes? Les Anglais tenteront-ils un débarquement? Mais déjà, c'est un miracle que l'on puisse envisager un débarquement anglais. Il y a un an, les plus tenaces dans l'espoir imaginaient comme chance suprême l'échec d'un débarquement allemand.

Quand on signera la paix, si cette paix est allemande, la France sera nazifiée. Si cette paix n'est pas allemande, la France sera protégée comme un vieux musée. À supposer qu'il y ait encore dans le monde des peuples qui tiennent à ces sortes de musées. Car le vieux monde classique, aux pensées découpées, ne sera pas le monde de demain. On ne sait pas d'ailleurs qui l'accouchera. Les Américains, les Russes, les Chinois?

24 septembre

Demi-rêve : Le tribunal populaire va délibérer. La salle est houleuse et réclame du sang. L'écrivain collaborateur qu'on juge n'a plus de chance d'échapper à la peine de mort. Il est pâle dans son box, entre des gardes civiques. Son visage blet est décomposé. Alors j'interviens avec éloquence, l'éloquence du dégoût : « Ne profanez pas la majesté de la mort. Que votre générosité dépasse son ignominie. Ne faites pas un cadavre de cette charogne. »

Les Ray nous ont quittés hier soir. Il me semble qu'ils étaient aussi émus que moi. Qu'en sera-t-il du monde, de la France, de nous-mêmes, quand nous nous reverrons? Nous ignorons quel univers nous est réservé, nous ignorons dans quelle planète nous nous retrouverons. Nous ignorons si cette planète sera habitable.

On fusille à Paris. Mme L..., dont les paysans disent qu'elle est bien avec les Allemands, revient de Paris. Elle dit que les provocations des Parisiens sont stupides et que les Allemands font preuve d'une admirable patience.

Au début de la guerre, Madeleine B... entrait en transes quand la radio annonçait que des avions allemands avaient été descendus. On eût dit que, en béatitude et jubilation, elle cherchait à voir dans l'appareil une chute d'avions dans les flammes. Aujourd'hui, elle admire la « sainteté » de Hitler, homme pur, qui a appris à son peuple le sacrifice.

Et notre jeu à nous d'abstraction et de symboles? Du moins ne nions-nous pas les contradictions auxquelles nous nous cognons. Ainsi dans les premiers mois de la guerre, nous admirions l'héroïque Finlande. Et aujourd'hui, nous conseillerons volontiers à ce petit peuple de ne point se mêler au jeu des grandes personnes.

Les plus purs d'entre nous se soumettent à ces contradictions. Cela explique (vénalité en moins) les invraisemblables variations des politiciens. Ils n'ont même pas le mérite d'inventer leurs revirements et palinodies. Le temps les pousse.

Si le peuple se fâche un jour, s'il cède à sa justice de colère, il abattra les Darlan, les Laval. Une justice plus subtile voudrait qu'on abattît d'abord les Carcopino. Comme le maréchal fit le pont entre la grosse foule et les Darlan-Laval, de même les Carcopino font le pont entre les Darlan-Laval et la bourgeoisie qui se croit racinienne. Ce sont les Carcopino qu'il faudrait d'abord abattre, parce qu'ils croient qu'ils seront impunis, parce qu'ils jouent la modération, parce que ce ne sont pas de belles et lisibles canailles. Une bonne justice voudrait peut-être que Laval contemplât l'exécution de Carcopino et non pas, comme ils croient tous, Carcopino celle de Laval.

J'ai passé au père François un tract. Il l'a passé à un ouvrier de la tréfilerie de Bourg, qui l'a mis en circulation dans son atelier. La police l'a intercepté et l'ouvrier, entre les mains duquel il fut trouvé, a dit de maladroites réponses qui permettront aux policiers de remonter jusqu'à Saint-Amour.

Comme je manifeste au père François l'intention de le décharger de toute responsabilité (c'est moi qui lui ai passé le tract), il me répond qu'il s'y refuse absolument. Il dira qu'il a trouvé le tract, sur le plancher de son atelier, qu'on a dû le glisser par la fente de la porte : « Si même vous disiez que c'est vous qui me l'avez passé, je dirais que ce n'est pas vrai. Ils seraient bien plus contents de vous avoir que de m'avoir. »

Un policier est venu et a tenté de l'intimidation : « Vous ne savez pas que quelque chose est changé en France?... Vous ne savez pas qu'il y a des camps entourés de barbelés?... »

L'affaire n'a pas été suivie.

Je lis les épreuves d'un article de Lucien Febvre pour *Les Annales d'histoire économique et sociale* : *« La sensibilité de l'histoire ». « Et la psychologie, est-ce un rêve de malade, si je pense, si je dis ici qu'elle est à la base même de tout travail d'historien valable? »* Il va de soi qu'il n'est pas question de psychologie « mondaine », mais d'une autre psychologie, qui n'est qu'à l'état embryonnaire.

Verrons-nous l'histoire, une histoire nouvelle, tout comme la physique, rompre avec le sens commun et la sagesse des nations? Dans la théorie de la gravitation, il y avait encore une pomme qui tombe. Il n'y a plus de pomme dans la théorie de la relativité. Dans l'histoire, et la plus scientifique, il y a encore une image d'Épinal. Les historiens vont-ils demain déchirer cette image?

Verrons-nous l'historien, à la façon du physicien, qui suit ses calculs, s'appuyer sur les révélations d'une psychologie savante? Ainsi l'histoire serait délivrée de la philosophie du cabaret et des explications par les passions du mélodrame. On peut rêver là-dessus. La thérapeutique moderne a remplacé le traitement par les simples. Elle est un art chimique. Mais elle prévient les épidémies. Ainsi l'histoire, appuyée sur la psychologie collective, un jour peut-être, préviendra les guerres.

Le présent est comme un mur. Si on essaye de creuser une petite brèche donnant sur l'avenir, on ne voit rien que des armées et des tanks. On ne peut rien présumer du paysage quand il sera débarrassé des tanks, ni des hommes quand ils ne seront plus habillés en soldats.

« À la suite d'une indiscrétion, le commissaire avait appris... » Ils appellent cela maintenant une indiscrétion.

30 septembre

Tous les signes notés depuis juin de l'an dernier, tous ces points épars aujourd'hui se serrent dans le temps, dessinent une courbe. Sitôt après la débâcle, sur les routes et dans les villages, circulent des bruits de radio et des bruits de jungle. La foule crie : « Trahison, trahison », mais sans trop y croire, par une sorte de coutume historique. Un maréchal douloureux va signer la paix. Elle naîtra toute seule après quelques semaines, trois mois ou six mois d'armistice. La légende naît d'un maréchal, dont le prestige militaire intimidera l'Allemagne, intimidera Hitler. Puis vient le temps du « Nous, Philippe Pétain, chef de l'État français... » Puis naît la légende du maréchal dressé contre l'Allemagne, ou plutôt du maréchal temporiseur. Puis la légende du maréchal réorganisateur. On suit facilement aujourd'hui les étapes de la momerie au nazisme.

4 octobre 1941

Un cirque-ménagerie ambulant s'est installé pour un soir sur le champ de foire. J'aime ce spectacle autant que lorsque j'avais dix ans. Comme dans les contes de fées, c'est le temps où les bêtes parlaient. Les deux lionnes, Sultane et Cora, parlent à M. Alemziras, par rugissements. M. Alemziras porte une courte veste noire, brodée d'argent et se coiffe d'un fez noir... Il sait couper d'un coup de fouet une cigarette allumée, au ras des lèvres d'une dame.

Quand la jeune trapéziste exécute tout près de la coupole de toile des tours faciles, mais qui mettent en valeur son corps agile, elle m'entraîne dans les espaces de l'éther. Elle y vole, elle y glisse comme glissent les monstres de la faune sous-marine.

Un petit cheval tourne en piste et fait des voltes précieuses comme une poupée de boîte à musique. Il tourne ainsi depuis mon enfance et tournera jusqu'à la consommation des éternités. L'écuyer, le jongleur et la trapéziste saluent par pirouettes et révérences, selon un cérémonial de palais enchanté.

M. Joé Brébart porte défi aux hommes les plus forts du monde, brise tout, même le fer et tient entre ses dents une barre métallique, à chaque extrémité de laquelle trois hommes se suspendent. Il fut présenté par le régisseur faire-valoir : « M. Brébart est un grand blessé rapatrié d'Allemagne... » C'est alors que des applaudissements éclatèrent, tels que jamais je n'en avais entendus au cirque. Ce peuple qui, après la débâcle, s'était en quelque sorte dénationalisé, retrouvait, enseveli dans son subconscient, cette forme du patriotisme, que naguère provoquaient en lui les parades militaires et les chansons de café-concert. Un grand mutilé n'eût ému chacun de ces spectateurs que d'une vague et froide émotion. Mais ils sont groupés en foule. « M. Brébart, dit le régisseur, va vous montrer sa blessure... » L'homme en piste releva une des jambes de son pantalon. On vit un trou à la face interne du mollet. Les femmes firent entendre un sourd gémissement d'effroi, unanime, qui semblait venir d'un même point du cœur, de la même région de la pitié. Il cessa, en même temps que la jambe du pantalon retombait.

Discours de Hitler. Churchill seul responsable de la guerre, Churchill agent du judéo-maçonnisme.

Hitler, dites-vous, ne peut être dupe de ce thème stupide. Ne vous hâtez pas de prêter à Hitler la ruse cynique et l'absolue mauvaise foi d'un libertin de la politique. Vous oubliez ainsi les limites dans lesquelles il est permis à un Hitler de croire ou de ne pas croire. Un Hitler ne croit pas, un Hitler ne pense pas, un Hitler ignore l'anxiété de ces délibérations intimes, où l'homme cherche à monter vers une vérité, comme s'il tentait de s'agripper à un mur. Les Hitler ne se cassent pas les ongles à ce jeu. Les Hitler croient à leurs idées, comme les cartomanciennes croient à leurs cartes. Les cartes leur servent de convenance. Et la foule croit aux idées de Hitler, comme le consultant croit au cartes.

Ce n'est pas seulement par leur bassesse qu'il faut expliquer la cynique facilité avec laquelle les politiques changent d'idée. Ils n'ont à proprement parler ni idées ni sentiments. Ils miment et n'éprouvent pas. En ce sens l'explication de Hitler par l'hystérie est satisfaisante.

Suzanne a passé la ligne de démarcation, cachée dans un tender. « J'ai vécu une heure, m'écrit-elle, comme un rat dans un égout à demi rempli d'eau. »

Febvre passera par la route, vêtu de bleus, pour ressembler à un ouvrier frontalier.

6 octobre

Le temps, depuis l'armistice, ce n'était pas du vrai temps. C'était du temps d'attente. Nous le classions dans la catégorie du temps qu'on passe dans une gare pour attendre un train, dans la catégorie des nuits de chemin de fer. Temps qu'on annule, temps hors la vie, temps intermédiaire. Mais ce temps a duré, dure encore. Si j'avais su, je ne serais pas resté ici. Je ne serais pas resté immobile, inutile. Je serais allé n'importe où, où l'on a prise, si infinitésimale soit-elle, sur l'événement, où du moins on garde le droit de le juger, de ne pas le subir, comme une bête. Je ne serais pas resté dans cette étable qu'est la campagne. Mais où?... En Angleterre, en Amérique? Où et comment? Maintenant, il est trop tard. Je suis rivé à l'état contemplatif.

7 octobre

« Deux paquebots français ont été coulés par les Anglais, l'un en mer Égée, l'autre en mer Tyrrhénienne. L'un et l'autre transportaient à Marseille un chargement de tabac. »

Laurent lit le journal en remuant les lèvres. « Celui qui a rédigé cette dépêche, me dit-il, n'est pas bête, sauf qu'il nous prend pour des bêtes. »

8 octobre

Que disent les Russes à la Radio? Parlent-ils un langage purement héroïque et militaire? Font-ils quelque allusion aux prolétariats unis par-dessus les frontières, à la patrie prolétarienne, qui fut un des dogmes de la révolution? Staline est-il un grand tsar ou un grand révolutionnaire?

La révolution russe inaugure-t-elle une ère nouvelle ou n'est-elle qu'une bousculade de l'économie?

État des mœurs. Des inspecteurs, venus du chef-lieu, ont demandé au flûtiste Moyse si quelques-uns de ses élèves n'étaient pas en relation avec des communistes ou n'avaient pas de tendances subversives.

Je vois des hommes de haute culture incapables de faire le point, soumis aux événements, dominés par les événements, s'y résignant comme si les événements étaient des cataclysmes naturels. Les femmes parfois s'élèvent d'un coup d'aile. D'une lettre de Mme B... : « Pour moi, j'endors mes peines en m'obstinant à fixer mes yeux sur l'avenir et à y croire. Si je pouvais avoir le moindre doute, ce serait fini de moi. Mais je n'en ai point et tout est encore solide en moi. »

Le plus grave, c'est quand, pour chasser l'obsession de la solitude on cherche la solitude elle-même. Un temps vient où les prés, les arbres, les maisons du bourg et ses visages me renvoient ma solitude, la répercutent et l'augmentent. Alors je n'ai plus qu'une pensée : me réfugier dans ma chambre, ne rien voir, ne rien entendre. J'y atteins à une sorte de nirvāna stupide.

Qu'on le veuille ou non, le prestige de la France à l'étranger, jusqu'à la guerre de 1914, n'était point séparable de ces idées que la bourgeoisie bourgeoisante tenait pour subversives. Cependant, en France même, dès 1900, des journalistes philosophes révélaient à quelques bacheliers éblouis que la liberté n'était qu'une illusoire abstraction et qu'il n'était de vertu que dans la tradition. Quelle tradition ? On fondait la France sur Louis XIV. Le passé de la France s'assemblait en pièces détachables aussi maniables que les pièces d'un jeu de constructions pour enfants. Avant Louis XIV, il y avait Hugues Capet. Après Louis XIV, il n'y avait rien que le XVIIIe siècle destructeur et le XIXe, qu'on appela stupide. Ainsi se constituait une solide philosophie politique, que la génération du joueur de manille légua à la génération du joueur de belote. La presse transmettait à l'étranger cette image de la France. À Varsovie, vers 1920, je dus demander un visa à l'ambassade française. Je fus reçu par un jeune secrétaire des plus courtois. Un seul journal sur son bureau, bien en vue, un numéro de l'*Action française* sous bande. Ce jeune homme était abonné. La France, sur son bureau, était représentée par ce journal sous bande.

11 octobre

Je me surprends à faire des réussites. Cela occupe les doigts et même ma tête. C'est bien le divertissement « abrutissant ». Mais si la réussite réussit, il y a dans l'instant où l'on est sûr que toutes les cartes se placeront en ordre, un sorte « d'illumination ». On découvre la naissance d'un ordre harmonieux et le sourire du hasard. Ce n'est que l'ordre et le sourire de trente-deux cartes, d'un univers qui est fait de trente-deux cartes. Beaucoup d'hommes ne connaissent pas d'autres plaisirs de l'esprit. Le chercheur de mots croisés connaît une joie analogue, quand le mot va naître, quand il est encore sans forme visible mais qu'on le sent aux parois de la tête, comme un visiteur qu'on devine à sa façon de frapper à la porte.

13 octobre

Les Laval, les Darlan sont en quelque sorte des traîtres de mélo. Ils portent un uniforme nazi. Leurs rôles sont tout d'une pièce. Leurs partisans avoués sont faciles à dénombrer : bourgeois furieux, semi-intellectuels pervers, hommes de main, ratés de toutes catégories qui trouvent des « situations » dans les camps de jeunesse, la bureaucratie ou les formations de police. Mais il est une classe non moins répugnante, celle des écrivains, professeurs et journalistes qui se frottent au pouvoir, à n'importe quel pouvoir et qui sont, quel qu'il soit, les partisans du régime. Louches bonshommes, venus de droite ou de gauche, qui, avant de s'offrir à Vichy, étaient les dévots de la France éternelle ou de la révolution stalinienne.

Je n'ai rien sous la main que le *Matière et Mémoire*, de Bergson. Je feuillette. Je fais un effort pour donner un sens aux mots : matérialisme et spiritualisme, pour que les mots abstraits ne se lient point en moi, comme les figures d'un jeu de cartes. J'y réussis quelques instants. Je collabore. Mais bientôt je perds prise, mon attention faiblit, je lis machinalement. Je m'aperçois que je ne comprends plus rien du tout à ce que je lis. Cela ne m'empêche pas de continuer à lire. Cela occupe les yeux, les mains et même un peu de la tête, pourvu qu'on n'ait pas une tête exigeante. Les mots glissent les uns sur les autres, filent comme poissons dans l'eau. Je lis ainsi quelques secondes. Beaucoup de gens ne lisent jamais qu'ainsi. Et c'est ainsi sans doute qu'écoutaient les belles auditrices de Bergson au Collège de France.

Le docteur P... est venu me voir. Entre trente et trente-cinq ans. Franc, rafraîchissant, désaltérant. Il aime son beau métier de chirurgien. Il inspire confiance : on aimerait se faire ouvrir par lui un ou deux ventres.

Mais je suis stupéfait de constater qu'il ne vit pas dans le présent. Il est cramponné à son métier. Mais il ne voit pas que les morceaux de civilisation auxquels il tient encore sont de fragiles joujoux, qui risquent d'être cassés. Il en est encore au maréchal de pastorale, « qui a dit les paroles qu'il fallait dire » et qui fait de son mieux pour « reconstruire ».

Il garde espoir en son brave gardien de square, qui rendra la paix aux enfants turbulents. Du moins est-il fasciste, sans le savoir. Mais nombre de ses camarades, et les plus « brillants » et qui préparent les concours, sont nazis, le sachant. Ils proclament, me dit-il, que nous devons une belle chandelle aux Allemands, qui mettront de l'ordre dans notre pourriture. Je tente un instant d'ouvrir une brèche dans son mur. Mais je lui parle de planète à planète. Il ne peut pas m'entendre. Il est devenu le technicien d'une barbarie.

Quoi qu'il arrive et même si la France était débarrassée de l'Allemagne et de Vichy, le peuple ne demandera pas de comptes à ses journaux. Une civilisation est à créer où la morale moyenne jugera le mensonge, comme elle juge l'assassinat.

Je pense à Fernand Braudel, prisonnier. Je pense à lui de toute ma force. Le malheur des autres, si j'en suis moi-même préservé, me donne un sentiment de culpabilité. Je me sens responsable. Mais il me vient une idée que la pudeur écarte. Peut-être le temps n'est-il pas plus long pour Braudel que pour nous. Il connaît le bout de la tristesse, le bout de l'ennui. Mais le temps se mesure à la multiplicité des événements. La monotonie le contracte. L'événement l'allonge. Quand l'auteur d'un roman-feuilleton, à propos d'un événement terrible, inattendu, écrit : « Cette minute lui parut un siècle », il écrit juste. Mais la tristesse et l'ennui, même continus, agissent inversement. Sans quoi, tous les prisonniers mourraient, avant d'être libérés. Et ils disent bien : « Les jours sont longs, mais les semaines sont courtes. »

15 octobre

Je colle un timbre sur une enveloppe. Il est à l'effigie du maréchal. Quand les journaux annoncèrent, il y a quelques mois, qu'on allait frapper des timbres à l'effigie de « Nous, Philippe... », je me souviens que cela nous parut comique, ridicule. Nous imaginions un vieillard puéril, collant sur un album des timbres à son effigie. Mais ce timbre n'est plus comique. Nous mesurons, à ce timbre, les étapes de la nazification de la France. Le maréchal n'était qu'un vieillard philatéliste. Maintenant, il tue et condamne aux travaux forcés. Il donne la réplique aux assassins de Bohême-Moravie et de Serbie. Il tue au service de l'Allemagne.

Les lettres de dénonciations pullulent. Les inspecteurs ont encore fait, hier, à la gare, une belle capture, une femme qui transportait six œufs. Une moitié de la France moucharde l'autre. Mais le plus étonnant n'est pas qu'une moitié de la France moucharde l'autre, c'est que la partie mouchardée ne semble éprouver ni colère, ni dégoût, ni indignation envers la partie mouchardante.

Claude a passé la ligne de démarcation. J'ai un mot de lui que le mécanicien a mis en zone libre. C'est la « dame de la buvette » qui a tout arrangé [1].

Je savais que le métier de « passeur » était devenu une sorte de métier patenté. Des hommes circulent dans les couloirs des wagons, sans se cacher le moins du monde et proposent leurs services, comme s'ils étaient les démarcheurs d'une agence de voyages.

Telle fut mon excuse. Mais l'argent que j'offris fut refusé, simplement, dignement, sans qu'il fût possible d'insister.

C'était pendant la débâcle, l'embouteillage, le mélange des soldats et des civils, qui s'en allaient « vers la Loire ». Suzanne demande à un officier en uniforme luisant : « Mais que se passe-

1. « Madame Marie » tient la buvette de la gare de Saint-Amour. Elle sert d'intermédiaire entre les cheminots et les candidat(e)s au franchissement clandestin de la ligne de démarcation. Léon Werth se rend souvent à ladite buvette, car les cheminots transportent également du courrier, ce qui permet à Suzanne et Léon Werth de correspondre assez librement (citée pp. 320, 329, 336, 363, 365, 373, 375, 381, 382, 446, 476, 485, 494, 498, 505, 514, 515, 522, 537, 539, 542, 546, 550, 551).

t-il?... C'est incompréhensible... » Et l'officier répond : « Vous n'aviez qu'à ne pas voter comme ça... » Dans sa fureur politique, cet officier oubliait que les femmes en France ne votaient pas et que tous les hommes n'avaient pas voté « rouge ». Mais on voit par là que déjà le scénario de Vichy était prêt. Hier, le général Dentz, parlant aux combattants de Syrie, disait, plus d'un an après, en écho à cet officier sans soldats : « Les Britanniques ont violé leur signature, parce qu'ils étaient sous la domination des politiciens du Front populaire. »

Six heures du soir : le bourg dans la brume, le clocher fantôme, la campagne pleine et l'automne glorieux. Que tout cela est beau dans le souvenir du voyageur, qui navigue sur le Mékong!

17 octobre

Le train pour Lyon. « Ah! si vous aviez entendu hier soir la Radio anglaise!... » me dit, sur le quai de la gare, la marchande de journaux. D'une voix concentrée, comme si elle priait, comme si elle remerciait un dieu. Si j'avais entendu la Radio anglaise, elle ne m'eût pas donné plus de contentement que cette soudaine et discrète effusion.

Lyon. Douceur de l'amitié. Je suis l'hôte des Latarjet.

Qu'est-ce qu'un visage lyonnais? Il y a un type, un genre qu'on peut isoler : le mélancolique narquois. Autre type : il a l'air dolent et le nez trop lourd; le poids de son nez pourrait l'entraîner. Ce nez pèse davantage, les jours de pluie.

Près de Perrache, un taxi-tandem, carrosserie en boîtes de sardines et mica, mû par deux cyclistes, s'arrête au ras du trottoir. Deux Annamites y installent une jeune femme. Revanche du pousse.

Chez Paufique [1]. J'entends quelques mots de la conversation de mes voisins : « Des droits... on n'en a plus... » Puis ils font le point du Cinéma d'avant la guerre et regrettent le temps où il y avait de belles revues au Casino.

Une affiche de Vichy : « Le *Times*, en son numéro du..., avoue que sur le *Potomac* les Anglo-Saxons et les Russes se sont partagé le monde. Ils ont attribué l'Europe aux Soviets et à leurs agents, les communistes. » Qui disait que le poids de la bêtise ferait chavirer le monde? Le monde ne chavire pas. Il n'est même plus capable de chavirer.

1. Paufique est un ophtalmologiste lyonnais.

Weygand est congédié [1]. On n'en parle pas dans les tramways. Le brouillard est plein d'orchestres et de tableaux. À cent mètres de distance, un prix de Rome et un Derain fauve. Des concerts, des récitals. On dirait que des profondeurs, après la fin du monde, remonte à la surface une lie d'esthétique avancée et de haute spiritualité bourgeoise. Weygand est congédié. Le « Fiedel trio » joue à la salle Molière, un baryton de Munich y chante. Place du Pont, un vieux jongleur sans place fait tourner une assiette au bout d'un bâton. Dans un cercle de badauds, autour de trois musiciens ambulants, deux jeunes gens, du type employés de bureau en chômage, gris, lymphatiques, sont penchés sur un journal, plié à la dimension d'une carte postale. Ils font des mots croisés. Les Français d'aujourd'hui font des mots croisés dans le tumulte.

Restrictions de papier. Les bureaux, nous dit Massigli [2], ancien ambassadeur de France à Ankara, avaient décidé que les restrictions toucheraient d'abord les journaux à gros « bouillonnage ». *Gringoire* bouillonne beaucoup. Mais *Gringoire* recevra autant de papier que par le passé. Pourquoi? Ordre des Allemands.

J'erre dans la ville... Je cherche je ne sais quoi... une pensée, un regard, un miracle. Je comprends mieux que jamais que je n'ai jamais obéi à cette parole de l'Ecclésiaste : *« Ne regarde point çà et là en passant par la ville et ne porte point tes pas dans les rues écartées. »*

Les attentats de Nantes et de Bordeaux [3]. « Si les lâches assassins à la solde de l'Angleterre et de Moscou n'étaient pas saisis d'ici le 26 octobre à minuit, cinquante otages seraient exécutés. J'offre en conséquence une somme totale de 15 millions de francs aux habitants de la France qui contribueraient à découvrir les coupables. »

1. La nouvelle est prématurée : le général Weygand, délégué général du gouvernement en Afrique du Nord depuis septembre 1940, arrive le 16 à Vichy pour en repartir deux jours plus tard. Mais l'occupant, qui l'estime trop germanophobe, obtiendra – avec la bénédiction de Darlan – son rappel définitif le 18 novembre. Le général Juin lui succèdera.

2. René Massigli avait été envoyé en demi-pénitence comme ambassadeur à Ankara après les accords de Munich qu'il avait combattus. Vichy nommera à sa place Gaston Bergery. Il rejoindra Londres et la France libre en janvier 1943.

3. À Nantes, le 20 octobre 1941, le lieutenant-colonel et *Feldkommandant*, Karl Hotz, est tué par le jeune communiste Gilbert Brustlein. Le lendemain, c'est le « conseiller d'administration militaire » Reimers, qui est tué à Bordeaux par un autre membre des jeunesses communistes. Des groupes du P.C.F. clandestin choisissent de pratiquer des attentats individuels pour forcer la *Wehrmacht* à maintenir le maximum de troupes en France et soulager l'U.R.S.S.

Latarjet revient de Paris. Le bruit y courait que Lapicque, Borel et Wallon avaient été arrêtés [1]. Il me donne ces nouvelles dans une salle de la faculté de médecine, devant un professeur, un agrégé, un chef des travaux. Aucune réaction apparente. Personne ne commente, ne s'irrite ou ne semble s'émouvoir. Une seconde de silence. Et la conversation de métier reprend. Indifférence ou mépris des paroles inutiles?

28 octobre

Je retrouve la campagne. Je me recogne à mon mur de solitude. La neige est tombée. Elle compartimente le paysage. Les creux du terrain, les haies encadrent des tableaux : parcs ensevelis, châteaux forts à princesses captives, lacs cernés.

Ils se détestent entre eux. On ne peut savoir pourquoi. « La femme de V... a reproché à la femme de G... d'avoir eu quatre enfants. » Je demande des explications. J'avoue ne pas comprendre. Mais la phrase, trois fois, m'est répétée telle quelle. Je ne puis rien obtenir d'autre.

31 octobre

Un décret de Vichy interdit d'écouter les postes, étrangers ou non, « se livrant à une propagande anti-nationale ». Je revois la grande affiche blanche, signée du général commandant les troupes d'occupation, apposée en juin de l'an dernier au mur de la mairie de Chapelon, quand nous étions réfugiés dans le Gâtinais. Cette affiche semblait monstrueuse, apocalyptique. Mais elle était signée d'un général allemand vainqueur. On y voyait le signe d'une provisoire oppression, qui découlait naturellement de la défaite. On n'imaginait pas qu'une signature française pût jamais authentifier un tel document, on n'imaginait pas qu'une telle interdiction pût jamais être formulée par un gouvernement français, parlant à des Français.

Au bourg, personne ne me parle du décret. On a peur. Vichy, il y a un an, n'aurait point osé signer ce décret. Preuve nouvelle de ses tâtonnements et de sa marche progressive. Preuve nouvelle que la moindre résistance eût été efficace, que Vichy avait peur de la résistance. Ici se mesure la lâcheté des Français de la zone libre.

1. L'information est pour partie inexacte. Louis Lapicque (1866-1952) est professeur de physiologie au Muséum d'histoire naturelle; Henri Wallon (1879-1962), psychologue de l'enfance fort connu, professeur à la Sorbonne, adhèrera au P.C.F. en 1942.

Seul Émile Borel (1871-1956), qui fut député radical de l'Aveyron, probabiliste de renom et directeur de l'Institut Henri Poincaré, a été effectivement arrêté, puis relâché.

Mais il faut dire à leur défense qu'ils ne croyaient pas plus à l'occupation de leurs libertés par les Pétain et Darlan qu'ils ne croyaient auparavant à l'occupation de Paris et des deux tiers de la France par les Allemands.

5 novembre 1941

Le paysage me renvoie ma solitude. Les arbres sont en bois mort, l'herbe est d'un vert noirci. Ton d'un vieux secrétaire, au fond de la boutique de l'antiquaire.

Pour supporter ce temps, il faudrait de grandes promenades, des flambées dans un âtre, des viandes rouges.

Qui a raison ? Le père François, qui veut être libre, ou la concierge, qui me disait à Paris : « Allemande ou Française, je tirerai toujours le cordon... » ?

Nous attendons. Nous nous détériorons à attendre. Nous espérons vaguement en de vieilles ou neuves valeurs spirituelles, en un univers reconquis sur la bestialité (car ce n'est pas de barbarie qu'il s'agit). Mais les événements nous gagnent de lenteur.

Si j'étais né paysan, je n'aurais de cesse qu'embauché au chemin de fer ou manœuvre à la ville. J'aurais été vers la ville, vers la connaissance, vers la science, vers la vie.

Je suis vide, ne pense à rien, pas même à moi. Je suppose que les bêtes sont souvent ainsi. Les vieillards aussi, peut-être, n'éprouvant plus qu'une obscure joie à se sentir vivre.

L'esprit... Je ne sais aujourd'hui ni ce qu'il est ni où il est. Il doit bien souffler quelque part, au moins pour se réchauffer les doigts.

P... aimait le paysan, mamelle de la France, nourricier et sage comme la terre, respectueux de l'ordre, économe, ne cédant point aux turbulences ouvrières. Le paysan soutien d'une France forte et d'une monnaie stable. Mais depuis que son fermier refuse de lui vendre du lait et du beurre, il ne cesse de dénoncer l'esprit de lucre, la cupidité du paysan, insensible à tout idéal et qui profite du malheur public, du paysan parasite de la terre et qui vit de la sueur de l'homme des villes.

Un monde nazifié... Quoi serait changé ? Rien, sauf l'essentiel, l'invisible essentiel. Les ingénieurs feraient des ponts, les médecins des diagnostics, les peintres sportifs de la peinture. Je l'ai bien vu à Lyon. Les gens qui ont un métier « absorbant » ne se sont pas encore aperçus qu'ils vivaient en plein nazisme. Et ceux-là et les autres, combien de fois par jour, combien de fois par an, pensent-ils à la pensée ?

XV

PASSAGES DE LIGNE, FUSILLADES, PIÉTINEMENTS

2 décembre 1941

L'ENTREVUE Gœring-Pétain [1]. M. de Brinon déclare : « Le déjeuner fut très cordial et les deux maréchaux très gais. »

7 décembre

Hitler n'a plus que vingt-cinq jours pour anéantir, comme il l'a promis, les Russes.

Ah! fuir... Se pencher sur la rambarde. Mais où la guerre ne nous atteindrait-elle pas?

Conversation à la ferme. « Il y en a beaucoup, me dit Laurent, qui préféreraient que l'Allemagne gagne plutôt que la Russie... à cause du communisme... » Je lui demande : « Des bourgeois, ou des paysans?... » – « Des bourgeois surtout, mais des paysans aussi... »

Il prépare la pâtée des cochons et il est en veine de causer. « Si l'Allemagne évacue, il y aura la guerre civile. Les paysans détestent les ouvriers et même tous ceux de la ville. Pas tous, mais beaucoup. Il n'y a pas longtemps, nous étions jaloux de ceux de la ville. Maintenant, c'est eux qui sont jaloux de nous. Ils ne font que nous dire : " Vous avez des œufs, du lait... " Mais il n'y a pas si longtemps qu'on vit à peu près... Du temps de mon père, il n'était pas question de vin. Du café?... Mon père a bu du café pour la première fois le jour où il a tiré au sort [2]. On ne mangeait pas de pain blanc... On vendait tout le blé... On ne mangeait que du pain de maïs et

1. Sur sa demande, Philippe Pétain rencontre Gœring, le 1er décembre, à Saint-Florentin (Yonne), pour faire le point. Les entretiens sont décevants, car Pétain doit constater que le *Reich* n'est prêt d'aucune manière à faire les concessions qu'impose la Collaboration d'État.

2. De 1872 à 1889, le service militaire fonctionne à deux vitesses : en fonction du tirage au sort, une fraction du contingent accomplit un an de service militaire, l'autre cinq.

de blé noir..., des “ gaufres ”. Le vieux père M..., que vous avez connu, me disait encore : “ Le pain blanc, c’est trop bon pour nous... ” Même que je lui ai répondu une fois : “ Si vous le trouvez trop bon, mettez-y de la m... ” Si, du temps de mon père, un fermier avait mangé du pain blanc, je crois que son patron l’aurait foutu dehors... »

Je lui demande en quoi le patron eût été lésé, si son fermier eût mangé du pain blanc. « Ce n’était pas question d’intérêt, me répondit-il, c’était le gros qui voulait tenir le petit, l’abaisser... »

Je me souviens qu’au temps de mon enfance les bourgeoises s’indignaient, parce que leurs bonnes, à l’imitation des dames, ne voulaient pas sortir sans chapeau.

Il faudrait avoir la force d’attendre avec mépris et de prendre au passage les plaisirs qu’on nous laisse. N’étais-je pas heureux, hier, sur la route, à bicyclette, quand la pluie me jetait ses aiguilles au visage? Et ne puis-je, ce matin, me contenter à la seule pensée qu’à déjeuner je mangerai du foie de renard? Et ne puis-je me contenter de cette promenade sur le charnier des feuilles tombées, dans le brouillard où les rideaux d’arbres sont des vaisseaux fantômes?

10 décembre

J’ai écouté hier soir la Radio anglaise à la ferme. Commentaire de l’entrée en guerre de l’Amérique et du Japon. Montage de quelques extraits du discours du président Roosevelt et des acclamations du congrès. Défaite des Allemands en Russie. Rappel des promesses d’Hitler, annonçant pour la fin de cette année la fin de la guerre. « Plus que vingt-deux jours. » Chaque soir, la Radio anglaise fait le compte décroissant du nombre de jours dont dispose encore Hitler, pour que sa promesse soit réalisée. Georgette [1], jeune fille de dix-sept ans, vaque à quelques soins de ménage et circule dans la salle, sans faire plus de bruit qu’une chatte. Elle sourit au compte des jours. Je croyais qu’elle n’écoutait pas. Le père cloue des semelles de caoutchouc à ses sabots. Le bruit du marteau scande l’émission. Le fils, gars de vingt ans, semble étranger à toutes les politiques et toutes les stratégies. Il est penché sur une de ces chansons que vendent à la foire des chanteurs ambulants. Il en étudie le texte et cherche à se rappeler l’air. La fermière tricote. Ils ne sont pas groupés autour du poste. Ce n’est pas du tout le tableau « la Radio à la ferme » que composerait pour le Salon un peintre anecdotier de la Société des Artistes français, à supposer qu’il existe encore des peintres anecdotiers. Ils ne sont pas groupés,

1. Georgette est la fille de Marius B...; citée p. 504.

l'oreille tendue, autour du poste. Ils ont leur façon d'écouter, ils reçoivent les paroles par imbibition.

Un mécanicien disait, ce matin, à la buvette de la gare : « Faire passer la ligne à des Français, sur la machine, c'est la façon que j'ai de montrer que je suis français... »

12 décembre

Discours de Hitler. L'entrée en guerre de l'Amérique est le fait du Juif international et du Franc-Maçon. À force d'en user, Hitler est en train de casser le mythe. Pétain et Darlan en ramassent les morceaux. Hitler évoque la Grèce et les Barbares. L'histoire lui va mal. Proclamation de Mussolini, ronde oratoire comme une nymphe académique.

15 décembre

J'apprends qu'une centaine de Français seront fusillés à Paris [1]. J'apprends en même temps que Derain, Vlaminck, Segonzac, d'autres peintres, des musiciens, des écrivains, ont accepté l'invitation de Hitler au beau voyage en Allemagne.

Le beau voyage... Peut-être, par la portière de leur wagon, agitèrent-ils leur mouchoir, pour saluer galamment quelques Français qu'un autre train emportait vers le camp d'Auschwitz, qui s'en allaient mourir au camp d'Auschwitz [2].

Quel beau documentaire ils auraient pu tourner! Banquet présidé par le sculpteur Breker [3]. « Enchaîné sonore » : heurt des coupes de champagne, bruit des bouchons qui sautent, tac-tac des mitrailleuses. Analogies visuelles : un serveur aligne au plancher des bouteilles vides, des soldats allemands alignent au sol quelques cadavres d'otages français fusillés.

En 1871, la foule parisienne fouetta et plongea dans le bassin de la place de la Concorde quelques filles qui avaient festoyé avec des officiers allemands.

1. Otto von Stulpnagel annonce, le 13 décembre, qu'allaient être exécutés cent otages pour répondre de l'action menée contre la *Wehrmacht* par des « individus à la solde des ennemis de l'Allemagne ». Il y aura parmi eux Gabriel Péri et le journaliste communiste Lucien Sampaix.

2. Le voyage aura lieu en janvier 1942 à Berlin. Derain (il est vrai réticent), Vlaminck, Segonzac, Van Dongen avaient le plus de renom; ils sont accompagnés de Friesz, Bouchard, Brianchon, Lejeune, Legueult et Oudot.

Otto von Stulpnagel avait annoncé que des « individus français » allaient être déportés « dans les territoires de l'Est »; le camp d'Auschwitz fonctionne depuis juin 1940.

3. Arno Breker, le sculpteur préféré du *Führer*, aura droit, le 15 mai 1942, lors de l'inauguration de son exposition, à un déluge de félicitations et d'hommages venant de la fine fleur des artistes et écrivains français.

Le sol des bois est couvert de feuilles, dont le givre dessine les moindres nervures. On marche sur un tapis de dentelle. Un soleil d'hiver vernit la campagne.

Péguy. *Clio.* D'excellentes choses sur l'histoire-érudition et sur l'Affaire Dreyfus, aussitôt devenue matière historique, souvenir inerte. Mais il confond souvent réflexion et rumination. Et que de *chewing-gum* pour envelopper une pastille de cachou!

21 décembre

Prés givrés, vert-de-gris, labours roses. Soleil, semblable à une pleine lune sur une campagne congelée. Les ondulations des labours sont à dures arêtes : une mer aux vagues paralysées.

25 décembre

Le Villars, la chaude hospitalité des cousins Nicot. La maison 1840. Le Chardonnay à sa plénitude. Le marc sans âge, qui sent la noix.

J'apprends que les visages des dames de Tournus s'allongent, à chaque fois que la retraite allemande devient plus certaine, à chaque fois qu'on peut sans déraison espérer qu'elle prend forme de débâcle. Ainsi à Lyon, une femme de chambre me disait : « Il ne faudrait pas tout de même que les Russes gagnent tout à fait, parce que le bolchevisme... » Elle prononçait le mot avec une moue de dégoût. Mystère des idées circulantes et des passions injectées.

30 décembre

Chez Riffault, c'est-à-dire chez Jacques Bonhomme. Ferme isolée. Petits propriétaires. La femme ressemble à Jeanne d'Arc. « En Allemagne, me dit Riffault, on prend les enfants à dix ans, on vient les chercher baïonnette au canon. Ici, ça ne fait que commencer... mais ça commence... On a la gueule bouclée, mais on ne l'aura peut-être pas toujours... Si les Allemands s'en vont, il y aura du grabuge, c'est certain... »

Nous sommes rassemblés autour du poêle. Survient le frère de Riffault. Prisonnier, il fut rapatrié comme malade (asthme, tuberculose?). C'est un long garçon d'une trentaine d'années. Des yeux élégiaques dans une face rustique. Il dit comment il passa de ferme en ferme, de camp en camp, comment il se fit porter malade avec obstination. Son récit est une sorte de diptyque, où apparaissent en contraste la détérioration bestiale de l'homme parqué et ses sursauts de résistance, de dignité. Ils étaient nourris de pommes de terre, cuites avec de rares et minces morceaux de lard. Celui qui, le premier, approchait de la bassine, raflait tous les morceaux de lard. Une bête, une bête qui ne connaissait que la faim. Mais quand une inspection était annoncée et qu'on voulait les pousser au travail, ils travaillaient mou et disaient : « Nous, on travaille quand le patron est parti ». On travaillait d'autant mieux qu'on était moins surveillé... Mais on leur a montré – et cela il le répétera plusieurs fois – on leur a montré « que les Français savaient travailler... »

Il conte qu'une sentinelle lui demanda du feu, alluma une cigarette et lui en offrit une. Il la refusa, parce que cet Allemand était « assez coquin ». (Tout est selon la circonstance et lui-même spécifiait qu'il n'avait refusé que parce que l'Allemand était assez coquin.) Mais ce refus, c'était l'homme, qui se sauvait de la bête. Ce refus empêchait la civilisation de mourir.

C'est alors que Suzanne posa au rapatrié quelques questions sur les Allemands. Il hésita, sembla se recueillir et répondit seulement : « Les Allemands... de pauvres gens... »

3 janvier 1942

Pénétration de l'hitlérisme. « Hitler est un saint », disait, il y a quelques semaines, Madeleine B... qui, en octobre 39, mangeait du Boche à la mode de 1914. En même temps qu'elle introduisait un nouveau saint dans son hagiographie, son mari gagnait quelques millions à traiter, avec les Allemands, des affaires métallurgiques. Madeleine B... ne peut accomplir l'acte le plus grossièrement intéressé sans le sublimiser. Mais elle eût été hitlérienne, si même son intérêt ne l'y eût pas poussée. Les plus grosses idées en circulation dans l'air du temps pénètrent en elle par osmose.

Autres exemples de sublimation :

Un courtier, qui voulait me faire souscrire une police d'assurances, terminait ainsi sa lettre : « En vous prévenant des risques que vous courez, j'aurai accompli un acte de charité, soyez-en persuadé. » Et, pendant la guerre de 1914, un propriétaire, qui prétendait me refuser le bénéfice du moratorium, m'écrivait : « Je vous invite à faire preuve envers moi d'un peu de patriotisme. »

La philosophie est devenue propagande. Hitler est « idéologue ». La philosophie n'a pas suivi le même chemin que l'art dentaire. Le dentiste opère dans son cabinet, dans sa cellule. On ne voit plus l'arracheur de dents qui, sur la place du village, bonimentait entre deux airs de cornet à piston, à l'avant d'un carrosse doré.

Stendhal écrivait, en 1837, dans sa préface à la *Vie de Napoléon* : « *L'art de mentir a singulièrement grandi depuis quelques années. On n'exprime plus le mensonge en termes exprès comme du temps de nos pères; mais on le produit au moyen de formes de langage vagues et générales, qu'il serait difficile de reprocher au menteur et surtout de réfuter en peu de mots.* » J'ai ouvert le livre au hasard et j'ai trouvé cette phrase. Comme ces lecteurs de la Bible, qui glissent une épingle entre les feuillets et cherchent leur inspiration dans le verset où la pointe de l'épingle s'est arrêtée.

4 janvier

C'est dimanche. Pas de journal. C'est comme si la guerre se reposait. Les journaux ne devraient paraître qu'une fois par mois. Nous aurions ainsi, chaque mois, un bloc d'événements congelés.

Le givre couvre les aiguilles des pins de cristaux identiques, si minutieusement taillés que les arbres semblent artificiels, pomponnés, piqués de houpettes.

« Un vieillard magnifique est en train de nous sauver et beaucoup ne veulent pas le comprendre... » Ainsi écrivait à Suzanne une bourgeoise de province. Toute une bourgeoisie vit encore en vase clos. Qui cassera le vase?

9 janvier

Il me revient à l'esprit qu'il y a quelques jours on a trouvé sur une voie de chemin de fer le cadavre du chef de cabinet du ministre de l'Intérieur [1]. Le journal ne donnait aucun détail sur ce personnage. Il passe directement de la voie du chemin de fer à l'éternité. On n'orchestre point son cadavre. On n'amorce aucun roman politique ou policier. Chute par la portière, attentat politique? On ne désire pas que nous nous intéressions à cette mort. Et d'ailleurs, ni au bourg, ni dans les fermes, on n'en a parlé. On pourrait tuer tous les gens de Vichy, l'émotion, je crois, n'en serait pas plus grande. La France dort. Elle attend un événement ou des hommes à qui s'accrocher. Ni au bourg, ni dans les fermes, on n'a parlé de ce cadavre trouvé sur la voie. Je n'en ai pas parlé non plus. Cela eût paru étrange : on m'eût pris pour l'assassin.

Le bourg a environ deux mille habitants. Sur ces deux mille, combien ont une préoccupation spirituelle? Trois ou quatre, peut-être, le charron, le père François, vieux artisans, une vieille laveuse, dont on peut admettre que la continuité et l'excès du travail lui confèrent la sainteté. Ce qui est bourgeois effraye par son épaisseur. Ce qui est « hobereau » n'est pas d'une essence plus subtile.

1. On a découvert en effet le long de la voie ferrée Troyes-Paris, le cadavre de Yves Paringaux, directeur du cabinet de Pierre Pucheu. D'abord proche de François de La Rocque, il avait rallié le P.P.F. avant de quitter Doriot – comme Pucheu – à la fin de l'année 1938. Les circonstances de sa mort n'ont pas été éclaircies.

Je ne veux pas désespérer. Je ne veux pas me réfugier dans un opium de passé. J'y vois clair, j'y vois peuple. Je serai, s'il le faut, communiste de stricte observance. Je serai président de la Société de Libre pensée de Romorantin et membre de la Loge « Égalité et Progrès ».

C'est le présent qui nous apparaît comme un bloc d'histoire congelée. Ses variations comptent peu. Il fondra, sans laisser de traces, quand le sort des armées allemandes et russes sera décidé. Demain seul sera vivant.

Montage : Nouvelle accentuation de l'avance japonaise en Malaisie. « La nation allemande, dit le docteur Gœbbels, représente aujourd'hui la dernière défense contre les assauts des Mongols. » Assassinat d'un gardien de la paix parisien. Les troupes allemandes, sur le front de l'Est, subissent de lourdes pertes. Le bagne à perpétuité à des contrefacteurs de tickets. Condamnation de communistes stéphanois. Football : Lugny contre E.S. Tournusienne. Les locaux devront s'employer à fond pour essayer de rejoindre leurs adversaires à la première poule. À Tournus : L'A.S. de Branges, leader de la poule E du championnat de deuxième division, viendra affronter les réserves de l'Étoile, renforcées de quelques vedettes de la première. Primes d'encouragement à la natalité.

L'adjudant en retraite, devenu épicier, est une des têtes de la Légion. « On l'a vu, me dit un paysan, dans son arrière-boutique, qui faisait faire l'exercice à sa femme et à sa fille, qui leur faisait faire des demi-tours au commandement... » Je souris, je doute. « Mais non... elles faisaient ça pour lui faire plaisir... Il aime tant ça... »

Privation de tabac. Quand même, la pipe était une belle chose. La première bouffée amorçait la béatitude. Et la pipe, en son milieu, donnait le même calme qu'un voyage en mer, quand il semble que le bateau ne vient de nulle part et qu'il n'a d'autre destination que l'horizon.

Effet de la solitude. Elle annule le présent. Le passé remonte en surface. On vit davantage avec ses morts. Ils viennent près de l'homme seul, comme vers l'un des leurs.

Jeanne M..., qui donna son cœur aux choses de la politique et de la révolution, désespère de l'avenir, quelle que soit la solution, quel que soit le vainqueur. Elle rêvait d'une politique de la tendresse. Le monde n'en est pas là. On ne peut espérer au mieux qu'un mariage de raison avec une justice, qui a déjà roulé un peu partout.

Un paysan entre au bureau de tabac et demande *Gringoire*. Il prononce : *« Graigouaire. »*

16 janvier

Il fait froid et la neige est monotone. Je vais par les steppes. Je me promène, je me promène moi-même, comme on promène un cheval, pour qu'il ne passe pas des journées entières sans sortir de l'écurie. Mon moi raisonnable promène mon moi cheval.

Ciel bas. Je suis enfermé dans une boîte au couvercle en coupole. Un peuplier touche le ciel. Ses branches font échelons. Il n'y a qu'à grimper. Tout en haut, on doit trouver le bon dieu, facile à comprendre, de ce monde exigu et clos.

J'ai vu le chef de train, qui a fait passer la ligne à ma femme et à mon fils : « Quand j'ai fait sortir du fourgon la dame et le jeune homme, j'étais plus content qu'eux. »

17 janvier

Dans le même temps que les Vlaminck, Segonzac, Derain et Florent Schmitt banquetaient à Berlin, les Allemands, à Paris, torturaient jusqu'à la mort le physicien Hollweck [1].

Je l'avais rencontré, pendant la drôle de guerre, près de Saint-Dizier, à la popote de l'escadrille de Saint-Exupéry.

Nous avions entendu ensemble ces chansons d'une obscénité liturgique qui, à la caserne et à la guerre, sont une forme inversée de la pudeur.

Je l'avais revu une autre fois dans son laboratoire. J'accompagnais Saint-Ex, qui le consultait sur une « invention » (repérage, cellule photo-électrique) où tout était pour moi mystère.

25 janvier

La neige a fondu. Prés vert wagon, bric-à-brac des broussailles. La nature avait mis une chemise propre, mais ne s'était pas lavée.

Il y a un an, je me demandais s'il y a un rapport entre la bonne de l'hôtel et Pascal. Je savais bien que la bonne ne lisait pas Pascal. Mais j'étais plein de grandes pensées. Je cherchais le point, où la bonne était tangente au cercle, dont le centre est partout. J'étais tout prêt à affirmer que ce point existe et même que la bonne allait danser dans le cercle, les jours de fête patronale.

1. Fernand Hollweck, connu notamment pour ses travaux sur la T.S.F., chef de travaux à l'Institut du radium, avant d'être nommé en 1938 directeur de recherche dans le tout jeune C.N.R.S., était membre d'un réseau; il est arrêté par l'occupant le 11 décembre 1941, et succombe, selon un rapport allemand, à un arrêt cardiaque; il fut en fait torturé de façon épouvantable (peut-être pour lui faire dire des secrets intéressant la défense nationale); il est transporté agonisant à l'hôpital de La Pitié le 21 décembre.

Je ne sais pas aujourd'hui penser les choses sérieuses! Je ne me sens pas très grande personne. Sans doute, ce matin, je désire la défaite allemande, mais comme on souhaite chaque année une bonne moisson, une bonne récolte. Ce matin, je n'ai souci que du sort de quelques êtres et du mien. Je ne me sens pas capable d'une autre vocation que la « recherche du bonheur ».

Je vis en torpeur. Promenades dans la neige et lecture automatique. Il est probable que, si j'avais à ma disposition des romans policiers, je les lirais. Je parcours les deux premiers volumes de Saint-Simon. Que d'histoires de préséance et que d'histoire! Mais que la tapisserie de la langue est belle! Et voici un joli tableau de guerre : « ... *Nous entendîmes un grand bruit et bientôt un vacarme épouvantable : c'était un débandement de l'armée qui, à travers la nuit, cherchant de l'eau, après s'être désaltéré, se mit à piller, violer, massacrer, et faire toutes les horreurs que la licence la plus erronée inspire, couverte par une nuit fort noire.* »

Un curieux vers dans la première scène du *Menteur* :

Paris est un grand lieu plein de marchands mêlés.

7 février

Causé avec Laurent, pendant qu'il prépare la potée des cochons. Hier, jour de foire, il a passé une partie de la journée au café. Il a tâté le pouls à l'opinion. L'opinion a déposé devant lui. Il me rapporte ces témoignages. Il suit la règle habituelle, qui est de ne pas dire sa pensée à lui. C'est une règle de prudence, qu'il a plusieurs fois formulée devant moi. « Vous pensez bien que je n'ai rien dit... Pas si bête... Je les ai laissé parler... »

« Il y en a qui disaient qu'il faudrait cinq ans comme ça pour les ouvriers, que cela ne leur ferait pas de mal. Ils disaient que les ouvriers avaient avant la guerre brisé les vitres des usines, ils ne leur pardonnaient pas ça... Moi, je ne sais pas au juste ce qui s'est passé... Les ouvriers, à cinq heures, ils ont fini leur travail, ils sont assis devant leur porte, sur un banc, sur des chaises ou n'importe. Ils n'ont qu'à se tourner avec le soleil. Nous, on passe avec nos charrettes. Ils nous regardent passer. On rentre une charrette et on retourne pour en charger une autre... » (Il oublie, comme tous les paysans, que ce n'est pas tous les jours la moisson.) « Ils ne nous aiment pas... Quand je suis allé à Lyon avec les pompiers, les ouvriers nous insultaient... – Ils blaguaient, lui dis-je. – Non, ils nous insultaient... Oh! on n'avait pas peur... on était par groupes. »

Il est mécontent des réquisitions. « Il y a ce qui ne devrait pas être. Ils ont réquisitionné du blé à 2 francs 90 le kilo. Mais on vend au syndicat de la farine pour *treues* (truies) à 3 francs 20 le kilo. Et ça n'est rien du tout, cette farine. (Il en prend une poignée dans un coffre et me la fait sentir.) Une bête crèverait si on ne lui donnait que ça... Hier, il y en avait au café, qui disaient : " On aimerait mieux voir les Soviets que de voir ce qu'on voit... " »

Mais ce n'était pas colère de fond. C'était façon de parler.

XVI

PROMENADES AVEC LE DUC DE SAINT-SIMON

9 février 1942

SAINT-SIMON. Je me promène avec un vieux noble. Histoires de préséances, d'alcôve et de gros sous. Pour un peu, parfois, on dirait du Proust. Moins les odeurs et les tics. Et encore.

Ciel de vieil étain, neige lilas et bleue, vieux arbres tordus, tout à fait « vieux maîtres », vieux arbres en squelettes épanouis. Pas un souffle. J'ai envie de m'allonger dans la neige, de m'endormir, comme un enfant que berce la fée des neiges, de m'endormir d'un soleil blanc.

Cette petite-bourgeoise de Paris, vulgaire et grasse à lard, déplore qu'il n'y ait point au bourg de cinéma. La femme de Riffault n'a jamais été au cinéma. Cette paysanne ne lit pas le journal et elle n'a pas vu de plus grandes villes que Dôle. Il y a peu d'images dans sa tête. Mais du moins sa tête n'est pas une poubelle.

10 février

Soleil sur la neige. Neige pimpante. Neige des grands impressionnistes.

La part du rêve, du rêve éveillé. Tantôt je déguste dans l'intimité des vins et des amis de choix. Tantôt je communie avec les foules délivrées.

Les façades des fermes, par l'effet de la neige, par contraste, sont d'un jaune saturé, d'un jaune de carri. À croire que la neige se lève la nuit pour les badigeonner.

Solitude des terres, silence. Un seul bruit, celui que font les pattes du chien sur la neige. En ferai-je un haï-kaï ou une symphonie ?

Le péché originel est collectif. Mais le salut est individuel. L'idée de salut est un commencement d'idée anarchiste.

Prise de Singapour [1]. On murmure au bourg que des milliers d'ouvriers sont déportés en Allemagne. Des événements germent. Mais lesquels?

Le grain de sable de Cromwell, l'aspic de Cléopâtre. Mais non. C'est notre sort individuel qui dépend des événements, d'événements presque incommensurables et qui marchent tout seuls.

Le paysage de neige est d'une étrange immobilité. Au point que j'en éprouve un malaise, une inquiétude au moins. J'ai envie de le toucher, comme on a envie de toucher les personnages d'un musée Grévin, pour voir s'ils ne quitteront pas leur déconcertante immobilité. Je reporte mon regard dans la chambre. Tout y semble agité; les meubles dansent. Les coins de lumière et d'ombre se poursuivent et se battent.

Ils se sont débarrassés de Rip; ils l'ont pendu, parce qu'il était tout fou. Mais ils ne l'avouent pas, les femmes disent : « Les hommes l'ont emmené » ou : « Il s'est perdu. » Il m'accompagnait parfois dans les « teppes ». Il aboyait tout à coup dans les bois. J'avais toujours avec lui l'illusion de courir le cerf. J'ai un remords. Un jour, agacé par ses aboiements, je l'ai menacé d'un coup de bâton. Je ne lui ai fait aucun mal. Mais c'était peu courtois.

16 février

Riffault se souvient que, quand il était enfant, pendant l'autre guerre, il entendit parler du rouleau compresseur des Russes. Mais il croyait que c'était un engin perfectionné, un formidable rouleau en fonte ou en pierre.

La solitude fait remonter les souvenirs, comme les bulles d'air à la surface d'un étang.

Saint-Simon. Quels sauvages! Le roi est si heureux de la mort de son ministre Barbézieux qu'il ne peut cacher sa joie et que les courtisans deviennent aussitôt gais par ordre. C'est le jour des Rois. On chante. Et le roi *« ne se contenta pas de crier* : " *La reine boit* "*; mais, comme en franc cabaret, il frappa et fit frapper chacun de sa cuiller et de sa fourchette sur son assiette; ce qui causa un charivari fort étrange et qui, à reprises, dura tout le souper. »*

Saint-Simon a écrit un portrait de Marcel Ray : *« ... tout lui fournissait de quoi dire et instruire, mais si naturellement, si aisément, si coulamment et avec une simplicité si éloquente et des termes si justes, si exacts, si propres qu'on était également enlevé des grâces*

1. La reddition, sans conditions, le 15 février, de la garnison de Singapour (100 000 prisonniers, dont 27 000 Britanniques) est un rude coup pour le prestige de la Grande-Bretagne humiliée par le Japon.

de ses conversations, et en même temps épouvanté de l'étendue de ses connaissances qui lui faisaient expliquer toutes les choses comme auraient pu le faire les botanistes, les droguistes, les artisans et les marchands les plus consommés dans tous ces métiers » (tome VIII, page 85). Il s'agit de M. Duguet, dont la piété fut séduite par Mlle Rose, béate extraordinaire.

Le docteur Carrel a fait à la presse les honneurs de la Fondation pour l'étude des problèmes humains, dont il est le régent par la grâce du maréchal. D'après le docteur Carrel, l'homme est un inconnu. Par contre, lui-même est fort connu. Et nul ne manie mieux que lui les lieux communs. « Je suis un homme de laboratoire... » a-t-il dit aux journalistes. Ne confond-il pas ? Il se pourrait qu'il ne fût qu'un garçon de laboratoire.

Je fais des vœux stratégiques, je pense à la nation, à la révolution. C'est encore la part des vieux dieux et de la morale. Ce sont encore les lieux bas. Je voudrais monter plus haut, respirer un autre air.

L'homme est une drôle de bête. Tous les soucis que j'ai de moi-même et du monde sont balayés parce que j'ai réussi à réparer mon briquet.

Un oiseau est tombé sur la neige, près d'un buisson. Je ne saurais dire si j'ai pensé d'abord à le réchauffer dans ma main ou à le faire cuire. L'oiseau s'est envolé.

20 février

Procès de Riom [1]. Timidité des dictatures débutantes. Elles simulent les formes de la justice.

Mot paysan. « Dans le train de Lyon, dit la jeune Jeanne Riffault [2], ils étaient tous à se vanter d'avoir trouvé, les uns un poulet, les autres de la farine... » – « Dans ces temps-ci, dit la mère, il ne suffit pas de se taire, il faut se plaindre. »

Paul Riffault (douze ans) ira ce soir au cinéma. Il y a au bourg un cinéma intermittent dans une salle d'école désaffectée. On y projette de vieux films idiots. Pour peu que cet enfant soit allé dix fois au cinéma, il y a reçu plus d'images que n'en reçurent, en

1. Une Cour suprême de Justice, installée à Riom le 8 août 1940, a instruit – selon une procédure tout à fait inusitée – le procès des prétendus responsables de la défaite; le 19 février 1942, comparaissent Léon Blum, Édouard Daladier, le général Maurice Gamelin ainsi que Guy la Chambre, ancien ministre de l'Air et l'ex-secrétaire général du ministère de la Défense, Pierre Jacomet; Pétain avait déjà condamné *motu proprio*, le 15 octobre 1941, les trois premiers inculpés à la détention dans le fort du Portalet.

2. Fille de l'agriculteur Paul B... (cf. supra p. 134); citée à nouveau p. 283.

dix générations, ses ancêtres. Passent-elles comme le vent ou l'aident-elles à se bâtir un monde? Un monde à l'imitation des scénarios?

24 février

Les guerres entre l'Allemagne et la Russie, entre les États-Unis et le Japon sont installées dans le temps. Le détail en passionne peu les Français. Ils reçoivent les informations stratégiques du jour, comme ils accueilleraient une histoire de la guerre de la Succession d'Espagne. Si les Russes battent les Allemands et si l'Allemagne craque, ils pensent que les « Fridolins » s'en iront. Tout se résout pour eux en un jeu de pile ou face. De même pour le sort de la France. C'est pile ou face. Et encore ce n'est pas eux qui jettent la pièce. Et ils ne voient pas que, même l'Allemagne battue, la paix ne s'installera pas toute nue et toute simple.

Laurent a acheté deux bœufs 17 500 francs. Depuis vingt ans, il trafique et maquignonne. Il spécule sur les bêtes, comme d'autres sur les valeurs ou la peinture. L'argent, rien que l'argent. Et pourtant non. « Je n'aurais pas voulu une paire de bœufs noirs, me dit-il. Il y en avait une belle paire, aussi beaux que ceux-ci. Mais ceux-ci vont avec mes vaches. » En effet les taches brunes ou fauves de ces bœufs s'accordent à la robe des vaches. On pourrait dire qu'un contraste n'eût pas été moins beau. N'importe, il est guetté par l'art.

Il a ramené ses bœufs du marché de Saint-Julien, qui est en montagne à dix-huit kilomètres d'ici. Il enfonçait dans la neige, les bêtes étaient fatiguées. Mais ce n'est pas de ce voyage qu'il est rempli, ce n'est pas ce voyage, cette fatigue qu'il me conte, c'est l'excitation du marché, des marchandages, de ce jeu de paroles qui ne sont ni tout à fait des mensonges ni tout à fait des vérités, de ce jeu où le plus malin gagne et non pas toujours le plus fourbe.

Le dieu Mercure vit en lui.

« Sur les bêtes qu'on achète, on ne sait jamais tout à fait la vérité. Celui qui m'a vendu ces bœufs m'a dit qu'ils n'avaient jamais travaillé, qu'ils étaient à dresser. Il me disait cela pour m'éloigner. Il ne tenait pas à me les vendre, il aurait mieux aimé les vendre à d'autres, qui tournaient autour. Premier mensonge. J'ai vu tout de suite, quand j'ai voulu les atteler, qu'ils savaient ce que c'était qu'un timon. Mais même maintenant qu'ils sont à moi, que le marché est fait, qu'ils sont payés, le vendeur ne me dirait pas la vérité. La vérité, ça ne se sait jamais. Ainsi, quand j'ai vendu une fois une vache, oh, pas mauvaise, mais fatiguée par les travaux... “ Elle est fatiguée, ta vache ”, qu'on me disait. – “ Fatiguée?... jamais elle n'a travaillé, jamais elle n'a été attelée... ” Bien sûr, on y croit ou on n'y croit pas. »

« On voudrait, dit une commerçante du bourg, que ça soit fini, qu'on ne tue plus de monde et que le commerce reprenne comme avant. »

« Oui, me dit un fermier, il y avait des cagoulards parmi les paysans, oui, il y en avait par ici sept ou huit au moins... Et je pourrais vous dire où on a caché les armes. »

Je lui fais comprendre que je crois savoir où ces armes ont été cachées. Mais je n'ai pas cherché à obtenir de lui plus de précision. C'est cela qu'il voulait me livrer et pas davantage. Son témoignage était d'un bloc. Si je l'avais interrogé, c'eût été impolitesse et il n'eût point aimé ces manières de juge d'instruction.

Au lointain, Java. Plus près, le bassin du Donetz et la Crimée. Plus près encore Riom et le bombardement des usines Renault [1]. Ni près ni loin, nulle part, le message du maréchal à la « commission d'études pour la jeunesse ».

J'ai fumé mon paquet de gris en un jour. Après quoi, huit jours sans fumer. Mais j'attends le miracle qui fera tomber pour moi quelques paquets du ciel. Je fume ma dernière pipe de cette décade. Ce n'est pas vrai qu'il n'y ait là qu'un plaisir d'habitude, une manie. Chaque bouffée est comme un renflouement. Chaque bouffée laisse au palais un goût d'embrun et un goût de chocolat.

6 mars 1942

La neige a fondu même sur la montagne. La nature étale sur les prés et les labours des marrons et des verts sévères. Aucun tissu de fantaisie. Elle n'a pas encore fait ses réassortiments. Elle n'a, comme disent les tailleurs, que du classique.

7 mars

À Paris, sept communistes condamnés à mort par un tribunal allemand.

8 mars

Il a neigé de nouveau, cette nuit. On en a assez de la nature changée en salle d'opération. On en a assez aussi des mignardises du blanc, des arbres en barbes de père Noël. On en a assez; on vous a déjà donné.

1. Visant les usines Renault, le premier bombardement de Boulogne-Billancourt par les avions de la R.A.F., le 3 mars au soir, qui fit 623 morts et plus de 1 500 blessés, provoque une vive émotion, exploitée par Vichy.

« À Mâcon, deux cérémonies religieuses seront célébrées à la mémoire des Français victimes des bombardements britanniques à la cathédrale Saint-Vincent, au temple protestant. » Ce bon Dieu mâconnais n'est qu'un courtisan. Il commémore les victimes des bombardements anglais, mais il n'a nul souci des victimes des fusillades allemandes ou même françaises à Paris.

Bourgeoisie peureuse, étriquée, illettrée. Techniciens barbares de la médecine ou du droit. Les industriels sont répugnants de philanthropie dans la trouille. Ils ne portent plus de jugements sommaires sur les livres. Ils ont transféré leur culture. Leur culture, c'est maintenant la peinture. Un tableau se voit plus vite qu'un livre n'est lu. Et il y a une échelle des prix. L'art est une superstructure de la cotation.

À Lyon, derrière les voûtes de Perrache, une pancarte est apposée au mur d'une maison publique. On y lit cette inscription : « Français d'origine ».

16 mars

Du journal : « Poligny. L'enlèvement des statues. Une équipe de spécialistes a procédé à l'enlèvement de la statue du général Travot... Chacun se consolait en pensant que ce métal pouvait fournir du sulfate de cuivre précieux à nos vignerons. » Ce correspondant de Poligny a vraiment une âme trop naïvement bucolique.

J'ai vu, à Bourg, le socle vide de la statue de Bichat. Statues de grands hommes ou de gloires locales, statues des petites villes et des bourgs, laides au point d'en être touchantes, laides d'une laideur que peu à peu le vent, la pluie diminuaient; statues qui fûtes autant de crimes contre l'art, mais qui preniez, à force de subir les intempéries, des grâces de petites sœurs des pauvres et même on ne sait quel air d'antiquité, statues des bourgs, nous vous regrettons, vous aviez une façon d'être laides et ridicules qui n'était qu'à vous.

Dans une revue d'alpinisme : « Pour la patrie par la montagne. » La montagne ne guérit pas de l'idiotie.

Vichy crée une « commission d'écrivains ». En font partie : MM. Paul Chack, Roland Dorgelès, Georges Duhamel, Paul Valéry, Jean Vignaud, etc. [1].

1. Avait été, en fait, mis en place le 10 juin 1941 un Conseil du livre français chargé d'assurer une coordination inter-zones; Vichy allait créer, le 1er avril 1942, une Commission de contrôle du papier d'édition. Paul Chack se range parmi les écrivains collaborationnistes; Jean Vigneau est l'un des éditeurs de Paul Valéry.

Un cheminot de Dijon me confirme que quatre lycéens ont été fusillés à Dijon. Et il ajoute : « Le sous-officier désigné ayant refusé de commander le peloton d'exécution fut lui-même immédiatement fusillé. » Est-ce vrai? Est-ce légende? Ce sous-officier ne personnifie-t-il pas la pitié du peuple [1]?

En 1831, un fabricant lyonnais, du nom d'Olivier, disait qu'il recevait les Canuts à coups de pistolet. Un autre : « Si les ouvriers n'ont pas de pain dans le ventre, nous y mettrons des baïonnettes. » Et en effet les patrons, qui formaient la première légion, tirèrent sur une pacifique manifestation. Huit morts. Les patrons du style maréchal usent d'un style plus enveloppé. Ils ne sont qu'amour penché, ils sont plus socialistes que Lénine. En fait, l'ouvrier apparaît à un certain type de bourgeois comme un ilote nécessaire, qui tend à se transformer en bousculeur de civilisation. Je suis stupéfait de la colère que je provoque chez N..., en lui citant une phrase prononcée par Jean Perrin, à l'inauguration du buste de Curie : « Un jour viendra, où l'on n'osera plus appeler travail les tâches avilissantes, auxquelles les deux tiers de l'humanité sont condamnés. » – « C'est ainsi qu'on affaiblit un peuple », me dit-il. Et il en vient aux quarante heures, à Blum qui sont les causes de la défaite.

L'école isolée dans la campagne. Le jeune instituteur a été, pendant la guerre, lieutenant aviateur. Il pilotait un avion de bombardement. « Cette vie, lui dis-je, où vous risquiez la mort un jour sur deux... » Il m'interrompit d'un mot héroïque et charmant : « Oh... pas même... » – « Les camarades, me dit-il, on ne les voit pas mourir, on ne les entend pas râler. L'avion touché est comme une torche qui flambe, puis plus rien. Le risque, le vol, la popote où la tristesse est interdite, on avait le sentiment d'une vie en quelque sorte irréelle. » Il regrette de ne plus voler. Il aimerait être pilote civil. Souplesse du personnage humain : il peut aussi bien piloter un avion de guerre qu'apprendre à lire aux enfants du village.

Rencontré le père Grégoire. Chaque année, j'oublie que le père Grégoire et moi nous sommes conscrits. Mais lui n'oublie pas. Le service militaire est un des plus solides repères des mémoires paysannes.

Le père Grégoire est un peu éméché. Il rejette la guerre présente,

1. Le 7 mars, étaient fusillés à Dijon, pour l'exemple, quatre élèves normaliens, communistes, René Laforge, René Romenteau, Jean-Jacques Schnellnenberger, Pierre Vieillard ainsi qu'un jeune menuisier-ébéniste, Robert Creux. Le sous-officier allemand ne refusa pas de commander le peloton d'exécution.

qui n'est qu'une machine montée par des journaux et des T.S.F. de mensonge. Il se réfugie dans les douces certitudes de la guerre de 1914, dans les confortables abris du souvenir.

Il me conte comment, s'étant offert quatre jours de permission supplémentaire, il monta dans n'importe quel train, descendit dans n'importe quelle gare et fit l'idiot. On le confia à un détachement d'artilleurs, à des gendarmes, à un chef de train. En une journée, sa feuille de permission avait reçu tant de coups de tampon que personne n'y pouvait plus rien comprendre. Cette longue histoire d'un homme isolé, se défendant par ruse contre la chose militaire est drôle. Mais elle est étonnamment ponctuée de canons, de chopines, litres et bidons. À Nuits-sous-Ravières, il avait encore du vin dans son bidon, il put donc boire un coup. Dans le fourgon, le chef de train avait deux litres et lui-même avait deux litres. Les gendarmes le conduisirent dans un hôpital, où les infirmières étaient anglaises. Elles le firent déjeuner, de la viande, et tout, et une chopine. Le père Grégoire vit dans un univers, dont le vin est à la fois le calendrier et la poésie.

La revue *Patrie* groupe un lot d'écrivains du type distingué et du type faisandé. Les écrivains de luxe sauvent l'esprit; l'esprit qu'ils sauvent étant tout à fait comparable à cette flamme, que les convives adroits aux jeux de société allument dans une peau de mandarine vide.

27 mars

Allemagne, Russie, Angleterre, Amérique, Japon. Procès de Riom. Pour manger à sa faim, il faut être paysan ou riche. Vichy s'agite en paroles et décrets. Les paysans doivent porter tout leur blé au moulin. Ils doivent fournir six œufs par mois et par poule. On arrête dans les gares les voyageurs qui transportent en ville cinq, dix, vingt kilos de lard.

J'attends Suzanne et Claude. Je pousse le temps.

Les Allemands fusillent à Paris, fusillent à Dijon, fusillent à Besançon.

Pourquoi le souvenir de ce dîner dans un « milieu bien » à Paris, un peu avant la débâcle? Dîner béotien. Ils échangent des signes morts. Ainsi volent les pigeons auxquels on a enlevé le cerveau. Ils me feraient haïr Bonnard et Debussy. Pourquoi attribuer tant d'importance à des propos sur l'art? C'est qu'ils en sont les Pharisiens. Ils disent : « Voyez comme nous sommes subtils, délicats, initiés. Si on touche à nous, on détruit la civilisation. »

Suzanne est arrivée.
Ayant renoncé à passer par Chalon, elle a essayé par Tours. Un

de nos amis l'avait adressée à des gens qui devaient la faire passer en barque. Mais ils étaient absents, en vacances, on ne sait où. Pendant dix jours, elle a erré de village en village. Aucun sentier possible. Des Allemands partout.

Les autocars étaient pleins de misérables que la police arrêtait aux terminus. Ils descendaient, embarrassés d'enfants, de valises, de baluchons.

Le soir, elle trouve un lit dans une pension de famille. Dans la cuisine, les pensionnaires et quelques errants sont rassemblés. Ils prennent la radio anglaise. Une discussion s'engage entre un jeune homme et un homme vague, inspecteur du Gaz. L'homme vague est pris d'une crise de fureur : « Pendant l'autre guerre, j'étais officier... J'en ai tué plus d'un, je les tirais entre les deux yeux... Je suis prêt à recommencer... Si j'avais un fusil... » Le jeune homme ne répond pas. L'homme vague continue : « Vous avez insulté le maréchal. Je vais à la préfecture, je vous dénonce tous et je vous fais arrêter. » Il sort. On ne sait s'il va ou non à la préfecture. Mais c'est la panique. Quelques pensionnaires, la bonne et les Parisiens qui espèrent passer la ligne sortent de la cuisine et s'éparpillent dans les rues. Suzanne et une jeune institutrice d'Avranches, qui traîne un bébé dans une voiture, mettent leur chance en commun. Elles trouvent à coucher au *centre d'accueil*. Une salle de cinquante lits vides tandis qu'à la gare des réfugiés s'entassent, hommes, femmes et enfants. On dit que la dame de la Croix-Rouge, qui dirige le centre, organise, en collaboration avec un infirmier, des passages, moyennant finances. Vérité ou ignoble calomnie ?

Le lendemain, Suzanne tente, seule, de passer la ligne la nuit. Elle entend des pas, un cri : « Halte... » Elle se couche dans un fourré. Des soldats allemands braquent leurs lampes électriques. Ils passent. Elle reste couchée. Quelques minutes, une demi-heure. Elle ne sait plus.

Elle va de village en village, à pied, en autocar, par le train. Elle retrouve l'institutrice et son bébé. On les chasse des fermes : « Nous ne voulons pas aller en prison pour vous. »

Une ferme : une vieille et deux paysans plongent leurs cuillers dans une même écuelle. La salle est sordide, mal éclairée. « Vous n'allez tout de même pas nous laisser coucher dehors... » – « On vous donnera une botte de paille. » Une botte de paille est jetée au milieu de l'étable entre les croupes des vaches. Les bêtes tirent sur leurs chaînes. Bruits de chaînes et flocs de bouses.

Le lendemain, elles repartent. Dans un train, un prêtre, qui a connu Félix Le Dantec, dit à Suzanne que la mémoire personnelle est abolie dans la vie éternelle et que *Mein Kampf* ne fut pas écrit par Hitler, mais par un bénédictin. Ce prêtre sans doute était fou.

Le soir, elles arrivent à Liguiel. Pas de chambres. Elles sonnent à la porte d'un couvent. La portière entrouvre la porte : « Ce n'est pas un hôtel ici. » Suzanne pousse la porte : « Nous coucherons dans le jardin, mais nous ne resterons pas dans la rue. » – « Vous ne coucherez pas dans le jardin. » Une sœur arrive et parlemente. « Et le Christ et saint Vincent de Paul ?... » dit Suzanne, qui invoque avec violence, si l'on peut dire, la charité chrétienne. On leur prépare des lits. Le lendemain la sœur montre à Suzanne les travaux de pyrogravure de ses élèves. Les couvercles de boîtes sont ornés de colombes se becquetant et de Bretons à grands chapeaux. « Le Breton, ça fait bien sur les boîtes... »

Plus de passeurs. Quelques-uns ont été arrêtés ou fusillés. Les autres ont peur.

Rendez-vous dans une église avec une vieille femme « passeuse ». Elle ne propose rien d'immédiat. Cela vaut mieux peut-être. On l'accuse de livrer ses clients aux Allemands.

Vingt kilomètres dans une carriole de paysan. « Je vous mènerai jusqu'à la ligne. Mais rien de plus... » Une ferme. La fermière crie : « Allez-vous-en... Vous me donneriez cinquante mille francs... ça serait la même chose. Allez-vous-en... La patrouille va passer. » – « Quand ?... » – « Dans cinq minutes peut-être... » – « Dites-nous où est la ligne... » La fermière tend le bras : « La voici la ligne... Entre deux postes. » Cinq cents mètres de champs, de buissons et, au bout, une petite gare. La gare est en zone non occupée. Suzanne d'une main pousse la voiture d'enfant, de l'autre entraîne l'institutrice.

Elles arrivent au ballast, à la gare. Le chef de gare lève les bras au ciel : les jours précédents, les Allemands avaient tiré et tué.

Dans la salle d'attente, la jeune institutrice (je n'ai pas dit encore qu'elle était gaulliste) aperçoit un grand portrait de Pétain. Exténuée, délivrée, gaie, elle lève les bras vers l'image et crie : « Maréchal, nous voilà... »

XVII

ÉCHOS DE RIOM ET DE VICHY

1er avril 1942

PROCÈS de Riom [1]. Le procès est devenu celui de Pétain.

J'ai, par hasard, au début de la guerre, rencontré un des généraux témoins à charge. Il affirmait alors que nous étions fin prêts et que la ligne Maginot était imprenable. Il est vrai qu'il n'était alors que colonel et qu'il a, depuis, avancé vite et après la débâcle.

« Réveiller la mollesse des officiers généraux, tenir en crainte l'exactitude de tous, en respect la licence effrénée du soldat, rétablir l'ordre et la subordination dans l'armée... » – « à la tête de troupes découragées, sans discipline, manquant de force choses dans la funeste habitude des plus tristes revers... » Ce n'est point extrait du procès de Riom, mais des premières pages du tome XVI des *Mémoires* de Saint-Simon.

On pense aux généraux de l'Affaire Dreyfus. Quelques militaires mentent comme mentent ces enfants, qui distinguent mal entre la réalité et la fiction. Ils croient que leur mensonge, en dépit de tout témoignage et de la vraisemblance, annule la réalité et possède une vertu créatrice. Ils n'ont pas toujours tort.

J'apprends de V... qu'on n'a pu trouver un seul universitaire pour signer un texte de protestation contre le bombardement de Billancourt par les Anglais. Mais souvent j'aurais souhaité que l'Université témoignât d'une résistance plus ouverte et d'une plus grande irritabilité. Je dis que, si la Sorbonne et le Collège de France avaient fait grève ou « débrayé », cela eût été d'un grand poids et pas du tout inefficace. Il m'oppose d'excellents arguments.

1. À Riom (cf. supra p. 266), Léon Blum et Édouard Daladier font mieux que se défendre; profitant de la relative libéralité de la Cour, ils instruisent, preuves à l'appui, le procès de hauts responsables militaires et d'abord de Philippe Pétain qui avait été le véritable patron de l'armée française tout au long de l'entre-deux-guerres.

Les Allemands n'auraient nullement été intimidés. Ils n'auraient pas hésité à emprisonner les protestataires. De plus, c'était laisser les étudiants en panne. C'est résister à l'Allemand que de faire bien, donc subversivement, son métier. Je ne suis pas convaincu. Je vois avantage à démontrer que le Collège et la Sorbonne ne peuvent vivre sous la domination de l'Allemand.

« Il fallait que ce grand général n'eût aucune sorte de mémoire, ou qu'il comptât le Roi, la cour, son armée, et tout le public, pour bien peu de chose : en moins de quinze jours, répondre au Roi qu'il empêchera aux ennemis de passer l'Escaut, et, dès qu'il lui a toujours mandé qu'il était impossible d'empêcher les ennemis de le passer, et cela sans qu'il fût rien arrivé entre deux qui eût changé ni la face des choses, ni, à lui, de langage, ce sont de ces vérités qui ne sont pas vraisemblables, mais vérités toutefois, qui ont eu le Roi, la cour, l'armée pour témoins, et dont M. de Vendôme, ni cette formidable cabale qui l'appuyait avec un si incroyable succès, n'ont pas seulement tenu compte de se disculper, mais bien d'en étouffer le bruit à force d'en renouveler d'anciens et de nouveaux propos contre Mgr le duc de Bourgogne. » (Saint Simon, tome XVI, page 454). En marge : *« Mensonge prodigieux de Vendôme. »*

2 avril

De la force et de la précision de la pensée chez quelques militaires. Les causes de la débâcle selon le général Langlois : « La Société des Nations empoisonnait l'esprit du public. »

3 avril

Rencontré le maréchal des logis de gendarmerie, le « chef ». Pas gendarme du tout. Fait avec une moitié d'instituteur et une moitié de soldat. Parle net. À peine s'il baisse la voix quand quelqu'un passe près de nous. Contre l'Allemand, contre Vichy. Parle avec une fureur sacrée de ce couple parisien suspect, qui habite non loin du bourg. (Ils passent à volonté la ligne de démarcation et, à Paris, reçoivent des officiers allemands.)

Il n'aime pas les communistes. Il était à Paris quand les ouvriers occupèrent les usines. « J'ai causé avec des ouvriers... Je fais mon métier, mais je cherche à comprendre... Les ouvriers ne réclamaient pas une augmentation de salaires. Quand je leur demandais par quoi ils étaient poussés, ils me répondaient : " Je ne sais pas ". » Je voudrais pouvoir lui expliquer qu'il est des heures où les foules obéissent à d'autres motifs que ceux du ventre et de la raison raisonnante.

Il me dit que, pendant la débâcle, un officier français s'est arrêté chez l'instituteur de Nanc. Sur une carte que l'instituteur a conservée, cet officier, obéissant à on ne sait quelle impulsion de vantardise, dessina un tracé de la future ligne de démarcation, un tracé exact, un tracé prophétique. Comment n'y pas voir la preuve d'une trahison préméditée, organisée?

Les preuves de l'existence de Dieu. Soyons modestes : cherchons les preuves de l'existence de l'homme.

Dans les camps de concentration, des internés (Espagnols, Juifs) jeunes et arrêtés en bonne santé sont, après quelques semaines, dans un tel état de déchéance physiologique qu'ils n'ont plus la force de se soulever de leurs paillasses et y laissent échapper leurs excréments sous eux.

D'après un étudiant en médecine de Paris. La consultation de l'Hôtel-Dieu est assurée par le chef de clinique du Dr Fiessinger. (Je n'ai pas retenu son nom.) Une quinzaine d'étudiants y assistent. Une très vieille femme courbée, ravinée, couturée, se plaint de douleurs au ventre. Le médecin lit sur la feuille d'entrée qu'elle est originaire de l'Europc centrale et qu'elle est juive. La vieille est étendue sur un lit. Elle conte comme elle peut son mal. De temps en temps elle se soulève, comme si elle voulait parler de plus près au médecin, se faire mieux entendre, faire pénétrer mieux en lui les mots de son jargon. À chaque fois, le médecin la repousse et l'allonge au matelas. On dirait un sketch sinistre et grotesque. Le médecin se détourne de la malade et s'adressant aux étudiants, comme si la malade n'existait pas, commence un long monologue sur l'ignominie et la toute-puissance des Juifs. Deux étudiants approuvent. Les autres sont pris de honte et de dégoût, mais ne donnent, de ce dégoût et de cette honte, aucun témoignage.

10 avril

Les arbres en fleurs dans la campagne. Mais le ciel est maussade, la lumière est pauvre. On dirait des femmes en robes de bal, sur le trottoir, au jour naissant, à l'heure où on ne trouve pas de taxi.

« L'Amérique, dit le camionneur cafetier, a annoncé à la radio qu'elle déclarerait la guerre à la France, si la France continuait à livrer à l'Allemagne le plus gros de son blé, le plus gros de son vin. »

Il faut bien que j'avoue que, sur le moment, quelque chose en moi lui a fait crédit. Le témoignage du camionneur était un tout organique, une seule chair, il avait en lui l'image d'une Amérique lointaine et toute-puissante, d'une Amérique personnalisée, qui éprouvait les mêmes colères que lui-même : « Si vous continuez à ravitailler les Allemands, je vous fous mon poing sur la gueule... » Tout cela, charnu, sanguin, indécomposable.

Un cheminot me dit que les Allemands ont fusillé à Dijon dix otages, hier, dix otages, avant-hier.

Dans une ruelle, des enfants jouent à tirer à l'arc (leur arc est fait d'une ficelle et d'une branche courbée). Ils visent une image de la Légion collée sur un vieux portail. L'image crevée se détache par lambeaux. Mais ils n'ont aucune arrière-pensée. Ils ne visent pas le maréchal, mais une cible abstraite. Ils obéissent à de vieilles images de guerre et d'aventure. Et l'un d'eux, le plus petit, nous dit : « On est des bons *artiseurs.* »

Le procès de Riom.

« Cependant tout périssait peu à peu, ou plutôt à vue d'œil : le Royaume entièrement épuisé, les troupes... rebutées d'être toujours mal conduites, par conséquent, toujours malheureuses; les finances sans ressources; nulle (ressource) dans la capacité des généraux ni des ministres; aucun choix que par goût et par intrigue; rien de puni, rien d'examiné, ni de pesé; impuissance égale de soutenir la guerre et de parvenir à la paix; tout en silence, en souffrance; qui que ce soit qui osât porter la main à cette arche chancelante et prête à tomber. » (Saint-Simon, tome XVII, page 154.)

12 avril

C'est en novembre de l'an dernier que j'entendis pour la première fois, et de la bouche de Gilbert, la parole de collaboration. Gilbert ne me donnait pas son opinion, n'« adhérait » pas, mais il analysait un état d'esprit, celui de quelques Français qui, croyant au fait de la victoire allemande, à l'impossibilité pour l'Angleterre de vaincre, estimaient que la sagesse était de prendre contact avec les Allemands, renonçaient à un patriotisme devenu aussi vide que le pacifisme métaphysique. Gilbert planait, il créait une hypothèse historique, sans la prendre à son compte. Je m'en étonnais d'autant moins que j'étais accoutumé à le voir cédant à des jeux d'idées, bâtissant le monde à partir d'une nébuleuse mathématique, passant des mollesses du pragmatisme aux systématisations cristallines d'un système logique. Il était tard dans la nuit. Les mots avaient des ailes. Gilbert modelait Sirius et Aldébaran. Ses idées glissaient comme les images d'un rêve. Le rêve logique accrochait au passage des bribes de faits et des montagnes d'erreurs. « L'Allemand est vacant, disait-il, qui sait si nous ne remplirons pas ce vide? Qui sait si l'asservissement ne libérera pas de plus hautes vertus, de plus délicates puissances? Chassé de la politique, l'homme se retrouvera peut-être dans la poésie. » A peine si j'osais faire allusion aux camps de concentration, aux fusillades. J'éprouvais comme une honte à utiliser la trivialité de l'évidence.

Il me sembla que Gilbert ne faisait que chercher une solution au besoin par l'absurde, qu'explorer l'avenir, que sonder des possibles et qu'il ne savait pas qu'une propagande avait nourri son rêve. L'hypothèse psychanalytique s'y appliquerait assez bien. Gilbert avait refoulé les camps de concentration, l'exil d'Einstein, la suppression de Henri Heine. Mais la censure du rêve laissait passer un seul souvenir : trois ans avant la guerre, un libraire de Berlin lui avait dit que jamais on n'avait édité en Allemagne autant de poètes.

La campagne était compartimentée, comme un jeu de patience sous une froide lumière de leçon de choses. Cette campagne géographique a disparu aux premiers lèchements d'un soleil réveillé. La lumière s'infiltre, supprime les rigides accrochages, refait au monde des articulations souples.

Les cerisiers pressent leur blanc à plein tube.

Un prisonnier rapatrié dit qu'il a vu des prisonniers russes chercher des vers de terre pour les manger.

Sur le chemin, la mère Paré, qui ne quitte jamais un air de fureur, ramène ses vaches. Elle me demande des nouvelles de Suzanne et de Claude. Elle sait déjà, par les mille voix de la forêt vierge, qu'ils sont à Paris. « Bien sûr... me dit-elle, *eusse*, ils ont du travail et vous n'en avez pas... »

15 avril

Rencontré l'instituteur. Il va piocher son jardin. Il voit la situation sans lumière au bout. Il a peur. Il n'écoute la radio anglaise que de temps en temps, tant il a peur d'être dénoncé.

« La situation est mûre... » dit le cordonnier. Et partout ce bruit circulant : « On va mobiliser... les Allemands ont demandé cent mille hommes. » D'autres disent cent vingt mille, d'autres cent trente mille. « Ils refuseront de marcher... » – « Les Allemands les encadreront ou les feront travailler à l'arrière du front. »

J'imaginais Pétain, dans la limite de ses moyens d'intelligence, obsédé par les plus hauts problèmes. Ce n'est qu'une imagination de théâtre. Il passe des heures entières à comparer son timbre-poste avec képi et son timbre-poste sans képi.

19 avril

Depuis trois jours, le bourg se tait. Personne ne m'annonce une grande nouvelle, entendue par un voisin à la radio anglaise ou à la radio suisse.

Trois cheminots à l'intérieur de la buvette de la gare. Ils ne boivent même pas, ils sont réfugiés, à l'abri. Courbés, la tête penchée, les yeux regardant le sol, les mains pendantes entre les cuisses. Quoi pèse si lourdement sur eux? Le dimanche? Leur désœuvrement momentané? La fatigue? La nourriture insuffisante, sans vin? Le sentiment de la défaite? L'un d'entre eux se met à parler, à prophétiser plutôt. Il prononce d'incompréhensibles paroles, où il est question d'Afrique du Nord et de « les foutre dehors ».

20 avril

« Lebrun, me dit un paysan, il avait une tête de brave homme, mais pas une tête pour commander [1]... Mais Laval [2], il porte sur sa figure qu'il est une fripouille. »

Il me revient sur Pétain une anecdote, qui, si je m'en étais souvenu plus tôt, m'eût épargné beaucoup d'inutile psychologie. Peu d'années après la guerre de 14, le sculpteur Brasseur avait eu la commande d'un monument commémoratif pour je ne sais quelle ville du Nord. On en montra la maquette à Pétain : un groupe de soldats et un officier. « C'est beau, dit-il, mais il faut faire l'officier plus grand que les hommes... »

« Laval sera descendu... » me dit le père François. – « Les Allemands sont là et il doit être bien gardé. » – « Ça ne fait rien, me répond le père François, il y a encore des Français. » Il entend que la qualité de tueur de Laval est complémentaire de la qualité de Français.

Elle ressemble aux vieilles du théâtre, tout son corps s'appuie sur un bâton. L'atmosphère de sa chambre est lourde, lourde d'un passé moisi. Il va de soi qu'elle ne lit pas le journal. Les nouvelles lui viennent par d'autres vieilles. Elle est pauvre et gémissante. Mais voici ses paroles : « On a appris hier que Laval avait passé... Ça nous a fait beaucoup de peine. Ils ont chassé le maréchal qui tenait pour tout. »

Laval parle ce soir à la radio. Je vais l'entendre à la ferme. D'abord les informations : « Une formidable offensive de la *Wehrmacht* se prépare. L'Allemagne aura à sa disposition tout le pétrole de la Russie. » Si faibles sont mes connaissances en géographie économique que je ne puis juger de cette affirmation de propagande. Mais je refuse à l'Allemagne la possession de ce pétrole de je ne

1. Albert Lebrun, dernier président de la République, fut effectivement totalement dépassé par la crise politico-militaire de mai-juin 1940.

2. Remplaçant Darlan, Laval revient au pouvoir, le 18 avril, en prenant le titre de « chef du gouvernement ».

sais quel Caucase, de je ne sais quel Oural. Mon cœur sait que le pétrole ne sera pas à l'Allemagne.

Laval a parlé. Sa voix, le timbre en est cuivré, mais le métal mollit sur certaines consonnes. C'est imperceptible, c'est comme si les consonnes devenaient trop dures pour lui. Signe de fatigue ou d'une âme molle. Les filles parfois relâchent ainsi les consonnes. La voix, elle est, comme son visage, exactement comme son visage, grasse et serrée, vulgaire et busquée.

Je me souviens que j'ai rencontré à Lyon, il y a quelques mois, un fonctionnaire important, courageusement gaulliste. Pour me définir son mépris de Laval, il le compara à Julien Sorel.

À Julien Sorel, ce personnage cornélien! Nous vivons des temps incultes, où un ennemi de Laval peut avoir un cerveau aussi gras que celui de Laval. Mais je pense que ce haut personnage n'avait pas lu *Le Rouge et le Noir*, que Julien était pour lui l'ambitieux en soi et qu'il ne voulait qu'orner la conversation.

Depuis des années, je rencontre sur le chemin le vieux père Messal, ancien tâcheron, mi-paysan, qui jardine avec des soins minutieux de bureaucrate, de collectionneur. Il cultive un peu de vigne, du maïs, des pommes de terre et de beaux dahlias. Ce vieillard n'aime pas parler. Il est silencieux et mélancolique. On dirait qu'il traîne une peine ancienne au long des chemins. Mais aujourd'hui il est loquace. Prophète maussade, sénile et non pas sans orgueil, il ne me parle pas de l'événement immédiat, que sans doute il ne connaît même pas, il ne me parle pas de Laval, mais il porte sur un monde qu'il a immobilisé un jugement définitif et figé. Bien des mots pour dire que sur le bord du chemin, une vieille bête me parle. Mais ce que l'époque dépose au fond d'une vieille bête m'émeut.

« Bientôt on n'aura plus de quoi manger. On aura la révolution. La faim fait sortir le loup du bois. Ça devait arriver. Moi, je n'ai jamais eu confiance au gouvernement (il s'agit du gouvernement de 1939). Ils ont déclaré la guerre. C'est eux qui ont déclaré la guerre. Nous n'avions rien. Ils s'en foutaient. Ce qu'ils voulaient, c'est avoir de l'argent. La débâcle, ça ne m'a pas étonné. Je l'avais prédit. Au commencement du mois de mai, l'huissier me disait : " Ils ne sont pas encore là ". Je lui ai dit : " S'ils n'y sont pas en mai, ils y seront en juin ". Il y en a qui ont eu peur, ils sont partis. Moi, pas. Les Allemands sont restés trois jours. Ils ont fait moins de dégâts que nos soldats. Les Français, ils ont pillé tout ce qu'ils ont pu. On en a porté gros des litres vides du côté du champ de foire. Les Allemands, ils avaient de la discipline, de la tenue. Si un chef les appelait, il fallait voir comme ils se mettaient au garde-à-vous. Je sais ce que c'est. J'ai fait quatre ans de service... » Il se redresse, ébauche un garde-à-vous, un résidu de garde-à-vous, et un salut militaire et reprend :

« Oui... ils avaient de la tenue... Je n'en ai pas vu un pisser contre les murs. Ils pissaient contre les haies. »

21 avril

Ces dernières semaines, le bourg en léthargie attendait le Messie, qu'il vînt de Russie, d'Angleterre ou d'Amérique. Il lui semblait que le temps s'était arrêté pour laisser au Messie le temps de venir. Mais on lui jette Laval sur la route du Messie.

26 avril

Ils me demandaient : « Que pensez-vous de la situation? » Ils ne me le demandent plus. Car, par je ne sais lequel de leurs sens, ils connaissent quelque chose de la situation. Ils savent qu'elle n'est plus d'aplomb, qu'elle va basculer. « Bientôt, me dit un chef de train, à la buvette de la gare, les Allemands seront partis de chez nous, comme je les ai vu partir en 1918 arrachant les épaulettes de leurs officiers. Bientôt, je vous dis. Ils sont mûrs. Bientôt, nous serons délivrés. C'est alors qu'il faudra que les traîtres, que nos traîtres payent. »

Les mots lui viennent comme les mots d'une prière. Il parle, comme les devineresses aux yeux bandés et comme les prophètes. Mais, il y a quelques jours, les prophéties étaient sombres. Les prophètes gémissants se changent en prophètes irrités.

27 avril

Discours du *Führer*. « La peste mondiale judéo-bolchevique. » Churchill est un ivrogne.

La pente est assez forte pour que la charrue, les bœufs, la femme conduisant les bœufs, l'homme dirigeant la charrue portent, non sur le ciel, non sur un lointain, mais sur le champ même. Tout semble plaqué sur la terre. On dirait une médaille.

La bonne vie. C'est le fils d'un chiffonnier de Lons, un garçon dans les dix-sept ans. Il est chez lui à la gare. Il enjambe la barrière et vient négocier à l'arrière de la buvette. Il obtient un verre de vin, puis un verre de vin cuit. Il boit en deux cascades. Il réenjambe la barrière, traverse les voies, visite les wagons d'un train garé, où il rafle tous les mégots. Après quoi, il s'installe avec un camarade à une des tables derrière la buvette, demande deux apéritifs et un jeu de cartes.

Dans les récits de mon enfance, le chiffonnier était un être hagard et grelottant; il mourait sur un grabat et recevait à l'heure de sa mort la visite des dames de charité.

2 mai 1942

Le cordonnier, sa femme, ses enfants, tête baissée dans l'attitude des paysans de *L'Angélus*, écoutent la radio.

« À Foissia, me dit Riffault, les paysans ne voudraient pas que les Russes gagnent. Ils ont peur des Russes. On leur a dit que, si les Russes venaient, ils seraient " mécanisés " et dépossédés de leurs terres... Moi, je leur ai dit que, si le régime était si mauvais, ils ne se défendraient pas si bien contre les Allemands. »

Mes passions ne m'enlèvent pas toute honnêteté. Je lui fais remarquer que son argument est plus logique que juste. Car il serait applicable aussi aux Allemands.

Il n'y a pas que quelques paysans pour avoir peur des Russes. J'ai rencontré à Bourg la vieille courtisane de 1900. Elle ne teint plus ses cheveux, ils sont blancs, elle a un air distingué d'Américaine de palace d'antan. Elle voudrait que les Russes et les Allemands « s'écrabouillent ». Elle n'aime pas Hitler, mais « elle l'aime mieux que Staline ». Elle craint les hordes barbares. Quant à Pétain, elle le connaît, elle l'a vu à l'œuvre. « J'ai été à Verdun, pendant l'autre guerre... » Je marque mon étonnement, je ne savais pas qu'elle avait défendu Verdun. « Oui, j'ai été à l'État-Major, j'avais un ami à l'État-Major... » Je m'éloigne. Il était temps. J'allais lui dire que je savais bien qu'on avait adjoint à certaines formations des bordels pour la troupe, mais que j'ignorais qu'on en eût créé de haut luxe, pour les officiers brevetés.

J'ai passé l'après-midi à Coligny, avec Mme M... et sa cousine. D'un milieu de bourgeoisie cléricale, elles sont, l'une et l'autre, gaullistes. Nous parlons de l'évasion du général Giraud [1]. Nous l'imaginons allant rejoindre de Gaulle, prenant son rang modestement, près de de Gaulle.

Survient le fils de Mme M..., permissionnaire d'un camp de jeunesse. Contrastes et divisions dans les familles, comme aux temps de l'Affaire Dreyfus : ce jeune homme, frais et vide, parle sévèrement de de Gaulle, qui n'a pas obéi aux ordres de ses chefs. « La jeunesse d'avant la guerre avait perdu toute discipline... La débâcle a pour causes les occupations d'usine, les grèves, l'action

1. Le général Henri Giraud, qui passait pour un des officiers supérieurs les plus capables de l'armée française, parvient à s'évader spectaculairement le 17 avril de la forteresse de Königstein, en Saxe, et à gagner Lyon. À la grande colère de Hitler il refuse de repartir en Allemagne. On sait qu'il fit tout sauf de se mettre modestement au service de Charles de Gaulle.

combinée des communistes et des instituteurs. » Il a « la haine de l'Allemand », méprise les succès militaires des Russes et dénombre, avec une étrange jubilation, les échecs de l'Angleterre.

Je lui demande si tous ses camarades ont les mêmes sentiments que lui. « Beaucoup, me répond-il, mais pas tous, quelques-uns sont gaullistes. »

Il y a un fil entre les paysans de Foissia, qui craignent les Russes, la vieille courtisane et ce jeune homme dopé d'arguments. Il y a un fil aussi entre tous ceux qui aiment d'un amour provisoire, tous ceux qui portent des coups à l'Allemagne. La fin sera-t-elle ou non une guerre civile?

La vieille courtisane est hitlérienne. Hitler est son costaud, son Julot. Elle peut avoir une vague idée du personnage de Hitler et du régime nazi. Elle peut deviner quelque chose des passions hitlériennes et rien des passions russes. Hitler est au bout de sa *Marseillaise* et de son boulangisme. Hitler materait la ceinture rouge de Paris. Hitler ne serait pas impitoyable pour les grands industriels, qui sont généreux avec les filles de haut luxe. Et les bourgeois hitlériens sentent que la révolution russe, quels qu'aient pu être ses erreurs et même ses crimes (et ses crimes ne sont que du déchet historique, si on les compare aux crimes de l'hitlérisme), les bourgeois hitlériens sentent qu'elle est la seule eau qui puisse laver le monde. Seule, elle menace la pourriture de ce cloaque, qu'ils appellent la France.

Veuve, Mme L..., commerçante du bourg, a empêché son fils, libéré du service militaire, de se marier avec une pas grand-chose. « Ce n'est pas rien pour une femme seule, dit-elle, que de gouverner un homme qui a fait son service. »

Une vieille fermière (son mari a mal fait ses affaires, elle est usée, pas même ridée, on dirait que le temps lui a effacé le visage) : « On ne lit pas le journal... on n'a pas le temps... et puis ça nous tourne la tête... »

6 mai

La politique paysanne est chose d'homme et non de femme. Laurent savait hier soir que les Anglais avaient débarqué à Madagascar. Mais, aujourd'hui, à six heures de l'après-midi, sa femme ne le savait pas. Il ne lui en avait rien dit. Mais Jeanne Riffault [1], qui n'a que seize ans, est aux aguets, quand on parle de la guerre. Et elle en sait plus qu'on n'en dit devant elle. À croire que les

1. Jeanne est la fille de Paul B...

nouvelles lui viennent par les airs, pendant qu'elle garde les vaches. Jeanne d'Arc.

« *Il déplorait les fautes signalées qu'il voyait se succéder sans cesse, l'extinction suivie de toute émulation, le luxe, le vide, l'ignorance, la confusion des États, l'inquisition mise à la place de la police; il voyait tous les signes de destruction et il disait qu'il n'y avait qu'un comble très dangereux de désordre qui pût enfin rappeler l'ordre dans ce royaume.* » Il s'agit de Catinat et c'est de Saint-Simon. (Tome XXII, page 268.)

7 mai

Je me fais à moi-même ma radio anglaise. Pourtant, hier soir, j'aurais voulu entendre Londres de mes oreilles. Je suis allé à la ferme voisine. Les fermiers n'ont pas encore « soupé ». Laurent a travaillé tard dans la vigne, sa femme est à l'étable. Je ne trouve que Georgette, leur fille, qui a dix-sept ans. J'ai si envie d'entendre Londres que je me contenterais, à défaut de paroles, d'entendre le brouillage. Georgette n'arrive même pas à capter le brouillage. Je tente de savoir ce qui, des événements, est venu jusqu'à elle. Mais elle me répond sur un ton léger, sautillant : « Oh! je n'm'occup' pas d'ça. »

Rumeurs de Paris : La santé de l'Allemagne est mauvaise. L'Italie commencerait à montrer les dents à Mussolini. Les capitalistes italiens auraient fait passer leurs fonds dans les banques de Lyon. Laval et Mussolini auraient échangé des projets de propositions de paix.

Rumeurs du bourg : D'ici un mois la ligne de démarcation serait supprimée [1]. Un banquier de Lyon l'a dit à la femme du tailleur. « Il a vu les affiches. »

Boutiquière du bourg. Elle est jeune, grasse, bien faite, appétissante. Elle gémit doucement sur la misère des temps : « Je ne peux plus supporter le pain qu'on nous donne. Il me rend malade. On a de la viande autant dire pas. Le beurre, on n'en trouve plus... Il faudrait tout de même que ça finisse. »

La cause de ces malheurs, elle l'attribue au « blocus », à une divinité mystérieuse qui porte le nom de blocus. Les malheurs de la guerre et de l'occupation ne sont pour elle que la mauvaise qualité du pain, la privation de viande et de beurre. Ces malheurs réparés, et n'importe comment, le monde serait pour elle réparé.

1. Léon Werth prend ses désirs pour la réalité; c'est seulement le 25 février 1943 que les contrôles allemands le long de la ligne de démarcation seront assouplis.

Les « camps de jeunesse », un mois à peine après l'incorporation, ont eu treize jours de permission. Cette permission inattendue et précoce a inquiété. On a dit « qu'on allait les envoyer en Allemagne ».

J'apprends du fils de Laurent que les anciens avaient renoué la tradition des brimades. On ne fit que lui couper sur les tempes quelques mèches de cheveux. Mais un autre on lui badigeonna la poitrine de peinture. Un autre, qui était abondamment poilu, on lui brûla les poils avec un journal enflammé, comme on fait aux cochons tués. Il me dit aussi (mais il n'en fut pas témoin) qu'un jeune homme, passé à la couverture, ne fut pas rattrapé et eut la colonne vertébrale brisée.

Les chefs, non seulement n'ignoraient pas ces brimades, mais y assistaient, en étaient les témoins. Il est possible que ce renouement de tradition ne fût pas spontané, mais inspiré par quelque haute pensée pédagogique : former des caractères, des hommes durs ou fonder une discipline sur l'opposition des anciens et des jeunes.

Le père et le fils piochent une vigne en pente, corps pliés en avant sur la charnière de reins. Est-il bien, est-il mal que des hommes travaillent ainsi ?

9 mai

Le journal. L'appel, à l'occasion de la fête de Jeanne d'Arc, du directeur de la Légion : « Les Français trouveront dans l'histoire de Jeanne d'Arc les immuables conditions de leur vie nationale... Émouvante petite patronne de tous les poilus de France, Jeanne d'Arc doit être le modèle..., etc. Enfant prédestinée, elle aurait pu chercher à user pour elle-même de son don prodigieux. Elle aurait pu guerroyer pour son propre compte... Mais non... elle ne travaillait pas pour elle, pour son propre avenir. »

Sur l'affiche de la Fête des Mères, une femme soulève à bout de bras et dresse dans l'espace un bébé. On dirait une affiche pour main à main ou antipodiste.

10 mai

« Le receveur des contributions directes, me dit Laurent, avant la guerre, chantait *L'Internationale* dans les cafés. Maintenant, il est de la Légion et ne manque pas une messe. »

Les traîtres, les polémistes de la trahison sont-ils d'un cynisme supérieur, qui transcende la morale vulgaire ? Ils ne sont pas si philosophes. Ils s'acheminent lentement vers un terme qu'ils n'ont pas prémédité, auquel ils sont tout étonnés de se cogner le nez, un beau matin.

Ils ne saisissent de la réalité que ce qui leur est nécessaire pour se conduire provisoirement. Ainsi un demi-aveugle ira plus vite de la Madeleine à la Bastille qu'un promeneur dont les yeux sont bons et qui musarde aux devantures. On a mille fois répété que le sens des réalités est le propre de l'homme d'action. Le contraire est pour le moins aussi vrai. Il faut, pour agir, de grosses notions et de gros matériaux. Je me souviens de ce dîner, que donna à ses collaborateurs le directeur d'une revue d'avant l'autre guerre. Au dessert, les conversations étaient par petits groupes et discrètes. Mais Henri Béraud continuait à parler d'une voix tonitruante, sans s'apercevoir que personne ne l'écoutait, sauf les serveurs. Cette épaisseur, cette distraction, cette persévération en soi-même, on voit bien comment elles créent une sorte d'état de somnambulisme et comment elles peuvent conduire aux thèses les plus absurdes et à la trahison même.

On a dit à Febvre que, à Lyon, dix mille ouvriers s'étaient rassemblés devant la statue de la République et avaient crié : « Vive la République... Vive de Gaulle... À bas Laval... » Nouvelle fausse peut-être; mais qui est peut-être un symptôme prémonitoire. S'il n'y eut pas dix mille ouvriers devant la statue de la République, il y eut quelque part quelqu'un qui aurait voulu qu'il y eût dix mille ouvriers et qui aurait voulu crier avec eux.

J'apprends, par une carte d'André Mandouze, que « l'autre jour, Paul Valéry réclamait une politique de l'esprit ». Mais l'esprit tout nu, ce n'est rien. Il faut l'habiller. Je ne crois pas qu'y suffise la haute scolarité de Paul Valéry.

11 mai

Trois colonnes de journal sur la célébration de la fête de Jeanne d'Arc. Le maréchal parle, Abel Bonnard parle. Pourquoi me contraindre à ce commentaire du néant? Parce que, dans ce néant, il y a du monstrueux et du comique, parce que dans ce néant, il y a encore de l'homme, de la bassesse et de la bêtise d'homme. Si... cela a un sens, tout a un sens. Et n'est-ce pas un spectacle pathétique que, sur ce fond d'événements immenses, dans un univers dont on ne peut dire encore, en toute certitude, de quel côté il penchera, que dans une France sur le ventre de laquelle l'ennemi fait la pause, n'est-ce pas un spectacle pathétique que ce maréchal, cet académicien lançant aux foules ces discours semi-gâteux et semblant s'y complaire?

J'ai vu la carte postale, adressée par son fils prisonnier, à un commerçant du bourg. « Ils nous menacent sans cesse de coups de crosse et de coups de baïonnette. Ils nous injurient à longueur de journée. Ils nous distribuent les colis quand ils en ont envie. Joie de l'ordre nouveau. » Que faisait le censeur allemand?

« Le jour du marché, me dit un paysan, j'ai dîné en ville... On a bu une bouteille de vin vieux. J'ai dépensé soixante-quinze francs. Mais je ne l'ai pas dit à ma femme... vous comprenez... »

La femme de Riffault va au bourg les jours de marché. Les autres jours, elle est isolée du bourg et du monde. Et du monde, elle est informée par son mari et les enfants, quand ils reviennent de l'école. Et aussi par ces voix mystérieuses qui passent par les campagnes d'Europe, comme elles passent sur les brousses d'Afrique. Elle pense par images d'Épinal : « Cette guerre, me dit-elle, c'est encore monté par les grands riches contre les pauvres. Ils veulent nous ramener au temps où on ne savait ni lire ni écrire. Ils voudraient qu'on soit comme des bêtes. »

Elle fut, avant son mariage, domestique en Bresse. « Le patron, s'il n'a pas cinquante fermes il n'en a pas une. Il ne parlait pas beaucoup. Mais la patronne était bavarde. Elle disait souvent : " Les pauvres aujourd'hui sont mieux habillés que les riches ". On était trois servantes. L'hiver, on n'avait pas le droit de se chauffer dans la cuisine. Ainsi on ne restait pas longtemps sans rien faire, puisqu'on ne pouvait se reposer que debout dans la cour. » Les mots : riche et pauvre, ici, battent encore leur plein. Capitalisme et prolétariat n'ont pas cours encore.

12 mai

Le journal : « C'est dans plus de trente villes de la zone libre que se sont tenues hier les manifestations de protestations au cours desquelles des dizaines et des dizaines de milliers de personnes ont flétri l'agression anglaise contre Madagascar. »

Ce même jour, Laurent, changeant la litière de ses vaches, Laurent, qui à quinze kilomètres à la ronde connaît tous les paysans de toutes les fermes et qui excelle à de prudentes enquêtes, où il livre le moins qu'il peut de son idée et recueille le plus qu'il peut de l'idée des autres, Laurent me dit : « En ville, je ne sais pas; mais les cultivateurs, je peux dire que quatre-vingt-quinze pour cent sont contre le gouvernement. Ils ont compris qu'être contre l'Angleterre, c'est être pour les Boches. C'est être pour les Boches qu'être pour ceux qui se battent avec eux. »

D..., auteur de livres remarquables sur les mœurs françaises à la fin du XVIIIe siècle, est un esprit délicat, mais nourri seulement des livres. Ses antennes ne sont pas orientées vers le présent. Il n'est pas livresque, en ce sens qu'il ne tire pas des livres une substance livresque, mais il ne tire rien que des livres. Je le vois encore, sur un quai de gare quelques jours après la déclaration de guerre. On lui demandait quels étaient ses projets. Il répondit (il a une très belle bibliothèque) : « Quoi qu'il arrive, je ne quitterai jamais mes livres. »

14 mai

« Je ne sais combien durera mon exil... et ma séparation du monde, qui me tient à l'écart de tout. J'attrape des faits secs et crus à travers les fentes des portes et j'en demeure là en pétillant. » (Saint-Simon, lettre au duc d'Orléans, tome XXIV, page 486.)

Le journal annonce la « percée des lignes russes dans l'isthme de Kertch ». On me rapporte du bourg que la radio suisse a annoncé un sanglant échec des Allemands.

Un siècle, le mot sonne pour un jeune homme comme un interminable morceau d'éternité. Pour qui a vécu plus d'un demi-siècle, un siècle entier n'est qu'une assez brève carrière de temps. D'autant plus que le temps est lent jusque vers la trentaine et que les années qui suivent sont de plus en plus rapides. Si un homme vivait trois cents ans, il aurait à peine le temps de voir défiler les années galopantes. Par le sentiment que la jeunesse a de la lenteur du temps, tout au moins de son allure calme, l'histoire lui semble s'étaler sur un temps quasi immobile, sur un temps qui prend son temps. D'où vient la sérénité qu'on attribue communément au passé. (Sans parler de la bousculade mécanique du présent, autos, avions, etc.) Mais, bien avant les autos et les tanks l'histoire est une suite de convulsions. Le passé fut aussi rapide que le présent. Saint-Simon et Voltaire étaient vivants ensemble. La carrière de La Fayette, etc. L'épopée napoléonienne a duré moins que le fascisme italien. L'histoire n'est pas du tout, comme nous en avons l'illusion, une suite de tableaux d'histoire, dont les modèles ont bien posé. Elle est faite d'incohérents mélanges et d'anachronismes.

Message du pape [1]. Il souhaite « une paix honorable de justice et de modération ». Mais la modération n'exclut-elle pas la justice ? Et ceci ne me paraît pas très respectable : « ... À peine prononce-t-on le mot de paix que l'on risque de heurter l'une ou l'autre partie. » Je ne puis m'accommoder de cette peur de « heurter ».

Laurent, préparant des poteaux pour la vigne, me dit : « Après l'autre guerre, les grands maquignons ont arrangé la paix entre eux, en buvant du vin vieux. Ils ont fait la paix en trinquant. À mon idée, ce ne sera pas la même chose, cette fois. »

1. À l'occasion du 25e anniversaire de sa consécration épiscopale, Pie XII célèbre la jeunesse de l'Église tout en exhortant – mais sans plan précis – les peuples à la paix.

Le père Imbert, qui, hors la culture, en sait moins qu'un enfant, qui ne lit jamais un journal et à qui personne ne daigne « parler politique », le père Imbert, qui n'a même plus de vache et qui est informé à peu près comme le sont ses deux chèvres, a dit : « Ça sera bientôt fini... Les Allemands sont foutus. »

16 mai

Je la céderais pour pas cher aujourd'hui cette vue panoramique de la Bresse, ses verts mornes et ses tapis-brosses.

Riffault, d'un signe de tête, m'entraîne dans son cellier. J'en sors avec un morceau de la viande du cochon, confidentiellement tué, un morceau de son foie et le cœur. La femme enveloppe le tout dans une serviette. Pour rentrer chez moi je ne prendrai pas le chemin, mais les sentiers à travers bois, où je ne puis rencontrer personne. Je plaque le paquet sur ma hanche, maintenu par ma veste boutonnée. Mais le sang traverse la serviette et, quand j'arrive à la maison, une large tache de sang est plaquée sur ma cuisse. Je suis surpris et inquiet, comme un assassin qui aurait laissé de son crime une trace imprévue.

Les imbéciles :
« Il ne faut pas oublier que nous sommes vaincus... »
« On ne m'ôtera pas de la tête que le maréchal... »

19 mai

Des voyageurs venus de Paris disent « qu'il va se passer quelque chose ». La zone non occupée attend, gueule béante.

XVIII

DANS LE CLOAQUE : NAUSÉES

22 mai 1942

SOLEIL maigre. Les fleurs, dans les prés, ne scintillent pas. Elles sont peintes à plat, serties dans l'herbe, des fleurs d'enluminure. C'est délicat et un peu triste.

Les sauges, somptueuses, dégorgent et déchaînent de l'outremer. L'œil en est étonné. Beaucoup de bleu, disait Cézanne, est plus bleu que du bleu.

Les communications avec Paris sont devenues difficiles. Le chef de train qui recevait mes lettres à Dijon ne passe plus la ligne de démarcation. Les lettres de Suzanne m'arrivaient en deux ou trois jours. L'intervalle est maintenant d'au moins huit jours. Quand je reçois une lettre, elle a déjà une odeur de passé, elle est refroidie, elle est un signe estompé de passé. Cet intervalle d'une semaine est un trou noir, dans lequel du malheur a pu se glisser, un espace fermé, que je ne puis explorer, que je ne peux nourrir que de mon inquiétude.

J'ai la nausée du bourg et presque de la campagne, qui ne m'est plus qu'une série de motifs. J'ai avec elle une familiarité forcée, comme avec un voyageur dans un train, comme avec un compagnon de table d'hôte.

J'ai mangé du foie de cochon; j'ai « touché » un paquet de tabac. Ces événements dominent ma vie de ces derniers jours. J'en viens à tenter d'atténuer en moi les images de Suzanne, de Claude, de ma sœur. Si je leur laisse toute leur force, elles augmentent mon sentiment de privation, de solitude. Je me mets au ralenti.

Il y a bien la lecture. Ce n'est pas vrai, comme l'a dit Montesquieu qu'il n'est pas de peine que ne guérisse la lecture d'un bon livre. La lecture, conciliabule entre le lecteur et l'auteur, ce n'est plus guère de notre temps. Si je m'y laissais aller, je prendrais n'importe quel livre, je lirais, comme on regarde couler l'eau. Passé l'âge de vingt ans il n'y a plus de révélation par les livres.

Depuis ma jeunesse, je n'ai guère lu d'ouvrages d'affabulation ou de poésie. Je me fabriquais à moi-même ma poésie. Les poètes me semblaient indiscrets. La solitude a pourtant fait que j'en suis au tome XXV de Saint-Simon. Prérogatives, préséances, prébendes; grand monde, pénitence, catholicisme; jésuites et jansénistes, éminente dignité de la pairie et des pauvres dans l'Église. J'irai jusqu'au bout, par plaisir et par sport, à moins que la guerre ne finisse trop tôt. Le duc de Saint-Simon m'a pris par la main. Il m'a emmené à la cour. Il serait discourtois de le quitter brusquement.

Ne vais-je pas cesser de sonder le journal, d'y chercher, à travers ses mensonges, un précaire équilibre des vraisemblances, d'utiliser ce réactif empoisonné?

« La quinzaine impériale... Le délégué général à la propagande fait à Lons-le-Saulnier une causerie sur l'Empire français face à l'agression... Le devoir de tous les Français est une union sans réserve autour de leur chef providentiel, cette union grâce à laquelle fleurit déjà un renouveau de la pensée française... La petite exposition coloniale ouverte dans les locaux de la Chambre de commerce est une preuve manifeste de l'attachement des populations françaises à l'Empire. » En ce monde des délégués, on se fait une étrange idée de la preuve. Cependant, je lis dans une colonne voisine : « Les colonnes nippones groupées au Sud en Thaïlande et en Indochine... » Des colonnes nippones sont donc groupées en Indochine? Je n'ai point une âme colonisatrice. Mais je constate que le chef providentiel ne prétend défendre l'Empire que contre les ennemis de l'Allemagne et qu'il tient l'Empire pour intact, si les frontières en sont ouvertes aux alliés de l'Allemagne. Et cela m'invite à construire un scénario de trahison.

« 34 000 médailles de la Famille française devaient être distribuées le 31 mai, à l'occasion de la fête des Mères. Mais exceptionnellement et faute de matières nécessaires à leur fabrication, les médailles seront remplacées par des rubans. »

Suit une « déclaration » de Georges Duhamel : « ... La vocation maternelle est présente dans la chair aussi bien que dans l'âme... Avant d'être requis par la règle morale, le sacrifice est commandé par les lois de la nature. »

Pourquoi Duhamel ne témoignerait-il pas de son estime pour les mères de France, plus providentielles que le maréchal lui-même, puisqu'on peut à la rigueur concevoir la persévération de la France sans maréchal, mais non pas sans mères? Mais nulle fête ne peut aujourd'hui être publiquement célébrée, qui ne soit aussi la fête du maréchal et de Vichy. Célébrer les mères de France, c'est en quelque sorte célébrer aussi Laval et Darlan. Et je crois deviner ici le drame intérieur de Duhamel. Il est d'esprit trop fin pour être séduit par cette massive célébration de la maternité, par ce comice agricole des mères régionales et des mères françaises. Et je ne lui fais point l'injure de supposer que son dégoût de l'hitlérisme soit plus faible que le mien. Son patriotisme est humaniste et même parfois un peu trop patriotisme de bon prélat.

Mais quelque émissaire de Vichy, adroit à toute tractation, ou quelque dame de haut parage fut envoyée à Duhamel, l'enveloppa d'habiles arguments et d'adroite flatterie : « Vous qui n'êtes d'aucun parti, vous dont l'impartialité n'est point à mettre en doute, vous qui fûtes parfois injurié, pour avoir fait le voyage de Russie et n'en point avoir rapporté une image nouvelle de l'homme au couteau entre les dents, vous êtes au-dessus des partis. Nous ne vous demandons pas une adhésion politique, mais une haute parole pour les mères françaises. Que Laval soit ou non au pouvoir, les mères de France sont les mêmes. »

Ce sophisme eût sans doute fait sourire Duhamel en sa jeunesse. Et sans doute n'est-il point incapable d'en sourire encore. Mais au personnage de Duhamel jeune s'est ajouté un autre personnage, une personne sérieuse, une grande personne, qui n'est plus tout à fait maîtresse de ses sourires et qui a appris à transposer quelques-uns de ses débats intérieurs sur le plan de la courtoisie académique. Ainsi Duhamel s'est dit à lui-même qu'il ne cédait rien à Vichy en écrivant que « la vocation maternelle est présente dans la chair aussi bien que dans l'âme ». En accordant à Vichy ce texte d'aimable éternité.

Les L... ne font pas mystère de leurs bonnes relations avec l'occupant. On m'a dit, il y a quelques mois, qu'ils avaient fait des démarches auprès des autorités allemandes pour qu'on libérât une commerçante du bourg, arrêtée (on n'a jamais su pourquoi) au passage de la ligne. Mais je tiens de Germaine T... elle-même, belle-sœur d'un fermier, que c'est par leur entremise qu'elle a obtenu l'autorisation de passer la ligne et de séjourner, une quinzaine, chez ses parents.

23 mai

On me dit que Mme de F... s'est fait livrer cent moules de bois pour l'hiver, soit : 50 000 francs de bois. Un médecin, l'huissier, cinquante moules. Je suis tout prêt à l'indignation. Mais que ferais-je, si je pouvais disposer de 50 000 francs pour être sûr de n'avoir pas froid ?

Il y a quelques années, Latarjet m'avait rapporté, de la Havane, du tabac. Tabac merveilleux, capiteux, tropical. Mais le gris, c'est le pain blanc du tabac, un bon pain de ménage. Ou plutôt, c'est le classique du tabac.

Toile de fond : la bataille de Kharkov. Sur ce fond, déclarations d'Abel Bonnard : « Ce qu'il nous faut, c'est un enseignement de vues, de vie et de fonctions générales, qui répondent au nouveau régime de la nouvelle conception de l'homme. »
Faut-il accuser le typographe ou conseiller un traitement par l'impaludation ?

Si d'ici trois mois l'Allemagne s'est désagrégée, on peut imaginer une reconstitution du monde cahin-caha. Si l'Allemagne tient, c'est une dislocation totale du monde, qui devra repartir de zéro. Ou qui repartira avec on ne sait quelles bribes de passé. On ne sait où, des foyers se rallumeront.

Un officier allemand aurait été tué à Paris. Dix otages auraient été fusillés.

Demain dimanche, pas de journal. Gribouille, quand il n'y voyait rien, croyait qu'on ne le voyait pas. Quand le journal ne paraît pas, il me semble que la guerre se repose.

24 mai

Mauvais réveil. J'ai la solitude en moi, comme on a mauvaise bouche. Je vais dans les bois et les teppes. Riffault y garde ses vaches : « On a dit hier à ma femme que des régiments allemands s'étaient révoltés et que les Allemands demandaient une paix... » Si cette nouvelle était vraie, je n'oublierais jamais ce sentier dans les bois où Riffault me l'a transmise, ce sentier bordé de bouleaux et la teppe voisine où poussent des ajoncs et des bruyères.

Ne sens-tu pas parfois au fond de toi-même une région glacée, où toutes les passions meurent, où tout se congèle ? Mais un être ou deux résistent à cette congélation, continuent à vivre en toi.
Que la guerre pèse sur les hommes d'un poids inégal ! Un million de prisonniers français pourrissent en Allemagne. D'autres ne sont touchés que par indirecte répercussion. Atteints non dans leur peau, mais dans la civilisation qu'ils portent en eux. Et il y en a qui n'en portent pas lourd. S'ils souffrent, c'est à la façon de ces fumeurs, qui grillaient une cigarette tous les huit jours et qui supportent courageusement la privation de tabac.

Riffault ne me fait point entrer dans la salle du bas, qui semble un antre, une tanière, mais il me fait monter dans une des chambres d'en haut. C'est une chambre à coucher, fraîchement blanchie à la chaux. Il y a une belle armoire ancienne, d'un ton lourd, sous lequel des flammes semblent couver. Sur le rebord de la haute cheminée, à hauteur d'œil, s'alignent deux gravures de piété, encadrées, une vierge en plâtre et deux bonshommes grotesques, gagnés à une loterie foraine. En toutes les fermes du pays, j'ai vu de semblables autels domestiques. Je suis accoutumé à cet accueil romain de divinités diverses. J'ai vu en Indochine des Saint-Joseph et des Saint-Antoine voisiner avec des Bouddhas. Mais je demeure stupéfait : un portrait du maréchal est là parmi les dieux familiers. Je suis étonné, parce que Riffault ne me parla jamais qu'avec mépris des gens de Vichy et du « vieux ». J'en conclus que la légende du maréchal est forte. Riffault est semblable à ces mécréants, qui reçoivent les sacrements. Ici placé, non pas dans la salle d'en bas où d'ordinaire les visiteurs sont accueillis, mais dans cette chambre intime, où l'on me reçoit parce que c'est dimanche, pour faire salon et m'honorer, ce portrait est la preuve d'un culte véritable et non pas d'une vaine pratique rituelle ou d'un prudent conformisme. Mais Riffault a surpris mon regard et il éclate de rire : « C'est le gosse qui a mis ça là... on lui a donné ça à l'école. »

Le gosse (dans les douze ans) m'apporte le portrait, au verso duquel on a cliché un autographe du maréchal. C'est le remerciement qu'il adressa, en 1940, aux enfants des écoles, qui, par ordre de l'administration lui avaient envoyé un dessin, témoignage spontané de leur vénération :

> *« Mon enfant,*
>
> *« Votre dessin m'a plu. Vous l'avez fait avec un soin qui montre que vous avez du goût pour ce genre de travail. Je vous en félicite. Continuez.*
>
> *Ph. PÉTAIN. »*

Je lis à haute voix. Et, pendant que je lis, le père, la mère, le gosse et sa petite sœur rient d'un rire sans répit, rient à quatre voix et ne cessent pas encore de rire, quand j'ai fini de lire.

Je demande à Riffault s'il croit que cette propagande, cette innombrable publicité, cette mise en scène postale furent efficaces; l'enfant répond lui-même : « On sait bien qu'on a tous reçu la même lettre. » Et Riffault ajoute : « Ils n'y croient pas, à cause de ce qu'ils entendent dire par nous. »

Mon récit est fidèle. Un phonographe n'eût pas fait mieux. Mais il me vient un scrupule. N'est-ce pas moi qui ai délié leur irrévérence, qui l'ai aidée à se délier?

La ruse du paysan, c'est peut-être en elle qu'est son art. Elle s'accompagne d'un plaisir désintéressé. « Ce cheval, me dit Riffault, il avait les crapauds... Les crapauds, c'est quand le pied se pourrit. Je l'ai vendu à un ami, à un bon ami... Et lui, il aurait fait comme moi. Quand il s'en est aperçu, il est venu me trouver. Je lui ai dit : " Je te le rachète, si tu veux... " Il n'a pas voulu... Il l'a revendu et il a gagné mille francs dessus... »

Ce maquignonnage n'est pas récent. Il date de plusieurs années.

Riffault ne l'a pas refoulé dans cette obscure région de soi-même, où l'on enfouit les actes qu'on regrette. Il l'a transformé, il l'a poli en anecdote. Il se penche vers ce souvenir, il le caresse, il en fait une œuvre d'art. Un sourire léger adoucit son dur visage. Riffault admire en artiste les nuances de la ruse et du maquignonnage.

C'est le temps des horribles queues de rat et des touchantes véroniques.

Fraîcheur du sentier. Les branches se joignent en dôme. L'odeur de l'humus et des fleurs d'acacia. C'est très Europe. À partir de Valence, on ne trouve plus guère cela.

L. B... a une « situation » dans les bureaux de Vichy. Au lendemain de la guerre de 14, il hésitait entre le catholicisme et le bolchevisme. Je me souviens lui avoir dit que je ne le croyais pas du tout sincère. En ce temps-là, je croyais que la vérité était une panacée et je la distribuais à tout le monde sans ordonnance.

« On voit à Lyon, me dit R..., des Allemands, surveillants dans une beurrerie, qui sucent des mottes de beurre. »

Et il fait le geste de sucer un énorme sucre d'orge.

30 mai

Hier, je n'ai pas eu de journal et, comme on dit ici, je n'ai personne vu. J'ai rêvassé, je ne dis pas : rêvé, car les romanciers et les poètes ont annexé ce mot, en ont fait un état de haute distinction et de liberté surveillée. Mais la rêvasserie poursuit avec ténacité des préoccupations et des motifs idiots ou plutôt frivoles : je prends une ferme décision sur la forme et la hauteur de mes cols, j'hésite, pour un complet (très ample n'est-ce pas, coupé large), entre un homespun brun et un homespun gris. C'est un très beau homespun, on en a plein la main, mais les femmes n'aiment pas ce genre d'étoffes. Et pour un chapeau taupé (marque viennoise d'avant l'autre guerre) j'hésite entre un noir et un marron. On le trouve partout, même chez un chapelier de province (beaucoup de personnes graves se laissaient aller à cette fantaisie). N'importe où sauf chez le vieux chapelier de Londres ou chez le chapelier anglais à l'angle de la rue de Castiglione et de la rue de Rivoli, Willoughby, je crois. Car ces chapeliers anglais sont étrangement autoritaires et ne donnent pas dans cette fantaisie, qui d'ailleurs est douteuse et dont il ne faudrait pas abuser. Pour tout le reste, chemises et vêtements, à Londres, dans un de ces grands magasins de nouveautés, qui sont au service de l'homme comme nos grands magasins de Paris sont au service de la femme, dans un de ces grands magasins de Londres, où le style masculin n'est pas un vain mot. Cela me conduit au pudding, à la taverne aux boiseries calcinées, où Dickens souvent s'est assis, au British, cela me conduit où je veux de Londres ou d'ailleurs. Mais le thème initial du faux col et du chapeau m'aide à deviner des rêves qui ne sont pas les miens, la rêvasserie par exemple de cet écrivain, qui dépérissait, parce qu'on ne voulait pas lui donner la rosette de la Légion d'honneur. Et cet autre étudiait avec conscience et scrupule le vêtement qu'il mettrait, pour faire ses visites de candidature à l'Académie. Il hésitait surtout pour les cravates. Le noir pourrait bien faire pion de province. Et il ne faut pas non plus une cravate de conscrit à la fête patronale.

Chez quelques « anarchistes », qui méprisent les puissances et chez quelques catholiques, pour qui la foi n'est pas affaire de mode saisonnière, il y a une région profonde, un retrait de l'être, où tout ce qui a trait à la guerre est repoussé, annulé. Et, si Hitler n'avait point fait la folie de vouloir plus que César, peut-être auraient-ils refusé d'examiner, d'accueillir en eux le pugilat, qui, si vaste qu'il soit, n'est quand même qu'un pugilat.

Mais Staline, lui aussi, ne demande-t-il pas plus que César? J'entends déjà ce débat de salon : « Staline est-il Pierre le Grand ou Octobre 17? Ou est-il le Napoléon d'Octobre 17? »

Je fouille dans l'armoire, j'y trouve un de ces livres, qui paraissaient audacieux vers 1920. Quelques maximes et sentences ne sont que truismes maquillés en paradoxes. C'est Joseph Prudhomme acrobate. Je pense aussi à ce sketch, où les Fratellini, suspendus à un fil de fer, simulaient des tours magnifiques.

1er juin 1942

À la buvette de la gare. Les cheminots sédentaires sont inertes. On se demande s'ils seront même capables de former encore un peuple.

Le journal. « La bataille de Kharkov est terminée. » Mais le style du communiqué allemand n'est pas d'un accent triomphal.

« À Lyon, sept cent soixante-trois mamans ont été fêtées et récompensées. Mais la partie la plus touchante de cette solennité devait être la lecture des meilleures lettres adressées par les enfants des écoles à leurs mères... Les plus goûtées furent celles qui parurent le plus spontanées... » Elles avaient en effet quelque mérite à être spontanées. Nous entrons dans une civilisation, où la pudeur est abolie. On apprend aux enfants à fabriquer sur commande, sur ordre administratif, des lettres tendres à leur mère.

Nouveau raid de la R.A.F. sur la région parisienne (en gros corps). Raid aérien britannique sur Cologne (en tout petit corps).

On pille un magasin d'alimentation à Paris, rue de Seine. Deux gardiens de la paix sont tués. « L'identité des individus arrêtés démontre d'une façon péremptoire l'origine bolchevique de cette affaire. » Bolchevique... Ils ont reconnu les empreintes digitales de Staline [1].

« Ce dimanche n'est pas seulement la journée des mères, c'est aussi une grande journée légionnaire. » À la buvette, on en parle, mais sans passion. « Un car est venu les chercher, pour les mener à Lons. S... (c'est l'adjudant épicier) gueulait comme un veau, pour les faire mettre en rangs... »

Un homme en combinaison bleue, affaissé, endormi, déclare : « Moi, je ne m'occupe pas de ça, je m'occupe à tâcher de mettre quelque chose sur ma table. »

Bruit circulant : « Les Italiens vont occuper la Savoie et Nice. »

Je lis comme un automate. Je pense à cette fille, qui avait toujours un livre à la main et qui, pour s'en excuser, disait : « Je lis pour m'abrutir. »

2 juin

Derrière la buvette de la gare, un triste espace (pourquoi si triste) entre des barrières. Deux tables et des bancs couleur de poussière, en bois rongé, des tables et des bancs de caserne ou de cabaret borgne dans un vieux décor de théâtre. Tout est gris sauf un acacia pâle. L'horizon est bouché par un train garé, un train de vieux wagons trop hauts sur roues, un train de musée des transports.

Des employés du chemin de fer boivent de la limonade saccharinée ou de la bière tiède. Deux gendarmes se font servir un vin cuit, dont le nom est quelque chose comme Guignolet. Personne ne parle. Le silence est lourd. C'est dans ce silence que l'un des gendarmes épelle l'étiquette de la bouteille et dit lentement, péniblement, comme s'il élaborait une grande pensée : « Gui... gno... let... Guignolet, ce n'est pas Gui... gno... beau. »

Les employés du chemin de fer et les deux gendarmes sont partis laissant derrière eux un monde sans espoir. C'est alors qu'arrivèrent et s'installèrent à une table un mécanicien et son « compagnon ». J'étais dans une île déserte. Deux hommes sont apparus, deux hommes véritables. Le mécanicien conduisait avant la guerre les grands rapides, il fait maintenant « la bricole », tantôt les marchandises, tantôt les voyageurs, tantôt le patachon. « Les Allemands sont bas, dit-il, j'en ai vu à Dijon, des gosses de dix-huit ans, qui

1. Le 31 mai, jour de la « Fête des mères », des militantes du P.C.F. clandestin s'attaquent a un magasin d'alimentation rue de Buci, à Paris; la police intervient et le groupe F.T.P. de protection tire.

pleuraient en partant pour le front russe... C'est nous qui les équipons, c'est nous qui leur fournissons du matériel, des autochenilles, des fusils. » Il dénombre les tonnes de charbon, qui vont en Italie, les tonnes de blé qui vont en Espagne, les tonnes d'oranges qui passent d'Espagne en Allemagne.

« Pétain, dit-il, c'est le pire de tous, après Laval. » Mais la légende du maréchal est forte et le compagnon objecte que Pétain « a un passé ». Le mécanicien n'accorde aucune grandeur à ce passé. « J'étais à Verdun... » dit-il. Les raisons qu'il donna m'ont paru confuses, autant que les sources de la légende, qui fit de Pétain un grand homme. « Pour le passé, je ne sais pas... avoue le compagnon, mais, pour le présent, je sais. »

« Une révolution..., dit le mécanicien, ce n'est pas l'heure, les Français n'ont pas encore assez faim... » L'heure qu'il espère, c'est l'heure où l'Allemand sera battu : « Pendant l'autre guerre, j'ai empêché un camarade de tuer des prisonniers. Aujourd'hui, si j'entrais en Allemagne, je tuerais les femmes et les enfants... Je me ferais limer les dents en pointe, comme les Nègres, pour mordre... » Mais, détachées de l'homme qui les a dites, mises en noir sur blanc, ces paroles rendent un son faux. Il n'y avait en elles ni fureur nationaliste, ni sauvagerie. Elles signifiaient seulement qu'en cette minute du temps, entre l'homme et l'humanité, le plus proche obstacle, c'était l'Allemagne.

Mais, l'Allemagne à bas, les vainqueurs n'accumuleront-ils pas d'autres obstacles ? Recommenceront-ils leur jeu d'après 1918 ? Le leur laissera-t-on recommencer ? Et ces deux hommes, qui sont de la race de ceux qui se font tuer, les dupera-t-on encore ?

3 juin

Le journal. Pendant que le mécanicien parlait ainsi à la buvette, le ministre de l'Agriculture parlait, à Lyon, aux « ruraux du Rhône » : « Pierre Laval, fils de la terre d'Auvergne, lutte, fidèle et silencieux comme elle, passionnément attaché à son sol, patriote dans toutes les fibres de son être... »

Dernière touche de ce tableau synchronique : « À Paris, M. Albert Clément, rédacteur en chef du *Cri du Peuple*, a été assassiné. Il semble qu'il s'agit d'un attentat communiste. » Le « il semble que... » est joli de haute et pudique impartialité critique [1].

Neuf heures du soir (sept heures au soleil). La campagne est sans arêtes, balancée en souplesse, à point. Neuf heures du matin.

1. C'est le 2 juin 1942 qu'un commando de l'Organisation Spéciale du P.C.F. clandestin tue, rue Vivienne à Paris, l'ancien militant syndicaliste, Albert Clément, rédacteur en chef jusqu'en 1939 de *La Vie Ouvrière*, qui est devenu rédacteur du journal doriotiste *Le Cri du peuple*.

Piquée de soleil, elle est trouée, déchiquetée par le printemps, pointue.

4 juin

Loti : *Propos d'exil.* Paysages d'Extrême-Orient, « exotiques ». Sensibilité « artiste ». Mais des paysages, des pagodes, des Bouddhas, il ne voit que le monstrueux ou plutôt le non-européen, l'inaccoutumé. Il n'entre dans rien. Il voit tout en monstres de bazar. Comme une cocotte (ainsi disait-on, de son temps). Et, quand il parle des Jaunes, quelle brute, quel petit-bourgeois français!

Qu'on lise Gaboriau ou Balzac ou Stendhal, on s'étonne de l'importance du tailleur, dans les deux premiers tiers du XIXe siècle. Nous connaissons la garde-robe de Julien Sorel, à Verrières comme à Paris. M. de Rênal, le marquis de la Môle s'occupent de la garde-robe de Julien, de ses chemises même. Une paire de bottes ne ressemble pas à une autre paire de bottes. L'ambition de Lucien de Rubempré n'est pas indépendante de ses tailleurs et de ses bottiers. Le moindre serment du moindre Rastignac s'accompagne d'une préoccupation de tailleur. Entre la coupe d'un médiocre tailleur de province et la coupe d'un bon tailleur de Paris, il y a un abîme. On reconnaît le provincial à son costume. Le provincial frais débarqué est ridicule dans un salon parisien.

Dans Gaboriau (*Mariages d'Aventures*), l'habit bleu barbeau voisine encore avec l'habit noir. En 1900, on portait encore la jaquette et la redingote. Le costume masculin, depuis, s'est unifié. Mais, en même temps, l'industrie de la confection multipliait les tailles. Le Huron, s'il entrait tout nu dans un grand magasin de « Nouveautés », en pourrait sortir aujourd'hui, sans qu'on le remarquât dans le grand monde (pour parler comme Saint-Simon) ou chez Fouquet's. Beau sujet de méditation sur la démocratie, les mœurs et l'esthétique.

Bucolique. Élégante, une longue adolescente, jupe courte, jambes nues, conduit des vaches au pré. Elle tient sous son bras un magazine de luxe : *Plaisir de France*, qu'elle savourera tout à l'heure, assise dans l'herbe.

Sur les murs du bourg, une affiche pour un nouveau magazine officiel, destiné aux jeunes. Image de haute pédagogie et selon la méthode de réduction de l'abstrait au concret. Pour contraindre les personnes distraites à se bien enfoncer dans la tête les qualités d'un purgatif, on dessine un crâne, un clou et un marteau. Ainsi, pour que la jeunesse comprenne qu'elle est la semence d'aujourd'hui et la moisson de demain, on a dessiné un épi, dont chaque grain est fait d'un scout en chemise Lacoste. Cela est d'une rare sauvagerie.

L'immobilité des arbres, l'hiver, est une immobilité de garde-à-vous. L'immobilité des arbres, par ce jour de juin, est une immobilité de dormeur dans une barque.

« ... *et point de vrais personnages en aucun genre ni état, tant ce long règne de bourgeoisie, adroite à gouverner pour soi et à prendre le Roi par ses faibles, avait su tout anéantir...* » (Saint-Simon, tome XXVII, page 64.)

5 juin

Jeanne T... [1] arrive de Paris et passera quelques jours chez ses parents, cultivateurs. Elle est mariée à un agent, ils habitent le XVIIIe arrondissement. J'attends d'elle un tableau de Montmartre sous l'occupation, une révélation par le peuple. Mais je n'obtiens que ceci : « Dans les queues, il y en a qui sont pour les Anglais, d'autres pour les Allemands. »

Je n'imaginais guère ces deux plateaux de balance, chargés de poids égaux, les partisans de l'Allemagne et les autres en nombre égal, se regardant face à face jusqu'à ce qu'une voix crée une majorité. Mais je suis un sot. J'ai dû poser à Jeanne T... une question, qui appelait une réponse globale, historique. Ou elle s'est imaginé que j'attendais une telle réponse. Si bien que nous n'avons plus de commun langage. Elle cherche, pour me parler, une algèbre. Elle a peur de conter, de faire la commère et elle se réfugie, maladroite, dans les sereines régions d'une statistique improvisée.

6 juin

Ce qui reste des bruits circulants et des nouvelles de ces derniers jours, c'est le bombardement de Cologne. « 20 000 morts, 50 000 blessés, me dit Laurent, et ils sont sur les routes, comme nous pendant la débâcle. » [2]

La vieille Parisienne réfugiée veut bien que Hitler s'en aille, mais elle ne veut pas que Staline vienne.

De ma fenêtre, je vois le potager. Je n'ai jamais aimé ces légumes alignés, qui semblent prêts à partir au pas de l'oie.

« ... *Je ne songeais qu'à l'amuser* (Louis XIV), *qu'à le retirer des femmes, ce que je n'aurais pu faire, s'il ne m'avait trouvée complaisante et toujours égale; il aurait été chercher son plaisir ailleurs, s'il ne l'avait trouvé avec moi. Je pensais que Dieu ne*

1. Jeanne Virot est la belle-sœur de Marius B...; citée p. 694.
2. Le 30 mai, 1 043 bombardiers ont déversé 1 500 tonnes de bombes sur Cologne; le raid a plus frappé les esprits qu'il n'a été véritablement meurtrier.

m'avait pas mise où j'étais pour le faire souffrir, mais pour tâcher de le sanctifier... » (Souvenirs de Mlle d'Aumale. Saint-Simon, tome XXVIII, page 265.) Je pense à Madeleine B..., qui ne fait rien de louche que par morale ou religion. Mais déjà Tartuffe...

Les dévots sont forts. Ils prennent Dieu pour complice.

Nouvelle circulante : « Les Américains ont posé aux Allemands un ultimatum. Ils leur laissent quarante-cinq jours pour demander l'armistice. Passé ce délai, ils procéderont à une destruction systématique, totale, de l'Allemagne. »

La campagne est maintenant verte; d'un vert officiel, d'un vert grandes vacances.

Je viens de parcourir un drôle de livre : *Capitalisme et sexualité*, de R. et Y. Allendy. Livre très « époque », très 1930, tout marxisme et freudisme. Freudisme et marxisme sont traités en commodes entités. De même que les croyants voient partout le doigt de Dieu, les auteurs voient partout le complexe d'Œdipe et le complexe de castration.

Drôle d'époque où la vulgarisation se met partout et ne s'adresse pas seulement aux couches dites inférieures du public.

Mon amour du paysan aristocrate, le parallèle entre le paysan, sagesse de la terre, et l'ouvrier, ilote des villes, n'était-ce pas littérature?

Leur sagesse est vraiment trop près de la terre. Voilà maintenant que Laurent a peur de la révolution, comme les putains de luxe. « Plutôt Vichy que la révolution. » Un inspecteur du ravitaillement lui a dit que le gouvernement faisait des stocks, pour éviter la famine, après le départ des Allemands, qui emporteraient tout. Le voilà rassuré, il admire cette sage prévoyance. « Bien sûr qu'ils ont raison, parce que la révolution, c'est pire que la guerre. Pendant la guerre, on ne vient pas chez vous vous prendre votre argent. » Et il me dit, lui aussi, que, s'il y avait une révolution, les ouvriers viendraient piller chez les paysans. Il en est sûr, il en a la preuve : à un enterrement il a entendu des femmes de la ville qui disaient : « Les paysans... ils ne se privent de rien... »

Quelle certitude en son « matérialisme historique »! Il est persuadé que la révolution correspond mécaniquement à un certain degré de pénurie ou de famine. On ne l'en ferait pas démordre. Inutile de lui dire que « c'est plus compliqué que ça... »

« Cette entreprise... qui doit être un puissant rafraîchissement de leçon à toutes les puissances temporelles du monstrueux excès de

l'ambition ecclésiastique, qui dans tous les temps ne peut être contenue que par ne lui rien passer du tout, même de plus léger sous aucun prétexte, et une vigilance bien exacte à la tenir dans la plus entière impuissance d'oser seulement songer à s'y livrer. » (Saint-Simon, tome XXIX, page 398.)

Il ne plaisante pas avec les choses sérieuses : la pairie et Dieu. Et il eût fort bien été janséniste, si les jésuites n'avaient été aussi puissants.

L'artisterie au grand siècle. *« Qualis artifex!... » « La duchesse de Lesdiguières est d'un caractère bien étrange : de tout le jour elle ne fait rien que boire du café et du thé; elle ne lit pas, elle n'écrit ni ne joue. Quand elle boit du café, ses femmes de chambre sont obligées de s'habiller en Turques; elle-même, s'habille de même. Quand elle boit du thé, c'est le costume indien qu'on revêt. Les femmes de chambre pleurent souvent à chaudes larmes d'avoir à changer de costume deux ou trois fois par jour. »* Ainsi écrit Mme Palatine (page 535 du même tome).

10 juin

Juifs d'Alsace réfugiés. Ils ne sont pas encore au stade bourgeois. Artisans ou boutiquiers. À peine s'ils sont de type méridional. Sauf deux, dont les profils sont serrés, busqués. Ils sont de la catégorie de ces marchands de vieux métaux et peaux de lapins, tels que j'en ai connus au régiment, tels qu'il en est au bourg et même dans tel village et qui sont parfaitement chrétiens. Par quoi en diffèrent-ils ? En ceci que leur vulgarité ne tend pas vers une ronde cordialité marchande, mais vers l'aigu. On leur reproche de prospecter les fermes avec insistance. Mais je vois des chrétiens qui là-dessus leur rendraient des points.

Ces deux brocanteurs juifs,	Spinoza.
Adjudants corses,	Napoléon.
Bistros bougnats,	Pascal.
Bavards marseillais,	Cézanne.
Bretons têtus,	Renan.

Ce n'est qu'un jeu. Tout le monde peut y jouer. On peut l'appeler le jeu de l'abstrait et du concret, le jeu de l'individu et du groupe, le chat perché des idées générales.

Le journal. « Les Juifs résidant en zone occupée sont astreints désormais, par une ordonnance des autorités d'occupation, à porter, cousue sur le côté gauche de la poitrine, une étoile d'étoffe jaune à six pointes, portant en caractères noirs l'inscription : *Juif*[1]. »

La sonnette du lépreux n'était que sanitaire, non humiliante. On ne prétendait pas imposer au lépreux une officielle humiliation. Si j'étais contraint à cette humiliation, sans doute je la nierais. Mais dominerais-je vraiment la colère et la honte? Serais-je, au fond de moi-même, dupe de cette annulation raisonnante?

Pudeur ou fierté, tout insigne me parut toujours intolérable ou ridicule. Je pense à ce jeune Suisse, dont le père possédait une automobile Renault et qui portait à sa boutonnière le losange, insigne de cette marque. Je me suis toujours senti mal à l'aise, quand on me mettait une fleur à la boutonnière ou quand on m'offrait une églantine rouge ou la Légion d'honneur.

On m'écrit de Paris que « l'Allemagne se tord de désespoir ».

J'ai réalisé un rêve de mon enfance. J'ai, pour fumer une platebande, ramassé du crottin de cheval. Je n'aime pas les bouses de vache. Mais le crottin est si séduisant, si plein, si appétissant.

La plaine de Bresse est blanchâtre, panoramique. Les prés sont à peine verts, comme une nappe liquide, où l'on aurait fait tomber quelques gouttes d'absinthe.

L'homme groupe, l'homme foule et l'homme individuel. Ainsi on peut imaginer Laval criant dans la rue : « Laval au poteau! »

11 juin

C'est l'opinion unanime que l'Allemagne est foutue. Le consentement universel fait de l'Allemagne le vainqueur vaincu. Les porteurs de nouvelles ne transmettent que des signes précurseurs de la défaite allemande. Nous sommes tout prêts à transférer à l'Allemagne notre débâcle d'il y a deux ans. Cette certitude parfois m'inquiète. J'ai peur d'une psychose des émigrés. Au lendemain de la marche sur Rome, les Italiens émigrés affirmaient que Mussolini n'en avait que pour quelques semaines. Au lendemain des élections hitlériennes, j'ai entendu des Allemands émigrés déclarer, se fondant sur l'économie et en particulier sur l'état de l'industrie lourde, que Hitler, en quelques mois, aurait disparu.

1. Le 29 mai, paraît la huitième ordonnance allemande « concernant les mesures contre les Juifs » et ordonnant notamment le port de l'étoile jaune en zone Nord : « Il est interdit aux Juifs, dès l'âge de six ans révolus, de paraître en public sans porter l'étoile jaune. L'étoile juive est une étoile à six pointes ayant les dimensions de la paume d'une main et les contours noirs. Elle est en tissu jaune et porte, en caractères noirs, l'inscription JUIF. Elle devra être portée bien visiblement sur le côté gauche de la poitrine, solidement cousue sur le vêtement. »

« Arouet, fils d'un notaire qui l'a été de mon père et de moi jusqu'à sa mort, fut exilé et envoyé à Tulle, pour des vers satiriques et fort impudents. Je ne m'amuserais pas à marquer une si petite bagatelle, si ce même Arouet, devenu grand poète et académicien sous le nom de Voltaire, n'était devenu, à travers force aventures tragiques, une manière de personnage dans la république des lettres, et même une manière d'important parmi un certain monde. » (Saint-Simon, tome XXX, pages 98 et 99).

Deux positions vis-à-vis de la mort. La première est de tenir à la vie, la seconde d'accepter la mort par paresse. De la première, on s'accommode. On se fait de nécessité raison. Et elle laisse à la vie toute sa qualité, toute sa vertu. Mais la seconde empoisonne la vie et déjà lui donne un goût de mort.

12 juin

Le soleil se couche en rose, après la pluie. Le paysage est nettoyé, passé au gant de crin.

Affiches de Vichy au mur du bourg : « La France poignardée par les bombardements anglais et les meurtres communistes. »

Chaque semaine, il y a, au bourg, une réunion de la Légion. Je ne sais rien de ces réunions. Les paysans n'y vont pas. Il ne m'en revient rien. Je ne sais rien de ce monde fait de hobereaux, de boutiquiers et d'adjudants retraités.

En trois colonnes de première page le journal annonce que le maréchal et le président Laval « ont affirmé leur complète identité de vues ». Le maréchal et Laval s'étreignent. Le temps est loin déjà du maréchal de la légende populaire, qui trompait à la fois l'Allemagne et Laval, qui défendait la France et le peuple contre l'Allemagne et Vichy. « Il n'y a plus de nuage entre nous, a-t-il dit. M. Laval m'a donné sa confiance, en arrivant. Nous nous sommes serré la main et maintenant nous marchons la main dans la main. » Belle image de propagande : le maréchal et Laval marchant la main dans la main.

Si je ne lisais pas le journal, je n'aurais pas su que le maréchal avait adopté cette marche nouvelle. Au bourg, on ne m'a parlé que de la Russie, de la Cyrénaïque, de l'Angleterre et de l'Amérique.

Le document suivant m'est parvenu par des voies que je ne dirai pas :

VICE-PRÉSIDENCE DU CONSEIL
Secrétariat général. Cabinet.
N° 387 S. G.

Vichy, le 21 janvier 1942

L'Amiral de la Flotte, Ministre Vice-Président du Conseil, à Monsieur le Délégué général du Gouvernement français dans les territoires occupés.

Objet : Mesures contre les Juifs.

Référence : Note N° 678 du 15 décembre 1941, du Commandant en chef des Forces militaires en France.

1. Par note citée en référence, le Commandant en chef des Forces militaires en France demande que soient prises, à l'encontre des Juifs, en zone occupée, un certain nombre de mesures telles que : l'obligation de porter un signe distinctif, l'interdiction de fréquenter les lieux publics, à l'exception de quelques locaux qui leur seraient particulièrement réservés, et la mise en vigueur d'un couvre-feu spécial.

2. J'ai l'honneur de vous faire connaître que je ne suis pas d'accord sur ces propositions.

J'estime que les diverses mesures de rigueur prises jusqu'à ce jour à l'encontre des Israélites sont suffisantes pour atteindre le but recherché, c'est-à-dire les écarter des emplois publics et des postes de commande de l'activité industrielle et commerciale du pays.

Il ne saurait être question d'aller au-delà sans choquer profondément l'opinion publique française qui ne verrait dans ces mesures que des vexations sans efficacité réelle tant pour l'avenir du pays que pour la sécurité des troupes d'occupation. L'excès même de ces décisions irait certainement à l'encontre du but recherché et risquerait de provoquer un mouvement en faveur des Israélites, considérés comme des martyrs.

Signé : F. DARLAN.

Mal en point sur le front russe, Hitler ne fabrique plus à son gré le destin du monde et son propre destin, il n'a plus qu'un recours : la vieille panacée, l'anti-sémitisme. Ainsi Maurras sur le plan minuscule de sa politique littéraire : comme on lui reprochait l'abstrait, le théologique de sa doctrine, il répondit qu'elle comportait un élément sentimental, passionnel, propre à galvaniser la foule, à savoir : l'anti-sémitisme.

Chez Hitler, l'anti-sémitisme est frénésie. L'anti-sémitisme de Vichy est un des points par où Vichy s'accole à Hitler et prend contact avec l'Allemagne. Mais Vichy sait que le Français raisonneur ne croit pas que tout sera résolu par l'anéantissement du Juif. Vichy en même temps veut donner des gages à Hitler et n'ose donner à son anti-sémitisme le plein hitlérien. Vichy tente de doser son anti-sémitisme. Mais, accrochés à Hitler, les gens de

Vichy, s'ils y voient leur salut, simuleront fort bien la frénésie anti-sémite et les autres frénésies de Hitler.

À la buvette de la gare, j'entends les litanies du ravitaillement. Monotone cantilène, lamentation populaire. Je m'étonne de ne pas entendre une parole ou un cri de colère.

Multiplication des intermédiaires. Les marchands de légumes achetaient directement à une coopérative de Louhans. On le leur interdit. Les légumes, rassemblés par les grossistes, sont revendus par eux aux demi-grossistes, qui les revendent aux détaillants. Je n'entends rien à ces questions. Mais tel est le tableau de l'économie que me dressent les paysans.

Le journal : « L'amiral Darlan a inspecté la septième région militaire. Poursuivant son inspection détaillée de toutes les unités de l'armée nouvelle... » Tel est le communiqué de Vichy. Mais, transmise par la voix populaire, cette information prend un autre visage. « Darlan, m'a dit le père Mireau, a visité la caserne de Lons-le-Saunier, il était accompagné d'officiers allemands. » L'imagination populaire ne conçoit pas que Darlan se déplace sans être accompagné par des officiers allemands.

« M. Paul Morand, conseiller d'ambassade de première classe, est réintégré en activité et affecté à l'administration centrale (service d'information et de presse). »

C'est donc par ce diplomate-romancier que nous allons être « informés ». Paul Morand : cette scorie d'après la guerre de 1914, ce faux-semblant à facettes, ce néant pailleté.

Rêve obsessif, revenant sans cesse dans un mauvais sommeil et dont je n'ai pu retenir que ceci : William Mandaët portait sur un plateau un livre d'hagiographie et un morceau de cochon salé.

William Mandaët... pourquoi ce nom ? C'est peu mystérieux. Je me souviens qu'avant de m'endormir j'avais pensé à quelqu'un oublié au fond de ma mémoire et qui portait un nom d'une sonorité analogue.

Quand je quitte mon nid solitaire, quand je descends au bourg, je regarde les femmes rencontrées, comme les forçats du bagne de Toulon regardaient les femmes qui visitaient le bagne.

13 juin

L'Allemand n'a pas le sens des contradictoires. Je lis dans le journal : « À Berlin, on estime que c'est par méfiance réciproque que les parties contractantes du pacte anglo-soviétique ont tenu à s'unir par un traité. »

Jean Le Dantec a été fusillé lundi, à trois heures de l'après-midi, au cimetière d'Ivry. Les parents qui, jour à jour, attendaient l'exécution. Le cimetière. Ces derniers pas, entre les tombes. Les soldats qui le poussent. La fusillade. Seul dans la maison, je pleure de pitié, de honte et de rage.

Circulaire lue dans les classes des lycées de Paris : tout élève convaincu d'avoir arraché ou déchiré un portrait du maréchal sera renvoyé et exclu de tous les lycées de France.

Les fervents de l'ordre (ceux qui cherchent leur loi dans un Louis XIV de manuel scolaire ou dans un Hitler pacificateur ou simplement dans l'immobilité) espèrent tout des tanks allemands. Les fervents de la paix et d'une justice jamais assouvie espèrent tout des tanks russes, anglais, américains. Les uns comme les autres doivent passer par les tanks.

Sur une porte de grange, une affiche. Elle invite les ouvriers et les ouvrières français à aller travailler en Allemagne, « dans la dignité et sous la protection du gouvernement français ». Un texte signé du maréchal cautionne cette invitation, un texte noble, rédigé par un de ses philosophes assermentés. Les ouvriers, les ouvrières de France prépareront ainsi « les vastes perspectives d'un continent réconcilié ».

Ce vieillard, qui s'inclina devant la « générosité » de Hitler et qui envoie des otages en Allemagne, pendant que les Allemands, à Paris, fusillent de jeunes Français, ce vieillard recruteur de main-d'œuvre française pour l'Allemagne.

Dans la solitude du village, l'affiche semble seule vivante. Les murs, les toits, tout est gris, patiné. L'affiche seule, posée du jour, est fraîche. En caractères bleus, en caractères rouges, éclatante, elle joue des coudes, elle cligne de l'œil. Elle montre la ramification du pouvoir jusque dans les plus petits hameaux. Je vois des ouvriers français, partant pour l'Allemagne, agitant joyeusement leurs mouchoirs, aux portières d'un train.

Dans la brume, sous la pluie, la plaine de Bresse, sans un relief, n'est qu'une plage de sable. La mer est à l'horizon et les quelques arbres visibles ne sont que des piquets noirâtres, qui balisent cette étendue.

Le journal. En titre sur huit colonnes, sur toute la largeur de la première page, le voyage du maréchal à Narbonne, Carcassonne, Castelnaudary, Toulouse. Banquet à l'hôtel Albert-Ier, en l'honneur des journalistes, qui vont partir prochainement en reportage dans les centres allemands où travaillent des ouvriers français. Aux côtés du président Laval, le consul général d'Allemagne, M. Krug von Nidda, le professeur Ritter, représentant le *Gauleiter* Sauckel...

Sauckel... Ces journalistes sont-ils complices de trahison ou d'assassinat, ou des deux à la fois?... Je pense aux torturés, aux fusillés, à Hollweck, à Jean Le Dantec.

À la buvette. Mme Marie et un chauffeur en bleus. Ils voudraient bien « que ça soit fini ».

« Les ouvriers, dit Mme Marie, n'étaient pas raisonnables. L'augmentation des salaires, c'est l'augmentation du prix de la vie... À Saint-Claude, les diamantaires faisaient la bombe... Au lieu de mettre de côté, ils allaient boire des litres sur l'herbe... Les chefs des syndicats excitaient les ouvriers et ils mettaient l'argent des cotisations dans leur poche... Quand je me suis mariée, mon mari travaillait douze heures par jour. Puis ça a été dix heures. On ne se plaignait pas. »

On parle du ravitaillement. « On ne peut pas quand même nous laisser mourir de faim. » Je demande : « Qui... on ? » – « Le gouvernement. » Déjà, pendant la débâcle, sur une route du Gâtinais, j'avais entendu ce « on ne peut pas nous laisser mourir de faim », mais dit par un commerçant de Paris.

Cette bêtise petite-bourgeoise est accablante. Il me paraît désolant de la retrouver dans le peuple. Où est-il, le peuple de Michelet? Et le prolétariat n'est-il qu'un ballon qui se dégonfle, quand les « meneurs » n'y soufflent plus d'air?

Le maire m'avertit que j'ai été dénoncé à la Sûreté, comme faisant de la propagande communiste, en particulier au hameau d'Allonal. De plus, « on m'a vu me promenant avec un professeur de la Sorbonne, du nom de Lucien Febvre, qui est également communiste ».

Febvre n'est pas professeur à la Sorbonne, mais au Collège de France. Cette confusion entre Sorbonne et Collège de France n'est pas d'un paysan. Les paysans ignorent aussi bien l'une que l'autre. Je n'ai pu être dénoncé par un paysan. Alors, un soupçon me vient, invérifiable et peut-être sans fondement.

On a demandé au maire des renseignements sur mon activité subversive. Il a répondu qu'on ne pouvait me soupçonner d'aucune propagande, pour la raison que je vivais dans une totale retraite.

17 juin

Il y a deux ans, naissait le gouvernement du maréchal. Nous étions sur les routes. Paris était sur les routes. Une moitié de la France était sur les routes. Ni Paris ni la France ne savaient rien. Le gouvernement naissait d'un vote d'on ne sait quelle abstraction de députés, naissait de la peur; peur de l'Allemand et du « désordre ». Quelques bribes de Radio nous venaient aux oreilles de huit jours en huit jours. Nous imaginions un gouvernement intérimaire, un maréchal intérimaire, un état de siège, mais provisoire. Nous n'imaginions pas un maréchal symbole, sociologue et législateur. Nous ne savions pas qu'on nous calquerait un régime sur l'Allemagne et l'Italie.

Quelques tracts ou périodiques clandestins. Les uns fort bien faits, les autres d'un accent de certitude qui m'inquiète un peu. Est-il vrai que des organisations parfaites soient prêtes, si absolument prêtes, qui, au premier signal, feront tomber Vichy, comme on détache un fruit en secouant l'arbre?

Comme j'y collaborerais volontiers! Au lieu de mener cette vie inutile, mêlé à ceux qui « attendent ».

La Légion, vide de toute frénésie nazie, pleine de vieilles bêtes militaires et d'honnêtes imbéciles, ne satisfait pas les Allemands. Ils l'ont fait savoir à Vichy. C'est pourquoi Pétain-Laval crée des manières de *S.S.* [1]. Une section est formée au bourg. Elle a pour chef un contrôleur du ravitaillement, ancien sous-off de Coloniale (visage de gouape). Parmi ses membres, le jeune S..., inverti notoire, un quincaillier... J'ignore les autres. Ce groupe est armé. En cas de troubles, ou ils tireront ou on les assommera, avant qu'ils aient pu bouger.

À propos des Segonzac, Schmitt, Vlaminck, Derain, Friesz [2]...

Je voudrais qu'on comprît que, s'il était parmi ces voyageurs des négateurs primaires de toute patrie, ils n'étaient pour cela ni moins répugnants, ni moins indécents que les autres, les « bons Français ».

18 juin

Mme L... ne cache pas ses accointances avec les Allemands. J'apprends aujourd'hui que, voulant acheter à la femme d'un prisonnier un morceau de terrain que celle-ci ne voulait pas vendre, elle lui a promis, si elle consentait à le vendre, de faire libérer son mari. On voit ici que le sentiment national est peu susceptible chez les paysans de la région. Les fourches, les fameuses fourches, les fourches traditionnelles, historiques, des paysans, ne se sont pas, comme on aurait pu croire, dressées toutes seules, elles sont restées dans une verticale immobilité, appuyées à leur mur de grange.

Je me demande quels services peut rendre à l'Allemagne ce quart

1. Émerge, en réalité, le Service d'Ordre Légionnaire (le S.O.L.) qui regroupe des activistes de la Légion des Combattants, qui ont milité naguère dans les rangs de la droite extrême. Contrairement à ce qu'affirme Léon Werth, le S.O.L. se met en place, sans que l'occupant n'exerce de pression.

2. Sur le voyage dans le *Reich* de musiciens et de peintres, cf. supra p. 256.

de bourgeoise, dont les paysans disent qu'elle a autrefois fait la noce. À croire que les mœurs légères les scandalisent plus que le métier d'espionne. À peine ai-je écrit ce mot si lourd que je suis pris de doute. Les espionnes, au Cinéma, sont si intelligentes. Celle-ci n'est capable que de pauvres ragots et elle les colporte sans précautions. Du père Mireau, auquel elle ne pardonne pas d'être mécréant, elle dit : « Sa maison est un repaire de communistes... »

Mais, après tout, la bêtise n'est peut-être pas un obstacle à ces sortes de besognes. Les cancans des petites espionnes amorcent des pistes vraies ou fausses. Et, sous un régime fasciste, les fausses pistes valent à peu près les bonnes, le but n'étant que de créer la terreur.

Variations de la politique et de la propagande.

Il y a quelques semaines, les trains de victuailles (légumes, œufs, beurre) partaient de Louhans à destination de Paris. Arrivés à Dijon, on les dirigeait sur l'Allemagne. Aujourd'hui, on ne prend plus ces précautions et ménagements. On ne dissimule plus, au départ de Louhans, que ces trains partent pour l'Allemagne.

Entre la fin juin et les premiers jours de juillet 40, j'ai trouvé dans le Gâtinais un numéro de *Paris-Soir*. On y lisait que, si les Parisiens n'avaient pas tout à fait – pour quelques jours seulement – leur habituelle ration de viande, ils recevaient en abondance, d'Allemagne, des pommes de terre. Les Parisiens n'étaient pas privés de leurs nationales pommes de terre frites. L'article était un couplet lyrique sur les frites. Il répandait une odeur de frites. L'Allemagne, maternellement penchée sur la France, lui expédiait des tonnes de frites, toutes préparées.

20 juin

Il y a donc au bourg une sorte de section d'assaut. Elle est surtout composée de débiles, de mal-venus. Mais voici un autre groupe, qui n'a pas de contours fermes, qui n'a de cohérence que par les passions de « gauche », qui n'est tendu que par un seul désir : l'expulsion de l'Allemand. D'où, en lui, une sorte d'amour pour tout ce qui peut aider à cette expulsion : pour l'Anglais, le Russe, l'Américain.

Je suis allé au café avec Busquet, le pâtissier; Granger, l'électricien; Chadel, l'orthopédiste; Mestre, marchand de vieux métaux et de « pattes ». Nous avons bu un horrible Byrrh.

Chadel sent, à travers l'espace, l'Allemand peser sur lui d'un poids réel. Au sens médical, il fait de l'intolérance. S'il me demande : « Comment ça va?... » Cela veut dire : « Comment ça va-t-il sur le front russe?... » Mestre a lu beaucoup de livres et de brochures d'information ou de propagande, publiés dans les années 1930, sur la Russie. Il a parfaitement assimilé ses lectures. Busquet, le plus jeune de tous (il n'a guère plus de trente ans), ressemble à un page, tel que je connais les pages par le théâtre. Il est fier de sa condamnation à quinze jours de prison, pour avoir bousculé deux contrôleurs du ravitaillement.

Mais de cette juste rébellion, il eut une récompense, dont il n'est pas moins fier. « L'ambassadeur du Siam, nous dit-il, est venu me féliciter. » Je fus un instant déconcerté par cette intervention de la diplomatie siamoise. Mais je me souviens qu'un jour d'été de l'an dernier j'étais dans sa boutique avec ma femme et les Marcel Ray. Ma femme félicita Busquet pour son courage à boxer les contrôleurs et son refus de l'Allemand. Marcel Ray (j'oubliais de dire qu'il avait été ministre de France au Siam) sourit d'un sourire approbateur. C'est ainsi que Busquet reçut en sa boutique l'ambassadeur du Siam. Il va de soi qu'il parlait par ellipse et ne prenait pas du tout Ray pour un envoyé du roi de Siam, mais pour un haut fonctionnaire de la République de naguère. Cependant, je ne pouvais m'empêcher d'imaginer dans les rues du bourg, et pénétrant dans la boutique de Busquet, un long cortège extrême-oriental, des dais, des oriflammes, les mandarins vêtus de robes brodées d'or.

On m'écrit de Paris que Vlaminck a publié un article contre Picasso, que, dans les circonstances présentes, cet article est une lâcheté [1].

J'ai beaucoup écrit sur Vlaminck. Je ne regrette pas de l'avoir défendu contre les « petites natures ». Il semblait si plein de santé. Où est-il le temps où je disais que ses nuages étaient bousculés à grands coups de pied dans le cul par un Père éternel en chandail? N'aurais-je pas cru, naïf, que le chandail suffit à remplacer toutes les vertus de puissance et de simplicité?

Sa peinture fut souvent bagout de peintre. Avec quelle adresse il a utilisé une période de Cézanne (brève et peu connue), rugueuse et maçonnée, dans le gris!

Je résistai (je le lui ai dit à lui-même) à ses tableaux récents. Brillants, astiqués. Trois coups de brosse et le coup de fion. Ainsi les cireurs marseillais transforment en neuve une vieille paire de chaussures.

1. Maurice Vlaminck (1876-1958), peintre autodidacte, qui se rangea parmi les Fauves avant d'adopter un style figuratif plus traditionnel écrit dans le numéro de *Comœdia* du 6 juin 1942 : « Il est difficile de tuer ce qui n'existe pas. Mais il est vrai qu'il est des morts qu'il faut qu'on tue... Pablo Picasso est coupable d'avoir entraîné la peinture française dans la plus mortelle des impasses, dans une indescriptible confusion. De 1900 à 1930, il l'a conduite à la négation, à l'impuissance, à la mort. Car, seul avec lui-même, Picasso est l'impuissance faite homme ».

Pourquoi, réfugié aux champs, s'est-il laissé corrompre par les hommes des grandes villes ?

J'ignorais la manie de la lecture. Je lis maintenant, par fatigue, par paresse, pour donner à mon esprit une contenance. Pire : je lis comme on se ronge les ongles.

Je pense à ces débats sur le trotskysme et le stalinisme (avant la guerre). Ils étaient sur fond religieux comme le conflit des jésuites et des jansénistes. Cependant Staline se préparait à la guerre. Mais Trotsky ?

Je me souviens. En août 40, la nouvelle de son assassinat au Mexique... Trotsky, l'organisateur de l'Armée Rouge, Trotsky qui, avec Lénine, voulut fondre en une seule chair la philosophie de Marx et le sixième du globe terrestre, la Russie n'étant plus qu'une figure du marxisme, le marxisme n'étant plus que le schéma de la Russie.

De 1905 à 1917, en exil, à Zurich, ils préparaient la révolution, la révolution-philosophie, la révolution-religion, la révolution-mouvement des masses. Ils pensaient à la révolution, comme d'autres pensent à leur salut.

Lénine meurt. Staline chasse Trotsky, l'accuse d'être un agent du capitalisme et de la *Gestapo*. Trotsky n'est plus commissaire du peuple. Il est moins puissant qu'un conseiller municipal de village français. Il avait mis la main au monde, brassé des foules, pesé sur l'histoire. Il n'a plus rien que des disciples, des partisans éparpillés, qui ne sont plus, comme lui, qu'une révolution vaincue, sans levier ni point d'appui dans l'espace, enfermée en eux. Trotsky n'est plus qu'un témoin. Il agissait, il contemple. Son univers n'est plus fait que de journaux et brochures. Il lit les journaux comme un retraité des douanes. Et, s'il regarde par sa fenêtre, il ne voit que la face d'un policier.

Vie d'incompris : la pureté révolutionnaire ne fut pas l'objet de vingt siècles de littérature. Le plus généreux des lettrés de tradition ne saisit que bien peu d'un Trotsky. Vie tragique. Il crut qu'en Octobre 17 commençait l'ère de Lénine et de Trotsky. Mais il meurt traqué. Et déjà les sceptiques ne voient plus en lui qu'un romantique de la révolution, un quarante-huitard du bolchevisme.

Quelques exemplaires de *L'Illustration* théâtrale des années 1904 et 1905. Lavedan, Donnay... Que de mots d'esprit, pas drôles du tout à la lecture ! Et quel style de commis de Nouveautés artistes. C'était le temps où les calicots coudoyaient à Bullier les étudiants, qui les méprisaient, qui se croyaient d'une autre caste à la noble culture. Les amis, avec qui j'explorais alors la ville et ses nuits, n'avaient point cet orgueil Quartier latin. Nous attendions l'avenir, le génie, la gloire, on ne sait quoi. Nous vivions comme ces nomades du désert, qui méprisent les travaux de la terre et le négoce. Nous lisions Mallarmé et Bossuet, nous entendions Ibsen à *L'Œuvre*. Nous avions un honneur d'artiste, comme d'autres, un honneur de soldat. Le crime était de transiger, le crime était la concession au public. Nous lui cédions d'autant moins que nous ne lui proposions rien. Nous attendions, nous vivions éblouis de vivre. Nous méprisions le Boulevard, symbole du théâtre facile et du journalisme.

21 juin

Entre deux charretées de foin, pendant le casse-croûte, on disait à la ferme que Granger, l'un des quatre, avec qui j'étais hier au café, l'un des quatre qui se refusent à l'Allemand, moucharde les habitants du bourg et dénonce ceux qui prennent la Radio anglaise. C'est absurde, c'est faux. Mais quel cloaque!

XIX

LAVAL PARLE, LA FRANCE CRAINT

22 juin 1942

Le bourg est plus nerveux qu'une ferme isolée. Ce matin, la mère du petit berger, qui est venue pour aider à rentrer les foins, nous dit, grave et triste : « Les Allemands ont pris Tobrouk et le président Laval parlera ce soir... Il faut espérer quand même. » Elle met sur le même plan la prise de Tobrouk et le discours de Laval. Elle sent que l'annonce d'un discours inattendu de Laval est aussi gros de menace qu'un succès militaire de l'Allemagne. Nous redoutons que Laval n'annonce, ce soir, on ne sait quoi d'irrémédiable, de définitif.

J'ai décidé d'aller, ce soir, entendre Laval à la ferme. Je vais à Laval avec patience et dégoût, comme on va vers un mauvais lieu. Et je me demande – et je dois, pour être honnête, me poser la question – je me demande si les actions des collaborateurs sont au même degré, mais en sens inverse, physiques, charnelles, aboutissent à la même certitude du cœur, à la même évidence. Laval parle. Il fait effort pour ne pas enfler le ton, ne pas vibrer, pour être simple. Mais les R sont gras. Il rentre sa vulgarité, comme on rentre son ventre. Et cette retenue, cette décision de parler nu et sobre l'obligent à « sombrer » la voix, comme un vieil acteur de mélodrame.

Son discours est clair. Un seul thème : allez travailler en Allemagne. Deux arguments : vous préparerez ainsi l'Europe pacifiée de demain, Hitler renverra en France des milliers de prisonniers. Laval propose aux ouvriers un troc sublime, dont la générosité de Hitler déterminera les conditions. Il tente auprès d'eux un chantage à la libération des prisonniers. Les arguments sont répétés, insistants, comme dans une plaidoirie. On ne peut nier que ce discours soit clair. Trop clair pour l'effet attendu. Car il viole le sentiment de tout un peuple.

Collaboration, ordre nouveau, ce n'étaient que termes abstraits, vocabulaire politique. Mais Laval intervient en personne, en chair et en os. Il dit : « Je souhaite la victoire de l'Allemagne, parce que, sans elle, le bolchevisme, demain, s'installerait partout. » L'argument, le « parce que » – et même peut-être pour ceux qui ont la terreur du spectre bolcheviste – est ici trop faible pour compenser le « je souhaite ». Ce « je souhaite la victoire de l'Allemagne » anéantit tout argument, donne un choc. On n'entend plus, on ne retient rien d'autre. On savait que Laval souhaitait la victoire de l'Allemagne. On n'eût pas cru possible qu'il le dît aussi brutalement et publiquement. Laval se perd par cette cynique honnêteté. Par le gros même de ses partisans, il est repoussé, comme serait repoussé celui qui, dans l'instant où une femme est prête à lui céder, lui dirait : « Et maintenant nous allons faire l'amour. »

« Je souhaite la victoire de l'Allemagne » : on n'avait jamais entendu cela. Car l'anti-patriote abstrait du passé se mettait au-dessus des patries, il était neutre, il ne souhaitait rien.

Le discours de Laval est trop gros pour la finesse moyenne du peuple français.

23 juin

Laurent et Riffault font les foins. Ni l'un ni l'autre n'a entendu ou lu le discours de Laval. Ni l'un ni l'autre ne sait la prise de Tobrouk. Peut-être en ont-ils entendu la nouvelle. Mais elle n'est pas entrée en eux.

Au bourg, le discours de Laval a fait effet de révélation. Le « Je souhaite la victoire de l'Allemagne »[1] rend un son plus fort que l'expression abstraite d'une politique, fût-elle de trahison. Quant à la prise de Tobrouk et à la bataille de Sébastopol, il n'en est pas question. Le bourg tient maintenant pour établi que l'Allemagne a perdu. Elle ne garde que quelques partisans, la lie de la Légion, quelques boutiquiers, l'inverti à tête de mort.

« Après la guerre, me dit-on, il y aura des comptes à régler. » Les règleront-ils? On oublie presque aussi vite les variations des autres que les siennes propres.

« Je suis plus socialiste que vous... » disaient le petit rentier et le stratège de café. Ainsi Laval, en son dernier discours, annonçait, pour des temps proches, un socialisme français et européen à la fois. Quant au maréchal, empruntant le langage de Marx et de Lénine, il a plusieurs fois affirmé qu'il voulait abolir la condition prolétarienne. Déjà Mussolini et Hitler avaient appelé socialisme

1. C'est le discours iconoclaste de Laval célébrant à sa manière l'anniversaire de l'invasion de l'U.R.S.S. par les nazis et annonçant la « Relève ». La phrase sacrilège complète est la suivante : « Je souhaite la victoire de l'Allemagne parce que, sans elle, le bolchevisme demain s'installerait partout ».

ce qui en est le contraire et la négation. Il est possible que les mots volés ne puissent plus resservir. Les révolutionnaires devront inventer un nouveau langage.

29 juin

Bicyclette. Le Villars. Mes cousins m'accueillent de tout leur cœur et de toute leur cave.

À Fleurville, le Mékong en réduction et l'auberge du bord de l'eau, l'auberge des mariniers. Le patron prépare une barque. « On est bien logés... » me dit-il. Il est écrasé par le ravitaillement et le sort des armes. Je lui dis que nous sommes moins « mal logés » qu'il y a deux ans. Il me regarde avec étonnement. Il vit la fin du monde, il consent à la fin du monde. Rien à tirer de lui, non plus que de son aide, qui se fuit lui-même et fuit le présent et qui se réfugie dans un interminable récit de guerre.

Il y a trois ans, nous déjeunions sur la terrasse de l'auberge, ma femme, Saint-Exupéry et moi. Heure pleine, heure unique.

Nous avons causé avec un batelier allemand et sa femme. (Il conduisait une péniche française : *Cousance.*) Ils nous disaient leur amour, leur certitude de la paix, et que, si Hitler déclarait la guerre, le peuple allemand se révolterait. On me dit aujourd'hui que l'homme, après la déclaration de guerre, conduisit sa péniche à Mâcon, l'y abandonna, puis disparut avec sa femme. Cinquième colonne?

Les collines semblent plus basses que les arbres du premier plan. La grande prairie, mer d'herbe, où des vaches lointaines font la planche. Pas d'arbres en bâtarde. Des peupliers à l'horizon, des peupliers d'un seul trait. Paysage sans pleins, tout en déliés.

Rencontré Fournier. Riche paysan, il a fait la guerre de 14. En 1920, il lisait des journaux révolutionnaires et me reprochait de n'avoir pas, dans *Clavel soldat*, montré toute la laideur de la guerre [1]. Maintenant il flotte, il s'est mis de la Légion. « Quand cela sera-t-il fini? » me demande-t-il d'un ton dolent, comme si je possédais les secrets de la guerre et du temps. Je lui réponds : « Cela dépendra de vous. » Je ne sais comment cette ellipse est sortie de moi. J'ai quelque peine à lui révéler sa part de responsabilité, sa puissance d'atome d'opinion publique.

1. Léon Werth a publié en 1919 *Clavel soldat* et *Clavel chez les majors*, ouvrages violemment antimilitaristes, qui firent quelque bruit parce qu'ils tranchaient sur les récits convenus.

3 juillet 1942

Le journal. « On sait que la Légion des Volontaires Français contre le bolchevisme vient de se transformer en Légion tricolore [1], dont les unités peuvent être engagées partout où l'intérêt de la nation sera en jeu. » Vichy, par ébauches successives, dessine ses sections d'assaut. Dans le comité, qui patronne cette Légion : MM. Georges Claude et Auguste Lumière, un chanoine, un révérend Père, MM. Abel Hermant, Jacques Boulenger, Drieu La Rochelle, Alphonse de Chateaubriant, souliers vernis de littérature.

Lyrique orchestration de l'embauche des ouvriers français en Allemagne. « La relève, idée sublime... » (Havas O.F.I.)

« Les gens de Saint-Amour, me dit Andrée François, perdent patience. Ils s'attendaient à un débarquement des Anglais ou des Américains... Ils perdent patience... »

Les ouvriers français en Allemagne et les maquereaux de la Légion tricolore en France... Gouverner devient un plaisir. Je n'ai point écrit : maquereaux par colère ou paresse polémique. Le fascisme et le nazisme ont utilisé les délinquants de droit commun et les souteneurs.

Une jeune femme, qui attend à la buvette de la gare et tentera de passer la ligne, me dit qu'à Dijon il y a beaucoup de partisans de l'Allemagne.

Le jeune Laurent [2], en permission de neuf jours, arrive d'un camp de jeunesse. Il a maigri de dix kilos.

Je lui demande : « Entre camarades, de quoi parlez-vous ?... » – « De rien. » – « Vous ne parlez pas de la guerre ? » – « Jamais. »

Le journal : « Le tribunal militaire de la 14e région a condamné à la peine de mort trois Françaises et deux Français, impliqués dans la même affaire de trahison. »

Ces trois Françaises, ces deux Français condamnés à mort, par un tribunal français, pour avoir trahi Laval et Hitler !

4 juillet

« Sébastopol est tombée. Les troupes germano-italiennes attaquent les positions d'El Alamein, dernières fortifications avant Alexandrie. » Discours mélancolique de Churchill. « Nous avions en Libye

1. Pierre Laval s'est résolu en effet à transformer la Légion des Volontaires Français contre le bolchevisme mise sur pied par les collaborationnistes parisiens en une Légion tricolore qui, tout en remplissant les mêmes fonctions, serait rétribuée et contrôlée par Vichy. Mais à la mi-septembre, Hitler s'opposera au projet qui demeura lettre morte.

2. Roger B... est le fils de Marius B. (cf. supra p. 74) ; cité pp. 485, 493.

plus d'hommes et de matériel que les Allemands. Pourquoi avons-nous été battus? »

On voit à l'exposition anti-bolchevique de Paris une photographie représentant un Russe, qui mange de la chair humaine. La photographie est par essence documentaire.

Après la révolution russe, Paul-Boncour [1] disait : « Le soldat polonais monte la garde de la civilisation contre la barbarie. » Où se cache, en 1942, la civilisation? Qui va recréer une civilisation? L'Amérique, la Russie, la Chine, la machine? Et la France apportera-t-elle une nuance à la civilisation de demain ou s'absorbera-t-elle dans la République du Val d'Andorre ou la principauté de Monaco?

9 juillet

Matins nettoyés, soirs en vieille laine.

Voyage du maréchal en Corrèze. Laval n'entraînera jamais que d'autres Laval. Mais la momerie du maréchal faillit entraîner le peuple.

« Paysans de France, a-t-il dit, à Tulle, vous avez été le premier jalon de la renaissance française. » Il est en Bresse des fermes où l'on trouve du beurre à volonté, à partir de cent francs la livre.

J'aimais l'aromatique fumée du tabac. La fumée du pas d'âne ou du framboisier est âcre. On s'allume dans la bouche un feu de broussailles et de ronces.

10 juillet

Je ne sais si les ouvriers volontaires pour l'Allemagne sont aussi nombreux que les journaux de Vichy le disent. Mais n'en fut-il que cent, que dix?... Partent-ils contraints par la faim? Partent-ils par molle obéissance? En est-il parmi eux qui préméditent d'adroits et savants sabotages?

Que dirait Lénine de l'union des prolétariats par-dessus les frontières, s'il voyait des ouvriers français s'en aller en Allemagne fabriquer des tanks contre la Russie?

Vichy orchestre les départs d'ouvriers dans un sens d'idylle, de pastorale et de gastronomie. Vichy propose à la sentimentalité des foules les « blondes infirmières allemandes ».

1. Joseph Paul-Boncour, qui sera Président du Conseil, était alors militant socialiste.

« Debout ou assis sur leur valise, les volontaires devisent. Leur visage est empreint de gravité. Tous ont mesuré, en effet, la valeur de l'acte qu'ils accomplissent.

Deux infirmières allemandes, blondes sous leur bonnet blanc orné d'une broderie où se répète le motif rouge et blanc de la croix de Genève, dans leur blouse rayée blanc et gris, poussent à travers une lourde charrette chargée d'une vaste marmite ouverte. On entoure le chariot. Les infirmières, tout en souriant, emplissent les timbales qu'on leur tend, de café fumant, et distribuent à chacun un repas froid. En outre, on servira aux voyageurs, à leur arrivée en Allemagne, un déjeuner composé de pain, de beurre, de saucisson, de confiture et de café. Ce ravitaillement, gratuit, est à la charge des employeurs allemands. »

« La valeur de l'acte qu'ils accomplissent... Les infirmières tout en souriant... » Pourquoi découper ces lignes ? Elles seront mortes dans un an, dans un mois, dans huit jours. Mais je tente d'imaginer le visage de celui qui les rédigea. Je cherche les visages de ces journalistes, qui sont les écrivains publics des gouvernements, les visages des scribes anonymes et les visages des polémistes payés aux prix du marché noir.

Tous les événements que nous apportent le journal, la radio ou les bruits circulants, nous les tenons pour « provisoires ». Tous les événements nous semblent des agonies. Nous attendons on ne sait quelle résurrection. Nous avons décidé que toutes les manifestations de l'Allemagne et de Vichy n'étaient que les derniers soubresauts d'une bête agonisante, d'une bête frappée à mort. Toutes les manifestations de l'Allemagne et de Vichy ne sont qu'une dernière parade. Est-il sûr que nous ne nous abusions pas ?

Je verse généreusement du sang russe, du sang allemand, du sang anglais, du sang américain, du sang japonais. L'univers se bat par procuration pour ma civilisation, pour cette civilisation que nous définissons tous si mal. Et, parfois, je me demande si, du résultat de cette arithmétique de tanks, j'attends autre chose que du beurre et du tabac.

Est-il sûr que je ne fasse pas bon marché des destins du monde et que je souhaite autre chose que retrouver l'égoïste confort de mes tendresses de choix et de mes amitiés ?

13 juillet

Un jeune ingénieur est arrêté à Buxy, près Chalon, comme il tentait de passer en zone non occupée. « Vous devez trouver que je fais un drôle de métier », lui dit l'Allemand qui le conduit en prison. Et cet Allemand est pour lui plein de prévenances, lui permet d'acheter du pain dans une boulangerie. Mais ce même Allemand, dès que d'autres Allemands s'approchent, se montre dur et grossier. Un prisonnier rapatrié m'a apporté un témoignage analogue. On croirait que l'Allemand est l'homme de Rousseau, que la société corrompt. Il faudrait donc enfermer chaque Allemand dans une île déserte où il fabriquerait un kantisme.

Les journées légionnaires de Lyon. Discours du « chef » Darnand : « J'ai péniblement ressenti son étonnement (du peuple allemand) devant les réticences du peuple de chez nous qui ne paraît pas réaliser ce que le geste allemand avait de généreux... Puis j'ai vu la Pologne, la population effondrée dans une défaite que le vainqueur n'a pas voulue légère, car il n'avait pas pour ce peuple les sentiments qu'il accorde au peuple de France. » [1]

Déjà le maréchal avait rendu témoignage de la générosité de Hitler. Les fusillades de Nantes et de Paris ne l'ont pas troublé. Elles n'ont pas troublé davantage les Segonzac, Vlaminck, Derain, Friesz, Despiau et quelques autres artistes qui ont fait le voyage de Berlin.

Ce même jour, j'apprends que Fernand Braudel, prisonnier en Allemagne, demande qu'on lui envoie du pain. Et l'on ne sait comment faire pour que le pain, qu'on enverra, lui parvienne. Il y a quelques semaines, ces artistes rompaient le pain avec Hitler.

Les Allemands ont fusillé, à Dijon, un jeune homme de dix-sept ans et condamné son frère à trois ans de forteresse. Mme Marie connaît leur père, un chef de train. Ils avaient fusillé, il y a quelques semaines, trois élèves du lycée. (Ils avaient découvert chez l'auteur présumé d'un attentat des livres scolaires de chimie, qui leur appartenaient. Ils en avaient conclu que ces livres contenaient les secrets de la fabrication des explosifs et que ces trois jeunes gens étaient complices de l'attentat.)

Mme Marie ne sépare pas dans le temps ces tueries. Elle les assemble, elle en fait un tout de tuerie. La première fois qu'elle me parla des lycéens fusillés, ce fut d'un ton dolent. Aujourd'hui, elle parle, si l'on peut dire, sur un ton de calme colère, de colère froide. Peut-être qu'en sa léthargie le peuple accumule.

15 juillet

J'ouvre mes volets. Les morceaux de ciel qu'on voit entre les branches sont nets, comme des vitres bien lavées. Mais je rêve des matins de Paris, des paupières plombées des façades grises.

1. À Lyon, le 12 juillet, Joseph Darnand, le futur chef de la Milice, pour l'heure inspecteur général du S.O.L., passe en revue quelque 4 500 membres du S.O.L., qui prêtent serment, et leur expose les raisons qui militent pour une collaboration franco-allemande franche et active.

J'apprends par une lettre de Suzanne que les Allemands ont vidé l'appartement de Francis Jourdain [1]. Les tableaux, les livres. Ce n'était pas ce que les savants appellent une bibliothèque, mais des livres liés à sa vie, à ses amitiés.

Il erre, il se cache. Je ne sais où. Et ne rien pouvoir pour lui.

Francis, peintre tendre, qui, écœuré par les boxeurs de la peinture renonça à peindre et créa des meubles, des intérieurs. Qui pouvait mieux que lui s'émouvoir des grâces attendrissantes, des grâces comiques du 1830? Mais il porte la torche dans le bric-à-brac. Il est le premier artisan de la révolution rationaliste dans le meuble, de la thérapeutique par le simple. Si logicien, si féminin. Pénétré par l'esprit (au sens chrétien) et plein d'esprit (au sens d'un Boulevard, qui ne serait point d'almanach Vermot). Le voici saint François d'Assise bolcheviste. « On dit : Francis, comme on dit Jésus... » écrivait Gignoux.

La vieille boutiquière parisienne est réfugiée, aux environs de Bourg, dans une sorte de ferme ou plutôt de cloaque au bas de prés en pente. À Chelle-Gournay, elle eût trouvé la même maison, les mêmes murs. Elle eût sans doute été nourrie des mêmes bruits circulants.

Je résume ses « idées » en quatre points, fidèlement, usant autant que possible des mêmes mots qu'elle :

1. Je n'aime pas les Allemands, mais nous sommes vaincus. C'est un fait, on est bien obligé de l'accepter;
2. Il y a une chose qu'on ne peut pas contester, c'est que Laval est un honnête homme;
3. Les Anglais n'ont jamais cherché que leur intérêt. Ils nous ont jetés dans cette guerre. Et après, ils y ont jeté les Russes;
4. Je comprends que les Juifs détestent Hitler. Si j'étais juive, je ne l'aimerais pas.

Faut-il chercher les sources de ces « idées »? Le « nous sommes vaincus » vient directement de la propagande. Tous les jours, on lui répète qu'elle est vaincue. Elle a fini par trouver dans la défaite un masochique plaisir.

Sa haine de l'Angleterre est le résidu d'une haine populaire ancienne, de source historique peut-être, mais que les puissants lui soufflaient alternativement avec la haine de l'Allemagne.

Comme je lui fais observer que Hitler a déclaré la guerre à la Russie et non la Russie à Hitler, elle a la même réaction de conviction intime, sourde, à part soi, que les persécutés auxquels on démontre l'absurdité logique de leurs convictions.

Il ne lui est jamais arrivé de happer, à plus forte raison de mâcher une idée. Elle ne peut pas penser plus d'un individu à la

1. Francis Jourdain – qui est né en 1876 – architecte et écrivain est un compagnon de route du P.C.F., qui milite activement dans la Résistance.

fois. Ce qui ne lui permet aucune notion du juste ou de l'injuste ou de l'ignoble. Cela explique sa réaction vague à l'anti-sémitisme. Les chrétiens qui, à Paris, portèrent, quelques heures, par protestation et défi, l'insigne jaune, se sentaient humiliés par cette obligation imposée aux Juifs, autant et plus que s'ils avaient été juifs. Ils se sauvaient ainsi d'une humiliation personnelle. Mais la pauvre vieille n'imagine pas si loin, ne possède pas ce pouvoir de transfert et de substitution, sans lequel il n'y a point de sens de la justice, de sens de l'humain.

17 juillet

Paysans ou marchands, ils souhaitent le départ des Allemands et la réalisation d'un idéal petit-bourgeois, une vie tranquille. Avant la guerre, quelques communistes et quelques catholiques peut-être cherchaient au-delà de cet idéal. Après la guerre, sous quelle forme les communistes retrouveront-ils leur marxisme, « matérialisme à la base, humanisme au faîte », comme écrivait Henri Wallon ? Quant aux catholiques, rien ne les peut empêcher de se sculpter un Salut. Mais le temps n'est-il pas accompli des religions avec Dieu ?

Riffault a tué un veau. Il m'a donné rendez-vous chez lui, après la tombée de nuit, les enfants déjà couchés. « Les enfants ne savent pas tenir leur langue. » Nous descendons dans la cave. La femme de Riffault maintient le quartier de viande. Il s'applique à la parer. Nous aurions commis un crime, la scène serait la même. J'emporte ma part dans un sac. Pendant quelques jours, je n'aurai plus cette sensation de faim légère, de faim pointante.

La flotte française d'Alexandrie... Personne n'est dupe de la « ferme attitude de Vichy ». Vichy aboie aux ennemis de l'Allemagne, mais ne peut plus mordre que la France [1].

Nous attendons un miracle, un événement qui ne s'explique que par le doigt de Dieu ou par une psychologie de mélo ou de cinéma.

18 juillet

Bruits circulants. Le père Cordet, retraité du chemin de fer, et le cordonnier ont reçu des lettres que des parents leur ont adressées de Lyon. Des milliers de Lyonnais ont manifesté le 14 Juillet. Ils criaient : « Vive de Gaulle, vive la République. » La cavalerie (?) a

1. Depuis le 3 juillet 1940, la force X placée sous l'autorité de l'amiral Godfroy, est immobilisée en rade d'Alexandrie. Les États-Unis souhaitent, devant l'avance de l'*Afrika Korps*, qu'elle puisse gagner un port plus sûr. Une proposition que refuse Laval en le disant haut et fort.

chargé la foule. À Marseille, manifestation immense. Il y aurait eu trois morts. La Légion aurait tiré sur la foule [1].

Febvre était à Lyon pendant la débâcle. Il me décrit, avec colère et honte, une vieille femme, qui chantait la louange des Allemands, si polis, un coiffeur, des boutiquiers, vantant la courtoisie des Allemands, si bons payeurs. Et je me souviens de cette belle jeune fille, qui, à Chalon, le 13 juillet 40, la fleur à la bouche, se promenait avec des soldats allemands. Et j'ai vu des bourgeois de petite ville s'ouvrir de tous leurs pores à l'Allemand. J'ai vu la France traumatisée, hypnotisée par le vainqueur, ensorcelée par la botte.

Vichy prêche la collaboration et la relève, la *Gestapo* prévient par affiches les Parisiens que quiconque sera convaincu d'avoir attenté, en quelque façon que ce soit, à la personne d'un soldat de l'armée d'occupation, non seulement sera emprisonné ou déporté ou fusillé, mais aussi ses enfants, ses parents, ses grands-parents, ses oncles, ses tantes, ses cousins. Une sorte de péché originel.

Henri Febvre [2] arrivé, ce matin, de Paris (il a passé la ligne dans la niche à chiens d'un fourgon), me dit que la répression dépasse la sévérité, atteint l'atroce.

« Bon signe, me dit son père, réactions de la bête forcée. »

Progression, en deux ans, de l'Allemand « gentil » à l'Allemand tueur.

Je me satisfais difficilement de l'ignoble pur. Je cherche à la cruauté hitlérienne l'excuse des puissantes convictions du délire, je lui cherche, écartant de mon mieux les facilités du paradoxe littéraire, une sorte de puissance criminelle, de fureur démente, de monoïdéisme bestial, je crois découvrir en la persévérance de cette fureur une sorte de grandeur pathologique. Pas même... paraît-il. « Hitler n'a rien inventé, me dit Febvre. Les Allemands sont incapables de nouveauté politique. Ainsi depuis le XIIe siècle, l'antisémitisme est, dès qu'ils sont en difficulté, le recours, la diversion classique. »

20 juillet

Le journal : Pas un mot de la flotte d'Alexandrie. « Un exploit de la légion tricolore. » (Havas O.F.I.). Les légionnaires encerclés, un officier bolchevik leur crie : « Rendez-vous, braves camarades... » « la réponse qui fuse de toutes parts est celle de Cam-

1. On compte effectivement beaucoup de manifestants ce 14 Juillet 1942 à Marseille. Ce sont les troupes de choc du P.P.F. Sabiani qui, abritées dans les locaux de la permanence du parti, tirent sur les manifestants; deux femmes sont tuées et plusieurs autres manifestants sont grièvement blessés.

2. Fils de Lucien Febvre, Henri est étudiant en médecine (cité pp. 344, 492, 657, 670).

bronne. » « La colonne encerclée est finalement dégagée... " Vos légionnaires se sont héroïquement battus ", a dit simplement au capitaine de Messine le *Feldmarechal* von Kluge, accouru en avion pour féliciter les rescapés de cet exploit. »

Le commentaire est trop facile. Ce texte de propagande germano-vichyssoise est publié la semaine même où les Allemands apposent à Paris l'affiche sauvage qui menace les Parisiens d'une répression, auprès de laquelle la loi du talion est une loi aimable.

21 juillet

Une lettre de Marcel Martinet [1]. « Où que vous soyez, je suis à peu près certain que vous n'avez pas changé. » Ces mots m'inquiètent. Je suis tout à fait certain de n'avoir pas vécu depuis septembre 39, sans avoir changé. La guerre a transformé (je le crois du moins) mon expérience du sens national, du sens révolutionnaire, du sens religieux même.

J'entends que Martinet (toute sa vie a tendu vers un état de pureté, de sainteté) ne joue pas au monolithe. Et lui-même, après la mort de Lénine, ayant désavoué l'orthodoxie bolcheviste, répondit, à ceux qui l'accusaient d'avoir changé, que c'était eux qui avaient changé et qu'il restait fidèle à lui-même. Il y a là une vaine dialectique. Un chef militaire ne change pas parce qu'il modifie sa tactique. Un savant ne change pas, parce qu'il abandonne une hypothèse pour une autre, plus efficace. Mais Laval change, quand il s'inscrit au parti communiste et change encore quand il le quitte. Mais que dis-je?... Il ne change pas. Il ment. Et chacun de ses changements n'est que fidélité à son ambition. Le mot « changer » prête aux jeux du verbalisme.

Et j'en reviens à me demander ce que sont devenus les pacifistes purs, ceux dont le pacifisme était la source essentielle. Planant au-dessus des massacres, ne font-ils de vœux pour aucun des belligérants? Ne répondent-ils à l'événement que par le dégoût et le désespoir?

« La paix, rien que la paix », disent-ils. Mais ils me font penser à un médecin qui, au chevet d'un malade se refuserait à l'examiner, à établir un diagnostic, à donner un pronostic et répéterait inlassablement : « La santé, rien que la santé... »

La foule réagit mou, elle tolère l'ignoble, elle passe à côté sans le flairer. Une affiche sur les murs du bourg annonce un film : *Prisonniers*. Images juxtaposées, on dit aujourd'hui montages : des prisonniers français jouent au football. D'autres reviennent des

1. Syndicaliste, ancien membre du P.C.F. (jusqu'en 1926), ex-journaliste à *L'Humanité*, Marcel Martinet rompt avec le stalinisme, tout en demeurant un écrivain engagé à l'ultra-gauche. C'est un ami proche de Léon Werth.

champs dans un crépuscule d'*Angélus* de Millet. Sérénité, béatitude. D'autres jouent une farce désopilante, en costumes d'opéra.

Pour remplacer Laval, les rumeurs circulantes ont donné Doriot, ont donné de Monzie.

De Monzie [1], une culture littéraire, scolairement parfaite, mais limitée aux élégances du Concours général. Rien n'arrive à lui que mousse de parlement et ragots de souris d'ambassade.

24 juillet

Claude me dit qu'aux *Actualités* du cinéma, projetées à Paris, on a vu quelques actrices, Danielle Darrieux, Viviane Romance, d'autres encore, conversant amicalement à Berlin avec des vedettes allemandes [2]. En 1870, les filles même (cf. Maupassant) avaient plus de pudeur [3].

Les journaux de la zone non occupée annoncent des attentats, mais ne disent jamais un mot de la répression. Toute nouvelle est interdite, qui présenterait l'occupant comme cruel ou même sévère dans la répression.

Les gens du bourg sont inertes. Ils attendent une occasion pour passer un licol à la fatalité. Ils attendent que le premier Américain soit descendu en parachute devant l'obélisque.

Une pipe de tabac, maintenant, est presque une pipe d'opium.

Que le journal est donc quotidien :

Bien que je connaisse « les consignes générales et particulières », je suis touché par ces gros titres : « Combats corps à corps dans les faubourgs de Rostov-sur-le-Don. » – « Des avant-gardes allemandes sont parvenues à soixante kilomètres de Stalingrad. »

J'apprends à la buvette que cinq personnes qui tentaient de passer la ligne, à Seurre, dans la niche à chiens du fourgon de tête, ont été découvertes et arrêtées. « Il y a eu dénonciation, c'est sûr, dit un cheminot sédentaire, les Allemands sont allés droit au fourgon de tête et n'ont même pas visité le fourgon de queue. » Il établit de la dénonciation un scénario stupide. « C'est toujours affaire de jalousie. Tantôt, c'est le mécanicien qui est jaloux du chef de train, tantôt, c'est le chef de train qui est jaloux du méca-

1. Sur Anatole de Monzie, cf. infra p. 503.

2. À l'occasion de la sortie en Allemagne du film de Henri Decoin, *Premier rendez-vous*, Danielle Darrieux (non sans réticences), Junie Astor, Viviane Romance, Albert Préjean, René Dary, Suzy Delair, se sont rendus dans le *Reich* et en Autriche, où ils ont été reçus somptueusement.

3. Léon Werth fait référence à *Boule de suif*, une nouvelle bien connue de Maupassant, où l'on voit une « mondaine » manifester bien des réticences – par dignité patriotique – à céder à l'occupant.

nicien... » Souvent ainsi j'ai entendu les paysans invoquer la jalousie, comme une divinité du mal, par laquelle tout est expliqué. Il imagine une dénonciation basculante qui a pour auteur tantôt le chef de train, tantôt le mécanicien. Ce n'est, il est vrai, qu'un ivrogne, dont le visage est mou comme une éponge et dont les traits s'affaissent et se mélangent en chutes obliques.

Mais les autres qui vident avec lui, à la même table, une canette de bière? Ils ne disent rien. Ils dorment éveillés.

Au crépuscule, un premier plan d'arbres gonflé, charnel, encadrant la plaine de Bresse, bleue comme un lac pâle.

25 juillet

« Le journal, disent-ils, ne renseigne sur rien. » Si, sur Vichy.

Après la guerre? Nous possédons un héritage indivis de civilisation chrétienne. Mais il y a l'humanisme aussi, la science expérimentale. Et le doute né de la science n'est pas le doute de Montaigne. Enfin, j'ai un héritage de christianisme-science. Il peut me suffire jusqu'à ma mort, si je le place en viager. Mais après? La civilisation de nos fils? Le passé sert de guide-âne aux cartomanciens de la morale et de l'académisme. Mais l'avenir ne se fout-il pas du passé?

Le jeune Debray est des camps de jeunesse ou des compagnons. Il a un peu plus de vingt ans. Depuis quelques années, il tendait les bras vers un inaccessible bachot. Il porte maintenant un séduisant uniforme. On dirait un phalangiste et on se demande si une nouvelle clause d'armistice n'autorise pas les Italiens à occuper le bourg.

Comme il feuilletait un volume de Michelet, il dit avec simplicité : « Ce sont des blagues... Ce n'est pas sérieux, ce n'est pas de l'histoire... D'ailleurs, on sait qu'il a été payé... »

Le fascisme utilise les imbéciles de ce type et crée pour eux un milieu favorable. Ils n'étaient qu'une sorte de lest social, oublié à fond de cale. Le maréchal les appelle. Ils montent sur le pont. Ils feront chavirer le monde.

26 juillet

Je parcours le deuxième tome des *Mémoires* du marquis d'Argenson.

« Ce président était tombé dans une telle dissipation et obscurité, qu'il ne vivait que parmi des blanchisseuses et des joueurs de boules » (page 12). Le choix des mots. C'est tout un roman. Mais il est exceptionnel que d'Argenson écrive ainsi.

Béatitudes de l'Ancien Régime :

« Novembre 1740... Il est positif qu'il est mort plus de Français de misère depuis deux ans que n'en ont tué toutes les guerres de Louis XIV » (page 34).

« La misère est effroyable en plusieurs provinces du royaume » (page 195).

« ... Depuis cent ans nos traités de paix ont plus été des germes de guerre que la guerre ne nous a préparés à la paix » (page 325).

27 juillet

C'est par habitude et presque par paresse que je continue cette sorte de journal jour à jour et terre à terre, sans horizon. J'aurais dû prendre des notes brèves, les organiser et les mettre en place, plus tard. L'infidélité, l'hypocrisie et les coups de pouce de la mémoire eussent donné une forme à ce qui n'en a pas.

Je me serais ainsi éloigné de l'immédiat. Je n'aurais pas écouté les plus vaines rumeurs. Je n'aurais pas été obsédé par ces faits provisoires, qui n'ont de sens que par un événement caché dans l'avenir, par un événement qui les signe, par un événement paraphe. J'aurais échappé à l'illusion du prisonnier qui prend pour l'univers une toile d'araignée dans sa cellule.

Depuis ma trentième année, j'avais lu peu, très peu. La lecture ne faisait pas partie de mes manies. Je reprenais quelquefois Pascal. Je ne me souviens pas d'un livre contemporain qui, depuis ma trentième année, m'ait touché dans mes profondeurs. Privé des images et des excitations de la ville et contraint d'affronter les loisirs, les temps morts de la vie à la campagne et de la solitude, j'ai lu Saint-Simon et des romans policiers. Mais je ne veux pas me vanter : je n'ai pas lu beaucoup de romans policiers.

Je me suis transformé en homme liseur. Cela me fait un drôle d'effet, je ne me reconnais pas. Je ne rejette pas immédiatement un livre mécaniquement fabriqué. J'ai un peu honte. Je me vois semblable à ces clients de la buvette, pour qui l'acte de boire est indépendant de ce qu'ils boivent. L'essentiel est de boire : vin, bière, vermouth, limonade ou soda. (J'ai essayé une fois du soda. Cela sent le vétiver et la malle à fourrures.)

Ce qui m'étonne le plus, c'est que j'ai intercalé dans ces notes au jour le jour quelques citations. Pour peu que je persévère dans cette habitude de lire, je citerai dans la conversation. Hier encore, une citation m'apparaissait comme une impolitesse, presque comme une impudeur. Citer, c'est faire présent d'un cadeau qu'on a reçu, c'est donner un sac de bonbons qu'on vous a donné. C'est envoyer un ambassadeur et ne pas se déranger soi-même.

Les cinq voyageurs clandestins arrêtés à Seurre par les Allemands n'avaient pas été dénoncés. (Ainsi la basse explication fournie par l'employé de la gare, rien ne l'étayait, elle ne révélait rien que sa propre bassesse.) J'ai appris d'un chef de train que ces voyageurs étaient, depuis plusieurs jours, filés par un agent de la *Gestapo.* Il les avait vus sortir du buffet et monter dans le fourgon.

28 juillet

J'attendais Suzanne aux premiers jours d'août. Il faut trouver, pour passer la ligne, un nouveau moyen. « Ce matin, me dit un chef de train, les Allemands ont tout fouillé. »

Un élève de la classe de philosophie du lycée de Bourg a été interrogé par des inspecteurs. L'an dernier, ces sortes d'interrogatoires étaient menés sur le mode aimable. Les inspecteurs étaient courtois. Aujourd'hui, ils procèdent avec brutalité, ils menacent.

Ce jeune homme fut étonné par l'épaisseur de leurs ruses, la grossièreté de leurs pièges.

Le Siège de Paris. Impressions et souvenirs, par Francisque Sarcey [1].

S'il y a de l'incommensurable entre des époques différentes, il y a aussi d'étranges analogies. Et Sarcey, qui devait devenir l'arbitre bourgeois du théâtre, cette tête moyenne jusqu'à faire vomir, ce cerveau en lard est ici un bon témoin, un témoin qu'on ne peut suspecter. Il écrit (page 87) : *« ... En sorte que la bourgeoisie se voyait, non sans une certaine mélancolie, entre les Prussiens, qui lui mettaient le pied sur la gorge, et ceux qu'elle appelait les rouges, et qu'elle ne voyait qu'armés de poignards, et dévorant par avance l'espoir du pillage. Je ne sais de ces deux maux lequel lui faisait le plus de peur : elle haïssait plus l'étranger, mais elle redoutait davantage les Bellevillois. Ah! si M. de Bismarck eût su exactement ce qui se passait dans Paris... Qui sait? c'eût été peut-être le parti vaincu qui eût ouvert les portes aux Prussiens, et se fût jeté dans leurs bras, les priant de remettre l'ordre dans la ville. »*

1815. 1870. Mais les riches gaulois, au plein même de la résistance, pactisaient déjà avec Rome.

30 juillet

Andrée François rapporte du bourg que trente-cinq prisonniers évadés ont été arrêtés dans un fourgon, en gare de Dijon, et que le chef de train a été fusillé. C'est la relève.

Le bourg est peu ému de ces nouvelles. Le bourg est las. Il se

1. Connu surtout pour ses chroniques dramatiques, notamment celles qu'il rédigeait pour *Le Temps*, Francisque Sarcey (1827-1899) a publié en 1871 chez Lachaud un récit du siège de Paris à la tonalité plutôt belliciste, tout en prenant à partie l'ultra-gauche.

détourne de la guerre et pense à ses potagers. « Je n'ai pas écouté la radio, dit le père François lui-même, et je n'ai parlé de rien avec personne. »

Sa fille, qui observe avec une terrible sagesse, sagesse de femme et de peuple, sagesse que ne pénètre aucune abstraction réchauffante, me dit de nouveau : « Les gens ont perdu patience. »

Si le mythe du débarquement ne se réalise pas ou s'il ne survient quelque événement inattendu et formidable, ce sera pour les gens du bourg comme une seconde débâcle, mais une débâcle dans le sommeil.

J'apprends à la buvette, par un mécanicien, qui a couché à Lons, qu'une bombe a été jetée dans la nuit sur le local des S.O.L. Il n'y eut que des dégâts matériels. Ni ce mécanicien, ni Mme Marie n'approuvent ni ne désapprouvent. C'est un événement de plus, un de ces événements qui viennent s'emboîter dans le temps jusqu'au jour où « ce sera fini ». Un autre événement semble les toucher davantage : un marchand de vins de Beaufort a proposé du vin à Mme Marie, à cinquante francs le litre.

La rareté des attentats contre ce qui touche à la trahison m'étonne. Et d'autant plus, si je la compare à la relative abondance des attentats (quelle qu'en soit l'origine) contre les occupants.

Les paysans : une nouvelle bourgeoisie, celle du lard et du pain blanc.

31 juillet

Je crois que l'attentat de Lons n'est qu'un aimable petit attentat, que la bombe a seulement effleuré quelques lambris et gâché quelques paperasses. Mais c'est un avertissement et quelques-uns, au bourg, sont ragaillardis par ce pétard. « C'est un commencement... » a dit le père François.

Le journal. Vichy créateur de mythes et symboles : dans la métropole et dans nos possessions d'outre-mer, chaque président communal de la Légion recueillera un sachet de terre. Tous les sachets seront « centralisés » dans une urne, par département. « Une cérémonie grandiose se déroulera sur le plateau de Gergovie, où Vercingétorix réalisa l'unité des tribus gauloises. Toutes les urnes venant de tous les départements seront rassemblées et la terre de toutes les communes de France, de toutes les régions de l'Empire sera mélangée et fondue en une seule terre de France, au lieu même où naquit, à deux millénaires de distance, l'unité de la patrie française. »

Au temps de la troisième République, les ministres chantaient déjà l'unité de la patrie française, mais ils avaient la prudence de ne lui point assigner une date de naissance. La patrie de Hitler, disait Trotsky, est zoologique. Celle de Vichy est géologique.

Cette terre composée de terre de Gagnat et de terre de Chandernagor. Et Laval ricanant : « C'est de la terre pour le maréchal, de la terre pour faire des petits pâtés. »

1er août 1942

Je descends à bicyclette un chemin bordé de haies. Soudain un essaim de papillons m'enveloppe et me suit. Je ne sais rien qui soit plus conte de fées.

Le journal. « La journée à Vichy. » – « Peine de mort pour les détenteurs d'explosifs ou de stocks d'armes. » Vichy a peur du débarquement : « sur le plan militaire, cette tentative est inconcevable... Dangereuses illusions... »

À Paris, au début de l'occupation, me dit Febvre, le *Bulletin de la Librairie* a publié une note d'une inimaginable bassesse. On y annonçait qu'avant toute intervention des autorités allemandes, on avait travaillé à une sage élimination, qu'on espérait conforme aux intentions des autorités allemandes [1].

Un ouvrier de l'usine, qui habite Allonal, hameau qui dépend de la commune (mi-cultivateur, mi-manœuvre), s'était fait inscrire pour aller en Allemagne. Au dernier moment, il ne voulut point partir. Les gendarmes sont venus. Il se cache.

Je m'étonne que cette moitié de paysan ait pu songer à quitter son bout de champ pour aller faire le manœuvre en Allemagne. « Rien d'étonnant, me dit Andrée François, Allonal a toujours été *cucu.* » C'est une audacieuse ellipse; elle lie d'un trait de pensée des points éloignés; elle entend que ce hameau a toujours été du « parti curé » et qu'il pense « Moyen Âge ». Il est vrai que ce hameau a toujours été sensible à la contagion de la droite politique. Il eut, dit-on, ses cagoulards. Le dimanche, les hommes vont à la messe et non pas seulement les femmes. On y a recruté une grosse proportion de légionnaires. Dans la tête d'Andrée François, tout cela se tient et se lie. Pour elle, la religion est le parti des riches. Elle ne médite pas historiquement sur la civilisation chrétienne, sur la part de christianisme que contient la civilisation occidentale. Insensible au Chartres lyrique et pédagogique de Péguy, elle a hérité de son père, artisan, la méfiance des hommes noirs. Elle a

1. La formulation est exagérée. Car ce sont les autorités allemandes qui imposent d'abord la « liste Bernhard », puis, en septembre 1940, la « liste Otto », liste des auteurs et des ouvrages interdits de publication. Les autorités d'occupation auront l'habileté de présenter ces interdictions comme le fait des éditeurs français; ceux-ci, il est vrai, accepteront cette présentation erronée, dès lors qu'il leur était avant tout demandé de pratiquer l'autocensure.

vu les riches s'approcher de l'Église, en même temps qu'ils s'enrichissaient. Le catholicisme, le peuple n'en veut user que pour cérémonie, quand il naît, se marie, meurt.

Le jeune Clerc me dit que les Allemands ont voulu déporter les trois cents ouvrières d'une filature de Besançon. Elles ont refusé. On leur a supprimé leur carte d'alimentation. Elles vivent, m'a-t-il dit, de la charité publique.

Les départs orchestrés par le journal. « À Bourg, me dit Riffault, il y a eu un départ : quatre repris de justice et trois Arabes. »

Sur un mur du bourg, une affiche délavée : un portrait du maréchal et ces mots : « abolition de la condition prolétarienne. » Ce vieux gendarme qui propose de mettre le feu aux meules.

Les États-Unis, la Russie... la carte du monde, l'économie et les passions des peuples. Je ne suis pas fait pour remuer ces masses. Il me semble que j'entre dans le temple de l'histoire, en short, avec un baluchon de cycliste.

Mlle R... arrive d'Algérie. Elle m'est recommandée par Marcel Ray, qui espère que je pourrai l'aider à passer la ligne de démarcation.

« Les Arabes, me dit-elle, portent des burnous usés, qui se déchirent comme des toiles d'araignées. Ils craignent de ne plus pouvoir, selon la prescription de Mahomet, envelopper leurs morts d'un linceul de laine. Le colon compte sur Hitler, pour n'être pas dépossédé. Les tribunaux militaires mettent au secret, condamnent au cachot et font fusiller au hasard Européens et indigènes sur de vagues inculpations de gaullisme, communisme ou tentative de rébellion contre la métropole. » Tout ce que j'ai vu, il y a vingt ans, de l'administration en Indochine s'applique à l'Algérie.

2 août

Quelques tableaux du passé :

« La reine tombe dans une dévotion superstitieuse. Elle va voir à tous moments la Belle mignonne. *C'est une tête de mort. Elle prétend avoir celle de Mlle* Ninon Lenclos. *Plusieurs dames de la cour qui affectent la dévotion ont de pareilles têtes de mort chez elles. On les pare de rubans et de cornettes; on les illumine de lampions, et l'on reste une demi-heure en méditation devant elles. »*

« Effectivement, il y a à la tête de cet ouvrage un M. Diderot, qui a beaucoup d'esprit, mais qui affecte trop l'irréligion. Cette secte est principalement indignée des maux que cause la religion, pour le peu de bien qu'elle procure. »

« ... Nos savants et philosophes de premier ordre voudraient écrire en pleine liberté, ou point, de peur de donner dans les lieux communs ou les capucinades. »

Et ce tableau, complémentaire du tableau des têtes de mort : *« Ces princesses soupent peu à leur couvert public, puis commandent de petits soupers dans leurs cabinets, à l'imitation du roi, leur père. Elles se mettent à table à minuit, et se crèvent de vin et de viande. »*

« Mars 1753. La Flèche, collège tenu par les jésuites. Vingt écoliers se sont renfermés dans une classe pour se battre à coups de canif; douze sont restés morts sur la place. » (*Mémoires* de d'Argenson, tome IV, pages 55, 74, 93, 128, 156.)

3 août

Vichy, utilisant des arguments de haute stratégie, enseigne aux Français qu'un débarquement est impossible. Mais, au cas où ce débarquement impossible réussirait, elle les invite à rester neutres, à ne point créer de difficultés au gouvernement et aux Allemands.

Peu de semaines après la débâcle, je ne sais plus qui me disait : « Vous verrez, vous verrez au village l'effet de la suppression du droit de vote. » Ce n'était qu'imaginer les conséquences logiques d'un seul fait. Les paysans peut-être n'eussent pas toléré qu'on leur enlevât le seul droit de vote. Mais ils toléraient, et tous les Français, qu'on leur enlevât tous leurs droits.

Un « camp volant », vannier et étameur ambulant, paye jusqu'à quarante francs un paquet de tabac.

Pour aller du bourg à la gare (500 mètres) et de la gare au champ de foire (500 mètres), l'inspecteur du ravitaillement dispose d'une auto. Quel contraste entre cette jolie conduite intérieure, lisse et arrondie comme une nymphe de vieux tableau académique et la face rugueuse, mal dessinée de cet ancien sous-off!

Je sais que Suzanne a quitté Paris, qu'elle tentera de passer la ligne du côté de Poligny, qu'il faudra faire des kilomètres à pied. Je vis avec son risque, avec ce risque que je ne puis exactement mesurer.

F..., un vieil ivrogne, me demande une cigarette. Je lui tends ma blague qui contient un reste de tabac. Ses doigts se serrent au fond de la blague. Ses doigts étranglent une bête au fond de la blague. Il en tire de quoi rouler au moins deux cigarettes normales, de dimension humaine. Il ne va tout de même pas se constituer une réserve. Serrant, pressant, roulant, il réussit avec une invraisemblable agilité, à enfermer le tromblon de tabac dans un seule feuille de papier Job.

Poésie ferroviaire. Je me souviens à la gare d'un bel alexandrin d'un vieil indicateur :

Tous les embranchements conduisant à la mer.

Et cette inscription :

D'axe en axe des essieux d'un boggie.

Cela est triomphal comme le :

Tonnerre et rubis aux moyeux!

Que la mer est belle, au bout de ces embranchements! D'un axe à l'autre, l'univers est tendu à craquer. Je n'ai pas besoin de poètes. Dans l'orchestre de ces syllabes, je puis insérer ma poésie personnelle.

Dans un train arrêté en gare, des fillettes de patronage chantent :

Jeunesse, jeunesse,
Marche, le temps presse...
Vers la vérité...

C'est un maigre chevrotement. Ces voix sont chlorotiques. Les Français chantent mal et peu. Il est indiscret de chanter dans les rues et dans les trains, quand personne ne vous en prie. Les Français chantent peu. Quand ils se mettent en foule, pour faire un peu d'histoire, ils chantent la *Marseillaise* ou *L'Internationale.*

6 août

Le journal. La Légion doit « contrôler les nominations de fonctionnaires politiques locaux ». Tout est euphémisme pour désigner le mouchardage. Traduit en clair, cela veut dire que rien ne doit se faire au bourg sans le « contrôle préalable » de l'adjudant en retraite et du pâtissier pédéraste. Les mœurs contiennent encore quelques parcelles de liberté et le sens du comique n'est pas encore tout à fait mort. L'adjudant et l'inverti à tête de mort font encore sourire. Mais, quelques mois de nazisme... ils régneraient au village.

Je ne sais où j'ai lu que l'application du mot : « climat » à un milieu non géographique datait de ces dernières années. Or, le président Hénault écrit au comte d'Argenson, en 1751 : *« ... Le second tome* (du siècle de Louis XIV) *répare bien tout cela; c'est un autre climat. »* (*Mémoires* de d'Argenson, tome V, page 45.)

Le hobereau (propriétaire terrien, noblesse bourgeoise, sinon du pape) n'eut jusqu'à la guerre de 1914 d'autre fonction que de rendre visite à quelques hobereaux de sa sorte, qui habitaient des châteaux de 1840. En fait, il était plutôt le cocher de sa femme, un cocher admis au salon. Après la guerre de 1914, il en devint le chauffeur. Jusqu'au gouvernement du maréchal, le hobereau, bien qu'il fût maire de village, ne se sentait guère « classe dirigeante ». Mais la Légion fait de lui un personnage. Il est officiellement le chef de deux ou trois paysans et d'un valet de ferme. Il a la mission de veiller sur la santé morale d'un village de trois cents habitants et d'en dénoncer les communistes, c'est-à-dire les mal pensants. Enfin, les pouvoirs publics le connaissent. Enfin, il se sent exister. Un monde se crée, où enfin il a sa place. Au physique, portant beau, parlant net, tenant du palefrenier, de l'homme du monde et de l'officier de cavalerie, c'est-à-dire de personnages style 1860-1890. Le hobereau a une certaine branche, l'élégance du dresseur, qui présente au cirque des chevaux en liberté.

Mais la dame de cinquième colonne, qui procure des laissez-passer, des *Ausweis*, comme on dit déjà dans les plus petits hameaux, est du type commère. Une vieille sage-femme de faubourg, faiseuse d'anges. Jamais, avant le gouvernement du maréchal, le hobereau n'eût adressé la parole à cette avorteuse. On les voit maintenant causant longuement sur la place du bourg, les jours de marché.

Et, hier, conduisant sa vieille Victoria, attelée maintenant d'un cheval de ferme, il s'arrêta devant la porte de cette femme et lui fit une longue visite.

Ragots de village, ragots de hameau. Non... les mœurs, les plans sociaux modifiés. Le hobereau et la femme de cinquième colonne trouvent un monde à leur commune dimension.

Pendant la guerre de 1914, la propagande gouvernementale inventait les mains coupées. Aujourd'hui, le mensonge officiel est de forme inverse. Il dissimule ou nie les atrocités les plus réelles, les mieux contrôlées. Et les Pétain-Laval s'attendrissent sur la bienveillance de l'Allemagne.

Ces fonctionnaires, ces ingénieurs, ces médecins, ils continuent leur métier, ils mettent leurs pas dans leurs vieilles habitudes. Mais le réfugié est privé de présent. Comme un prisonnier, il vit dans l'avenir. Tout en lui est projection dans l'avenir. Il s'exténue à palper du passé, à tenter de palper de l'avenir. Son présent ne tient à rien.

9 août

Je me cogne au bourg. Autrefois, il était peuplé de personnages créés spécialement pour mes vacances. Ces personnages n'étaient pas tout à fait réels. Ils composaient une sorte de chœur et étaient chargés des bruits de coulisses. Peut-être même, comme des marionnettes, les enfermait-on dans une caisse pendant l'hiver.

Une lettre anonyme dénonçant les paroles prononcées par le maire, le 14 Juillet, devant le monument aux morts, a été adressée à la préfecture. On a retrouvé les mêmes fautes de frappe que sur une facture de l'un des pharmaciens du bourg. Le pharmacien avoue sans difficulté que c'est bien sa machine qui a tapé la lettre, mais déclare qu'il n'y est pour rien. « J'ai prêté ma machine, dit-il, à V..., le quincaillier. Je me lave les mains de ce qu'on peut taper avec ma machine. » Quant au quincaillier, il avoue, sans se faire prier, qu'il a rédigé et tapé la lettre. Et il aurait dit au maire : « Nous n'avons fait que notre devoir de légionnaires. »

11 août

Je ne sais plus qui a prononcé hier le nom de Ferdonnet, le traître de Stuttgart. Ferdonnet, c'est une autre époque. La notion de trahison s'est obscurcie. Il n'y a plus de traîtres, mais des pro-Allemands et des pro-Anglais. Et, si même les seconds sont infiniment plus nombreux que les premiers, il n'en reste pas moins que les pro-Allemands sont jugés comme des aberrants, mais non pas simplement comme des traîtres, comme les traîtres du mélodrame et du cinéma.

L..., fonctionnaire en retraite, me demande, pour un de ses parents, comment on passe clandestinement la ligne de démarcation.

Il ne lit pas de romans. Pour comprendre l'histoire et le présent, il relit le manuel scolaire qui lui servit à préparer son bachot. Il se forge ainsi des armes solides. Il se fabrique une balance à peser les régimes, les guerres et les hommes. Il me fait penser à ces nègres, tels que les décrivaient les plus grossiers des explorateurs d'il y a un siècle, à ces nègres qui se promenaient tout nus, coiffés d'un chapeau haut de forme, tout ce qu'il sait est gibus.

Je ne sens pas, entre les plus bornés des paysans et moi-même, un tel abîme. On trouve tout dans le peuple, tout y est, sans être nommé. Mais entre L... et moi, entre L... et ceux avec qui j'avais coutume de peser le monde, quel est le lien? Le vœu que nous formons de la défaite allemande. Et je crains que ce peu ne soit chez lui que le résidu d'une turbulence nationaliste.

P..., un des marchands du bourg, ne cache pas ses sympathies pour les régimes totalitaires. « La France, me dit-il, était devenue un pays où l'on ne respectait plus rien. Ainsi, j'ai fait, il y a quelques années, un voyage dans le Midi de la France et en Italie.

Eh bien, autant, à Nice, le personnel des hôtels était insolent, autant, en Italie, il était complaisant. »

Depuis huit jours, je n'ai pas de nouvelles de Suzanne. Je sais seulement qu'elle a tenté de passer la ligne. J'attends, comme les chiens qu'on a laissés seuls à la maison. Un timbre de bicyclette, qui tinte sur le chemin, devient un appel de téléphone. J'imagine le pire. Je vois le cachot, sa lucarne, le camion d'internement, le transfert en Allemagne, la fusillade même. Alors je fais effort pour chasser l'obsession. Et cet effort me semble une lâcheté, une trahison.

Le journal. Propagande par le romancement. « Aux environs de Grenoble, un petit Français est arraché à la mort par deux fonctionnaires allemands. (Cinquante lignes.) »

À la buvette de la gare, conversation dolente entre Mme Marie, la marchande de journaux et une jeune femme, d'un style maussade de bonne à tout faire, devenu rare. Deux voyageurs, tentant de passer la ligne, auraient été dénoncés. « C'est la mentalité du monde aujourd'hui... » dit la marchande de journaux.

La voix du bourg : « Les Russes reculent... »

Le vieil horloger, pour qui le monde ne fut jamais qu'une montre de plus, le vieil horloger me dit : « Si nous manquons de tout, si nous sommes victimes du marché noir, c'est parce que le gouvernement n'a pas de poigne. »

Pas de nouvelles de Suzanne. Je suis rongé d'inquiétude. Je vais chez R..., spécialiste des passages clandestins. J'y vais pour entendre des paroles rassurantes. En effet, il me donne quelques bonnes raisons de n'être pas inquiet. Mais l'attente ne lui est pas intolérable, comme elle l'est à moi. C'est trop naturel. Mais il est aussi par trop fataliste. Et il m'apaise comme un ministre apaise un solliciteur. Et en effet, je suis un solliciteur, un mendiant. Je mendie l'apaisement. J'attends de lui qu'il me construise un monde où Suzanne ne court aucun risque. Je suis prêt à accepter l'absurde, pour peu qu'on m'affirme l'absurde avec autorité. Mais R... ne fait qu'évaluer des chances. Et, sa démonstration achevée, il est satisfait. C'est une belle scène de comédie. Je plaide le pire pour qu'on m'oppose le plus favorable. Je m'obstine, j'insiste, je reviens au pire, je démontre qu'un miracle seul a pu empêcher le pire. Mais il ne m'entend plus, il me dit ses plus minces soucis, sa radio détraquée, le paquet de tabac supplémentaire qu'il espérait et qu'il n'aura pas.

Le journal. Titre sur six colonnes : « L'émouvante arrivée à Compiègne du premier train de prisonniers rapatriés, qui a croisé un train d'ouvriers en route vers l'Allemagne. »[1] Et tout est sur ce mode sentimental. Sentimental à vomir.

C'est tout juste si les prisonniers libérés ne pleurent pas d'avoir quitté l'Allemagne. Mais en ces six colonnes de texte homéliaque, il n'est pas fait allusion au nombre de ces rapatriés. Laval n'est que cœur, il ne donne pas de chiffres.

Un champ de Bergeon touche au champ de Riffault. De temps en temps, Bergeon recule de quelques centimètres la borne cadastrale. La chienne de Laurent, le chien de Mireau ont, la nuit dernière, tué sept jeunes lapins chez Riffault. L'affaire se complique du fait que Riffault et Mireau sont brouillés. Pourquoi ? « Parce que Riffault est jaloux de Mireau et que Mireau est jaloux de Riffault. » Personne ne vous donnera une autre explication. Et si vous demandez : « Jaloux de quoi ?... » vous aurez l'air d'un sot, qui ne sait pas que la jalousie est, en soi, par essence et indépendamment de tout motif, la condition nécessaire et suffisante des rapports entre les hommes.

Laurent me conte l'affaire. Son récit est inextricable. Laurent ne s'en tient pas aux faits. Son récit est un écheveau, son récit est un labyrinthe. Son récit embrasse tout le comportement des hommes et des chiens, les passions des hommes et le vagabondage des chiens, une comparaison des dégâts qu'une vache peut faire dans un champ de maïs et des dégâts qu'elle peut faire dans un potager, la peine qu'on a des dégâts que font les bêtes et qui ne dépend pas seulement de leur importance, de leur évaluation en argent, mais aussi de causes obscures, quasi sentimentales...

Et selon qu'un tel agit avec lui, Laurent agit pareillement. « Riffault dit qu'il n'a pas été à la gendarmerie. Il aurait pu y aller, il n'y est pas allé. Oh ! ce n'aurait pas été grand-chose. Peut-être une amende de cent francs... Mais cent francs mal placés... Si Riffault était allé à la gendarmerie, il y en a peut-être qui se seraient vengés... je ne dis pas moi... Moi ou un autre n'importe... Trois mois après ou six mois, c'est facile d'attirer un chien... Et ça fait des lapins étranglés... Il y en a qui le feraient... Moi, je ne le ferais pas. »

1. Le 11 août, Laval en personne accueille le premier convoi de prisonniers rapatriés au titre de la « Relève » (en principe, un prisonnier est échangé contre trois ouvriers partant travailler en Allemagne) ; en gare de Compiègne, le train des uns et des autres se croise. Ce premier convoi comporte un peu plus de 1 000 prisonniers rapatriés ; en tout quelque 90 000 prisonniers rentreront au titre de la « Relève » ; plus de 750 000 travailleurs français allaient partir dans le *Reich*.

Il est sincère. Il ne méditerait une ruse savante que pour un grief qui en vaille la peine. Si, par exemple, on l'avait trompé sur une paire de bœufs. Il est vrai qu'il ne se laisse.plus guère tromper.

L'affaire s'est arrangée. Laurent et Mireau ont indemnisé Riffault. Mais ce n'est pas tout le dénouement. Mireau, pour le punir, a tué son chien.

13 août

Le journal. « Depuis le début de l'offensive de printemps, les Allemands ont capturé 1 044 741 Russes. » Honnête précision : le prisonnier qui s'ajoute aux 1 044 740 autres prisonniers, le prisonnier que l'addition classe dans la colonne des unités, cet unique représentant des unités m'a fait penser au mystérieux et récalcitrant Arabe d'une vieille annonce d'urinoir : « Sur 200 Arabes traités, 199 ont été guéris. »

Le journal. Le maréchal Pétain reçoit un groupe d'instituteurs. À croire qu'il rédige ses allocutions : « Quand j'ai pris le gouvernement, j'avais quelques idées. (Qui l'eût cru ?) Jc les ai exprimées dans mes messages. » – « L'avenir du pays est dans l'association des bonnes volontés. Faites bien ce que vous avez à faire. Si tout le monde appliquait cette formule, la France se relèverait d'elle-même. » Sénilité ? Non, pas seulement. Cet accent d'imbécillité blanche ne s'acquiert pas, il est congénital.

Les gens de Vichy ont fondé sur la défaite, selon la doctrine même des révolutionnaires, qui croyaient qu'on peut extraire la révolution de la guerre.

Peut-être verrons-nous les patries sans frontières : la patrie de Pétain et de Gœring et la patrie révolutionnaire que Lénine espéra.

17 août

Le Vel' d'Hiv', les enfants parqués, arrachés aux parents. « Pour les parents, me dit Laurent, qui panse ses vaches, pour les parents, il y a de quoi mourir... Moi, il me semble que je pourrais mourir... moi ou un autre. »

Suzanne s'étonne de mon impassibilité. C'est qu'en effet il y a de quoi mourir. Et je m'efforce de dissimuler mon sentiment de pitié, de fureur et de honte. Tout cela est mêlé et je me sens coupable, comme si j'étais moi-même un des bourreaux. Sans doute, il me reste l'orgueil d'évaluer à l'infini la profondeur de l'abîme entre un homme de la *Gestapo* et moi-même. Mais cette profondeur ne peut être plus grande que la plus grande différence possible entre deux hommes. Cela fait peur.

J'ai honte aussi pour ces journalistes de la presse allemande de Paris, qui acceptent les cris, les pleurs de ces enfants parqués [1].

J'ai eu honte aussi en Indochine (et je sais que la cruauté coloniale n'égale point la cruauté hitlérienne), quand je fus témoin de la brutalité des Européens, de leur volonté d'abaisser, et d'humilier, de leur orgueil insensé. Mais à comprimer sa rage et sa pitié, à faire entrer le crime dans les cadres de la nécessité historique, il est un risque : souffrir autant par la privation de beurre ou de tabac que par les enfants, qui, dans les trains et les camps d'Allemagne, grouillent et meurent.

Hitler vainqueur, il viendra quand même un jour où l'homme, l'esprit seront vainqueurs de Hitler. Les siècles sont des minutes. Ainsi ou à peu près parlait, sur le quai de la gare, une bonne sœur, qui disait que Dieu a pour lui l'éternité. Mais raisonner sur des temps astronomiques, c'est le point de vue de Sirius, en fait le point de vue du petit-bourgeois.

Une prune cueillie à l'arbre, chaude de soleil. On mange du soleil.

18 août

Après la débâcle, je me suis trompé dans mon évaluation du temps. J'ai cru à un temps mort, à un temps entre parenthèses, à une contraction ou à un sommeil du temps. J'ai cru à un temps militaire, à des arrangements territoriaux après lesquels il serait possible de travailler à nouveau sur du temps vivant. Je savais que Hitler menaçait chaque homme en son centre. Mais je croyais que la toute-puissance de Hitler se heurtait à un vieil héritage de mœurs, dont je n'imaginais pas qu'il fût aussi fragile. Il a fallu deux ans et l'entrée en guerre de l'Amérique et la solidité du front russe, pour que fussent à nouveau visibles quelques résidus des vieilles civilisations. Ainsi, en quelques points d'un membre insensible, réapparaissent des fourmillements.

En Allemagne, on supprime, sur les monuments aux morts de la guerre de 14, les noms des Juifs. C'est un symptôme important. L'hitlérisme est puissant par la négation, fût-ce de l'évidence. Par la confusion du signe et de la chose. Il n'y a pas de Juifs morts à la guerre, si on décide qu'il n'y en a pas. Le mensonge et la vérité se valent. Ou plutôt, il n'y a ni vrai ni faux. Ainsi, dans sa pauvre

1. La nouvelle de la rafle du Vel' d'Hiv' parvient donc avec un certain retard en zone Sud ; à l'instigation de l'occupant, les 16 et 17 juillet, la police française a arrêté à Paris 12 884 juifs étrangers, dont 4 051 enfants ; les familles avec enfants ont été parquées – dans des conditions épouvantables – à l'intérieur du Vel' d'Hiv' avant d'être déportées.

sphère, Maurras était un précurseur quand il inventa le faux patriotique.

19 août

Depuis plusieurs jours, la presse commente le voyage de Churchill à Moscou et l'éventualité d'un second front. Elle fait un naïf effort pour vider l'entrevue Churchill-Staline de ce qu'elle contient de nocif. Elle l'aseptise en quelque sorte, elle la transpose dans un espace d'abstractions grises et de lapalissades incorporelles.

Le maréchal parle à un groupe d'étudiants de la zone occupée : « Savez-vous à quel âge j'ai pris la décision d'entrer dans l'armée? À douze ans! Dans la petite ville de province que j'habitais alors, je voyais chaque jour passer sous mes fenêtres un jeune et beau lieutenant de chasseurs. Je résolus de devenir moi-même lieutenant de chasseurs. »

Vichy abandonne le maréchal à lui-même. On ne lui donne plus d'agrégés ou de licenciés pour composer ses allocutions. Ainsi la voix d'un enfant oublié par sa bonne s'élève un instant par-dessus la rumeur des conversations. Les grandes personnes n'écoutent pas.

21 août

Débarquement des Anglais à Dieppe [1]. « Opération politique, opération de dilettantes. »

J'ai toujours été du tiers-ordre de la révolution, enfant de Marie de la révolution. Je comprends à distance le ridicule, la vanité de cette attitude.

1. Le 19 août quelque 6 000 Anglo-Canadiens ont lancé une attaque sur Dieppe pour éprouver la défense allemande; les pertes sont très lourdes : en quelques heures, 3 670 d'entre eux sont mis hors de combat.

XX

JOURS MORNES, RELIGIONS ET CROYANCES À L'ÉPREUVE

22 août 1942

Le père François est truffé de tracts. Il en tire de ses poches, de son tablier, des trous du mur. Il me fait penser à ces prestidigitateurs, qui font surgir du néant et attrapent dans l'espace des cigarettes, des pigeons, un aquarium.

L'instituteur est affaissé, comme un sac vide.

« Je m'attendais, me disait, il y a quelques années, le barnum d'une troupe de cirque, je m'attendais, quand je suis venu pour la première fois à Paris, à voir sur toutes les places publiques, des statues des grands hommes de la Révolution. Je n'ai vu que celle de Danton. »

Cette parole est plus grosse de sens qu'il n'y paraît. La bourgeoisie a vidé peu à peu, de tout subversif, sa révolution. Sa légende est pauvre. Elle a été basculée dans la plus inerte histoire. Elle était revenue histoire désincarnée, thème lointain de manuel scolaire. Elle traînait une nécrologique existence et n'émergeait du passé mort qu'en quelques allusions rituelles de discours ministériels. Quant à la Commune, plus proche, on en a comprimé et stérilisé l'histoire. Combien de Français connaissent la correspondance de Rossel, la pureté, le sublime de cette âme?

Je rencontre, sur le chemin entre deux haies, une femme qui tient un enfant dans ses bras. Je ne la connais pas. Sans préambule, elle égrène un chapelet litanique, une cantilène de l'oppression et de la cruauté allemande. Elle dit sa haine de « ceux qui sont pour les Allemands ». Elle tourne et retourne sa pensée, comme si elle pastichait Péguy. « Les Allemands ne nous aiment pas, puisqu'ils nous fusillent. S'ils nous aimaient, ils ne nous fusilleraient pas. » Quelque chose est changé. La haine de l'Allemand sort des pierres et des ornières du chemin.

Un peu trop maxime. L'intolérable pour N... n'est pas, à proprement parler, d'être éloigné du gouvernement. C'est qu'il y ait quelque part une trahison et qu'il n'en soit pas.

Pétain est plus répugnant que les autres. Il joue la vertu et il ne court pas de risques : il s'abrite de sa mort prochaine.

L'ancienne chanteuse revient de Paris. Elle dit à qui veut l'entendre que la nourriture y est abondante et choisie et que la vie y est, sous le régime allemand, agréable.

Sans la politique anti-sémite de Hitler, ne seriez-vous pas pacifiste ou partisan de la collaboration?

Quelle bassesse qu'isoler la persécution des Juifs, de la séparer du système qui la déclenche!

La Déclaration des Droits disait qu'un seul membre lésé, tout le corps social est atteint. Marx disait que, si une seule nation est opprimée, il n'est pas de socialisme sur la terre.

Mais les filles et les écrivains-filles ne connaissent pas ces connexions et cette solidarité. Ils les traitent d'abstractions. Mais le vin est abstraction pour le buveur d'eau et l'amour des femmes est abstraction pour le pédéraste.

À la tombée du jour, les paysans, immobiles dans les champs sarclés. Les plis durs des vêtements, cet air qu'ils ont d'écouter l'Angélus (celui de Millet), composent un ensemble de style noble, très reposant et très musée.

Le faire-part de Mlle C..., institutrice en retraite, morte dans une clinique de Lons. Enterrement civil. Ce thème n'est guère matière de littérature. L'écrivain le plus « athée », le plus libertin, dans les années qui précédèrent la drôle de guerre, se fût volontiers attendri sur la poésie d'une vieille église de campagne. Mais il n'eût point osé louer la résistance, le « pli d'opposition » d'une vieille institutrice, qui repousse un dieu trop beau parleur, qui consent à trop de massacres. Il n'eût point osé par peur de la réprobation des milieux académiques et parce qu'on l'avait persuadé que tout ce qui ressemble à de l'anti-cléricalisme est de la dernière vulgarité.

Les enfants parqués au Vel' d'Hiv'. Hérode ne faisait que massacrer. Mais Hitler ajoute à l'atroce. Il multiplie la douleur par l'angoisse. Les parents qui ne savent pas si leurs enfants sont vivants ou morts. Ces orphelins, dont les parents sont vivants.

Comment est fait le visage de ceux qui poussent vers leur destination ces enfants? Que conteront-ils à leurs femmes, à leurs amis, de leur activité du mois de juillet 1942?

27 août

J'ai entendu, dans ces six derniers mois, quelques Français qui disaient : « Je tuerais avec joie, je tuerais sans remords des milliers d'Allemands. » J'en connais peu qui courraient le risque d'une révocation, fût-elle une révocation provisoire par ce gouvernement éphémère.

Quelques jeunes bourgeois français : sans style, sans lettres, quelques lieux communs sur les peintres, religion carrossée en conduite intérieure et peinte au Duco.

31 août

Au bourg, il n'est question que de Stalingrad.

Le journal présente à son lecteur une bienfaisante Allemagne où les ouvriers français s'en vont passer quelques mois de congés payés, une féroce Angleterre, dont les aviateurs guettent les trains de voyageurs, une France régénérée où Vercingétorix et le maréchal se donnent, à travers les siècles, l'accolade.

Schéhérazade, qui a pris, ce soir, le visage de ma sœur, me conte un souvenir, tout plein de poésie au faubourg, de poésie boîte à musique et poupée dansante, orgue de Barbarie et clavecin.

Au soir tombant, dans une triste rue du quartier Clignancourt, quatre fillettes chantent :

Chez la voisine bien-aimée
Sur le parquet bien ciré
La polka, la polka va commencer...

Et elles se prennent aux épaules et dansent. Et la chanson et la danse alternent.

1er septembre 1942

Une amie de Hany Lefebvre [1] est arrêtée à Paris, avenue Marceau, par la *Gestapo.* On la conduit au Cherche-Midi. On la fait entrer dans une cellule, où une Allemande doit la fouiller. L'Allemande se jette à ses pieds, lui prend les mains : « Pardon... pardon... Madame... » Germanique mélange de sadisme et de masochisme?

Qui répartira, parmi les Français, pionniers de l'Allemagne entre 1930 et 1940, les débiles hypnotisés par Hitler et les agents vénaux? Quand connaîtrons-nous les sommes distribuées à la presse parisienne par Hitler et Mussolini, comme nous connaissons, par *l'Abo-*

1. Hany Lefebvre est une amie de longue date de Suzanne et Léon Werth; citée pp. 485, 563, 592, 674, 681.

minable Vénalité de la Presse française [1], les sommes qui lui furent versées, à l'occasion de l'emprunt, par la Russie tsariste?

Mais la presse du temps de l'emprunt était purement et simplement vénale. Les fascistes et nazistes français cèdent et à l'argent et à leurs passions. À la fois, ils se vendent et ils se donnent.

2 septembre

Mesure du temps écoulé. Mesure du recul de civilisation. Je me souviens de la manchette d'un journal français, qui, dans les derniers mois de 1939, faisait allusion aux cartes de pain ou de viande déjà imposées à l'Allemagne : « Demain, la carte de pensée. »

Aujourd'hui, la pensée française est en carte et ce sont les agents des mœurs allemandes qui la contrôlent.

J... L..., avocat parisien, était, en 1914, le type même du bourgeois nationaliste. Depuis 1935, il croit à la pureté de Hitler, à son génie organisateur. Il lui offre la France. Bizarres transferts et glissements. Ainsi la jalousie du *Cocu magnifique* le conduit à offrir sa femme à tout venant.

Hitler, dans son appel pour le secours d'hiver, s'accroche à son vieux thème : capitalisme et bolchevisme associés. Synthèse de dément. Ainsi la doctrine de Hitler ne fut jamais qu'une transposition du : « Ni réaction, ni révolution », que le cri désespéré d'un certain anarchisme petit-bourgeois. Hitler pense petit-bourgeois, mais frénétiquement.

Laurent n'est pas déconcerté par les jeux de la politique internationale. Il s'en tient à un étroit matérialisme économique, il pense en maquignon les clauses de la paix. Peut-être a-t-il raison. Il passe sans transition du trafic des bêtes à cornes à la grande politique. « J'ai payé dix-sept mille cette paire de bœufs, me dit-il, ils ont valu jusqu'à vingt-cinq mille. Je n'en tirerais pas aujourd'hui plus de sept à huit mille. Je les garde, parce qu'il y a des chances qu'au printemps, les prix remontent. » C'est sur le même plan qu'il me parle de la guerre : « Les Américains ne veulent pas que les Allemands gagnent, mais ils ne voudraient pas que les Russes gagnent trop vite. Ils voudraient que les Russes et les Allemands soient, les uns comme les autres, épuisés. »

À la buvette de la gare, Suzanne demande au mécanicien Monot s'il pourra la faire passer : « Mais oui, Madame, je vous retiendrai un fauteuil d'orchestre... » Henri Febvre, qu'il cachera ce soir dans son tender, lui apporte un petit sac de sel (il paraît que le sel manque en zone occupée). Mais l'homme noir refuse : « C'est aux

1. Sur cette brochure, cf. supra p. 135.

femmes de prisonniers politiques qu'il faut faire des cadeaux. » Et il dit : « Je passerai des Français jusqu'à ce que nous soyons débarrassés du militarisme prussien et de nos despotes. » Mais, je trahis, en les répétant, ces paroles, dites d'un ton simple, voilé. Il traduit nazisme en militarisme prussien. Et « despotes » est d'un vieux langage. Que le fin lettré sourie, s'il lui plaît, de « despotes ». Je sais, les yeux fermés, que c'est avec cette sorte d'hommes qu'on peut refaire un monde.

3 septembre

Il y eut à Notre-Dame une messe à la mémoire des légionnaires tombés sur le front russe. « Le cardinal Suhard conduit processionnellement les autorités présentes. » On dit que le pape, au sujet des Juifs, aurait fait intervenir deux cardinaux auprès de Laval. Laval aurait répondu : « Je fais ma politique. »

Serais-je dupe d'un anti-cléricalisme périmé ? Cependant il semble que l'Église touche tour à tour le plateau du siècle et le plateau de la charité, dosant à chaque fois sa chiquenaude.

Laurent me dit que le hobereau, maire d'un village voisin, a dénoncé un paysan et le curé, qu'il accusait de gaullisme. Impossible de vérifier.

Si les Russes ne font pas assez vite une suffisante quantité de cadavres allemands, la France sera nazifiée.

4 septembre

Le Villars. « J'ai vu un maquignon, me dit Mori [1], qui, pour mieux vendre un cheval, pleurait, pleurait de vraies larmes, des larmes que j'ai vu couler : " Non... je ne veux pas te le vendre. J'ai peur qu'il ne soit malheureux ". »

V... prend le frais dans un village voisin. « Je n'aime ni ne hais les Allemands, me dit-il. Je ne crains que les bouleversements. Je voudrais que ça finisse doucement, tout doucement. » Du chaos et des massacres, il prétend extraire sa tranquillité, tirer une épingle d'une chaudière, son épingle.

Complications et contrastes du personnage humain. Ce bourgeois, enkysté dans un bourg de province, est, dans le privé, capable de dévouement.

9 septembre

André Mandouze, professeur de la classe préparatoire à Navale, du lycée de Toulon.

1. Ce cimentier est un immigré italien anti-fasciste, cité également p. 540.

Au lycée de Toulon, un mouchardage était organisé dans toutes les classes, et par un professeur. Dans chaque classe, il y avait au moins un élève qui lui dénonçait les suspects de gaullisme.

Mandouze avait donné à ses élèves, comme thème de composition française, un texte de Lamartine, où sont opposés le patriotisme, amour du pays, et le patriotisme d'expansion et de conquête. Une bonne moitié des élèves s'est déclarée pour le patriotisme guerrier, qui ne limite ses conquêtes qu'à sa force militaire. L'hypnose du nazisme vainqueur est forte dans la bourgeoisie.

J'ai parcouru *Maria Chapdelaine* de Louis Hémon [1], qui fut, vers 1920, je crois, un grand succès de librairie. Cette blancheur, cette pureté, ce lyrisme champêtre, c'est déjà Pétain.

Le rêve qu'on attribue à Pascal [2], membre de la mission militaire française en Russie, pendant la guerre de 1914 : joindre le communisme et le catholicisme romain. Mandouze. Méditation, sens du divin. Charité, vie éternelle. Quand le prêtre psalmodie *« in vitam aeternam »* cela vient du fond des âges, cela sonne comme un gong d'éternité. Mais, si purs que soient les catholiques sociaux, ne sont-ils pas sans le savoir, des soupapes de sûreté, que l'Église, un jour, supprimera ?

Dialogue :

La mercière (gaulliste) : « Ils n'avancent guère, vos Allemands. »

La pâtissière (amoureuse de Hitler et qui confond l'Allemagne et le Paradis) :

« Vous n'allez tout de même pas apprendre à *ces messieurs* à faire la guerre... »

La mercière : « Non... je leur apprendrai à ne pas la faire. »

Reçu une lettre de Jeanne M... Elle veut la paix, elle ne peut plus tolérer le massacre, le crime. Je suis irrité par cette sainteté, qui chasse l'événement, qui se développe métaphysiquement. Elle s'est fabriqué une île déserte, peuplée de principes. Elle est sans communications avec le continent.

Le père Lormier, marchand de vins, de bière et de limonade. Vieux républicain, gaulliste. Il dit que la « cagoule » a réussi par la débâcle ce qu'elle avait sans succès tenté le 6 février 34. Mais il ne voit rien à travers la brume du présent. « Quelle sera la fin de tout ça ?... » dit-il. Je réponds, comme souvent j'ai répondu :

1. Publié d'abord en feuilleton dans *Le Temps* en 1914, un an après la mort au Canada de cet autodidacte vagabond que fut Louis Hémon (1880-1913), *Maria Chapdelaine* est repris par Grasset en 1921.

2. Pierre Pascal, normalien, militant catholique, a rejoint en 1916 la mission militaire française en Russie; la révolution bolchevique le convainc de la pertinence du communisme, et il travaillera à la section de presse du *Komintern* et à l'Institut Marx-Engels de Moscou avant de regagner la France en 1933.

« Cela dépend de vous. » Je sais bien tout ce que ma réponse cache de paresse. « Cela dépend de vous, de vous et de moi. De nous. » Alors il découvre, il met à nu le point essentiel : « Mais qui ça sera... nous? »

14 septembre

Le maréchal est venu à Bourg. « Il s'est avancé, dit le journal, d'un pas alerte, sans se servir de sa canne. »

J'ai traversé Bourg, hier à cinq heures. Chaleur bressane, soleil épais. Le maréchal est parti. Devant la gare sont roulés les tapis, qui furent tendus pour « les pas de l'illustre soldat ». On a assuré ces tapis, dit-on, pour deux millions. La ville est pavoisée. Une monumentale francisque en carton est dressée à hauteur du premier étage. Portraits du maréchal, photographies du maréchal, grandeur nature, retouchées et peinturlurées. Promeneurs lents de n'importe quel dimanche. Groupes de scouts, de compagnons, de camps de jeunesse. Fillettes de patronage, spécialement créées et mises au monde pour tendre des bouquets aux rois, aux présidents de la République, aux maréchaux chefs de l'État. Des agents de la Secrète, ayant exécuté leurs consignes de surveillance et d'enthousiasme, se rassemblent près de la gare, en groupe de faux badauds. Mais voici qui est nouveau régime : une colonne de flics s'avance, avenue Alsace-Lorraine, chantant : « Maréchal, nous voilà... » Une colonne par huit, carrée, compacte. Elle chante sans férocité. Je vois beaucoup de bouches closes. Spectacle neuf. Les brigades centrales ne se déplaçaient pas en rangs serrés et ne chantaient pas. Quand elles cognaient sur la foule, c'était silencieusement.

Mgr Gerlier, Mgr Piguet, l'archevêque de Toulouse, l'archevêque de Montauban, dans la zone non occupée, d'autres prélats dans la zone occupée ont protesté contre la persécution des Juifs. Les Jésuites de Privas ont refusé de livrer à la police de Pétain deux cents enfants juifs qu'ils abritaient. Des prêtres ont caché des enfants. Je crois à leur charité, je crois qu'elle est totalement sans calcul [1]. Mais que l'Église est adroite à concilier les contraires et

1. Six évêques de zone Sud (il y a des camps dans leur diocèse) ont protesté en chaire contre les persécutions antisémites et les rafles en zone Sud : Mgr Saliège (Toulouse), le premier, le 23 août; Mgr Théas (Montauban) le 30; Mgr Gerlier (Lyon) et Mgr Delay (Marseille) le 6 septembre; Mgr Moussaron (Albi) et Mgr Van Steenberghe (Bayonne) le 20; dans sa lettre pastorale du 6 septembre, lue en chaire dans le diocèse de Lyon, le primat des Gaules déclare : « Le cœur se serre à la pensée des traitements subis par des milliers d'êtres humains et plus encore en songeant à ceux qu'on peut prévoir », et il rappelle « les droits imprescriptibles de la personne humaine, le caractère sacré des liens familiaux, l'inviolabilité du droit d'asile et les exigences impérieuses de cette charité fraternelle dont le Christ a fait la marque distinctive de ses disciples ». Avec l'aval de Mgr Gerlier, le R.P. Chaillet, jésuite, a pu soustraire, à Lyon, une centaine d'enfants juifs à la police du préfet Angeli.

à combiner ses refus et ses consentements. Je lis dans le journal : « Sur le parvis de la cathédrale, le chef de l'État est reçu par Mgr Maisonobe, évêque de Belley. Devant la cathédrale, les légionnaires formaient le service d'ordre. » Ainsi l'Église à la fois proteste contre le crime et offre ses cérémonies à ceux dont la politique est ce crime même.

Bourgeoisie. On ne parle pas en famille des événements. Les uns sont pour le maréchal, les autres sont gaullistes. On n'use pas de la radio. Un pacte tacite a été conclu. Les uns sacrifient la radio anglaise, les autres la radio de Vichy.

Après le déjeuner, dans le parc, ceux du groupe Pétain (haut commerce) dorment sur des fauteuils d'osier. On dirait l'image symbolique d'une bourgeoisie frappée soudain de catalepsie.

H... me dit qu'il est désespéré. Trop intelligent pour attribuer quelque réalité à l'ordre de Vichy, il est trop paresseux pour tenter d'imaginer quelque trait du monde d'après la guerre... Tous les événements d'entre 1918 et 1939 lui sont étrangers. L'univers lui semble cassé, tout en épaves flottantes. Il se sent épave entre ces épaves.

La vieille commerçante réfugiée a versé des larmes en entendant à la radio Laval parler de la relève, l'ouvrier délivrant le soldat... Ainsi les petites filles de soixante-quinze ans reçoivent en leur cœur la politique.

Les hobereaux (la plupart d'ailleurs descendent d'acquéreurs de biens ecclésiastiques) se déclarent plus ou moins ouvertement pour l'Allemagne. De P..., du type gémissant, se contente d'évoquer la grande figure du maréchal. Comme une vieille bonne. Mais de F... s'en prend au traître de Gaulle, affirme sa certitude de la victoire allemande et désire que l'Allemagne enfin remette de l'ordre en France. En septembre 39, il disait : « Je vais reprendre du service... » Il n'en a pas repris. Tous d'ailleurs tremblent de terreur et de rage au seul nom de la Russie. Oisifs, sans métier, sans fonction, vivant encore de leurs fermages, pas tout à fait bourgeois, encore moins aristocrates, ils sont une classe sans sexe social.

19 septembre

« On a dit à la radio suisse qu'à Paris ils ont chassé les Allemands. Cette nuit il est monté des autos avec des officiers français. » Ainsi parlait une paysanne qui n'est pas du tout inintelligente, mais pour qui le langage discursif n'est pas ce qu'il est pour moi. Elle n'est point gênée par ces fantômes de nouvelles qui flottent dans un espace lointain : Paris. Elle rapportait ces fantômes du marché. Ces nouvelles sans corps de fait, sans support étaient la poussière laissée de bouche en bouche par on ne sait quelle information de la radio anglaise ou de la radio suisse.

L'Allemagne battue, réduite à une paix sans conditions, que fera-t-on de l'Allemagne? Il y a des solutions de vieille chanson et de conte barbare. Le cœur de Hitler jeté aux chiens ou l'exposition de Hitler dans une cage de verre. Mais ce sera, comme dit l'autre, plus compliqué que ça.

« Les paysans, me dit Claude, reprochent aux riches de la ville de courir les fermes et d'y acheter à n'importe quel prix des poules, des œufs, du beurre. Mais ils n'ont jamais un mot de réprobation pour les vendeurs. »

21 septembre

Ou l'Église est divisée ou elle est étrangement conciliatrice. L'archevêque de Toulouse, l'archevêque de Montauban, d'autres prélats se sont élevés contre les persécutions. L'Église pourra dire : « Nous avons flétri le crime et les criminels. »

Mais voici un autre son. « Message du clergé du Sud-Est au chef de l'État. Mgr l'archevêque d'Aix, N.N.S.S. les évêques de Fréjus, Nice, Monaco, les révérendissimes abbés de Leytins, Frigolet, etc., adressent au chef de l'État, sauveur, reconstructeur de la patrie, l'assurance respectueuse de leur vénération loyale et de leur entière collaboration à son œuvre de redressement religieux, moral et matériel de la France nouvelle. »

23 septembre

Je suis guéri à peu près de cette maladie de paresse, de cet automatisme à tuer le temps : la lecture. Cependant, je feuillette la Bible et je trouve dans l'*Évangile selon saint Jean* : *« Et vous connaîtrez la vérité, et la vérité vous affranchira. »* Le plus grave est qu'on s'accommode assez bien de ne pas la connaître.

« Je suis pour Pétain et contre l'Allemagne... » dit L..., notable du bourg. L'Allemagne battue, tous les Français seront gaullistes. On ne pourra plus les distinguer les uns des autres.

Pour les distinguer, il faudra la guerre civile.

Cent seize otages ont-ils été fusillés à Paris [1]? Il paraît vrai que les Allemands ont arrêté des milliers de personnes. Claude est parti avant-hier. Je ne puis m'empêcher de l'imaginer pris dans une rafle, envoyé dans les mines de sel, nourri d'un jus de pelures de pommes de terre ou de raves. Je ne puis chasser cette obsession.

1. Ils l'ont effectivement été le 20 septembre.

24 septembre

On croirait que l'Église veut atténuer l'effet des protestations de quelques-uns de ses prélats, qu'elle craint de scandaliser en donnant trop à Dieu, pas assez à César. La voici échangeant des politesses avec César-Pétain, avec César-Laval. On lit dans le journal : « Opposée par les forces françaises à la tentative de débarquement anglo-gaulliste du 23 au 25 septembre 1940, à Dakar, une messe, à laquelle assisteront les membres du gouvernement présents à Vichy, sera célébrée le vendredi 25, en l'église Saint-Louis. »

Je laisse de côté cet imbécile qui dit : « Que les Allemands et les Russes s'entre-tuent, voilà qui m'est bien égal. » Mais ceux mêmes qui attendent passionnément, les plus attentifs, les plus scrupuleux ont à juger des événements trop vastes en dimension, quand ils disent : Angleterre, Russie, États-Unis, ils ne peuvent doser la part de l'abstraction commode et la part du réel. Ils comblent l'inconnu comme ils peuvent. Mais il y a tant d'inconnu que leur pensée est semblable à ces objets précieux, trop bien empaquetés, perdus dans une masse de fibre de bois et de copeaux.

Febvre me prête *Portrait de M. Pouget*, par Jean Guitton. M. Pouget était un lazariste, une manière de saint. Son œuvre, plus parlée qu'écrite, tendait à concilier le catholicisme et la critique moderne, à chercher dans cette critique même de nouvelles preuves de la vérité catholique. Si j'ai bien compris l'argumentation de M. Pouget, en partie dirigée contre le modernisme et contre les conclusions de l'abbé Loisy, elle fait d'une bonne critique historique un des appuis de la foi. L'histoire prouve la religion. Le tout est de bien interpréter les textes, de leur donner leur plein d'historicité, de ne point chercher en eux la perfection d'une révélation directe. Les témoins sont de leur temps et de leur milieu. Ils en ont les idées et les préjugés même. Un Juif s'exprime en Juif, un Grec en Grec. L'inspiration est la même, les expressions en sont différentes. La diversité des témoignages n'est que la diversité des témoins eux-mêmes. S'ils se contredisent les uns les autres, c'est la preuve de la sincérité des témoins, une preuve de plus en faveur de l'inspiration. Ils ne nous la restituent pas toute nue. C'est à nous à la découvrir dans la diversité des époques, des milieux, des témoins.

Cela n'empêche pas, me semble-t-il, que les preuves de la divinité du Christ sont demandées au Christ lui-même et que l'Évangile est prouvé par l'Évangile.

L'auteur conte une visite de M. Pouget à Bergson. *« Les circonstances l'amenèrent dans le salon de M. Bergson. Son ami, M. Chevalier, avait été décoré et M. Bergson avait accepté de lui remettre sa croix. »* C'est à l'occasion de cette intime cérémonie que Bergson invita M. Pouget à déjeuner. La scène est bien peinte et sans malice. Contrastes du vieux prêtre et du grand universitaire, de la pauvre soutane et du salon bourgeois d'Auteuil. Le contact n'est pas seulement de courtoisie universitaire et de politesse ecclésiastique. De ce contact se dégage une étincelle spiritualiste. Mais si peu bondieusard que soit le vieux prêtre (c'est plutôt Bergson qui montrerait une bondieusarde coquetterie) je sens là quand même un peu de bondieusarderie. Il fallut cette croix d'honneur pour que le prêtre et le philosophe s'approchassent ensemble de la substance et de l'éternel. L'ombre de Chevalier pèse lourd. Car le catholicisme et le goût de l'éternel aboutissent, chez lui, à un ministère dans le gouvernement de Pétain. Si l'esprit mène à Vichy, je doute de l'esprit. Et ce doute, la puissance apologétique de M. Pouget ne l'eût pas résolu. Mais c'était un saint. Il croyait peut-être que Chevalier avait une âme. Et M. Guitton semble le croire aussi, puisqu'il lui dédie son livre. Et, en 1941, dans l'année même où Chevalier fut ministre de l'Éducation nationale.

« L'époque, ses contrastes, me dit Febvre, faisant allusion non à M. Pouget, mais à l'auteur de ce livre. Les préoccupations de ces jeunes apologétistes-exégètes nous sont aussi étrangères que celles des primitifs, tels que Lévy-Bruhl les a reconstitués. »

En effet... Pourquoi, alors, ai-je écrit tout cela? Pour jouer avec des idées? Non. Parce que cela m'amuse de m'approcher d'âmes qui me sont aussi peu familières.

25 septembre

Une affiche sur les murs du bourg. Des hommes se penchent à la portière d'un wagon. Leurs visages sont baignés d'une joviale béatitude. Ils partent pour l'Allemagne.

26 septembre

Deux titres en première page du journal : « Combats opiniâtres de maison à maison dans Stalingrad. » Et : « Maurice Chevalier croit à un retour au music-hall vers le genre robuste. »

Je crois que la mort est la mort et que si, par hasard, elle n'était pas la mort, je n'ai pas de moyen de savoir ce qu'elle est. Si je croyais à l'au-delà, il me paraîtrait sans commune mesure avec l'en deçà. Et pourtant je méprise ceux qui n'ont point à leur façon une âme religieuse. Je suis curieux des âmes croyantes. Et je constate que quelques catholiques croyants ont fait preuve, en ces derniers mois, d'un courage qui pourrait servir d'exemple à beaucoup de mécréants. N'y aurait-il plus d'hommes vivants que quelques communistes et quelques chrétiens?

29 septembre

Il fait froid. Les mouches collent aux rideaux.

Le journal : « Après la prise de Tananarive [1], une poignée d'hommes continue à se battre dans la savane malgache. Leur geste dépasse les frontières de la grande île. Grâce à lui, la voix de la France pourra s'élever plus fière dans le monde. »

On croirait à une crise des scribes. Le geste grâce auquel la voix de la France....

La voix de la France est muette, s'il s'agit de l'Indochine.

Mais le plus misérable des manœuvres fait le point. Si je descends au bourg, personne ne me parle de Madagascar. On me dit : « Les Russes tiennent. »

Qui des deux, sur le front oriental, du Russe ou de l'Allemand, en aura assez de mourir ?

L'homme universel, l'homme classique. L'homme social, l'homme national. Quel est le vrai ?

Les généraux de la troisième République jouaient sur le velours. Vainqueurs, ils sauvaient la France. Vaincus, ils la sauvaient aussi : en perdant la République.

Après la débâcle, les partisans de l'Allemagne étaient masochistes, ils se baignaient dans leur humiliation. Leur masochisme s'accompagne maintenant de sadisme. « Le contrôleur du ravitaillement, me dit Crespin, l'ancien gendarme, si on lui parle des otages fusillés, répond que les Allemands ont bien fait, qu'on ne fusillera jamais assez de communards. »

Le receveur des Postes est révoqué. Son nom était au *Journal Officiel*, sur la liste des Francs-Maçons [2].

2 octobre 1942

Automne. Immobilité des feuillages. Lumière de luxe.

3 octobre

Le Mystère Frontenac, de Mauriac [3]. « *Elle pensait à l'agonie, à la mort, au jugement de Dieu, au partage des propriétés.* » Les

1. Les Britanniques ont débarqué à Diégo-Suarez le 5 mai ; la conquête de l'île vient de se terminer.

2. Depuis la loi du 11 août 1941, les anciens dignitaires de la Franc-Maçonnerie, dont les noms seront publiés au *Journal Officiel*, sont démissionnés d'office de la fonction publique ; chaque mois apporte son lot d'exclus.

3. Paru en 1933, c'est le roman le plus autobiographique de François Mauriac.

personnages de Mauriac s'appuient à la fois sur Dieu et la propriété. Il n'y a pas d'intention satirique, mais satire latente et comme involontaire. Il n'y a pas plus d'incompatibilité entre cette peinture et la foi qu'entre la foi et un travail de laboratoire. Mais c'est peut-être un piège du Malin. À peindre ainsi les croyants, Mauriac éprouve-t-il un plaisir satanique? C'est sans doute plus simple. Les personnages sont plus bourgeois que croyants. Les allusions à « l'ordre de la charité » me semblent moins riches que l'analyse des sentiments bourgeois. Ou ce dieu serait-il un dieu bourgeois? L'humilité de la pauvre « entretenue », sa vénération pour la famille Frontenac, comment elle reçoit en elle la réfraction de ses peines et de ses joies, cette humble participation, c'est fait de fortes touches, cela est du grand comique. Mais quelle atmosphère! Cela me donne plus que jamais l'envie d'écrire un livre sur le bordel.

3 octobre

Le journal. « Tous les renseignements, dit le gouverneur de Madagascar Brévié, confirment les sentiments de colère contenus de la population indigène, devant l'occupation anglaise imposée par la force. » Quiconque a vécu, ne fût-ce que quelques mois, dans une colonie française, savourera cette « colère contenue ». C'est à Madagascar qu'opérait, il y a quelques années, un gouverneur dont j'ai oublié le nom. Ce fut un des plus vénaux et des plus cruels parmi ceux qui firent, à travers le monde, mépriser le nom français.

4 octobre

Les Russes tiennent. Stalingrad. Stalingrad est le centre de la guerre. On a le sentiment que, partout ailleurs, « ça peut attendre », mais que du front russe viendront les premiers signes de la désagrégation allemande.

Dialogue entre deux fermières. Parlant d'un réfugié, l'une d'elles dit : « C'est un Juif... » L'autre : « Mais non... il n'est pas Juif... » – « Alors, pourquoi qu'il dit qu'il est riche?... »

Un fonctionnaire de Vichy est venu enquêter à la mairie. Un des adjoints l'a reçu. « La population est-elle mécontente? » – « Si je vous disais qu'on est content, vous ne me croiriez pas... » – « Écoute-t-on la Radio anglaise? » – « Il y en a qui n'écoutent pas la Radio anglaise, ce sont ceux qui n'ont pas d'appareil. »

Ce n'avait pas l'air d'un mauvais type, m'a confié l'adjoint, mais il n'était pas bien malin. On a causé. Il m'a dit que le gouvernement n'était pas pour une répression sévère, sauf pour les menées anti-nationales. Je lui ai demandé ce qu'il entendait par anti-national. Il m'a répondu : « Dire du mal du gouvernement. »

Je lui dis combien le bourg me semble inerte. « Le bourg compte peu, me dit-il. Si vous connaissiez comme moi la campagne, vous verriez que 98 % des paysans sont anti-allemands. Oh! il y a des collaborationnistes, mais si peu nombreux. J'en connais et même de sincères. À Beaufort, j'ai des amis, de braves gens. Inutile de discuter avec eux. Ils sont collaborationnistes, comme je suis catholique. »

Curieuse explication, par laquelle un croyant met sur le même plan la foi et toutes les formes de crédulité.

En vrac, nouvelles, bruits, riens.

Sur les murs de l'urinoir de la gare, en grosses capitales, à la craie : « Pétain est un vendu. » Je n'écris pas l'histoire de la guerre par les graffiti. Mais c'est la première fois que j'aperçois un signe d'injure, un signe de haine au vieillard d'image d'Épinal truquée. Il vient peut-être des bas-fonds. Mais les bas-fonds recueillent les haines, justes ou non.

5 octobre

Febvre me parle du catholicisme nouveau, de la pénétration du catholicisme dans les milieux d'intellectuels. Une bonne moitié des Sévriennes, une bonne moitié des élèves de Normale sont catholiques. Et non pas seulement pratiquants. Mais mystiques et demandant au catholicisme une règle intérieure et une règle d'action. Et non pas cléricaux, mais tenant pour réalités et la grâce et la charité. Déjà j'imagine vaguement une France reconstituée par un provisoire accord entre catholiques et communistes. Repétrissant la France, cependant que le petit-bourgeois raisonnable s'élimine de lui-même, s'en va aux déchets, s'en va aux scories.

Mais l'Église? L'Église semble redouter l'effet de quelques mandements d'archevêques, l'Église semble apercevoir le danger d'une charité subversive, qui l'opposerait au gouvernement. Le cardinal Suhard rappelle une déclaration des cardinaux et archevêques du 24 juillet 1941 : « Sur le seul plan religieux, en dehors de toute politique partisane et d'une inféodation aux pouvoirs existants, nous professons vis-à-vis de ces pouvoirs un loyalisme franc et total [1]... Nous entendons nous interdire envers le gouvernement établi toute attitude d'opposition et de dénigrement. » Ce loyalisme est donc du plan religieux. Il semble qu'il y ait confusion entre César et Dieu.

1. C'est relativement tard que l'Assemblée des Cardinaux et Archevêques, réunie à Paris les 24 et 25 juillet 1941, a rappelé la doctrine classique de l'Église en matière de soumission et d'obéissance à l'autorité établie. La formulation exacte en était : « Nous voulons que, sans inféodation, soit pratiqué un loyalisme sincère envers le pouvoir établi... »

Et ceci surtout :

Mgr Saliège, archevêque de Toulouse, proteste contre « l'usage qu'on a fait en France et surtout à l'étranger de son récent mandement sur la question juive ». Il affirme à nouveau « son parfait loyalisme à l'égard du maréchal et du pouvoir du pays. L'affirmation d'un principe chrétien n'a jamais impliqué la négation d'un autre principe chrétien » [1].

Traduit en clair, ce langage ecclésiastique signifie que protester sur le plan religieux contre un crime, dont le maréchal est responsable, n'implique pas qu'on refuse, sur le plan temporel, obéissance au maréchal. Ce qui est blâmé *sub specie aeternitatis* peut être temporellement légitime. En d'autres termes, l'Église ou quelques prélats approuvent, par l'obéissance qu'ils doivent à César-Pétain ou à César-Laval, ce qu'ils désapprouvent au nom du Christ.

Vichy fabrique des scénarios. Je lis, en première page du journal : « Des agents de Moscou et de Londres s'efforcent de provoquer l'incendie des récoltes en France. » [2] – « La police a arrêté des criminels spécialisés dans ce genre d'attentats, il s'agit de communistes internationaux, transportés sur les côtes françaises par les soins de la marine anglaise. » Suit une description technique des engins incendiaires « sur lesquels on a pu déchiffrer des inscriptions telles que : *U.K.Patent* ou *Made in England*, qui ne paraissent pas devoir laisser de doute sur leur origine britannique. » Il semble en effet probable que ces inscriptions sont de langue anglaise.

La Radio anglaise aurait annoncé hier que dix-sept jeunes gens de moins de dix-neuf ans avaient été fusillés à Angers. Vrai ou faux, le fait m'est transmis avec une apparente indifférence. Nous sommes prêts pour les grands massacres. La foule, en son inconscient, les accepte, peut-être les appelle.

7 octobre

Jours mornes. C'est à travers des limbes qu'arrivent des nouvelles sans squelette et sans contours. Laval veut-il, non seulement fournir de la main-d'œuvre à l'Allemagne, mais aussi vider la France d'ouvriers et n'avoir plus, le jour où les Allemands quitteraient la France, qu'un peuple mort de petits-bourgeois pétinesques ?

1. Le 23 août 1942, l'archevêque de Toulouse s'est élevé en termes d'une rare violence contre les rafles des Juifs étrangers; cette protestation indignée a fait grand bruit, même si la presse n'en souffle mot. Mgr Saliège prend alors le parti de publier dans *La Semaine religieuse* de son diocèse, du 27 septembre, une mise au point, dont Léon Werth a retenu l'essentiel.

2. C'est un thème largement repris par la propagande vichyssoise; cela dit, en Île de France des incendies ont pu éclater pour intimider des agriculteurs trop empressés à vendre à l'occupant.

Dans le morne de ces jours vagues, quelques points lumineux. Le mécanicien M...[1] me confie qu'il a essayé, par de brusques blocages de freins, d'incendier un train de munitions à destination de l'Allemagne. Le train n'a pas voulu brûler.

On me transmet quelques nouvelles données par la Radio. La colonie française d'Ankara aurait protesté contre les déclarations pro-allemandes de Bergery, ce vilain petit politicien grêle, cette petite canaille sans sonorité[2]. Grève de trois heures chez Renault, menace des Allemands de fusiller cinquante ouvriers. On peut imaginer que quelques souffles se lèvent sur la France immobile.

8 octobre

Un certain Chasseigne[3], « directeur de la propagande ouvrière », demande pour l'Allemagne 150 000 spécialistes. Ce voyage ne sera qu'un retour au compagnonnage. « Autrefois les compagnons faisaient le tour de France. Or, ce voyage annuel des maçons de la Marche ou du Limousin, des Savoyards vers Paris, était plus long que le voyage d'aujourd'hui jusqu'à Berlin. »

Le Problème de l'incroyance au XVI*e siècle. La religion de Rabelais*[4]. Ce livre de Lucien Febvre (il m'en a prêté les épreuves) est un livre important, plein de révélations. *« Nous autres, les hommes du* XVI*e siècle... Nous manions l'épée et compulsons des manuscrits. Un beau matin, nous décidons d'inventer l'humanisme et la Réforme. Notre Rabelais est le grand précurseur de l'incrédulité, de la libre pensée et de la pensée libre. »* Telle est notre image du XVIe siècle. Mais Febvre nous montre ces hommes du XVIe siècle, logiciens à la fois et incohérents, étrangers à notre notion de la vérité et, en particulier, de la vérité expérimentale. Balancés entre des opinions,

1. Monot, le cheminot mécanicien, est cité supra p. 344.

2. Avocat, Gaston Bergery fait ses premières armes politiques dans le giron radical-socialiste, avant de fonder en 1936 le mouvement frontiste; il est un des tout premiers ralliés à Pétain et inspire certains de ses « Messages »; nommé ambassadeur à Moscou en mars 41, il est depuis août 1942 en poste à Ankara, où il demeurera jusqu'à la fin de la guerre.

3. François Chasseigne n'est pas totalement un inconnu; militant communiste, il participe activement à la bolchevisation du Parti, avant de devoir le quitter en 1929; il rejoindra la S.F.I.O. en 1937 avant de se rallier au nouveau régime; il entre au secrétariat général à l'Information en mars 1941, est promu directeur de la propagande ouvrière, et deviendra en janvier 1944 commissaire général à la Main-d'Œuvre et au Travail.

4. Ce gros livre est publié en 1942 chez Albin Michel, dans la collection « L'évolution de l'humanité ». Léon Werth, on le sait, est très lié à Lucien Febvre, déjà professeur au Collège de France. Comme le souligne dans sa préface Henri Berr, c'est un grand livre, non seulement par le travail de recherches, mais aussi par son discours de la méthode, et notamment la sévère critique formulée contre l'un des péchés mortels des historiens : l'anachronisme.

dont il leur suffit qu'elles soient plausibles, qu'elles se tiennent logiquement, qu'elles soient garanties par de corrects syllogismes. Ne tenant point pour tout à fait impossible qu'un être soit à la fois en des lieux différents de l'espace, dans un même moment.

Cela nous paraît invraisemblable, paradoxe d'historien. Non. Febvre nous fait comprendre ce qui, dans une époque, est incommensurable à une autre. Telle croyance, qui nous semble conte de bonne femme, a sa justification, son explication dans l'époque. En son arithmétique balbutiante, par exemple. Pour la religion, Febvre nous montre comment le XVIe siècle y baignait, comment il était impossible qu'il s'en délivrât et qu'il opposât l'une à l'autre la religion et l'incroyance, l'inconcevable incroyance. Siècle où celui qu'on appelle athée n'est tout au plus qu'un hérétique. Une nouvelle astronomie, une histoire distinguant peu à peu les personnages réels des personnages mythiques, une naissante biologie apporteront plus tard leurs matériaux à l'incroyance.

Febvre retrouve chez ses bonshommes quelques éléments de cette mentalité pré-logique, que Lévy-Brühl a décrite chez les primitifs. Il nous les montre persistant dans la pensée, dans le langage populaire ou bourgeois d'aujourd'hui.

Ce livre savant est rafraîchissant, ouvre de larges baies, aère. Là où le philosophe emboîtait des concepts, là où l'historien en dressait des personnages en zinc, il nous livre une science qui ne se fait point en dormant et qui ne fait point dormir.

Le père François me communique quelques tracts : *Libération, Franc-Tireur, Combat, 93* [1]. Ils sont du mois de juillet ou du mois d'août. Ce qu'il faut de courage et de foi pour en assurer l'impression clandestine et la distribution! Je voudrais être un des plus obscurs rédacteurs de cette presse souterraine. Mais à qui s'adresser?

11 octobre

Étapes de la propagande. Il y a deux ans, c'était la personne humaine, l'ordre, la hiérarchie, la vertu de Jeanne d'Arc. Puis ce fut la politique de Montoire et la collaboration, une collaboration idyllique et nuageuse encore, la réconciliation. Vichy présentait un Hitler évangélique. L'Allemagne devint notre ex-ennemie. L'Angleterre, notre ex alliée, devint notre ennemie. Puis, ce fut la lutte contre le bolchevisme. Puis le « je souhaite la victoire de l'Allemagne ». Puis l'attendrissante relève.

1. On trouve donc trace de l'action militante de trois des grands Mouvements de Résistance de zone Sud, dorénavant bien ancrés et tout à leur travail en direction de l'opinion; *93* est édité par un mouvement stéphanois qui allait s'affilier à *Franc-Tireur*.

12 octobre

J'ai si souvent goûté autrefois la joie de ne rien faire. Elle ne me suffit plus. Je m'aperçois que je ne suis pas guéri de cette manie de lecture, contractée pendant ces deux dernières années. Pas plus que de l'habitude du tabac. Mais le tabac est inoffensif et souvent salutaire. Il aide à vivre, au lieu que la lecture, si on n'y prend garde, préserve de vivre. Elle isole. C'est la plus pauvre des évasions. Le lecteur passif rêve les personnages ou les idées du livre.

Je trouve *Le Journal d'un curé de campagne*, de Bernanos. Renouveau du catholicisme chez les intellectuels. Mais Bernanos, c'est beaucoup plus qu'un intellectuel. Cet approfondissement de la prière et de la grâce me paraît dangereux pour le catholicisme. Non... Les murs des cathédrales sont solides. Et les écrivains ne sont pas thomistes. Ils apportent des fleurs et ils sont capables de s'enorgueillir de leur humilité.

N'est-ce pas Bernanos qui se projette lui-même en ces prêtres, dont l'un est rude et militaire, dont l'autre est tout plein de Pascal? Je crois que c'est en Bernanos qu'est Pascal. D'autant qu'au dire même de Bernanos ce prêtre de village n'a pas lu Pascal. Les curés de village me semblent plus rustiques et moins inquiets.

Une admirable page sur la misère d'une pauvre femme de ménage misérable et, par surcroît de cruauté du sort, ridicule. Cette misère me paraît intolérable. Tant que pareille misère sera possible, j'en serai responsable. Ce n'est que grâce à ma complicité qu'elle est possible. Je me sens coupable. Cela me conduit à des pensées plus simples, moins orgueilleuses que les pensées humbles du chrétien, qui, au milieu des cataclysmes, approfondit son état de grâce et sa prière. Cela me conduit à un refus pur et simple du mal, sans refuge pour mon consentement. Je ne puis me délivrer en Dieu d'aucune responsabilité.

Le journal. « Le maréchal de France, chef de l'État, en Avignon. » Il dit aux légionnaires : « Je me manifesterai souvent à vous... »

Il parle comme Dieu.

Le titre est sur cinq colonnes et en plus gros caractère que les « Combats violents sur le front du Caucase ». Mais le rédacteur conte sans verve « l'accueil chaleureux de la population ». Vichy ne croit plus à l'efficacité du maréchal, mais pense que les souriantes comtadines et le félibrige font une moitié de première page de tout repos.

Le bruit court que des tanks allemands sont arrivés à Lyon et seraient utilisés en cas de manifestations ou d'émeute.

« À Vichy, me dit Laurent, ils sont malins et en même temps ils ne sont pas malins. »

Ce qu'il y a d'idéal, d'espoir humain dans la révolution échappe aux paysans d'ici. Pour eux, elle n'est que colère de la faim. « Si tout se termine comme on espère, me dit Laurent, c'est-à-dire si les Boches s'en vont, les Anglais pour rattraper les Boches ou les Boches pour n'être pas rattrapés détruiront les voies de chemin de fer. Les villes ne seront plus ravitaillées. Alors les ouvriers – moi, je ne leur donne pas tort et moi, je ferais comme eux, parce que la faim, c'est la faim – les ouvriers viendront piller les fermes. »

14 octobre

« Quoi de nouveau?... » me demande Debeau, riche propriétaire. – « Vous avez la radio et je n'ai que le journal... » – « Et la radio, elle ne ment pas aussi?... »

Il ne me dira rien. Il ne veut pas se compromettre.

Le gendarme Louot me dit : « J'ai confiance en vous. Aujourd'hui, on ne peut pas dire à tout le monde ce qu'on pense. Je voudrais bien qu'après la guerre, on fasse un livre où on explique comment nous avons été vendus. » Il craint que la police de Vichy n'organise des troubles.

Je n'ai pas la patience de noter les récits contradictoires qu'on me fait au sujet de la mobilisation des ouvriers. Et non de cette mobilisation dans l'ensemble des deux zones, mais au bourg même et dans les communes voisines. Impossible de rien savoir de précis. Les récits sont mous et ceux qui les font ne semblent pas avoir besoin de nouvelles plus fermes. C'est sur ce fond vague que s'élaborent leurs jugements, leurs actes, leur obéissance ou leur refus.

Je me souviens qu'un bourgeois bourgeoisant, mais dont la jeunesse avait été inquiète, las d'une conversation banale, me dit soudain : « Donner sa peau, est-il sûr que cela soit si beau, si méritoire?... » Il me jeta ces mots dans une rumeur de conversation. Personne n'y prit garde, sauf sa femme, qui eut le même regard que s'il avait proclamé son droit à entretenir un harem. Car il est de toute évidence, bourgeoise ou révolutionnaire, que l'homme doit sa peau. À qui? À quoi? Cela est moins clair, sauf pour le soldat de métier, qui doit sa peau par contrat.

Risquer sa vie, tout seul, sans coude à coude de troupeau militaire c'est difficile. Mais un jour viendra peut-être, où, par l'effet de nouvelles règles sociales, cette sorte d'héroïsme semblera aussi incompréhensible que celui des veuves hindoues qui se faisaient brûler vives, semblera anachronique et déclamatoire.

16 octobre

Les Anglais à Madagascar.

« ... Nos soldats, faits prisonniers au cours des combats qui se déroulent à Ambositra ont été dépouillés de tous leurs effets personnels, de leur argent, de leurs bijoux et même de leurs anneaux de mariage, qui sont passés aux mains de nos ex-alliés. » (Dépêche de O.F.I. Havas.)

Ces soldats français couverts de bijoux. Mais Laval dit aux scribes : « Foutez n'importe quoi, pourvu que vous engueuliez les Anglais. »

Febvre me prête *Les Origines humaines. L'évolution de l'intelligence*, par Édouard Le Roy. Les spiritualistes naguère et les croyants des religions révélées s'indignaient à l'idée que l'homme pût descendre du singe. Tel n'est pas le cas de M. Le Roy. Il travaille à grands coups de paléontologie et de biologie. Il en remet. Il fouillerait le centre de la terre, s'il pensait y devoir trouver quelque nouveau type intermédiaire entre le singe et l'homme. Il consolide la chaîne entre le pithécanthrope, le sinanthrope, l'écanthrope, l'homme de Heidelberg, l'homme de Neanderthal et l'homme actuel. L'homme ainsi est mis à son rang dans l'évolution. Et cette évolution est commandée par on ne sait quel génie d'invention *(quia est in eo virtus inventiva)*, lequel est le cousin germain de l'élan vital de Bergson. Mais l'homme constitue un règne spécial. Parce qu'il pense, parce qu'il est seul capable d'abstraction. Dans toute cette paléontologie, dans toute cette biologie, l'auteur jette subrepticement sa poudre métaphysique bergsonienne... Seul l'homme physiologique vient du singe. Mais non pas l'homme transcendantal. L'auteur en donne cent preuves, parmi lesquelles l'invention de la bicyclette et le christianisme.

Ce livre est un des signes de l'offensive du spiritualisme, qui précéda l'offensive du matérialisme marxiste, laquelle ne pénétra guère que des milieux de philosophes ou de jeunes écrivains. Et encore les écrivains, faute de culture ou de curiosité, se contentaient du catéchisme de propagande et se souciaient peu de la doctrine.

Ainsi l'apologétique abandonne les hautes régions de l'éther métaphysique, l'univers théologique. Ne les abandonne, il va de soi, que pour les mieux retrouver. L'apologétique ne réfute plus la science ou la critique, mais au contraire tente d'y prendre appui. M. Pouget contraint la critique historique à servir de preuve à cela même qu'elle prétend détruire. De même, M. Édouard Le Roy ne refuse rien au transformisme. On se croit très loin de la Bible et des grandes orgues. Très loin de l'homme créé par Dieu à son image. Il semble que l'homme soit un pithécanthrope évolué, qu'il n'y ait pas de différence essentielle entre le pithécanthrope et l'homme. C'est ici le jeu trouble et l'astuce. L'essence spirituelle de l'homme, il ne semble pas que ce soit à Dieu qu'il la doive. Dieu n'intervient pas. Dieu est en coulisse. Pour un peu, on croirait que Dieu n'est nulle part, qu'il n'est pas besoin de Dieu pour expliquer l'homme. Erreur, Dieu est dans la paléontologie et dans la biologie même. Par un étonnant tour d'escamotage, l'essence spirituelle de l'homme devient une sorte de caractère biologique. Comme un diable d'une boîte, Dieu sort du ventre du chimpanzé. La différence entre l'homme et l'animal (qu'il fallait prouver) devient un caractère biologique, comme le pouce opposable aux autres doigts ou comme la dimension d'un maxillaire.

Je le dis avec une candeur de Philistin : ce livre me paraît frivole.

Voici l'autre foi, la foi matérialiste : *Biologie et marxisme*, par M. Marcel Prenant [1]. S'il me faut choisir, je choisis le spiritualisme matérialiste de Marx. Mais qu'il m'est donc indifférent de savoir si l'esprit est ou n'est pas le cousin de la matière, si l'esprit est un parvenu ou s'il a ses lettres de noblesse!

1. Publié en 1935, l'ouvrage entend « montrer, par l'exemple de la biologie tout au moins, que le matérialisme dialectique ne saurait être tyrannique pour la science; parce qu'il est la science elle-même ». Marcel Prenant, biologiste de renom, récuse les thèses racistes et vulgarise la pensée marxiste à grand renfort de citations de Marx, d'Engels et de Lénine.

XXI

RELÈVE, RÉSISTANCE, RÉPRESSION

17 octobre 1942

On disait, hier soir, à la ferme, qu'il y avait eu des grèves à Lyon, que les voies ferrées étaient gardées par des gendarmes encadrés de soldats allemands, qu'il y avait à Lyon 3 000 soldats allemands et « qu'ils n'osaient pas intervenir », que des ouvriers s'étaient réfugiés dans la campagne et avaient pris le maquis.

En fait, il y a eu des grèves et de quelque importance, puisque le journal de ce matin annonce « des tentatives de grèves dans la région lyonnaise » et « que le travail a repris normalement ». Ainsi les ouvriers ont fabriqué sans protester des avions et des tanks pour l'Allemagne et ces premières protestations de la « conscience ouvrière » sont provoquées par la menace de l'expatriation. Elles sont une révolte de la sédentarité. L'intolérable n'est pas de fabriquer des armes pour l'ennemi, mais de les fabriquer chez lui.

Ce jugement de pure logique ne tient pas compte des circonstances. Il reste que la force des mitrailleuses ne peut s'évaluer, si l'on ne tient compte que des seules mitrailleuses. Les mitrailleuses menacent ces ouvriers qui ne veulent pas partir, autant qu'elles menacèrent les ouvriers qui, à Villeurbanne comme à Billancourt, consentirent à travailler pour l'Allemagne, pourvu qu'on les laissât à Villeurbanne et à Billancourt [1].

Cependant, ni Laval, ni même Hitler n'ont une foudroyante réponse toute prête. Ils ne savent pas s'il faut fusiller ou non. Si même ils prennent une décision, elle ne sera qu'à retardement.

1. Des grèves au départ spontanées éclatent dans la région lyonnaise, et notamment dans les ateliers de la S.N.C.F. à Oullins, avant tout pour protester contre les réquisitions de main-d'œuvre pour l'Allemagne; le préfet Angéli décide de les réprimer mais doit composer pour rétablir le calme. Le jugement porté sur ces grèves par Léon Werth est sévère. Notons qu'elles sont soutenues dans un tract signé par quatre Mouvements de Résistance *(Combat, Libération, Franc-Tireur,* le *Front national)* en même temps que par un parti politique (le P.C.F.), ce qui est une innovation.

Les admirateurs de Hitler, prophète et pétrisseur de réel, comprendront peut-être un jour qu'un Hitler n'est le maître du réel, que si le réel ne lui oppose pas d'obstacle.

On dit qu'à Lyon, les S.O.L. ont tiré sur la foule [1]. La radio suisse annonce que les trains français sont arrivés à la frontière avec huit ou dix heures de retard.

« On a peur qu'il y ait du vilain », dit Mme Marie. – « Mais quoi ?... » – « La révolution... » Le mot lui fait peur et n'est pour elle qu'une image agrandie du désordre, une déesse méchante qui descend sur la terre, quand le beurre manque et que les trains n'arrivent plus à l'heure.

Déjeuner avec Febvre à l'hôtel. À la table à côté de la nôtre, un couple petit-bourgeois et la fille, montée en graine. Le père est bonhomme, endormi, les traits mous. Ou plutôt il n'a pas de traits. La mère est maigre (c'est plus convenable), de chair et de sang tristes. La fille est aussi indéterminée que le père et la mère, mais elle se teint les ongles en rouge.

Ces trois personnages d'herbier semblent l'image d'une classe qui va tomber en poussière. Plus tard, pour l'enseignement des foules, ne conviendrait-il pas d'en préserver quelques spécimens, comme on fait en Afrique ou en Laponie des parcs de réserve interdits aux chasseurs ?

19 octobre

Le journal. « Les autorités d'occupation expriment leur opinion sur le problème de la relève... » – « ... Les ouvriers français doivent partir pour l'Allemagne, afin d'éviter de graves ennuis. » Le texte, prudent, ne dit pas à qui. Le ton est d'un petit avocat râpé plaidant devant un président hargneux.

Vichy annonce sans commentaire un bombardement du Creusot. Pas même un mot sur la lâcheté des Anglais, qui bombardent des locomotives sans défense et des canons orphelins.

Febvre me lit un fragment de lettre : « À Paris, N... a été cueilli par hasard et fusillé par hasard. Il avait vingt-sept ans. Nous l'aimions depuis son enfance, vous saviez combien il était noble d'esprit et de cœur. »

François, professeur d'histoire à Henri-IV [2], a été arrêté à Paris. On craint pour sa vie. Je l'avais rencontré, à Lyon, il y a quelques mois, chez les Latarjet. Un grand garçon tout clair, tout ouvert, qui résistait à l'Allemagne, aussi naturellement qu'il respirait.

1. L'information, reprise de la B.B.C., est inexacte.
2. Il s'agit de Louis François.

Je ne sais si les partisans de de Gaulle augmentent ou diminuent. La Radio anglaise ne le nomme jamais. Prépare-t-il, dans le silence, une action militaire?

21 octobre

La résistance à la relève est le premier fait collectif depuis la débâcle. Et encore, par l'effet de la disparition des groupes ouvriers, c'est une action en ordre dispersé. Le bombardement des usines Schneider a peut-être aimanté ces corps dégroupés. Pour les galvaniser, il faudrait un grand événement. Il faudrait aussi un homme ou des hommes, dont l'âme passe dans la foule.

« On ne s'explique pas, dit le communiqué de Vichy, l'obstination que met la Grande-Bretagne à multiplier ses coups contre notre pays. » Le ton est larmoyant.

Laval parlera ce soir à la radio. Pleurera-t-il ou menacera-t-il? Qu'il menace ou pleure, il est impossible « qu'il ne dise rien ». Telle est la circonstance (cet embryon de révolte ouvrière) qu'il semble impossible qu'il fasse un vague discours de style maréchal. On s'attend à une menace forte, ouvertement appuyée sur la force d'Hitler. Il a prouvé qu'il n'a pas la pudeur des mots. « Je souhaite la victoire de l'Allemagne... » Il eût pu plaider, suggérer qu'il cédait à une douloureuse contrainte. Mais ce romantisme de la trahison. Que dira-t-il ce soir? Entendrons-nous quelque menace tonnante?

Je suis curieux d'approcher un beau monstre. Car Laval est un assez beau monstre. Les événements l'ont fait tel. Le politicien qui faisait ses affaires est devenu un traître historique. Je décide d'aller l'entendre, ce soir, chez Febvre.

Vingt minutes de chemin par des sentiers bordés de haies. Je ne rencontre personne; je sais que je ne rencontrerai personne. Cette solitude dans la nuit d'abord tonifie, puis devient un luxe pesant.

Laval parle. Il ne dit rien. Son discours n'est qu'une version à peine transposée de la timide note allemande transmise avant-hier aux journaux. Les thèmes habituels de la collaboration, mais édulcorés. Sans doute, il y a un : « Le gouvernement ne tolérera pas... » Mais la menace est vague, sans insistance, une clause de style. Le discours de Laval est le bavardage à vide du ministre, qui, parlant en province, sait que le ministère sautera le lendemain.

J'échange avec Febvre un regard de jubilation. Je vois dans l'avenir la fin de Laval, Laval en prison, les Allemands en fuite, des bateaux japonais envoyés par le fond.

Il veut parler sec, sans emphase. Aucun éclat de voix. Mais il parle d'un ton de prêche. Et il prend des temps, comme pour la méditation entre deux points, comme s'il attendait l'inspiration.

Il y a un passage de haut comique : « La France est un pays de forte culture. » Cette culture forte, dans la bouche de Laval, fait rire. Et le O de forte est révélateur. Ce O est écrasé d'un lourd accent circonflexe, chargé d'une lourde pâte. Une autre fois j'ai senti peser sur moi et peser sur le monde pareille vulgarité. Une « romancière » chantait à la Radio :

Un amour comme le nôtre
Il n'en existe pas d'autre.

Le « nôtre » et l'« autre » de la chanteuse étaient du même limon, de la même vase, de la même âme.

Je ne choisis pas ce contraste. Le hasard me l'apporte. De Gaulle parla. La voix de de Gaulle entra dans la chambre. Peut-être un « collaborationniste » eût-il dit que son allocution était vide. Et en effet elle n'était point un commentaire des faits, de la guerre quotidienne. C'était un acte de foi. C'était cela et ne voulait être rien d'autre.

Je cherche de Gaulle dans sa voix. Elle me paraît d'abord un peu serrée. Si je haïssais de Gaulle, je dirais peut-être que sa voix porte monocle. Cela ne m'en émeut que davantage. Ainsi, au temps de l'Affaire Dreyfus, le lieutenant-colonel Picquart [1] ne fut d'abord dit-on, qu'un officier de cavalerie, qui pensait cavalerie et salons. Quoi de plus émouvant que ces bonds de conscience chez un soldat? Mais la voix se dénoue, se libère. De Gaulle nous promet la victoire de l'insurrection pour la patrie. Elle sera victorieuse, « je vous le promets ». Le « je vous le promets » fut dit de telle façon que Febvre et moi nous eûmes le sentiment qu'il s'adressait à lui et à moi. Et voici que les mots de de Gaulle se joignent comme dans une prière, une prière autoritaire. Ils viennent à nous d'un seul souffle.

Et je veux me poser la question. Un jugement n'était-il pas contenu dans mes sentiments? Si je croyais à la résurrection par Pétain et Laval et si je croyais que de Gaulle est un traître, n'aurais-je pas, dans la voix de Laval, reconnu le rude bon sens d'un paysan d'Auvergne et, dans la voix de de Gaulle l'infamie d'un soldat rebelle? Je réponds : non. Je suis sûr que non. Mais j'aurais dit sans doute qu'il est vain de chercher une vérité dans la musique des voix.

22 octobre

Déjeuné à Coligny chez Mme M... Avant de déjeuner, je suis seul un instant avec Brigitte, qui est âgée de quatre ans. Je n'ai

1. Saint-Cyrien et officier d'État-Major, alors antisémite déclaré, le lieutenant-colonel Picquart est d'abord convaincu de la culpabilité de Dreyfus, dont il suit le premier procès pour le compte de l'État-Major.

point de peine à entretenir la conversation. Brigitte ne cesse de parler, comme elle ne cesse de sourire. Ses paroles sont d'un seul tenant. « Elle a de jolis souliers, me dit-elle, bien plus beaux que ceux qu'elle porte en ce moment... » Et elle ajoute sans transition : « Je voudrais aller à Reims (ses parents, avant la guerre, habitaient Reims), je voudrais tuer des Boches et je voudrais aussi tuer des petites filles de Boches. »

Et, soudain, je me souviens d'une autre petite fille. C'était en 1915. J'étais en Woëvre. Dans la même enveloppe, je reçus une belle et douloureuse lettre de Claude Monet et une lettre de la petite Simone. « J'espère, m'écrivait-elle, que vous avez tué beaucoup de Boches. »

Telle était la répercussion de la guerre mondiale dans une tête de petite fille. J'en fus attristé. J'y retrouvais toute la cruauté et tous les mensonges d'une époque. Et à peine si je suis troublé par la même parole prononcée, vingt-sept ans plus tard, par une autre petite fille. Je ne suis plus dans une tranchée. Mais je souhaite abstraitement que le bloc grossisse des cadavres allemands dans Stalingrad. Je le souhaite pour le bien de l'humanité. Ai-je changé? Suis-je devenu lâche au point de souhaiter, loin de la guerre, ce que je détestais, soumis aux risques de la guerre? Non, je suis sûr que non. Serais-je devenu un bourgeois sénile, qui cède à toutes les pressions d'époque? Mais, pendant la débâcle et dans les mois qui suivirent, l'époque pressait en deux sens différents. Je n'ai pas choisi la plus forte pression. L'histoire ne se répète pas identiquement. Et elle se fout de l'anarchisme évangélique et même du marxisme orthodoxe.

23 octobre

Je m'aperçois que je viens de prononcer le mot : « longueur d'onde ». Je ne sais pas ce qu'est une longueur d'onde. La longueur d'onde est un corps étranger que l'époque a mis en moi et qui ne me gêne pas. Je sais même fort bien l'utiliser. Ainsi la plupart des hommes, dans l'ordre de la morale, de la politique, de la littérature, de la peinture et de la musique, acceptent en eux de tels corps étrangers.

Febvre est parti. Une nouvelle étape de solitude commence. Nous étions deux à recevoir l'événement. Je suis seul.

Il m'a laissé son poste de radio. Je puis à ma volonté meubler le silence de ma chambre.

Le journal. « Les obsèques des victimes de l'agression anglaise sur le Creusot [1]. » Discours de de Brinon : « Chaque jour allonge le martyrologe des familles françaises. »

1. Le 17 octobre, une centaine de quadrimoteurs Lancaster avaient détruit de jour la centrale électrique du Creusot, faisant 40 tués et 80 blessés.

Mais les otages fusillés par l'Allemagne sont hors martyrologe. Le gouvernement et l'ensemble des Français n'ont plus de point commun.

« Ils nous croient quand même plus bêtes que nous ne sommes, me dit Laurent. Ils sont peut-être très malins. Bien sûr qu'ils sont plus malins que moi. Mais, dans le fond, ils ne sont pas intelligents. »

24 octobre

La Radio anglaise évoquait hier les otages fusillés, il y a un an, à Nantes. Est-il vrai que des jeunes gens de moins de dix-sept ans aient été fusillés [1]? Est-il vrai que l'un des otages ait dit à un adolescent comme lui condamné : « Reste avec moi... Nous mourrons ensemble... on ne souffre pas... C'est facile de mourir. » Est-il vrai qu'il lui ait mis une main sur les yeux pour lui cacher les mitrailleuses? L'imagination d'un chroniqueur n'a-t-elle pas transposé en sublime historique un silence glacé rempli de bruits de pas, de bruits mécaniques et de commandements militaires? Je ne sais. Mais je sais que cinquante otages ont été fusillés.

Pierre Bourdan [2] est simple et « sympathique ». Toujours près des faits. C'est la raison pour laquelle, parlant chaque jour, il accomplit le prodige de ne point lasser. Il a trouvé un style et un ton de radio.

Hier soir, à la radio, un député de Marseille vouait à l'exécration les gens de Vichy et leur opposait « l'incomparable éclat de l'âme française, qui brille sur le monde ». Ce député parlait son langage. Sa facilité était de son Midi. Ce n'est après tout que par pudeur littéraire que je suis gêné par cette sorte d'éloquence, même quand elle vient de Londres.

Un numéro de *Radio-National*. J'y vois les noms d'une quinzaine d'écrivains, qui parlent au micro de la Radio d'État. Quelques-uns, je m'étonne de les trouver là. Mais ils diront « qu'il faut bien vivre » et « qu'ils ne parlent pas de politique ». J'y vois sans étonnement le nom de Giono. Son anarchisme rural m'a toujours paru d'une répugnante facilité.

Radio-National ne dissimule pas que ses sources et références sont allemandes. Un article intitulé « Faits et chiffres ». Lisez atten-

1. Après la mort du *Feldkommandant* Hotz (cf. supra p. 251), les Allemands fusillent à Nantes 16 otages; la moitié d'entre eux étaient âgés de moins de 21 ans; le plus jeune, André Le Moal, en avait 17.

2. Pierre Maillaud alias Pierre Bourdan, est correspondant de l'agence Havas à Londres, quand il offre ses services à Charles de Gaulle dès juin 40; tout en prenant ses distances à l'égard du gaullisme, il est l'un des grands animateurs de l'émission quotidienne de la B.B.C. « Les Français parlent aux Français. »

tivement les discours d'Adolf Hitler et de Joachim von Ribbentrop. La lecture de ces articles vous apprendra :

– Que la moitié de la Russie européenne, avec 80 millions d'habitants, est aux mains des Allemands.

– Que les terres occupées par la *Wehrmacht* sont les plus riches de l'U.R.S.S.

– Que les Russes ont cinq millions de tués.

– Qu'il est faux de croire que les Russes peuvent continuer la lutte.

Et cette énumération de faits continue sur deux colonnes.

Qu'on ne me reproche pas d'aller chercher des documents dans la poubelle. Je répète que tout est signe et symptôme.

Les gens du bourg, qui achètent ce magazine, n'en sont pas dupes. J'en connais qui sont des fidèles des radios subversives. Mais il ne leur vient pas à l'idée de faire grève. Ils achètent.

Il y a tout de même une différence entre les anarchistes mystiques, qui niaient la patrie et les Français qui vendent leur patrie à une autre patrie.

25 octobre

Radio. Obus, bombes, balles, canons, avions, mitrailleuses; Stalingrad, l'Océan Indien, le Pacifique, la Libye; les avions anglais sur l'Italie et l'Allemagne. Des hommes réels, non pas des hommes de communiqué ou d'information, tuent et meurent. Je suis seul dans ma chambre, devant le coffre de la radio. La guerre vient à moi, dépouillée, nettoyée. Les blessés ne saignent pas. Les cadavres sont de statistique. Je suis au-dessus de la guerre, comme un vieux dieu fatigué.

La Radio anglaise donne lecture de deux articles sur la France, l'un du *Manchester Guardian*, l'autre de l'*Evening Standard.* Que la France est belle, vue de l'Angleterre. Belle tout d'une pièce, belle sans ombres. Que ne suis-je en Angleterre? Je manque de recul.

Inefficacité d'une propagande mal faite qui va, trop impudiquement, contre les faits. Une paysanne, la plus paysanne des paysannes, rude, vivant dans une ferme isolée et pendant des semaines ne voyant personne hors son mari et ses enfants. Elle n'est guère accoutumée à manier l'ironie. Mais, à propos des derniers raids de l'aviation anglaise, elle me répète plusieurs fois : « Bien sûr, ils n'ont pas bombardé les usines, ils ne visent jamais que les hôpitaux. »

Je me souviens de cette affiche, collée à une porte de grange du village de l'Aubépin. Il y a plusieurs mois. On y lisait que les ouvriers français pouvaient trouver en Allemagne du travail bien payé. Il n'était pas question d'obligation ou de contrainte. Un patron proposait de l'embauche. Ainsi Hitler et Vichy tâtaient l'opinion. Tous les actes de Vichy ont été ainsi préparés, précédés de sondages, auxquels le pays, inerte, ne réagissait pas.

27 octobre

Trente otages, à Lille, seront fusillés, si on ne découvre pas les auteurs d'un attentat.

À entendre et à lire Lucien Febvre, j'ai compris que les différences d'époque n'étaient pas seulement de coutume ou de technique, qu'elles étaient intérieures à l'homme.

Je lis Diderot. Ni les femmes, ni la poésie, ni la peinture, ni les larmes n'étaient alors ce qu'elles sont aujourd'hui.

Des écrivains français (Jacques Chardonne, Drieu La Rochelle, André Thérive, etc.) sont allés à Weimar. « Pour assister à la deuxième réunion [1] des écrivains européens. Ils ont eu l'occasion de rencontrer les principaux écrivains allemands et les écrivains délégués par toutes les nations d'Europe, de reprendre des conversations fructueuses... Ils ont trouvé le même accueil plein de cordialité, une parfaite liberté dans ces entretiens et cette faculté d'organiser des spectacles et des réceptions, que la guerre n'a pas diminuée (O.F.I.-Havas). »

Ces écrivains français ont donc suivi l'exemple des Despiau, Segonzac et Vlaminck. Ont-ils donc perdu toute pudeur? Ils ont été « cordialement accueillis » par les assassins de Hollweck et par les fusilleurs de Nantes, de Bordeaux et de Paris. Ils ont assisté à « des spectacles et à des réceptions ». En ces réceptions, en ces cordiaux entretiens, ils ont trouvé le climat de leur « parfaite liberté ». La liberté n'est pas facile à définir. Ces écrivains français font mieux que la définir. Ils la touchent, ils la palpent, ils la respirent, ils la vivent, ils en éprouvent la révélation chez les nazis. La grâce de la liberté leur est révélée par les nazis de Weimar, dans l'instant même où les Allemands, à Paris, emballent dans des caisses les bibliothèques de travail de quelques professeurs français.

1. En octobre 1941, à l'invitation de Karl Bremer, directeur de l'Institut allemand à Paris, sept écrivains et non des moindres (Abel Bonnard, Robert Brasillach, Jacques Chardonne, Pierre Drieu La Rochelle, Ramon Fernandez, André Thérive, André Fraigneau, Marcel Jouhandeau) se rendent à Weimar, au premier congrès des écrivains de « l'Europe nouvelle »; un congrès réuni dans le cadre de la Semaine du livre de guerre allemand. La délégation pour ce deuxième voyage organisé un an après, toujours à Weimar, est moins nombreuse : à Drieu La Rochelle, André Fraigneau, André Thérive, Jacques Chardonne se joindra Georges Blond.

28 octobre

Pluie, ciel opaque. La lumière est d'une salle de café ou de cinéma, quand on en ouvre les portes, le matin. Les prés, les arbres sont tristes comme les tables de marbre et les housses des fauteuils. La nature sent le cigare froid.

Impossible de prendre la Radio anglaise. Le brouillage est furieux, couvre tout. À peine si, l'espace de quelques secondes, je puis entendre une voix dans les limbes et distinguer ces mots : « Croiseurs japonais coulés... » Ainsi le monde que me révèle ce matin la Radio est fait d'une mer lointaine, où des marins nippons se noient.

L'invention du brouillage n'est pas sans quelque candeur. Brouiller une émission, c'est avouer qu'elle transmet d'irréfutables vérités ou supposer que les auditeurs sont trop bêtes pour résister à ses mensonges. Brouiller une émission anglaise, c'est un hommage à l'Angleterre et une injure à l'auditeur français.

Mais les totalitaires répondraient que les faits qu'on invente ont d'abord le même effet que s'ils étaient accomplis, que les faits qu'on dissimule sont comme s'ils n'avaient point été accomplis et qu'on ne persuade point les peuples par raison, mais par publicité obsessive.

L'un des bouchers du bourg me communique deux brochures d'une trentaine de pages : *Cahiers du Témoignage chrétien* [1]. Les brochures clandestines sont d'une remarquable netteté. Elles confrontent l'hitlérisme, le racisme non seulement avec les principes du christianisme, mais encore avec les données de l'histoire et de l'ethnologie. Tout cela est courageux, parce que les conclusions sont impératives, ne laissent point de refuge à la lâcheté ou au vague. Un souffle évangélique passe là. La tolérance se dépouille de sa poussière, prend valeur de choc. « Ce qui au fond rend le christianisme intolérable à Hitler, c'est son respect de l'homme, c'est sa théorie " imbécile ", " d'origine juive ", qui proclame l'égalité des hommes. C'est là un péché commun à l'Église, à la Franc-Maçonnerie, au libéralisme et au marxisme et c'est un péché irrémissible pour le racisme. » Jamais l'Église n'avait autant accordé à la Maçonnerie et au marxisme. J'ai quelque peine à imaginer un monde catholico-marxiste. Mais cette accord provisoire pourrait servir, peut-être, à la liquidation de l'hitlérisme.

Le fanatisme hystérique de Hitler apparaît en ces cahiers. Les textes cités sont étonnants, quasi invraisemblables. Je n'avais su

1. En octobre 1942, étaient déjà sortis six *Cahiers du Témoignage chrétien* qui se veulent un instrument de résistance de l'esprit. Le programme tient dans le titre du premier Cahier (novembre 1941) : « France, prends garde de perdre ton âme. »

voir en Hitler que le placier congédié, le bavard à la gabardine. Le cinéma ne m'avait révélé que sa répugnante vulgarité. Et je tenais pour négligeable sa doctrine, sous l'absurde prétexte qu'elle était absurde.

Radio anglaise. La résistance des ouvriers de Lyon. Hitler aurait accordé à Laval un délai jusqu'à la fin de l'année. Laval aurait négocié avec des représentants des ouvriers, nommés par eux et non pas avec des « fonctionnaires syndicalistes » de Vichy. Tout cela, qui s'est développé depuis une quinzaine, est-il donné dans ses justes dimensions ? Si oui, le symptôme est riche.

Le bourg n'est qu'à 90 kilomètres de Lyon. Des Lyonnais ont passé au bourg. Plusieurs gendarmes du bourg ont été envoyés à Lyon en renfort et sont revenus. Personne n'a rien dit de précis, de neuf ou d'émouvant. Le bourg ne sait rien, se nourrit d'une rumeur, d'une sourde chanson.

D'un poste clandestin : « Les gens de Vichy sont des salauds, des dégoûtants... Le maréchal, devant les Allemands, s'est débiné, s'est déculotté. » Propagande grossière. Soit. Mais cela tonne tout à coup, par le mystère des ondes, dans le silence de ma chambre. J'accepte. Nous avons besoin de vérités qui ne soient pas en écheveaux, de vérités simples. La force de la canaillerie et de la bêtise, c'est leur inconcevable simplicité.

29 octobre

Darlan en Algérie et au Maroc. Si Lyautey était vivant et s'il fut selon sa légende, il est vraisemblable que le Maroc et l'Algérie...

Lyautey (et R. m'a dit autrefois tenir cela de Lyautey lui-même) aurait reproché à Barrès son attitude pendant l'Affaire Dreyfus. Barrès aurait répondu qu'il avait été entraîné par sa carrière académique, par le poids de ses relations, de son milieu.

Dans les *Cahiers du Témoignage chrétien* [1], cette citation de Jacques Maritain : « La haine des Juifs et la haine des chrétiens viennent d'un même fond, d'un même refus du monde qui ne veut pas être blessé, ni des blessures d'Adam ni des blessures du Messie, ni par l'aiguillon d'Israël pour son mouvement dans le temps, ni par la croix de Jésus pour la vie éternelle. On est bien comme on est, on n'a pas besoin de grâce ni de transfiguration, on se béatifiera dans sa nature. Ce n'est pas l'espérance chrétienne en Dieu auxiliaire, ni l'espérance juive de Dieu sur terre, c'est l'espérance de la vie animale et sa force profonde et en quelque sorte sacrée,

1. Cet extrait d'un article de Jacques Maritain (« L'impossible antisémitisme ») paru en 1937, est repris dans le quatrième *Cahier du TC* intitulé « Anti-sémites », sorti en juin 1942.

démoniaque, quand elle s'empare de l'être humain qui se croit trompé par les messages de l'absolu. Le tellurisme raciste est antisémite et anti-chrétien. »

Ces lignes sont belles, pleines. Je sens que celui qui les a écrites croit à la grâce et à la transfiguration et qu'il y croit noblement. Scandaliserai-je, si je dis qu'elles contiennent, pour moi incroyant, une poésie de la grâce et de la transfiguration ? Je suis pris comme par un beau tableau religieux et même à trouver une face horrible à celui qui « se béatifie dans sa nature ».

Mais le pauvre petit logicien qui est en moi ne s'intéresse guère au vieux conflit du spiritualisme et du matérialisme. (Et je sais bien ce que la foi ajoute de puissance au vieux spiritualisme un peu blanchâtre.)

Le matérialiste ne devient pas cannibale et le spiritualiste ne refuse pas d'ordonner les biens de la terre. Et il m'importe peu que l'esprit soit une sublimation de la matière ou qu'il soit avec elle sans commune mesure. Je pense à ce passage charmant de Huxley, dans le *Tour du monde d'un sceptique* [1] : C'est la matière, dit-il, qui est parfaite, non l'esprit. L'esprit, lourd en ses démarches, s'allonge et se purifie à mesure qu'il saisit la belle ordonnance des lois de la matière.

31 octobre

J'écoute la Radio. J'ai une nausée de tanks et d'avions, de blindés, de bombardiers. J'ai une nausée de morts et d'atrocités quotidiennes. Et les camps de déportation contiennent plus d'atrocités encore, de l'atrocité lente, sans même excitation du pile ou face, que donne le risque, le risque bruyant de la guerre.

À la buvette. Trois employés du chemin de fer (des sédentaires), le brigadier de manœuvres et les remueurs de colis. Ceux-ci ressemblent à tout le monde, mais pas à eux. Le brigadier, à face de buveur méchant, laisse tomber quelques plaisanteries graveleuses, comme des exemples de grammaire. C'est une forme basse du pédantisme. Je tâte du monde mou, de la scorie d'homme. Un chauffeur et un mécanicien font contraste. Solides et calmes : deux grands seigneurs.

1er novembre 1942

Brouillage. Je tourne au hasard le bouton :

Tant pis, tant pis,
On s'en fout du Mississippi,

1. Aldous Huxley avait publié en 1926 *Jesting Pilate, the diary of a journey*, un essai traduit en 1932 sous le titre *Le Tour du monde d'un sceptique*.

Par ici ça sent bon la France,
Par ici ça sent le printemps.

La voix est d'un ancien beuglant de garnison.

Un bombardier anglais, le jour du raid sur Gênes, est tombé en flammes, près d'un village dont le nom est, je crois, Montcony. Les neuf aviateurs, qui composaient l'équipage, ont été carbonisés. Ils furent enterrés à Louhans. Deux mille, trois mille personnes assistaient aux obsèques.

« On était venu de partout, de Bourg même. Les cercueils étaient couverts de fleurs. Jamais je n'ai vu tant de fleurs. Les femmes jetaient des fleurs sur les cercueils. Nous avons chanté *La Marseillaise.* Sur les tombes on a écrit : " Mort pour la liberté du monde " et : " Vous êtes loin de chez vous, mais vous êtes près de nous. " »

Ainsi parlait une jeune femme, amie de Mme Marie, et que je rencontre parfois à la buvette. Elle se tut un instant et ajouta seulement : « J'ai pleuré. »

« Il y a eu un peu de bagarre, dit son mari. On a un peu assommé quelques S.O.L. »

Cette foule, cette foule ardente, elle a existé. Cette jeune femme, son mari étaient là. Ils ne répètent pas un récit qu'on leur a fait. Bons témoins. Si je leur pose une question, ils y répondent. Cela n'est pas fréquent. Beaucoup de conteurs ou de colporteurs de nouvelles, si on les interroge, semblent blessés dans leur dignité ou pris de malaise, ne répondent pas à la question et répètent leur récit d'un seul tenant, indécomposable.

Les élèves du collège de jeunes filles avaient appris l'hymne anglais et l'ont chanté. Quelques-unes, dénoncées par des mouchards, ont été expulsées du collège.

Un « homme de Montrevel » a dit aux Riffault : « Cinq mille personnes et non pas trois mille. On était venu de partout. Il y avait des fleurs, comme on n'en avait jamais vu autant. Il y avait des fleurs, c'était affreux... » (Affreux, dans le langage du pays, signifie beaucoup, énormément.)

3 novembre

J'ai été à Domsure chercher deux kilos de miel, que je dois expédier à Paris. La Bresse est molle comme motte de beurre ou bouse fraîche. La terre y est un coagulat sans arêtes; l'homme, un coagulat sans vertèbres. Le charme pourtant de quelques sous-bois. Mais il y faut des femmes en robe blanche.

Le vieil apiculteur m'avait promis deux kilos de miel. « Je ne peux vous en donner qu'un kilo », me dit-il ce matin. Il pensait que j'allais gémir. Mais j'ai bien trop peur d'être pris dans le labyrinthe de son discours. Je n'invoque ni la dureté des temps, ni la morale éternelle et la parole donnée. Je m'apprête à sauter sur ma bicyclette. Mais cette section brusque, cette terminaison sans bavures épouvante ce vieillard. Il me dit de rester et, après un temps très long, un temps bressan, il m'apporte un kilo de miel. « Et je peux encore vous en trouver une livre. » Vingt minutes après (j'attends patiemment, assis sur un tronc d'arbre), il m'en apporte un nouveau kilo. Cette façon sinueuse de penser et d'agir me rappelle l'Extrême-Orient. Mais elle est ici lourde, embourbée. Les sinuosités d'un na-qué annamite sont légères, ailées.

Le journal. Tribunal correctionnel de Louhans. Une demi-colonne de condamnations à la prison et amendes pour « achat et transport irrégulier de beurre et œufs, ou abattage clandestin d'un porc et complicité ».

Un député de Paris a parlé à la Radio de Londres. Je ne dis pas qu'il n'était pas sincère. Mais cette grossière éloquence, fabriquée en série, ne permet pas de distinguer entre la sincérité et les combinaisons d'un intérêt électoral à lointaine échéance.

Le journal : « Agissements terroristes en zone non occupée. » « Des bombes ont éclaté à Vichy dans un bureau de la propagande sociale. » Le trait de la fin étonne par sa candeur : « Il résulte des examens auxquels il a été procédé que les engins explosifs utilisés sont de provenance anglaise. »

« La rentrée des Facultés. Une allocution du professeur Mauriac, doyen de la Faculté de médecine de Bordeaux. Le professeur Pierre Mauriac a prononcé une allocution dans laquelle il s'est tout d'abord félicité de la liberté, reconnue depuis trois ans par le vainqueur, de créer des cadres intellectuels à la France. » « Comme dit Pascal, vous êtes embarqués sur un vaisseau en perdition et votre devoir est simple : ne rien dire, ne rien faire qui puisse entraver l'action salvatrice du chef... Suivre le maréchal les yeux fermés – les yeux crevés, dit-on parfois – non, les yeux ouverts; mais, plongés dans la nuit, nous accrocher à celui qui seul perçoit la lumière et peut guider notre marche aveugle. Pour que Dieu le protège et l'inspire, Messieurs, en union fervente avec nos prisonniers et nos morts, nous allons nous recueillir... »

Ce professeur fait bon marché des professeurs fusillés par les Allemands. Des bolchevistes, sans doute, des mal pensants. Ces exécutions ne troublent point son image de l'Allemagne protectrice de l'intelligence française. Si j'ai longuement cité, c'est que ce texte est un maître-symptôme. Par quels chemins la bourgeoisie, celle qu'on dit cultivée, a-t-elle atteint ce stade d'imbécillité et de bassesse ?

Autre symptôme : les étudiants et ses collègues ne l'ont pas interrompu. Il est vrai que, s'il avait été hué, le journal ne m'en dirait rien.

On a vu, dans la zone occupée, des Allemands qui pleuraient, en pensant à leur femme et à leurs enfants. Sans doute. Mais le problème est de faire pleurer l'Allemagne.

Mme Marie attribue d'abord aux paroles une valeur magique. Elle ne fait qu'ensuite la critique du témoignage. « Un Monsieur a dit que la guerre durerait encore cinq ou six ans. – Qui ? – Un Monsieur de Pierre-en-Bresse. – Pour quelles raisons a-t-il dit cela ? – Je ne sais pas... et lui non plus, probablement. »

« On a entendu avant-hier la Radio, les Anglais, me dit Mlle Phine, la marchande de journaux, ce qu'ils disaient pour la Toussaint... On a pleuré... »

Au bureau de tabac, sur le comptoir sont étalés quelques magazines. « Vous en vendez beaucoup ?... – Oui, aux gens de la campagne... Ils achètent tout... ils ne savent plus quoi faire de leur argent. »

5 novembre

Le vent souffle, agite les branches des pins. Il balance et berce le paysage.

La Radio anglaise est « bonne ». La bataille du désert. Les Allemands et les Italiens battent en retraite. Cette phrase m'a paru belle : « Les Français qui sont en France éprouvent la même nostalgie de leur pays que ceux qui sont à l'étranger. »

Pour que ta petite liberté soit sauvée, on se bat dans le Pacifique, en Égypte, en Russie. Des milliers de soldats, d'aviateurs, de marins, se battent et meurent. Et, pour que l'esprit ne meure pas, il faut donc cette chose basse qu'est la guerre, ce pugilat paroxystique, cette chose de mort, de bruit et d'ennui.

Titres du journal : « Nombreux départs pour la relève. – La résistance à Madagascar. » Pour la relève, le bourg attend. Pour la résistance à Madagascar, il rigole.

La nouvelle de la déroute allemande en Afrique s'est répandue dans le bourg presque aussi vite qu'une fausse nouvelle. « Ils sont bien quatre ou cinq, m'a dit le père François, de ceux qui ont une Radio, qui sont venus me dire que les Allemands avaient pris la piquette. On était content. » Et, souriant, il ajoute : « Ils m'ont emmené boire un canon de blanc. »

Le journal annonce cette nouvelle avec ménagements. Ainsi ces dépêches : « Jacques, état grave », quand Jacques est à l'agonie. Le peuple ne s'y trompe pas. Le jour où Laval sera pendu, O.F.I.-Havas en annoncera ainsi la nouvelle : « Le président Laval a décidé d'opérer quelques changements parmi les membres du gouvernement. »

B..., mi-cultivateur, mi-marchand forain des environs de Louhans, me dit : « Aux funérailles des aviateurs anglais, il y avait au moins dix mille personnes. » On m'avait dit deux mille, puis trois mille. Ou la légende a créé son chiffre ou B... ne donne aux chiffres qu'une valeur symbolique. Il n'est pas le seul.

Il me dit aussi : « Prenez à Louhans et dans les villages près de Louhans dix mille personnes. Il y en a bien cinq mille qui sont boches. » Je lui objecte la foule assemblée pour les obsèques des aviateurs anglais, *La Marseillaise* et l'hymne anglais chantés, les fleurs innombrables. Il me répond : « Sans doute, mais ceux-là c'était la moitié qui n'est pas pour les Boches. » Je lui dis que son évaluation me paraît fausse, cette proportion d'un pessimisme excessif. « Prenez les commerçants, me répond-il, il y en a bien la moitié qui sont pour les Boches. Ou du moins il y a quelques mois... Ça a quand même changé. Mais il faut comprendre que ce n'est pas des opinions, que ce n'est pas des hommes. C'est des girouettes. Ils regardent le balancier et ils sont du côté qui leur paraît le plus fort. Alors ils sont pour les Boches, pour ne pas avoir d'ennuis avec le gouvernement. Ce n'est pas des opinions, ce n'est pas des hommes. »

J'envie ces Français de Londres, qui n'attendent pas, comme des bêtes, la fin de la guerre. Mais ils parlent dans le sens de mes passions, de mon choix. Je dois donc faire effort contre moi-même, tenter de les juger avec impartialité. Ainsi il arrive que des Français, récemment arrivés à Londres, prononcent au micro de médiocres allocutions, tout en clichés exsangues. J'ai entendu une institutrice et une paysanne, qui parlaient comme des députés. Mais je serais tenté d'y voir la preuve qu'on ne fabriqua ni ne truqua leurs textes. Ceux de l'équipe régulière parlent une autre langue. Ils seraient donc capables de corriger ces textes pauvres, de leur donner du caractère, cet aspect d'authenticité que, authentiques, ils n'ont pas.

7 novembre

Le journal : « Pour renforcer le contrôle de la distribution du tabac. » Un filet de trente lignes. On prévoit une cascade de vérifications, de pointages. Bien entendu, il n'est pas question d'augmenter la quantité de tabac à répartir. Le tabac n'est rien ici. Le tabac pourrait aussi bien s'appeler pomme de terre, blé ou confiance de la population. Le gouvernement ne connaît plus d'autre valeur créatrice que la paperasse bureaucratique. Il espère, par la multiplication de la paperasse, renouveler le miracle de la multiplication des pains.

Les homélies du vieux Pétain. On n'avait jamais vu de traître aussi vertueux.

Mais déjà en 1870... Je trouve dans une armoire une *Histoire de la campagne de 1870-1871*, par Emmanuel Domenech, aumônier de la deuxième ambulance dite de la Presse française. *« Nous périssons, parce que nous avons laissé s'énerver dans nos cœurs les austères notions du devoir; nous périssons, parce que la foi nous manque; nous périssons, parce que les plaisirs frivoles, le goût effréné du bien-être et l'égoïsme raffiné ont altéré profondément notre caractère national. »*

Ne croirait-on pas entendre les premières homélies du maréchal? Mais le maréchal (du temps qu'il parlait) ajouta à cette momerie chrétienne une momerie marxiste : « Abolition de la condition prolétarienne. »

Il est trop vieux pour qu'on le tue. Mais il ne doit pas échapper à la dégradation militaire devant les troupes en beaux rectangles. Ce châtiment est de son ordre.

II

DU PREMIER DÉBARQUEMENT
À LA LIBÉRATION

I

PREMIÈRE GRANDE SECOUSSE

8 novembre 1942

J'ÉCOUTE vaguement la radio à travers le brouillage. Je ne m'attendais à rien. Et j'entends : « Débarquement... Afrique du Nord... » Je suis tout seul avec l'univers et les ondes, au centre d'un monde invisible et sonore. Je me fais une puérile image de ce débarquement. Je vois des bateaux, des avions, des oranges, des Arabes et des Américains aux yeux bleus. Cette nouvelle soudaine m'arrive comme l'inspiration aux prophètes. Personne n'était là et pourtant quelqu'un a parlé. J'ai envie d'appeler, de crier, de communiquer aux hommes cette nouvelle, que certainement je suis seul à connaître.

Les Américains ont commencé à débarquer dans la nuit. Mais, en ce moment même, neuf heures et quart, ils débarquent encore. Le bulletin d'information anglais parle, non pas au passé, mais au présent. Dans cette minute même, ils débarquent. Ce n'est pas une nouvelle refroidie, ce n'est pas une nouvelle qui a dormi, même l'espace d'une nuit, même l'espace de quelques heures. C'est en quelque sorte sous mes yeux que les Américains débarquent en Algérie.

Rien ne fut, depuis la débâcle, aussi riche en espoir. « Tournant de l'histoire », phase nouvelle. Déjà il me semble qu'entre la débâcle et ce débarquement, le temps s'est rétréci. Ces deux années et demie perdent de leur dimension et de leur poids. Elles vont rejoindre la guerre de 1914 et la guerre de 1870.

Le père François, quand la radio annonça la déroute des troupes de Rommel [1], a bu un coup de blanc. Je crois bien qu'aujourd'hui il en boira deux.

Déjeuner à Coligny, chez Mme M... Nous communions dans le débarquement. Nous nous penchons sur le poste de radio. Nous tentons de prendre toutes les radios.

1. Entre le 23 octobre et le 4 novembre se déroule la bataille d'El-Alamein à l'ouest d'Alexandrie; le 4 novembre, les forces de Montgomery percent les lignes italo-allemandes et forcent Rommel à battre en retraite.

Mystère Giraud. Vichy affirme que l'appel du général Giraud est un faux et diffuse une lettre, datée du mois de mai, où il « exprime au maréchal son parfait loyalisme ». Cette lettre fut-elle écrite? Ou est-elle un faux de Vichy [1] ?

Mme M... avait invité la fille de l'Invalide à la tête de bois. Rien n'affleure à ce visage. Elle n'a même pas une tête en bois. Car les têtes en bois, qu'elles soient têtes de saints ou têtes de noce à Thomas, ont été taillées par des mains humaines. Les plus inertes gardent quelque chose du mouvement de ces mains. Mais la tête de mort de cette dame fut fabriquée par des mains mortes. Fabriquée par elle-même aussi. Avec quelques traits de pinceau et des accroche-cœurs plaqués aux tempes, elle s'est composé un personnage, qui tient à la fois de la femme esthète de 1900 et de la surréaliste de Montparnasse. La tête de poupée peinte parla et me révéla une âme bourgeoise lyonnaise du quartier Vaubecour. Cela m'a laissé un malaise, qui persista toute la soirée.

Le peuple, qui invoque si facilement la trahison en soi, a peine à croire aux traîtres. Ainsi Daumin et le père François disent de la résistance, ordonnée en Algérie, que « c'est de la frime ».

Les putains, hommes et femmes, qui, après la débâcle, se jetaient au cou, se jetaient aux pieds de l'Allemand, hypnotisées par le guerrier vainqueur accueilleront-elles avec le même enthousiasme les Américains? Non, leur masochisme n'y trouverait pas son compte.

Dès qu'il fait un peu froid, la buvette de la gare sert de refuge. Les initiés s'y abritent. Il y a une maçonnerie de la buvette. Le petit poêle de fonte est allumé. Dans cet espace qui n'est pas de trois mètres carrés, six hommes, quatre debout, deux assis sur des caisses à canettes de bière, serrés, coagulés; deux gendarmes, un mécanicien et son chauffeur et deux inconnus, qui portent salopette et tablier. Mme Marie émerge de ce bloc humain.

À peine m'y suis-je incorporé, je sens qu'il n'est pas ce qu'il eût été les jours précédents. Il n'est pas mort, il est vivant. À peine ai-je eu le temps de refermer la porte : « Que dites-vous des nouvelles? » me demande Mme Marie. Jamais elle ne pose de questions « politiques » et surtout devant des tiers et surtout devant des gendarmes. Et ce n'est pas seulement prudence. Elle reçoit les événements comme une musique qui passe dans l'air du temps, comme une musique triste ou menaçante. Elle ne se demande guère qui joue de cette musique. Elle la reçoit comme si elle venait avec le souffle du vent. Mais aujourd'hui, Mme Marie cherche un conteur aux événements, Mme Marie cherche un clou où accrocher les

1. Cette lettre a bien été écrite par le général Giraud, en mai 1942, pour tenter d'apaiser l'occupant après son évasion (cf. supra p. 282).

événements. L'Afrique et l'Amérique sont entrées dans la buvette. « Que dites-vous des nouvelles ? » Il me faut répondre devant les deux inconnus et devant les gendarmes. Il me faut répondre selon la prudence et selon la sagesse. « Que dites-vous des nouvelles ? » – « Je dis qu'elles sont satisfaisantes. » Mon « satisfaisantes » a porté. J'aurais dit : « magnifiques ou prodigieuses », l'effet eût été moindre. Ils ont tous compris la pudique concentration de mon « satisfaisantes ». Et l'un des gendarmes aussitôt reprend : « Il y a longtemps que je n'ai pas vu les gens avoir l'air aussi content. » – « À cause des Allemands, dit l'autre gendarme, il faut bien que le gouvernement fasse semblant de résister. »

Le mécanicien et le chauffeur n'ont rien dit. Peut-être leur pensée n'était-elle point à dire en cette sorte de salon, où les gendarmes donnaient le ton.

10 novembre

La radio me verse informations et émotions. Me voici ému (un homme du XVIIIe siècle aurait dit : « Je pleure ») si j'entends : « Le sol de la patrie... les libertés démocratiques. » Je m'étonne, je m'inquiète. Je sais bien que ni l'Angleterre ni la France n'eurent souci de la liberté démocratique ou choses de ce genre, quand elles colonisaient. Je sais bien que les juges américains condamnèrent Sacco et Vanzetti [1] et Tom Mouney. Je sais bien que Staline... Serai-je donc un petit logicien bourgeois qui se retranche dans un délicat scepticisme et conclut que tout est mensonge dans les abstractions émotives, qui, comme les avions et les tanks, sont les armes des gouvernements ? Mais le peuple a raison, qui ne s'embarrasse pas de ces contradictions ? Elles tiennent à la pauvreté du langage. Me refuserais-je à l'amour des femmes, sous prétexte que le mot amour a d'innombrables sens ? Ceux qui raillent la grande abstraction de la justice sont les eunuques de la justice.

J'apprends qu'un pétard explosif a été jeté à Lons sur la maison d'un légionnaire, un autre à Cousance, un autre dans un village près d'Orbagna. On me dit qu'au bourg l'adjudant épicier et le pâtissier collaborateur recevront bientôt, peut-être cette nuit, un avertissement.

Stupide rêvasserie. Je cause avec un père dominicain. Je lui dis : « Je ne crois à rien, mais je crois. » Cela a peut-être un sens.

1. Nicolas Sacco (né en 1898) et Bartolomeo Vanzetti (1888), anarchistes américains d'origine italienne furent condamnés pour meurtre en 1921 dans un procès notoirement inique dans un climat de xénophobie exacerbé et de phobie de la révolution russe ; malgré une campagne d'opinion mondiale, ils sont exécutés en 1927.

Six heures du soir. Le chemin montant. Brouillard épais, c'est presque la nuit noire. Mais, en bordure d'un champ, quelques plants de chrysanthèmes semblent éclairés par une lumière intérieure. Toute la lumière du monde s'y est réfugiée.

Un marchand venu de Lyon a expédié, par chemin de fer, un cochon dans deux malles, une moitié de cochon par malle.

Radio. Darlan à Alger, « hôte d'un général américain ».

11 novembre

Les armées allemandes envahissent la zone non occupée. Je suis incapable de mesurer l'événement. C'est sans doute l'effet de l'isolement où je vis depuis deux ans et demi : le choc de tout événement imprévu me donne du ton, une énergie, qui n'est, hélas! qu'une énergie à vide. L'envahissement me redresse, comme m'avait redressé le débarquement. Ce n'est plus l'attente inerte. Je fouille l'avenir. Je voudrais me délivrer de mon immobilité, m'engager dans une armée, m'engager dans l'événement. J'en cherche les moyens et je n'en trouve que d'absurdes.

La protestation du maréchal. « Une décision incompatible avec les conventions d'armistice. » Il n'est pas impossible que la protestation du glorieux vieillard attendrisse sentimentalement les foules, qui ont déjà oublié l'hommage qu'il rendit à la générosité de Hitler.

L'appel de de Gaulle est clair, simple, noble. Il prend l'histoire au cou. Nous le voulons « grand homme ».

Le patriotisme ne deviendra-t-il pas un sentiment rare, réservé à quelques intellectuels, un mallarméisme?

12 novembre

Lettre de Hitler à Pétain. Hitler fait l'agneau. On l'a contraint à faire la guerre. Et, vainqueur, il n'a fait que donner à la France des preuves de son amitié. Il a des larmes dans la voix : « Je puis comprendre, monsieur le Maréchal, combien est dur le destin qui frappe votre pays. » S'il a donné à ses troupes l'ordre d'occuper la côte méditerranéenne, ce n'est que pour faire face à l'agression américaine et défendre la Corse. C'est « côte à côte avec les soldats français » qu'il espère « défendre les frontières de la France et, avec celles-ci, les frontières de la culture et de la civilisation européennes ». Mais l'agneau menace aussi : « Je formule l'espoir que les circonstances ne conduisent pas à une nouvelle effusion de sang entre la France et l'Allemagne. » Mais soudain, sans transition, il ajoute : « C'est surtout la conduite d'un général français, qui m'a amené à agir ainsi. » Ainsi, c'est pour se venger du général Giraud que Hitler a envahi la zone non occupée. Si Giraud ne s'était point évadé, il n'eût point défendu la Corse. Je ne force pas le texte; je n'ai pas inventé le « surtout ». Hitler hait Giraud, comme il hait Benès. Il le hait d'une haine d'adjudant roulé par un bleu. Mais qu'il s'agisse de Benès, de Churchill ou de Giraud, Hitler se lâche dans l'injure polémique. Il ne lance pas l'invective du tribun, mais l'injure du voyou. Hitler est un voyou mégalomane, dont le délire un instant a coïncidé avec la réalité. Le jour où le délire et la réalité bifurqueront... C'est ce jour qu'on attend.

Le mot de Churchill sur la fidélité de Vichy à l'armistice : « lamentable et perverse ».

Hier soir, malgré la défense de Vichy et selon l'invitation des Français de Londres, on a défilé devant le monument aux morts. Ce fut dans la nuit, en silence. « Trois cents personnes », me dit le père François, qui y était. « Trois mille », me dit Laurent, qui n'y était pas, mais qui déjà a rencontré la nouvelle sur le chemin. Mais quelque chose est changé depuis le débarquement américain et le passage de la ligne par les troupes allemandes. Laurent, le plus prudent des paysans, Laurent, qui n'est guère enclin à « manifester », Laurent, qui habite comme moi à quinze cents mètres du bourg, m'a dit : « Je n'avais pas été prévenu, je ne savais pas. Si j'avais su, j'y serais allé. »

L'adjudant de gendarmerie a fait un rapport sur une coiffeuse du bourg qui avait écouté la Radio anglaise.

Les Allemands passent par le bourg. Un détachement y couchera ce soir. Je ne suis d'abord sensible qu'au pittoresque militaire, au charme de cirque par le défilé des mulets et de quelques chevaux. Je me souvenais du premier régiment allemand, rencontré sur la route du Gâtinais, en juin 40; j'attendais une émotion qui ne vient pas. J'éprouve le même sentiment que la plupart des gens du bourg. Ils disent : « Ils ne sont pas flambards. – On les verra bientôt remonter. – Il y en a qui ne remonteront pas. » Pour les gens du bourg, ce sont des vaincus qui défilent, des morts en sursis. Tel est l'effet du débarquement et de Stalingrad.

Rencontré la vieille Parisienne réfugiée. Elle est dressée comme un vieux coq, non pas contre les troupes étrangères, mais contre le bourg, qui ne leur rend pas justice. Comme je lui dis que j'ai vu un soldat, presque un enfant, qui allait par le bourg, comme s'il y était venu passer ses vacances, elle croit que je veux diminuer la puissance de l'armée allemande, que je prétends que l'Allemagne n'a plus, pour la défendre, que des enfants. Et, d'un ton de défi, elle me jette : « Il y a parmi eux de très beaux hommes. »

Poésie des ondes : Le 8 novembre, à deux heures vingt, commença le débarquement des Américains. En même temps, de deux heures vingt à cinq heures trente, ce fut la guerre des ondes, grandes ondes, petites ondes, ondes courtes. En quelques points de l'espace africain, les Américains débarquent. Et, simultanément, la nouvelle occupe tous les points de l'espace.

13 novembre

L'ancien gendarme Crespin me dit : « J'en connais un qui, après la débâcle, ne faisait que vanter les Allemands et même il disait que, les Allemands et nous, nous avions beaucoup d'affinités. » (Je rapporte exactement ses paroles.) « Le même, dès qu'on a connu la nouvelle du débarquement, il a monté de sa cave des bouteilles de mousseux et il en offrait à qui voulait... Comment expliquez-vous ça ? J'oubliais de vous dire... Au commencement de la guerre, quand j'étais encore gendarme, il m'avait dénoncé deux femmes, qui avaient dit dans une boutique : " Nous, on se fout pas mal des Français et des Allemands, ce qu'on veut, c'est qu'on nous rende nos hommes ". »

Je lis Diderot. Je lis dans les *Mémoires* de Gœthe : *« Je suis stupéfait de l'extraordinaire talent de cet homme* (Diderot). *On pénètre du regard dans un vaste monde agité... où l'esprit et le caractère sont astreints à un exercice si constant que tous deux ne peuvent manquer de devenir agiles et forts. Quels hommes ont eu les Français au siècle dernier. C'est extraordinaire. »*

Georges (douze ans) a vu les Allemands dans les rues du bourg, il les avait vus en juin 40. « Ils sifflaient alors, m'a-t-il dit, ils ne sifflent plus. »

Je me souviens d'une vieille persécutée, qui avait vingt ans d'asile. « On m'a conseillé, me disait-elle, de m'adresser aux Juifs, on m'a conseillé de m'adresser aux Jésuites. » Elle entendait que les Jésuites ou les Juifs auraient pu s'opposer aux injustices dont elle était la victime. Mais s'il s'agit de non-internés, l'étendue de leur délire le masque. Si Hitler avait dit : « Le grand rabbin de Berlin met du poison dans mon café », on l'eût enfermé. Mais il dit : « Les Juifs sont le poison du monde, les Juifs, les Francs-Maçons sont la cause unique du mal dans le monde. » On ne voit là qu'une idée vague ou une idée fausse. On n'interne pas pour cela.

Mourot me disait, après la débâcle : « Je suis prêt à reprendre un fusil. » Aujourd'hui il ne prendrait pas le fusil. Il faudrait qu'on le lui mît dans la main. Il a une place au contrôle du ravitaillement.

Le bourg croit que Darlan a joué double jeu. « Il n'était pas, me dit Laurent, parmi les vrais traîtres de Vichy. »

14 novembre

L'entrevue d'Hitler et Laval, à Munich. Quelle scène pour qui est curieux des monstres humains! Le puissant Hitler et celui qui pensa participer à sa puissance, l'homme des transes et le maquignon, tous deux de la plèbe, non du peuple, tous deux d'une répugnante vulgarité. Mais la vulgarité de Laval ne trouble pas, elle est mesurable. C'est un tôlier à grosses bagues. La vulgarité de Hitler est sans dessin, sans traits, elle fait peur, parce qu'elle est partout en lui, infinie, insaisissable. À côté l'un de l'autre le fanatique et le roublard. Ont-ils, l'un pour l'autre, joué la sobriété diplomatique? Se souvenaient-ils d'acteurs, qui jouaient au théâtre de grands personnages? Non... ils ne sont pas si naïfs, si enfantins. Hitler peut-être méprise en Laval le traître, qui ne sait pas tuer lui-même. Hitler élève-t-il la voix devant un Laval sournois? Laval s'est-il aperçu déjà que la complication du monde échappe parfois à la ruse d'un agent d'affaires? Un Laval démonté a-t-il dit à un Hitler affaissé : « Ça va mal... ça va mal... »

16 novembre

Depuis deux jours, je n'ai personne vu, comme on dit ici. Je n'ai eu communication avec le monde que par la Radio. Cette nuit, j'ai entendu les avions anglais, qui allaient vers l'Italie. Ils volaient bas. La maison est isolée. Les hommes les plus près de moi dans l'espace furent, un instant, ceux qui étaient enfermés dans les carlingues de ces avions.

Tout stagnait, croupissait dans la lenteur de l'événement. Maintenant, l'événement ne dort plus. L'homme l'a réveillé, il réveille l'homme. Je suis prêt à chanter dans une foule.

Ces « intellectuels » qui continuent à accomplir douillettement leurs besognes de petite mécanique de l'esprit.

Quelques soldats allemands ont demandé où ils pourraient entendre la Radio. On leur a indiqué un des hôtels. Ils ont immédiatement cherché une émission anglaise. « Ce n'est pas vrai, ont-ils dit, ce n'est pas vrai. »

Après la victoire de la Huitième armée britannique et le débarquement des Américains, Darlan sans doute a pensé à sa tête. Il s'est dit qu'il serait bien bête de se faire couper le cou par fidélité au père Ubu. « Oui, Messieurs, dira-t-il aux juges de la Haute-Cour, j'ai cru de bonne foi à la mission du maréchal, j'ai cru à la possibilité d'une collaboration avec l'Allemagne, mais du jour où l'Allemagne rompit le pacte, j'ai pensé que, soldat et marin, ma place était alors où la France combattait. »

Cependant Darlan affirme qu'il n'a fait qu'exécuter les ordres du père Ubu. Et le père Ubu affirme que Darlan en a menti, lui décerne un brevet de trahison et dissidence et le chasse de toute fonction publique. « Tout ça, me dit Laurent, arrêtant son attelage de bœufs, c'est de la musique. »

Dans toutes les épiceries, les soldats allemands ont demandé à acheter des bonbons.

17 novembre

Quelques Espagnols, annonce la Radio suisse, anciens chefs républicains, réfugiés en zone non occupée, ont été livrés à Franco [1]. Les temps sont loin où les réfugiés politiques... Mais Vichy ignore qu'il y eut des gouvernements qui ne livraient ni les réfugiés ni la patrie.

Rencontré sur la route de Coligny D..., chef d'industrie. Du type mou. À peine sait-il que les Américains ont débarqué. Ce fait d'ailleurs lui paraît de mince importance. « Leurs pertes de tonnage, me dit-il sur un ton de haute technique, sont formidables. » Il m'avoue sa peur du bolchevisme. « Si je vous comprends bien, lui dis-je, à la plus faible menace de bolchevisme vous préférez l'anéantissement total de la France ? » Je crois qu'il va me sauter à la gorge ou du moins se fâcher ou rompre là. Mais il réfléchit deux secondes et me répond : « Je ne vais pas jusque-là... »

Notre amie Germaine V... était à Lyon, le jour où les troupes allemandes y passèrent. « Les gens se parlaient dans la rue, sans se connaître, me dit-elle. C'était comme si le cœur de la ville se soulevait. Mais dans le milieu de bourgeoisie fermée, qui est celui de ma famille, le débarquement des Américains n'a causé qu'une sorte d'effroi. On les accuse de vouloir prendre l'Algérie. Je n'ai pu m'empêcher de leur dire que leur sensibilité coloniale était moins susceptible, quand il s'agissait de l'Indochine, livrée aux Japonais. Ils ont surtout peur du bolchevisme. Mais une de mes tantes, une vieille et respectable dame planait au-dessus des colonies et du péril russe. Elle disait que Dieu ne nous abandonnera

1. L'information est partiellement inexacte. Vichy livrera un seul réfugié politique à Franco, le militant anarchiste Cipriano Mera Saenz, le 20 février 1942; les autorités allemandes, elles, ont livré 7 personnalités politiques, notamment deux anciens ministres, Julian Zugazagoitia, Juan Peiro, et l'ex-président de la généralité de Catalogne, Luis Companys.

pas, qu'il continuera le miracle qu'il a commencé, le jour où il nous a donné le maréchal. »

« Cette naïve confiance en Dieu, lui dis-je, du moins n'est-elle pas basse comme cette peur du bolchevisme, qui conduit pas mal de bourgeois à souhaiter la victoire de Hitler. » Elle me répond : « Malheureusement, ils ont presque tous à la fois peur du bolchevisme et confiance en Dieu. »

Depuis son évasion, Giraud a beaucoup balancé, oscillé, vacillé.

Le *Radio-Journal de France* suggère que l'invasion américaine est plus redoutable en ses conséquences que l'invasion allemande en juin 40.

On dit qu'à Saint-Amour les soldats allemands se sont comportés « correctement ». À Coligny, quelques-uns ont laissé des excréments sur le plancher des chambres qu'ils occupaient.

Mme M... eut à loger trois soldats. Un officier, pour un ordre à donner à ces soldats, pénétra chez elle. C'était l'habituel officier, qu'on dit autrichien : « Madame, je sais combien est pénible pour vous... » Le soir, les trois soldats se chauffèrent dans la cuisine. Ils avaient pour tout repas un morceau de pain et un carré de graisse. Ils firent bouillir de l'eau et se préparèrent une ignoble tisane. « Je savais, me dit Mme M..., qu'ils avaient fait quarante kilomètres à pied. J'avais envie de leur apporter un peu de thé. J'avais pitié... oui. J'avais pitié et en même temps je souhaitais leur mort. »

J'avais éprouvé les mêmes sentiments contradictoires, quand je rencontrai ce soldat, errant seul dans le bourg, un jeune homme, un adolescent presque. Nous avons pitié et il faut qu'ils meurent.

19 novembre

Le Villars. J'ai fait la route à bicyclette, avec le vent dans le nez. J'ai pédalé comme un automate fatigué. Dormant, rêvant sur ma selle, j'ai fabriqué ce couplet, je le marmottais, il rythmait mon pédalage :

Quelle belle est plus belle
Que la belle au bois dormant?
Quel est le bois plus beau
Que le bois dormant de la belle?

La Saône, les arbres à peine émergeant du brouillard composent un paysage mélancolique étonnamment « Pauvre Pécheur ».

La nouvelle bourgeoisie. Une jeune paysanne, accorte et gracieusement vêtue, une souple baguette à la main, pousse devant elle une truie et un goret. Les bêtes et la jeune fille s'engagent dans un chemin sous-bois. Diptyque chromo : le même chemin, mais vers 1840. Une jeune fille, montant en amazone, caresse rêveusement l'encolure de son cheval.

Mon cousin Nicot a hérité une garniture de cheminée (style 1880). Deux candélabres en marbre et bronze en volutes absurdes, qui donnent mal au cœur, une tête de femme, chromo de sculpture, sur un socle syncopé, mais en syncopes matelassées. C'est horrible et pas même atroce. Ni homme, ni peuple, ni art là-dedans. Si des fouilles mettaient au jour de tels ouvrages et qu'ils fussent d'un pays inconnu, on pourrait dire, avec la plus grande certitude d'évidence logique : « Ce pays était sans art, ses artisans, ses artistes ne furent jamais que les imitateurs imbéciles de styles qu'ils émasculèrent au point qu'on ne peut les identifier. Ce pays était un pays mort. »

Dans le même temps Monet, Renoir, Cézanne.

Fournier est, non pas métayer, mais propriétaire. (Je crois que c'est après la guerre de 14 qu'il acheta fermes et terres.) Je l'ai connu en 1920. Je l'admirais. On m'y avait aidé. Il était entendu que Fournier possédait la sagesse de la terre, mystérieuse sagesse, aux pieds de laquelle je ne demandais qu'à humilier mon orgueil. Je donnais un sens profond aux moindres paroles de Fournier et ses silences ne me semblaient pas moins admirables que ses paroles.

Blessé en 1915, il avait, dans les tranchées et à l'hôpital, médité la guerre et lui avait dit non. Il devint socialiste et s'abonna à *L'Humanité*. Au reste, il avait toujours été de ces quelques paysans qui lisent. Et, aujourd'hui encore, il a emprunté à la vieille bibliothèque familiale des Nicot *La Vie de Jésus* de Renan et un tome des écrits compilatoires de Lamartine, consacré à Béranger. J'oubliais que tout pauvre bougre, chemineau ou non, qui frappe à sa porte, ne repart jamais sans avoir mangé une bonne soupe et reçu quelque argent.

Aujourd'hui Fournier est de la Légion. Mais il est impossible de lui faire dire pourquoi il en est. Sa tête s'est-elle affaiblie ou lui accordions-nous, il y a vingt ans, un pouvoir de réflexion qu'il n'avait pas ? Nous-même, il y a vingt ans, n'avions-nous pas fait de la haine et du mépris de la guerre une sorte de dogme qui engendrait à lui seul toutes les vérités utiles ? Pensions-nous 1920 plus profond qu'il ne pense 1942 ? Aujourd'hui la pensée de Fournier est planante. À toute question qu'on lui pose, il répond : « Je ne hais aucun pays, je hais les chefs qui nous ont conduits où nous sommes. » Impossible de lui faire dire quels chefs il entend : Hitler ou les politiciens de la République. Si on le presse, il répond par un accès de colère enfantine : « Je resterai à la Légion, dit-il à Nicot, justement parce que vous voudriez que je n'y reste pas. » Il plane, mais aussi il vacille. Il nous laisse entendre qu'il affaiblit la Légion beaucoup plus en y restant que s'il en démissionnait. Lui « et quelques autres qui ne croient pas tout ce qu'on leur a dit ». Il n'est plus qu'incohérence et ruse. Pauvre ruse. Est-il mené par la peur, depuis qu'il appartient à cette nouvelle bourgeoisie qui mange du pain blanc et capitalise le lard?

II

PERTE DE TEMPÉRATURE

27 novembre 1942

La huitième armée en Libye, la tenaille russe, les Allemands fuyant dans le désert et fuyant en Russie. Les raisons d'espérer augmentent chaque jour. Et pourtant il me semble que, depuis le jour du débarquement, notre tonus a diminué, que notre allégresse est plus incertaine. Le débarquement, ce fut d'abord comme un conte des *Mille et une Nuits.* Nous crûmes que tout allait se terminer par enchantement, par un coup de baguette.

À la buvette aussi le tonus a baissé. L'espoir est monté trop haut, trop vite. Deux vieux hommes se chauffent au poêle de fonte, prostrés, comme s'ils attendaient la fin du monde. Je ne suis guère plus vaillant qu'eux. Pourtant les nouvelles militaires sont bonnes. Mais cet univers stratégique me désole. Ces jours, ces mois, ces années de stratégie sont des années perdues. Les Russes, dit un communiqué, ont, ces jours derniers, tué 47 000 Allemands. Quel dommage qu'ils ne puissent d'un coup en tuer quatre millions sept cent mille! Pour en finir. Le chef de la *Gestapo* en Pologne a déclaré que, d'ici la fin de cette année, il aurait exterminé tous les Juifs de Pologne. Va-t-il durer longtemps encore ce monde qui saigne, ce monde à grosses idées? C'est en bloc qu'il faut choisir. Il faut digérer les mensonges enrobés dans les vérités. Ainsi l'Empire, dont Hitler, Pétain et les Anglo-Saxons eux-mêmes parlent avec un identique respect et qui dissimule dans son vague géographique la cruauté et la trivialité coloniales. Va-t-il durer longtemps, ce monde qui saigne de partout, qui saigne en Europe et qui saigne en Chine? Ce monde où toutes les idées sont de confection ou viennent de chez le fripier?

Les Allemands sont entrés à Toulon. « Ils ont pris Toulon, ils ont pris la flotte, les marins sont démobilisés. » On ne sait rien d'autre, on ne dit rien d'autre, on n'invente même rien d'autre. Si pourtant... on a déjà vu passer un train de marins français, qui montait vers le nord. On ne sait qui a vu passer ce train, si c'est un train réel ou un train fantôme. Aux questions que je pose, je sens qu'on improvise des réponses : « Des marins allemands sont montés à bord, ils ont fait descendre les marins français. »

La lettre de Hitler au maréchal. Il est bien décidé à restituer à la France les colonies que lui ont volées les Judéo-Anglo-Saxons. Grands de la terre : un camelot offre ses cartes transparentes à un vieux gardien de square.

28 novembre

Radio de Londres. La flotte s'est elle-même détruite. Sabordages, explosions, charnier marin de navires et d'hommes [1]. J'ai renié naguère ces gloires historiques, cette sorte de grandeur. Me voici acceptant ces morts, ces sacrifices. Ce n'est point de ma faute, si je suis rejeté au plan de l'héroïsme militaire. Ce n'est point de ma faute si je suis d'un peuple qui, depuis plus de deux ans, semblait se renoncer lui-même et ne peut plus, hélas! être sauvé par ces vieux et tristes remèdes.

Le général de Gaulle a parlé. Hommage [2] au « réflexe national des équipages et des états-majors » de Toulon. Appel à la France, qui « se rassemble ». Ton très peu oratoire, concentré, simple.

29 novembre

Vichy *(Radio-journal)* nie avoir donné à la flotte l'ordre de se livrer à l'Allemagne. Vichy n'a donné ni l'ordre de se rendre ni l'ordre de résister. La flotte, en se sabordant, n'a fait qu'obéir à des « instructions permanentes » et à la tradition de la marine [3]. Ainsi le sabordage ne fut, selon Vichy, qu'une formalité administrative. À peine dangereuse. Il n'y eut, affirme Vichy, que deux morts et vingt-sept blessés.

30 novembre

Chiffres astronomiques. Churchill, en son discours d'hier, annonce 300 000 prisonniers italiens. Les Russes, en quelques jours,

1. Le 27 novembre, en rade de Toulon, une cinquantaine de navires de la Flotte de Haute-Mer, placés sous le commandement de l'amiral Laborde, sont sabordés alors que la *Wehrmacht* tente de s'en emparer.

2. Dans une allocution fort courte prononcée le 27 novembre, Charles de Gaulle porte effectivement un jugement positif sur le sabordage de la Flotte, soulignant le « réflexe national » de marins « privés sans doute de toute autre issue ».

3. En juin 1940, Darlan avait donné l'ordre, les 15 et 20 juin 1940, de saborder la Flotte, en cas de besoin, pour éviter qu'elle ne tombe entre les mains d'une quelconque puissance; l'amiral Laborde, sans chercher à faire appareiller la Flotte vers Alger, comme vient de lui demander Darlan, a appliqué à la lettre ses anciennes instructions.

ont tué 66 000 Allemands. Sur 400 000 Juifs de Pologne, 260 000 ont été massacrés, sont morts de faim, ont été électrocutés ou tués par les gaz. Pour résoudre les problèmes de ce temps, on pourrait renoncer à toute réflexion morale ou politique et ne plus user que d'une interprétation des statistiques. Les nombres qui mesurent la guerre, la cruauté ou la mort, comme les nombres qui mesurent la vitesse de la lumière, ne sont plus que des abstractions mathématiques.

« Pétain, m'a dit le colonel O..., l'ambition, oui. Mais aussi la vanité. J'ai été de son État-Major. Pendant la guerre de 1914, il acceptait, sans broncher, les pires flatteries de cour. Le jour où son effigie fut sur les timbres-poste, plus rien ne pouvait arrêter Pétain. »

La vieille, enrichie dans le commerce, retirée au bourg, en capte les ragots scandaleux, comme une araignée au centre de sa toile. Mais, au-delà des ragots, elle pense aussi politique. Sa politique s'est constituée pendant la débâcle et n'a pas bougé depuis. « Ah! oui... c'est bien difficile ce qu'ont fait les Américains... Attaquer un pays sans défense; attaquer l'Algérie... Pourquoi n'ont-ils pas débarqué en France ?... Hein... Hein ?... »

Le « hein » plusieurs fois répété signifie que l'argument est sans réplique et que les Américains sont à jamais convaincus de lâcheté. Le « hein » est aussi une menace, le « viens-y donc » du voyou provoquant le voyou. Elle fait face à l'Amérique, elle lui crie : « Viens-y donc. » – « Ils nous prennent nos colonies... »

Bizarre contradiction : on veut lui voler ses colonies, cette menace lui est intolérable, mais qu'on lui vole son pays, que les Allemands aient pris possession de son pays, elle n'y prend pas garde, ce fait présent, palpable, elle n'en éprouve aucune gêne, il ne compte pas. « Non... je n'aime pas Hitler, mais je n'aime pas davantage les Anglais et les Américains... » Elle fait une moue de dégoût. Les Anglais et les Américains, elle les connaît, elle les connaît bien. Ce n'est pas à elle qu'on viendra raconter des histoires sur les Américains et les Anglais. Je tente une modeste objection. Elle répond : « Qu'est-ce que vous pouvez savoir ? C'est partout bobard. Toutes les Radios mentent. On ne sait rien, on ne peut rien savoir... » Ainsi résout-elle le problème des certitudes et des conjectures de l'histoire. Elle nie tout et surtout que Hitler puisse avoir la moindre intention malveillante. Elle nie tout. Ce n'est point du doute, c'est du « négativisme ». Après quoi, ayant affirmé que toutes les informations se valent, que nul choix n'est possible, elle affirme immédiatement le sien : « Je suis pour le maréchal et pour Laval. » Et, sur un ton de véhémente indignation : « Aujourd'hui, quand on est pour le gouvernement, on est traité de Boche. » « Il est vrai, dis-je, que le gouvernement... » Elle ne me laisse point achever et, sautant par-dessus la logique et le discursif : « Tous ceux qui crient après le maréchal devraient lui être reconnaissants de leur avoir conservé leurs rentes. »

Je sais... c'est temps perdu, dira-t-on, de rapporter de tels propos, explicables par l'imbécillité, par la sénilité. Soit. Mais l'imbécillité, la sénilité ne sont pas sans intérêt pour le psychologue. Il n'est pas sans intérêt non plus de rechercher selon quelles lois circulent dans l'espace les copeaux, les détritus et les poussières d'idées. Comment ces lambeaux de propagande mal liés sont-ils entrés dans cette tête creuse? Pourquoi telle propagande plutôt qu'une autre? Pourquoi cette vieille qui, dans sa jeunesse, s'ouvrait de tout son corps aux couplets patriotiques du café-concert, a-t-elle perdu jusqu'à cette aberration canaille du patriotisme?

Radio-journal de France. « Les Anglais sont de plus en plus embarrassés de leur victoire de Libye. La fuite de Rommel devient de plus en plus une fuite triomphale, une réussite stratégique. » Le *Radio-journal de France* doit être rédigé par un gaulliste noyauteur.

1er décembre 1942

Citations de presse : quelques lignes de Maurras. Ce fou logicien en est à ce point où le délire se disloque et devient démentiel. Pour résoudre tous les problèmes français, pour sauver la France, il n'est que d'écouter « la sagesse du maréchal » et suivre sa maxime, sa maxime « originale et créatrice », qui est : « La France ne meurt pas. » Si nous ne vivions pas cette tragédie dont la scène est le monde et dont les acteurs sont tous les peuples, ce clown sinistre et ce père Ubu feraient rire.

Je suis obsédé par la vieille, qui aime le gouvernement et qui déteste les Anglais. Ne serais-je pas plus bête qu'elle, puisque j'ai essayé de la convaincre. Je n'ai d'ailleurs, auprès d'elle, trouvé que des arguments misérables. J'ai une excuse : je renonçais à tous les arguments qu'elle ne pouvait comprendre. Si bien qu'il ne m'en restait plus. Mais pourquoi suis-je obsédé par les paroles de cette vieille? Pourquoi ne pas m'intéresser à elle, comme à la hyène ou au raton laveur dans leurs cages? Je n'y puis rien : l'imbécile me trouble plus que le fou, me paraît plus mystérieux. Et cet autre me dit : « On est toujours l'imbécile de quelqu'un. » Cette fois, je réponds, sans plus : « Vous êtes le mien. »

2 décembre

L'Angleterre et l'Amérique annoncent qu'après la victoire, elles réorganiseront le monde selon la justice. La France et la Russie sont invitées.

Pourtant, je me souviens que, après 1918, l'Angleterre et la France ont fait la guerre à la Russie, une guerre ignorée des peuples, une guerre clandestine. Aujourd'hui M. Eden affirme que les divergences « idéologiques » n'empêcheront pas l'Angleterre capitaliste de collaborer avec la Russie soviétique. Il n'est de politique que de circonstance. Je fais le malin, je manie la grande critique historique. Je feins de n'être pas dupe. Mais, illusion peut-être stupide, j'attends de l'Angleterre, de l'Amérique et de la Russie une ébauche de justice. Sans quoi nous entrerons dans une autre nuit hitlérienne.

Un détachement allemand doit coucher au bourg. Je n'ai pas vu le détachement, j'ai vu trois soldats, pas en groupe, chacun errant seul. Le premier, lourd et dégingandé, assez traîneur de bottes. Le second, un paysan fatigué. Le troisième allait tête baissée, semblait rêver, un jeune homme brun, si jeune homme brun qu'il n'avait pas l'air d'un soldat. C'est en vain que j'ai cherché en eux quelque signe de victoire ou de défaite.

4 décembre

Que serait-il arrivé, si Trotsky n'avait pas été éliminé par Staline ou si Trotsky avait triomphé de Staline?

Darlan. Le maréchal lui retire la nationalité française et il déclare exécuter les ordres du maréchal. Il s'est nommé lui-même haut-commissaire et il reçoit de l'Amérique et de l'Angleterre des coups de pied au cul [1].

La Radio suisse fait allusion à la lettre de Hitler à Pétain. Hitler ne souhaite pas, il veut que la France adhère au « bloc continental ». Il est décidé à « briser les institutions et les hommes » qui s'y opposeraient. Hitler veut la collaboration de la France, comme un marlou veut la collaboration d'une fille publique. Il cogne et la Radio de Vichy répond par des paroles d'amour. Le problème est de savoir si Hitler frappera directement ou par la personne interposée de Laval-Pétain.

Une période de terreur est plus que vraisemblable. Il y a deux ans, la France n'eût pas résisté. Aujourd'hui, on peut imaginer

1. Léon Werth – comme beaucoup de Français – a de la peine à suivre l'imbroglio d'Alger : après le débarquement des forces américaines dans la nuit du 7 au 8 novembre 1942, Darlan, qui se trouve par hasard sur place, hésite pendant dix jours sur la conduite à suivre : il donne d'abord l'ordre de résister aux Anglo-Saxons, puis finit par se rallier à eux, en excipant – à tort – de « l'accord intime » de Pétain (13 novembre); le lendemain il se nomme haut-commissaire en Afrique, avec l'imprimatur de Eisenhower; le 28 novembre, la nationalité française lui est retirée par décret.

que Laval y laissera sa tête. Si l'Allemagne craque, on verra la tête de Laval au bout d'une pique ou dans un panier de son [1].

Laval et Pétain sont poussés dans les reins par Hitler. Hitler, vaincu en Libye, inquiet de la Russie et de la Tunisie, ne croit plus qu'en sa rage. Laval avait bien pensé livrer la France, mais traumatisée par la débâcle. Laval avait bien pensé la trahir, mais sous le chloroforme. Si incomplètement que la France soit réveillée, elle ne dort plus.

Ruses de maquignon, fictions électorales, paroles de champ de foire et de tribune, Laval n'avait jamais pensé qu'il y eût quelque chose au-delà d'un univers de fonds secrets. La guerre et le sort des peuples, il crut que ce n'était que de l'électoral agrandi. Et voici qu'il se cogne à des réalités inconnues : des pays, des peuples, des hommes.

6 décembre

Le jeu des cadavres et des chiffres. Vichy donne aujourd'hui, pour le sabordement de la flotte, le chiffre de huit morts : un officier et sept marins. Le lendemain du sabordement, Vichy annonçait deux morts et vingt-sept blessés. Le chiffre donné le même jour par la Radio suisse était de quatre morts et vingt-deux blessés. La Radio anglaise n'a donné aucun chiffre, mais elle suggérait des officiers et des marins coulant ou sautant avec leurs bateaux. Elle citait une dépêche Havas, dont quelques lignes sont, « selon l'antique » : « Le gouvernement Laval donne à l'amiral commandant à Toulon l'ordre de livrer la flotte aux Allemands. L'amiral répond qu'il a donné l'ordre de sabordage et que la flotte n'existe plus. » Vichy annonce que les quatre rédacteurs, responsables de cette dépêche seront traduits devant une cour spéciale.

Exacte ou fausse, cette dépêche? Peut-être ni l'un ni l'autre. Peut-être ceux qui la rédigèrent, transportés par l'éclat de l'événement, n'en passèrent-ils pas au crible d'une impassible critique les détails et les circonstances. Ils lui donnèrent son plein d'héroïsme. Émus par l'héroïsme plus que par la ferraille anéantie.

Le bateau *Le Vengeur* [2] remontait du fond des mers et du fond de leur enfance. L'événement s'organisait en tableau d'histoire, où la mort sanctifie l'héroïsme, où la mort n'est plus qu'une perfection, une harmonie supplémentaire.

L'un des marins de Toulon, démobilisé et revenu au bourg, évalue à cinquante le nombre des morts.

1. Pierre Laval sera fusillé à Fresnes le 15 octobre 1945.

2. Léon Werth fait référence au combat naval du 14 Prairial an II (2 juin 1794) : affrontant l'escadre de l'amiral anglais Howe, au large d'Ouessant, le navire de guerre *Le Vengeur*, sombrait mais permettait à un convoi de blé en provenance des États-Unis de parvenir à Brest.

Radio-Vichy. Les Allemands exagèrent. J'entends ceci : En Algérie, les Américains, débraillés, ivres, pénètrent dans les maisons, volent et violent. Les Juifs donnent le ton, montrant ainsi le régime qu'ils imposeraient à la France, si les Anglo-Américains gagnaient la guerre.

7 décembre

Le brouillard s'étend à plat sur la Bresse et le bourg. Seul le clocher émerge : on dirait une ville engloutie. Peut-être un rescapé va-t-il apparaître et s'accrocher à la pointe du clocher ?

Quatre cents morts japonais, en Nouvelle-Guinée, aux îles Salomon, je ne sais où. Ce n'est pas suffisant. À la cadence de quatre cents morts par jour, on n'en finira jamais. Il me faut un cataclysme définitif, un cataclysme intelligent, qui ne touche que l'Allemagne et le Japon.

J'ai déjeuné à la ferme. Soupe, potée de choux et de raves avec gros carrés de lard, fromage de tête et tête roulée, pommes de terre sautées, confiture de pêches et pain blanc. J'ai perdu l'habitude de ces festins magnifiques. Après le repas, l'univers m'apparaît comme moins intolérable. C'est ainsi. Je pousse l'histoire moins fort, avec moins d'impatience. Pour un peu, je transigerais à huit cents cadavres japonais par jour.

Je rencontre Bergeon, fusil en bandoulière. « Bonne chasse ? – Rien... sans chien... vous savez... – Mais votre chien ?... – Ils me l'ont empoisonné... – Qui ?... – Une jalousie... »

En réalité, son chien est mort de faim.

La jalousie... il a fallu la guerre pour que je connusse cette panacée. La jalousie, pour certains paysans et pour une certaine plèbe, ce n'est pas un sentiment, c'est une sorte de mobile universel, mieux, de cause première. Elle meut le monde. Elle en résout toutes les complications, en éclaire tous les mystères. La jalousie et non pas tel ou tel jaloux. La jalousie est une divinité, à moins qu'elle ne soit le fatum.

Pendant la débâcle, la femme de cinquième colonne, qui nous accorda un peu de paille pour y dormir, attribuait déjà à « une jalousie » le dégoût que j'avais de la voir jubilante, toutes les fois qu'elle pouvait approcher un soldat allemand. Et les employés de la gare, si un mécanicien, faisant franchir la ligne à des voyageurs sans laissez-passer, est dénoncé aux Allemands, ils disent aussi : « C'est une jalousie ». Et ce chien qui crève, parce qu'il le nourrit de quelques pelures de pommes de terre, Bergeon dit aussi : « C'est une jalousie ».

8 décembre

Les Allemands ne pourront plus s'approvisionner de cobalt au Maroc. La production de l'industrie de guerre des Américains et des Anglais est deux fois plus forte que celle de l'Allemagne, de l'Italie et du Japon. Je méprise les chiffres, les arguments tirés de l'économie. Il y a plus d'un an, on m'avait annoncé de bonne source que l'Allemagne ne pourrait plus tenir, faute d'huile, que quelques mois. Je me souviens aussi de 1914. Pour des raisons, aussi bien stratégiques qu'économiques, la guerre ne pouvait durer plus de trois semaines.

La guerre réduite à un schéma économique, ce thème semble démodé. Au fond de l'histoire, dit Febvre, il y a des sentiments. Hitler peut-être, lui aussi, s'explique par « une jalousie »?

Image du monde : Mobilisation et transferts de main-d'œuvre, en Grèce, 8 000 Polonais tués, pour n'avoir pas obéi à des ordres de réquisition. Des milliers de Polonais dans des camps de concentration. Plus d'un million de Juifs massacrés en Pologne.

Discours de Franco. « C'en est fini des vieux préjugés libéraux. La doctrine de Hitler éclaire le monde. La misère doit être supprimée. » Les dictateurs ne parlent pas le langage bref et solennel que parlaient les rois. Ils jonglent devant leurs peuples avec l'histoire et la sociologie. Et ils sont philanthropes. Leur doctrine est faite de déchets corrompus de machiavélisme et même de marxisme. Mais le vocabulaire unifié des fascismes n'est peut-être déjà qu'un ronron rituel. Et leur « échelle européenne » et leur « ordre nouveau » quelque chose comme le « dévouement indéfectible » de nos présidents de la République. À condition que les Anglais, les Américains et les Russes gagnent. La France attend, bouche ouverte. Mais, depuis quelques semaines, elle serre les poings.

L'inquisition, vulgarisation de l'Évangile. Le nazisme, vulgarisation de Claude Bernard. Je ne suis pas très fier de cette maxime.

Toute « bouderie » envers l'Allemagne, dit Franco, aurait, à l'heure du règlement des comptes, de terribles effets. Les peuples boudeurs ne bénéficieraient pas de l'ordre nouveau.

Le givre cerne les feuilles. Toutes les branches des arbres et des buissons semblent des couronnes mortuaires.

10 décembre

Cette nuit, les bombardiers anglais ont passé sur la maison. Ils volaient vers l'Italie. J'entends, de mon lit, un bourdonnement. Mes vitres tremblent. Point d'autre signe, pour imaginer l'intérieur des carlingues et les équipages que ces vibrations de l'air dans la nuit. Je ne vois que le tableau de bord, ses magiques lueurs. Les visages des hommes, à quels visages ressemblent-ils? Je revois ce bar de marins à Londres, où j'étais un soir avec ma femme et une amie. Les marins, je dois le dire, avaient bu du whisky. Mais ils le portaient noblement! Deux marins, pour ne point vaciller, s'étaient plaqués l'un contre l'autre, dos à dos et résistaient ainsi au tangage. Nous étions assis; les marins étaient debout près du bar, ou circulaient dans la salle. Aucun ne cédait à une effusion d'ivrogne, aucun ne jeta sur nous, je ne dis pas un regard insolent, mais un regard indiscret.

Le risque est enfermé dans chaque carlingue. Parmi ces avions, il en est un peut-être qui « ne rejoindra pas sa base ». Il s'écrasera au sol, il ne sera plus que ferraille calcinée et de l'équipage il ne restera que des lambeaux humains. Non, ils reviendront tous, je veux qu'ils reviennent tous. Je les accompagne, je les guide, je les protège. Ainsi un enfant, ayant jeté son bateau dans le bassin d'un jardin public, se penche, les bras en avant, et croit le diriger.

« Y a-t-il quelqu'un, écrit Diderot, *qui, seul et séparé de tout commerce puisse se procurer, concevoir même quelque satisfaction durable? »* Les gens du bourg, les paysans me sont lointains. Étrange effet de ma solitude : seule la guerre m'est proche. Je communique avec elle par la Radio. De relations immédiates, je n'en ai qu'avec la guerre.

Le speaker de la Radio suisse parle d'une façon maussade, dégoûtée. Il vous écarte, il vous chasse : « Ça ne vous regarde pas... ce n'est pas vos affaires... » J'écoute quand même.

11 décembre

La buraliste n'entend que d'une oreille distraite ce qui des nouvelles arrive en sa boutique. « Je n'y comprends rien, m'a-t-elle dit, je n'y comprends rien, sinon que je voudrais que ça soit fini. »

Image de la France actuelle : selon la Radio anglaise, soixante mille Français seraient détenus pour motifs politiques, sans compter ceux qui sont internés dans des camps de concentration. Des milliers de Français, pour condamnations prononcées par les Allemands, sont en prison, sous la surveillance des autorités françaises, devenues garde-chiourme au service de l'Allemagne.

Pétain s'enfonce dans l'histoire. Pétain n'est plus qu'une ombre. Déjà on lui prépare des funérailles anti-nationales. Je vois les collaborateurs cyniques, qui n'ont souci que d'affaires et les veules et les aveugles. Mais où sont passés les fidèles de Pétain, ceux qui avaient une foi blanche en le vieux maréchal, glorieux et si « comme il faut »?

En quelques cercles de dormante bourgeoisie, peut-être. En ces familles vivant à la campagne hiver comme été, familles à principes et à « bonnes manières », comme il en est aux environs. Le type n'en existe pas ici, où les riches tiennent la richesse pour valable en elle-même et n'ont point eu la vanité d'imiter le ton de ce qu'on appelait jadis « la bonne société ».

Le parti unique de Laval et Déat, à l'image de l'Allemagne et de l'Italie. Ce qu'ils eussent pu faire à la faveur du traumatisme de la débâcle, ils le tentent deux ans trop tard. Ils ont manqué d'audace et perdu leur chance.

En gros, la légende de Pétain touchait les imbéciles, la propagande de Hitler les brutes.

Sur le chemin, la nuit. Les étoiles descendent bien plus bas qu'en ville. Comme un gibier familier, elles viennent jusqu'à la ligne d'horizon, à portée de la main.

Un petit livre de la « Bibliothèque nationale » à 25 centimes, dont la couverture bleue me rappelle les jours de mon enfance. *Le Voyage autour de ma chambre*, de Xavier de Maistre [1]. La patrie non dégagée encore du gouvernement : *« Le gouvernement est-il bon? la patrie est dans toute sa force; devient-il vicieux? la patrie est malade; change-t-il? elle meurt. C'est alors une nouvelle patrie et chacun est le maître de l'adopter ou d'en choisir une autre »* (page 142).

Radio-Paris. « L'Amérique, dans sa conquête de l'Afrique française, utilise nos soldats pour économiser les siens. »
La voix est sans accent étranger. Où sont les temps du traître Ferdonnet, du traître unique [2]?

13 décembre

Une dizaine de soldats allemands séjournent au bourg. Ils prennent la faction devant l'abattoir, où un dépôt d'essence (40 000 litres, disent les uns, 400 litres, disent les autres) a été découvert. Impossible d'avoir l'ombre d'une précision.

Je suis entré dans l'étable, où Laurent change la litière des vaches. Les vaches ne semblent pas souffrir de l'oppression.

1. Le comte Xavier de Maistre (1763-1852), d'origine sarde comme son frère Joseph, publia à Lausanne en 1795 cet essai dont le ton badin cache difficilement la nostalgie du pays natal.

2. *Radio-Paris* est, de fait, contrôlé par l'occupant et les speakers des émissions d'information sont bien des Français et des collaborationnistes convaincus; Paul Ferdonnet, pour sa part, journaliste catholique antidémocrate et antisémite, s'était mis au service de l'Allemagne nazie dès septembre 1939, sur les ondes de *Radio-Stuttgart* : il a symbolisé la trahison.

Si Spinoza vivait en 1942, il serait dans un camp de concentration ou fusillé.

« C'est ce soir, à minuit, qu'expire le délai fixé pour le dépôt des armes détenues par les particuliers. »

Lettre de Pétain à Hitler. Cette lettre est la réponse du maréchal à la lettre que lui adressa Hitler, le 26 du mois dernier. Cette réponse du maréchal, publiée aujourd'hui, est en date du 5 décembre. Pourquoi ces intervalles [1]? « L'agression anglo-saxonne en Afrique française, écrit le maréchal, et la trahison de certains chefs vous ont amené à prendre des mesures telles que l'occupation des frontières et de la côte méditerranéenne et la démobilisation des forces armées françaises. Je ne puis que m'incliner devant ces décisions... » Le maréchal ne « proteste plus solennellement ». Il s'incline.

15 décembre

Les bois sont jonchés de cosses d'acacias luisantes, qui ressemblent étrangement à des buscs de corset. C'est d'un contraste très surréaliste. Plus simplement, il est curieux que ces cosses aient un aspect aussi artificiel.

Je vomis la guerre, l'hitlérisme et cette humiliante obligation d'être anti-hitlérien. Temps perdu, temps qu'on nous vole. Je suis découragé. Je m'étends. Je me laisse aller, j'entre dans un commencement de néant, dans un commencement de mort. Puis je pense qu'il y a bien deux ou trois personnes à qui ma mort fera de la peine. Leur peine m'attendrit. J'ai des larmes aux yeux en pensant à leur peine. Je résiste au néant, je ne m'enfonce pas davantage dans la mort.

La vente de la collection Viaud a produit 46 796 000 francs. Un Cézanne a été vendu cinq millions.

Pauvre peinture!

Supposons que l'Allemagne gagne et que le ravitaillement redevienne normal. Que de vies, que de vies françaises seraient les mêmes! Que de Français ne sauraient pas quels sont les biens perdus, dont ils n'usaient pas personnellement!

Depuis deux ans et demi, la France a exprimé moins de pensée qu'une tribu de Pygmées africains.

1. Pétain a pris son temps pour répondre à une lettre particulièrement acrimonieuse de Hitler qui entendait justifier le désarmement de l'armée et de la flotte françaises; adoptant, effectivement, un profil beaucoup plus bas que lors de sa protestation solennelle faite le 11 novembre après l'invasion de la zone dite libre, Pétain finit par écrire au *Führer* qu'il désire une « entente » « dans l'honneur » tout en souhaitant vivement la reconstitution d'une force militaire française.

La censure... Le pamphlet, le trait d'esprit lui font la nique. Temps révolus. La censure est totalitaire. Elle ne connaît plus de nuances. Elle n'établit pas de compromis entre elle et la liberté. Et le goût de la liberté se perd vite. Entre 1914 et 1918, la censure n'était pas encore un monstre aveugle et sourd. La censure n'est pas forte seulement de ce qu'elle prend à la liberté, mais aussi de ce que la liberté lui accorde.

Spectateurs paralysés. On nous a fait une injection de curare. Tout nous est laissé, sauf le mouvement.

III

PIÉTINEMENTS

17 décembre 1942

Temps pluvieux, fade. Pour un peu je n'écouterais pas la Radio. Le 8 novembre fut un jour enchanté, le débarquement fut magique. Maintenant plus d'enchantement, plus de magie. Des miettes de faits. Comment dégager de ce quotidien un sens militaire? Ou un sens héroïque? L'héroïsme, à force d'être partout, n'est plus nulle part. Peut-être n'est-il pour chacun qu'en une invérifiable acceptation intérieure de ce qu'il souffre? Et à condition encore qu'elle soit bien motivée.

20 décembre

« Ainsi, me dit l'impartial, l'homme objectif, l'Angleterre et l'Amérique pour vous sont immaculées et la Russie est rude et pure. – Je ne suis pas si enfantin... Mais il me semble que quelques idées, qui tendent vers la liberté, vers l'esprit, sont liées à ces nations, si même leurs chefs croient mentir en le disant. »

Laval n'est pas un fanatique. Il fait avec Hitler un ministère de concentration.

Le frère de Riffault, prisonnier rapatrié, n'est plus qu'un bloc de silence. Il répond à tout par un gémissement.

« Que dit-on au bourg? – On ne parle pas beaucoup. – Mais enfin?... – Il y en a qui ont bon espoir... – Beaucoup? – Oh! pas beaucoup... »

Je suis presque aussi déprimé que lui. La guerre s'est mise sur rails. Chef-d'œuvre ferroviaire, parfaitement conçu, mais dont le terminus est inconnu.

Prix Goncourt, prix des Deux-Magots. Il n'y a plus de livres, mais il y a encore des prix. Pauvre Goncourt. S'il avait su que son prix deviendrait un instrument publicitaire annuel, desservirait la littérature, ce qu'il appelait la littérature. S'il avait su que quelques-uns des membres de son académie seraient du type d'écrivains qu'il méprisait. Si le « gentilhomme de lettres » avait su qu'un certain type d'écrivains devait remplacer le cabot d'antan et le commis-voyageur de table d'hôte et de légende. Mais l'acteur travaille modestement comme ouvrier qualifié, dans les usines du cinéma. Et le commis-voyageur est si discret qu'on ne sait s'il voyage pour la branche quincaillerie ou s'il est un diplomate en congé. Cette avantageuse vulgarité qu'on attribuait au cabot et au voyageur de commerce, elle est le propre aujourd'hui d'une catégorie d'hommes de lettres.

21 décembre

Les Russes, selon les communiqués de Moscou, ont avancé, en cinq jours, de 120 kilomètres, ont fait 13 000 prisonniers, ont tué 25 000 Allemands. Je suis déprimé. Ces chiffres m'ont l'air d'une politesse aux croyants. Ce que c'est que de nous. Je n'avais pas fumé depuis huit jours. J'ai touché mon paquet de tabac; je fume une pipe. Ce chiffre de morts me paraît vivant.

Comment les Allemands ont-ils su qu'il y avait à l'abattoir un dépôt d'essence? Quelques-uns disent : « En fouillant, à Lyon, dans les papiers d'un bureau militaire. » D'autres disent : « Il y a eu dénonciation. » Et Riffault, oubliant sa prudence paysanne, sans hésiter et sans être troublé par l'énormité d'un tel soupçon, me désigne deux têtes de la Légion, l'adjudant-épicier et un négociant du bourg. « Ils sont tous les deux pour les Allemands », me dit-il. On voit ici du moins comment, en cas de troubles, s'orienteraient les passions et les colères.

22 décembre

Avions anglais sur Munich. La Radio anglaise et la Radio suisse montrent des armées russes déferlantes. Le *Radio-journal de France* ne dément pas, il élude. Il cite Maurras, qui propose à la France le salut par l'obéissance. Maurras a perdu jusqu'à sa logistique pour retoqués du bachot. Il flotte dans un néant incorporel. Il n'essaye même plus de fabriquer de la fausse monnaie de Joseph de Maistre.

À la buvette. Un mécanicien a la parole violente et brutale, d'un type que je n'avais pas rencontré depuis la débâcle, soit que l'époque déprimât toute énergie populaire, soit que, pour faire lever un langage puissamment et trivialement plébéien, il faille un terroir faubourien.

« J'aime mieux manger de la merde avec les Anglais que de la brioche avec les Allemands... Rien que l'argent, il n'y a que l'argent... Pour de l'argent on vend la France, pour de l'argent les femmes font des bâtards avec les Allemands... On donne des primes aux familles nombreuses, on donne de l'argent aux ouvriers, qui font beaucoup d'enfants... Peu importe que ces enfants soient rachitiques ou tuberculeux. Un ouvrier qui fait six enfants, c'est une brute et un imbécile. On peut ronfler avec une femme sans la gonfler... Les Allemands seront battus. Mais on fera comme en 18. On ne touchera pas au capitalisme, on ne touchera pas à l'Allemagne. »

J'ai commencé *Les Misérables*. (Je ne les avais jamais lus, je ne savais pas bien d'ailleurs si je les avais lus ou non. J'aurais été tout comme un autre capable d'en parler avec une juste sagesse critique de professeur.) Je comprends maintenant qu'un imbécile « fin » ne peut qu'en sourire. Le monologue de Champmathieu aux Assises est magnifique et même sans alliage de romantisme.

Il y a dans *Les Misérables* un personnage incompréhensible pour les lecteurs d'aujourd'hui, un personnage qu'on ne peut rapporter à rien dans la vie et la pensée des hommes d'aujourd'hui, un personnage dont on ne trouve plus de traces dans la littérature d'aujourd'hui. Ce personnage, c'est Dieu. Un Dieu qui est le Dieu de Hugo et qu'on retrouve dans les romans populaires de l'époque, qui fut formé peut-être de la Bible et du déisme du XVIIIe siècle, et, pour parler le langage d'un personnage de Hugo, libertin provincial, le Dieu de « l'hypothèse Jéhovah ». Les romans d'aujourd'hui, beaucoup de romans d'aujourd'hui sont pleins de catholicisme et de péché. Mais le Dieu créateur, le Dieu conciliateur des abîmes et des nues, le Dieu immense et philosophe a disparu.

23 décembre

La Radio américaine, d'après l'agence *United Press*, annonce que Laval formerait une armée française et déclarerait la guerre aux Nations Unies. Laval jouerait le tout pour le tout. Problème pathétique. La force pure aura-t-elle raison des passions et des mœurs de la France? Quelles sont les possibilités de résistance d'un peuple désarmé? Mais Hitler et Laval ne lèveront pas une armée, une vraie armée. C'en serait fait d'eux. Mais une milice fasciste qui opérera seulement à l'intérieur. Hitler répliquera à ses échecs militaires en Russie, en Libye, par une seconde conquête de la France, Laval étant son aide de camp. Rien n'arrêtera les effets immédiats de cette seconde mouture de victoire, si les Russes, les Anglais et les Américains ne multiplient pas par dix le nombre des cadavres allemands. Cependant l'agent d'affaires clermontois, l'arrondissementier prétend se jeter dans l'histoire.

Je tourne au hasard le bouton du poste de Radio. J'écoute une phrase ou deux, je coupe, j'interromps, j'use de ma toute-puissance, aucune voix dans l'univers ne peut se faire entendre sans mon consentement.

Cinq ouvriers de l'usine ont été désignés pour l'Allemagne. L'un d'eux attend sur le quai de la gare, montre son ordre de départ avec obstination, comme ces mendiants, qui exhibent leurs papiers d'hôpital. Il est prêt à partir, il est prêt à ne pas partir. Il n'est qu'un morceau de foule, il n'y a pas de foule pour se l'agréger. Il flotte, son œil vire, il offre à boire aux gendarmes, à qui veut...

25 décembre

Le message du pape « Liberté spirituelle, intellectuelle et morale ». Il y a quelque vingt ans, on eût pu dire : « Lapalissades moralisantes. » Mais ces mots cadavres ressuscitent éberlués dans le monde d'aujourd'hui. Comment va-t-on guider leurs premiers pas ? « Le droit au travail. » Il n'est pas question du pauvre et de son éminente dignité. Je ne dirai pas que le pape parle un langage socialiste. Mais on sent qu'on n'est plus au temps de Bossuet.

Le citadin, qui passe un mois à la campagne, l'été, croit que, l'hiver, la campagne est squelettique et grise. La campagne de décembre est verte. Verts les prés, les houx, les ronces et les mousses, mais d'un vert bureaucratique.

Radio-journal de France. Extraits de presse. Henri Béraud, dans *Gringoire*, compare les Français d'aujourd'hui aux Gaulois du temps de Vercingétorix. Il montre que les uns et les autres sont exactement superposables. Il s'enfonce jusqu'au cou dans cette comparaison historique. Il pousse de tout son corps. Il n'est pas effleuré d'un doute. Il ne perçoit rien de la ridicule ingénuité de ce survol historique. Et demain sans doute il sera tout prêt à railler les primaires.

Il faudrait expliquer comment une intelligence rhétoricienne s'accoutume à faire glisser les idées les unes sur les autres, ne voit plus en elles des outils à saisir la vie, mais des instruments de polémique et ne retient que celles qui sont monnayables. Ainsi la pauvreté ou la paresse de l'intelligence (fût-elle dissimulée par la verve du journaliste) peut en partie expliquer la bassesse d'un caractère et que cette bassesse aille jusqu'au crime.

Darlan assassiné. Comme étant de Vichy ou comme n'en étant plus [1] ?

1. Voilà une question pertinente qu'on peut se poser après l'assassinat de l'amiral Darlan, à Alger, le 24 décembre 1942. C'est parce qu'il symbolise Vichy que le ou les commanditaires de ce meurtre ont armé le le jeune Bonnier de La Chapelle.

27 décembre

« À Allonal [1], me dit Laurent, à part un ou deux, ils ne savent pas ce qu'ils veulent. Mais, s'il y avait une victoire des Allemands, ils seraient pour les Allemands. »

Il me pose cette question : « Comment se fait-il que, parmi les riches, les uns sont pour Hitler et les autres pour les Anglais ? Pourtant les uns comme les autres ils pensent d'abord à leur argent. »

Candeur de la propagande. Un chroniqueur dénonce aux Français tous les maux dont le bolchevisme les menace. Les hordes barbares déferleraient : les Tartares, les Cosaques, les Tcherkess, les Tchirkiss, que sais-je ? Il énumère, les hordes défilent. C'est touchant. On voit le pauvre bougre penché sur son Larousse.

29 décembre

Jean R... se serait réfugié dans un pacifisme qui rejette le monde actuel. Mais ce pacifisme n'est-il pas le cloître ? Ce cloître n'était pour moi que l'image d'un asile, où l'on peut cultiver l'absolu. Mais la Radio m'apprend qu'un général français, à Djibouti, comprenant la trahison de Vichy, mais n'osant rejoindre les troupes dissidentes, adopta la solution « d'entrer dans une maison religieuse ».

Je me pose à nouveau la question. Serais-je devenu semblable aux jusqu'au-boutistes congestionnés, aux stratèges en pantoufles de 1914 ? D'autant que quelques pacifistes m'objectent mes livres de guerre, me disent infidèle à l'esprit des *Clavel* [2] : contre les guerres, contre les armées. Je pourrais invoquer les circonstances, qui ne sont pas les mêmes. Mais je n'aime pas ces grands débats historiques. Je répondrai seulement à ces pacifistes immuables que Clavel n'est pas pacifiste à leur mode. Dès que la guerre est déclarée, Clavel, pour empêcher la guerre capitaliste, offre sa vie : il avait lu dans des livres que le peuple, s'il était mécontent, dressait des barricades. Clavel cherche les barricades dans Paris. Il n'y en a pas. Clavel est naïf. On le persuade bien vite que cette guerre est celle de la civilisation contre la barbarie. Et Clavel mobilisé devance son départ pour le front, quitte son dépôt comme volontaire. Ce Clavel, qui a encore dans la tête on ne sait quel tintamarre héroïque, accepte de défendre la paix par la guerre. Mais bientôt Clavel rejette la guerre, vomit la guerre. Sans doute, mais je ne sais si on peut appeler pacifisme son dégoût et son désespoir.

1. Allonal est un hameau proche de Saint-Amour.
2. Sur ces romans de Léon Werth, cf. supra p. 316.

On a proposé à trois légionnaires d'Allonal (d'après le frère de Riffault) de surveiller les auditeurs de T.S.F. et de dénoncer ceux qui prennent la Radio anglaise. Ils ont refusé. Quelques mois encore, on les contraindra.

Je répète exactement les paroles de Riffault : « On a voulu me dire que les Allemands, à Lyon, ils disent : " Nous sommes venus à soixante-dix à l'heure; nous repartirons à quatre-vingt-dix. Mais nous nous défendrons jusqu'au bout ". »

Grande promenade dans la neige avec Riffault, qui veut acheter des chèvres. Nous rencontrons à l'Aubépin un des ouvriers de l'usine désignés pour l'Allemagne. Il a pris le maquis [1].

Il neige. Effets de neige. J'aime mieux le mur d'en face, le mur que je vois de ma fenêtre, à Paris.

La guerre est installée, elle prend ses aises. Elle semble s'être munie d'un bon morceau d'avenir.

Seul. Ce n'est pas qu'ils ne soient quelques-uns, au bourg, avec qui je pourrais mourir, pour la France, pour la liberté, pour la révolution, pour n'importe quoi. Mais il n'en est pas un seul avec qui je pourrais vivre.

2 janvier 1943

Il y a deux ans, je cherchais le rapport de Pascal à la bonne de l'hôtel. N'étais-je point encore sur le plan de la patrie scolaire, de la patrie des manuels, de la patrie des académiciens et des journalistes de l'histoire? Pascal se souciait-il de la bonne de l'hôtel? Oui, de sa vie éternelle, mais de sa vie terrestre? Quant à la bonne, je crains qu'elle ne se foute de Pascal. Je crains qu'elle ne pense que faiblement la patrie à vol d'oiseau, la patrie qui va de Vercingétorix à Jeanne d'Arc, à Louis XIV, à Robespierre et à Napoléon.

Suzanne est arrivée et me guérit de mon défaitisme. Je me réintroduis au cœur des événements. Veliki-Louki est pris. J'ai pris Veliki-Louki. Veliki-Louki est à moi [2].

Le bourgeois français a peur de de Gaulle. Un peu de son Pétain d'après la débâcle lui est, à tort ou à raison, restitué par Giraud.

1. L'Aubépin est un village dans la colline, situé à un kilomètre de la ferme de Paul B... Depuis le 4 septembre 1942, les travailleurs français peuvent être réquisitionnés au nom de l'État français pour partir en Allemagne. On voit donc apparaître les premiers « réfractaires ».

2. Cet important nœud ferroviaire à 450 kilomètres à l'Ouest de Moscou, âprement défendu par la *Wehrmacht*, est repris par l'Armée rouge le 1er janvier.

De Gaulle, le seul qui n'ait pas été conduit par la peur ou par une de ces mille formes déguisées de la peur.

Un paysan (de l'Aubépin) m'a dit : « Ce que j'aime en de Gaulle, c'est qu'il ne crie pas. » Il y a beaucoup là-dessous.

À pente de coteau, des rectangles de neige, de l'herbe ambrée. L'espace est compartimenté par des rideaux d'arbres ou des buissons. Le décor vide d'un Breughel.

Les grands magasins Dieu et Cie ont toutes les pointures : le plus haut dans le sublime, le plus bas dans l'imbécillité.

3 janvier

Suzanne me cite de fervents gaullistes, qui ont oublié qu'ils furent collaborateurs. Effet du débarquement anglo-saxon et de l'avance des Russes.

Il faut distinguer : les uns sont menés par l'intérêt. Ainsi, parmi les gens de journaux, quelques-uns manœuvrent déjà pour une éventuelle collaboration aux feuilles qui remplaceront les feuilles allemandes d'aujourd'hui. D'autres (si peu vraisemblable que cela puisse paraître) ont cru à un Hitler philanthrope et pacificateur de l'Europe.

Un gendarme, de service à Lyon, le jour où les troupes allemandes passèrent la ligne de démarcation, a dit à Laurent : « J'ai vu, sur le quai de la gare de Perrache, des officiers qui arrachaient leurs galons, pour se mêler aux soldats, pour n'être pas arrêtés par les Allemands. C'était quelque chose comme une seconde débâcle. En ville, les soldats allemands obligeaient les soldats français à donner leur ceinturon et, si un soldat ou un civil portait des houseaux, ils les leur prenaient. »

« Preuve, me dit Laurent, que les Allemands manquent de cuir. » Je ne sais pas tirer des faits d'aussi vastes conclusions. Je me perds dans la stratégie. Je ne découvre pas le sens caché des discours d'Hitler. Je renonce à la tâche facile de terrasser Hitler l'ethnologue et le philosophe. Je vois cependant que Hitler a perdu le pouvoir d'hypnotiser les Français. Il ne crée plus les faits à volonté, il a perdu la vertu providentielle de fabriquer les événements.

Je ne sais à quelle époque exactement on commença à parler de l'Empire. N'était-ce point déjà avant la guerre de 1914? Il y eut alors une vague d'Empire. L'Empire d'une France romaine se substitua peu à peu aux vieilles colonies dispersées, aux îles à palmes, aux possessions exotiques.

Un de mes amis me parlait souvent du paysan, sel de la France, du paysan, sublime de la terre. Il est beaucoup moins lyrique depuis qu'une oie se paye mille francs, prise à la ferme.

5 janvier

Le patriarche de l'Église orthodoxe russe adresse un message de fidélité à Staline. Les combinaisons de la politique sont plus difficiles à saisir que les emboîtements de concepts dans les doctrines.

Radio-journal de France: Les Anglo-Saxons sont les fourriers du bolchevisme (hordes barbares, etc...) et, en même temps, leur politique est dirigée par les capitalistes et les émigrés juifs. Je veux bien que la raison ne soit pas tout, mais j'accepte difficilement que la déraison soit tout.

Radio-journal de France : « De Gaulle est un agent de l'étranger. »

6 janvier

Si l'on parle à L... ou à J..., me dit Suzanne, des otages, des communistes, des gaullistes fusillés, des déportés, des camps de concentration, ils nient les faits, ils affirment que ce sont des « bobards ». Ils chassent ces images, les repoussent. Ils ne veulent pas être « dérangés ».

7 janvier

Le Radio-journal de France ose invoquer Péguy. Certes, il fut pédagogique, obsessif, réitérant, réitératif, patriote, socialiste, catholique, jouant un peu trop avec les concepts, trop orgueilleux en son humilité, mais non polémiste, non journaliste, homme de foi, homme. On entend le son, l'accent de ce qu'il eût écrit contre Vichy. Contre Vichy, contre le Bazaine de Vichy, il eût dressé toutes les cathédrales et toutes les révolutions de la France.

Un détachement de cinq mille Sénégalais est dirigé vers l'Afrique du Nord. Amadou Lô, Mamady Koné, que j'ai connus à Saint-Tropez et à Fréjus, amis de Lucie Cousturier, à vous tous je demande pardon. Un détachement de cinq mille Sénégalais... Je sais... C'est de l'histoire. Mais je ne suis pas à mon aise devant l'histoire. Il faudra bien qu'un jour on fabrique autrement l'histoire.

8 janvier

Roosevelt affirme que les Américains débarqueront en Europe.

Une Anglaise et un Suisse (ou inversement) collaborant dans un même laboratoire découvrent l'élément 85 du radium. Développement facile : contraste du laboratoire et du champ de bataille. L'investigation de la science spéculative. Application au traitement du cancer. Les bombes, les tanks et l'arme blanche. Les camps d'assassinat.

Je reçois ce matin même une lettre de D... Il se désole d'un univers tout entier occupé par les « trognes armées ». Il s'en désole et le repousse. Mais il ne voit rien, il ne veut rien voir au-delà des trognes armées. Il croit à l'éternité des trognes armées. Avons-nous tort d'espérer au-delà des trognes armées?

Le ministre Sarraut disait, il y a quelques années, que le communisme n'était pas une opinion, mais un crime. Quand nous disons la même chose du nazisme, sommes-nous d'aussi maigres philosophes que ce ministre radical? Tout est là.

Hitler croit-il à sa propagande? Les hommes du type Hitler pensent et croient, comme on se saoule. Leurs pensées, leurs croyances sont leur gros vin. Mais ils sont maîtres de leur ivresse. Ils conduisent leur ivresse avec ruse. Ivrognes qui marchent droit. Jusqu'au jour où ils titubent et tombent. Le bourgeois inculte boit le même vin, mais à plus faible dose.

Le bourgeois est devenu inculte. Il ignore la métaphysique d'où est sorti le radium et l'élément 85, baptisé anglo-helvetium. Quant à la vieille formation par Homère et Horace, il l'ignore autant et peut-être davantage. Il croit à un monde mécanique, tout sec. Pour en huiler les rouages, il y met un peu de Dieu, un peu d'un Dieu complaisant et bourgeois, d'un Dieu anti-bolcheviste. Et pour s'assurer de sa culture, il achète des tableaux, dans l'espérance qu'ils « monteront ».

« On est embarrassé de ses sous... », disait cette paysanne.

10 janvier

Jeanne Mireau [1], domestique chez des Parisiens réfugiés dans le Midi, passe quelques jours chez ses parents. Ses patrons sont banquiers ou coulissiers ou quelque chose dans cet ordre. « Ils ne sont, dit-elle, ni pour les Français, ni pour les Anglais, ni pour les Allemands. Ils ont peur. C'est tout. Ils passent de ville en ville et d'hôtel en hôtel. Ils ont peur d'être pris pour otages et d'être fusillés. » Elle dit aussi : « Contre les Allemands, il n'y a vraiment que le peuple. »

Je cite exactement ses paroles. Je ne crois pas qu'elles contiennent toute la vérité.

Incohérence ou ruse diabolique? Le nazi, entre mille actes ignobles ou cruels, intercale un acte, sinon de générosité, au moins humain, moyennement humain. Ainsi, il laisse à ses partisans un argument de controverse. Dans la conversation courante, on ne fait pas de statistique. On se jette des faits à la tête. Un seul acte

1. C'est la fille de Joseph M... (cf. supra p. 198).

en vaut mille, un seul acte a le même pouvoir émotif que mille actes contraires.

11 janvier

Bourgeoisie de sous-préfecture. Bourgeoisie qui a gardé quelques traits provinciaux, fermée sur elle-même. Catholicisme mou (pour donner au peuple le bon exemple). « Catholicisme de porte-monnaie », dit le colonel O... Ils attendent leur salut de l'Allemagne. Ils attendent de l'Allemagne ce qu'ils attendent du catholicisme. Ils espèrent que l'Allemagne et l'Église les préserveront du malin, c'est-à-dire du Russe.

Les hommes n'avouent pas. Plus sensibles aux idées que les femmes, plus pudiques devant les idées, ils dissimulent, éludent. Ils se masquent d'une culture rudimentaire (souvenirs bachotiques et ces abominables livres d'histoire anecdotique, d'histoire vulgarisée, qui ont pullulé ces dernières années). Ils veulent l'ordre, l'immobilité, la tradition, une tradition qui ne bougerait pas et qui se puisse transmettre comme les bijoux de famille. Souvent même, quand le débat risquerait de s'approfondir, ils s'abritent d'un scepticisme, qu'ils croient également l'effet d'une haute culture.

Mais les femmes y mettent plus de simplicité. Elle y vont avec passion. Il n'est pas besoin de les pousser pour qu'elles jettent dans la conversation le traître de Gaulle et le traître Giraud. Tout cela n'était guère nouveau pour moi. Mais j'avoue que je fus un peu étonné quand, avec ingénuité, elles avouèrent leur mépris et leur haine du peuple. Avec ingénuité, l'une d'elle opposa le dévouement charitable des bourgeois (elle entendait la participation de ses amies et d'elle-même à des œuvres de Secours national ou de la Croix-Rouge) et l'incurable égoïsme du peuple. « Le peuple, disait-elle, n'est que haine et jalousie. » – « Je crois volontiers, dis-je, que vous n'êtes pas jaloux de lui. » Cette facile ironie anima le débat. Le mari intervint : « Ce que veut le peuple, en effet, c'est casser des gueules et tout casser, casser n'importe quoi. » Pour n'en pas venir aux injures, il fallut bien parler d'autre chose.

Tout cela est simple..., direz-vous. Oui, très simple, quand on traite la psychologie collective, comme les ancêtres du café du Commerce traitaient la stratégie, très simple, quand on manipule les classes comme si elles étaient des sphères parfaites. Mais ces hommes, ces femmes étaient en chair et en os. Et non pas des brutes et non pas des méchants. Mais enfermés. Et les lucarnes de leur cellule sont placées trop haut pour qu'ils puissent voir au dehors.

Mais le colonel O... me dit : « Il n'est pas d'autre loi que la haine du Boche. » Croyant. Aucune peur du communisme. « La question n'est pas là. » Une tradition : les généraux de la Révolution et, pendant la Commune, ce Rossel [1], dont on cache jusqu'au nom aux élèves des écoles de France.

15 janvier

Lyon. Dissolution du conseil municipal [2], remplacé par une délégation spéciale, dont le président est le Dr Bertrand, chirurgien des hôpitaux, professeur à la faculté. Doriotiste. Ni bête ni crapule, me dit-on. Oui, mais quelle intelligence? Celle qui suffit à la préparation des concours mécanisés? Ou intelligence à compartiments étanches? Je n'aimerais pas être soigné par ce *medicus technicus*, si absolument idiot, hors sa technique, idiot jusqu'à la trahison. Et quel rôle, la vanité? Serait-il de ces gens qui préféreraient être un traître dont on parle plutôt qu'un héros ignoré?

Je demande à B... s'il est vrai que cent otages aient été arrêtés. « Non, me répond-il, du moins je ne crois pas. » Il n'a pas cherché à en savoir davantage. On pourrait peut-être définir la civilisation comme le refus de la fatalité.

Les gendarmes cueillent à domicile, la nuit, les ouvriers désignés pour l'Allemagne.

Trois soldats allemands quittent la rue de la République, gagnent la place des Jacobins, la rue Mercière, puis la rue de la Monnaie, déserte, où leurs bottes sont plus sonores, et entrent dans un bordel.

16 janvier

Du *Nouvelliste*, sur une exposition de peinture à Saint-Claude : « Ici encore, la vibration cézanienne, si elle est absente, se devine dans l'architecture du ciel, les rudes masses des maisons exprimées sans réalisme violent, mais avec le souci d'arriver à la plénitude par des moyens complexes dont le résultat produit la profonde simplicité et l'émouvante synthèse. » Beaucoup saisissent le monde comme ce journaliste saisit la peinture.

Giraud ne serait-il qu'un pauvre soldat qu'on mène?

Le fils du père Cordet, ouvrier chez Renault, arrive de Paris. « Armés de mitrailleuses, les Allemands, dit-il, cernent les usines et font monter les ouvriers dans les camions. »

1. Louis Nathaniel Rossel (1844-1871), colonel du génie tente en 1871 de soulever l'armée contre Bazaine, à Metz, avant de se rallier aux Communards, dont il devient le Délégué à la Guerre du 1er au 10 mai 1871; il est fusillé à Satory le 2 novembre 1871.

2. Le 20 septembre 1940, le conseil municipal de Lyon a été suspendu pour la durée des hostilités et remplacé par une délégation de sept membres nommés; un nouveau conseil municipal a été installé dans le printemps 1941 et l'industriel Georges Villiers, nommé le 2 juillet 1941, reste maire jusqu'en janvier 1943.

« Il n'y a pas d'autre politique que l'humanité... », dit le père Cordet. – « Il y a le pour et le contre... », répond le fils.

« Les Allemands chassés, me dit Laurent, on mangera à sa faim, on sera libre. » J'essaye de lui montrer que, si la victoire tarde, les graines de nazisme, semées en France, auront germé. « Oui, me dit-il, ils veulent nous ramener plusieurs siècles en arrière. Mais, quand même, les enfants sauront lire. » – « Savoir lire, Laurent, ce n'est pas tout... » – « Oui, je comprends, les enfants sauront lire, mais il n'y aura plus de savants. »

17 janvier

La Radio de Vichy cite quelques phrases d'un article de Paul Morand sur les séparés par la guerre, sur l'absence. On dirait un message du maréchal. C'est écrit en style Pétain. Ce chatouilleur d'images passe indifféremment de l'acrobatie truquée à la pire platitude académique. La paix balancera-t-elle ces clowns de salon, ces pitres distingués?

Pourquoi cette irritation contre ce fonctionnaire doublé d'un polichinelle littéraire? Je suis un séparé, je vis seul et demain peut-être je vivrai caché. Et il bachote sur la séparation, sur l'absence. Sans style et sans cœur.

Radio-journal de France. « Le maréchal a pensé pour nous tous. »
Le Nouvelliste : « Le mouvement gaulliste est à la remorque du communisme. »

Staline reçoit l'adhésion du métropolite.

Staline, sans doute, n'a pas cessé de croire que la religion est l'opium du peuple. Mais il renonce pour l'instant à désintoxiquer le peuple.

De Gaulle n'est pas terrorisé par le communisme. De Gaulle n'aura pas sa légende à la Pétain. Mais il sera promu « grand homme ».

Ceux qu'on a séparés de leurs enfants, qui ne savent pas où ont été parqués leurs enfants, où leurs enfants ont été expédiés, qui savent que vraisemblablement ils ne le sauront jamais, puisque leurs enfants ont été privés d'état civil, sont devenus de la chair anonyme, sans identité, sans nom, sans âge, sont devenus moins que les bêtes de lune, qui ont un pedigree.

La bourgeoisie se décompose. La moindre secousse la ferait crouler. Elle n'a plus de vivant que sa peur du communisme. Inculte au point de ne plus même aspirer à la culture. L'ingénieur, le médecin sont devenus des manœuvres spécialisés. Ils se croient très distincts du peuple, parce qu'ils se frottent à la peinture même fraîche.

Marc U..., conducteur du camion de l'usine, stoppe sur la route de Bourg. Non pas au milieu de la route, mais assez loin du bas-côté. Une auto, occupée par deux officiers allemands, arrive par-derrière. Elle stoppe. Un des officiers en descend, s'approche de Marc U... et le gifle.

21 janvier

Avions allemands sur Londres. 44 enfants tués. Un tiers des avions détruit. Faut-il on non tenir pour satisfaisante cette arithmétique?

« Vol de propagande, terrorisme mesquin », dit la radio anglaise. Je n'aime guère ce commentaire. Où commence le terrorisme grandiose? Je choisis entre des buts de guerre. Mais je ne glisserai pas sur la pente qui conduit à idéaliser nos propres moyens de guerre. « Tout ce qui est de la guerre est atroce », écrivait pendant la guerre de 1914, Mme Jeanne Halbwachs.

Mais il y a un ordre de la guerre, une convention de l'atrocité. Ce n'est pas quand un aviateur allemand tue quarante-quatre enfants anglais que cet ordre, cette convention sont violés. Mais quand les nazis créent des camps d'extermination, accomplissent des actes dont l'atrocité n'est pas militaire.

Giraud, dissident dans la dissidence, ne serait-il qu'un vaniteux soudard, une tête faible, un garde champêtre gonflé?

23 janvier

Prise de Tripoli. Je ne sais quel Farinacci [1], commentant la retraite de Rommel, déclare que le public ne sait pas l'interpréter. Le public ne voit dans cette retraite que l'espace parcouru par l'armée allemande. J'ai oublié ce qu'il y faut voir d'autre. Mais le journaliste italien conclut en niant que la retraite de Rommel soit une défaite stratégique. « C'est, dit-il, une défaite psychologique. »

Un numéro de *Gringoire*. Un article de Henri Béraud sur la bonté du roi Louis XVI. Ce journaliste pénètre dans le magasin de porcelaines de l'histoire. Ce ne sont pas les porcelaines qui cassent. L'auteur présente une moitié du Louis XVI des manuels, le roi faible et bon. Mais ne dit pas un mot des tractations avec l'étranger.

1. Ancien « ras » de Crémone, Roberto Farinacci, le plus expéditif des dirigeants squadristes, a été nommé à la tête du parti fasciste italien en février 1935; c'est Pavolini, ministre italien de la « Culture » (autant dire de la propagande) qui vient de commenter à la radio la retraite de Rommel.

Sans doute, en est-il arrivé à faire bon marché de la trahison, qu'il s'agisse d'un roi, d'un maréchal, d'un ministre ou d'un journaliste.

Un certain comique se dégage d'affirmations solennelles qui prétendent au haut académisme et qui se contredisent. Cette contradiction n'apparut pas à un polémiste pressé et qui a d'autres soucis que ce que nous appelons timidement la vérité. Je lis en première colonne. « Est-il rien de plus menteur que l'histoire? » Et, en deuxième colonne : « On ne peut que demander aux contemporains d'écouter la leçon de l'histoire. » Ne saisit-on point ici un personnage? Et ce personnage réel est poussé aux limites d'un personnage de théâtre.

Pour le polémiste, les idées sont marchandise. Il les évalue selon la clientèle qu'elles peuvent attirer, selon le prix qu'il en peut demander. Il n'y voit point de mal. Il est innocent.

25 janvier

« Nos armées se sont retirées de Voronej avec succès », dit le communiqué allemand.

On dit que deux femmes du bourg ont couché avec des Allemands. On dit que ce fut pour de l'argent : « Il y a des femmes qui font n'importe quoi pour de l'argent », dit une commère. « Il y en a qui disent n'importe quoi par méchanceté... », dit une autre.

Quelques jeunes gens de vingt-cinq à trente ans. Si on touche une de leurs idées, le doigt y enfonce, comme dans une méduse. Ils ne savent pas qu'une idée n'est rien si on ne la nourrit pas. Leurs idées, ils les laissent mourir de faim. Et elles vont tant bien que mal, comme ces vieux chevaux qui n'ont jamais d'avoine. Pour leur arracher une idée, il faut fouiller en eux, crocheter. Et le crochet ne ramène qu'un lambeau, qu'un haillon d'idée.

Et assez sophistes, assez ignares pour faire le procès des idées, vous lâchez (comme le colonel P.) un : « La France n'a que trop abusé de l'intelligence. » Ils font le procès des idées, ils les font venir à la barre. Mais ils ont oublié de convoquer un interprète.

« Les sports, disent-ils, fortifient le courage, éduquent la volonté, enseignent la loyauté. Qui a appris à appliquer au sport les vertus sportives, il va de soi que tout naturellement il les applique à la vie, à tous les plans, à tous les modes de la vie. La rapidité du coup d'œil, l'immédiat déclenchement musculaire, la soudaine décision, toutes les qualités nécessaires au bon joueur de football, au skieur, à l'alpiniste expérimenté, qui les possède pour le football, le ski ou la montagne en dispose tout naturellement pour la vie spirituelle ou sociale. » Le « sportif » accompli sera par définition et par complément un homme perspicace et décidé. Flaubert croyait trouver le maximum de bêtise dans un discours de comice agricole. Mais le sport aujourd'hui entre en compétition avec l'agriculture.

Ce n'est pas que je ne tienne pour excellents les exercices sportifs. J'avais, dans ma jeunesse, un corps agile et résistant. J'aimais courir, j'aimais nager en pleine mer. J'aime encore l'effort physique et le repos qu'il donne. Mais je suis effrayé par ces jeunes hommes qui se tiennent pour cultivés et ne savent pas qu'ils remuent les idées, comme les sauvages des perles de verroterie. Ils glissent sur le sens des mots, passent d'un plan à l'autre sans s'en apercevoir et reçoivent, comme hosties, les plus banales métaphores.

« Ainsi, dis-je à M..., selon vous, un bon boxeur, prompt à l'esquive et prompt à la riposte, ne peut manquer d'être un homme d'esprit, un homme qui sait répondre du tac au tac... » Mais je ne le persuade pas. On s'est servi du sport pour leur inculquer une nouvelle religion. Cette conception du sport, cette projection du sport hors de lui-même, au-delà de lui-même, ce déraisonnement à propos du sport a préparé et prépare des fascistes.

27 janvier

Les généraux de Gaulle et Giraud [1] déclarent à Casablanca que leur but est le triomphe des libertés humaines... Grues métaphysiques, diront quelques cuistres. À la conférence Churchill-Roosevelt, conférence de la capitulation sans réserves, les Anglais et les Américains déclarent qu'ils ne veulent pas détruire les peuples de l'Axe, mais leur « idéologie ». Ainsi, ils interdisent à Tripoli l'enseignement de « l'idéologie fasciste ». Ils ont raison. Mais cela conduit à définir la liberté. Comme tout cela était plus simple au temps des Lumières, au temps de la raison et plus tard encore. Mirbeau écrivait, à propos de la liberté de l'enseignement : « On n'a pas le droit d'empoisonner les sources. » Mais personne n'avoue détenir le poison.

Grâce à Hitler, nous savons du moins où la liberté n'est pas. Le plus sot, si on l'enferme dans une cave, distingue la lumière qui filtre par le soupirail. C'est peut-être une lumière trouble, souillée. C'est la lumière quand même.

1. Du 16 au 24 janvier se tient à Anfa, banlieue de Casablanca, une réunion interalliés qui réunit en fait les deux seuls Churchill et Roosevelt; on y affine la stratégie anglo-saxonne (et notamment l'attaque de l'Italie); on y prévoit « une reddition sans conditions » du *Reich* et de ses alliés; Roosevelt, de surcroît, entend faire cesser la zizanie entre Français en vue des campagnes à venir et veut contraindre de Gaulle à s'entendre avec Giraud, commandant en chef civil et militaire en Afrique du Nord depuis la mort de Darlan. De Gaulle ne se livrera que de fort mauvaise grâce à cette réconciliation bien formelle.

Ce mot d'idéologie est déplorable. Il invite à des raisonnements contondants sur des blocs d'idées. On nous lance : idéologie fasciste et nous tombons dans le piège. En acceptant le mot, nous acceptons, sans vérification, que, dans une idéologie, il y ait des idées.

28 janvier

Gœbbels rappelle aux Allemands une ordonnance vieille de plusieurs siècles : elle autorise chacun à tuer immédiatement et sans recours à la justice ou à la police quiconque accomplit avec tiédeur son devoir civique. Elle autorise en somme chacun à tuer chacun. L'Allemagne fera-t-elle une crise de fureur ou de mélancolie? Il y a d'autres hypothèses. L'indifférence, la frigidité par épuisement, le goût de la défaite, l'agenouillement masochiste devant le vainqueur. Nous avons déjà vu cela ailleurs.

« Je comprends, me dit Andrée François, qu'un écrivain, un homme qui travaille de tête ait besoin, comme un ouvrier, d'une forte nourriture. Mais un peintre, non. » Comment lui montrer qu'il y a aussi des peintres qui travaillent de tête?

31 janvier

M... m'apporte *Gringoire*. « Par principe, me dit-il, je ne l'ai jamais acheté, mais il faut tout connaître et la trahison même, si on veut la combattre. » En tête, un article de Henri Béraud à propos d'une boîte de sardines, qui fut lancée sous sa voiture. Chez ce journaliste, la vanité, une vanité qui ne sait point se cacher, révèle tout, éclaire « les plus secrets replis ». Il est, dit-il, un « vrai homme », c'est-à-dire un polémiste. Non pas un littérateur en pantoufles, mais un homme « qui se bat ». De la lignée des Marat, Courier, Carrel, Veuillot, Vallès, Rochefort, Drumont, Bloy, Tailhade, Zola, Cassagnac, Jouvenel, Daudet, Maurras, Courier. Zola à côté de Rochefort, cela ne le gêne pas. Et réduire Zola au rôle de polémiste, cela ne le gêne pas non plus. On n'y regarde pas de si près, quand on est soi-même polémiste. Mais on découvre ici l'aveu implicite que le polémiste ne doit être jugé que sur la virulence de sa polémique et que sa probité ou sa vénalité importent peu. Dans le monde étrange de ces journalistes spéciaux, le Voltaire de l'Affaire Calas et de l'Affaire Sirven et le Zola de l'Affaire Dreyfus ne sont rien de plus que les Rochefort à gages ou que le Maurras du faux patriotique [1]. Mais notre journaliste veut montrer

1. Henri Rochefort, journaliste et homme politique, était passé au boulangisme, dont il fut un ardent partisan, après avoir été un républicain musclé sous le Second Empire et avoir été condamné et déporté comme Communard. Sur le « faux patriotique » cf. supra p. 202.

que tout polémiste court les plus redoutables risques. Or, presque tous ceux qu'il cite sont morts dans leur lit ou sont encore vivants. Jaurès, qui n'était pas polémiste, fut assassiné. Maurras l'assassina par personne interposée. Mais qui se souvient encore des articles répugnants où Maurras accusait Jaurès d'être gorgé d'or allemand?

Dans cet immense conflit où la France meurt si les Anglais et les Américains ne gagnent pas, que voit-il par l'imagination à travers le *Channel*? Un chroniqueur de la radio française de Londres, dont la voix est faible et auquel il prêta de l'argent. Dans le monde des non-polémistes, on ne tire point intérêt de l'argent prêté, même un intérêt polémique.

Face à la signature de Béraud, je vois celle d'un journaliste qui, au temps du dernier emprunt russe, touchait une mensualité de l'ambassade russe. (Voir *L'Abominable Vénalité de la presse française.*)

Trop grosse, trop simple, dira-t-on, cette explication par la seule vénalité. Il va de soi que la vénalité n'est pas à la source; elle est un aboutissement. Et l'écrivain vénal peut être vis-à-vis de lui-même hypocrite ou cynique. Il est plus souvent hypocrite. Il ne se dit pas, à chaque article qu'il écrit : « Je suis vénal. » Le polémiste, riche d'un peu de grammaire, se distingue du petit maître chanteur comme la fille entretenue se distingue de la fille des rues. Pour la fille soumise, la relation est directe, immédiate entre l'acte sexuel et l'argent qui le paye. Pour l'entretenue, fille de galanterie décente, elle est indirecte et lointaine. L'entretenue peut de bonne foi oublier qu'elle est payée pour faire l'amour. D'autant mieux qu'entre elle et son protecteur s'établit une sorte d'harmonie conjugale. Telle est la relation du polémiste à son directeur, à son parti, à ses « idées ».

Gœring adjure le peuple allemand. Gœbbels jure que jamais l'Allemagne ne capitulera. Mais jurer qu'on ne capitulera pas est autre chose que jurer qu'on vaincra. Discours rituels et dont le ton est commandé par le désastre qui est dans l'air. Je fais en vain effort pour m'intéresser à ces discours. Et pourtant, dans les mois qui suivirent la débâcle, dans les plus médiocres paroles de Berlin ou de Vichy, je cherchais, avec une puérile obstination, l'indication d'un fait ou d'une intention. Mais les événements militaires aujourd'hui pèsent trop lourd. Les discours des chefs allemands semblent un bavardage rituel et déjà hors époque.

Thomas Mann a parlé en Amérique [1]. (Il avait quitté l'Allemagne après que Hitler eut pris le pouvoir.) Quels sont les sentiments

1. Au sommet de sa gloire (il reçoit le prix Nobel en 1929), Thomas Mann (1875-1955) a quitté, dès l'année 1933, une Allemagne devenue nazie. Il a séjourné cinq ans en Suisse, avant de gagner en 1938 les États-Unis. Entre 1941 et 1945, il prononcera 55 allocutions radiophoniques, au contenu très politique, pour inciter ses compatriotes à se soulever contre Hitler.

des Allemands qui méprisent et haïssent le nazisme, des Allemands qui ont honte du nazisme? Souhaitent-ils la défaite allemande qui, seule, peut anéantir le nazisme? Souhaitent-ils la victoire immédiate de l'Allemagne et l'anéantissement du nazisme dans un millier d'années, après ces mille ans de paix que Hitler a promis au monde, s'il était vainqueur?

1er février 1943

Communiqué russe : Quatorze généraux allemands et deux généraux roumains se sont rendus [1]. *Radio-journal de France* : « Les Bolcheviks n'ont remporté aucun succès. » Toute l'émission est consacrée au congrès de la corporation paysanne que préside le maréchal, « en complet gris bleu ». Après quoi le journal fait retour à la Russie : « L'Allemagne et la France, le vainqueur et le vaincu d'hier, subiraient le même sort – et un sort effroyable – si Staline était vainqueur. Cette victoire aurait pour conséquence l'irruption chez nous des bandes moscovites. »

Ces tronçons juxtaposés ne font-ils pas un assez joli « montage »?

Enfin, ce qu'on attendait qu'il dît, le général Giraud vient de le dire. Parlant à un journaliste américain ou anglais : « Pendant deux ans, le général de Gaulle fut le seul Français qui fit entendre la voix de la France. » On craignait que le général Giraud n'eût de décision que devant les portes des citadelles.

Quelques trains déraillent.

Création de la milice française. Ces *S.S.* de Laval seront-ils ou non dangereux? Et pourquoi la liquidation du S.O.L. [2]?

Le comique militaire : le général Paulus est promu maréchal par Hitler. Quelques heures plus tard, il est fait prisonnier.

2 février

La visite de Churchill à Ankara. « M. Staline est un grand capitaine », déclare Churchill. Qui se souvient du conflit Trotsky-

1. La capitulation de la VIe Armée allemande à Stalingrad, le 2 février, est évidemment un événement considérable. Près de 100 000 Allemands étaient faits prisonniers, dont, en effet, 24 généraux, et parmi eux le commandant en chef, Paulus. La Corporation paysanne, instituée le 2 décembre 1940, d'inspiration agrarienne, est censée modifier en profondeur les structures de l'agriculture française.

2. Cette Milice française est instituée le 30 janvier 1943 dans la foulée du Service d'Ordre Légionnaire (cf. supra p. 309). À l'époque, elle apparaît plus comme la garde prétorienne d'un régime acculé au maintien de l'ordre qu'une copie des *S.S.* Un an plus tard, il est vrai, la Milice devient l'instrument d'une transformation du régime vichyssois en un régime totalitaire.

Staline, des thèses de la révolution permanente et de la révolution dans un seul pays ? C'est déjà de l'histoire, de la vieille histoire. Pauvre et romantique Trotsky, qui pourtant, lui aussi, organisa une armée rouge. Staline alors ne semblait qu'un chef de bande, un homme de coups de main. Et Lénine regrettait qu'il ne fût pas « plus poli » et plus loyal. Lénine meurt. Le dictateur Staline procède à de terribles besognes d'épuration. Ce fut l'époque de ces étranges procès, où les accusés s'accusaient [1]. Parmi les jeunes hommes d'Europe, qui brûlaient d'une ferveur marxiste, les uns virent en Staline le sauveur de la révolution, les autres un tsar rouge. Aujourd'hui, ce tsar rouge sauve l'Europe du nazisme. Mais parmi ceux qui le croyaient traître à Lénine et parmi ceux pour qui il fut une nécessaire incarnation de l'esprit révolutionnaire, qui donc eût prévu qu'il serait un grand capitaine et que Churchill lui rendrait ce témoignage ?

Un siège, m'écrit-on de Paris, est vacant à l'Institut. Celui de Vuillard peut-être. Qu'allait-il faire en cette galère ? On a songé à Derain, mais il est trop « chandail ». Sans quoi il passait. Et c'eût été justice. Un nouvel académisme s'est créé, depuis 1910 environ, et Derain est le légitime héritier des Cabanel. Cet académisme a changé de tailleur, il n'en est pas moins académique.

L'Allemand serait-il, comme on l'a dit, un animal purement métaphysique, auquel on peut proposer, sans qu'il résiste, toutes les possibilités de l'irréel ?

J'ai sous les yeux le journal d'hier et le discours de Gœring. Je lis : « ... Dans un millénaire, tous les Allemands devront encore prononcer le nom de Stalingrad avec un frisson sacré. Tous les Allemands devront se souvenir que c'est là en définitive que l'Allemagne a remporté la victoire. » Et aussi : « La foi en la victoire de l'Allemagne provient de la connaissance profonde de la situation réelle, et c'est en même temps aussi la foi la plus ardente dans l'esprit de justice du Tout-Puissant. »

Cela va plus loin que l'habituel cynisme des mensonges politiques. Gœring transcende le réel. C'est la fantasmagorie d'un monde à l'envers. Et, pour conclure, Gœring invoque l'esprit de justice du Tout-Puissant, du Jéhovah national-socialiste et ne serait point trop étonné, après tout, si le Tout-Puissant transformait les défaites en victoires et, culbutant le monde, le maintenait tête en bas.

Le mensonge d'un Laval est plus sec, d'apparence plus logique, il ne vole pas jusqu'aux célestes espaces. Il agite seulement le spectre

1. Le premier des grands procès politiques monté par Staline et ses sbires se déroule du 19 au 24 août 1936. Zinoviev et Kamenev en sont les malheureuses vedettes. À la stupéfaction de beaucoup d'observateurs, ils avouent effectivement les forfaits les plus invraisemblables.

du couteau entre les dents. « Si demain, dit-il aux syndics de la corporation paysanne, l'Allemagne était battue, le communisme s'installerait chez nous. C'est une certitude que j'énonce. » Laval est un cartésien.

Est-il vrai, comme on me le mande de Paris, que Félicien Challaye fait des conférences pour le rapprochement franco-allemand [1] ? Cela prouverait (Challaye est sans impureté) qu'un certain moralisme, un certain pacifisme conduisent à l'imbécillité.

3 février

M... arrive de Paris, pense que je pourrai l'aider à passer en Espagne, pour aller à Londres. Il veut se battre.

72 officiers de marine ont été tués à Casablanca, en novembre. Ils avaient obéi à l'ordre de résistance venu de Vichy. Ce chiffre fut donné à M... par un officier de marine de ses amis. « Combien de marins tués ? » – « Il ne me l'a pas dit. Sans doute cela comptait peu pour un officier... » Cette hypothèse est corrigée d'un sourire. Il ne faut pas donner à ces mots leur plein sens de mots écrits. Cependant M... me dit que la plupart des officiers de marine (il a fait son service dans la marine) sont vaniteux, de petite cervelle, pauvrement réactionnaires.

Mais je pense aux marins qui ont obéi à l'ordre de résistance. Où donc sont les marins de la Mer Noire ? Quoi donc détermine les révoltes ? La mauvaise nourriture ? Un souffle qui passe dans l'air ?

Jeanne Avril [2] est morte à soixante-douze ans. Lautrec. Nous arrivions de notre province. Il y avait encore une province. Et l'on n'y parlait guère de peinture. Lautrec, ce fut pour nous le choc du « moderne ». Qu'est-ce qu'être moderne ? Personne peut-être n'a été moderne sauf Lautrec. Et pourtant à peine s'il est de l'époque de l'électricité. Il serait plutôt du bec Auer. Le goût des filles, des danseuses et des beaux monstres. Et rien d'anecdotique. Un trait classique, aristocratique. Et pas de peinture. La peinture est trop symphonique, trop grande machine. Il ne veut que le trait lithographique. C'est par affiche qu'il murmure sa confidence. Son trait enferme les Mille et une Nuits d'un Montmartre aujourd'hui disparu, un goût de la nuit et du noctambulisme disparus aussi.

1. L'information est exacte. Né en 1867, normalien, professeur de philosophie, anticolonialiste, converti après la Grande Guerre au « pacifisme intégral », pro fessant notamment que l'occupation étrangère est préférable à la guerre, il prend ses distances avec le Front Populaire, trop belliciste à ses yeux. Il écrit désormais dans les organes de la gauche collaborationniste, notamment dans *L'Atelier*.

2. Jeanne Avril, membre du très célèbre quadrille du Moulin-Rouge, servit de modèle à Toulouse-Lautrec.

Jeanne Avril, la survivante, quelle fut sa vie, du jour où elle ne leva plus la jambe?

Jeanne Avril. Je puis, par Lautrec, retrouver l'essence de Jeanne Avril. Mais Jeanne Avril, quand elle ne dansa plus, quand son Moulin-Rouge fut mort, a-t-elle jamais retrouvé Jeanne Avril?

Constantin Guys eut son Baudelaire. Mais Lautrec?

La radio allemande avoue une défaite en Russie, joue des marches funèbres et ordonne trois minutes de silence. L'Allemagne va-t-elle se casser ou lutter désespérément?

Radio-Maroc dit que 40 000 ouvriers français sont partis pour l'Allemagne. Laval prépare une France vidée d'ouvriers, plus exactement d'hommes jeunes, puisqu'il réquisitionne des ingénieurs, des employés, des coiffeurs. Il compte sur les treize mille mercenaires de sa milice.

IV

STALINGRAD

4 février 1943

Le *Nouvelliste* : « La bataille de Stalingrad est terminée... La 6e armée... a succombé devant la supériorité numérique de l'ennemi et les difficultés de la situation. » (Communiqué spécial allemand.) Sans avoir passé par l'École de Guerre, on comprend assez facilement que, si une armée a été vaincue, c'est parce qu'elle a été battue, et que, si elle a été battue, c'est parce que l'ennemi était plus fort, plus courageux ou plus habile, enfin dominait mieux « les difficultés de la situation ».

5 février

De Gaulle a parlé ce matin. À propos de la bataille de Stalingrad. « La fureur du désespoir, a-t-il dit, belle expression littéraire, n'est pas une réalité guerrière. » L'heure viendra de l'insurrection nationale. « La France aura le dernier mot. »

Pourquoi la légende de de Gaulle ne s'épanouit-elle pas ? Manquerait-il à de Gaulle quelque chose qui est commun à Napoléon et au général Boulanger ? Ou bien la légende de de Gaulle se cache-t-elle dans les cœurs et n'éclatera-t-elle irrésistible, au plein jour, qu'au choc de l'insurrection nationale ?

M... ne peut partir. Il faudrait qu'il soit appelé par Londres. Londres veut avoir l'assurance que ceux qui passent ne sont pas des partisans de Giraud. Malgré les déclarations de Giraud, il y aurait donc encore conflit entre de Gaulle et lui. Giraud est-il un militaire innocent, dont les Peyrouton tirent les fils [1] ? Ou un

1. Giraud, qui méprise les hommes politiques, est lui-même un bien piètre homme d'État. Il est souvent manipulé par des vichyssois bon teint ; parmi eux, Marcel Peyrouton, ancien résident général au Maroc et en Tunisie, ci-devant ministre de l'Intérieur de Vichy, puis ambassadeur à Buenos Aires, avant de rejoindre l'Algérie après la mort de Darlan.

patriote qui veut l'ordre de Pétain dans une France délivrée de l'Allemagne? Un hitlérien français? Ce général, célèbre par deux évasions « retentissantes », ne serait-il rien de plus qu'un de ces acrobates de place publique, qui se font ligoter par un badaud et qui se délivrent de leurs chaînes en allongeant leurs muscles?

Jeunes gens. F..., lui aussi, voudrait passer à Londres. D'une bourgeoisie à professions libérales, où le seul argent ne faisait pas la loi. Il a été attiré par le communisme. Et je sens qu'une chiquenaude l'eût fait fasciste. En lui comme en d'autres de son âge et de son milieu, je constate une étrange impuissance à communiquer par pensées, à remuer du pensable. Ils deviennent maussades, sournois, si on les contraint à définir. Manie de cuistre, pensent-ils. Pour se réchauffer, il leur suffit de se frotter aux mots. Peu leur chaut que le mot ait dix sens différents, selon qu'on l'oriente, selon les mots voisins qui le soutiennent ou le bousculent. À peine s'ils distinguent l'unité d'une équipe sportive et l'unité d'un groupe religieux. Ils cherchent la cohésion, où qu'elle soit, quelle qu'elle soit. C'est peut-être l'histoire de l'Europe depuis vingt-cinq ans.

La radio m'apprend qu'un détachement de Sénégalais a été conduit de Dakar en Algérie. Les a-t-on recrutés comme ceux de la guerre de 14? – Qu'importent les moyens? Le but seul compte. – La civilisation commencera quand les moyens compteront autant que le but. – « Tu es un incurable moraliste. » – « Et toi aussi, mais tu ne le sais pas, parce que ta morale est chétive, as les humeurs froides. Mais tu es un moraliste quand même... » – « Ne t'ai-je point dit que le but seul comptait pour moi et non les moyens? » – « Imbécile.... c'est donc la même chose pour toi de prendre une femme, qu'elle soit consentante ou solidement maintenue par quatre hommes et un caporal? »

On croirait que tous les Anglais et tous les Juifs ont disparu de la terre. Toute la propagande de Berlin-Paris-Vichy est centrée sur le bolchevisme, la barbarie asiatique, les hordes égalitaires. Plus un bourgeois est nivelé, aplati, indistincte matière humaine, plus cette menace de nivellement l'épouvante.

Le journal. Un article sur un mauvais peintre. Verbiage professionnel, style de série, critique d'art de confection. Le cliché « construction » a remplacé le cliché « prestes silhouettes ». Et il s'est vulgarisé. Aujourd'hui, le marché de la peinture étant en quelque sorte infini, il s'étale dans un quotidien à gros tirage. Les grands magasins vendent de la peinture. Le tableau et le bijou montent. Il y aurait une curieuse étude à écrire sur les rapports de la peinture et des guerres modernes.

J'ai reçu *La Religion de Rabelais, Le Problème de l'Incroyance au XVIe siècle* de Lucien Febvre. Livre bousculant. Quelques livres de cette sorte et l'histoire (elle en a besoin) sera définitivement fermée aux imbéciles.

Comme je jouais, enfant, à l'Indien Sioux, je peux, grâce à Febvre, jouer à l'homme du XVIe siècle. Et je suis très étonné par les hommes du XXe siècle. Je joue à Ambroise Paré et je m'étonne que les chirurgiens d'aujourd'hui se servent de bistouris dont le manche est sans l'ombre d'un ornement.

Je découvre ainsi ce qu'est le mauvais historien. Il n'invite pas à ces jeux. Son histoire est l'accusé dans un procès d'assises. Le mauvais historien est le président. J'ai été beaucoup aux assises. On n'y saisit rien de l'accusé, tout est obscur, sauf la loi des juges. Je pense à ce président disant à un caissier qui puisait dans la caisse pour jouer aux courses : « Est-ce que je joue aux courses, moi ?... »

7 février

La radio donne quelques lignes d'un article de Chateaubriant. Le capitalisme est une sorte de péché originel. Staline est quelque chose comme le Diable. Le diagnostic est sûr : il s'agit d'un imbécile habité par les mots. Nulle autre crapulerie que celle qui accompagne toujours l'innocence rusée de cette sorte d'imbéciles.

9 février

Pas de lettres de Suzanne. J'ai essayé de faire la marmotte, de vivre en demi-sommeil, de m'enfoncer dans un néant provisoire, convenablement aménagé. J'y réussis assez mal. Il est beaucoup plus facile de s'éveiller volontairement que de volontairement s'endormir.

Promenade dans les bois. Des herbes, des mousses, des touffes d'ellébore. Mais les arbres sont dénudés, inachevés. Je suis dans une chambre où l'on a posé un tapis avant d'en préparer les murs. Un chien jaune, dans un fourré, me regarde. C'est un drôle de chien jaune. Ce n'est pas le chien d'un paysan qui serait venu pour abattre du bois, ce n'est pas un chien échappé qui chasse pour son compte. Ce n'est pas un chien de ferme. Il n'a ni l'aspect ni les mœurs d'un chien de ferme. Il n'aboie pas, il n'aboie pas avec une peureuse férocité. Il est silencieux, il me regarde. Il me regarde complètement immobile. Je ne serais pas étonné que ce chien fût une personne changée en chien par l'effet de quelque enchantement. Et je n'ose aller vers lui pour le caresser. Par peur d'un enchantement, mais par peur aussi qu'il ne me morde.

Je prends un livre, un de ces livres comme il en parut beaucoup après la guerre de 1914. C'était le temps où il était plus facile à un jeune homme sans dons particuliers d'écrire et de publier un roman que de réussir pour le bachot une composition française à laquelle un honnête pédagogue eût donné une note moyenne. J'essaye de lire automatiquement. Je tombe sur une description de boîte de nuit. Les mots sont assemblés mal ou plutôt banalement. Chacun d'eux pourtant possède une vertu suffisante pour m'aider à une vague rêvasserie. Mais cette rêvasserie est de courte durée. Le motif m'entraîne. Aux boîtes de nuit et aux nuits de l'auteur, je substitue mes boîtes de nuit et mes nuits. Ainsi un mauvais livre peut être un tremplin tout aussi bien qu'un bon. Et tout livre peut-être ne devrait jamais être qu'un tremplin.

Ainsi deux jours où je ne trouve rien à noter qu'un chien jaune et qu'un livre gris.

11 février

Il y a quelques jours, les communiqués allemands attribuaient la défaite de Stalingrad à la supériorité numérique des Russes et aux difficultés de la situation. Aujourd'hui, ils expliquent la quotidienne avance des armées soviétiques par le « fanatisme » des Russes.

Il y a un an, la presse allemande affirmait que les soldats russes ne tenaient que sous la menace des revolvers braqués sur eux par les commissaires du peuple juif.

Les Russes avancent. Les Français attendent le débarquement en Europe. Sitôt après le débarquement, le gouvernement de Vichy sera-t-il volatilisé? Laval tentera-t-il une répression versaillaise?

En 1932, le physicien Polyani me disait à Berlin : « Les Français ne comprennent pas que le dénouement des crises allemandes est pour demain. Demain, l'Allemagne se réveillera ou communiste ou nazie. »

Cette alternative n'est point applicable à l'Europe d'aujourd'hui. L'Allemagne et l'Italie vaincues, les nazismes s'abaisseront, puis chercheront un déguisement. Quant au communisme, il est partout. Ainsi la Révolution de 89 pénétra toute l'Europe occidentale. Mais la victoire militaire des Russes, dans quel sens transformera-t-elle le patriotisme russe, le communisme doctrinal et la forme stalinienne du communisme?

Innocence et candeur de la propagande et du journalisme de 1943. En première page du *Nouvelliste,* un gros titre : « Le péril bolcheviste ». Au-dessous : « De notre envoyé spécial ». On voit déjà l'envoyé spécial, son bloc-notes et son stylo en main, dans les neiges des steppes. Mais, une ligne plus bas, on lit : « Vichy, 10 février. »

Dans les neuf mois qui viennent, a dit Roosevelt, invasion de l'Europe.

12 février

« Entrez donc boire une larme », me dit Debeau, mi-paysan, mi-négociant. Je résiste juste ce qu'il faut, je sais mon monde. Debeau veut me faire parler, je n'y mets aucune mauvaise volonté. Et d'ailleurs si je veux, je sais parler paysan. « Il y a, dis-je, ce qui est fini et ce qui n'est pas encore commencé. » – « Qu'est-ce qui est fini? » – « La défaite allemande en Russie. » – « Mais les Allemands sont toujours en Russie. » Il serait assez content au fond que les Russes soient battus. Mais ne croyez pas qu'il soit un de ces collaborationnistes qui font à l'Allemagne pleine confiance. Défiance est mère de sûreté. Il se défie de tout le monde. « Vous avez entendu, dit-il, ce que Roosevelt a dit? » – « Quoi? » – « Que cette guerre aurait au moins cet avantage qu'il n'y aurait plus de chômage. » – « Hé bien? » – « Hé bien, peut-être qu'ils sont tous de mèche, Roosevelt, Churchill, Hitler... » – « Je ne comprends pas. » – « Oui... ils ont fait la guerre pour faire cesser le chômage et la surproduction. » On trinque, on boit une larme.

Ce sont quand même les jours de la grande promesse de la capitulation sans conditions.

Ils sont quatre, l'ancien adjudant, le pâtissier, le pharmacien, le quincaillier, que le bourg parfois menace d'une voix étouffée, comme un chien qui grogne et n'aboie pas. « On leur donnera une leçon » ou bien : « On les enverra chez les Boches. » – « Cette leçon, quand la leur donnerez-vous?... » – « Quand les Boches ne seront plus là. »

Il n'est même pas sûr qu'ils aient perdu dix clients. Pourtant il y a d'autres épiciers que l'ancien adjudant, il y a plusieurs quincailliers, il y a plusieurs pâtissiers, il y a un autre pharmacien.

De tant de paysages de ce pays, il n'en est guère qu'un auquel je sois lié de sentiment. C'est ce fond de vallée où poussent les mousses et les plantes de l'humidité et où l'on entend la rumeur continue d'un modeste torrent.

13 février

Enterrement. Le corbillard de campagne me fait penser à l'enterrement de Claude Monet.

La ferme est entourée de prés. Le corbillard, cet ensemble de noir et blanc, cet ensemble artificiel, est sur l'herbe, sur l'étendue verte, d'un bizarre effet. Si l'on veut, d'un effet surréaliste; à supposer que tout rapport déconcertant soit surréaliste. Un même effet de contraste était donné à l'exposition des surréalistes, par un lit de pitchpin au bord d'un étang.

Le conducteur du corbillard est un jeune homme, qui porte un uniforme Pompes funèbres, noir à parements argentés. Ainsi déguisé, il ressemble étonnamment à un homme de la haie dans un cirque forain.

Radio. Du délire politique. Déat compare aux embusqués de l'autre guerre les Français qui, ouvriers ou non, ayant deux bras solides, tentent d'échapper à la déportation en Allemagne.

Correspondance de Flaubert. J'ai un remords. J'avais presque oublié, oh! non pas *L'Éducation sentimentale*, mais le Flaubert de ma vingtième année, le Flaubert du beau, du style, le Flaubert anti-bourgeois. Plusieurs fois, entre 1920 et la guerre, je suis allé à Rouen sans penser à Flaubert. Je sais... Son beau platonicien, son beau d'époque... Mais comme il s'accroche à Bouvard, à Pécuchet, à la Bovary. Quel bonheur que cette seconde lecture ne tue pas le Flaubert que j'avais presque oublié!

Les agents du fisc, à la suite d'une dénonciation, ont opéré chez Debeau. Ils sont allés directement à la cave. Il n'a pas eu le temps de dissimuler ses bonbonnes. Cela se passait la veille du jour où il m'a invité à « boire une larme ». Il ne m'en a rien dit.

Il vendait son marc cent cinquante francs le litre; son vin, trente francs. Il paraît que ce ne sont pas des prix excessifs. Ce sont des prix normaux, des prix de pays, intermédiaires entre les prix de la réquisition et les prix du marché noir. Ce sont les prix du marché gris. Sur les prix du veau « illégal » et du cochon « illégal », on pourrait bâtir une psychologie du paysan.

Après la guerre, la France et l'Allemagne, l'une et l'autre vaincues, tournant le dos à la gloire, comme des chiennes rossées. Mais l'Angleterre, l'Amérique et la Russie entretiendront alors l'héroïsme d'expansion.

Les Allemands et Laval réussiront peut-être à vider la France de ses ouvriers et plus généralement de tous ses hommes jeunes. Ces déportés s'ajouteront aux quinze cent mille prisonniers de la débâcle. C'est une sorte d'amputation provisoire. Mais tous ces ouvriers venus de tous les points d'Europe, Français, Hollandais, Belges, Tchèques, Polonais, l'organisatrice Allemagne en pourra-t-elle faire autre chose qu'une hétéroclite cohue, un royaume de la pagaye, une tour de Babel?

15 février

Prise de Rostov.

En même temps que la propagande agite l'épouvantail du bolchevisme, le sentiment de la puissance russe, spontanément, pénètre la masse. On veut lui faire peur avec le bolchevisme, mais déjà elle admire la force militaire des Russes. Elle n'en a pas peur, elle l'admire, elle en est hypnotisée.

Quelle part de vérité, quelle part de légende en ces nouvelles circulantes, qui montrent les soldats allemands, à Lyon, terrorisés à la pensée de rejoindre le front russe? Et l'un d'eux aurait dit : « Plutôt que d'aller mourir là-bas, j'aime mieux qu'on me fusille tout de suite. »

16 février

Laval prend un décret de mobilisation industrielle. (Jeunes gens de 21 à 23 ans) [1]. Nouveau recensement de la population, destiné, selon Vichy, à déceler les « oisifs », les « embusqués », entre vingt-trois et trente et un ans. Chaque Français a sa fiche, plusieurs fiches, qui se complètent et se recoupent. La fiche de police et la carte d'alimentation se contrôlent l'une l'autre. Qui échappe au gendarme ou au policier est pris par le ventre. La France entière devient un camp de concentration. Qui change de résidence en doit dans les huit jours avertir la mairie. Et même le bruit court que nul ne pourra sans autorisation de la mairie ou de la gendarmerie franchir une limite de département ou se déplacer à plus de soixante kilomètres.

17 février

Les Russes ont pris Kharkov. Le bourg se soucie peu des actes du gouvernement. La suppression de ses libertés les plus matérielles, les plus palpables ne semble pas le toucher. Ce qui compte pour lui, c'est la prise de Rostov et la prise de Kharkov. En novembre, il donnait délégation aux Anglais et aux Américains. Ces derniers jours, il donne délégation aux Russes.

Quelle solitude! Je me dis qu'il pourrait m'arriver pire : par exemple être conduit dans un camp de concentration, où je mourrais de faim et de crasse. Ou être fusillé. Je me vois conduit au lieu de la fusillade. Je n'ai pas peur, à proprement parler, mais je suis attendri à l'idée de quitter ma femme, mon fils. Qu'ils sachent que leurs visages étaient en moi. Que leur tristesse soit sans souffrance. Je chasse cette absurde rumination. Pas si absurde cependant. D'autres, non seulement en Pologne, mais en France,

1. La loi est d'une grande importance pour le régime : Laval institue le service du travail obligatoire (S.T.O.) qui mobilise pour deux ans les hommes de trois classes d'âge, ouvriers et non ouvriers; 650 000 d'entre eux partiront travailler dans le *Reich*.

ont été exécutés, qui n'avaient pas plus que moi de raison logique ou juridique de craindre qu'on les « passât par les armes ».

« Je fume pipes sur pipes. » Ainsi plusieurs fois parle Flaubert, en sa correspondance. Cela augmente ma privation. Flaubert aurait dû penser à moi et ne pas le crier si fort.

Déat : « La ruée bolchevique. » L'Europe est perdue, si la *Wehrmacht* ne la contient pas. Quoi en cette tête et sous la peau de cet agrégé de philosophie, passé à la politique, puis à la trahison? Quel mécanisme? Quelles passions?

18 février

Kharkov. Mais les Allemands gagnent du terrain en Tunisie. Le détail de ces rounds m'exaspère et je vomis l'art du pugilat ou stratégie. Ah! qu'on me donne en bloc les résultats définitifs!

Les idées politiques ne sont ni fausses ni vraies. Elles sont faibles ou fortes.

Discours de Gœbbels : « Nous avons la victoire à portée de la main. » Mais il y a des moments où on ne peut même pas remuer le petit doigt.

Les bouleaux se bousculent pour venir au premier plan, ils sont si argentés, si blancs qu'ils ressemblent à une imitation de bouleaux par un peintre du dimanche ayant raté son trompe-l'œil.

20 février

Message de *Radio-Vatican.* L'homme a droit à la liberté corporelle, à la liberté spirituelle, à la liberté morale. Jamais l'Église ne reconnaîtra un régime qui ne respecte pas ces libertés. Il y a même une allusion directe au travail forcé, aux transferts de populations. Si l'Église ne se contente pas de réprouver de haut les thèmes les plus généraux du fascisme, si elle semble leur opposer un refus presque de l'ordre temporel, si elle se refuse non pas seulement à une doctrine, mais à un régime, n'est-ce pas que déjà ce régime est prêt à vaciller? Je raisonne ainsi; mais ce raisonnement n'est qu'une forme de mon impatience.

Correspondance de Flaubert (tome III, page 3), lettre à Caroline : *« Jeudi soir, j'irai chez Michelet avec les de Goncourt. »* La lettre est de janvier 1864. Comment reconstituer aujourd'hui, toutes choses égales, une telle réunion?

« Je maintiens que Bossuet écrivait mal, quoi qu'on dise. Mais il serait temps de s'entendre sur le style. » (Page 20, lettre à Mlle Amélie Bosquet.) Sur Bossuet, pas d'accord du tout. Mais venez donc jusqu'à moi. On causera. J'ai tout mon temps.

21 février

Avance des Russes. Recul des Américains et des Alliés en Tunisie centrale. Le mahatma continue à jeûner [1]. L'Inde jette dans les jambes de l'Angleterre le problème de la colonisation. C'est en ce qui touche la colonisation que la vérité historique moyenne est le plus près du mensonge. Que de contradictions. L'Angleterre, pays de la liberté individuelle, est un grand peuple colonisateur et la colonisation est une forme première du fascisme. Les gens des métropoles croient dur comme fer à la colonisation civilisatrice. Et les plus purs moralistes qui, en Europe, n'ont pas assez de mépris pour la civilisation de la quantité, s'agenouillent dès qu'il s'agit de justifier la colonisation devant la bielle et le robinet. Sur la terrasse de Choëx [2], je causais, il y a quelques années, avec un jeune Anglais d'esprit libre, cultivé, naviguant à travers toutes les morales, la chrétienne comme la communiste. Nous vînmes à parler de l'Inde. Il n'y eut plus d'Anglais jonglant avec les morales et les systèmes. L'Inde était à lui, sa propriété personnelle, un bien de famille. Il se défendait, comme si j'avais voulu lui voler sa montre. Tous les Anglais sont ainsi... Non... Huxley n'est pas ainsi. Voir le *Tour du Monde d'un sceptique.*

« Le néo-catholicisme d'une part et le socialisme de l'autre ont abêti la France. Tout se meut entre l'Immaculée Conception et les gamelles ouvrières. » (Lettre de Flaubert à George Sand. Septembre 1868. Tome III, page 174.)

Oui... Mais quoi alors? L'art? Non... Il est submergé et l'esthétisme a passé par là.

Dans une lettre à sa nièce : « *Comme on respire bien dans les pays inconnus et comme on* aime tout! » (page 201).

Pendant la Commune (29 avril 1871; lettre à George Sand, tome III, page 168) : *« Ah! Dieu merci, les Prussiens sont là! »* C'est le cri universel des bourgeois. *« Je mets dans le même sac messieurs les Ouvriers, et qu'on f... le tout ensemble dans la rivière... »*

En page 333, lettre à Mme Roger des Genettes, 17 juin 1871 : *« Croiriez-vous que beaucoup de " gens raisonnables " excusent les Prussiens, admirent les Prussiens, veulent se faire prussiens? »*

On voudrait sur la guerre et les temps qui la suivront une parole géniale, à défaut une parole précise.

L'Angleterre fête le vingt-cinquième anniversaire de la création de l'Armée Rouge.

1. Gandhi a été arrêté le 9 août 1942; pour obtenir sa libération et lui permettre de continuer son combat pour l'indépendance de l'Inde, le vieux leader nationaliste commence le 10 février 1943 un jeûne qu'il allait interrompre à la demande de ses disciples arguant des risques inhérents à son âge (il a 74 ans).

2. Propriété de Hany Lefebvre (cf. supra p. 343) en Suisse.

Le roi George V fait forger une épée d'honneur et l'offre à Staline. Où est le temps des canailles impérialistes? (Style octobre 17.)

Le Nouvelliste : « Les heureux résultats de la politique du gouvernement. Assouplissement de la ligne de démarcation. » « À dater du 1er mars, la circulation à travers la ligne de démarcation Sud sera libre pour les citoyens français, à l'exception des Juifs et des indésirables. »

À Bruailles (près Louhans), à Chagny, à Chalon, trois trains transportant des troupes allemandes ont déraillé.

La faim, la mort, l'héroïsme ont perdu tout caractère individuel. On meurt dans les faubourgs, dans les camps de concentration, sur les champs de bataille. Qui? Personne. Des contingents, des unités, des formations, des armées. Dans combien d'années ou de siècles retrouverons-nous un homme individuel avec nom et prénom?

Flaubert hait le bourgeois, l'épicier, méprise les catholiques et les socialistes. Le catholicisme, le socialisme émergent de la vase (le mot vase est de lui), quand la vase a été remuée par l'histoire. Que dirait-il alors de l'hitlérisme, du fascisme? Trouverait-il encore un refuge dans son anarchisme esthétique?

Souvent il oppose le règne de la grâce et le règne de la justice. Cette opposition est de Michelet. Flaubert, à ce propos, ne cite pas Michelet. Pourquoi? Michelet insiste si fort là-dessus qu'il est difficile de croire à une réminiscence inconsciente de Flaubert. L'idée n'a pu entrer par surprise. Michelet frappait trop fort. Et cependant, si Flaubert s'était souvenu de Michelet, il l'aurait cité. Ce n'est pas douteux.

Ces notes rapides me serviront-elles d'aide-mémoire? Ce n'est pas sûr. On n'y retrouve rien de Flaubert, ni la sonorité, ni la noblesse, ni la colère sacrée.

Le 20 juillet 1873, Flaubert écrit à George Sand : *« Dès que je ne tiens plus un livre ou que je ne rêve pas d'en écrire un, il me prend un ennui* à crier. *La vie ne me semble tolérable que si on l'escamote. »*

Mais, le 26 février de la même année, il écrit à la même George Sand : *« Ce que vous me dites (dans votre dernière lettre) de vos chères petites m'a remué jusqu'au fond de l'âme. Pourquoi n'ai-je pas cela? J'étais né avec toutes les tendresses, pourtant! Mais on ne fait pas sa destinée, on la subit. J'ai été lâche dans ma jeunesse,* j'ai eu peur *de la vie! Tout se paye. »*

Après la guerre, il faudra résoudre les problèmes de l'Europe et du monde. Chacun de nous est, pour une part infinitésimale, responsable de la civilisation. Quelle est en cette minute mon espoir? La terrasse de l'auberge de Fleurville. La Saône, au lointain s'élargit, semble sans bornes, sans rivages, se mêle à l'horizon, à un rideau d'arbres pâles. On déjeune d'une friture de poissons et d'un poulet à la crème. Reverrons-nous ensemble, Tonio [1], l'auberge de Fleurville? Y retrouverons-nous notre civilisation?

23 février

Staline, dans un ordre du jour aux armées soviétiques, dit que neuf millions d'Allemands ont été mis hors de combat depuis l'offensive de novembre et que quatre millions ont été tués. Une des causes de la défaite allemande est, dit-il, le manque d'imagination stratégique et tactique des généraux allemands, qui s'attachent étroitement à la lettre des manuels militaires.

Pour Flaubert, le bourgeois, c'était l'homme bête autant que l'homme bas. Il invectivait la bêtise, il était obsédé par elle.

Il n'est point de canaille qui ne dénonce l'immoralité d'une autre canaille. Il est rare qu'un imbécile dénonce la bêtise d'un autre imbécile. Cela est matière à beaucoup de réflexions.

24 février

Radio anglaise. Elle m'impatiente, j'ai peine à l'écouter jusqu'au bout. Et cependant elle flatte mes préférences, elle caresse mes espoirs. Mais j'en ai assez des vastes desseins stratégiques, de l'héroïsme des masses, de la puissance des industries de guerre. Que c'est long de tuer l'Allemagne et le nazisme ou le nazisme seul! Qu'on fasse plus vite, qu'on en finisse! Qu'on nous laisse à d'autres soucis!

Je pense à cette amie, qui a très peur des insectes et qui, apercevant une araignée sur le mur de sa chambre, appela toute la maison, criant : « Tuez-la vite, tuez-la vite!!! » Beaucoup de Français lui ressemblent. Ils crient aux Russes, aux Anglais, aux Américains : « Tuez vite... »

Pour les imbéciles qui ne croient pas à la différence des régimes, qui ne voient dans cette différence qu'une apparence illusoire. En pleine guerre, des Anglais, des Américains peuvent, à propos du jeûne de Gandhi, protester contre la politique anglaise dans l'Inde.

Parfois j'entends le silence de la pensée en France et dans l'Europe nazifiée, comme on entend le silence de la campagne, la nuit, ou plutôt le silence d'un cimetière.

1. Antoine de Saint-Exupéry *(N.d.A.)*.

Je n'ose écrire ce qui suit : dans les cent premières pages de *L'Éducation sentimentale*, il y a pas mal de phrases mal foutues, aux membres mal attachés, aux insertions douteuses et dont le sens, si on s'en rapportait à la seule syntaxe, serait ambigu. Je n'ose écrire cela. Je n'oserais le dire à personne sauf à toi Flaubert, vieux. Et ne va pas t'en faire. D'un rien, cela peut s'arranger.

Dans les lettres de Flaubert, on trouve, en 1876, une vague allusion à Ingres et à Delacroix. Pas un mot de Manet, Monet, Renoir. Il estime Bonnat et écrit à Zola, en juillet 1879 : *« Quand à Manet, comme je ne comprends goutte à sa peinture, je me récuse. »*

Je crois avoir déjà noté (pages écrites à Bourg) ce passage de *L'Éducation sentimentale* : *« La plupart des hommes qui étaient là* (chez le banquier Dambreuse, entre 1840 et 1848) *avaient servi, au moins, quatre gouvernements; et ils auraient vendu la France ou le genre humain, pour garantir leur fortune, s'épargner un malaise, un embarras, ou même par simple bassesse, adoration instinctive de la force. »*

Flaubert hait la bêtise de la foule, comme il hait le pharisaïsme et la bêtise de la bourgeoisie. Les doctrines et les passions de la révolution de 48, l'émeute et les barricades, tout est pour lui sans autre substance que la bêtise.

Peut-être avons-nous, sur les intersections du moi et du social, quelques pressentiments qu'il ne pouvait avoir.

25 février

Hitler a déclaré hier qu'il mobiliserait pour la guerre allemande toute la population de l'Europe occupée et qu'il procéderait à l'extermination de tous les Juifs d'Europe. On pouvait supposer qu'il chercherait une solution nouvelle à la complication, à l'ampleur croissante d'événements imprévus. Mais Hitler ne tente pas de connaître les événements. Il persévère en lui-même. Aux événements, il n'oppose rien que Hitler lui-même. C'est un monstre mythologique aveugle et sourd. Il agit comme le monstre qui projette ses tentacules, comme le persécuté qui tue son ennemi imaginaire.

26 février

Panorama :

Une poule est vendue à la ferme soixante-dix francs le kilo. Ce n'est pas le prix du marché noir, c'est un prix d'ami.

Hitler a annoncé hier la mobilisation dans l'armée allemande des hommes des pays occupés.

D'après la radio d'Alger, dix-sept patriotes ont été fusillés, hier, en France.

À Tournus, les arrestations se multiplient.

Du bourg, sept départs pour le *Reich.* (Autriche et Haute-Silésie.)

Les Russes avancent.

L'Angleterre et l'Amérique annoncent à la radio l'invasion de l'Europe tantôt à lointaine échéance, tantôt à bref délai.

« Nous n'aurons, a dit Hitler, aucun scrupule en ce qui concerne la vie des étrangers. » Le journal, c'est-à-dire Vichy, édulcore le texte de Hitler, ne le donne pas tel quel. Cela serait prématuré. Mais que la guerre dure deux ans encore, Vichy pourra parler et agir, selon Hitler, sans dissimuler. Qu'on veuille bien considérer ce qui, depuis juin 40, est devenu possible.

27 février

Rêve idiot. Entre le rêve et la rumination mentale. Rêve sans décor (je veux dire que j'en ai oublié le décor.) Port me dit : « Il faut renoncer à agir. C'est trop dangereux. Toutes les fois que vous agissez, vous nourrissez de sens les mots qui commandent votre action. Ils se promènent partout chargés de sens. Si le peuple donnait un sens aux mots, on ne pourrait plus le gouverner. »

J'ai déjà fait remarquer que la Haute Université avait perdu tout génie de la protestation. Quant aux écrivains... Leur était-il donc si difficile de manifester réprobation ou mépris ? Et même les plus académiques, les plus académiciens ne pouvaient-ils protester au nom des traditions les plus sages, les plus tempérées de la patrie académique, de la patrie des discours de réception ? C'est mentir que dire qu'ils ne pouvaient pas. C'est hypocrisie qu'invoquer l'esclavage de la presse. On ne les eût pas arrêtés. Ainsi la lettre de Claudel [1]. Elle circula, fut reproduite en des feuilles clandestines. Vichy n'osa faire arrêter le poète Paul Claudel, ambassadeur de France. On n'osa pas. Mais aujourd'hui ? Leur consentement par le silence a créé un autre milieu, leur silence les a faits complices de Vichy, complices de l'Allemagne, leur silence a fait la parole plus dangereuse.

Coïncidence : la radio de Londres traite ce thème des écrivains silencieux. Cependant, elle en cite deux, qui ne cèdent point à

1. À Noël 1941, le pourtant maréchaliste Paul Claudel a écrit au grand Rabbin de France une lettre on ne peut plus explicite : « Je tiens à vous dire le dégoût, l'horreur, l'indignation, qu'éprouvent à l'égard des iniquités, des spoliations, des mauvais traitements dont sont actuellement victimes nos compatriotes israélites, tous les bons Français et spécialement les catholiques... »

Vichy : Bernanos et Maritain, qui sont l'un au Mexique, l'autre aux États-Unis [1].

« Ils feront un arrangement avec la Turquie et passeront par la Bulgarie », dit l'huissier.
« J'ai idée qu'ils débarqueront en Grèce... », dit le boucher.

28 février

Le bruit court que des soldats allemands, retour de Russie, viendront se reposer à Balanod. « C'est les jeunes filles qui vont être contentes... », dit la D... qui n'est plus du tout paysanne, mais dont on ne peut pas dire qu'elle soit déjà bourgeoise.
Parole basse, mais qu'il faudrait expliquer. Elle s'est mise hors la guerre. Elle ne pense la guerre qu'en fonction de ses sous. Et la légende du soldat en tant que tel. Mais je n'ai pas envie d'approfondir aujourd'hui la psychologie de cet hybride.
« Les Russes, dit la femme de Riffault, c'est du monde comme les autres. »

1er mars 1943

Claude viendra dimanche prochain. Hélas! je pense déjà qu'il ne restera que huit jours. En janvier, Suzanne n'est restée que huit jours. Je souffre encore de la brièveté de ce séjour comme d'un étranglement.

Mme L..., bourgeoise de style, me dit : « Je ne crois pas à l'histoire... » – « Et à la chimie physique ? »

Sur la façade latérale de la dernière maison de chaque village, on a peint en lettres monumentales quelque forte pensée du maréchal. À ma connaissance, dans toute la région, on n'a jeté de la bouse de vache que sur un seul de ces placards.

En lettres blanches sur fond bleu, l'annonce : « HUILES BERLIET » couvre tout le mur d'une maison isolée en bordure de la route. Elle évoque en moi plus de souvenirs d'auto, plus de paysages, plus d'âme de route et d'âme d'auto que le paysage réel ou que les rares autos réelles, qui passent sur la route. Mystère des associations.

1. Une inexactitude : Si Jacques Maritain (1882-1973) a bien rejoint les États-Unis (il enseigne la philosophie à Columbia et à Princeton), Georges Bernanos (1888-1948) a gagné, lui, le Paraguay puis le Brésil, dès l'année 1938, pour prendre du champ à l'égard de l'Europe; les reculades de Munich, les déroutes de 1940, la politique de Collaboration le marqueront profondément dans son exil et lui inspireront notamment sa *Lettre aux Anglais*.

2 mars

« Au marché noir, me dit Laurent, il y avait dix veaux, mais il y avait quinze types du ravitaillement. »

Cornu, qui fut cafetier, et Crespin, l'ancien gendarme, ont été remplacés au ravitaillement. On dit qu'ils trafiquaient avec un maquignon, qu'ils remplaçaient les bêtes grasses par des bêtes maigres, qu'ils achetaient des bêtes à bon marché et les revendaient cher à l'Intendance, qu'ils achetaient un mouton et en comptaient plusieurs, que sais-je? Ce ne sont que des bruits invérifiés. Qu'ils répondent ou non à quelque réalité, ils ont à peu près la même signification. Le père de Poil de Carotte, ayant perdu une dent, dit à son fils, à qui il vient d'en pousser une : *« Cela fait le même nombre de dents dans la famille »*. Le même raisonnement peut s'appliquer à l'improbité du bourg. Elle est égale en quantité, soit que Crespin et Cornu aient volé le ravitaillement, soit qu'on les en accuse injustement.

V

DÉPARTS ET RÉSISTANCES : LA HAUTE-SAVOIE

3 mars 1943

BRUN, le menuisier, part après-demain pour la Carinthie. Il est triste et plein de colère. Je ne puis m'empêcher d'être dur. « Les ouvriers français n'ont pas bronché, tant qu'il s'est agi de fabriquer, en France, des armes pour l'Allemagne; ils n'ont commencé à résister ou gémir que du jour où on les a contraints à les fabriquer en Allemagne même. C'est la passivité des ouvriers qui a permis à Hitler et à Laval, opérant progressivement, d'obtenir quelque deux cent mille départs. Du moins c'est le chiffre qui circule. » Je suis injuste sans doute et je suppose les ouvriers détenteurs d'un immuable pouvoir révolutionnaire dont ils pourraient user, à leur caprice, en toute circonstance.

Il croit à la possibilité du sabotage. « En êtes-vous sûr? – Oui, quand le cœur résiste... »

Atteindront-ils à la haine qui construit, à la haine efficace?

Ce que c'est de nous. Je suis saoul : j'ai mangé du pain blanc de la ferme.

Peu d'années avant cette guerre, un journal parisien publiait une photo représentant Gœbbels faisant une conférence à des professeurs allemands. Je demandais alors : « Serait-il possible qu'on vît dans une Sorbonne fascisée des universitaires français écouter docilement un Gœbbels français? » J'imaginais déjà que, par les voies combinées de l'académisme et de la lâcheté, cela pouvait devenir possible. Nos Gœbbels de 1943 ne se sont pas adressés aux universitaires. Ils ont choisi les journalistes, qu'ils supposent d'une pâte plus molle. « Une centaine de journalistes français entendront, dans le grand amphithéâtre de la Sorbonne, de Brinon, Marion et Bonnefoy et prendront part à des journées d'études [1]... » De ceux que Fargue appelait « Prix Nobel de Chantage ».

1. Une trentaine de journalistes accrédités à Vichy sont invités à visiter Paris et à suivre en compagnie de 80 confrères parisiens deux journées d'études docu-

Dans les bois, je m'étais baissé pour regarder un orchis. J'entends un bruit de feuilles froissées. Je me redresse : un lièvre, venant du fourré, s'est jeté dans le sentier et file devant moi d'une allure assez tranquille. Si j'écrivais la fable du lièvre et de la fleur, on en pourrait bien tirer quatre ou cinq morales différentes.

Le bruit a couru que les Allemands enverraient contre les Russes les mobilisés de Laval. Je crois que le père Mireau rêve en parlant et libère ses désirs refoulés : « Les Russes ont dit que chaque fois qu'ils feraient prisonnier un soldat français, ils fusilleraient dix officiers allemands. »

Détérioration par la solitude. La joie (arrivée de Claude dans deux jours), la joie entre en moi, mais ne trouve pas de place pour s'installer.

4 mars

Les gendarmes vont dans les fermes de Bresse ou de montagne et demandent si on n'y abrite pas un mobilisé en fuite. Ils mettent à cette sorte de travail peu d'acharnement. « On est tout prêts à fermer les yeux, disent-ils. Mais le jour où nous serons accompagnés par la *Gestapo*... »

Le bruit court qu'à Lyon les policiers, la nuit, cueillent à domicile les ouvriers mobilisés et les jeunes gens soumis au recensement.

Cinq mille personnes auraient été arrêtées à Lyon.

À Champagnole, aucun ouvrier n'aurait obéi à l'ordre de départ.

6 mars

Les nobles paroles du pape et de quelques archevêques et cardinaux émeuvent toujours les mécréants d'une chrétienne émotion. Cela n'empêche pas qu'on lit dans *Le Nouvelliste* : « Assemblée constitutive de la Milice française à Lons-le-Saunier. Aux côtés de M. Bosc, préfet du Jura, on remarquait la présence de M. l'abbé Thurel, représentant Mgr l'évêque de Saint-Claude, de M. le pasteur Peloux... » Le protestantisme ne s'entend pas moins que le catholicisme à concilier le christianisme avec une pointe de nazisme.

Quelques jours avant l'envahissement de la Pologne, un jeune professeur de Tübingen disait à Louis Bertrand, jeune professeur français : « Tout nous conduit au désespoir. Si l'Allemagne gagne la guerre, je me désespère, puisque sa victoire entraîne celle du nazisme. Si l'Allemagne est vaincue, la défaite de l'Allemagne m'est une autre raison de désespérer. » Il a été tué sur le front russe.

mentaires sur la Relève et la lutte contre le bolchevisme; René Bonnefoy, un fidèle de Laval, est secrétaire général à l'Information.

11 mars

Attentat raté contre Déat [1]. On dit qu'à Lyon une vingtaine de soldats allemands ont été ou tués ou blessés par une grenade ou par une bombe. Déraillements. (Tous les hommes de la commune, de vingt à soixante ans, doivent prendre sur les voies une garde de six heures.) Ouvriers qui partent pour l'Allemagne, ouvriers qui ne partent pas.

14 mars

À la buvette. Récit de l'homme en bleus, prisonnier évadé : deux gendarmes de Louhans ont arrêté deux prisonniers français évadés; ils les ont conduits à Seurre et livrés aux Allemands. « Ces gendarmes, dit-il, je voudrais les pendre, non par le cou, ils ne souffriraient pas assez longtemps, mais par les oreilles ou par les jarrets, comme les veaux. »

Le lieutenant allemand, auquel furent remis les deux Français, aurait traité les deux gendarmes avec un noble mépris, leur aurait témoigné son dégoût. De tels gendarmes, un tel officier (réels sans doute) ne sont-ils pas à l'origine d'une légende qui naquit au folklore, simultanément en plusieurs villes de France?

On a conté que, pendant la débâcle, à Lyon, selon les uns, à Bourg, selon les autres, comme pénétrait dans la ville une colonne allemande, une femme française tendit des fleurs à l'officier allemand qui marchait en tête. L'officier prit les fleurs, les jeta au visage de la femme et lui dit : « Vous êtes une mauvaise Française. »

On parle des mobilisés, de ceux qui sont partis, de ceux qui se cachent. « Même à la campagne, dit l'homme en bleus, ce n'est pas facile. Il y aura toujours un salaud pour dénoncer le mieux caché. Le Français est mouchard. » Je sais comment il faut interpréter cette parole de colère, cette généralisation de rage. Elles signifient que le mouchardage lui est intolérable.

Sermon de Carême à Notre-Dame. Cela est pertinent, cela touche comme les révélations des cartomanciennes sur le passé ou l'avenir, si générales qu'on y peut toujours intercaler son passé ou ses espérances.

15 mars

Longue déclaration de Giraud [2], qui se résume en une promesse de restituer à la France ses libertés constitutionnelles. De Gaulle

1. Marcel Déat a été effectivement attaqué, à la mitraillette, par des résistants, dans son village de la Nièvre, Arlebourse; il sort indemne de l'attentat.

2. Giraud prononce à Alger, le 14 mars, un long discours radiodiffusé, largement inspiré par Jean Monnet, où il se réclame – et c'est nouveau – de principes républicains et démocratiques.

n'est pas nommé. Giraud, personnage hésitant, auquel il fallut des semaines pour se détacher de Vichy, a-t-il oublié que de Gaulle, en juin 40, était la France à peu près à lui tout seul? Giraud semble crier à de Gaulle, qu'il ne nomme pas : « Je suis aussi républicain que vous. » Ou bien Giraud nous conte un rêve, au cours duquel il se prenait pour de Gaulle.

M. Eden aurait déclaré à Washington : « Il ne faut pas s'attendre à une fin rapide de la guerre. » Ah! s'en aller dans un Tahiti, plus Tahiti que ne fut jamais Tahiti.

16 mars

Kharkov est repris par les Allemands. La Radio annonce qu'en Haute-Savoie des ouvriers, rebelles à l'ordre de mobilisation, se sont réfugiés dans la montagne. Vichy aura-t-il sa guerre civile?

Que feront les gardes mobiles? Mais les Italiens ou les Allemands interviendront. Les rebelles seront cernés, pris par la faim. On en exécutera quelques-uns. Après quoi, matés, vaincus, les ouvriers partant pour l'Allemagne ne chanteront même plus *L'Internationale* et *La Marseillaise*. À moins que les choses ne se passent point selon cette logique du sens commun, à moins qu'il n'y ait une création d'événement, on ne sait quelle contagion de la révolte aux conséquences aujourd'hui imprévisibles.

L'état de siège est proclamé en Haute-Savoie. On annonce l'arrivée d'infanterie portée italienne.

Au milieu d'un pré s'élance, jaillit plutôt, sur un fond sombre de pins, un svelte merisier sauvage, tout en fleur. Quelques branches divergentes esquissent le mouvement d'un bras sous un voile. L'arbre deviendrait la danseuse au voile blanc et lentement se mettrait à danser, je n'en serais pas étonné.

« Avez-vous entendu la Radio aujourd'hui? » me demande une marchande du bourg. Une nouvelle la trouble, l'inquiète, l'oppresse entre toutes les nouvelles du jour. Il faut qu'elle s'en délivre. S'agit-il de la prise de Kharkov, de la déportation? « Qu'est-ce que ça veut dire?... À Alger, ils ont enlevé les portraits de Pétain. » (Un ordre de Giraud a fait disparaître des boutiques les portraits et slogans du maréchal.) Elle n'a aujourd'hui que deux idées dans la tête. L'une est que la guerre est longue et l'autre « qu'on a enlevé les portraits de Pétain ».

Busquet arrache des ronces en bordure de son champ. Il trouve, comme moi, que depuis quelques jours « ça ne tourne pas rond à la Radio ». Curieuse façon de parler. Nous identifions la nouvelle et l'événement, l'image et la chose, le poste de Radio et le monde.

20 mars

Trente intellectuels alsaciens condamnés à mort. D'autres à de longues peines de prison. Un agrégé de l'Université vante à *Radio-Paris* les bienfaits de la collaboration.

Le Nouvelliste, en deux colonnes, refuse toute importance aux événements de Haute-Savoie. À peine si quelques jeunes gens furent, quelques heures, égarés par une détestable propagande. Ils ont bientôt cédé aux paternelles admonestations des gendarmes. Mais les faits se multiplient ou la légende naît partout. Il y eut, hier, à Saint-Usuge (près Louhans) un déraillement. Les hommes de garde de ce tronçon de voie ferrée (deux instituteurs) seront-ils arrêtés, condamnés? On dit qu'à Lons les jeunes gens, soumis au recensement, se sont réunis devant le monument aux morts et qu'ils ont juré, sur les morts dont les noms y sont gravés, de ne pas partir pour l'Allemagne. On dit que les rebelles de Haute-Savoie sont ravitaillés par des avions anglais, qu'ils ont une mitrailleuse pour quinze hommes et que trois généraux les ont rejoints dans la montagne. Le vraisemblable et l'invraisemblable circulent au bourg, tantôt s'ignorent et tantôt se pénètrent. On a dit que les troupes italiennes, envoyées contre les rebelles, s'étaient jointes à eux; on a dit que les Italiens avaient échangé leurs mitrailleuses contre du pain. Mais les bruits, les nouvelles, vraies ou fausses, ne jaillissent pas dans le bourg endormi, comme elles jaillissent dans les villes nerveuses. Elles ne se propagent même pas, comme une eau sur une pente. Elles apparaissent un instant, comme un insecte sort d'un trou et s'y renfonce.

21 mars

Un Anglais, à la Radio de Londres, commémore l'anniversaire de la mort de Foch, en phrases gonflées comme un animal empaillé.

Le R. P. Roguet barytonne le bon Dieu, comme le célèbre speaker des P.T.T. l'annonce des émissions.

Radio de Vichy. Notre époque aura-t-elle son style? C'est le thème d'un article de Paul Morand, dans je ne sais quel hebdomadaire. Oui, dit-il, elle aura son style, malgré la guerre et la souffrance. La raison et le cœur le lui donneront, sans compter l'artisanat. Le littérateur aigu, le retourneur de clichés (l'envers vaut l'endroit) se transforme en Joseph Prudhomme ou plutôt redevient un Joseph Prudhomme sans masque.

Journée édifiante. J'entends le sermon de carême du R. P. Panicci [1], prononcé à Notre-Dame. Le mal n'est jamais que

1. Les sermons de carême sont retransmis, chaque dimanche, à *Radio-National*.

désordre. Le mal social a deux sources : le communisme d'une part, les iniquités capitalistes de l'autre. (Mais ne pas confondre le capitalisme avec un « sain régime de la propriété ».) Le R. P. Panicci ne fait aucune allusion au nazisme.

Discours de Hitler pour la « journée des héros ». La retraite allemande en Russie est une « injustice du sort ». Si Hitler gagne, son succès est une forme de la justice. S'il perd, son échec est une forme de l'injustice. Hitler vaincu engueulera le Sort, la Providence, Dieu.

Je ne sais qui, à la Radio anglaise, nommait de Gaulle un grand chef chrétien. Dans les années d'avant la guerre, les Soviets faisaient risette au catholicisme français. Une maxime de Pétain sur le mur de Balanod : « Restaurer les vérités chrétiennes... » Le christianisme ne serait-il plus que ce qu'on y met?

22 mars

À l'épicerie où l'on vend de tout. Quelques vieilles femmes. Le royaume des vieilles. « Votre fils? – Il est en Prusse orientale. – Une dame de Lyon, son fils est revenu d'Allemagne, il a dit qu'il mangeait mieux qu'il ne mange à Lyon. »

« Si les Anglais tardent trop, me dit Laurent, ceux qui sont pour eux se mettront contre eux. »

Mireau arrête ses bœufs, pose son aiguillon sur le joug. Il revient du bourg, il a livré de l'avoine « en mairie ». « Pendant la guerre de 1914, me dit-il, on mettait dans l'avoine, réquisitionnée par les Allemands, de petits crochets invisibles. Les chevaux, qui en mangeaient, crevaient. »

Les deux instituteurs, qui étaient de garde, au moment où s'est produit le déraillement de Saint-Usuge, ont été conduits à Chalon. Les gendarmes ont dit aux hommes d'ici : « S'il y avait un déraillement, pendant que vous êtes de garde, ne rentrez pas chez vous... Foutez le camp... Cachez-vous dans la montagne. »

23 mars

Un train venant de Bourg, un autre venant de Lons, devaient amener chacun à la gare de Saint-Amour trois cents partants pour l'Allemagne. Ces six cents jeunes gens devaient être groupés à la gare. Les deux trains en ont amené en tout un peu plus d'une centaine. Et ils étaient arrivés avec un grand retard, parce que les jeunes mobilisés pour l'Allemagne avaient saboté les freins et qu'il avait fallu prendre le temps de les réparer. Des gardes mobiles étaient échelonnés de la gare aux premières maisons du bourg.

Les jeunes gens enfermés dans les wagons chantaient *La Marseillaise*, *L'Internationale*, criaient : « Vive de Gaulle! Laval au poteau! »

Est-ce une étincelle unique? Y a-t-il beaucoup d'étincelles semblables? Allumeront-elles un foyer?

Cela me fut conté par Mme Marie, à la buvette, sur ce ton de frayeur dolente que lui inspire tout ce qui, dans le courant du temps, peut se dessiner en fait, se détacher en événement. Je voulais lui poser quelques questions, obtenir plus de précision. Cela me fut impossible. Un homme en salopette, le visage noirci de poussière de charbon, est entré dans la buvette. Il chasse l'événement, il chasse l'histoire. Il n'est pour lui d'événements que ceux de son propre malheur. Il annule tout ce qui n'est pas son infortune, il m'annule; il parle, comme si je n'étais pas là, comme si je n'existais pas, sans réticence et sans pudeur. Et la guerre et le conflit des peuples ne sont pour lui qu'une transition oratoire, un prétexte à étaler au jour son propre désastre. « Mon fils est parti pour l'Allemagne, dit-il. Qu'ils le tuent, s'ils veulent. » (Ses yeux sont tuméfiés, baignés de larmes. Et leur regard exprime plus de souffrance que de colère.) Mme Marie est la sagesse, qui apaise et domine, elle parle comme le chœur antique : « Chacun connaît ses misères. – Mon fils, continue l'homme, a aidé sa mère à emporter les meubles et tout ce qu'il y avait d'argent à la maison... Ah! vous ne saviez pas qu'elle était partie... Oui... Avec un agent du ravitaillement. Elle est revenue deux jours. Et puis elle est repartie... – Je comprends, dit Mme Marie. Il faut être poussé à bout pour dire ce que vous avez dit de votre fils. – Je les ai pris en flagrant délit. On m'a dit que j'aurais eu le droit de les étaler. Si j'avais su... Ils ne seraient pas vivants... Elle n'a jamais manqué de rien... Avoir travaillé, comme j'ai travaillé, au dépôt et à la ferme, avoir travaillé comme j'ai travaillé pour en arriver là..., pour coucher seul entre quatre murs... – Enfin, dit Mme Marie, après un silence, elle n'était plus toute jeune? – Elle est trois fois grand-mère. – Tout le monde peut faire des bêtises... Mais quand même... »

Quelques brochures au bureau de tabac, dernier envoi des Messageries Hachette. Titre : « Nos vedettes ». Une brochure par vedette : Tino Rossi, Danielle Darrieux, Viviane Romance. Leur biographie depuis leur naissance jusqu'au plein de leur gloire. Les images ont ce caractère de pornographie photographique qui, avant la guerre, fit le succès de quelques hebdomadaires. On en vend. Cela coûte cinq francs. C'est la lecture des jeunes fermières. Nul ne comprend l'époque, s'il ne comprend que ces images sont complémentaires des portraits du maréchal. Il est vrai que les portraits du maréchal se font rares.

On voudrait une Radio toute nue. Les rédacteurs des bulletins d'information n'informent pas. Ils plaident. Devant le destin.

La Radio du Vatican a diffusé ce démenti : « Jamais le pape Pie XI ni le pape Pie XII n'ont demandé ou fait demander que soient dites dans les églises d'un pays quelconque des prières pour le bolchevisme. Le peuple russe a toujours trouvé place dans le cœur du Saint-Père, mais le régime communiste n'a jamais eu l'approbation pontificale. » Il est étrange qu'il soit besoin de communiquer aux peuples que le pape n'a point coutume de chanter *La Carmagnole* entre deux messes. Cependant on a vu la religion catholique et la religion communiste se rencontrer dans la pensée ou dans le cœur de quelques fidèles. Hétérodoxes, sans doute, mais ils voulaient le retour à la primitive Église, ils rêvaient la fusion d'un bolchevisme temporel et d'un catholicisme de charité. Des rêveurs, en effet. Et sans doute comprenant mal aussi bien le catholicisme que le communisme.

24 mars

Radio. De Bossuet à Péguy par Mme Marie Marquet, de la Comédie-Française. Je n'ai guère écouté plus d'une minute. J'avais peur que la fin ne me gâtât le commencement. J'avoue n'être pas insensible à un certain sublime de la bêtise. Par qui cette actrice a-t-elle fait rédiger le texte de sa causerie? J'ai dit sublime. En effet, elle parlera, dit-elle, d'écrivains « dont la cadence s'apparente au lyrisme ». Et elle nous fera apercevoir en Bossuet « la bienfaisante clarté d'un phare projeté sur la conscience humaine ». Et elle lit du Bossuet. C'est beaucoup plus drôle qu'un sketch de clowns. Mais c'est d'un comique un peu sinistre : elle ne comprend pas un mot de ce qu'elle lit. Je pense avec mélancolie que, peut-être, loin, en je ne sais quel pays étranger, un jeune homme, penché vers son poste de Radio, attend que quelque chose lui soit révélé des Lettres françaises.

Je connais l'état d'âme du pauvre (du pauvre style 1830), sa crainte, son admiration et son respect du riche. J'ai rencontré le petit Georges Riffault qui goûtait d'une énorme tranche de pain blanc et d'un énorme morceau de lard.

La nature posait des tons plats. Mais voici les buissons en fleurs. Floraisons légères, voilées. La nature travaille maintenant dans le subtil, le précieux. Elle répand le précieux avec prodigalité.

Ceux qui chassent la guerre de leur pensée et se réfugient dans la philosophie hindoue ou la philatélie.

25 mars

Le bruit de la pluie sur les feuilles mortes. Une vigne : sarments tordus. Sur la vigne un pêcher en fleur : fumée rose.

26 mars

Finies les pastorales de la fin de 1940, fini le temps du retour à la terre, où le maréchal grattait le cou du paysan. Là comme ailleurs les hommes de Vichy ont procédé par degrés.

À l'Aubépin, les inspecteurs, envoyés pour la vérification des stocks de blé, ont fouillé dans les lits. (Ils ont trouvé dans un lit quatre-vingts kilos, dans un autre cent kilos de blé.) Riffault me dit qu'il doit fournir dans l'année six cents livres de beurre. Il paraît que c'est un chiffre absurde. « Ceux qui règlent les réquisitions n'ont jamais vu une vache. » Où sont leurs fourches? Au magasin des accessoires historiques. « Où sont vos fourches? – Il faudrait tous s'entendre. Mais il y en a toujours qui ont peur... »

Riffault croit que la rébellion en Savoie est sérieuse : « J'ai rencontré hier à la foire de Cuiseaux un Savoyard, avec qui j'ai fait autrefois des affaires... (C'est la première fois que j'entends cette expression dans une bouche paysanne.) Ce Savoyard... je lui ai vendu autrefois des cochons : Il m'a dit : " Si tu veux voyager en Savoie, ne te déguise pas en gendarme ". »

Je tiens d'Aimé François, employé au chemin de fer, à Louhans, que les jeunes gens de Louhans, des classes 41 et 42, ne partent pas. Ils ne se cachent pas. Ils restent chez eux.

27 mars

« Remaniement ministériel. Concentration des pouvoirs et renforcement de l'autorité gouvernementale. »

Un certain Gabolde [1], procureur près le tribunal de la Seine, remplace Barthélemy. Celui-ci, professeur de Droit et accoutumé à l'argent distingué du Comité des Forges, doit manquer de style nazi.

Je me souviens d'avoir parlé de Chevalier, de Carcopino. Qui se souvient aujourd'hui de Carcopino, de Chevalier? Qui demain se souviendra de Barthélemy et de Gabolde? Que restera-t-il, après-demain, de cette poussière de traîtres?

28 mars

J'ai encore écouté le sermon du R. P. Panicci à Notre-Dame. Il n'est que d'être mécréant pour attribuer au catholicisme de rares

1. Le départ le plus commenté de ce remaniement ministériel du 26 mars est celui du Garde des sceaux Joseph Barthélemy; Maurice Gabolde, magistrat de profession, procureur de la République près le Tribunal de la Seine en janvier 1941, a rédigé pour partie la loi relative aux sections spéciales et manifeste, avec un grand zèle répressif, des sentiments collaborationnistes.

vertus spirituelles. Et en particulier le mécréant a d'obscures sources de respect pour les ordres savants. Hé bien, non... Le R. P. Panicci, rompu d'ailleurs à une dialectique formelle, est un esprit sans grandeur. Il étire, pendant une heure d'horloge, cette idée qu'il n'est de mal que dans le désordre. Cancer : désordre cellulaire. Émeute : désordre social. Tout cela est d'un cléricalisme pauvre et détournerait de la religion même un mécréant.

Le R. P. Panicci prend en voix de tête le début de ses phrases, à la façon des clowns.

29 mars

M. Abel Bonnard inaugure à Lyon l'exposition « le Bolchevisme contre l'Europe ». Parmi les personnalités qui entourent le secrétaire d'État, on remarque le Dr Westerik, conseiller de l'ambassade d'Allemagne, représentant M. Schleier; le baron von Wrangel, directeur du service de l'Anti-*Komintern*; le général major Ritter Furchtebauer; le major Hoppach; l'*Oberleutnant* Graf Schönfeld. À ces noms sont mêlés ceux de M. Polosson, premier adjoint au maire de Lyon; de M. Gain, recteur de l'Université; de M. Rougier, doyen de la Faculté de Droit; de M. Doin, doyen de la Faculté des Sciences; de M. Dugas, doyen de la Faculté des Lettres; de M. Luc, directeur de l'Enseignement technique.

Anticommunistes? Pro-allemands? Ou les deux ensemble? Des lâches, en tout cas.

Abel Bonnard déclare « ne pas regretter la société d'hier, qui est finie et préférer la société actuelle, où les corps ont faim, mais où les âmes peuvent se nourrir ». Cet empapaouté académique a une âme de petit calibre et de mince appétit.

Quel est cet officier allemand sur le quai de la gare? Ce n'est pas un officier allemand. C'est un inspecteur des voies. Cependant sa capote et sa casquette sont tout à fait semblables à une casquette et à une capote d'officier allemand. La casquette et la capote font l'homme. Il se tient droit. Et, de plus, il porte des lunettes à branches métalliques. On ne fait guère mieux comme officier allemand ni au théâtre, ni en Allemagne. Les gens de Vichy, composant un uniforme, ne savent le composer qu'allemand. Pourquoi? Inconsciente attraction? Effet de la victoire sur la mode? Masochisme?

Comprenez-vous? Leur guerre m'ennuie. Ce sont procédés de joueurs de bridge. Je ne joue pas au bridge. Je suis poli avec les joueurs, c'est tout. Mais ma vie ne dépend pas d'un de leurs coups. Je puis ne pas m'occuper de leur jeux, me donner à des pensées graves, à des plaisirs. L'intolérable, c'est que de ce bridge qu'est la guerre dépende tout, hors de nous et en nous.

Rêve. Au haut d'un escalier droit, dans un décor qui tient du grenier et des coulisses de théâtre. Au haut de l'escalier, Gœthe. Gœthe regarde avec attention un commutateur, qui est à portée de ma main et dont il semble ignorer l'usage. Je le fais fonctionner : la lampe s'allume. *« Licht »*, dit Gœthe. Je dis alors en prenant mon temps : « C'est une grande chose, Gœthe, que d'entendre ce mot dans votre bouche. » J'ai dû dire cela en allemand, du moins dans un allemand traduit mot à mot du français, mais je ne me souviens que de : *« in Ihrem Mund »*. Gœthe me répond en bon français : « C'est bien aimable ce que vous dites là... »

Rabaud, cafetier et camionneur, était un des patriotes du bourg. Les idées tournaient dans sa tête, sans s'accrocher à rien. Sa tête brûlait, comme une casserole vide sur le feu. Cela lui donnait les apparences de la colère et de la conviction. Désigné pour l'Allemagne, il a demandé à entrer dans la milice. Il est en sursis.

Que de fois nous avons dit, parlant de Pétain ou de Laval : « Ce n'est pas si simple que ça. Ils n'ont pas trahi comme on trahit au Cinéma. » Notre sens critique, notre volonté de juste critique, notre sentiment de la complexité, notre obsession plutôt de la complexité, notre peur enfin d'être « primaire » nous ont trompés. La cauteleuse brutalité de Laval, la cynique hypocrisie du sinistre vieillard, ce n'est pas si compliqué que ça. C'est comme au Cinéma.

Un soldat allemand, venu de Lons, est entré à la ferme, a demandé des œufs. On lui en a cédé deux. « Pour le faire causer. » Il cause en effet assez volontiers. D'autant qu'il parle assez bien le français et avec peu d'accent. Il l'a appris en France, depuis la guerre. Mobilisé depuis trois ans, il n'a que dix-neuf ans et demi. Il a été en Russie, y a été blessé au bras, légèrement. « Beaucoup de morts, dit-il. Si on me renvoie là-bas, je lève les bras et je fais camarade. Je veux sauver ma peau. Je n'ai pas vécu encore. On m'a pris, j'étais encore un enfant. » Ses parents sont cultivateurs, il voulait être boulanger. « C'est le monde renversé, dit-il. Les Allemands sont en France, on envoie les Français en Allemagne. » « Qui gagnera la guerre, lui demande Laurent, les Anglais ou les Allemands ? » Il répond : « Ça m'est égal, pourvu que ce soit la paix. » « Hitler, Churchill, Roosevelt ?... » demande Laurent. L'Allemand répond : « Ils jouent aux cartes et les morts, c'est nous... »

Ce récit m'a été transmis, à peu près dans les mêmes termes, à une heure d'intervalle, par Laurent et sa femme. Sitôt après le départ de l'Allemand, il avait été aux champs. Ils n'ont donc pas eu le temps d'établir une version commune. Leurs deux versions cependant coïncident. Il serait vain de commenter les paroles de cet Allemand. Un pacifiste fou, un anarchiste total? Un agent provocateur? Un saboteur du moral français? Peut-être aussi son anarchisme, sa sagesse en pantoufles n'ont-ils pas plus d'importance qu'une plaisanterie scatologique dans la bouche d'un prêtre.

L'actualité catholique par le R. P. Roguet. Parlant de la consécration de la France à la Sainte Vierge, le R. P. Roguet ne saurait scandaliser les mécréants. Il est sur le plan de la foi. Le mécréant s'incline, salue poliment la foi, quand elle se meut dans l'éther métaphysique ou les célestes espaces. La mise en ondes du Bon Dieu, ça ne doit pas être facile. (Je ne sais pourquoi mise en ondes me rappelle mise en plis.) Mais le R. P. Roguet flagorne Vichy.

Que l'homme catholique est donc difficile à saisir! Dans les années qui précédèrent la guerre de 1914, il y eut une mode pédérastique du catholicisme. Il n'était point de pédéraste qui ne se convertît et ne le fît savoir par les journaux et les revues. Puis vint le catholicisme des philosophes. Puis des jeunes gens, dans le même temps que d'autres allaient aux pointes du marxisme, se jetaient au pied des autels et ne se contentaient pas d'un vieux rite fondé sur la coutume. J'en ai connu qui étaient d'une âme fervente. Ils n'eussent pas flagorné Vichy.

Protestations du Vatican et des prélats contre les déportations et persécutions. Mais l'Église offre ses cérémonies aux persécuteurs. Fuyante Église et plus solide que tout. Changeante Église, Église immuable, qui accomplit ce miracle d'être à la fois l'Église des persécutés et l'Église des persécuteurs.

Les lapinières. Les Bergeon ont maintenant cinq enfants. Cela leur vaut, par mensualités diverses, environ douze cents francs. Lui est une sorte d'insecte laborieux; elle est tuberculeuse. On fait des enfants, me dit-on, pour les primes et allocations. On en fait d'autant plus qu'on est alcoolique ou tuberculeux. Que donneront, dans une vingtaine d'années, les rejetons de ces familles nombreuses artificielles?

Brume, nuages, ciel bas. Les arbres en fleur ont un air d'enfant malade endimanché.

Flaubert n'aimait pas Stendhal. Il le disait sec, étriqué, je ne sais quoi. On trouverait chez les plus grands beaucoup d'exemples de cette incompréhension et surtout peut-être chez les plus grands. N'allez pas chercher des causes profondes dans les tempéraments incompatibles. Sans un léger coup de pouce, sans un peu de trichage au début, sans une sorte d'état de grâce, qui est bienveillance ou snobisme, que de beaux livres n'achèverions-nous pas, que de beaux livres nous resteraient étrangers!

Des patriotes ou des farceurs ont collé à la porte de la mairie une feuille de papier sur laquelle on lisait : « Condamnés à mort » et, au-dessous, les noms de douze habitants du bourg, dont dix sont des collaborateurs avoués et les deux autres des collaborateurs timides. Signe de fureur opprimée, farce de village ou forme dérivée de lettre anonyme? Symptôme, prodrome, blague? Selon le dénouement général, l'histoire unifie, ordonne, traduit en clair ces signes épars, obscurs ou les laisse tomber.

Soldats allemands dans un train, quelques-uns sur le quai. Les uns du type universel paysan soldat. Les autres, adolescents blonds, le regard ébloui, c'est leur premier voyage. Mais aussi de laids visages mal modelés aux traits cassés, de cette laideur parfois ronde, mais plus souvent aiguë, qui est déjà dans les Cranach et dont Grosz, après 1918, retrouvait la loi, le caractère. (Entendez que l'Allemagne n'est pas seule à posséder son type de laideur.)

1er avril 1943

« Décret concernant le certificat de travail. Interdiction de quitter l'emploi mentionné sans ordre de mutation..., etc. » Bureaucratie du désespoir, nazisme à retardement. Déjà, ils entendent au lointain des sons de cornemuse.

2 avril

La patrie par énumération. Je parcours un article du journal. Cela est intitulé le culte des héros. L'auteur cite Bayard, Jeanne d'Arc, Condé, Turenne, Jean Bart, Pétain. Il en cite beaucoup d'autres, je ne sais plus lesquels. Il en cite tant, pour étayer sa patrie élastique, que cette énumération (ainsi dans *Les Provinciales*) donne un irrésistible effet de comique. Les héros semblent soudain les termes de la série infinie des nombres. La patrie se démontre arithmétiquement. Quelques notions de manuel scolaire amalgamées en un article de journal... On a le bourgeois 1943, celui qui veut défendre la civilisation occidentale contre le bolchevisme.

Si un paysan consent à vendre un lapin, il le vend deux cents francs. Ce n'est pas le prix du marché noir. Ce paysan sait que le lapin ou la volaille se vendent beaucoup plus cher encore au mystérieux marché noir des villes. Si bien que, vendant son lapin deux cents francs, il se considère comme un philanthrope. « Et le prix, dit-il, qu'il me faut payer un pantalon ou une paire de sabots. »
Qui a commencé, la paire de sabots, ou le lapin?

Le commandant en retraite prend la Radio anglaise et souhaite le débarquement. Il a un jeu d'atlas, sur lesquels il suit l'avance des troupes de Montgomery. « Si j'avais dix ans de moins, me dit-il, je me battrais en Afrique. » Je suis sûr qu'il est sincère. Mais il n'a pas encore décroché de son mur le portrait en couleurs du maréchal.

3 avril

Je tourne le bouton du poste. J'entends une rumeur, elle vient de Paris. Quelque chose de Paris est entré dans ma chambre. La rumeur devient une clameur d'enthousiasme. C'est un match de football. Pour quelle liberté, pour quelle Europe sont-ils, ces voyeurs de sport, ces gueuleurs du stade? Leur patrie, c'est un ballon.

4 avril

Pétain a parlé à la radio. « L'histoire vous dira plus tard ce qui vous fut épargné. – Supprimer la condition prolétarienne. – Les rebelles se sont réfugiés dans l'émigration. – Le génie de notre race. – La barbarie bolcheviste. »

Il passe en revue tous les clichés de ses précédentes allocutions. Les clichés défilent, mais sans tendre le jarret ni appuyer sur la crosse. Ils défilent comme une armée fantôme. On ne voit distinctement que leurs numéros matricules. On pense à Marius et Olive qui, las de leurs histoires marseillaises, ont pris le parti de les numéroter et éclatent de rire chaque fois que l'une d'elles est évoquée par son numéro.

Le texte est si mou qu'on peut supposer qu'il fut rédigé par le maréchal lui-même. Il ne contient aucune allusion aux événements actuels. On croirait que le maréchal est déjà mort et que son esprit parle dans une réunion de spirites. Ses paroles sont aussi vagues que celles des esprits qui répondent par le truchement d'une table. Il est invraisemblable que ces molles paroles aient été prononcées en même temps qu'on se bat en Russie, qu'on se bat en Tunisie, en même temps que la France, pour inerte qu'elle semble, est tendue vers l'espoir d'un débarquement.

Quelques minutes après, un Alsacien annonçait à la Radio anglaise que cinquante condamnations à mort avaient été prononcées contre des Alsaciens, pour résistance à l'Allemagne et que cinquante mille Alsaciens et Lorrains avaient été mobilisés par l'Allemagne et envoyés au front russe [1].

Romantisme populaire. Un homme farouche, les yeux cernés de poudre de charbon, dit : « Je croyais qu'il allait annoncer sa démission. »

1. Depuis le 25 août 1942, le service militaire obligatoire est introduit en Alsace; le recensement et l'incorporation des classes 1919 à 1914 commence en janvier 1943; quelque 200 000 Alsaciens et Lorrains allaient être mobilisés dans la *Wehrmacht*. Le 17 février 1943, sont exécutés 13 jeunes conscrits de la commune de Ballesdorf qui avaient été pris alors qu'ils tentaient de gagner la Suisse.

Le R. P. Roguet présente l'Eucharistie comme une occasion exceptionnelle.

6 avril

Une demi-page du journal sur le bombardement des usines Renault. Il y aurait trois cents morts [1]. Le pacifiste intégral rejette tout ce qui est de la guerre. Mais, pour le peuple, les morts de Billancourt ne sont que la rançon des tanks anéantis.

Quelques-uns même n'acceptent pas ce dur bilan. Ils ne veulent même pas que l'Angleterre soit responsable de ces morts par ricochet. Ainsi la légende naît que les morts des immeubles d'habitation n'ont pas été atteints par des bombes anglaises, mais par des bombes allemandes. Pendant que les bombardiers anglais attaquaient les usines, quelques avions allemands jetaient des bombes sur les maisons.

B... me donne cette version. J'exprime un doute. Ce doute lui fait mal. Ce doute détruit le bel édifice d'une histoire conforme à son cœur.

Quelques placards de l'organisation « Combat » ont été collés sur les murs du bourg, dans la nuit de samedi à dimanche. « Ne partez pas pour l'Allemagne. Résistez à Hitler, résistez à Laval. Désobéir à Laval, c'est obéir à la France. » L'un a été souillé par de la bouse de vache. Les autres, depuis trois jours et trois nuits, sont intacts.

7 avril

À Billancourt comme à Lorient, les Américains ont été cruellement maladroits. « Ont-ils du moins fait du bon travail ? » Ainsi parlait une vieille dame dans un train.

Je croyais que le bourg connaissait ses mouchards, qu'ils étaient une douzaine à peine, une dizaine de minimes fonctionnaires lâches ou boutiquiers échauffés. Mais M... tient d'un policier de Lons qu'ils sont cinquante-deux et que chacun possède une mitraillette.

Il paraît qu'il est des bourgs et des villages où personne n'est parti pour l'Allemagne, où l'on a compliqué à plaisir la tâche des agents de contrôle. Personne n'entrait en relation avec eux, personne ne leur adressait la parole. Ils ne supportèrent pas d'être enfermés dans le silence et demandèrent à changer de poste.

Puissance et dignité du silence. Mais la caissière d'un hôtel de

1. C'est le deuxième bombardement diurne de l'aviation anglaise visant, le 4 avril, les usines Renault travaillant pour la machine de guerre allemande; c'était un dimanche et les nombreuses victimes (328 morts, plus de 500 blessés) sont des promeneurs ou des habitants de Boulogne-Billancourt. Vichy organise des obsèques nationales.

Bourg ignore cette puissance et cette dignité. Hier, elle faisait la coquette avec un officier allemand, qui lui lançait de lourds compliments.

Le ciel est couvert. Il va pleuvoir. Les cerisiers en fleur ont un ton de linge sale.

10 avril

Febvre se moquera de moi, parce que je commente la perfection dans le vide, l'absolu dans le néant. Mais tout est signe.

Abel Bonnard avance les vacances et supprime les épreuves orales du bachot, pour que les élèves puissent, pour la moisson, aider les cultivateurs. « La jeunesse, écrit cet académicien, en travaillant dans l'été de notre terre, trouvera son propre printemps. » « Ce travail vaudra d'autant plus pour les jeunes Français qu'ils l'accompliront parmi les horizons doux et magnifiques de la Patrie. Ils s'attacheront à elle, en saisissant ses récoltes... Leur âme revivra le labeur de leurs mains. »

Chevalier sans doute ne prétendait qu'instaurer le règne d'un bon Dieu sénile. Carcopino n'était peut-être qu'un professeur ivre de se voir ministre. Mais Abel Bonnard exalte l'« Europe qui se fait », l'Europe de Hitler.

Non pas traître de cinéma. Et ce traître, quel qu'ait été notre scepticisme, existe. Il vend des fonds de corbeille ou quelque secret d'armement, dévoilé tout au long dans des livres que n'importe qui peut se procurer chez n'importe quel libraire. De même que pendant la guerre de 1914, le commandement, dans les secteurs calmes, ordonnait parfois des patrouilles inutiles, uniquement pour qu'il y eût des morts, uniquement pour maintenir dans la troupe un sentiment d'animosité, ainsi les bas agents de l'espionnage et de la trahison entretiennent dans les Deuxièmes bureaux une illusoire activité.

Et la trahison d'un Abel Bonnard n'est pas non plus celle du chef qui, pour sauver sa patrie du désordre, la livre au vainqueur, qui seul est capable de mater la révolution.

Ce sentiment est celui d'une partie de la bourgeoisie. Et, au XIXe siècle, une partie de la bourgeoisie espéra parfois son salut de la force étrangère. Au courant de ces notes, j'ai cité le témoignage de Stendhal, le témoignage de Flaubert (sur la bourgeoisie des années 1840). Et dans sa correspondance, Flaubert montre le bourgeois français prêt, en 1870, à se jeter à la tête du Prussien. Et, témoignage plus valable encore peut-être, parce qu'il est d'un bourgeois, quintessence de bourgeois : celui de Francisque Sarcey. Ainsi cette attraction si elle n'atteignit pas le même degré d'impudeur, n'est pas un fait neuf dans l'histoire de la France. Je ne suis pas historien. Ce n'est pas à moi de doser, de mesurer l'étendue et la force de ces poussées de trahison.

Mais le cas d'un Abel Bonnard est pathologique. Les mots n'ont pas pour lui plus de sens qu'ils n'en ont pour un dément. Ils se coagulent par les bords gluants de leurs arêtes. Ils prennent leur place dans la phrase, comme des voyageurs prennent leur place dans un wagon. « En travaillant dans l'été de notre temps, la jeunesse trouvera son propre printemps. » Un Abel Bonnard, mou comme une méduse sur la plage, ne fait qu'absorber et restituer les parcelles de trahison, qui sont dans l'air du temps.

Trois jeunes gens ont été arrêtés. Ils ont avoué avoir maculé de peinture rouge une inscription murale de la Légion et avoir pendu en effigie l'adjudant épicier, le contrôleur du ravitaillement et le renégat, qui passa à la milice. L'un est le fils d'un chiffonnier, l'autre d'un petit cafetier, le troisième d'un employé du chemin de fer.

Je tâte l'opinion paysanne. « Ce ne sont pas des choses à faire maintenant, me dit Laurent, c'est trop tôt. » – « Ce sont des gosses, me dit Riffault, on n'a pas eu de peine à les trouver, ils ont bavardé partout. Ils ne savaient même pas tenir leur langue. » On les tient pour d'imprudents gamins. L'un d'eux passait pour un peu fou. On ne les plaint guère, on porte sur eux un jugement de prudence.

Pour tous ceux qui interrogent les prisonniers retour d'Allemagne ou les soldats allemands. Un mot vrai, un mot gorgé de sens. « Les prisonniers, me dit Andrée François, ils ne veulent rien dire, ils hésitent. » Ils n'ont, pour exprimer une réalité neuve, ni littérature ni folklore. Ils n'ont pas de moule où couler leur pensée. Ils se taisent.

Le soldat allemand qui, chez Laurent, disait : « Que ça finisse comme on voudra, ça nous est égal, nous voulons la paix », ce soldat, on pourrait être tenté de croire que c'est toute l'armée allemande. Passant quelques jours à Lyon, une jeune fille du bourg a entendu de semblables propos. Bien mieux, quatre soldats allemands, entrés dans une ferme, près de la gare, pour y demander des œufs, ont exprimé la même lassitude, le même découragement, le même défaitisme. C'en est inquiétant. Quels que soient le lieu et la circonstance, les soldats allemands, isolés ou en groupe, disent, en termes identiques, leur dégoût de la guerre. À croire qu'ils récitent un catéchisme. « C'est une consigne, me dit F..., la duplicité est le caractère même de l'Allemand, l'Allemand n'hésite pas à mentir par ordre. » Mais quel intérêt le pouvoir hitlérien a-t-il à faire croire aux Français que les Allemands n'aiment plus ni Hitler ni l'Allemagne ? Et cette consigne me semble dangereuse. Si j'étais dictateur, je n'oserais faire dire à mes soldats qu'ils vomissent la guerre. Je craindrais qu'ils ne finissent par croire à leur mensonge.

La chèvre de la mère Imbert a fait quatre cabris, deux vivants, deux morts. La matrice est descendue. Le vétérinaire a dit qu'il fallait abattre la chèvre. « Il ne l'a pas guérie, il a pris nos sous quand même. J'ai dit : " Faites ce que vous voudrez, mais je ne veux pas la voir. " On l'a pendue à la cave, pour que le sang s'écoule. Maintenant elle cuit. Elle cuit chez la Louise. Je n'en mangerai pas. Ce n'était pas une vache, comme on dit, ce n'était qu'une chèvre. Mais une bonne chèvre. Je n'en retrouverai pas une pareille. Elle ne cherchait pas ici et là, elle broutait comme une vache. Elle donnait cinq litres de lait. Et de bons fromages. »

Elle parle d'un seul souffle, comme si toutes ses pensées n'étaient qu'une phrase, comme si cette phrase n'était qu'un mot. Je ne sais par quelle transition elle passe du deuil de sa chèvre à la misère du temps, à sa propre misère : « Je suis assez vieille... Je veux bien mourir... »

Du mieux que j'ai pu, j'ai reproduit ses paroles. Mais s'il fallait choisir, mettre en forme, transposer en mensonge littéraire? Facilités du roman réaliste. Elle n'aimait sa chèvre que pour son lait, elle veut mourir, parce qu'elle ne mange plus de pain blanc. Facilité du roman académique et régional : elle aime la vieille chèvre pour elle-même, c'est un cadeau du Bon Dieu. Elle conte ses misères avec une admirable résignation, elle ne se plaint pas. Elle est l'aïeule, la tradition, elle maintient.

Et ce « maintenant elle cuit... » n'est-il pas « shakespearien »? D'autant qu'elle l'a légèrement séparé du continu de ses paroles, qu'elle l'a accompagné d'un sourire doux, triste, qui pouvait se traduire ainsi : « Ce que c'est que de nous, ce que c'est que des chèvres, hier on broutait, aujourd'hui on cuit, on cuit dans la marmite de la Louise. »

Le paysan est difficile à saisir, parce qu'il ne fabrique pas son personnage, ne l'ordonne pas, ne le lie pas à l'imitation d'un modèle littéraire ou d'un type préconçu.

Maurice Donnay et Abel Hermant [1] protestent contre les bombardements anglais sur la France ou demandent à la Croix-Rouge d'élever une protestation. Ils plaignent, de tout leur cœur sensible et patriote, les Français tués par l'erreur ou la maladresse d'une escadrille anglaise, par contre-coup de guerre; mais ils n'ont point de pitié pour les Français que les Allemands font mourir dans les camps ou fusillent. Ce ne sont pas des morts pour académiciens nazis.

1. L'académicien Charles Maurice Donnay (1859-1945), est un auteur de comédies de mœurs légères. Sur Abel Hermant cf. infra p. 673.

Les fleurs du cresson des prés semblent éclairées au néon.

Il y a sur ma table deux volumes de lettres de Voltaire, un Rabelais, un volume de Shakespeare. Et j'ai, cette nuit, lu *Le Secret de Chimneys* d'Agatha Christie [1]. C'est ainsi. J'entre dans un de ces rêves inertes, secs, que n'accompagnent aucune émotion et qui ne laissent aucun souvenir. *« Il n'y a que deux sortes de personnages, dit le détective, qui se moquent absolument du qu'en dira-t-on : ce sont les vagabonds et les grands seigneurs. »* Cette forte maxime psychologique éclate dans le flou du texte. Elle me paraît très pénétrante et très fine. Et d'ailleurs elle n'est pas tout à fait vide de sens. En cette sorte de littérature, tout ce qui n'est pas combinaison de déplacements et d'horaires prend par contraste une force évocatrice. Qu'un personnage fasse quelques pas, la nuit, dans un parc, on sent sur son visage le souffle de l'air, on entend le bruit du vent dans les arbres. S'il mange un sandwich, on a faim, s'il se verse un verre de whisky on sent dans la bouche le goût du whisky. Le roman policier (je tiens de bonne source qu'il n'allait pas à un public populaire, mais à un public de bourgeoisie dite cultivée) est un des signes de l'époque qui suivit la guerre de 1914.

Les patriotes belges semblent plus fermes en leurs certitudes et moins prudents que les patriotes français. Ils n'attendent pas, pour châtier, que l'Allemand ait été chassé. J'apprends par la Radio que Paul Colin, à Bruxelles, a été tué à coups de revolver [2]. On m'avait dit que, depuis des années déjà, il était lié au fascisme belge. Mais, dans les années 1920, il était de ces Européens voyageurs qui reconstruisaient le monde sur l'internationalisme et la peinture de Matisse. Il connaissait l'Europe et les potins de la *N.R.F.* (Je me souviens qu'un matin il vint chez moi, accompagné de l'écrivain alsacien René Schickkele). Il écrivit un livre sur l'Allemagne d'immédiatement après la guerre, un livre sur Van Gogh. Ce ne sont pas des livres sans mérite. Puis il s'occupa du commerce des œuvres d'art, dirigea une galerie de tableaux.

Je revois des yeux pâles dans un visage blanchâtre et rond. Ce visage s'encadrait d'une vaporeuse mousse de barbe aux poils bouclés, en forme de favoris, qui semblait postiche. J'aurais pris du plaisir à la conversation de Colin, n'était sa voix. Elle était

1. Paru en 1933, ce roman policier et d'espionnage de la déjà célèbre Agatha Christie est de tonalité très réactionnaire, écrit à la plus grande gloire de l'Angleterre.

2. Paul Colin est le journaliste et l'essayiste wallon le plus connu qui – sous la bannière du rexisme – prône une collaboration active; directeur du *Nouveau journal* et de l'hebdomadaire *Cassandre* qui dénonce nommément à longueur de colonnes les opposants à une politique de collaboration, il a déjà été attaqué le 22 janvier 1942; il est finalement abattu le 7 avril 1943.

aiguë et glapissante. On l'entendait du bout d'un appartement à l'autre bout, comme on eût entendu un sifflement de balle.

Comment est-il devenu nazi?

16 avril

C... pense net sur la France et Vichy. Mais, sans situation et sans argent, il sollicite et obtient un poste d'un de Brinon quelconque, qu'il a connu naguère. Le sens de l'honneur est perdu. Accepter est amitié et donner peut n'être que complaisance.

Génération spontanée, bruits sporadiques, traînées de poudre. Il y a quelques semaines, à la Buvette un homme, qui était l'homme de la rue et l'homme des trains, un homme vague disait : « Quelqu'un, je pourrais vous dire qui, quelqu'un de bien renseigné, m'a dit : " Si les Français savaient ce qui doit arriver d'ici huit jours, il n'y aurait plus en France une bouteille de champagne vide. " » Claude a entendu la même phrase, à Paris, dans le métro.

Ils ne sérient pas les questions. Comme l'adjudant-épicier reprochait à la mère de l'un des jeunes gens qui le pendirent en effigie de ne « point surveiller son gamin », elle lui répondit : « Et vous, vous feriez pas mal de mieux surveiller votre fille, qu'on voit dans les blés avec l'un et avec l'autre. »

18 avril

Le frère de Riffault, prisonnier rapatrié pour maladie. J'ai noté en son temps le récit dolent qu'il fit de sa captivité. Ses souvenirs montaient en lui, séparés, sans lien, comme des bulles d'air montent à la surface d'une mare. Souvenirs isolés dans un absolu de vieille chanson.

On parle de l'ex-adjudant-épicier, tête de la Légion. « Il est fort, dit la femme de Riffault, il a le gouvernement pour lui. » – « Non..., il n'est pas fort, dit le frère de Riffault, il a tout le monde contre lui. »

Hier, il a acheté je ne sais quoi dans la boutique de l'adjudant-épicier. « C'est vous, lui dis-je, qui faites sa force. Vous n'êtes pas capable d'aller chez un autre épicier. Il y en a au moins dix au bourg. » – « C'est que chez lui, on trouve ce qu'on ne trouve pas chez les autres, il est mieux fourni. » Il ne comprend pas ou ne veut pas comprendre.

À Paris, Suzanne a refusé de serrer la main de Raymonde D..., dont le mari est un doriotiste fortement appointé. « Je ne suis pas l'amie, lui dit-elle, de ceux qui tuent ou font tuer mes amis. » – « Elle est impossible, dit partout Raymonde. Elle croit à des persécutions nazies, à des cruautés qui sont de pure invention. »

Il y a beaucoup de nuances entre les traîtres qui se veulent traîtres et ceux que la trahison entraîna avant qu'ils aient reconnu son visage. Il y a quelques semaines, la radio allemande me posait le cas Chateaubriant. Je n'avais alors rien lu de cet écrivain. Ces derniers jours, furetant dans la bibliothèque, j'ai trouvé son roman : *Monsieur des Lourdines*. J'ai lu. Ce n'est pas du tout illisible. C'est l'histoire d'un gentilhomme campagnard, ruiné par son fils, un « noceur », un « viveur ». Après des années d'absence, le fils revient au domaine. Les deux hommes se mêlent au paysage, s'y confondent, s'y résorbent. Ce n'est pas roman régional, roman retour à la terre; ce n'est pas du tout idiot, comme de l'Henri Bordeaux. La langue hésite parfois entre le plat et le chantourné. Mais c'est baigné de poésie, d'une poésie littéraire, qui semble ne rien prendre à la vie, mais qui brasse adroitement des thèmes efficaces comme de vieilles chansons, qui orchestre des conventions bien patinées. Les paysans planent dans une rustique atmosphère, au-dessus des lois de la terre et de l'économie. Un peu moins d'adresse dans la touche, ils seraient d'opéra-comique. Le récit est placé en 1840. Le vieux gentilhomme et ses bottes sont 1840. La psychologie, comme les bottes et les vieux serviteurs, est 1840. Mais ce 1840 a une résonance grêle de boîte à musique.

Sans doute, Chateaubriant, dans sa vie comme dans son livre, possède le don d'éviter les chocs du réel. Ainsi les somnambules, disait-on naguère, marchant les yeux fermés évitent les obstacles. Chateaubriant somnambule ne s'est point cogné à l'Allemagne, au nazisme. Il les a contournés. Son livre (paru en 1910) est dédié à Romain Rolland. Peu d'années avant cette guerre, il fut un des écrivains français qui furent les hôtes de Hitler. D'un pacifisme emprunté il passa à un hitlérisme idyllique. Toutes les idées lui sont bonnes, pourvu qu'elles lui soient chantées. Ainsi un somnambule littéraire, un homme livresque et femelle est conduit à la trahison. Cette explication par l'identité d'un livre et d'un homme n'est-elle pas elle-même bien littéraire? Mais tout expliquer par la seule vénalité est trop simple [1].

Le journal. On aurait découvert, près de Smolensk, les cadavres de dix mille officiers polonais, tués par les Russes, à coups de revolver dans la nuque, au printemps de 1940. Le gouvernement

1. Alphonse de Chateaubriant (1877-1951) avait reçu le prix Goncourt en 1911 pour *Monsieur de Lourdines*. Ancien poilu, il avait publié des ouvrages à la fois agrariens et mystiques et crut trouver en Hitler, qu'il rencontre le 13 août 1936, le barde rédempteur (cf. *La Gerbe des Forces*). Il s'engage dans la collaboration politico-culturelle en fondant le groupe Collaboration et développe ses thèmes dans l'hebdomadaire *La Gerbe*, fondé en juillet 1940. Membre du Comité central de la L.V.F. (Légion des volontaires français contre le bolchevisme).

polonais de Londres demanderait une enquête de la Croix-Rouge. (Ce gouvernement dissident devient pour la presse allemande respectable et digne de foi s'il accomplit une démarche qui puisse être utilisée contre les Russes.) Mais voici le trait en trop, le comique dans le macabre : « À la demande du *Führer*, la Croix-Rouge allemande s'est déjà adressée à l'organisme de Genève. » Hitler devient le *Führer* au cœur tendre.

On s'étonne qu'il ait fallu trois ans pour découvrir un charnier de cette étendue [1].

21 avril

Depuis juillet 40, je n'ai pas vu un journal parisien, je n'ai pas vu une revue parisienne. Febvre me passe quelques numéros de *La Nouvelle Revue française*. Je savais vaguement qu'elle était sous le contrôle des autorités occupantes. (On m'avait dit aussi qu'avant la guerre les Soviets en possédaient la moitié des actions plus une.)

On disait *N.R.F.*, comme on dit T.S.F. La *N.R.F.* était une combinaison de parler Vaugelas et de pédérastie. La pédérastie n'était pas de rigueur. Mais une voix de fausset ne s'y faisait pas remarquer.

Le grand homme de la revue est aujourd'hui Drieu la Rochelle. Je lis donc du Drieu. Que de lieux communs et de lieux communs renversés, tête en bas, jambes en l'air! Je pense à ce comique d'idées, dont rêvait Flaubert. On se demande si ce Drieu ne serait pas le Homais d'un fascisme déjà périmé.

« C'est dans la complexité des corps qu'on sent qu'ils sont en quelque sorte spirituels... Écoutez saint Paul... » – « Qu'est-ce que le sacré? C'est l'incrustation dans le comportement humain par des usages efficaces de tout ce qui est nécessaire à l'humain, du visible et de l'invisible. » Défilent Calvin, Zwingli (quelle érudition!), Luther. Ce Drieu brasse empires, civilisations, religions, jongle avec les rapports du christianisme et du paganisme, avec les mystères d'Éleusis, la religion chaldéenne, les religions syriennes, l'aryanisme des Vedas et des Upanishads et Vedanta. Ainsi dans *Les Plaideurs* : *« Quand je vois... »*

Grotesque quand il joue avec les empires et les civilisations, ce Drieu est un bon polémiste. Il sait opérer avec une roublarde brutalité, donner l'illusion de la force et d'une bonne construction

1. Le 13 avril, plus de 4 000 cadavres d'officiers d'active et de réserve polonais étaient découverts dans la forêt de Katyn, à proximité de Smolensk. Cette décapitation de l'élite polonaise a été l'œuvre du N.K.V.D. soviétique; ce que nia Moscou, qui rompit avec le gouvernement polonais en exil. Notons le scepticisme de Léon Werth, qui se défie plus que tout de la propagande allemande, et qui a été un compagnon de route; il ne sera pas le seul à douter de la culpabilité soviétique.

logique. Métier d'avocat. Il sait, comme tout un chacun, manifester son dégoût des vingt ans de dancing et Société des Nations qui ont suivi la guerre de 1914.

Sincère sans doute, quand il confesse son impuissance au communisme, quand il écrit qu'il s'efforça de satisfaire dans le communisme un goût littéraire de la destruction, on ne sait quel rêve à la Néron. Tout cela est cuistre, eunuque. Il ne ment pas davantage, quand il décrit son acheminement au nazisme. Il y fut conduit, dit-il, par le goût qu'il a de la force. Il eût préféré trouver la force en France. Elle n'y était pas. Il l'aime où il la trouve.

Tout cela ne va pas sans littérature, mais c'est assez simple, cela ne fait pas « profond penseur ». En jouant avec les mots ou même sur les mots, on obtient facilement le trompe-l'œil d'une troisième dimension. Voyez plutôt : *« Le plus fort a choisi d'être fort, le plus faible a choisi d'être faible. Celui-ci peut aussi établir la justice, la justesse de l'intelligence, en découvrant les vertus de la faiblesse, les vertus qui sont appelées dans le plus faible par la justice du plus fort. »*

Serais-je un homme trop simple? Quand un Drieu, un Montherlant nomment la justice, je pense que la justice commence si un homme du peuple casse leurs gueules faisandées.

Drieu raille le patriotisme que découvrent en eux les révolutionnaires anti-patriotes. Il ne peut pas comprendre que ce patriotisme était en eux, comme la trahison était en lui.

Imaginant l'hypothèse d'une victoire des Alliés, il écrit : « La Suisse sera le dernier bastion de l'Europe contre l'invasion slave. » On voit ici que la propagande littéraire de la *N.R.F.* est parallèle à la propagande, à peine plus épaisse, des journaux et de la radio. En mars 41, la consigne était de collaborer. Au printemps 43, la consigne est la défense de la civilisation contre les hordes barbares. Drieu observe les consignes.

La littérature sert d'excipient à la propagande : André Thérive, Marcel Arland travaillent dans le genre distingué de l'ancienne *N.R.F.* Fernandez est imperturbable en son travail d'amplification scolaire. Les idées, toutes idées passent sur lui, comme des semelles sur un paillasson.

Un certain Marcel Jouhandeau se roule aux pieds de l'Allemand, comme une chatte en chaleur. Retour d'Allemagne, il écrit : « J'ai pu vivre enfin quelques jours dans l'intimité de gens, hier nos ennemis, et dont la délicatesse à notre égard aujourd'hui me confond. »

Drieu prend le ton du grand politique. Montherlant opère par la bande. C'est une des grosses vedettes de la *N.R.F.* allemande. Un régisseur faire-valoir, du nom de François Sentein, annonce ses tours : « Il est opportun de montrer que le cas de Corneille est semblable à celui de Montherlant. » Ce parallèle se développe toute une page. Cette présentation de Montherlant par le régisseur faire-valoir et la présentation de Montherlant lui-même exciteraient en d'autres circonstances une plus franche gaîté. S'il est vrai que l'Allemand est lourd, on peut conclure sans autre preuve que la *N.R.F.* est solidement germanisée.

« *J'ai pour Jésus-Christ et son Église*, écrit cet auteur audacieux, *ce mélange de répulsion raisonnée et de compréhension sympathique, que Schiller, qui professait un semblable sentiment pour Gœthe avant qu'ils ne s'acoquinassent, rapproche du sentiment que Brutus et Cassius devaient éprouver pour Jules César... Mais toujours dans une sorte de complicité avec ce Jésus, et le baisant finalement de bon cœur, comme le boxeur vainqueur baise le vaincu...* »

Montherlant monte sur le ring et boxe avec Jésus-Christ. Comme de juste, c'est Montherlant qui est vainqueur. Aux points ou par knock-out?

Le plus farce est que, sans aucun doute, cet écrivain se croit très audacieux. Et je suppose qu'on doit encore rencontrer des « femmes du monde » qui admirent cette audace et prennent plaisir à se sentir bousculées par le moi de Montherlant.

J'attache trop d'importance à ces deux puceaux exhibitionnistes. Mais tout bonhomme humain m'intéresse et même un littérateur. Ces deux bonshommes sont drôles : bourgeois apeurés par le trouble de l'époque et par le communisme. Cette peur n'est pas d'un haut style. Ils la transposent en littérature distinguée, ils se fabriquent une sorte d'héroïsme. Ils transforment en haute philosophie le grand Larousse ou s'efforcent de danser, comme Zarathoustra, du scandale, du scandale bien dirigé et, aujourd'hui, contrôlé par la *Gestapo*.

Drieu c'est l'étudiant en droit de l'ancien quartier, le petit miché des filles du Panthéon, mais le miché qui joue à l'affranchi.

On ne saisit Montherlant que si on se souvient que, dans les petits cirques, le même artiste est à la fois acrobate et paillasse.

Odieux bonshommes, mais comiques aussi. Et, peut-être, abusés par leurs jeux verbalistes? Je l'ai cru. Mais je lis, dans le numéro de la *N.R.F.* de mars 42, sous le titre : « Notules », cette ligne, cette seule ligne : « Est mort aussi Fernand Hollweck, autre collaborateur de la revue. »

Hollweck, le physicien Hollweck, que les Allemands torturèrent et tuèrent. La mort de Hollweck, assassiné par leurs maîtres, est pour eux une notule. J'imaginais de pauvres bougres rongés par la littérature et le cabotinage, somnambules de littérature, comme déjà j'avais imaginé Chateaubriant. Mais, connaissant l'assassinat de Hollweck torturé, ils continuent leurs jeux, ils ne cessent pas de lécher la main de leurs maîtres. Ce ne sont en vérité que de misérables et plates canailles.

23 avril

On dit qu'à Bourg, les Allemands ont tiré à coups de revolver sur un distributeur de tracts. Ils l'ont atteint d'abord à l'épaule. Il fuyait toujours. Blessé ensuite à la jambe, il est tombé. Les Allemands l'ont jeté dans un camion. Le camion a pris la direction de Lyon. Les uns disent que l'homme est mort en cours de route, les autres, que les Allemands l'ont achevé.

24 avril

Suzanne doit arriver ce matin, après une nuit de voyage. Je ne serais guère plus fatigué, si j'avais fait moi-même le voyage. Toute la nuit, ma tête a cogné aux parois du wagon. Je somnolais, le corps desséché. Les bâtiments de gares, les hommes d'équipe sur le quai avaient un air d'absolu dans les limbes.

25 avril

Wallon, dans sa *Psycho-Pathologie*, montre une malade, qui, dans ses crises de mélancolie, voyait la campagne raidie, ripolinée. Suzanne et Claude sont là. La campagne a pris un air de bienveillance, que je ne lui connaissais plus.

Le colonel Maillaud, père de Pierre Bourdan [1], passe quelques jours avec nous. Il ne se sentait plus en sécurité dans la Creuse. Pour ce vieillard de soixante-dix-huit ans, le monde est jeune. Il croit à la justice. Il rirait, si on lui disait que la justice est une abstraction. Il croit aussi à la discipline, mais non aux dompteurs d'hommes. Il se souvient avec émotion de quelques « fortes têtes » qu'il a ramenées à la discipline. « Être un chef, dit-il, c'est avoir l'esprit de justice ».

Ainsi le lieutenant-colonel Babouin, que j'ai connu quand j'étais encore un adolescent. À la retraite. La chambre pleine de livres. Je fumais avec lui des cigares de deux sous. « Servitude et grandeur. »

La littérature ne montre pas ce type d'officiers. Ils n'étaient guère nombreux sans doute. Mais ils étaient. Ils ne sont pas un mythe littéraire. Les écrivains, spécialistes du héros, ne les aiment guère. Ils sont nés de la Révolution. Ils veulent servir la nation et non pas « le roi leur maître ». On les voit dans Balzac : Hulot. Comment dire cela sans momerie dans la vérité ? La difficulté vient peut-être de ce que la notion de nation est récente, pas assez rabotée et poncée, pour que les littérateurs puissent s'en servir.

1. Sur Pierre Bourdan cf. supra p. 367.

27 avril

Les Allemands sont venus chez le maire. Il était parti hier.

« Les nouvelles de la radio, me dit Febvre, sont sans lien apparent, souvent rebelles à toute interprétation. » La légation américaine a quitté la Finlande. Nouvelles de Turquie, nouvelles d'Italie, Mussolini épure encore les cadres du fascisme.

Le colonel Maillaud s'occupe d'astrologie. (À cause de cela, je l'avais cru polytechnicien, mais il a servi dans la coloniale.) « Les calculs astrologiques laissent prévoir, pour la mi-juin, à Paris, plus d'harmoniques que de dissonances. » Ces harmoniques dominantes peuvent signifier un événement favorable, peut-être la paix.

29 avril

À trois heures du matin, les Allemands sont revenus chez le maire.

Ils sont allés chez Chadel, ont frappé la porte à coups de crosse, puis brisé un carreau. Pendant ce temps, Chadel a pu disparaître, en passant derrière la maison, par son jardin. Ils sont allés chez le secrétaire de la mairie, qui a pu fuir en bicyclette. Le bourg accuse l'adjudant-épicier de les avoir dénoncés. Selon le bourg, il avait dit « qu'il les aurait ».

La fermière, qui de la France, de l'Europe et du monde, ne sait rien sinon qu'on lui prend du blé, des poules et des œufs, et que son mari et son fils, toutes les trois semaines, font sur les voies une garde de six heures, a dit : « c'est parce qu'il y en a qui ont fait des bêtises, c'est à cause des déraillements. »

Ainsi, la vieille marchande parisienne, comme je lui annonçais l'exécution des collaborateurs de Rivet, au musée de l'Homme, a répondu : « Il y en a toujours qui font des imbécillités. »

La Jeune Europe – Revue de la jeunesse universitaire européenne – Éditeur : Échanges culturels inter-universitaires. – Le gérant : Dr Rupert Rupp, Échanges culturels inter-universitaires. Berlin W 35, Friedrich-Wilhelmstrasse – Adresse en France : *Jeune Europe* (président : M. Albert Villot), 8, rue Jean Goujon, Paris VIIIe). Imprimé par : *Buchgewerbehaus, M. Müller und Sohn*, Berlin, S. W. 68.

Brochure luxueuse. Le texte est en français, mais il y a des éditions allemande, italienne, finlandaise, norvégienne, hollandaise, espagnole, portugaise, hongroise, roumaine, bulgare, grecque.

Le Dr Hans Claui, de Saint-Gall (Suisse), établit le fondement scientifique de l'Europe nazie. Le nazisme étant ainsi fondé sur les sciences exactes, on lui ajoute quelques étais philosophiques. Ainsi sont mobilisés Jakob Burckhart (1818-1897), Joseph Goerres

(1776-1848), le professeur Louis Le Fur, de Paris, le maréchal Antonescu et Antisthène, « philosophe grec (445-365) », Rodin. Et voici enfin, avec ses prénoms et sa particule, Johann-Wolfgang von Gœthe.

La table des matières de l'année 1942, par le rapprochement des noms, n'est pas moins savoureuse : « Déat, Adolf Hitler, Victor Hugo, Platon (et le texte de Platon est intitulé : *Sacrifice héroïque pour l'Europe*), Alphonse de Chateaubriant, Jacques Doriot, Blaise Pascal, Benito Mussolini, Achim von Arnim (collaborateur de la *N.R.F.*). »

Je ne suis pas tout à fait sûr qu'il n'y ait pas, quelque part en Europe, un étudiant qui croie que Doriot, Platon et Gœthe ont donné à tous les problèmes de la terre une même solution nazie. La propagande allemande est ici plus « savante » qu'à la radio, mais c'est à la *N.R.F.* qu'elle atteint son haut point de sublimation.

Il y a, à Morez, une voyante, une bonne voyante. « Elle avait prédit, dit la couturière, le retour d'un prisonnier... et ce prisonnier est revenu. Quelqu'un de Morez l'ayant consultée sur la fin de la guerre, elle lui a répondu que la guerre finirait bientôt, mais qu'il mourrait avant. Le consultant vient de mourir. Donc la paix est proche. »

30 avril

Sept heures au soleil. L'horizon bleu et rose a les paupières cernées.

Les lettres de noblesse de l'anti-cléricalisme. La gion et les TJ de Stendhal.

Hobereau. Suzanne lui rappelle qu'il a déclaré publiquement souhaiter la victoire des Allemands. « Je ne fais pas de politique », dit-il, patelin.

« Qui aurait cru cela dans un petit pays comme Saint-Amour ? » Ainsi parlent quelques commerçants à propos des visites domiciliaires de la *Gestapo.* C'est pour eux une injustice, une erreur du destin. Bons, ces soucis, pour les habitants des grandes villes.

Une colère cependant gronde contre l'adjudant-épicier. Il veut quitter le pays, céder son fond; il a mis une annonce dans *L'Indépendant de Saône-et-Loire.* L'adjudant-épicier a peur de sa victoire, comme Hitler.

On dit qu'à Beaufort la *Gestapo*, pour qu'il parlât, a arraché au greffier les ongles des orteils.

La ferme des Mireau, en haut de colline. « Il y a quelqu'un qui veut vous parler. » La pièce du premier étage, aux murs passés à la chaux. Nous y trouvons Chadel. Il faisait nuit encore quand il est arrivé. Il s'était d'abord caché dans la meule de Laurent. Il était pieds nus, en chemise. Il n'avait que le temps. Les Allemands avaient tiré un coup de revolver, alors qu'il était encore dans son jardin.

Les Mireau l'abritent. Ils n'ont pas hésité. Les Mireau sont des « fantaisistes ». Laurent leur reproche de faire passer le plaisir avant le travail. L'an dernier, à pareille époque, ils nous ont offert des fraises à la crème... et les vaches n'étaient pas encore pansées.

Chadel est là souriant, ému. Je sens fortement que je suis en France. Je le leur dis.

La nuit est tombée quand nous partons. Nous passons devant la ferme des Laurent. Prudents, prévoyants. Ils auraient sans doute abrité Chadel. Mais le temps qu'il puisse trouver un meilleur abri. Les nouveaux bourgeois. C'est chez les Mireau qu'est la France, la France, qui est ce qu'on la fait.

1er mai 1943

Le journal. « Un événement diplomatique de la plus haute importance pour la France. Le chancelier Hitler a reçu le président Laval. »

Depuis trois jours, dans les communes entre Lons et Bourg, les Allemands ont arrêté, les uns disent : cent cinquante, les autres : deux cent cinquante personnes.

La foire; pluie lente. Sous un parasol accompagné par un joueur d'accordéon, une femme, qui n'est plus jeune, le visage travaillé par les soleils et les pluies, chante d'une pauvre voix *La Valse de Minuit.*

Jamais, jamais je n'oublierai...
Tu m'as juré de m'adorer...
Et ce fut le premier aveu...

Des fillettes, des garçons suivent la chanteuse en fredonnant, se réfugient dans l'art. Et j'en suis venu à ne pas trouver ces vers plus ridicules que beaucoup de vers « distingués », littéraires, vers de gosses de riche. Mais la scène du sonnet d'Alceste a déjà été écrite. Et le vrai problème est celui de la fausse bonne poésie, qui est le même que celui de la fausse bonne peinture. La fausse bonne peinture, cette haine de Signac. Temps révolus où l'on pouvait haïr un livre, un tableau.

Chez les Mireau, Chadel se cache toujours. « Avant cette guerre, me dit-il, j'étais plutôt anti-militariste. Aujourd'hui... » Il n'achève pas sa phrase.

Ceux qui, en 1914, voulaient une paix moins bête que la guerre acceptent aujourd'hui une guerre moins bête que la paix.

Cette attente vague, cette recherche de lieux sûrs où cacher quelques papiers compromettants. Avant de me coucher, je repère exactement la place où j'ai mis mes souliers. Pour ne pas filer nu-pieds, dans la nuit.

2 mai

Promenade dans les bois. Il pleut. Les feuilles luisent. Fond abyssal ou simplement fond d'aquarium.

Le départ de Suzanne et de Claude me laisse dans une demi-somnolence. Il y a un traumatisme des départs.

Le journal. Le maréchal a parlé. La charte du travail résoudra les problèmes que ni le capitalisme ni le communisme ne peuvent résoudre. Pourquoi font-ils parler ce vieillard qu'on n'écoute plus? Pourquoi ce jeu macabre de faire parler un cadavre?

« Le maréchal a goûté à la soupe des jeunes des chantiers. » Belle image d'Épinal. Il n'est pas de grand chef qui ne goûte la soupe du soldat.

3 mai

Le maréchal a encore parlé. « J'aurais le cœur ensanglanté, si je devais passer par les rues de Paris, alors qu'il y a tant de difficultés à vaincre, tant d'hostilité. Mais soyez tranquilles, je pense à vous... » Il ne paraît guère se faire d'illusions.

Chez les Mireau. Chadel s'y cache toujours. Dans une sorte de grenier. Un nid d'hirondelles est accroché à une poutre du plafond. Le temps est frais : on a fermé la fenêtre. Mais les femmes, de temps en temps, l'ouvrent pour que la mère hirondelle puisse entrer ou sortir.

Un ami de Chadel est venu au bourg. Il conte qu'en je ne sais plus quelle circonstance, il accepta d'un officier allemand un paquet de cigarettes, qu'un autre jour il serra la main que lui tendait un Allemand et qu'il en garde de la honte. Je crois qu'il éprouva ce sentiment de honte après coup, que cette honte est le couronnement tardif d'un récit souvent conté, un ornement moral surajouté. Ou plutôt il se condamne lui-même, par contre-coup, parce qu'il approuve un notable d'une commune voisine, qui, non seulement céda par contrainte sa salle à manger à des officiers allemands qui cantonnaient, mais se fit leur hôte bénévole, les invita à sa table, prit part au repas délicat qu'il leur fit préparer.

M... conte le travail de son groupe : fabrication de fausses cartes d'identité, destruction de voies ferrées.

4 mai

Des soldats allemands ont passé, accompagnés d'une femme bottée. Ils ont demandé à acheter des œufs. Ils n'exigeaient pas et ne simulaient aucun pouvoir de réquisition. Les Riffault leur ont répondu qu'ils n'avaient pas d'œufs. Mais chez Tourand, on leur a vendu six œufs. Ils avaient peur. Ils pensaient se concilier à tout jamais toute l'Allemagne.

« *Signal* [1] se vend moins, me dit la buraliste. Je vends vingt-huit *Candide* et trente *Gringoire*. Mais ceux qui achètent ces journaux, c'est plutôt pour le papier. »

Je parcours les *Conversations de Gœthe avec Eckermann*. Sans doute, suis-je incapable de les replacer dans leur époque. Mais je n'y prends guère d'intérêt. Cet olympisme est petit-bourgeois, juste milieu, pharisien. Et, si on n'est pas prévenu on trouve que Eckermann a autant de génie que Gœthe.

Busquet qui revient de labourer un bout de champ, m'entraîne chez lui. Il me passe *Le Livre jaune* français, publié en 1939 [2]. (Chadel, du temps qu'il ne se cachait pas, le lui avait prêté.) On y voit Hitler transcendant tous les problèmes, transcendant le mensonge et la vérité. Nous savions que le génie est simplificateur mais nous n'avions point encore de génie qui simplifiât à ce point. Hitler pense comme les grands politiques du théâtre. Hitler se rêve et se crée lui-même à leur image. Hitler est un de ces pauvres fantômes qui rôdent dans les coulisses et les studios. Mais il s'est évadé et les hommes l'ont pris pour un des leurs et n'ont point reconnu en lui le fantôme à la gabardine.

Si un fantôme peut tant de choses, que ne pourrait un homme? À moins que au contraire...

5 mai

Pendant la guerre de 1914, un capitaine d'infanterie (prêtre, depuis devenu évêque) disait à Febvre : « Puisque vous ne croyez pas, quelles sont donc vos raisons de ne pas commettre de crimes ? » On pourrait fort bien retourner la question. Pour qui ne croit pas à un Dieu brûleur d'âmes et distributeur de médailles, un acte indélicat a un terrible caractère d'irréparable.

1. *Signal* est un bi-mensuel illustré – en fait l'édition française de la *Berliner illustrierte Zeitung* – qui paraît dès juillet 1940.

2. Le gouvernement français avait publié à l'automne 1939 dans un « Livre jaune » nombre de documents sur les échanges franco-allemands à la veille de la guerre.

Le bourg semble inerte. Mais des haines s'y cachent qui pourraient flamber en feu historique. D'un côté, ceux de la Légion et de la milice. De l'autre, quelques « patriotes » qui, tous ou presque tous, sont socialistes ou socialisant.

Mme Debeau s'en va disant que, si le maire ne revient pas, les Allemands prendront onze otages. Onze, pas un de plus, pas un de moins. Où a-t-elle pris ce chiffre?

Sur les sapins en toile de fond porte un arbre de féerie. Ses feuilles tremblent au vent, glissent en scintillements, comme les pierreries d'une cascade d'apothéose.

Le pâtissier, la pâtissière et leur fils, qu'on dit inverti, ce n'est pas assez de dire qu'ils sont collaborateurs. Par un étrange transfert, ils se sont pris d'amour pour l'Allemagne. Ils croient à la régénération de la France et du monde par l'Allemagne. Ils l'aiment mystiquement.

J'ai vu, sur le seuil de sa porte, la pâtissière. Elle m'a fait un petit salut serré et m'a jeté un regard de rage.

6 mai

Guerre d'idées. Nazisme contre démocratie. Mais les idées des nazis sont réversibles. Prendre garde de ne pas attribuer aux seuls nazis cette réversibilité, selon que l'intérêt la commande. Les nazis sont seulement plus cyniques. Ils ne prennent pas le soin, comme les politiciens des autres pays, d'arrondir les angles de leurs contradictions.

J'apprends par Gendre que Chadel est bien arrivé à Lyon. F..., le garagiste, l'y a mené en auto sans incidents.

La patrie du risque volontaire est quand même autre chose que la patrie dans un fauteuil, la patrie littéraire. La littérature patriotique comprend le folklore des beuglants d'antan et le boulangisme esthétique de Barrès.

Nous formons groupe sur la place, Gendre, le facteur et moi. Non pas un groupe dans l'espace. Quelque chose nous lie par le dedans. Quelque chose qui peut-être disparaîtra avec la circonstance, l'état de la France en ces jours. Quelque chose pourtant de religieux. Comment définir ce lien, sans céder à la chaleur des mots tout cuits, des mots-fanfares?

La rumeur est que l'adjudant-épicier aurait détourné des tonnes de victuailles destinées à l'Intendance et les aurait vendues dans son épicerie. Et aussi que sa fille refilait du chocolat à un galant.

« Faut-il qu'il y ait toujours en France un mélange si bizarre de ce qu'il y a de meilleur au monde et de plus méprisable ? » (Voltaire, *Correspondance générale*, tome XI, seconde partie. Lettre à M. le chevalier de Chastellux, 4 décembre 1776.)

VI

TUNIS, BIZERTE, GIRAUD, DE GAULLE

7 mai 1943

Le journal. Mussolini harangue la foule à Venise. « Les Italiens connaissent aujourd'hui le mal de l'Afrique. » Les Américains sont à moins de vingt kilomètres de Bizerte.

Au bourg. Le frère de Chadel, mécanicien pour vélos, me secoue la main : « Ça va... ça va... ça va... » Il me secoue la main entre chaque ça va. Et les ça va se multiplient et sont d'intensité croissante. Il m'annonce enfin que Bizerte et Tunis sont prises. « Raclé, nettoyé. »

8 mai

Cette nuit, j'ai rêvé. De mon rêve, je ne retiens qu'un épisode : je rentre chez moi (un chez-moi qui n'est rien qu'un vague décor abstrait, un chez-moi qui n'est tel que par décision du rêve), Léon-Paul Fargue et Bertrand m'attendent. C'est un contretemps, car je voulais aller au bal. (Quel bal?) En fait, Léon-Paul Fargue me dérange peu. Je pourrais aller au bal sans qu'il s'en inquiète. D'ailleurs il s'isole assez loin, dans un angle de la pièce. Il ne bouge pas, il pèse au plancher, comme une statue sur son socle. Ses yeux sont tout ronds, des yeux d'oiseau de nuit ébloui par la lumière. Mais Bertrand est nerveux, inquiet en même temps que nonchalant. Je n'ajuste pas ces impressions aux deux personnages après coup, après réveil. Je les voyais ainsi en rêvant. Et j'admire une fois de plus, si incohérent qu'il puisse être, la « perfection psychologique » du rêve, qui décompose tout mais non pas les personnages qu'il met en scène.

C'est jour de marché. Cinq heures de l'après-midi. Ils sont quatre, Maurel, le marchand de draps, et trois paysans. Ils ont, malgré règlements et restrictions, trouvé du vin. Ils sont saouls. En bombe comme les étudiants d'il y a un demi-siècle. Ils sont deux qui pissent contre le mur, à l'angle de la plus belle rue. A côté d'eux, Maurel et Bachet, un paysan d'une commune voisine, se battent, si on peut nommer ainsi un pugilat mou et titubant. Bachet attrape Maurel par la nuque et le pousse comme une charrette. Maurel se détache, puis revient vers Bachet qui le gifle en cadence. Les deux autres, braguette reboutonnée, s'approchent, entrent dans la bataille. Mais je ne saurais dire quels sont les amis et quels sont les adversaires! Quatre corps oscillent et s'étreignent, font une seule masse appuyée au mur.

Rencontré le jeune Clerc, qui fait partie d'un groupe de la Résistance. « Les organisations, me dit-il, ne s'accordent pas. L'*Intelligence Service* s'en rend compte. Dans la région, il y a peu à espérer des jeunes au maquis. Ils veulent se planquer et c'est tout. Dans le Haut-Jura, où ils seraient huit cents, il en est autrement. Quant aux paysans, qu'il s'agisse d'aider ou de cacher, ils sont presque tous prudents, prudents... »

« L'horrible aventure du chevalier de La Barre et de d'Étallonde... L'un de ces deux martyrs est vivant, et un très bon et très brave officier. J'ai obtenu pour lui une place auprès du roi de Prusse; il est son ingénieur. Qui sait s'il ne viendra pas un jour assiéger Abbeville, quand vous commanderez une armée en Picardie?... » (Lettre de Voltaire au maréchal duc de Richelieu, du 22 septembre 1777, *Correspondance générale*, tome XI, seconde partie.)

Quelle part faut-il faire ici à la plaisanterie? En tous cas, pas toute la part. « Le roi, mon maître... » Le patriotisme est de date récente. Jeanne d'Arc? Mais c'est Michelet qui l'a inventée. Naissance révolutionnaire du patriotisme. Napoléon, le patriotisme, c'est la gloire. Puis le patriotisme sert les intérêts d'une classe, d'une politique. Puis il est prétexte ou artifice littéraire. Puis en quelques régions de la bourgeoisie et du peuple, il est narcissisme, une façon de s'admirer soi-même, quelque chose comme le Salut, un Salut facile, par droit de naissance, une transposition du sang bleu, le contraire du péché originel. Depuis la fin de la guerre de 1914, il était en régression. On ne le trouve guère à l'état pur. Mais quel est cet « état pur »? Aujourd'hui, il s'amalgame à un résidu de passion républicaine ou à un sentiment révolutionnaire.

Je feuillette, dans le salon du dentiste, un numéro de magazine. Un auteur anonyme y oppose « les médaillés de l'Institut et les artistes originaux ». Tout a la tête en bas. Le conformisme, même le plus bas, aujourd'hui, méprise l'Institut. « L'originalité » fait prime. Il y a un conformisme de l'audace.

10 mai

Ces deux derniers jours étaient tout pleins de Tunis et de Bizerte. Le capitaine Sertorius, à Berlin, déclare que, si les Allemands avaient été les plus forts, les Anglais et les Américains n'auraient pas été vainqueurs. Il ne dit pas autre chose, mais il le dit plus longuement.

On dit qu'une femme de Saint-Étienne-du-Bois est une espionne et qu'elle touche de la *Kommandantur* de Bourg sept mille francs par mois. Telle est la nouvelle nue. Il y a des nouvelles qui restent squelettiques ou disparaissent sans laisser de traces. D'autres font boule de neige. Quelle loi préside à la prolifération des détails, au développement des scénarios ?

12 mai

Coligny. « Mon beau-frère, me dit Gertrude M..., ne fait que parler de la tradition. Je lui ai demandé un jour ce qu'il entendait par tradition. Il m'a répondu : " Cela s'entend de soi. " Il y a une vingtaine d'années, la mode commandait des cheveux courts pour les femmes. Je supprimai mon " chignon " . Il me regarda sévèrement et me dit : " Il y a des familles où ces choses ne se font pas. " Quelques mois plus tard, sa femme se faisait couper les cheveux. »

« C'est un vieil homme déjà, qui n'eut jamais de vrai métier. Après la guerre de 14, il s'occupait de vagues affaires. Dès qu'on parla de collaboration, il fut collaborateur. " Le maréchal, me disait-il, voilà la tradition. " Plus tard, il trouva une situation dans je ne sais quel bureau de la main-d'œuvre française en Allemagne. Il est maintenant en Allemagne. (Je ne sais à quoi on l'y occupe.) Mais pour la première fois de sa vie, il a une occupation régulière. »

Quand il y a grand concert, quand le chant des oiseaux emplit les arbres et le chemin, c'est une grande allégresse. Mais si un seul oiseau chante, on dirait un solo de virtuose, acrobate de l'aigu. Les oiseaux ont un défaut : ils imitent trop bien le chant des oiseaux.

14 mai

Après Tunis et Bizerte, le bourg espère. Mais après son espoir accompli, quel sera le conflit entre les résistants et les autres ? Les autres vont-ils étouffer les résistants en les embrassant ? Et le poids mort des inertes ? Et les résistants ne vont-ils pas, entre eux, s'entre-tuer ?

Le personnage de de Gaulle est lointain. Mais gaullisme signifie toutes les formes, quelles qu'elles soient, de la Résistance. La légende de de Gaulle ne se fabrique pas selon des méthodes publicitaires... Elle chemine toute seule. Elle éclatera.

Hier, un train militaire a passé, allant vers le Sud. Le glissement des prolonges, des camions, des motos sur wagons plates-formes semblait ne devoir jamais finir, m'a rappelé la note unique et continue que le musicien d'un orchestre de pagode soufflait d'un souffle qui semblait éternel. Les hommes n'étaient que les accessoires de cette mécanique d'artillerie, hommes soldats, dont les visages, à cause de la vitesse du train, étaient identiques, comme ceux des soldats de plomb ou des vieilles images d'Épinal, hommes soldats tout pleins (même pour moi, qui ai connu la crasse et la platitude de la guerre) d'un vieux sortilège militaire.

15 mai

Selon les messages de Hitler et Mussolini à von Arnim, les troupes germano-italiennes n'ont cédé qu'à la supériorité du nombre. Selon les mêmes messages, cette campagne d'Afrique fut, malgré la défaite, riche en avantages pour le *Reich*; à défaut de gloire et de terrain, elle lui a permis de gagner du temps. Ainsi le *Duce* et le *Führer* crient : « Grand lâche... » et : « Tu ne m'as pas fait mal ».

Les Français ont eu la débâcle. Les Allemands, devant Bizerte et Tunis, se sont rendus en masse, parfois en formation de rang serré, marchant au pas cadencé, obéissant à une discipline de la débâcle. Commune à ces deux peuples militaires, une tradition de la fuite va-t-elle naître? Par laquelle mourra la guerre?

16 mai

La fille du général Giraud et ses enfants arrêtés et déportés en Allemagne [1]. L'Allemand (transferts de population, enfants arrachés aux parents) se plaît à multiplier la douleur par l'angoisse. Ce sadisme semble complémentaire de la tendresse qu'il témoigne aux enfants. Ainsi son goût macabre est complémentaire de son appétit du *gemütlich*.

Un ancien ministre français parle à la Radio de Londres. Banalités des clichés, trivialité de la voix. Rien ne nous débarrassera

1. Renée Granger, fille du général Giraud et mariée au colonel Granger qui était parti combattre les forces allemandes, est arrêtée au Bardo, le 2 avril 1943 par des hommes du P.P.F. avant d'être transférée, comme otage, avec ses quatre enfants à Berlin.

donc de la vulgarité parlementaire? Étrange phénomène : le Parlement prend un provincial roublard, mais fermé et, en quelques mois, le transforme en un voyou bavard.

17 mai

Les Allemands confisquent en Hollande les postes de radio. Pourquoi ne le font-ils pas en France? Ou ne le font-ils pas encore? Comment les Hitler et sous-Hitler évaluent-ils l'utile et l'opportun? Comment calculent-ils la résistance des matériaux, je veux dire : des hommes?

20 mai

Buvette. Quelqu'un de Champagnole a dit à Mme Marie que les Allemands déboisaient complètement cette partie du Jura, qu'ils avaient réquisitionné pour l'abattage des arbres, les hommes de Champagnole et, en particulier, les commerçants. (Il semble que la réquisition des commerçants soit plus intolérable que celle des ouvriers ou même des paysans. Le comptoir est une sorte d'autel inviolable.) Ces bûcherons improvisés seraient parqués dans la montagne, à peine nourris et menés à coups de trique.

22 mai

Ces derniers jours, Bizerte, Tunis, les barrages rompus, la Ruhr inondée. Voilà pour l'extérieur, pour l'événement. Mais quand l'événement sera accompli, épanoui en victoire, qu'aurai-je, qu'aurons-nous à lui offrir, que ferons-nous de cette victoire, quand il l'aura enfin déposée à nos pieds?

Ai-je vraiment au fond de moi-même une autre envie que celle de picorer encore des morceaux de bonheur? Penserai-je à « l'esprit », comme les vieillards pensent au cirque de leur enfance? Ils se souviennent vaguement d'une écuyère rose ou d'un acrobate à ressort. Mais ils ne vont plus au cirque.

Mais il n'est pas question des hauts drames de l'esprit. La radio me jette au visage la réalité brute du jour. À Belgrade, pour deux officiers allemands tués, quatre cents otages ont été fusillés. À Varsovie, les Juifs, parqués dans le quartier Nalewki sont tués à coups de canon. J'éprouve plus de stupeur que d'indignation [1]. Un

1. Lorsque le 19 avril, les *Waffen-S.S.* encerclent le ghetto de Varsovie, qui compte encore 70 000 Juifs qui n'avaient pas encore été déportés à Treblinka, ils se heurtent à une très vive résistance de la part des groupes de combat juifs qui lutteront de manière extraordinaire jusqu'au 19 mai, malgré l'ampleur des moyens militaires utilisés par les nazis.

acte ne provoque l'indignation que s'il garde quelque proportion humaine. Je raisonne sur la cruauté de l'Allemand, sur son goût de l'atrocité. Et soudain, il me revient en mémoire que, dans le premier quart du XIXe siècle, on tuait des protestants dans les Cévennes.

L'indignation, c'est presque encore un sentiment de Pharisien. On s'indigne, on a une belle âme, par l'indignation, on se lave de toute complicité avec le crime. Je n'aime que celui qui, devant le crime que d'autres ont commis, éprouve un sentiment de honte, un sentiment de culpabilité. Il ne lui suffit pas que le crime soit châtié. Il faut qu'il se lave de sa honte. Cela le conduit à vouloir changer le monde où le crime est possible. Je crains qu'il n'y ait à la limite ou à l'origine, quelque marxisme inconscient. Je crois que ce sentiment n'est pas chrétien. Le chrétien cherche avant tout sa purification intérieure, sa purification personnelle. Tout va bien pour lui, s'il n'a pas de mauvaises pensées. Comme l'indignation, la pitié même peut conduire à l'hypocrisie. Le vrai sentiment révolutionnaire, ce n'est pas la pitié, c'est la honte.

L'Internationale communiste est dissoute, la troisième Internationale [1]. « Les sections nationales ne recevront plus de directives de Moscou. » Bref commentaire de Moscou : la centralisation moscoutaire ne répond à rien dans le monde actuel. À chaque pays, à chaque sol, son action propre et sa méthode. L'unité est dans le but commun, qui est l'anéantissement du fascisme germanique.

Acte politique destiné à rassurer les démocraties bourgeoises? Aboutissement naturel de la politique de Staline? En effet, sitôt après la mort de Lénine, Staline s'opposa à la thèse trotskyste de la « révolution permanente », de l'universalité de la révolution. Cependant Trotsky, chassé, exilé, persécuté par Staline, écrivit un jour que, si la Russie était menacée par « les canailles impérialistes », il se battrait, Staline régnant, dans les rangs de l'Armée Rouge. Mais Staline eût-il accepté cet engagement volontaire, comparable à l'engagement dans la Légion étrangère française de quelque prince du sang en exil? D'autre part, Trotsky, aux débuts du nazisme, était partisan d'une guerre contre l'Allemagne. On peut supposer que Trotsky, s'il n'avait été assassiné, serait aujourd'hui, pour l'immédiat, d'accord avec Staline.

Mais où est le temps de la Russie, de la Sainte Russie, idéale patrie des prolétaires du monde entier?

1. C'est le 15 mai qu'est officiellement dissoute la troisième Internationale *(Komintern)* ce qui, à la fois, rassurait les Anglo-Saxons et donnait à la guerre menée par les Russes contre les Allemands un caractère plus patriotique qu'idéologique.

23 mai

La Radio anglaise donne une lettre du général Giraud au général de Gaulle. Il pose les termes d'un accord entre deux dissidences. Trop de mots, de juridique emprunté, d'avocasseries. Giraud oublie que, s'il est un glorieux évadé d'Allemagne, il mit bien du temps à s'évader de Vichy.

24 mai

L'Allemand fantasmagorique. D'après *Radio-Londres*, le docteur Friedrich [1] a dénoncé hier, au micro de *Radio-Paris*, « la responsabilité écrasante du pape à l'origine de cette guerre ».

L'Allemand aime les phantasmes. Mais le Français (le Français qui correspond à cet Allemand d'entité), est inégalable dans la momerie et la bêtise blanche, à goût d'abcès froid. Je lis dans *Le Nouvelliste* : « Cette année, au concours d'éloquence institué entre les collèges libres... le sujet proposé était le suivant : " Pourquoi faut-il aimer sa mère? " » Suit une colonne entière de texte avec citation du maréchal. De quoi donner au fils le plus tendre l'envie d'égorger sa mère.

26 mai

Hier soir, la Radio anglaise : « La France de Jeanne d'Arc, de Napoléon, de Foch, de Péguy et de Clemenceau. » Selon cette méthode énumérative et récapitulative, on peut, à son gré, construire beaucoup de France.

Puissances de la mode et des propagandes ouvertes ou sournoises : il n'est pas question de Michelet, mais Péguy n'est jamais oublié, comme locataire de ce Panthéon idéal.

Ces patries historiques sont par trop faciles à fabriquer. On joue à volonté des Conventionnels ou des quarante rois. Aussi bien ceux qui fabriquent ces sortes de patries ne connaissent guère qu'une histoire académique ou une histoire de manuel. C'est plus qu'il ne leur en faut pour leurs besognes politiques.

N'aimez-vous une femme que si vous savez que son arrière-grand-mère fut belle?

27 mai

Bombes sur Dortmund, Düsseldorf, la Sardaigne, la Sicile... C'est atroce, oui, mais aussi c'est ennuyeux. La guerre fait le ménage

1. Le *Sonderführer* Dambmann, alias « Docteur Friedrich », qui a fait partie de l'équipe de *Radio-Stuttgart*, anime entre 1941 et 1943 sur les ondes de *Radio-Paris* l'émission bi-hebdomadaire : « Un Allemand parle aux Français ».

du monde. C'est une vieille femme maladroite qui cogne le balai aux coins des murs et qui fait de la poussière. On ne sait pas où se mettre. Et elle est lente, lente.

Le peuple, à cause des progrès de la mécanique, croit au progrès.

Le savant est optimiste par métier. On imagine difficilement que le siège des choses par la science, ses tentatives d'encerclement ne soient rien d'autre qu'un jeu de patience. L'humaniste propose volontiers la route en lacets, la montée sinueuse, le progrès en spirale.

Mais le grand négateur, c'est le petit-bourgeois, auquel on a répété inlassablement qu'il n'était de bon temps que le bon vieux temps et qui, bousculé ou anéanti par l'économie, appelle régression et injustice ces effets sur lui-même de l'économie.

28 mai

Je constate chez quelques paysans une sorte d'orgueil pédant. Laurent s'écoute parler, il croit à sa sagesse. Comment n'y croirait-il pas? Il a du lard et du lait tant qu'il veut; il mange du pain blanc. Les hommes de la ville l'envient et, pour un peu de lard ou quelques œufs, le flattent. Comment ne croirait-il pas à la supériorité de son intelligence?

Des trains de matériel et de troupes ont passé en direction de Lons et Belfort. Le bruit court que l'avant-dernière nuit, des coups de fusil ont été tirés de la voie. Des soldats croates, enrôlés dans l'armée allemande, auraient sauté sur la voie, se seraient enfuis dans la campagne. Les Allemands auraient tiré sur eux.

Aucun coup de fusil n'a été tiré.

Le Nouvelliste rapporte que le maréchal reçut récemment un écrivain, du nom de René Benjamin et lui confia quelques sentences momières. Je me souviens de ce René Benjamin [1] : en pleine guerre, bien au chaud, loin du risque, il fabriqua un joyeux soldat, un irrésistible Gavroche. Je ne sais plus si c'était à Seichepré ou à Flirey : quelques fantassins, mes camarades, le condamnèrent à être fessé publiquement, après la guerre. On oublie vite. Mais voyez la ligne, la filiation : le jusqu'au-boutiste en pantoufles de 1914-1918 devient en 1940 l'homme du maréchal et du nazisme.

Campagne capitonnée d'herbe et de feuillages, campagne sans creux, rondelette, replète, confortable, verte, telle que le citadin l'aime pour son repos du samedi au lundi.

1. Journaliste et romancier (il obtint le Goncourt en 1915 pour *Gaspard*, un livre sur la guerre), René Benjamin (1885-1948), pamphlétaire de la droite maurassienne, se fait le chantre de Philippe Pétain d'une manière qui frise très souvent le ridicule.

Leur ai-je assez reproché, aux gens du bourg, de ne penser qu'à leur ventre! La vérité est qu'ils avaient quelque prévoyance et quelques notions de bon sens et d'économie. Maintenant je crains sans cesse que Suzanne et Claude, à Paris, n'aient faim. Quant à moi, je suis mou comme un cheval privé d'avoine.

Pacifistes. « Jeanne M..., m'écrit Suzanne, est égoïste, à la façon d'une religieuse. Elle ne pense qu'à elle. Mais elle vous a un air de porter sur son dos les malheurs de l'univers. »

La paix signée, verrons-nous par l'effet de la faim ou du déséquilibre que crée la guerre, des mouvements révolutionnaires sporadiques, vite réprimés? Ou bien capitalisme dirigé, industriels tout prêts à la surenchère des hauts salaires, dans le but de supprimer la puissance collective des ouvriers, de les transformer en petits-bourgeois, rassis, sans idéal?

Après 1918 on dansa, on dansa sur dix millions de morts. Ce fut la paix des danseurs. La paix de demain ne sera peut-être même pas la paix des danseurs, mais la paix des hommes cassés.

Rencontré au marché F..., attaché à je ne sais quel bureau de Vichy. Aimable, courtois, portant un joli costume homespun. Je retrouve la conversation de ville. Toutes les idées, qui sont assez légères pour qu'on puisse les tenir entre deux doigts, il les saisit... Celles qui sont plus lourdes, il les laisse tomber.

À travers lui, je vois un Vichy qui ne croit pas à Vichy. Qui ne croit à rien d'autre d'ailleurs. J'imaginais qu'il était tout plein de faits, que son image de la France actuelle était plus riche que la mienne. Mais je constate qu'il a vécu entre les murailles de Vichy, que la vie de la France occupée lui fut lointaine comme une catastrophe au fond de la Chine. Il ignore que Hollweck [1] fut assassiné, que Langevin est en résidence surveillée, à Troyes. Il ignore (et cela devrait avoir pour lui au moins valeur d'anecdote) l'épisode de Herriot renvoyant sa Légion d'honneur [2].

Il sent bien qu'il vit dans un monde incohérent. Il ne sait pas si on va le réparer ou en acheter un neuf. Il n'est pas autrement inquiet : il espère qu'en n'importe quel monde il y aura toujours

1. Sur l'assassinat de Fernand Hollweck, cf. supra p. 261.

2. Édouard Herriot a renvoyé à Philippe Pétain ses insignes de la Légion d'honneur, après avoir appris que des membres de la L.V.F. avaient été décorés pour leurs campagne de Russie. [Extrait de la lettre adressée par Édouard Herriot au grand Chancelier de l'Ordre de la Légion d'honneur le 30 août 1942 : *« J'ai lu dans les journaux que des croix de la Légion d'honneur avaient été attribuées à titre posthume, à deux officiers tués en Russie, sous le commandement allemand. La remise des insignes aux familles a eu lieu dans notre glorieuse cour des Invalides, avec le concours de notre armée nationale, en pleine occupation. Ce fait me paraît inadmissible pour une conscience française. (...) Je vous adresse ma démission... »*]

des fonctionnaires. Il ne se fait point d'illusions sur Vichy. Mais il se réfugie en Vichy, qui est non seulement son pain quotidien, mais aussi son opium. Vichy lui est reposant comme un film absurde.

1er juin 1943

Les *Conversations de Gœthe avec Eckermann* me font penser au *Robinson suisse*. Tout y est prétexte à nous enseigner la zoologie, la morale ou la minéralogie. *« Mon fils, dit le pasteur, voyez cet agouti et reconnaissez la main de la divine Providence. »* Mais dans les *Conversations*, il y a moins de morale et plus d'esthétique.

La plaine de Saône, panoramique. Ciel lourd, nuages lourds, terre lourde. Atmosphère d'étuve, de chambre aux aromates. Platitude de panorama, platitude et lourdeur de banlieue lyonnaise.

Mais sous la toile sale de nuées il y a le Tournugeois et le Mâconnais que j'aime. Paysages qui ne s'exhibent pas. Non mâchés par les livres ou les tableaux. Et si abondants en contrastes. Sécheresse des collines et des peupliers. Austérité des vignes, prairies molles. Et j'aime, chez les femmes au moins l'accent « beurré ». Il y a un type de femmes qui réunit une drôle de langueur et une vivacité de soubrette. Un air d'odalisque et un air XVIIIe.

Le fonctionnaire de Vichy, les Madeleine B..., qui ignorent, qui veulent ignorer les camps de concentration, les exécutions, les massacres. À croire que les contemporains connaissent moins bien le présent que les historiens, le passé. Pendant la terreur, en 93, il y avait sans doute beaucoup de gens qui ne savaient pas que c'était la terreur.

Ceux qui ne savent pas, ce n'est pas qu'ils soient privés d'information. C'est qu'ils ne veulent pas savoir. Ce sont des délicats qui ferment les yeux devant un monde rugueux. Il leur faut un monde lisse, passé au papier de verre. Ainsi, à la fin du siècle, les peintres des *Artistes français* fabriquaient des nymphes poncées. Ainsi, pendant la guerre de 1914, des écrivains d'académie décrivaient une tranchée confortable et attribuaient aux soldats un héroïsme jubilant.

Le journal. Le maréchal dit aux maires de Champagne : « Je me suis donné à la France, je ne me retirerai pas. Quels que soient les événements, je serai toujours là. » Qui écoute ces paroles pâles ? Les fantômes font plus de bruit. Tout est pâle chez ce vieillard, même la trahison.

2 juin

Par scrupule critique, j'ai souvent attribué des mobiles nuancés aux journalistes et écrivains qui ont pris le parti de l'Allemagne.

Je rejetais, comme trop simple, trop grosse, l'explication par la pure trahison. N'ai-je pas ainsi fabriqué des traîtres littéraires? Je sais maintenant qu'il y a des traîtres de mélodrame. Dans le second numéro d'une feuille clandestine, *Bir-Hakem*, je lis quelques citations d'articles publiés en 1940. Quelques journalistes (Chaumeix, Béraud et Benjamin) dénonçaient alors l'ignominie allemande du même cœur qu'ils dénoncent aujourd'hui l'infamie anglaise. « L'Allemagne est l'ennemie du genre humain. » (Chaumeix, *Candide*, mai 1940.) « Cet ennemi, l'Allemand, est implacable et ignominieux. Notre guerre n'a eu qu'une cause : son insigne mauvaise foi grossière, impudente, insolente, qui nous prenait vraiment pour des lâches ou des niais. » (Benjamin, même journal, même date.) « Une fois de plus, notre patrie se trouve en face d'un ennemi sans miséricorde et sans honneur (l'Allemand). Elle en a l'habitude. Il suffit de lire notre histoire. » (Béraud, *Gringoire*, du 11 avril 1940). Les traîtres crapuleux, qui livrent des documents, sont moins répugnants, en ceci qu'ils n'attendent pas, pour le trahir, que leur pays soit vaincu.

Étonnante candeur dans le mensonge, innocence des affirmations contradictoires, tels que parfois chez les escrocs de la Correctionnelle. « Il suffit de lire notre histoire. » Il n'est que l'histoire en effet (cette sorte d'histoire) pour justifier le polémiste, soit qu'il dénonce « l'ennemi sans miséricorde et sans honneur », soit qu'il se mette à son service. Et, dans le même procès, il la sollicite à la fois comme témoin à charge et témoin à décharge.

Le même journal rappelle les paroles de Laval, prononcées à la Chambre, le 17 mai 1935 : « J'ai entrepris le voyage de Moscou, parce que je pense fermement qu'une collaboration franco-soviétique est indispensable pour l'équilibre européen. » – « Je pense fermement... »

3 juin

Chez Riffault. Ils ont « fait au four ». Ils m'offrent un morceau de galette au caillat. Quelqu'un de Chalon leur a dit : « Deux femmes se promenaient, la semaine dernière, avec deux officiers allemands, deux Chalonnaises. Deux étudiants croisent le groupe. “ On les reconnaîtra, celles-là ”, dit l'un des étudiants. Les officiers s'approchent, les empoignent, les conduisent à un poste de police. L'un des étudiants a été assommé de coups, on lui a brisé les pieds, cassé un bras. Quand on l'a relâché il était méconnaissable. Les yeux lui sortaient de la tête, tout était enflé, les yeux, la tête. »

« Il y a des femmes, dit la femme de Riffault, elles avaient un lit, une table, quelquefois même deux chaises. Elles ont maintenant une armoire à glace, un beau tapis. »

« Celles qui ont été avec les Allemands, dit Riffault, je les pendrais par les doigts de pied. Et, s'il fallait creuser leur fosse je la creuserais pour rien. »

Depuis trois ans, la France n'a plus que des pensées clandestines.

Privation de viande, privation de tabac, privation de pensée. La privation de pensée est celle qui est le plus stoïquement supportée.

5 juin

Comité français de la libération nationale. Discours de de Gaulle et discours de Giraud. On pouvait craindre que Giraud fut national, à la façon du café. Qu'il n'y eût en lui quelque grain de Pétain, quelque grain de Vichy. Mais l'accord est fait. J'allais dire que Giraud est gaulliste. En effet, vouloir la libération, c'est être gaulliste. Les deux se confondent, sont interchangeables. Ici l'ancienneté compte. C'est en juin 1940 que de Gaulle devint gaulliste. C'est-à-dire : choisit la France. Et dénonça la trahison. C'est devenu depuis plus facile.

Selon la Radio anglaise toute l'Europe occupée résisterait à l'Allemagne. De la France même, je ne puis rien mesurer. Combien d'ouvriers, dans les villes, ont tenté d'échapper à la déportation? Combien de paysans dont les fausses déclarations et les livraisons restreintes ont un autre mobile que leur intérêt immédiat?

Jeanne Riffault revient de la foire. Sur huit jeunes gens de Coligny mobilisés, dit-elle, deux seulement sont partis. Les six autres n'avaient point de maison où se réfugier.

À Beaupont, dans la nuit, une bombe a fait explosion dans la boutique d'un marchand de draps, chef de la Légion. Après la débâcle, il disait que les soldats allemands avaient fait moins de dégâts que les soldats français. (Cela est tout à fait possible, d'ailleurs. L'armée victorieuse était bien nourrie et sa discipline intacte.) « Bien sûr, me dit Laurent, qui ne se contente pas d'une explication idéaliste, c'était un collaborateur, mais peut-être aussi on a voulu se venger parce que peut-être, pour vendre son drap, il avait ses têtes. Tout ça, ça se mélange. »

Toute la foire était émue d'un même bruit circulant, d'une même nouvelle, qui avait trouvé sa forme fixe : « Trois puissances ont déposé les armes. » Si je demande quelles sont ces puissances, je ne puis obtenir de réponse, je suis indiscret. « Trois puissances ont déposé les armes », cela a l'accent de l'évidence, cela sonne historique. Pourtant, la femme de Riffault me dit : « La Pologne, je crois... » Elle cherche les noms des deux autres puissances et ne les trouve pas. « La Finlande... », me dit je ne sais plus qui. La source est, je suppose, l'information que donnait hier la Radio anglaise : La Hongrie refuse d'envoyer de nouvelles troupes sur le front russe.

6 juin

Laval a parlé au micro. « La politique trouve ses racines dans les nécessités permanentes de l'histoire et de la géographie. » – « L'amour que je porte à mon pays... » Amour... porte..., je n'entends que les R, les R à la fois rocailleux et poisseux.

Pourquoi a-t-il assemblé des lieux communs de lieux communs, des clichés de clichés ? Est-il semblable à ces accusés qui, enfermés dans un absurde système de défense, espèrent vaguement qu'un miracle le confirmera ?

Il invoque « les lois naturelles de l'évolution des peuples ». Il les connaît. Il couche avec.

« Pour défendre notre terre, a-t-il dit, je vis sur elle. » Amphibologie de syntaxe ou aveu ?

Un député français parle à la radio de Londres. Il y a une éloquence parlementaire à laquelle il faut tordre son cou.

Dans le même temps que Laval proposait à la France l'édénique paix allemande, la *Gestapo* opérait à Lyon une rafle. Rochard, l'ancien garagiste du bourg, fut ramassé. Les raflés furent conduits au fort Montluc. On les fit tourner en rangs dans la cour, comme des condamnés de droit commun. On voudrait que quelques gros bourgeois lyonnais de collaboration eussent été pris dans la rafle. De ceux, par exemple, qui disent : « Le couvre-feu, cela ne nous gêne guère. Nous ne sortons jamais le soir. »

Devant un homme sans impureté et de noble ambition, une fripouille de Laval, par exemple, est déconcertée. Il lui accorde même une manière de respect, à condition qu'il lui paraisse se mouvoir dans une autre planète, s'il est par exemple archéologue ou mathématicien. Mais qu'un de Gaulle gagne la partie et la gagne contre lui, un Laval est pris de vertige et, comme un tricheur qui perdrait au jeu, il se sent victime d'une intolérable injustice.

Un paysan ne vous demande pas votre âge. Il est bien trop discret. Mais il n'hésite pas à vous demander de quelle classe vous êtes. Ce n'est pas l'âge brut. C'est du temps militaire et social.

On parlait, devant une vieille et respectable bourgeoise, admiratrice du maréchal, comme il en est encore quelques spécimens en province, de la pensée étouffée en France, depuis trois ans, des écrivains qui n'écrivent plus, de la censure. « C'est de leur faute, dit-elle, on n'est pas obligé de ne traiter que des sujets brûlants. »

Claude (dix-huit ans) a dit à sa mère : « Quand j'étais un enfant, je rêvais de vivre dans une époque extraordinaire, pleine de grands événements historiques. Je croyais qu'en une telle époque, le mesquin, le quotidien de la vie ne comptait plus. Je vis une telle époque et je vois que le médiocre, le mesquin, le quotidien pèsent si lourd qu'ils ne pourraient peser davantage. »

Les Moulet, à Paris, pètent l'argent. Leur table est magnifique. Ils ont acheté de la peinture, on marche chez eux sur les Renoir. Ils ont fait une fortune en faisant confectionner par des ouvrières en chambres des uniformes allemands, qu'ils vendent à l'armée d'occupation. « Dans le même temps, m'écrit Suzanne, d'autres crèvent pour un idéal. »

9 juin

L'optimisme de Churchill n'est pas un bloc oratoire, imperméable, sans fissures. Parlant aux Communes, il dit que les opérations amphibies d'invasion du continent comporteront « une grande part de risque et de hasard ».

Buvette. Mme Marie, qui reçoit en elle, comme un air de chanson, le gémissement ou la mauvaise humeur populaires, me dit : « Ni mon fils, ni mon gendre ne partiront. Je leur défends de partir. »

Coup de main anglais sur l'île de Lampedouse, au sud de la Sicile. « Deux des assaillants seulement ont été tués », dit la Radio anglaise. Une minute avant, la même radio récapitulait les morts de la campagne de Tunisie. Quarante mille ou cinquante mille, je ne sais plus. Ces quarante ou cinquante mille tués ne sont qu'une armée morte. Ils sont dans la mort, comme d'autres dans l'aviation ou la marine. Ils ne font qu'un seul cadavre abstrait. Mais ces deux tués de Lampedouse ne sont pas un symbole arithmétique. Ce sont deux cadavres visibles. Je les plains, je les vois. Ils sont allongés au sol, ils m'entraînent avec eux dans l'immobilité de la mort.

Contre la mobilisation des jeunes classes, on ne peut pas dire que les paysans se révoltent. Le mot serait beaucoup trop fort. Mais ils examinent, ils supputent. « Mon cousin, me dit le fils Laurent, le jour du départ, il enverra un vieux à la gare (parce qu'un jeune, les Allemands l'arrêteraient). Le vieux viendra lui dire s'il y en a beaucoup qui partent. S'il y en a beaucoup il partira, s'il n'y en a pas beaucoup, il rentrera chez lui et se cachera. »

11, 12, 13, 14 juin

Chalon, Tournus, le Villars. Suzanne me dit le courage de Hany Lefebvre et de Noémi [1]. Elles hébergent des aviateurs anglais, des-

1. Fille de Hany Lefebvre, amie de Suzanne et Léon Werth, Noémi sera arrêtée pour faits de résistance et emprisonnée (elle publiera son témoignage dans *Six mois à Fresnes*); citée pp. 492, 563, 564, 578, 588, 592, 597, 605.

cendus en parachute. Faux papiers, traversée de la France, Espagne, Portugal, Londres.

Un mot entendu par Suzanne, à Paris :

Autour d'un poste de radio, quelques hommes, quelques femmes, qui, tous, toutes, risquent la mort. La radio énumère les destructions, donne une statistique du poids de bombes lancées. Une femme dit : « Oh! quand la guerre sera finie, ne plus entendre parler que d'amour. » Un de ceux qui ont le plus risqué, qui risquent le plus, lui répond : « Ne sommes-nous point ici par amour... »

Les Tremblet aimaient l'Allemagne et Vichy, la sagesse du maréchal, le pouvoir organisateur de l'Allemagne. Solides bourgeois. Tremblet sait que si un peu de culture conduit à l'anarchie, beaucoup de culture conduit ou ramène à Dieu. Il s'accorde beaucoup de culture. Sa femme est installée dans les œuvres, les kermesses, les ventes de charité. La dernière fois que je les ai vus (c'était aux dernières grandes vacances), ils se sentaient solides sur leurs pieds, ils attendaient avec sérénité un monde délivré du Russe et de l'Anglais, un monde dirigé par un Hitler bucolique. Je les ai trouvés cette fois crispés, serrés, inquiets, dissimulant à peine une sourde rage. Ils sentent venir un monde qui leur dit : « Non », un monde qui peut-être va les secouer.

15 juin

Discours du pape aux ouvriers. Le Vatican réclame « l'amélioration du sort des ouvriers par les assurances sociales et autres innovations similaires ». Le socialisme de la papauté est tardif. Tardif, son souci du salut temporel des prolétaires. Mais la parabole de l'ouvrier de la onzième heure répond à tout.

Cependant le pape socialisant me fait penser à ces mécréants qui, sur la fin de leur vie, s'approchent de la sainte table.

Les transpositions, les glissements verbaux de la polémique et de la propagande aboutissent à d'étonnants effets de comique. Un journaliste italien, cité par la radio anglaise, déclare que l'intensité du bombardement de Pantellaria n'est rien que l'effet d'une ostentation ploutocratique et d'un grossier matérialisme.

16 juin

Causé avec le chef de gare et un Parisien, depuis des mois, réfugié à l'hôtel. Il y a quelques mois, ces conversations (sur les succès anglais, l'espoir proche, la certitude de la victoire) auraient provoqué en moi un choc de conspiration. Mais nous parlons de la victoire comme de la pluie et du beau temps. Je ne peux pas dire qu'elle nous paraît déjà historique, refroidie. Mais elle a la même évidence déjà que la pluie ou le bleu du ciel. Nous ne sommes plus d'une confrérie, d'une maçonnerie. Pourvu qu'on ne laisse pas s'évaporer l'esprit de résistance.

17 juin

« À Cormoz, me dit Riffault, on a jeté une bombe dans l'écurie d'un qui tient pour les Boches. » Des vaches ont été tuées ou blessées. « Ce n'est pas bien, dit-il, c'est l'homme qu'il faut viser et non pas les bêtes, qui n'ont pas fait de mal. »

À Lyon, les Allemands, accompagnés de policiers français, pourchassent les jeunes gens, pénètrent la nuit dans les maisons.

« Le 17 juin 1940, écrit *Le Nouvelliste*, il y aura demain trois ans, le maréchal adressait aux Français son premier message... Je fais à la France, leur disait-il, le don de ma personne. » Ce 17 juin 1940, seuls les intimes du maréchal connurent ce cadeau magnifique. Je faisais partie de la caravane, qui, sur les grandes routes, avançait d'un train de limace. Ni les citadins ni les paysans de l'exode ne surent rien des événements. Des bruits vagues circulaient. Nulle certitude hors celle de la débâcle. Ce mot historique ne fut connu que beaucoup plus tard.

Le lendemain 18 juin, nous ne connûmes pas davantage la proclamation du général de Gaulle. De maigres bruits circulaient sur les routes embouteillées et dans les granges. Nous étions des naufragés. Nous ne savions rien, sinon que nous avions fait naufrage.

Je ne sais plus quel jour nous connûmes par un journal local « le texte des contrats d'armistice ».

Armistice, cela sonne pointu et bref. Il y a dans le mot une notion de durée, de durée courte. Armistice, le temps de ramasser les morts et de signer la paix. L'armistice est un intervalle entre deux périodes d'hostilité ou entre l'état de guerre et l'état de paix. Nous ne savions pas que l'armistice peut être un régime. Un commerçant parisien, couché sur la même paille que moi, me disait, vers la fin juin : « Il faut bien compter trois mois, avant qu'on ne retrouve la vie normale. »

Entre le 11 juin et la mi-juillet, nous n'eûmes pas de journaux. En juin, nous entendîmes une fois ou deux une débile radio, branchée sur accus. Pendant les quinze jours que nous passâmes à Chapelon, nous ne pouvions prendre la Radio anglaise, nous étions entourés de soldats allemands. Et savions-nous d'ailleurs qu'il y avait une radio anglaise? Comment, jour à jour, nous sommes-nous orientés? A-t-il suffi du dégoût que nous donnaient les mensonges de Vichy, mensonges patentés, mensonges en uniforme de mensonge? Je crois plutôt que ce fut l'effet d'une mystérieuse osmose.

Que nous ayons si mal connu les événements, que les nouvelles nous soient arrivées ainsi, sans ordre, sans lien, le plus souvent absurdes, cela étonnera sans doute les témoins sérieux qui « synchronisent » après coup, qui donnent à leurs souvenirs un solide contour historique : « Nous autres, hommes du Moyen Âge. » Ceux qui content leurs souvenirs les corrigent, les charpentent, ne nous donnent le plus souvent qu'une reconstitution, une abstraction de souvenir.

En septembre 1914, j'ai été invité à la bataille du Grand Couronné. Au bout de combien de semaines les soldats, qui défendaient la Woëvre, surent-ils qu'il y eut une bataille du Grand Couronné; je n'avais rien vu que beaucoup d'herbe et quelques morts.

Le congrès travailliste déclare fausse et dangereuse la distinction souvent faite entre l'Allemagne et le régime hitlérien. Il entend qu'un peuple est responsable de son gouvernement. Sans l'appui ou le consentement de la très grande majorité des Allemands, Hitler n'eût pas existé. Cela paraît très simple. Cela paraît plus compliqué, si l'on prend un autre exemple. Par exemple « Vous êtes responsables de Pétain et de Laval? » – « Mais l'Allemand étant là, nous ne pouvions opposer à Vichy qu'un refus intérieur. » L'Allemand anti-hitlérien dira : « La *Gestapo* étant là, nous ne pouvions opposer à Hitler qu'un refus intérieur. » C'est un problème de métaphysique historique. On s'y perd. Pour l'immédiat, je pense que si un peuple ne réussit pas à vomir un gouvernement qu'il déteste, c'est qu'il n'enfonce pas son doigt assez profond dans sa gorge.

19 juin

Sur la route, les explorateurs de fermes, revenant de leur tournée, se dirigent vers la gare, pour le train de Lyon. Une vieille femme s'est assise, plus que lasse, sur le bord de la route. « Mon mari est charpentier en fer chez Dunoyer... Vous connaissez bien Dunoyer?... » Elle est partie le matin. Elle rapporte un kilo de vieilles pommes de terre et un kilo de carottes. On lui a fait payer le kilo de carottes trente francs.

Dix secondes de Radio vichyssoise. J'extrais ceci d'une causerie « culturelle » sur Pascal. Il avait « une intelligence prodigieuse » et « retrouva tout seul la trente-deuxième proposition d'Euclide ».

Retour à la terre. Hubert arrête son char à bœufs. Avant la guerre, il était, à Paris, gérant d'une boutique à vins.

Il a été à l'école jusqu'à seize ans. De seize à vingt et un ans, il a travaillé, avec son frère, dans la ferme du père. Puis la ville. Après la débâcle (son frère avait été tué pendant la drôle de guerre), il est revenu, avec sa femme, au pays et travaille la terre. « Je ne me plains pas, me dit-il, de la dureté des travaux. Ils sont durs, mais pas tant qu'on dit et en tout cas pas si souvent qu'on dit. Mais ce qui n'est pas supportable, quand on a connu le bon cœur de la ville, ce sont les paysans... Vivement Paris... »

Quelques jeunes gens, me dit Mme M..., à Coligny, appartenant à des familles lyonnaises de bourgeoisie lourde, n'ont pas voulu partir en Allemagne, se cachent. En ces familles, on vénérait Pétain, on se résignait à l'Allemand, pour ne pas dire plus; mais surtout on détestait l'Anglais. En ces familles, un grand silence s'est fait sur les événements.

De Gaulle, parlant à Alger, a dit : « Nous ne sommes pas seulement au bord de la victoire. Nous avons commencé à y entrer. »

21 juin

Nouvelles de Paris :

L'enseignement d'État sous Bonnard : À Nancy, un professeur du lycée de jeunes filles donne un devoir sur Lamarck. On lui signifie « en haut lieu » que les théories de Lamarck ne sont pas au programme. On invite les professeurs à ne parler de Galilée qu'avec la plus grande discrétion. Cela à Nancy. Pas de signes semblables à Paris.

Des politiciens (de Monzie, Frossard et autres), qui ont toujours tourné autour de Vichy, sont tout prêts à offrir leurs services à de Gaulle. « Il a besoin de nous, il a besoin d'hommes d'État. »

Est-il possible que Pétain ait été, depuis le début de la guerre, en relations avec l'ambassade d'Allemagne à Madrid? Est-il possible qu'on lui ait communiqué, bien avant qu'elle n'eût lieu, le projet d'attaque allemande du 10 mai? Qu'il n'en ait rien dit au gouvernement français [1]?

24 juin

Je n'ai plus d'appareil de Radio. Cela est assez reposant. Je ne reçois plus la guerre goutte à goutte.

Sujet de dissertation au bachot de Lyon : « Mettre en parallèle l'enthousiasme idyllique (!) de Voltaire pour la Révolution qu'il

1. Ce sont des rumeurs qui illustrent le discrédit du maréchalisme. Nommé le 2 mars 1939 ambassadeur de France à Burgos, Philippe Pétain était sans doute en assez bons termes avec l'ambassadeur du *Reich* mais rien ne peut étayer la thèse d'une quelconque complicité.

sentait venir (!), à laquelle il travaillait (!), et quelques-uns des résultats les plus certains de cette Révolution... »

Il va de soi que le journaliste, qui commente ce sujet, développe le thème de la faillite de la Révolution. Dans une langue qui, du moins je l'espère, le ferait coller au bachot.

Les examinateurs de Lyon colleront-ils les candidats, qui ont osé prétendre que la Révolution ne fut pas seulement tête au bout d'une pique, couteau entre les dents?

Le journaliste écrit : « Les philosophes s'étaient flattés de donner au peuple la paix, la liberté et ce qu'on nommait, d'un mot un peu déplaisant, la tolérance. » Ce journaliste ne connaîtrait-il (oh! psychanalyse!) que les tolérances gros numéro?

Mme Solomon, fille de Langevin, une collaboratrice de Rivet au Musée de l'Homme, sont en Allemagne [1]. On sait que les déportées, contraintes à des travaux insalubres, sont d'une maigreur squelettique.

L'Université ne bronche pas. « Que pourrait-elle faire? » Je n'en sais rien. Mais des prêtres ont, en chaire, parlé contre le nazisme et n'ont même pas été inquiétés.

25 juin

Sous-bois. Le bleu du ciel découpé en plaques de vitrail serties par les branches. Oui... mais souvent je ferme les yeux pour ne pas voir cette campagne ressassée. Oh! les villes et leur imprévu, les villes et leur mobilité.

26 juin

Une des coiffeuses du bourg a été arrêtée. « Ils l'ont arrêtée... », me dit-on. Mais je ne puis savoir si « ils » c'est la *Gestapo* ou la police de Vichy.

« Que ça finisse... », dit cette vieille femme. « Que ça finisse n'importe comment... », dit cette autre. « Comment cela finira-t-il?... », dit ce vieux paysan.

28 juin

« Le gouvernement a étendu la compétence des sections spéciales à tous les actes ayant pour objet de provoquer ou de soulever un

1. Hélène Solomon, fille de Paul Langevin, est déportée à Auschwitz, tandis que son mari, Jacques, est fusillé au mont Valérien en mai 1942; l'une et l'autre étaient des intellectuels communistes; quant à la collaboratrice de Paul Rivet, il s'agit vraisemblablement d'Yvonne Oddon, bibliothécaire au Musée de l'Homme, condamnée pour son appartenance au « Réseau du Musée de l'Homme ».

état de rébellion, contre l'ordre social légalement établi, contre la sûreté intérieure ou extérieure de l'État... »

Haute-Savoie et Massif central.

Le vieux berger a conduit sur la teppe son troupeau; une dizaine de vaches, des génisses, une trentaine de moutons, quelques chèvres. « Voyez ce qu'est la vie, me dit-il, si ce n'est pas malheureux, les hommes se tuent entre eux. » Il oppose à la folie des hommes la sagesse d'un pacifisme bucolique. Il parle comme les bergers de théâtre, contemplateurs d'étoiles. Tous les paysans s'accordent à reconnaître en ce patriarche le plus rusé des filous. Il n'a pas son pareil pour faire brouter ses bêtes dans les champs des autres.

Pour nous primaires. Bon vieux temps et civilisation chrétienne, Voltaire écrit à d'Alembert, le 21 novembre 1744 :

*« Je vous disais que le jeune gentilhomme d'Abbeville, nommé d'Étallonde, ayant été condamné à l'âge d'environ seize ans, avec le chevalier de La Barre à la question ordinaire et extraordinaire, au supplice de la langue arrachée avec des tenailles, de la main coupée, et du reste du corps jeté vivant dans le feu, comme accusé d'avoir mis son chapeau devant des capucins pendant la pluie, d'avoir chanté une mauvaise chanson, faite il y a cent ans, et d'avoir récité à deux autres jeunes gens l'*Ode à Priape, *de Piron, pour laquelle ce Piron avait obtenu une pension de douze cents francs sur la cassette; que ce jeune d'Étallonde, dis-je, avait prévenu par une prompte fuite l'exécution de sa sentence; que, mourant de faim... »* (Tome douzième. Seconde Partie. *Correspond. particul.*, page 1289.)

30 juin

Le vieil imbécile. Mais un snob est-ce beaucoup mieux qu'un imbécile? Oui, le snobisme n'est pas absolument une maladie incurable. « Je voudrais vendre trois tableaux, dit ce vieux (croix de guerre et palmes académiques. Les palmes, ça fait presque rêve, incohérence de rêve). Je voudrais vendre trois tableaux... » – « Quel genre de tableaux? » – « Le premier, c'est une allée de tilleuls. Il doit avoir de la valeur, je sais, par des gens qui s'y connaissent, que c'est un bon tableau. Le second, c'est une fontaine en Orient. Ce tableau a certainement de la valeur, car il est le résultat d'une grande sélection. On avait institué un concours, auquel pouvaient prendre part tous les artistes de vingt à trente ans. On en a retenu cent, qui ont pris part à un nouveau concours. Sur ces cent, dix ont été retenus. Et sur ces dix on a fait une dernière sélection, un dernier concours, qui a été gagné par l'auteur de ma fontaine en Orient. Mon troisième tableau, c'est un paysage par un médaillé du Salon. »

On parle ravitaillement, sous-alimentation. « Les ouvriers, dit-il, ne sont pas à plaindre. Ils gagnent quatre-vingts francs de l'heure, à regarder tourner des machines. » Quant au ravitaillement, il se charge de l'assurer, pour peu qu'on lui donne pleins pouvoirs. Il suffirait de sévir contre le marché noir. « Qu'on me donne pleins pouvoirs et qu'on ne me mette pas d'avocats dans les jambes. » Il use avec un visible plaisir d'expressions comme : « à telles enseignes que... » et « passer sous les fourches caudines de... »

Couleur du temps. Noémi, à Paris, cache des parachutistes. Henri Febvre (classe 42), pour rejoindre son père, évite le bourg et passe par la montagne.

2 juillet 1943

D'après la Radio, un article sur le thème « C'est Pétain qu'il nous faut », parut, bien avant la guerre, dans une revue dont le rédacteur en chef était Ferdonnet, le traître Ferdonnet [1].

Pétain aurait dit : « Il faut à la France une défaite. » Une défaite pour la sauver du Front populaire et du gâchis démocratique. A-t-il dit cela ? Ou bien une légende du traître Pétain se substitue-t-elle à la légende du père de la Patrie ?

Lervet [2], menuisier aux ateliers du chemin de fer, est arrivé ce matin de Paris. Attentat contre un car d'Allemands, porte de Clichy. Il arrive que des Français désignent aux Allemands l'auteur d'un attentat. Ce sont des Doriotistes, me dit-il. Dans l'ensemble, tous les ouvriers sont pro-Anglais. Dégroupés, aucune tentative de regroupement. Quant à la Charte, « on en rigole ».

3 juillet

Le maréchal en Auvergne :

« Je l'ai dit bien souvent; je le répète : le peuple français porte son avenir en lui-même, dans la profondeur des soixante générations qui nous ont précédés sur notre sol. »

Le maréchal a manqué à Flaubert.

Je ne sais s'il est vrai ou non que Churchill ait dit qu'avant la chute des feuilles l'Europe serait envahie [3]. Mais le bourg et la campagne sont tout pleins de cette chute des feuilles. Et tout un

1. Paul Ferdonnet (cf. supra p. 401) n'est pas l'auteur de la brochure (cf. supra p. 199).

2. Lervet est le beau-frère de madame Marius B...

3. Churchill, dans un discours prononcé le 30 juin au Grand'hall de Londres, avait notamment déclaré : « Il y aura probablement de durs combats en Méditerranée et ailleurs avant la chute des feuilles de l'automne ». La propagande allemande tournera en dérision cette prédiction.

peuple voit, tourbillonnant ensemble comme sur un écran de cinéma des feuilles qui tombent et des soldats qui descendent en parachute.

À la gare, un train de soldats allemands passe au ralenti. Des jeunes gens, très jeunes gens, qui n'ont même pas eu le temps de se faire des trognes de soldats. Ces soldats dans un train, je les plains. Mais je me réjouirais d'une bombe qui détruirait ce train de soldats. À peine ai-je eu le temps de prendre conscience de cette contradiction en moi. À côté de moi, deux personnages réels en incarnent les termes. « Espérons qu'ils crèvent tous », dit un chauffeur. « Ce sont des innocents », dit un garde de la police des voies. « Ceux qui les plaignent... », dit le chauffeur. Par prudence, il n'achève pas sa phrase. Mais quand le garde s'est éloigné, il me dit : « Ceux qui les plaignent, c'est qu'ils sont pour eux. »

Leur dialogue n'a pas résolu cette contradiction, qui est en moi, depuis septembre 39.

L'attente pure, sans mélange.

Elle a tenu, avec son mari, un petit café au bourg. Ils prétendent avec coquetterie « qu'ils ont bu leur fond ».

« Quand ça finira-t-il?... me dit-elle. Moi, je n'écoute plus la Radio ni rien. »

Gardes des voies. Ils n'ont pas le sens du refus cornélien, mais ils n'ont pas perdu le sens du tirage au flanc. « Quand le chef de poste a passé, me dit le fils Laurent, il y en avait deux qui étaient allés faire un tour de foire et deux qui buvaient un canon, je ne sais pas où. »

5 juillet

Huit heures du matin. Le ciel est d'un bleu de brume. La lumière sur la plaine est bien étalée, pèse son poids de lumière. La plaine est gonflée d'été et de guerre.

Le *Gauleiter* Sauckel [1] s'adresse aux ouvriers français. Il est pris d'une immense pitié à la pensée que « de nouveaux combats pourraient se dérouler sur le sol de la France » et que les ouvriers français pourraient subir les horreurs de l'esclavage bolcheviste.

Les paroles du *Gauleiter* Sauckel ont le même ton désuet que celles du maréchal. Elles sont d'un même passé. Le style enfant de Marie à képi et le style nazi se rejoignent.

6 juillet

Febvre me passe un numéro de la *N.R.F.* du 1er janvier. L'article de Drieu la Rochelle n'est guère triomphal. Il envisage la ruée

1. Fritz Sauckel, *Gauleiter* de Thuringe, a été nommé le 21 mars 1942 « plénipotentiaire général pour le recrutement de la main-d'œuvre »; il est surnommé dans l'Europe occupée le « négrier de l'Europe ».

russe et ne semble plus guère croire à l'Europe allemande. Il habille la propagande de Gœbbels d'un style pincé aux lèvres et aux fesses.

Jean Giono décrit Marseille d'un style en *chewing-gum*. Un article de Challaye sur l'Inde. À voir ici sa signature, on se demande si, chez ce naïf, il n'y aurait point quelque crapulerie. Il ne pouvait tout de même pas ignorer que la *N.R.F.* est une revue allemande, qu'elle n'acceptait son article que parce qu'il y attaquait la colonisation anglaise. Il isole la colonisation anglaise et ne dit point que tous les régimes de colonisation furent également criminels. Si bien que cette morale kantienne, dressée en apparence contre la colonisation, n'est plus qu'une arme de propagande allemande contre l'Angleterre.

Arrivée de Claude. Je me desséchais. Je suis la terre sèche qui reçoit la pluie, qui s'ouvre à la pluie de tous ses creux, de toutes ses bosses, de toutes ses craquelures.

8 juillet

L'Indépendant de Saône-et-Loire (hebdomadaire fabriqué à coups de ciseaux) reproduit une déclaration de Laval à la Presse. Elle peut se réduire aux quatre points suivants : I. L'Amérique s'est emparée de l'Afrique. – II. L'Allemagne vaincra. – III. Je frapperai les Français qui aideront les Anglais. – IV. Je suis un paysan de France.

Le même *Indépendant* (journal allemand) reproduit un article du *Pays libre* : « Une victoire, en septembre 40, eût été plus redoutable qu'une défaite. Elle eut livré la France à la barbarie. Jeanne d'Arc ne l'a pas voulu et a envoyé à la France le grand soldat sans peur et sans reproche, qui... » « La justice immanente veillait. » On peut aujourd'hui espérer que le monde occidental sera sauvé par le *Führer* « au cerveau génial ».

Pour parler comme ce journaliste, la botte allemande a, pour la servir, de bien mauvaises plumes. L'Allemand est encore une réalité. Mais ceux qui le servent, Laval ou journalistes, ne sont plus que des fantômes.

Parmi les paysans, les uns ne pensent qu'au marché noir, à amasser des sous, les autres prennent la Radio anglaise et n'achètent un journal que pour les communiqués administratifs. Ils méprisent le gouvernement, mais ils respectent encore sa gendarmerie et sa police. La fourche du paysan, la fourche révolutionnaire, c'est un organe en régression comme le thymus ou l'appendice.

9 juillet

« Ce cheminot, vous savez, m'a dit Mme Marie, ce cheminot de Dijon... les Allemands ont fusillé un de ses fils, un garçon de dix-huit ans; on avait jeté une bombe dans un hôtel; son autre fils avait été interné dans un camp. Il s'est évadé. Les Allemands viennent tous les jours chez lui. Il était dans son jardin. Une voisine est venue lui dire que les Allemands l'attendaient devant sa porte; il lui a répondu que ce n'était pas la peine qu'elle se dérange, que maintenant il laissait sa porte ouverte et que chez lui rien n'était fermé à clef. Il m'a montré les photographies de ses fils. Il venait par ici voir s'il ne pouvait pas trouver un peu de ravitaillement. »

Tout se mêle en ce récit dolent : le panier à provisions du cheminot, les photographies. Le peuple n'isole pas théâtralement la douleur morale.

De la propagande. « À deux jours d'intervalle, me dit Claude, j'ai entendu *Radio-Paris* présenter la Commune comme un mouvement libérateur étouffé par la ploutocratie judéo-maçonne et *Radio-Vichy* affirmer que la même Commune était un mouvement subversif fomenté par les Juifs et réprimé par les puissances de l'ordre. »

Naguère, les politiciens transposaient sur un plan logique leurs fluctuations, les centraient sur un scénario aux clartés d'anecdote, les classaient dans la catégorie du pour et du contre, utilisaient, selon l'heure, le pour et le contre, l'affirmation et la négation. Aujourd'hui, l'affirmation et la négation, le pour et le contre, ils les utilisent, les contractent et les unifient dans le même instant.

La bêtise parfois est cristalline, légère, pure, comme le chef-d'œuvre. Une affiche sur les murs du bourg annonce une pièce écrite par un prisonnier. Au-dessous du titre, on lit :

« Deux générations devant l'amour.

« Le père (40 ans), esprit léger, coureur, joyeux viveur.

« Le fils (20 ans), probe, loyal, fleur bleue. »

Et la rigueur de la typographie ajoute encore à la rigueur de l'antithèse.

VII

DÉBARQUEMENT EN SICILE

10 juillet 1943

Le débarquement en Sicile. Le bourg dit que « ça tape fort ». Interdiction de battre sans la présence d'un contrôleur du ravitaillement. Les paysans battent au fléau et dissimulent le plus de blé qu'ils peuvent. Des hommes appartenant à toutes les classes et de tous les métiers ont reçu leur ordre de départ pour l'Allemagne. D'après Joseph B... 6 à 7 % seulement de ces hommes ont obéi. Cela dans le canton. En Bresse, aucun ne serait parti. Ces réfractaires n'ont pas pris le maquis, mais se cachent chez eux. Ils travaillent aux champs, mais ne prennent pas leurs repas avec la famille et ne couchent pas dans leur chambre. « À la campagne, c'est possible. Mais ceux des villes – sauf les riches – on les tient par la faim. Ils partent tous. » Selon Joseph B..., il y aurait au bourg (qui compte deux mille habitants), cinquante et un miliciens mouchards et sept ou huit femmes seraient affiliées à cette police.

12 juillet

Discours de Laval.

J'ai vu des paysans dans les fermes, j'en ai rencontré sur les chemins. Aucun n'y a fait la moindre allusion, tous m'ont parlé du débarquement en Sicile.

« On vous a toujours dit de moi que j'étais un adversaire forcené de l'Angleterre, un anti-Anglais. Je vais vous dire la vérité. Je suis français 100 % et, pour que vous me compreniez bien, je n'aime que mon pays. »

Veut-il dire que, s'il n'aime que son pays, c'est pour l'unique raison qu'il veut être bien compris? La syntaxe se vengerait-elle?

Pauvres signes, mais signes quand même. Un Laval souille à la fois le patriotisme qu'il affecte et l'anti-patriotisme qu'il pratique. Patriotisme, internationalisme sont à nourrir d'un sens nouveau. Ils crèvent d'histoire truquée, d'histoire tronquée, d'histoire académique, d'histoire qui ment. Ils crèvent de l'histoire, qui n'est pas l'histoire.

14 juillet

Bourgeoisie rurale. « Ils avancent dans la péninsule, dit Mme Debeau. Ça va peut-être hâter la fin. Quand même, ils feraient bien de ne pas jeter de bombes sur les maisons... » (Dans une commune voisine, Cressia, une bombe, tombée d'un avion, a, dit-on, mis le feu à trois granges.) « Pourquoi visent-ils des maisons, des fermes? » Je lui dis qu'il est peu vraisemblable qu'en pareil cas les aviateurs aient visé, que cela est même impossible. Mais elle ne croit pas au hasard : « Alors, ce sont les Allemands, pour faire du tort aux Anglais... » Elle ajoute : « Pourvu qu'on ne se batte pas en France... » Elle veut dire : dans la région, autour de chez elle. Car tout ce qui, de la France, n'est pas à deux cents mètres de ses terres, elle s'en fout absolument. Elle vit comme avant la guerre. Dans l'argent et dans le lard et non dans l'histoire et non dans la politique. Allemagne, Angleterre? Radio? Journal? Elle voudrait savoir net quelle est la politique de l'argent et du lard.

J'ai aimé le peuple au grand cœur. Mais les hommes de mon âge ont vu disparaître le peuple et, déjà, voient s'évanouir le prolétariat.

16 juillet

Le journal. Le gouvernement avoue qu'il n'est point obéi et annonce qu'il usera de contrainte.

17 juillet

« La légion des volontaires français..., fière de la fraternité d'armes franco-allemande..., appelle les jeunes de France au combat. »

Un type d'imbécile : celui qui manie à tour de bras le complexe d'infériorité et le point crucial.

Nietzsche et le problème européen, par Jean-Édouard Spenlé. Un exemple de critique nazie adaptée pour la France. La philosophie et l'histoire au service de la politique de collaboration. La Sorbonne faisant risette à *Mein Kampf*. Un nazisme distingué et bénisseur. Ce Spenlé ne s'adresse pas aux boxeurs révoqués, mais aux filles des belles auditrices du cours de Bergson. L'auteur a le génie du cliché mou, avance et recule, affirme et nie en même temps, brouille les cartes, triche, salue à droite, salue à gauche. Ce livre ne pose qu'un problème : « Qui fabrique et comment fabrique-t-on des Spenlé [1] ? »

19 juillet

Les Allemands ont à nouveau ce matin, perquisitionné chez Chadel, qui se cache à Lyon. Ils ont arrêté Guerlat. « Dans la rue, sans hésitation. Il a donc fallu qu'il leur fût dénoncé, désigné. »

« Ils ont tout fouillé, me dit Mme Marie, dans la chambre de Guerlat... Ma fille l'a vu avec les menottes. Elle est rentrée toute bouleversée. Pensez... Voir des hommes autoritaires entrer dans les maisons... On peut dire qu'à Saint-Amour le monde a peur... Chadel, Guerlat, c'est des hommes qui faisaient de la politique. »

Guerlat, me dit Riffault, a dit aux policiers allemands : « Tuez-moi, si vous voulez, je ne vous dirai rien. » On aurait trouvé dans sa chambre des papiers, une mitraillette.

Devant le zinc de la buvette, sur le quai de la gare, un maquignon de Savoie, euphorique, gonflé de viandes et de vins. Il a déjeuné à Louhans. Gueulant, non pas s'exhibant, tant il méprise ce qui n'est pas lui-même, mais rotant et pétant la puissance.

On attend, devant la boutique du boulanger, que le pain soit cuit. Le vieux mécanicien de chemin de fer en retraite, l'œil vitreux, un peu chassieux, la lèvre inférieure mal attachée. Les manches de sa combinaison sont retroussées. Il frotte de son coude nu le bras nu d'une jeune femme, qui d'ailleurs ne s'en aperçoit même pas.

21 juillet

Stendhal. *De l'amour.* « *Un gouvernement libre est un gouvernement qui ne fait point de mal aux citoyens, mais qui, au contraire, leur donne la sûreté et la tranquillité. Mais il y a encore loin de là au bonheur; il faut que l'homme le fasse lui-même, car ce serait une âme bien grossière que celle qui se tiendrait parfaitement heureuse parce qu'elle jouirait de la sûreté et de la tranquillité. Nous confondons ces choses en Europe, surtout en Italie; accoutumés que nous sommes à des gouvernements qui nous font du mal, il nous semble qu'en être délivré serait le suprême bonheur; semblables en cela à des malades travaillés par des maux douloureux. L'exemple*

1. Le germaniste Jean-Édouard Spenlé est réputé être un bon spécialiste de la littérature et de la philosophie allemande. Léon Werth voit juste car, dans cet ouvrage publié en 1943, Spenlé s'en prend à « l'idéologie rationaliste et humanitaire » pour exalter à mots couverts le modèle de l'Allemagne nazie, gage de « la régénération de l'Europe au moyen de la sélection et de l'éducation d'une race forte de l'avenir ».

de l'Amérique montre bien le contraire. Là le gouvernement s'acquitte fort bien de son office et ne fait de mal à personne. Mais, comme si le destin voulait déconcerter et démentir toute notre philosophie, ou plutôt l'accuser de ne pas connaître tous les éléments de l'homme, éloignés comme nous le sommes depuis tant de siècles par le malheureux état de l'Europe de toute véritable expérience, nous voyons que lorsque le malheur venant des gouvernements manque aux Américains, ils semblent se manquer à eux-mêmes... »

À Dommartin, bombe jetée dans la boutique d'un épicier milicien.

Je crois que Laurent est toujours prêt (comme il me le disait, il y a des mois) à donner, contre la victoire anglaise apportée sur un plateau, une de ses vaches, la moins bonne. Mais il réprouve le sabotage des voies ferrées. (On a, ces derniers jours, fait dérailler un train à Sainte-Croix.) « Qui risque d'aller en prison? dit-il, c'est ceux qui gardent les voies. Si j'en voyais un qui veuille faire dérailler un train, je l'en empêcherais à coups de gourdin. Je n'ai pas envie d'aller en prison, ni d'être fusillé. Quant à me sauver, à prendre le maquis, j'ai autre chose à faire, j'ai mon travail... »

Qui donc, après la guerre, songera à recueillir les plus belles perles de la propagande Gœbbels et de la propagande de Vichy? Tout sera oublié, versé aux poubelles de l'histoire. Gustave Dupin (Ermenonville) avait recueilli les plus belles perles, offertes par la presse française entre 1914 et 1918. Qui se souvient aujourd'hui de son *Collier de Bellone* [1]?

Un contrôleur du ravitaillement a dit à Busquet que Saint-Amour était visé, qu'il fallait s'attendre à de nombreuses visites de la *Gestapo*, à de nombreuses arrestations. Busquet n'agrandit-il pas à l'échelle de son inquiétude une vague parole de ce fonctionnaire, quelque chose comme : « Et vous verrez que ce n'est pas fini. » « En tout cas, me dit Busquet, j'ai tout préparé pour gicler. » Je me prépare aussi à gicler.

Toile de fond : Sicile et Russie.

24 juillet

Les grandes comparaisons : Shakespeare, Gœthe. Les grands désincarnés. Les grands hommes réduits à l'état de concepts innés. Un Gœthe, un Shakespeare définis comme le triangle rectangle et

1. *Le Collier de Bellone* est publié en 1921 par Gustave Dupin sous le nom d'Ermenonville; le sous-titre de ce petit ouvrage *Âneries, palabres, mensonges – et documents officiels – relatifs à la guerre* illustre bien le propos : la dénonciation du bourrage de crâne et du discours belliciste.

l'hypoténuse. Pourquoi se priver des grandes vérités littéraires, qui ne sont pas moins éternelles après tout que le bachot?

Je récuse ces grandes comparaisons à vol d'oiseau, ces parallèles sur les cimes.

On me jette Heine, Nietzsche. Je n'ai pas lu Heine. J'ai lu un peu de Nietzsche et j'ai connu à Weimar le *Nietzsche-Archiv*, ses fidèles, ses pèlerins. J'aime l'homme qui veut danser par-dessus sa tête, le philologue qui ne veut pas mourir dans la peau d'un philologue. J'aime ces breuvages excitants. Mais j'ai un tonus suffisant pour n'en pas abuser.

Je sais : ils n'ont pas de Kant, ils n'ont que du cant. Je sais aussi que vous qui dénoncez le terre à terre des philosophes anglais, vous consacrez toutes les heures de vos journées et de vos nuits à lire Kant.

Ils n'ont pas de musiciens. Si la conséquence en était qu'ils n'ont pas non plus d'amateurs de musique, je leur en serais reconnaissant.

Mais le moindre de leurs romanciers justifie le roman. Aussi loin des commodités classiques, de la psychologie en rang serré que de la vaine prolixité réaliste, les romanciers anglais sont les seuls peut-être qui ne montrent pas des marionnettes, mais de drôles de bonshommes humains.

« Je giclerai », disais-je. Même si les Allemands ne cernaient pas la maison, ce ne serait pas facile, puisque la ferme des Mireau est maintenant inutilisable comme premier refuge, puisqu'elle est dans le champ des opérations de la *Gestapo*.

Les Français, jusqu'au XIXe siècle, avaient leurs héros. Ils les trouvaient dans Homère, dans Sophocle, dans Plutarque. Ces héros antiques sont devenus pour nous des personnages de tapisserie. Quant aux héros de l'histoire de France, qu'ils nous sont devenus lointains! Ils ne nous émeuvent qu'à grand renfort d'académisme historique ou de littérature. Je n'ai pas peur du sourire méprisant des demi-lettrés, des hommes fins. Il y a une place à prendre. Si de Gaulle ne la prend pas, personne ne la prendra.

L'un des chats des Laurent a mangé quelques-uns de leurs lapereaux. On l'a tué. Nous jugeons sévèrement leur insensibilité. Mais nous n'avons jamais eu que des chats et jamais de lapins.

La vie des mots. Adjudication à Mâcon. « Pour enchérir, tout amateur devra adresser à l'administrateur provisoire ses certificats de nationalité, de racialité. »

Race, racisme, racialité. Étapes. Hitler et Laval auront-ils le temps d'arriver à racialisation?

Vente après décès d'un mobilier du siècle dernier. Une vieille paysanne acquiert avec jubilation des cache-pot en rocaille, style 1880.

Au bourg ou dans les fermes, on ne parle jamais d'une arrestation ou d'une perquisition sans la supposer provoquée par une dénonciation. Serions-nous un peuple de mouchards?

Ne rien exagérer. Il y a d'abord les paresseux, qui ne prendraient même pas la peine de dénoncer. D'autre part, l'explication par la dénonciation est simple, commode et d'une grosse et palpable logique. Imaginer la puissance du bavardage, la propagation instantanée des bruits et nouvelles, c'est déjà plus compliqué. Il y a peut-être cent bavards pour un mouchard. C'est le centième bavard qui parle dans l'oreille du mouchard.

26 juillet

Démission de Mussolini [1].

Sur quoi a-t-il buté? Qui l'a poussé? Sera-t-il assassiné [2] ou écrira-t-il ses Mémoires?

Indignation des bourgeoises du bourg, parce qu'un paysan a acquis dans une vente publique le plus beau des services à café.

28 juillet

Mussolini a peut-être aujourd'hui une pensée pour Matteotti et pour les frères Rosselli [3].

Et l'Italie? me demande la vieille réfugiée. Je ne réponds pas à cette amorce. Qu'elle s'arrange comme elle peut de la chute de Mussolini, qu'elle se dépatouille toute seule. « Ah! que ça finisse, que ça finisse, n'importe comment! » Je me sens pris de fureur. J'ai envie de lui crier : « Non... que ça dure, que ça dure des éternités encore! » Son n'importe comment me dégoûte. « Mais pourquoi, lui dis-je, souhaitez-vous la fin de la guerre? En quoi

1. Le 25 juillet, le roi Victor-Emmanuel III démet le Duce avant de le faire arrêter; il prend sa décision après que Mussolini a été mis en minorité, la veille, devant le Grand Conseil fasciste par 19 voix contre 7. Les Italiens dans leur majorité sont las du régime fasciste, de son alliance avec le *Reich* et des revers militaires illustrés par la perte de la Sicile et le bombardement de Rome le 19 juillet.

2. Mussolini sera exécuté par un groupe de Partisans, près du lac de Côme, le 28 avril 1945.

3. Le 10 juin 1924, Giacomo Matteotti, un adversaire irréductible du nouveau régime, a été assassiné sur ordre de hiérarques fascistes; un meurtre que Mussolini allait couvrir. Quant à Carlo et Nello Rosselli, deux intellectuels antifascistes réfugiés en France, ils étaient exécutés, le 9 juin 1937, près de Bagnoles-de-l'Orne par des hommes de la Cagoule; en échange, les fascistes italiens leur feront passer des armes.

la guerre vous gêne-t-elle? » Et, en effet, la guerre ne la gêne ni dans son corps, ni dans son cœur, ni dans son esprit. La guerre est pour elle une grande bêtise, une erreur que Laval aurait déjà corrigée, si on ne lui avait pas mis des bâtons dans les roues. La guerre n'est pour elle que le pain noir. Pas même la difficulté des communications, des voyages; elle ne voyage plus. Pourtant si... elle souffre de la guerre, comme une chienne peut souffrir d'un temps d'orage.

Les raisons que donnent les radios de la disparition de Mussolini me paraissent obscures. Leur clarté est d'un manuel d'histoire.

30 juillet

Une de ces dernières nuits, conte Laurent, un milicien, qui surveillait les gardes des voies réquisitionnés, a vu des ombres penchées sur les rails. Il tire des coups de revolver. Les ombres se sont redressées, ont pris la fuite : ces ombres, c'étaient des Allemands. (Je dois dire que Laurent n'a rien vu et ne donne pas ses sources.)

En Bresse comme en montagne, il paraît que quelques contrôleurs chargés de la surveillance de la moisson et du battage ont été mal accueillis. L'un d'eux aurait été reçu à coups de fourche, un autre jeté dans les courroies de la machine, un autre aurait passé par la fenêtre d'un grenier. Mais impossible de savoir les noms des villages.

31 juillet

Le Nouvelliste : « Marie-Louise L..., condamnée à mort le 8 juin dernier par la Cour d'assises de la Seine, pour manœuvres abortives, a été exécutée ce matin à la prison de la Roquette [1]. » Qui guillotinera les juges?

Leur culture politique est faite de la connaissance du vase de Soissons et du chêne de Saint Louis. Ils ignorent les événements dont ils ont été contemporains. Il arrive que la chute d'un ministre les intéresse, mais non pas la chute d'un empire. « Nous ne faisons pas de politique », disent-ils. Ces délicats, ces dilettantes, ces agnostiques de la politique vivent sans doute dans les purs espaces? Je n'ai vu nulle part haine aussi farouche du communisme.

1. Aux termes de la loi du 15 février 1942, pratiquer des manœuvres abortives est un crime qui peut entraîner la comparution devant le tribunal d'État. Plusieurs sages-femmes allaient être condamnées à des peines de travaux forcés; une blanchisseuse, Marie-Louise Giraut, née Lampierre, est guillotinée le 30 juillet 1943.

Arrivée de Suzanne. L'atmosphère du Paris résistant. Amour du risque? Non, mépris du danger et don de soi. Pourquoi suis-je là?

La Saison des juges, par Anatole de Monzie. Contre la justice de circonstance, contre l'excès de minces condamnations pour maigres délits? Pas un mot de la police de Vichy livrant, aux fins de torture et d'exécution, des Français aux Allemands [1].

Cela veut se donner des airs de courage. De Monzie lâche Vichy, lâche Vichy en juillet 43, alors que les plus stupides politiciens eux-mêmes savent bien que le régime de Vichy ne résisterait ni à une victoire, ni à une défaite de l'Allemagne. Il lâche Vichy, mais non Pétain. Piétiner ce vieillard est de mauvaise compagnie. Et c'est de mauvaise compagnie aussi que d'attacher à la trahison une importance qu'elle ne mérite pas. Touchant Pétain, cet adroit joueur semble vouloir jouer la bêtise. Il écrit : « C'est un miracle que l'armistice ait été accepté, au mois de juin 1940; le maréchal Pétain a vraiment sauvé la France, l'a sauvée d'elle-même... »

Il ne témoigne pas un moindre respect au jubilant Maurras, « son illustre censeur et ami ».

Il lâche donc Vichy, sans lâcher tout à fait Vichy. Vichy est le tribunal provisoire, devant lequel il plaide adroitement. Une telle plaidoirie n'empêche pas l'avocat et le président de dîner ensemble. Mais sait-on jamais avec qui on dînera demain?

4 août 1943

De *Défense de la France* : « Au moment où la société est menacée par un parti violent, dont les tendances ne sauraient aboutir à une solution que cherchent les bons esprits, le maréchal... s'inspirant du désir qu'il a de sauver son pays et de le sauver de ses propres excès, estime que la question militaire est jugée : les armées allemandes sont victorieuses. “ Il faut donc maîtriser l'anarchie dans notre malheureux pays, et assurer à l'Europe un calme devenu si nécessaire ”. L'intervention d'une armée étrangère pourrait manquer le but. Il faut donc une armée... ayant bon moral, et qui, après avoir vaillamment combattu l'armée allemande, avoir su conquérir l'estime de ses adversaires..., rétablirait l'ordre et protégerait la société..., donnerait à l'Allemagne une garantie des gages qu'elle pourrait avoir à réclamer, contribuerait à l'avènement d'un pouvoir régulier et légal. »

1. Le dernier livre d'Anatole de Monzie paraît en 1943, chez Flammarion. Léon Werth est profondément irrité par ce ci-devant ministre de la Troisième République, munichois et italophile, au point d'être quelque peu injuste. Car Anatole de Monzie décoche des traits plus acérés que ne l'affirme Werth sur le régime. Reste que, effectivement, Pétain est épargné, que rien n'est dit non plus des exactions de la police politique.

Ainsi parlait le maréchal Bazaine, avant la capitulation de Metz. Ce texte est donné sans référence. Il est trop beau [1].

5 août

Tonnes de bombes sur Hambourg, Catane, Orel. Déclaration du général Dietmar à la radio allemande : « ... Les puissances de l'axe ont décidé, en pleine connaissance de cause, de rester cet été sur la défensive, défensive mobile et très élastique, mais menée dans un esprit offensif. » Cette dialectique n'est pas moins élastique que cette défensive.

On dit que Guerlat, à Dijon, a été torturé. Qu'il a tenté de se trancher la gorge avec le couvercle d'une boîte de sardines.

À F..., à V..., on pourrait pardonner d'approuver les tortures, on ne peut leur pardonner de les nier.

Febvre nous apporte la nouvelle de la prise de Catane et de la chute d'Orel.

Nous passons la soirée chez les Mireau. Paysans délivrés. Cartes d'Europe au mur. Ils ont une prise sur l'univers, une prise sur les idées, une connaissance des villes : Besançon, Lyon, Marseille.

6 août

Chez Laurent, le soir, ils font marcher sans interruption leur poste, un vieux poste qui ne leur donne guère que Lyon, Vichy, Paris. C'est pour le bruit, pour l'agrément du bruit. *Le Radio-journal de France* annonce la chute d'Orel, le recul des Allemands sur « des positions préparées ». Les positions préparées les font rire, même les femmes, même la jeune Georgette, dont nous n'imaginions pas qu'elle eût jamais pensé à la guerre, aux armées, aux nations.

Le journal traîne sur la table. Le maréchal exhorte un groupe d'instituteurs. Je ne lis pas, je sais que personne n'a lu. Jamais paroles ne tombèrent dans un tel vide absolu, sans résonance.

7 août

La foire... À peine quelques planches sur tréteaux. Ce n'est plus le souk. Plus de jupes, de peignoirs flottant comme des oriflammes. Parmi les Bressans, circulent d'étranges jeunes femmes du bourg ou d'ailleurs. Très fardées, elles sont vêtues d'un corsage et d'un short. Les jambes et les cuisses sont visibles. On dirait, égaillées

1. Numéro 36, daté du 14 juillet 1943, du journal du Mouvement de Résistance *Défense de la France*.

à la foire, les pensionnaires d'un bordel de second ordre, d'une maison « d'abattage ».

On se presse autour de l'accordéoniste et de la marchande de chansons. L'art plane au-dessus des guerres et des bouleversements. Elle chante :

« Adieu! la fleur de ma jeunesse! » « Les fleurs sont des mots d'amour. »

Déraillement près de Louhans. Un train d'essence serait en feu près de Chalon. Un train attend en gare, depuis trois heures, que la ligne soit réparée. Les voyageurs vont en ville chercher du pain. « Ce n'est pas une vie pour celui qui faut qu'il mange », me dit Mme Marie. Mais quelque chose de Catane, d'Orel a pénétré dans la buvette. Il y a quelques semaines, les déraillements, les sabotages, Mme Marie n'y aurait vu que l'effet de maladroites colères. Aujourd'hui, elle me dit : « C'est un mot d'ordre. » Comme si on préparait l'horaire des déraillements et que ce fut aussi l'horaire de la paix.

Sur un chemin de Bresse, deux gendarmes rencontrent un jeune paysan, qui n'a pas voulu partir pour l'Allemagne et qu'ils ont l'ordre de rechercher. Le jeune homme, surpris par la peur, ne s'enfuit pas, demeure immobile au bord du chemin. Les gendarmes s'approchent : « Tu es un bon Français?... Eh bien! nous aussi... » Et ils s'éloignent.

On dirait un mot de légende, un récit fabriqué. Pourtant, je le tiens de Laurent, qui le tient des deux gendarmes eux-mêmes.

9 août

Chez Riffault. Une bouteille de vin sur la table, des verres. Deux paysans sont là et un jeune homme, que je n'ai jamais vu. Du type semi-bourgeois. C'est un cousin de Riffault, qui habite Paris. Prisonnier en 1940, il fut interné dans un camp en Bavière, tenta de s'évader, fut repris, envoyé en Pologne, fut enfin rapatrié comme malade.

Sa maladie était simulée. Il m'en fait immédiatement l'aveu. Mais, c'est tout. Je ne saurai rien par lui de la vie des prisonniers. Il me dit seulement : « En Pologne, c'était plus dur. » Est-il de ceux qui ont décidé de chasser tous les souvenirs d'un mauvais passé, ou ne sait-il parler que par généralités? « Le travail des ouvriers français, dit-il, est très apprécié par les Allemands. » (Cela impliquerait que les ouvriers français montrèrent plus d'amour-propre professionnel que d'esprit de résistance.)

Ainsi le frère de Riffault, prisonnier rapatrié, lui aussi, disait : « On leur a montré qu'on savait travailler. »

« Les Français, dit il aussi, sont plus estimés par les Autrichiens que par les Prussiens. » Sans doute, n'est-il pour lui que des vérités moyennes. Sans doute attend-il, pour se faire une juste image de sa captivité, qu'une commission internationale ait porté son jugement sur la vie des prisonniers en Allemagne.

M. Paul Morand, ce titillant pourri d'après l'autre guerre, est nommé ambassadeur de Vichy en Roumanie.

Nous avons déjeuné dans une auberge, à dix kilomètres du bourg. Nous avons mangé sans excès, mais à notre faim. On se réhabituerait vite.

On voudrait, au Vatican, que « les vies des non-combattants fussent, autant que possible, épargnées... On voudrait une ère de prospérité pour le vaincu comme pour le vainqueur. » C'est le souhait d'une paix blanche. C'est faire glisser doucement la guerre et la paix dans un intemporel trop souple. Et ils sont trois, dont on ne sait lequel parle : On, le Vatican, le pape.

Vox populi. Le peuple pense que la guerre en est à son dernier tronçon.

Les déraillements se multiplient, répondent peut-être à un plan d'ensemble.

10 août

Jamin a été blessé quatre fois à la guerre de 1914. Il en a gardé une boiterie. Ce n'est pas un paysan riche, ce n'est pas un chef d'exploitation. Il n'est pas propriétaire : il loue sa maison et une vigne et fait des journées (il cultive les vignes et le jardin du maire). Il ne fait pas de blé, il n'a pas de vache. Sa femme soigne cinq ou six chèvres. L'étable est nette comme une bergerie. Pas plus que les Mireau, ce n'est un paysan type. La terre ne lui colle pas au corps et il ne maquignonne pas.

Il est allé chercher à la cave une bouteille de vin blanc, du vin de sa vigne. On a fait l'obscurité dans la salle, à cause de la chaleur et des mouches. Le poste de radio luit contre le mur passé à la chaux.

La Sicile presque entièrement conquise, l'avance des Russes, l'encerclement de Kharkov. Hitler tombera-t-il, comme Mussolini est tombé? Nous voici cherchant à connaître quelque chose de la paix. « On ne retrouvera pas tout comme avant, dit-il, mais c'est sûr, n'est-ce pas, qu'on nous rendra le droit de vote? » Il m'interroge, ses yeux sont inquiets, il me demande une certitude. Le droit de vote, voilà de quoi faire rire tous les imbéciles. Les imbéciles n'ont point de doute sur la stupidité des foules. Que toute politique est sage, sitôt que le droit de vote est supprimé, sitôt qu'intervient la compétence des dictateurs ou des élèves de l'École des Sciences Po!...

Je ne sais plus avec quels mots Jamin me dit que par le droit de vote seulement il avait une prise sur la vie. « Voter, c'est réfléchir. Sans le droit de vote, on est une bête. On mange et boit, c'est tout. »

Ainsi parlait Jamin du droit de vote. Ainsi, il y a deux ans, dans l'obscure cuisine d'une auberge de Bresse (le papier tue-mouches pendait au-dessus de la table), la patronne, baissant la voix comme au lit d'un malade, prononça ce mot : liberté, regretta la liberté perdue, la liberté grattait à la porte, doucement. Ainsi l'accord du lieu, de l'heure et d'une voix humble délivre de leur coque métaphysique, de leur gangue juridique les vieux mots. Et, comme germe le grain de blé trouvé dans la tombe du Pharaon, ils reviennent à la vie.

12 août

Au retour d'un long voyage en mer, quelques heures avant d'être à quai, vient un moment où déjà on n'appartient plus au bateau, où déjà on est de la terre. Ainsi, ces jours, je suis déjà de la paix. Et le bourg aussi, et les paysans aperçoivent le portillon de la paix. Me trompai-je ? Se trompent-ils ? La paix... J'ai envie d'interrompre ces notes.

Pensées d'un biologiste, par Jean Rostand [1]. Notre moi est l'effet de rencontres fortuites, d'une étrange arithmétique des chromosomes. Ainsi le moi des psychologues modernes est un rythme. Ainsi biologistes comme psychologues accordent au moi tout au moins la valeur d'un fragile équilibre. Je trouve là une poésie et ce qui nourrit le pessimisme de Rostand nourrit mon optimisme. Je me souviens d'un acrobate, qui lisait le journal et fumait une cigarette, assis sur une chaise posée par deux pieds sur la barre d'un trapèze, au haut du cirque. Ne vaut-il pas mieux être cet acrobate qu'un bœuf sur la terre? Ne vaut-il pas mieux être cet acrobate qu'un vieillard bien assis dans une petite voiture?

La gare du bourg est une petite gare décente, une gare de l'ancien temps, une gare d'avant les chemins de fer. On croirait un appartement de vieille fille. Les dahlias des massifs sont les rocailles des potiches sur la cheminée. Un Allemand en caleçon de bain et botté surgit. C'est l'assassin, l'assassin nu. Il a fracturé la porte de la vieille fille. Il va la tuer.

14 août

Couleurs de ces temps. Pendant la drôle de guerre, on annonça que des soldats ou des marins allemands se noyèrent au large de

1. Publié chez Stock en 1939, et dédié à Jacques Chardonne, ce petit recueil est une suite assez désordonnée de réflexions sur le hasard, l'hérédité, la biologie.

Narvik. J'ai regardé ces noyés en face. Il me faut maintenant regarder Hambourg, les écroulements, les incendies, les femmes, les enfants sous ces écroulements et dans ces incendies. Ce n'est qu'une image lointaine, filtrée, de théâtre, épurée. Mais il me faut m'avouer qu'elle provoque en moi une atroce acceptation.

Une jeune fille de Nancy, condamnée à vingt mois de prison par les Allemands pour avoir aidé des prisonniers évadés, détenue en Allemagne pendant seize mois, a conté à Suzanne que ses gardiennes allemandes se plaisaient à lui montrer la cellule des prisonnières condamnées à la décapitation.

Quand elle fut arrêtée, on ne lui permit pas de prévenir ses parents. Un officier s'approcha d'elle, lui demanda l'adresse de ses parents, lui promit de leur dire qu'elle était vivante. Il le fit et avec délicatesse.

15 août

Hier, on disait au bourg que Laval et Pétain avaient été déposés par les Allemands et remplacés par un dictateur allemand. Cette nouvelle, ce matin, pour venir jusqu'à moi, a suivi les quinze cents mètres du chemin bordé de haies et d'acacias.

Sur les neuf heures du soir, dans la cour de la ferme, je demande à Laurent s'il connaît cette nouvelle. Je le scandalise. Il est un peu saoul et il me répond, d'un ton de colère et de réprobation : « Vous savez bien que j'étais à la machine. » En effet, il battait chez Debeau. Le battage aussi est une tour d'ivoire. Ce matin, le bruit n'était pas mort. Riffault l'a trouvé traînant encore au bourg et le rapporte du bourg à sa ferme, qui en est à deux kilomètres. « C'est quelqu'un qui venait de Vichy qui l'a dit. »

« Debeau, me dit Laurent, tient contre les Anglais. Je vous le dis, parce que vous le savez et que je sais bien que vous ne le direz pas mal à propos. Mais je ne le dirais pas à tout le monde. Je ne le dirais pas au café. Mais, quand même, il n'est pas mauvais. Pour transporter un sac de blé, de la goutte ou n'importe, vous pouvez avoir confiance. »

Il aurait un dépôt d'armes, mais cagoulard.

On n'a plus de bas, on n'en trouve plus, dit la bouchère. On est obligé de se laver les pieds tous les jours.

L'espoir dans la gare. Chaque jour, ou à peu près, déraillement et retard des trains, qui prennent des voies détournées. « Ça va, ça va, me dit le chef de gare, tout joyeux, les trains arrivent à l'heure. »

Le peuple fait lui-même ses mots historiques. Un Alsacien de vingt ans (qui s'était engagé dans l'armée de l'Armistice) travaillait chez Riffault. Il vient d'être réquisitionné comme manœuvre chez un boucher en gros de Balanod [1]. « Attention, lui dis-je, qu'on ne vous réquisitionne pas pour... ailleurs!... » « Ailleurs, me répond-il, n'existe pas pour nous. »

Un camarade de guerre (de la drôle de guerre) passe deux jours, avec sa femme, chez Riffault. C'est un ouvrier diamantaire de Saint-Claude. « Nous sommes plutôt socialistes. Mais les communistes ne sont pas des bandits. » Et il explique à Riffault : « Ils veulent comme nous que la masse soit meilleure et plus heureuse. »

16 août

À quatre heures du matin, les Allemands ont arrêté Clerc (marchand de vins), le garagiste Martin, la « petite Marie [2] », qui tient une microscopique épicerie. Ils ont bosselé à coups de poing le visage de Clerc. La jeune fille, qui aide Marie, s'est enfuie. Ils ont tiré sur elle à coups de revolver, sans l'atteindre. Clerc, Martin, la petite Marie travaillaient avec Chadel (Circuit Beaufort, Cuiseaux, Saint-Amour).

Les commerçants du bourg, comme les paysans d'ailleurs, expliquent tout par des dénonciations. Quand serai-je dénoncé ou signalé? Les bourgeois riches et les hobereaux me tiennent pour communiste. Mais sans doute hésitent-ils encore devant la lettre anonyme. Quant aux dénonciateurs du cloaque, l'espace où ils me mettent n'est pas celui de leurs haines corrodées par le contact, macérées en vase clos.

Je ne sais s'il est vrai, comme on le dit, que l'adjudant-épicier, le quincaillier mouchard, le pâtissier et la pâtissière montraient sur le pas de leurs portes des visages hilares, des faces épanouies. Ce qui est sûr du moins, c'est qu'ils n'avaient rien à craindre de la *Gestapo*.

Passé la soirée chez les Mireau. Chez eux, comme chez nous, atmosphère de menace vague. Tout un pays ainsi. Création, recréation de patrie.

« Aujourd'hui, dit Riffault, il ne faut pas parler devant n'importe qui. » Les arrestations ont provoqué, semble-t-il, chez les paysans plus de peur que de rage. Avant les échecs continus de l'Allemagne, l'effet de terreur eût été plus fort encore. Mais peut-être les paysans accumulent-ils la haine, lentement, à la façon des Extrême-Orientaux.

1. Balanod est un village proche de Saint-Amour.
2. « La petite Marie », Marie Béreziat, mourra en déportation.

La vieille mercière (seule en sa boutique) ne dort plus que d'un mauvais sommeil. Elle rêve que les Allemands ébranlent sa porte à coups de crosse. Elle a préparé un paquet de linge et espère pouvoir s'échapper par l'arrière-boutique. Le bourg a peur. Il sent peser sur lui une menace, sans repères dans le temps et sans terme. Il ne sait si les Allemands reviendront. Il ne sait qui sera jeté dans un camion, emmené. Comme dans les délires, l'angoisse commande et se cherche un corps. D'où ces propos d'une mince vraisemblance, que le bourg prête aux Allemands, propos invérifiés, bruits circulants, qui naissent de la peur, sans doute la soulagent, auxquels elle prête une valeur conjuratoire. « Ils ont dit qu'ils reviendraient... », raconte celui-ci. « Ils arrêteront encore trente personnes... », dit l'un. « Cinquante... », dit un autre.

« Les Allemands, me dit Riffault, sont allés jusqu'à Andelot [1]. Ils ont interrogé le jardinier du château, l'ont frappé à coups de crosse, lui ont brisé la mâchoire, puis l'ont jeté dans un camion. »

Riffault m'affirme que le jardinier fut dénoncé par le fils du pâtissier. « Et il est encore vivant?... » dis-je à Riffault. Riffault me répond par je ne sais plus quoi, qui était vague.

Lormier, le fils, prévenu de l'arrestation de son père, sauta de son lit, prit sa mitraillette. On l'empêcha de sortir de chez lui; on lui prouva qu'il ne pouvait délivrer son père, qu'il l'exposerait à un traitement plus rigoureux. Quel débat entre la colère sacrée et la résignation à la prudence!

17-18 août

La bataille de Sicile est terminée. Régulière progression des Russes. Entrevue de Roosevelt et de Churchill. Les uns, mollement, les autres tendus, attendent le coup de la délivrance.

Chez les Mireau comme chez nous, on est attentif à tout ronflement de moteur. La nuit, à tout aboiement de chien, à tout bruit, qui pourrait être un instant confondu avec celui d'une porte frappée du poing ou à coups de crosse.

La radio anglaise donne d'atroces détails sur la vie des Français et des Françaises parqués près de Kattowitz, en Silésie [2]. La guerre gagnée, comment punira-t-on ceux qui ont ordonné, ceux qui ont exécuté? Et ceux qui, Allemands ou Français, ont, par leur silence, consenti? Ceux qui ont nié l'atroce, parce qu'il était dangereux ou intolérable de le connaître, de le regarder en face? Punira-t-on la

1. Andelot est un village situé sur la colline, à dix kilomètres de Saint-Amour; le jardinier du château mourra à Buchenwald.

2. Il s'agit vraisemblablement du camp d'Auschwitz (*Oswiecim* en polonais) situé, en Haute-Silésie, à 30 kms de Katowice. Léon Werth y a déjà fait référence. Les organisations juives et les résistants polonais ont fait parvenir à Londres des renseignements précis sur ce camp de concentration et d'extermination.

torture par la torture? Par la mort? Déchaînera-t-on la cruauté en la punissant? Inventera-t-on une forme nouvelle de représailles, qui n'avilisse ni ceux qui les ordonnent, ni ceux qui les exécutent? Ou tout sera-t-il oublié, tout se perdra-t-il dans le souci des constructions économiques, dans la fureur de vivre et de manger, dans la frénésie de danser, dans l'obéissance à des rythmes nouveaux, qui ne seront ni celui du fox, ni celui du tango?

On a battu chez les Mireau. Vers le soir, un homme d'Allonal injuria Jamin et quelques autres qui, quand la Légion fut créée, s'y laissèrent inscrire. Il y eut bagarre. Je ne sais rien de plus, sinon que Jamin a le visage tuméfié et zébré d'ecchymoses.

« Jamin, me dit Laurent, il s'est mis de la Légion, mais ce n'étaient pas ses idées. C'était à cause de son patron et à cause des promenades à Lons, le dimanche. »

19 août

L'idée-arme, l'idée pivotante, qu'on peut à volonté braquer dans toutes les directions. Du *Nouvelliste* : « La campagne de Sicile, dit le communiqué allemand, est un succès défensif, qui marquera dans l'histoire des guerres. »

Et voici mieux : « Les Anglo-Américains, dit l'agence Stefani, ne craignent-ils pas que la vague rouge ne submerge notre péninsule et celle des Balkans? Si l'Europe devenait communiste, les Anglo-Américains auraient perdu la guerre. » Les Germano-Italiens l'auraient-ils donc gagnée?

21 août

J'ai, ces derniers jours, pensé souvent au cas de F..., farouchement collaborateur. « Par amour de la musique allemande », dit-il. Écrivain d'un incontestable talent, je le savais prudent, adroit. Capable peut-être de quelque hypocrisie. Peut-être de quelque lâcheté. Comme tout le monde. Non, pas comme tout le monde. Il me semblait trop intelligent et trop malin à la fois pour être lâche, en ignorant sa lâcheté, lâche avec innocence. Ce que je ne savais pas, c'est qu'il pût être bête. Où donc cachait-il sa bêtise? Bête contre son intérêt, bête à se perdre.

Quelle explication? Le journalisme? L'habitude prise de se rogner l'esprit, de faire rentrer dans le rang toute vérité, qui n'est pas à l'alignement. Cette volonté d'abaissement prudent, ce souci continu de ne pas scandaliser, cette persévérance à transformer les pointes en courbes ont peut-être usé son intelligence et son cœur.

« Les jeunes, qui sont réfractaires, me dit Laurent, les gendarmes sont forcés de les engueuler. Ils ne se cachent pas assez, ils sont tout le temps dans les jambes des gendarmes, on les voit aux foires des villages et au cinéma du bourg, le dimanche. »

Un mot de Suzanne : « On ne peut rien, lui dit-on, on ne peut qu'attendre. – Ce n'est pas vrai. – Et que faites-vous donc, vous ?... – Je pousse les Russes. »

La radio anglaise a donné de larges extraits d'un article de Drieu la Rochelle. Le fasciste français se penche avec mélancolie sur les débris du fascisme frère. Mais l'intérêt n'est pas là ; il est dans le ton. L'insolent bourgeois, le « Sciences-Po » jouant à l'affranchi parle maintenant un langage juste milieu, député modéré, *Journal des Débats*. Le centurion fasciste est tout prêt à se transformer en cafard démocrate.

23 août

Ceci, qui est un signe de l'état d'esprit de la population, n'est pas extrait d'un rapport de préfet. Je l'ai entendu de la bouche de Anne-Marie qui est âgée de quatre ans : « Les Américains m'apporteront du chocolat. »

Il paraît que ce n'est pas aussi simple, que les Américains ne seraient pas purement et simplement des distributeurs de chocolat et de justice. L'idée des démocraties unies contre le fascisme, je l'acceptais comme hypothèse de travail. C'était un vêtement ample et flou, qui ne dessinait pas tous les muscles de la réalité, mais qui l'habillait convenablement, lui laissait sa forme. La réalité va-t-elle déchirer ce vêtement ? Hier soir, je me suis aperçu, une fois de plus, que j'étais désemparé devant les combinaisons et les calculs des politiques. Hier soir, j'ai entendu Brazzaville, chez Febvre. Les Américains n'ont pas reconnu le comité de Gaulle, ils ont refusé d'accueillir en Afrique du Nord les délégués des Soviets. Par peur d'une révolution en France. Ils joueraient un jeu secret avec Vichy. Giraud serait du jeu. Quelques Chautemps et quelques de Monzie tenteraient en coulisse de voler à Laval ses cartes. Le capitalisme américain, par imbécillité, par peur du « bolchevisme » de de Gaulle, s'efforcerait de vider de toute démocratie la victoire des démocraties.

La haine de certains bourgeois pour de Gaulle est du même ordre que la haine qui assassina Jaurès.

Les R..., les L..., pendant la guerre de 1914, n'ont couru aucun risque. Pendant celle-ci, ils ont largement et commodément gagné leur vie. Il y a peut-être une classe d'êtres qui, par essence, échappe aux risques des guerres et des révolutions.

25 août

Prise de Kharkov.

« Sur Giraud, me dit le frère de Chadel, mécanicien en vélos et motos, on a des doutes. Sur de Gaulle, on n'en a pas. »

En politique, la distance est à peu près nulle entre l'homme le plus instruit et le plus inculte. Et les compétents ne diffèrent guère de la masse que par leur canaillerie. Ainsi tombent à plat les arguments faciles des délicats contre le suffrage universel. L'instinct d'un manœuvre vaut bien la prudence d'un cuistre, d'un marchand.

Et l'âge compte peu. Voici Claude (chaque jour, je constate qu'en politique il en sait autant que les sages vieillards), voici Claude qui me dit : « Les bourgeois sont pour Giraud, le peuple pour de Gaulle. »

En août ou septembre 40, quelques-uns de mes amis lyonnais souhaitaient la victoire anglaise. Mais ils rejetaient de Gaulle, parce qu'il avait insulté Pétain, ce grand vieillard.

En gare. Deux têtes d'Allemands à la portière d'un train arrêté. J'ai toutes mes aises pour les explorer comme deux têtes d'acteurs en scène. Je cherche en ces deux têtes le « Boche ». Je ne le trouve pas. Deux têtes. L'une est vague et molle, comme il en est partout. L'autre est serrée, goupillée. L'homme de cette tête n'aurait l'air d'un étranger ni à Paris, ni à Londres. « Pourtant, me dit Suzanne, une certaine dureté dans le profil. » Oui, dur profil, mais non pas spécifique. Profil de ville, travaillé, limé par la ville.

Mais, il y a quelques semaines, un train passa; rempli de soldats très jeunes, quelques-uns presque adolescents. Un type s'en dégageait de visages blonds au dessin sec, au modelé raide, rêche, à l'expression ankylosée. Il y a de cela dans Cranach.

Sur la route, j'ai vu dans une auto un officier, qui était sa propre caricature, une caricature cruelle. À la fois vautré et tendu, allongé comme un mannequin, la tête et la casquette dressées vers le ciel, les traits non pas assemblés, mais cousus, comme ceux d'un pantin en étoffe, les yeux, qui n'avaient pas forme d'yeux, mais carrés et plats comme des plaques métalliques. Ses lunettes n'avaient pas l'air de lunettes, mais d'un double monocle. Par je ne sais quelle analogie, non d'aspect, mais de caractère, il me fit penser à un certain type d'officier de cavalerie français, tel qu'on en voyait encore, au début du siècle, passer, le torse et le regard insolents, dans les rues des petites garnisons.

27 août

Un visage de la France en ce mois d'août 1943. Tableau de bourgeoisie. Vieux jardin, vieille maison, meubles anciens. Familles coupées en deux : les uns, pour la plus grosse part, conservateurs, cléricaux, à la limite du fascisme ou glissant au fascisme; les autres, gardant un goût de la liberté, glissant même à quelque socialisme timide. Des femmes dames. Un juge de Paris, en vacances.

Son fils cultive dans le jardin de la maison de campagne familiale cent plants de tabac. Ce juge en éprouve quelque fierté. Mais ce sentiment est tout désintéressé. Il ne fume pas.

Notable du bourg. « Je ne vous cache pas que j'ai cru que les Allemands avaient gagné et que le mieux était de s'entendre avec eux. Je vois bien qu'ils ont perdu. Alors il faut s'entendre avec les Américains et les Anglais. »

« Vous appelez ça un homme?... », dit Laurent.

Passé la soirée chez les Mireau. Inquiets, ils craignent qu'on ne les ait dénoncés, que la *Gestapo* sache qu'ils ont caché Chadel.

La nuit, des motocyclistes allemands circulent dans le bourg.

Nous sommes inquiets. Mais ce que déjà nous touchons de l'avenir déjà nous rassure.

30 août

Déjeuné chez Febvre. Apparences : vin de la Côte, jets croisés de la conversation. Au fond de nous : inquiétude et impatience. « Quand débarqueront-ils? »

À la buvette. « À Dijon, dit un homme à l'air de pauvre homme, ils ont interdit, hier dimanche, toute circulation à partir de midi. C'est à cause qu'ils ne peuvent plus prendre d'otages. » – « Pourquoi?... » – « Parce qu'ils en sont empêchés par les Américains. » Toute affirmation a son poids. Je me demande, une seconde, si les Américains auraient, sans que je le sache, débarqué. L'homme s'éloigne. J'interroge du regard Mme Marie. Elle approche de son front son index et le fait osciller comme une tige de métronome. Ce qui veut dire que l'homme n'a pas toute sa tête.

Demi-fou? Débile? Ivrogne? Qu'importe! C'est la Pythonisse et c'est le fou des rois. Ils sont sensibles aux souffles de l'air du temps. Ils sont image, symptôme, symbole. Il y a trois ans, dans un sentier désert, je rencontrais un ivrogne qui hoquetait : « Or-ga-ni-ser, organi-ser. » Cet ivrogne était le réceptacle d'une propagande, le vase inerte qu'elle remplit. Il était aussi le vaincu, après le traumatisme de la débâcle, hypnotisé par le vainqueur. L'homme de la buvette anticipait sur l'événement, déjà se croyait délivré. D'un ivrogne à l'autre, je puis mesurer l'étape, l'histoire.

Quant à moi, aujourd'hui, j'ai évité de dire : « Ce sera fini bientôt, peut-être dans trois mois. » Le sort pourrait m'en punir, allonger la guerre. J'emploie un moyen conjuratoire. Je me tais ou je dis : « Cela durera au plus un an encore. »

Le journal annonce des actes de terrorisme : récoltes brûlées, batteuses sabotées. « Il vaudrait encore mieux, dit la femme de Riffault, brûler la moisson que la donner aux Boches. » Cependant quelques-uns des hommes, désignés pour la garde des voies, sont détachés à la garde des batteuses. Riffault, désigné cette nuit pour la garde de la batteuse amenée chez Laurent, est resté chez lui et a dormi dans son lit. Ce n'est plus le stade du tirage au flanc, c'est celui de la désobéissance.

1er septembre 1943

« On n'adresse plus de feuilles d'appel, me dit Mme Marie. La préfecture envoie un ordre aux gendarmes. Les jeunes gens n'ont pas le temps de se cacher... »

« Demain, me dit le boucher, ce sera peut-être moi qu'on arrêtera. » Un morceau de terreur pèse sur chacun.

À Grenoble et à Louhans, on a tué du milicien.

2 septembre

Message du pape. « Malheur à ceux qui construisent leur puissance sur l'injustice. » Cruauté de la guerre, réconciliation des peuples : la civilisation chrétienne ne s'exprime ici que par rites d'idées et entités. Le christianisme d'aujourd'hui est-il autre chose qu'une justification par la bande d'un ordre capitaliste ou qu'un anarchique refuge pour quelques âmes tendres ?

Claude a rêvé cette nuit que la maison était occupée par les Allemands. « Un cauchemar, me dit-il, en temps ordinaire, on en est délivré, sitôt après le réveil. Mais après celui-là, je n'ai eu qu'une demi-délivrance. »

3 septembre

Débarquement en Calabre. Le comité de Gaulle annonce qu'après la libération Pétain et tous ceux de son gouvernement passeront en jugement [1]. Comme Guillaume II ou pour de vrai ? Quel beau procès, où saisir les passions et la logique de la politique chez les politiciens de métier et chez les politiciens d'occasion ! Quelle échelle, quelle gamme d'un Laval à un Carcopino, à un Chevalier ! Et tous, la main sur le cœur, jureront de leur patriotisme. Cela aidera peut-être à éclaircir ce mot, qui en a besoin.

1. Le 3 septembre 1943, le Comité Français de Libération Nationale décide de traduire en justice, après la Libération, les têtes du régime de Vichy : 108 ministres, secrétaires d'État, secrétaires généraux, commissaires généraux, gouverneurs généraux ainsi que le chef de l'État et le chef du gouvernement seront jugés, à compter de 1945, par une Haute Cour.

Je mets la main par hasard sur le livre de Clemenceau : *Grandeurs et misères d'une victoire*[1].

Comment Foch fut nommé généralissime.

« Ne voilà-t-il pas que m'arrive mon collègue parlementaire, M. Meunier-Surcouf, officier d'ordonnance du général Foch, m'apportant le buste (simili terre cuite) de son chef avec les compliments de celui-ci. J'en demeurai bouche bée. » Il y avait de quoi. C'était en 1916 et Clemenceau n'était point avec Foch en relations personnelles. Cependant, s'étant débarrassé du buste de son chef, M. Meunier-Surcouf déclara à Clemenceau « qu'il était d'avis de mettre le général Foch à la tête des armées françaises ».

Quels clowns ! Quels Guignols ! Maréchaux et politiciens, clowns de l'abstraction. Ne pourrait-on au moins faire passer aux maréchaux et aux hommes politiques un examen analogue à celui que passent les mécaniciens de chemin de fer et les *wattmen* de la T.C.R.P.[2] ?

4 septembre

Effets de terreur. Une nouvelle a parcouru les quinze cents mètres qui nous séparent du bourg : « Les Allemands ont fait hier une rafle. » Cela m'est transmis tel quel, sans délais, sans indication de source. Andrée François revient de Saint-Amour. Personne n'y a eu vent d'une rafle. Personne n'y a vu un Allemand.

Personne ne parle plus de Mussolini. Personne n'y pense plus. Il est tombé au fond de l'histoire. Même notre goût de l'intrigue scénique et du dénouement romanesque ne secoue pas notre indifférence. Je serais pourtant curieux de savoir où ses derniers calculs de politique et de sécurité personnelle l'ont conduit. Qui donc aurait prévu, de cet éloquent journaliste, ce départ sans paroles ?

5 septembre

Staline a reçu le Métropolite[3]. Ils sont pleinement d'accord au sujet de la reconstitution du Saint-Synode. Les mystiques adverses se réconcilient. Staline, ayant retrempé le sabre, répare le goupillon. À cela octobre 17 était inutile. Kerenski eût suffi.

Dieu me garde de traiter d'une façon « primaire » les problèmes de la religion et de transformer en philosophie ces boutades. Je

1. Paru chez Plon en 1930, l'ouvrage est une analyse critique des relations franco-allemandes de 1918 au pacte de Locarno.

2. Transports en Commun de la Région Parisienne.

3. Pour renforcer l'aspect patriotique de la lutte contre l'envahisseur, Staline rencontre au Kremlin, le 4 septembre, les trois plus hauts dignitaires de l'Église orthodoxe russe et autorise l'élection d'un nouveau patriarche qui sera le métropolite Serge.

n'ignore pas autant qu'on pourrait croire combien le christianisme servit la culture des âmes, de quelques âmes tout au moins. Mais je vois que la pensée et l'action des mystiques aboutissent à fortifier les Églises temporelles. Je sais la ferveur et le courage dans la Résistance de quelques catholiques d'aujourd'hui. Catholiques, qui parfois eux-mêmes se disent anti-cléricaux. Sont-ils sûrs que leur action, en fin de compte, ne fortifiera pas le cléricalisme? Les mystiques amorcent des révolutions que les politiques utilisent. Et les politiques font croire aux foules qu'ils sont les héritiers des mystiques. Cependant, les armées russes avancent. Et, si Lénine était vivant, sans doute confèrerait-il avec le Métropolite. Une sorte de *Nep* religieuse.

Il est temps que les mécréants, les libertins se fassent signe. Leur faiblesse est qu'ils ne peuvent bâtir un temple. Mais qu'ils ne consentent pas à cette politesse du silence, que les croyants ne leur accordent pas. Qu'ils disent : « Nous ne formulons pas d'hypothèse sur le point de savoir si le néant est habité ou non. Mais notre morale peut être plus délicate que celle des croyants. Nous savons le prix de l'éphémère. Nous ne pouvons nous accrocher à Dieu, nous réserver des pardons dans l'au-delà. Nul ne nous punit, nul ne nous sauve. Nos crimes sont irréparables. »

7 septembre

J'entends un pas sur le sentier, qui m'est masqué par les arbres. Je tends l'oreille. Mais je reconnais un bruit de sabots, non de bottes. Je suis rassuré. Ainsi je fais de ces subtils calculs qu'on attribue aux sauvages.

8 septembre

Ils nous disent : « Vous qui, pendant la guerre de 1914, ne vouliez pas qu'on accusât les Allemands de couper les mains des enfants lillois, vous tenez aujourd'hui pour certaines les atrocités pires, mille fois pires, que leur attribuent la Radio anglaise et les tracts clandestins. C'est parce qu'en 1914 vous étiez pacifiste et qu'en 1943 vous haïssez le nazisme. »

« Il est vrai que nous étions pacifistes, il est vrai que nous rejetons le nazisme. Mais il est vrai aussi que la presse française, de 1914 à 1918, mentait neuf fois sur dix et que l'abjecte cruauté des Allemands, depuis 1939, est critiquement établie. Nous ne disons pas qu'en 1914, les Allemands occupèrent paternellement Lille, mais nous disons que personne n'a vu des bras d'enfants sans mains. Et nous disons que les innombrables tortures, dont on accuse les Allemands, depuis 1939, ne sont ni une invention de propagande, ni des épisodes accidentels, mais une forme essentielle de la politique nazie. »

Ces derniers jours, le bourg est optimiste. Sa certitude augmente, son impatience est moins dolente.

VIII

L'ITALIE CAPITULE

9 septembre 1943

CAPITULATION, sans conditions, de l'Italie [1]. J'écoutais la Radio anglaise, hier soir, chez les Mireau. La nouvelle fut d'abord donnée brute, sans préparation ni commentaire, avec une *Marseillaise* pour point final. On eût dit que le speaker lisait une inscription lapidaire. On eût dit une préfiguration de la capitulation allemande. L'Allemagne vaincue se tramait dans cette chambre de ferme.

Le Nouvelliste dissimule en bas de page la capitulation italienne. C'est vraiment montrer un excès de naïve confiance dans les vertus de la présentation typographique. Mais cette pauvre ruse éclaire d'une lumière forte l'esprit du journalisme. Depuis la révolution des titres, inspirée de la presse américaine, le journaliste croit que l'importance des faits doit commander l'importance des titres et que l'importance des titres agit sur l'importance des faits.

Du même *Nouvelliste* : « M. Paul Crouzet, qui, en 1940 comme en 1914, fut directeur du cabinet à l'Instruction publique, pose ce grave problème : " L'enseignement est-il responsable de la défaite? " L'enseignement, écrit-il, n'a pas été, au point de vue moral, suffisamment puissant et efficace contre la crise de l'entre-deux-guerres [2]. »

Lieu commun de cuistre? Sans doute. Mais ces cafards moralistes

1. Victor-Emmanuel III et le maréchal Badoglio (cf. supra p. 501) se voient imposer par des Anglo-Saxons méfiants un armistice dont ils ne peuvent discuter les modalités. L'armistice prend effet le 8 septembre, date de débarquement de troupes américaines et britanniques près de Naples. Les forces allemandes occupent alors les trois quarts de la péninsule, non sans massacrer une partie de l'armée italienne.

2. Dans le numéro du 8 septembre 1943, l'éditorialiste du *Nouvelliste* rapporte les propos de Paul Crouzet, inspecteur général honoraire : « Il serait injuste de faire des enseignants des boucs émissaires; ils doivent, cela dit, s'engager " contre les forces du mal " ».

incarnent en eux-mêmes le mal qu'ils dénoncent. Ce Crouzet (je crois bien que c'est celui-ci et non pas un autre) est un de ces moralistes pour qui un bon mensonge vaut mieux qu'une mauvaise vérité. Peu de temps après la guerre de 14, rédacteur en chef d'une revue, il refusa de publier un article, où il était rigoureusement démontré que le *Testament politique* de Mirbeau était un faux. (On apportait même une lettre d'aveu de Mme Mirbeau.) Mais qui se souvient aujourd'hui de ce testament? La raison que Crouzet donnait de ce refus était qu'il avait accepté déjà l'article d'un académicien qui étudiait toute la vie et l'œuvre de Mirbeau à la lumière de ce testament.

La liberté de penser saisie dans sa simplicité. Le père François me fait porter quelques tracts. Immédiatement, comme par réflexe, je me demande où je les cacherai.

Affiche sur les murs du bourg. Une seule d'ailleurs. Propagande peu massive. « Finis les mauvais jours... Papa gagne de l'argent en Allemagne. » Des enfants dansent dans la jubilation. Des ouvriers béats lèvent les bras au ciel. Personne ne regarde cette affiche. Ces sortes d'affiches ont acquis la propriété d'être invisibles.

Repentir *in articulo mortis* de Barrès retournant à la Lorraine, comme un libertin revient à Dieu.

Ceux-là et celles-là qu'on tue, qui sont en prison au secret ou dans les camps, ont en eux recréé la patrie et nous en livrent le secret.

Liffré (dix-sept kilomètres de Rennes). Un Tchécoslovaque juif, du nom de Behar, s'y était réfugié, en 1941, avec sa femme et leurs deux enfants, âgés de huit et six ans.

Au mois d'août 1941, apparaît la *Gestapo*. Un officier pénètre dans la chambre de Mme Behar, s'assied dans un fauteuil, s'y installe, jambes allongées et lui dit : « Vous avez dix minutes pour vous préparer. »

Les Allemands emmènent Mme Behar à Rennes, laissant à Liffré le mari et les enfants. Le lendemain, elle est relâchée. En octobre ou novembre 42, la *Gestapo* revient, emmène au camp de Drancy le mari et les deux enfants. Mme Behar tente de se tuer. On l'en empêche.

En décembre, Behar et les enfants sont dirigés on ne sait où. Quelques jours plus tard, Mme Behar reçoit une mallette, contenant les vêtements des enfants. Imaginez cela : cette femme ouvrant la mallette, reconnaissant ces vêtements, les touchant, les dépliant. Les enfants ont-ils été assassinés? Le sadisme administratif allemand propose à l'hésitation d'une mère l'image de ses enfants parqués ou l'image de ses enfants morts. Depuis ce mois de décembre 42, Mme Behar vit sans rien savoir de ses enfants. Elle vit ainsi.

Elle est réfugiée à Meudon, dans une pension de famille. Elle aide les sœurs d'un dispensaire de Saint-Ouen à distribuer des soupes.

J'ai cité ces faits, entre mille, parce qu'ils m'ont été communiqués par mon ami Joseph Bertrand [1], qui les a connus directement. Il est resté en relation avec Mme Behar.

Et toujours le même contraste. Les soldats allemands tendent les bras à tous les enfants. L'Allemand s'attendrit devant l'enfant et le torture et torture les parents par l'enfant.

Depuis plus de trente ans, L... écrit dans les journaux. En 1941, Pierre Guéry le rencontra. L... lui parla avec commisération des illusions de ma femme et de mes illusions : « Je vois tous les jours des généraux. Je connais le général N..., le général P..., le général V... Je sais par eux qu'il est impossible que l'Angleterre ne soit pas vaincue. Quant aux Russes, ils en ont pour trois semaines. L'Europe est condamnée à cent ans de nazisme. C'est ainsi. Alors que pouvons-nous faire d'autre qu'accepter ? » Guéry a noté ces propos, le jour même où ils furent tenus.

Aujourd'hui, L... est gaulliste. Cependant il donne des articles aux journaux. « Mais ils ont, dit-il, un sens caché, ils sont hostiles aux Allemands. Qui sait lire entre les lignes ne s'y trompe pas. Je les roule. Mais je risque chaque jour ma tête. »

Il y a une vingtaine d'années, je le rencontrai un soir devant la porte d'un grand quotidien. Il venait d'y porter un article. Nous fîmes quelques pas ensemble. Soudain il entra dans un bistrot et téléphona : « Soyez assez aimable pour supprimer l'*Action Française.* » Nous sortîmes du bistrot, nous fîmes quelques pas. Il entra dans un autre bistrot et retéléphona : « Non... donnez l'*Action Française.* » Puis il fit avec moi cinq minutes de chemin et, d'un autre bistrot, retéléphona : « Non, décidément, supprimez l'*Action Française.* » (Il s'agissait d'une manifestation organisée par ce journal.)

Étrange métier, où la maîtrise consiste à déterminer selon l'heure, si un fait a le droit ou non d'être un fait.

Étranges hommes : un rien les pousse, un rien qui leur remplit toujours les poches.

J'ai assigné un horaire à la *Gestapo...* Elle est venue au bourg, une fois à neuf heures et demie, une autre fois à quatre heures du matin. Quand je me réveille, le matin, je me dis : « Il est plus de quatre heures, je puis être tranquille jusqu'à neuf heures et

1. Camarade de guerre puis ami de Léon Werth.

demie. » Et, passé neuf heures et demie, je me dis qu'*ils* ne viendront pas le jour même.

13 septembre

Discours de Hitler. Où est la haute tension, où sont les grands éclats furieux de naguère ? Il débute par un étrange aveu : « Nous sommes libérés du grand poids de l'attente, qui pesait sur nous depuis longtemps déjà. » Veut-il dire que la catastrophe soulage de l'attente ?

Il ne brasse plus l'Europe et l'univers. Dans son prochain discours, il ne parlera plus que de son ami Mussolini et de ses persécuteurs Bénès et Giraud. Son délire perd de son ampleur.

Il lui arrive de parler comme M. de La Palisse : « Aussi sommes-nous froidement résolus à ne prendre que des mesures, soit en général, soit en particulier, qui soient susceptibles de faire échec aux opérations de nos adversaires. »

Le tonnant *Führer* bêle et moralise comme le Pétain de 1940. À croire même qu'il s'est inspiré de Pétain ou des scribes de Pétain. « J'ai fait à mon pays le don de ma personne », disait Pétain. « Il y a longtemps, dit Hitler, que ma vie personnelle a cessé de m'appartenir. »

Mussolini délivré par des parachutistes [1]. Cela excite l'imagination populaire. Je veux dire cette partie du peuple qui n'est immédiatement touchée que par les événements qui ont une valeur d'épisode cinématographique. Pour Mme Marie, le seul événement de la journée, c'est la délivrance de Mussolini.

Aux temps de l'*Avanti*, Mussolini, phobique, ne pouvait faire seul, la nuit, le trajet du journal à son domicile. Balabanov l'accompagnait. (Je tiens d'elle ce détail.) Cela, bien entendu, ne signifie nullement que Mussolini soit physiquement lâche.

Espère-t-il encore un morceau, une bribe de destin dans la compagnie de Hitler ? Ou tient-il sa chute pour définitive ? La déplore-t-il, comme un grand personnage historique au théâtre ? Ou songe-t-il à se préparer un confortable avenir de roi en exil ? Comment portera-t-il le menton, ce menton rond de petit ténor de province que sa volonté et la caméra transformèrent en menton carré de dictateur ?

1. D'abord assigné à résidence dans des îles, Mussolini a été conduit le 26 août 1943, au cœur de l'Apennin, dans un hôtel du Grand Sasso à plus de 2 000 m d'altitude. Il est libéré de façon spectaculaire, le 12 septembre, dans une opération aéroportée que commande le capitaine *S.S.* Skorzeny.

14 septembre

La boutique du cabaretier-coiffeur. À gauche, deux lavabos, à droite, deux tables pour les consommateurs. Décor disparate, comme certains décors de rêve. Si un client entre pour la limonade, le patron abandonne son client savonné, et, son rasoir dans une main, une bouteille dans l'autre, verse à boire.

D'un long rêve incohérent, cet épisode au dialogue abondant et qui me semble, même après le réveil, toucher à de riches problèmes. Je suis parmi des jeunes gens à l'air grave, habillés de vêtements noirs et mal coupés. L'un d'eux fait le procès de la Radio et de la Presse, qu'il déclare inutiles et criminelles. Je lui dis qu'elles sont partie intégrante de notre civilisation, qu'elles ne sont que le perfectionnement technique d'une fonction essentielle, que de tout temps l'homme eut le besoin de connaître et transmettre. Radio et Presse ne sont qu'un véhicule ou si l'on veut un système routier. Il y eut des sentiers avant les routes goudronnées. Mais j'accorde au jeune homme sombre qu'un sujet d'une riche sensibilité et d'une exceptionnelle pénétration pourrait s'en passer. Je prends pour exemple un voyageur arrivant parmi nous « du fin fond de la Chine ». (« Fin fond de la Chine » est textuel et signifie plutôt pour moi une autre planète.) Si ce voyageur était assez sensible, s'il savait lire tous les signes, il pourrait, d'après nos seuls visages et le son de nos voix, reconstituer tous les événements, tout le déroulement de la guerre depuis 1939.

16 septembre

Ce qu'il y a d'agréable dans la croyance, c'est que le croyant n'est jamais seul : il y a toujours quelqu'un qui s'occupe de lui. Dieu ou un autre.

Selon leur éloignement, selon notre état de distraction, les événements nous heurtent, nous cognent ou, au contraire, s'organisent en tableau d'histoire ou se résorbent en généralités de manuel.

Je me souviens que, dans un article écrit vers 1910, « j'éreintais » un peintre russe, dont la peinture me semblait détestable. Et par un de ces artifices que la rhétorique prête à la mauvaise humeur, j'imaginais (et de cela je me souviens avec quelque honte) que ces mauvais tableaux expliquaient les pogromes. Les Cosaques ne sabraient, pillaient, violaient, tuaient que parce que ayant vu les tableaux de ce peintre, ils avaient été pris de folie furieuse. Est-il besoin de dire que les tableaux étaient pour moi des objets réels et que les pogromes étaient si lointains qu'ils me paraissaient de l'ordre de la fiction ?

Délivrés ou nous croyant délivrés de la vieille morale hypocrite, nous la transportions, armée de toute sa rigueur, au plan de l'art. Nous n'étions pas de débiles esthètes. Nous détestions le mauvais écrivain, le mauvais peintre. Ils étaient pour nous une des figures de l'injustice et de la bassesse. Nous confondions le mauvais peintre et le méchant homme. Après tout, à la limite, tout cela était vrai.

Un homme de vingt-cinq ans peut-il aujourd'hui comprendre ces colères et ces illusions ?

Pour croire que la guerre est divine, encore faut-il croire en Dieu.

« Il y a toujours eu des guerres, il y en aura toujours. » C'est bête comme un proverbe et même davantage.

Mais Febvre ouvre une porte sur l'inconnu : « Tout se passe comme si la guerre était inhérente à l'homme. » Je ne cite pas, je rassemble et contraste après plusieurs jours quelques bribes de conversation. Je résume et je trahis. Je transforme en bâtisse de six étages l'abri que choisit une seconde une pensée qui s'interroge. Mais qui pourrait croire que Febvre songe à paraphraser le *homo homini lupus* ? Febvre ne pense pas par exemples de grammaire. Il veut dire qu'il n'y a pas d'explication totale de la persistance des guerres, qu'elles renaissent malgré l'expérience et la crainte qu'en ont les hommes, malgré leur atrocité accrue par la technique. Dans cette persistance des guerres, il y a une ou plusieurs inconnues. Proudhon, me dit Febvre, a écrit là-dessus des choses fortes et neuves.

21 septembre

Message des généraux allemands faits prisonniers à Stalingrad. Ils disent que l'Allemagne est dès maintenant vaincue, qu'elle ne se bat plus pour elle, mais pour Hitler. Cela est trouble, cela me fait penser aux aveux, à la grande pénitence des bolchevistes d'octobre 17, mis en accusation par Staline. Les anti-staliniens les plus déterminés ne donnaient pas pour explication ou pour seule explication la torture ou la menace. Ils invoquaient je ne sais quelle fidélité mystique au Parti, à la révolution, à la révolution aberrante, mais à la révolution quand même. Si la nouvelle est vraie, à quelle mystique, à quel calcul, ont obéi les généraux de Stalingrad ? Et crient-ils déjà à la totale, à l'absolument inévitable défaite de l'Allemagne ?

Un rédacteur du *Nouvelliste*, qui aime les Belles Lettres et la morale civique, regrette que Baudelaire soit au programme de l'année de philosophie et propose qu'on y mette à sa place Péguy, le seul reconstituant composé de produits uniquement végétaux. Est-ce la pensée de Péguy qui prête à confusion ? Ou ne faut-il accuser que ceux qui l'utilisent et leur âme trouble ?

Je ne sais quel glissement de pensée me remet en mémoire une rencontre (la dernière) avec Verhaeren, à Saint-Cloud, au terminus du tramway de Saint-Sulpice. C'était peu de temps avant sa mort. Je l'admirais; il m'avait témoigné beaucoup de bienveillance. Mais, ce jour-là, quelle gêne, quel trouble, quel silence entre nous! Nous savions comment chacun de nous recevait en lui la guerre. Il portait en lui la certitude d'un peuple occupé et brutalisé. J'étais en possession d'une intégrale vérité pacifiste. (On meurt à la guerre pour des industriels.) Cela d'ailleurs n'est pas faux complètement. Nous n'échangeâmes que quelques mots. Il me reprochait en lui-même mes pensées. Je lui reprochais en moi-même les siennes. Nous nous serrâmes la main. Il monta dans le tramway. Je n'ai jamais revu ses épaisses et longues moustaches, l'oscillation lente de sa tête.

On attribuait à Vallette, pendant l'autre guerre, cette parole : « Je hais, je raisonnerai après. » Belle parole, qui ne donne pas tout à la haine, qui lui cède, mais ne la justifie pas.

Le vieux pacifisme n'a plus de sens. Il en faut un autre. Le vieux patriotisme s'en est allé tout droit à la trahison. L'un et l'autre sont de vieilles nippes trouées.

Mais Michelet. La France d'aujourd'hui a le cœur trop faible pour se nourrir de Michelet. Et Michelet est romantique. D'une pensée trop haute pour qu'on la puisse atteindre, on a pris l'habitude de la traiter avec mépris de romantique.

23 septembre

Malade, au lit. Aucune nouvelle des événements. Deux jours de lit ont suffi à m'éloigner de la guerre. Et de tout, sauf de mon corps. J'appartiens à la civilisation du lit, des livres (lecture machinale) et des drogues.

24 septembre

Je n'ai pas eu depuis longtemps de contact avec le bourg.

« On était vendus, dit le boucher. Les balles n'allaient pas dans les fusils, les obus n'allaient pas dans les canons. Ils ne pensaient qu'à faire de bons gueuletons, qu'à s'en mettre plein la lampe. La France était dans l'anarchie. L'ouvrier était payé trop gros pour ne rien faire et occuper les usines. Le patron était bon pour la paye et non pas pour commander. »

Il est anti-allemand et quasi gaulliste. Il prend la Radio anglaise et la suisse.

Le vieil hôtelier ne lie pas des pensées aussi complexes. Il répète seulement : « C'est la faute aux gros, c'est la faute aux gras. »

Ceux qui souffrent véritablement de la guerre, ceux qui sont véritablement au centre de la guerre, ce ne sont pas ceux qui gémissent : « Assez, assez, qu'on cesse de se tuer. » Et encore ne sait-on jamais s'ils souhaitent la fin du carnage ou la fin des restrictions alimentaires. Ceux qui sont dans la guerre, ce sont ceux qui, par le cœur et par les yeux, sont à la fois à Paris, à Londres, à New York, à Berlin, à Tokyo, qui sont dans les rues et les maisons de toutes les villes du monde et qui se demandent : « Pourquoi, pourquoi ?... » et qui n'ont pas leur réponse prête d'avance.

Ce qui me paraît intolérable chez les Barrès de toutes sortes, c'est qu'ils trichent. Ainsi dans *Colette Baudoche* [1], jeune fille de Metz (*Colette Baudoche*, jeune fille de fesse, disait Guéry), Barrès prend d'avance une Française exquise et un balourd d'Allemand. Le lecteur n'a plus qu'à généraliser.

Rencontré la Debeau. Ni paysanne, ni bourgeoise, plutôt en marche vers la bourgeoisie. Une vache qui s'entendrait aux soins du ménage et aux calculs d'argent. Sans doute, y a-t-il des centaines d'Allemands et d'Allemandes à Berlin, à Dresde, à Altona, qui, plus qu'elle, sont de mon espèce, de ma variété d'espèce humaine. Et l'opposition des classes est aussi loin d'épuiser le problème que la diversité des nations.

Banalités, généralités ? Je le sais bien. L'individu, le groupe. Je me cogne à la sociologie. Elle n'est pas encore assez dure pour me faire un bleu.

26 septembre

Le jeune Colombet vient de Toulon. Un torrent de paroles. Anti-allemand, nourri de Radio anglaise. Mais il a absorbé d'autres nourritures. Il connaît toutes les politesses de la conversation : « La guerre, c'est la lutte des peuples pauvres contre les peuples riches. » À remarquer que ces politesses sont imprégnées d'hitlérisme. Il dit aussi (mais cela est d'une autre source) : « Le nazisme, c'est un bolchevisme déguisé. » Ce ne sont que précipitations de mots. Mais on peut y apprendre beaucoup.

« Churchill, me dit-il, a déclaré que les forces de débarquement seraient irrésistibles. » Je m'étonne, je doute, j'interroge. Mais Churchill a dit cela. Il l'a entendu à la Radio anglaise. Il l'a entendu de ses oreilles. Il est sûr de l'avoir entendu.

Les Russes. Smolensk. Le Dniepr.

1. Paru en 1909, c'est un des romans les plus connus de Maurice Barrès.

27 septembre

Claude me rappelle, comme exceptionnellement répugnant, un article paru dans *Le Nouvelliste* et signé Tancrède de Visan. Le sujet en est la visite d'un Français à son fils prisonnier en Allemagne. On ne saurait aller plus loin dans le patriotisme putassier. Cela donne la nausée. Il est à peine question de la vie matérielle dans le camp, de la nourriture, des travaux. Ni ce père, ni ce fils, ni l'auteur de l'article ne sont assez bassement matérialistes pour se préoccuper d'aussi vulgaires détails. Le père n'a qu'un souci, c'est de ne pas pleurer devant les Allemands. Un père français est par essence cornélien. Mais l'auteur n'a pas su choisir dans la « documentation » qu'on lui communiqua. Il nous peint cette familiale intimité sous la bienveillante protection des autorités allemandes. Mais il néglige de biffer ce détail : un Allemand assiste à l'entretien et le note sur un calepin.

Courbe d'une vie. Des petites revues d'avant 1900 à la propagande allemande. Je me souviens d'avoir vu cette signature dans je ne sais plus quelle revue symboliste ou post-symboliste. Et je me souviens d'une phrase (une phrase, c'est beaucoup après tant d'années), dont le sens était que le café-concert (le vieux beuglant et non les boîtes à chansons astiquées d'aujourd'hui) était un lieu propice à la méditation métaphysique.

Peut-être, l'auteur insistait-il trop sur ce contraste facile. Je ne sais plus. Mais au beuglant on voyait de beaux monstres, les plus beaux monstres de la terre et, pour peu qu'on laissât devant soi flotter ces apparences, le beuglant était un très bon isolant.

29 septembre

« Oh! le temps, me dit Claude, où on ne vivra pas avec la crainte d'être arrêté, soit parce qu'on a vingt ans, soit parce qu'on est suspect. »

Radio du soir chez les Mireau. La chambre blanchie à la chaux, l'horloge bressane, les cartes de l'Europe et du monde au mur. Beau sujet de tableau pour un peintre du Salon, s'il est encore, même au Salon, des peintres qui font des tableaux à sujet. Quelle plaisanterie surannée! En vérité, fort beau sujet pour un peintre qui en purifierait l'anecdote. Et les bras du père Mireau pèsent sur la table, comme les bras des joueurs de cartes de Cézanne.

Le comité d'Alger annonce que seront punis selon la loi du talion tous les Allemands qui ont fusillé ou fait mourir des otages. « Des Allemands, dit le père Mireau, il faudra en tuer au moins quatre millions. »

On ne tuera pas quatre millions d'Allemands. On n'en tuera

pas quatre cent mille. On n'en tuera pas quarante mille. Non pas que cela soit impossible. Les Allemands ont montré en Pologne qu'on pouvait aller vite en besogne. Mais on cédera à une grande lassitude. Et, la paix venue, cette arithmétique de la mort semblera inefficace et dégoûtante.

On tuera quelques brutes d'en haut et quelques brutes d'en bas. Et après? Peut-être faudra-t-il, sur d'immenses pancartes métalliques posées sur les murs des villes allemandes, inscrire le bilan des populations exterminées. Ces sortes de crimes (répression aux colonies, répression de la Commune, etc.), le citoyen moyen les ignore et les nie. S'il les connaissait, peut-être quelque chose serait-il changé.

Les deux faces. Il y a quelques semaines, quatre-vingts chefs ou sous-chefs de gare français partaient pour l'Allemagne. Voyage de propagande. Ils furent partout bien nourris et cordialement reçus. Chacun reçut pour ses menues dépenses un billet de cinquante marks. Dans le même temps, en France, les Allemands fusillaient.

30 septembre

Un train a déraillé entre Saint-Amour et Coligny. La vieille commerçante parisienne réfugiée me lâche comme un trait plaisant : « Il faut bien que les enfants s'amusent. » Ces vieilles ont toutes la gué-guerre dans la peau.

Et sans transition : « C'est odieux... on ne trouve plus de femmes de ménage. »

Discours de Laval aux maires de je ne sais quelle région. Il veut toujours nous sauver du bolchevisme [1]. Mais il ne comprend pas que, phénomène bizarre, ce sont les succès militaires des Russes qui ont diminué et peut-être supprimé la peur du bolchevisme. Le meilleur maquignon ne peut faire passer une bête morte pour une bête vivante. Laval conte son passé aux maires assemblés. « J'ai été, dit-il, jeune député socialiste. » Cela sonne frais et généreux. On voit apparaître le tendre et fougueux visage d'un jeune idéaliste, tout plein de nobles illusions. Mais il ne fait point allusion au temps où, pour je ne sais quelles raisons politiciennes, il quitta le Parti socialiste et se fit inscrire au Parti communiste [2].

1. Le 29 septembre, devant les « représentants » de Paris et de sa banlieue, Pierre Laval déclare : « Si la puissance de l'Allemagne venait à disparaître, le communisme s'installerait chez nous ».

2. Léon Werth commet une erreur : Laval n'a jamais été inscrit au P.C.F.; lorsqu'il a quitté sur la pointe des pieds la S.F.I.O., il a d'abord rejoint les « socialistes indépendants ».

4 octobre 1943

Soleil d'automne sur Bourg. La ville en fromage blanc est comme transfigurée. Des jeunes femmes passent en robes légères. Des cyclistes glissent. Bourg a pris je ne sais quelle consistance. Bourg me jette au visage un souffle de ville.

Une jeune fille cause avec un soldat réséda. Une jeune fille, oui, une jeune fille enfin. Vendeuse ou dactylographe. Ils sont posés droit sur le trottoir, bien en vue. Cette image comporte plusieurs interprétations. Je la donne toute brute.

Sur la route, nous croisons, Claude et moi, un bataillon, composé de très jeunes soldats, bien équipés. En tête, à cheval, trois ou quatre officiers. Les chevaux sont très beaux, les officiers bien rabotés, bien lissés, bien bouguerautés. Mais Bourg est loin de Smolensk.

« Cela va de plus en plus mal », me dit le Dr D... Il se moque bien de la capitulation de l'Italie, de la prise de Smolensk. Il est loin de ces contingences. Également pessimiste, quel que soit le vainqueur. Sur quelle cime de morale hindoue s'est-il réfugié? Seul, tout seul. N'est-il point malade d'une sorte de mal des prisons?

« Où pouvez-vous, me dit-il, trouver quelque raison d'être optimiste? Que pouvez-vous attendre de la paix, quelle qu'elle soit? Que pouvez-vous attendre de ce conflit entre les peuples totalitaires, atteints de délire paranoïaque, et les démocraties, qui font de la démence sénile? »

Je tente de lui montrer que ces abstractions pathologiques, pour ingénieuses qu'elles soient, laissent échapper beaucoup de réalités, peut-être même toute la réalité.

Il me demande si je ne souffre pas du précaire du monde des apparences. Je ne pense guère à l'absolu que comme un paysan pense au musée du Louvre.

D... m'a montré un album de grand luxe (papier couché, illustrations en couleurs) qui fut adressé aux médecins par le ministère de la Santé publique. Une page de cet album, une page floue de style maréchal est signée du Dr Leriche. On regrette pour lui cette promiscuité, on regrette son consentement. Qu'attend-il du pouvoir? Y a-t-il donc en lui un besoin inné de flatter le pouvoir? On voudrait que l'auteur de la *Chirurgie de la douleur* eût l'échine moins souple. D'autant que Leriche écrivant ne manque pas d'un sens polémique, qui pourrait être redoutable pour Leriche courtisan. Ainsi quand il traite de *condottieri* prêts à toutes les besognes les chirurgiens qui ne pensent pas qu'il soit de leur métier de faire un diagnostic. Ainsi, quand il raille les opérateurs, purs techniciens du bistouri, qui croient que la chirurgie expérimentale consiste uniquement à opérer des chiens.

Le Courrier français du Témoignage chrétien cite quelques lignes très belles de Bernanos [1].

« Hommes libres qui mourez en ce moment et dont nous ne savons même pas les noms; hommes libres qui mourez seuls à l'aube, entre des murs nus et livides; hommes libres qui mourez sans amis et sans prêtre, vos pauvres cœurs encore pleins de la douce maison familière; hommes libres qui, aux derniers pas que vous faites entre la prison et la fosse, sentez refroidir sur vos épaules la sueur d'une nuit d'agonie; hommes libres qui mourez le défi à la bouche; et, vous aussi qui mourez en pleurant, vous, oh! vous qui vous demandez amèrement si vous ne mourez pas en vain, le soupir qui s'échappe de vos poitrines crevées par les balles n'est entendu de personne, mais ce faible souffle est celui de l'Esprit. »

Quelle foi est celle de Bernanos! Il croit en l'esprit, en l'homme et hors de l'homme. Mais ce souffle est vain, se perd dans l'éternité, si Bernanos ne le crée ou ne le recueille.

C'est en bas de colonne du *Nouvelliste*, en petits caractères. Cela ne frappe guère l'imagination. Cela ne fait pas de bruit. Cela ne trouble les habitudes de personne : « Sur l'ordre du *Höherer S.S. und Polizeiführer* [2], cinquante Parisiens ont été fusillés, le 2 octobre. » Répression du « terrorisme ». Personne n'entend les coups de fusil, sauf Bernanos.

De la même source : le capitaine de gendarmerie d'Annecy a été tué par des « terroristes ». Huit lignes pour l'exécution des « terroristes ». Cinquante lignes pour le meurtre du capitaine de gendarmerie.

5 octobre

L'Assemblée des cardinaux et archevêques de France affirme la légitimité du gouvernement de Vichy et désavoue ces chrétiens, par lesquels les « consciences françaises sont orientées vers des attitudes de jugement personnel et d'indépendance, d'où ne peuvent sortir que la division des esprits et l'anarchie ». On croirait que sont ici visés les rédacteurs des *Cahiers du Témoignage chrétien*. Nous, les mécréants, nous nous attendrissions, dès qu'on nous parlait d'une Église chrétienne, d'une Église évangélique. Et ces jeunes catholiques fervents, pour qui l'Église n'était pas seulement une des plus puissantes parmi les institutions temporelles et qui

1. La *Lettre aux Anglais*, un texte effectivement superbe de Georges Bernanos, est reprise dans les 18e et 19e *Cahiers du Témoignage chrétien*, sortis dans la clandestinité en août-septembre 1943.

2. Il s'agit de Karl Oberg.

prétendaient lutter contre tout nazisme de tout leur christianisme, l'Église demain, selon l'événement et le tour de politique, leur imposera le silence ou les tolérera. Pour l'instant, selon l'occasion, elle offre à son fidèle le double exemple des prélats qui résistent et des prélats qui consentent.

9 octobre

Le Nouvelliste : Quarante-six « terroristes » condamnés à mort. Déraillement de Saint-Ambreuil. Attentats. Les auteurs de ces attentats et déraillements sont tous, selon Vichy, des communistes. Leur but : « le désordre et l'anarchie ».

Les uns continuent leur vie, comme si de rien n'était. La guerre ne passe jamais dans la même rue qu'eux, ou que les leurs. Le jugement qu'ils portent sur la guerre est d'une historique sérénité. Mais tel ou tel, qui n'est pas plus qu'eux directement touché ou menacé, chaque jour de guerre laisse sur lui sa marque, creuse en lui.

Par quel mécanisme, l'Université produit-elle des Déat, des Pucheu?

Je lis dans Bossuet que le Prince, même s'il soutient l'hérésie, n'est prince que par le consentement de Dieu, qu'on lui doit obéissance et qu'un peu de droit divin se glisse toujours dans le pouvoir du César le plus injuste. Quelles sont les limites de cette obéissance? On en peut théologiquement discuter pendant des siècles.

Claude est de garde, cette nuit, sur les voies. « Hein..., vous ne lui dites pas de ne pas y aller?... », me dit Andrée François. Elle a raison. J'aurais dû grouper les paysans, organiser le refus. J'aurais dû organiser, il y a dix ans, la résistance universelle à la guerre. J'aurais dû, il y a cent ans, j'aurais dû, il y a mille ans, canaliser l'histoire dans le bon sens.

13 octobre

Claude part demain. Je revois un ancien départ. Nous partions pour Paris, après les vacances. On entassait des paquets dans la voiture. C'était par un triste temps d'automne. Nous n'avions pas d'autre raison de tristesse que l'automne. Mais le vieux Rip, le chien de la ferme, immobile, comme pétrifié, nous regardait tristement, regardait tristement la voiture, les bagages. Je suis comme le vieux Rip.

Je ne suis plus capable que d'attendre, d'attendre le débarquement, l'ère nouvelle d'après le débarquement.

Est-il bien sûr que j'attende de l'après-guerre autre chose que les plaisirs que je goûtais avant la guerre?

Dans l'étendue d'herbe et de brume, un dahlia, un unique dahlia rose oublié, n'est plus qu'un fantôme de fleur. La lumière d'une étoile morte. Que l'astronome ne prenne point la peine de railler.

Poulette taquine Jean Bouvard (six ans). « Tu n'es qu'un bébé, tu n'as que six ans. » – « Six ans, répond Jean Bouvard, six ans, c'est déjà pas rien. »

Les atrocités en Pologne, à Drancy.

Je voudrais connaître le « processus » selon lequel l'Allemand de la légende, l'Allemand tendre et naïf (tel que dans Balzac, par exemple) est devenu l'Allemand nazi. Tout était-il faux dans cette légende?

18 octobre

Seul. Claude est parti depuis trois jours. Le quai sans lumières, le train noir.

Réquisition des alambics. « Je ne le porterai pas en mairie, dit Laurent, qu'ils viennent le chercher, s'ils veulent. » C'est la première fois qu'il résiste ouvertement. Jusqu'à présent, il a sans doute beaucoup dissimulé, mais il n'a rien refusé. Aujourd'hui, il offre sa poitrine aux coups de l'administration.

J'oubliais qu'il ne risque rien. L'alambic est inscrit à mon nom.

Il paraît que les propriétés terriennes et les valeurs baissent, à mesure que les succès des Alliés se multiplient. Je n'entends rien à ces choses. S'élaborent-elles en des antres de bandits ou la finance est-elle un baromètre? Le baromètre de quoi?

Une lettre de Suzanne m'apprend, sans détails, que Vildrac est à Fresnes [1]. Je ne vous dis rien d'autre, Vildrac, que ceci : « Cela ne m'étonne pas. » Je me souviens de cet appartement de la rue de Seine. C'était peu de temps après la guerre de 1914. Des cœurs contre la guerre; des têtes contre la guerre; de pauvres bougres d'hommes contre la guerre. Le jeune de Saint-Prix, si limpide, si environné de clarté. Dupin-Ermenonville, chrétien contre la guerre, verrier, son fils était mort à la guerre. Je revois ces regards, cette pièce meublée de vieux meubles, le secrétaire Empire. De cette pièce à cette cellule, le chemin est droit.

Et moi? Caché dans mon trou. Lâche. Sans doute, mais, vous,

1. Charles Vildrac (1882-1971) est un écrivain de théâtre et un poète volontiers didactique. Humaniste, révolté par l'injustice et la violence, proche du P.C.F., il a chanté les vertus de l'U.R.S.S. (cf. *Russie neuve* paru en 1937). Il milite dans la Résistance.

Vildrac, on vous impute tel fait, tel acte, entre vos juges et vous, il y a une ombre de juridique. Mais moi, je suis d'un bloc condamné, coupable d'un péché originel, sans rédempteur, coupable en mon âme et ma chair, en mes viscères et ma peau.

19 octobre

La Radio m'annonce la mort de Romain Rolland, « romancier, prix Nobel ». Une épithète était accolée à « romancier », je ne sais plus laquelle. La mort de Romain Rolland est entrée dans ma chambre. Je suis seul avec la mort de Romain Rolland.

Je ne saurais parler de lui avec justice, ni même avec décence. En 1914, je n'avais pas lu dix lignes de lui. Aucun de mes amis proches ne l'avait lu. Nous étions trop mallarméens et nous aimions trop la viande rouge. Trop artistes aussi, dans le plus mauvais sens du mot. Chaque ligne de lui nous repoussait. Nous y trouvions une odeur d'Université, d'École du Louvre, de littérature pour vieilles demoiselles.

En 1915, au front, l'adjudant, secrétaire du colonel, me passa la copie dactylographiée d'un article du *Journal de Genève* : « Au-dessus de la mêlée ». Un homme enfin qui n'avait pas renoncé à l'humanité. Il fut « un moment de la conscience humaine ». Il le fut, il le fut vraiment. Homme parmi les moutons-loups, sage parmi les fous, courageux parmi les lâches.

Son adhésion fut totale à la révolution russe. Si totale qu'il se refusa à toute réserve, quand Staline eut pris le pouvoir. Je crus qu'il se trompait, je le crois encore. Mais il se trompait noblement. En 1932, j'eus l'occasion de correspondre avec lui. En réponse à l'une de ses lettres, je lui écrivis que j'étais inquiet de voir quelques-uns de nos amis défendre l'honneur de la révolution comme les généraux de l'Affaire Dreyfus défendaient l'honneur de l'armée. Il ne me répondit pas. Je n'ai rien su de lui, depuis lors.

20 octobre

La nouvelle de la mort de Romain Rolland est démentie [1].

Le gendarme Mor..., le seul gendarme de France qui ait gardé l'accent gendarme, saute de bicyclette et engage la conversation. J'ai le sentiment d'être soumis à un interrogatoire. « Vous êtes chargé d'enquêter sur moi... », dis-je. Il nie avec conviction : « il n'est pas collaborateur; il a souvent envie de donner sa démission; dans son métier il faut obéir; s'il arrête de braves gens il le fait avec beaucoup de politesse; les jeunes qui se cachent, il sait bien

1. Romain Rolland, âgé de 78 ans, est sérieusement malade; il s'éteindra le 30 décembre 1944.

où ils sont, mais il n'ira pas les chercher; il faut se méfier de la pâtissière; s'il devait m'arriver quelque chose, je serais prévenu ». (Par qui?)

Je n'ose pas rompre brutalement cet entretien. Je prends des mœurs d'esclave.

Je ne sais pas encore si le gendarme Mor... est un enquêteur maladroit ou un balourd indiscret.

21 octobre

Attentat raté contre de Brinon. « C'est par un effet de la puissance céleste, si l'on peut dire, que j'ai été protégé. »

Cette puissance céleste ne protégea pas, à Cuisia, trois mouchards au compte de l'Allemagne. (Cuisia est à une quinzaine de kilomètres d'ici.)

Un filet en bas de page : « Antoine est mort. » Quatre lignes. « On annonce la mort de l'auteur-acteur André Antoine. » L'auteur-acteur... Pauvre Antoine. Il est vrai que depuis une trentaine d'années, Antoine lui-même avait sans doute oublié Antoine.

23 octobre

Je désire aujourd'hui non pas les quais, non pas la perspective de l'Étoile. Ce dont je suis privé aujourd'hui, c'est du boulevard et du faubourg Saint-Denis, du boulevard et du faubourg Saint-Martin, de ces lieux si peu vieille estampe, si peu Haussmann, où passaient des êtres rabougris et bizarres. Reverrai-je ce bureau de tabac-café, où s'assemblaient pour l'embauche de pauvres chanteurs, de pauvres chanteuses? Je m'asseyais, j'avais acheté au seul kiosque où on le trouvait (à l'angle du boulevard de Strasbourg) *Le Nouvelliste*, organe professionnel des artistes lyriques, des artistes de music-hall et de cirque. Je lisais les annonces, j'imaginais des armées d'hommes-serpents et de romancières. J'imaginais de tristes meublés. Et toutes ces vies, qui, malgré tout, brillent, quand s'allument les lumières des rampes et des cafés à tréteaux.

Il fut un temps où je ne me connaissais pas d'autres ennemis que les négateurs de la peinture « moderne ».

Les conflits d'aujourd'hui sont plus étendus et plus gros.

Quant à la peinture, ce n'est pas contre ses ennemis, mais contre ses amis qu'il faudrait la défendre.

« ... Seule au milieu des autres, m'écrit Suzanne, je ne peux plus échanger avec toi le petit coup d'œil, qui nous lie par-dessus le monde. »

Oui, ce petit coup d'œil, c'est tout.

25 octobre

N'est-ce pas s'abaisser que s'occuper d'un Abel Bonnard? Non... qui a la curiosité du personnage humain trouve partout son compte. Abel Bonnard adresse une circulaire aux inspecteurs d'Académie. Il veut que les affiches apposées aux murs des écoles « se recommandent par l'agréable image qu'elles offrent aux écoliers ». – « Les enfants raffolent instinctivement de ce qui est joli. Ils cherchent à se composer un paradis de netteté et de fraîcheur et les éducateurs font une faute grave quand ils défoncent ce féerique et fragile ensemble en y poussant des représentations lourdes et communes. »

Ce n'est point ici le défonçage du féerique qui m'intéresse. D'autres que ce Bonnard écrivent en pathos. Mais le « joli » et le « raffolent » ne vous font-ils point entendre la voix de fausset et le glapissement du vieil inverti?

Le style de la belle Bonnard est confidentiel. Ainsi, dans les premières années de ce siècle, un peintre du Salon, qui avait nom Courtois, révélait, en peignant des lutteurs forains, un goût de l'athlète qui n'avait rien de sportif.

26 octobre

Je suis comme les autres, comme les pires : je trouve que c'est long, je trouve que c'est lent.

Et cet univers qui n'est plus que stratégique!

Le geste auguste. Laurent sème du blé. Il n'y entend rien. Il n'a pas regardé ou il a mal regardé les images. Du largo il fait un presto. Son geste un peu sec, automatique, manque d'ampleur, d'onction et de solennité.

Un député parle. Un des premiers résistants, dit la Radio. Mais toujours cette vulgarité parlementaire par laquelle les grands mots prennent un air de gros mots.

28 octobre

Brouillard, où l'on peut chercher toutes les gammes du rose, feuilles jaunes, feuilles rouges. Mais j'ai une indigestion d'automne. Je rêve de l'asphalte, d'une façade de Paris, sous la pluie, comme un visage sous une voilette.

À Saigon, une Européenne, à qui je demandais quelle sorte de plaisir elle éprouvait à fumer de l'opium, me répondit : « Je ne sais pas... Je fume pour m'abrutir. »

J'en suis là. Mais je n'ai pas d'opium. Alors, je lis.

L'Angleterre, la Russie, l'Amérique, la Chine, le communisme, le nazisme, ce sont à la fois les entités du café du commerce et le monde réel, la réalité du monde.

29 octobre

Saint-Amour-Tournus en bicyclette. Brouillard aussi épais qu'au polder. Dans une cour d'école, je ne vois pas les enfants, mais, comme des flammèches dans la fumée, leurs chandails de couleur.
Le Villars. Déraillements réussis mais non le dernier. L'heure du déboulonnage fut mal calculée. Ce ne fut pas un train d'Allemands qui dérailla, mais un train de voyageurs. Il y eut des morts et des blessés.

Employé de banque, à Paris. « Moi, la guerre n'a rien changé à ma vie... » Cet autre dit de Laval : « Il roulera tout le monde. »

3 novembre 1943

Un camion allemand a accroché la voiture à cheval du hobereau collaborateur et l'a culbutée au fossé. Sauf une blessure au nez, il n'a pas eu grand mal. Les Allemands sont descendus du camion, ont examiné le capot et les ailes et les trouvant à peu près intacts ont continué leur route, sans jeter un coup d'œil ni sur la voiture, ni sur le cheval, ni sur le conducteur. « Les gens du pays, me dit Andrée François, racontent l'histoire en rigolant. »

4 novembre

Le camp d'Auschwitz. On voudrait répondre par d'égales tortures, par une mort qui serait éternellement torture. Et puis on est écrasé, anesthésié par cet atroce à la limite, par ce sadisme à l'infini. Jamais le châtiment n'égalera le crime. Les brutes souffrent moins et meurent plus vite. Et rien n'empêchera que cela ait été.

Déraillement à quelque cent mètres de la Bifur. Les Allemands ont arrêté deux gardes-voies, mais les ont laissés à la gendarmerie.

Une lettre de P..., bon ouvrier de laboratoire. Mais, hors son labo, il n'a que des fantômes d'idées, des ectoplasmes d'idées.

La conférence de Moscou promet une idyllique Europe. Hitler promettait l'ordre nouveau. Le langage de la politique a ceci de commun avec celui de l'amour que les mêmes mots ont des significations différentes ou contraires. Le vocabulaire du mensonge et celui de la vérité y sont les mêmes. Le mensonge et la vérité n'en sont pas pour cela identiques.

Il y a dans le rêve des personnages tout neufs, jamais rencontrés à l'état de veille. Sont-ils créés ou transformés par le rêve ou simplement non identifiés par la mémoire?

De la culture. Pendant ses années scolaires, le jeune bourgeois est confronté à Racine, Pascal, Bossuet. Dès qu'il est sorti du lycée, il va à Maurice Chevalier et au roman policier ou pire : à Giraudoux ou à Montherlant.

Du *Nouvelliste*. « Contre le terrorisme. – La fédération nationale des journaux en zone Sud en appelle à l'opinion. » – « La Fédération croit devoir appeler l'attention et la réflexion de son vaste public... sur la dangereuse multiplication des actes de terrorisme dans ces derniers mois... Derrière ceux qui les commettent, il est facile de déceler ceux qui les inspirent... S'ils trouvaient chez nous des complicités ou des complaisances... La guerre civile succéderait à la guerre étrangère, la défaite se changerait en désastre... »
On se demande à quel moment ces journalistes considèrent que la résistance à l'Allemagne est guerre civile. Et l'on admire cet aveu que, pour eux, la défaite ne fut pas, n'est pas encore un désastre.

9 novembre

Hitler a parlé. Il rugit. Il avait préparé un *putsch* contre l'univers. Le *putsch* rate.
« Je suis un homme profondément religieux... », a-t-il dit.

Discours de Churchill. « À moins d'un événement providentiel, c'est en 44 qu'on peut espérer voir le point culminant de la guerre. »

Le mot : providence est dans le discours de Churchill, comme il est dans celui de Hitler. Mais la Providence de Churchill est lointaine, elle est le miracle et l'imprévisible. Pour Hitler, la Providence est sa chose. Et pour un peu il dirait que la Providence, c'est lui. Ainsi la vieille démente des « corps créchés » qui croyait que le monde, minute à minute, était créé par elle. « Les dieux sont morts, c'est moi qui fais la diligence du monde. »

10 novembre

À la buvette. La cantilène de Mme Marie, la cantilène où la vie est cachée. Le litre de vin ordinaire à 50 francs. Le litre de blanc à 65 francs. La livre de beurre à 100 francs. Le litre de marc à 200 ou 250 francs. Il faut vendre le petit verre 10 francs. Mais les resquilleurs du marché noir n'y regardent pas à 10 francs. L'adjudant de gendarmerie a conduit à la prison de Lons une femme qui avait tué son enfant. La femme s'était fait accoucher par sa mère. L'enfant était né viable. Elles l'avaient enterré sous le fumier. Je veux bien vous donner un pneu, a dit le marchand, mais contre cinq livres de beurre et deux litres d'huile. Un Allemand est descendu d'un train à l'arrêt. C'était un médecin. Il a frappé au carreau, il a demandé s'il pouvait entrer, il a dit qu'il avait froid. Il a bu une tasse de café. Il était bien poli. C'était un Boche, c'est entendu, mais il était bien poli. Il y avait des employés du chemin de fer. Ils lui ont demandé si la guerre serait bientôt finie. Il leur a répondu : « Je ne suis ni Hitler ni Staline. »

11 novembre

Le rêve se constituerait-il des magasins d'accessoires, qu'il utiliserait selon ses besoins? D'un rêve, dont le motif était la réapparition du maire en fuite, je retiens seulement ceci : le maire est d'abord coiffé d'une casquette quelconque. Il la remplace par une petite calotte blanche, que je le prie d'ôter, car cette tache blanche éclate, visible de partout, attire l'attention. Enfin, dans un dernier épisode il est coiffé d'une casquette noire, de forme peu courante, soutachée, dont les bords et la visière sont couverts d'ornements noirs sur noir. Cette casquette, pendant le rêve, ne provoque en moi aucun étonnement. Mais, après le réveil, je l'identifie. C'est la casquette que portait il y a huit jours, dans le car de Tournus à Louhans, un grand voyou de roulottier, de « camp volant », terriblement élégant.

Sur le quai de la gare, deux officiers passent et repassent, relèvent le plan d'on ne sait quoi. Ils semblent gonflés au saindoux. Et ils font les importants, pas pour nous qu'ils ne voient pas. Et sur le quai il n'y a personne. Ils font les importants, pour eux-mêmes. Ils tapent du talon de botte et dressent la tête. Il y a contradiction entre ces visages au saindoux et cette tension musculaire. Mais c'est ainsi.

AVIS

Les ressortissants français : 1° Hubert Arnaud, étudiant de Toulouse; 2° Edmond Guyaux, étudiant de Toulouse; 3° Jacques Sauvegrain, étudiant de Lardenne, 4° André Vasseur, employé de Toulouse, ont été condamnés à mort le 24 octobre 1943 par un tribunal militaire allemand pour avoir participé à des actes terroristes.

Les condamnés s'étaient réunis dans un camp dans la montagne pour combattre les troupes allemandes, où on leur donnait des armes et une instruction militaire. Ils se sont opposés à la prise du camp à main armée et ont causé des pertes aux troupes allemandes.

Le jugement a été exécuté le 9 novembre par fusillade.

Der Kommandant des Heeresgebietes Suedfrankreich.

Ces jours, ces nuits entre le jugement et l'exécution.

Ils ont tué Bergère, parce qu'elle vagabondait et qu'elle avait tué quatre lapins à Balanod. Elle nous rendait visite souvent à l'heure du déjeuner. Nous n'entendrons plus le bruit de sa queue battant contre les murs. Ils l'ont emmenée je ne sais où et l'ont pendue. Et, pendant ce dernier voyage, sans doute, elle sautait à leurs épaules et les caressait du museau.

15 novembre

L'affaire du Liban. Je n'y entends rien. Mais je sais bien que c'est une affaire de colonisation [1], de protectorat ou de prépondérance et que tout ce qui toucha à la colonisation fut une préfiguration honteuse, hypocrite du fascisme. Je suis inquiet quand j'entends le mot : Empire. De Gaulle croirait-il au mensonge de la colonisation civilisatrice? Ou est-il un grand politique, qui, pour des besoins stratégiques et politiques actuels, passagers, use provisoirement de ce cruel mensonge?

On croyait au débarquement purificateur, balayant tout sur l'instant. On imaginait une sorte d'ange exterminateur. Et la guerre traîne.

Les arguments des nationalistes à la Barrès me font penser à ces images par lesquelles les vieillards tentent de s'exciter.

17 novembre

« Vous voyez cet homme, me dit Mme Marie, son fils a été fusillé, à Dijon, par les Allemands. Il avait dix-huit ans. » (Je me souviens. Une bombe jetée sur un café. Quatre jeunes gens condamnés à mort, sur de vagues indices.) L'homme passe, portant un de ces paniers où les cheminots mettent leurs provisions. « Il a été comme mort, me dit Mme Marie. Il s'est un peu repris, il a un autre fils qui est dans le maquis et un autre plus jeune. »

Deux jours au Villars.
Étrange réunion.
Le colonel jacobin. Il lit Tacite. « Quand mon père parlait de la République, c'était comme d'une chose sacrée. »

1. Le 8 juin 1941, la France Libre a annoncé que serait mis fin aux mandats exercés par la France en Syrie et au Liban. Mais devant la lenteur des transferts de souveraineté le parlement libanais décide le 8 novembre 1943 de réformer la Constitution. Le délégué général français, Yves Helleu, privilégie alors la manière forte, ce qui suscite troubles dans les rues et critiques acerbes des Anglo-Saxons. Catroux annulera les mesures prises par son prédécesseur rappelé à Alger. Léon Werth a raison : il s'agit bien d'un enjeu colonial.

Mori, cimentier de son état, qui connaît par le cœur et la tête le « matérialisme dialectique », artiste par nature, anarchiste par choix, réfugié en ce village depuis les débuts du fascisme. Mais que le mot réfugié sonne faux en son humilité. Mori est adopté par le village et il a adopté le village. Il le connaît mieux que s'il y était né. Ce qui lui permet toutes les imprudences. Si vous le voyez jamais sans contact avec la chose sociale et l'esprit de révolution, soyez sûr que c'est en un pays où l'homme n'est pas une bête sociale, où l'homme ne connaît pas plus l'homme qu'un caillou ne connaît un caillou.

L'astronome (face lunaire, comme il convient à un astronome). Il ne connaît qu'un monde supporté par les mathématiques. Simpliste dans son opposition totale à la religion. C'est du moins ainsi que le jugent les esprits de fine culture, qui ne sont après tout que des esprits qui se balancent tout le temps, sans arrêt, dont le balancement semble un tic. Je lui oppose quelques arguments du type : « C'est plus compliqué que ça ». Et je finis par lui donner raison. C'est faire mauvais usage de l'esprit critique que de perdre la couleur en cherchant la nuance.

C'est Mori qui organise le départ en avion de l'astronome pour l'Angleterre.

André Borney (son père, mort il y a quelques années, était aubergiste, buraliste et un peu braconnier, je crois). Il fait la liaison entre le maquis, Chalon, Mâcon et les villages. Deux fois, il sauta d'un train en marche. Vingt et un ans, calme et si naturellement héroïque. L'œil velouté, fréquent en cette région, le R qui roule. Il nous dit comment les Allemands tentèrent de réduire le maquis. Ils vinrent avec des canons et des mitrailleuses. Ils s'approchèrent des bois, tentèrent d'y pénétrer. Il y eut trois morts parmi ceux du maquis. Cinquante Allemands furent tués.

« 100 000 francs de récompense. Le *Kommando* de la *Sicherheitspolizei*, à Lyon, offrira une récompense de 100 000 francs, chaque fois que la découverte et l'arrestation auront été rendues possibles à la suite de renseignements fournis par la population aux services allemands. »

21 novembre

Ce fut un dogme révolutionnaire qu'il fallait transformer la guerre étrangère en guerre civile. Et la bourgeoisie croyait que la révolution naissait spontanément de la défaite. Nous avons vu le contraire. La défaite, comme la victoire crée la dictature. Et ils le savaient bien, ceux qui, bien avant la guerre, préméditaient la victoire de l'ordre par la défaite. Ainsi cette jeune femme disait : « C'est terrible qu'il ait fallu détruire la France pour détruire la République, mais il le fallait. »

Coïncidence de la mort de Henri Martin et de la mort de Maurice Denis [1].

Henri Martin, le temps où l'on haïssait le mauvais art. Quand j'écrivais d'Henri Martin « pointilliste » : « il a volé une montre et ne sait pas lire l'heure ». La sainte colère de Signac.

Maurice Denis. Je n'aimais pas son érudition italienne et son goût du bonbon fondant. Aux environs de 1910, je tenais pour abominable sa théorie du renoncement : peindre le Louvre et non la nature. La peinture, glose des maîtres. Mais ce n'était qu'un jeu de l'esprit. Hors cela, tout ce qu'il a écrit sur la peinture est d'une lucide intelligence. Et sa peinture vaut mieux que les jeux sportifs de quelques fauves.

Neuf prisonniers évadés d'Allemagne se cacheraient dans le pays. Ils seraient venus dans un wagon plombé. (Les plombs auraient été mis par des civils allemands ?) De fait, tout, ici, n'est pas légende. Cela m'a été conté ce matin par la femme de Riffault qui connaît un de ces évadés, qui l'a vu, qui lui a parlé. Il lui a dit que les civils allemands étaient très découragés.

L'automne pourpre des vieux poètes existe au Luxembourg. Ici, la campagne est verte, d'un vert sale.

Je tourne au hasard le bouton de la Radio. Une voix de chanteuse, mi-canaille, mi-sentimentale. J'entends cette voix, comme si j'étais dans la brousse. Cet art usiné m'évoque les faubourgs, des soirées anciennes en de pauvres beuglants.

Parlant des philosophes verbalistes et des écrivains prolixes, l'astronome Mineur disait : « Ils me font penser aux types qui vendent des stylographes à l'entrée des rues barrées. »

Peut-être a-t-il de grosses idées. Mais c'est lui qui a raison. Il ne louvoie pas. Entre les points cardinaux de l'erreur et de la vérité, il met le cap sur la vérité. J'ai trop connu de ces lettrés (qu'ils se disent) et de ces littérateurs, qui ne savent rien choisir, pas même leur sexe.

Je lis dans *Le Nouvelliste* que Mgr Valerio Valeri, nonce apostolique, reçu à Albi par le préfet, a déclaré : « Le programme du Saint-Père se rapproche beaucoup de celui du chef magnifique de la France, le maréchal Pétain. »

Le D.N.B. annonce « la désertion de centaines de Polonais. Il s'agit de la prétendue division polonaise Thaddée Koszinsko, formée en Russie ». Cinq lignes plus bas, cette prétendue division

1. Henri Martin (1860-1943) s'est spécialisé dans les grandes fresques ; Maurice Denis (1870-1943), qui fut membre des Nabis, passe pour être représentatif d'un art chrétien moderne.

devient réelle. « Depuis leur enrôlement, les polonais subissaient un véritable martyre de la part des Rouges. »

23 novembre

Si l'on réfléchit à la diminution du patriotisme banal avant la guerre et au consentement d'une partie des Français à la domination allemande, après la débâcle, l'Allemagne, s'il n'y avait point eu Hitler et l'hitlérisme, aurait pu, peut-être, réaliser son rêve. L'Europe eût accepté peut-être une Allemagne organisant l'industrie, la voirie, l'hygiène, indifférente aux problèmes spirituels. Cette hypothèse est d'ailleurs absurde.

26 novembre

Les Allemands ont arrêté la sœur de Lormier. Sa femme, institutrice, a pris la fuite.

Vingt, trente, quarante gendarmes allemands (le nombre variait selon les gens et selon les jours) devaient occuper l'hôtel réquisitionné. On ne les a pas encore vus.

27 novembre

J'apprends par une lettre de Suzanne que les miliciens, au Villars, ont arrêté André Borney. Il s'est défendu à coups de revolver. Mais c'est lui qui a été blessé aux jambes et au bras. Quelques heures après mon départ.

Quand la fille de Laurent rapporte du bourg une nouvelle, on dirait qu'elle fredonne quelques bribes de chanson. Cela lui vient tel quel? Et, si on lui demande de préciser un détail, elle répète, tel quel, son bout de chanson.

Buvette. Mme Marie, si son cœur ne la guide pas, elle trébuche. Elle ne sait pas filtrer, passer au crible. Ainsi, à propos des Lormier (le père a été arrêté par les Allemands), elle répète des versions différentes et ne rejette même pas celles qui sont d'ignobles calomnies. « Il y a de l'espionnage, là-dessous, dit-elle, ils ont touché beaucoup d'argent. » Je proteste, je ne sais si je la convaincs. Et aussitôt, elle reprend : « Ils n'auraient pas dû cacher cette Anglaise. (Je ne sais qui est cette Anglaise.) Il ne faut pas faire des choses comme ça. Moi, j'aime la France au-dessus de tout. Mais il ne faut pas oublier que les Allemands sont là et qu'ils ont des oreilles. » Et voici un troisième thème : « Ces jeunes gens n'ont pas été assez sérieux, ils ont été imprudents. » Tout cela est pour elle vague, sans dessin.

J'ai dit déjà que la jalousie me semblait jouer chez les paysans plus que chez les hommes des villes. Laurent me parle d'un paysan arrêté dans un village par les Allemands. « Il a peut-être trop parlé, me dit-il. Un verre de vin suffit pour le faire parler. En plus, c'est un pêcheur, un braconnier. Il y a des miliciens partout. Il a pu être dénoncé. Et non pas seulement pour la politique, mais par jalousie de pêcheurs. Tout ça, ça s'mélange. »

29 novembre

Malade. Je me crois protégé, isolé par la maladie. C'est une vieille illusion, née du temps de mon service militaire, née dans un vieux monde juridique, qui n'existe plus.

Radio. Lettre écrite par un jeune homme de seize ans quelques heures, quelques instants avant d'être fusillé. Cela fait mal au point qu'on ne sait plus si ça fait mal. Authentique ou non? Ou modifiée par quelques traits ajoutés?

1er décembre 1943

Ce que nous appelions notre culture, ce qui nous faisait différents d'un paysan ou d'un ouvrier, c'était un petit jeu, le jeu du jugement dernier sur quelques écrivains et quelques peintres. J'imagine la fin de la guerre. Je reprends ma place à ce tribunal. Je me souviens du petit jeu, comme un cycliste se souvient des mouvements qui assurent son équilibre, comme un nageur, des mouvements qui le font flotter. C'est automatique, c'est vide. Tout a perdu son sens. Ce ne sont plus que rites funéraires. Ce que nous gardons en nous, sans l'aérer, sans le confronter, moisit, puis meurt. Cela est vrai pour un homme, que la solitude a stérilisé, cela est vrai peut-être aussi pour un pays. Cela sera vrai peut-être pour le monde occidental.

2 décembre

Le lit isole, préserve. De tout peut-être, mais non pas des souvenirs. Ils tiennent, légers, lointains, n'insistent pas. Mais bientôt ils se dessinent, ils prennent une étonnante consistance de réalité en même temps qu'ils baignent dans une lumière surnaturelle de passé. Ils font peur, ces ressuscités, qui tiennent à la fois de la vie et de la mort.

3 décembre

En 1914, la plupart des soldats français partirent pour tuer la guerre. En 1918, ils déposèrent leur victoire aux pieds des gouvernants, firent trois petits tours, saluèrent et rentrèrent chez eux. Sauf les morts. On sait ce que les gouvernants firent de la victoire. Drôle d'époque : Chambre bleu horizon, dancing. Chaque Français eut son auto. Aujourd'hui des millions d'hommes se battent pour tuer le nazisme. Que fera-t-on de leur victoire? Et déjà je lis ou j'entends sur le Liban et l'Indochine, les mêmes bobards qu'avant 1914 et qu'avant 1939.

Le maréchal Smuts déclare que la France écroulée disparaîtra comme grande puissance, en même temps que l'Italie et l'Allemagne. Il entend que les peuples ne vaudront que selon leur puissance industrielle [1]. Il semble s'en tenir à un strict matérialisme historique. Comme si les « superstructures », morale, sciences, arts, dépendaient immédiatement de l'économie et de la force militaire. Comme si elles ne jouaient point elles-mêmes en liberté, après qu'elles ont été libérées de leur gangue économique. On ne sait pas à l'avance quel sang circulera dans les veines d'une victoire, dans les veines d'une défaite.

« Pourquoi se battre? me dit le cordonnier. Pourquoi ne pas être tous des frères, sans se manger? »

J'en ai vu un, un vrai, sur la route de la gare. La nuque en bourrelets, un paquet de saindoux botté, l'oreille décollée et la face en groin. Mais celui qui dessina et haït le plus ce type d'Allemand, c'est Grosz, un Allemand.

5 décembre

Les yeux bleus de la Siamoise. Rien d'humain, rien d'animal non plus. C'est minéral.

6 décembre

À propos du discours du maréchal Smuts, on lit, dans *Le Courrier de Genève*, que ces propos « inquiètent profondément les millions d'hommes qui se sentent de corps et d'âme solidaires de la vieille Europe ».

Mais qu'est-ce que la vieille Europe? Les Balkans en font-ils partie? Au-delà de Vienne trouve-t-on encore la vieille Europe? Existe-t-elle encore ou non? En fait, elle n'est pas si vieille que le disent les journalistes.

1. Le très anglophile maréchal Smuts, Premier ministre de l'Afrique du Sud, prononce un discours à l'emporte-pièce dénoncé à l'envi par la propagande de Vichy.

L'entrevue à Téhéran de Churchill, Roosevelt et Staline. Accord parfait pour une guerre terrible et pour une paix d'idylle [1].

Matins de Paris (lettre de Suzanne) : « On se lave sans savon, on ne peut pas cirer ses souliers, on déjeune d'une mixture à l'eau. »

À Grenoble. Cinq cents otages envoyés en Allemagne. Bombe sur une caserne. Une centaine d'Allemands tués [2]. (Radio.)

La méditation (oh! profondeur des nombrils des bouddhas!) n'est-elle pas une transposition de la paresse, une philosophie de l'immobilité personnelle?

Offrande aux psychanalystes. (Je résume le thème du rêve, je n'en donne que le canevas, je ne tente pas d'en retrouver l'atmosphère.) Et ce canevas, je ne le note que parce qu'il ne fut pas celui d'un seul rêve, mais de plusieurs rêves. Du moins, il m'en a semblé ainsi au réveil. Et c'est peut-être une illusion de la mémoire du rêve analogue à une illusion bien connue de la mémoire de veille (illusion de déjà vu, de déjà éprouvé). Je suis dans un hôtel-restaurant, qui communique avec un autre corps de bâtiment, où est installé un autre hôtel, mais beaucoup plus élégant, beaucoup plus luxueux. Je suis inquiet, je crains de voir apparaître la patronne ou gérante de cet hôtel élégant, que j'ai quitté, sans pouvoir payer ma note.

Déraillement à Moulin-des-Ponts. Un seul wagon a quitté les rails. « Ils ont arrêté les gardes-voies, me dit le fils de Laurent. Ils les ont fouillés. Il y en avait un qui fumait une cigarette. Un Allemand la lui a arrachée de la bouche et l'a jetée par terre. Il a traité les hommes de garde de " saloperies de Français ". Un autre, qui était saoul, a pris un Français à la gorge et a failli l'étrangler. »

1. À Téhéran, du 28 novembre au 2 décembre, se réunissent pour la première fois les trois Grands. L'atmosphère est effectivement plutôt cordiale, d'autant que Roosevelt s'efforce de séduire Staline. Ils parviennent à un accord sur la stratégie militaire (les Anglo-Saxons débarqueront sur les côtes de la Manche) et sur les questions politiques (sera instituée une organisation des nations unies; l'Allemagne sera châtiée; les frontières de la Pologne seront modifiées pour permettre à l'U.R.S.S. de recouvrer les territoires qu'elle a perdus en 1920).

2. Le 11 novembre, l'occupant a arrêté des centaines de Grenoblois qui avaient manifesté devant le monument érigé aux « Diables bleus »; ils en déportent 450. En riposte, les Corps francs des Mouvements Unis de Résistance font sauter dans la nuit du 13 le parc d'artillerie de la garnison allemande; une nouvelle fournée d'otages est alors exécutée; grâce à la complicité d'un soldat polonais incorporé de force dans la *Wehrmacht*, la Résistance peut faire sauter, dans la nuit du 1er au 2 décembre, la caserne de Bonne : on relève quelques victimes dans la population grenobloise et plus de cinquante tués et de 200 blessés allemands.

Je rencontre Debeau, qui était de garde, cette nuit même. « Nous nous chauffions, me dit-il, autour d'un feu de charbon. On cassait la croûte. Une ronde d'Allemands a passé. Ils nous ont dit quelque chose qu'on n'a pas compris et puis : " Au revoir, Messieurs ". »

Pourquoi ce contraste entre la brutalité des Allemands à Moulin-des-Ponts et leur correction à Saint-Amour ? D'après Debeau, ceux d'ici seraient des gendarmes, ceux de Moulin-des-Ponts seraient de la *Gestapo*.

8 décembre

« Je pense, m'écrit Suzanne, aux ports de Marseille et de Toulon, que j'aimais tant. Certains jours, je doute de mes sentiments et je me demande si ce n'est pas Clavel qui aurait encore complètement raison, cette fois. »

Clavel n'eût pas su construire des ports. Et on oublie que Clavel, se trompant ou non, a été, en 1914, soldat de son plein gré. Puis Clavel a désespéré, a tout nié de la guerre et des choses de cet ordre. Aujourd'hui, si Clavel refusait tout de la guerre, niait tout de la guerre, ne nierait-il pas aussi ce qui lui fait détester la guerre ?

Buvette. « Et les hommes de Dijon ?... demande Mme Marie à un contrôleur, qui vient de Dijon. – Il y en a cinq... et il y a aussi une femme. Tous condamnés à mort. – Pourquoi ?... – La résistance... – En ce moment, on ne devrait pas faire de politique. Ce n'est pas le moment de montrer ses idées. »

Sitôt qu'ils ont connu ces condamnations à mort, les mécaniciens ont décidé une grève de deux heures. « Pendant deux heures, dit le cheminot, pas une locomotive n'est sortie du dépôt. Si on les exécute, il y aura une grève générale... Ou trois dépôts, au moins, feront grève. »

Parfois, les passions sociales, conscientes ou non, se révèlent dans une intonation. Quand ce cheminot disait : « Pas une locomotive n'est sortie... » on sentait en lui la puissance de son groupe, sa propre puissance et la colère du peuple.

Ainsi, quand la vieille commerçante de Paris, réfugiée au bourg, dit : « Les terroristes, ces voyous », sa gorge se contracte et son visage se crispe de haine.

La légende du maréchal se traîne encore, agonisante, dans quelques têtes. Le marchand de vins croit à un maréchal captif, auquel les gens de son entourage ne laissent point parvenir les bruits du dehors. Il tient son histoire d'une institutrice, qui la tient d'une dactylographe, qui travaille dans les bureaux de Vichy. « Une Américaine haut placée, une Américaine de la Croix-Rouge, a demandé à parler au maréchal pour quelque chose de très important. Pendant quinze jours, elle a demandé chaque jour à parler au maréchal. Elle n'a pu le voir que le seizième jour. Mais elle n'a rien pu lui dire, parce qu'ils étaient au moins une vingtaine à le surveiller, à écouter. Le maréchal lui a baisé la main, je ne sais quoi, comme ils font dans le grand monde et il a pleuré. Il l'a invitée à dîner, pour pouvoir causer, dans l'intimité. Mais ils l'ont empêchée de venir. Son passeport n'était plus valable que pour trois jours. Alors, elle est partie, sans avoir pu revoir le maréchal. »

« Les terroristes, dit la vieille Parisienne, ces voyous... C'est heureux que les gendarmes allemands soient venus. On est rassuré, quand on les entend, la nuit, faire des rondes. – Ces voyous, dit-elle aussi, qui font dérailler les trains, ce sont eux qui nous ont amené les Allemands. »

Je lui demande comment elle peut à la fois se réjouir et se désoler de la présence des Allemands. Elle hésite un instant : « Oui, depuis qu'ils sont là, on ne peut plus trouver de femmes de ménage, ils les emploient toutes. »

Ordre de la Régie aux buralistes du bourg de livrer immédiatement le tabac de décembre. « À cause des terroristes, qui pillent les bureaux de tabac. » Bizarre et nouvelle conception de l'ordre. Pour éviter la réquisition révolutionnaire au profit du maquis, elle ordonne que les boutiques des débitants soient vides. Comme si, après un vol dans une banque, ordre était donné à tous les déposants d'en retirer leur argent.

« À Voiteur (le journal) plusieurs individus armés ont fait irruption dans le bureau de tabac tenu par M. Malfroy et se sont fait remettre pour 15 000 francs de tabac. Ils ont réglé cette somme et sont partis, après avoir vidé une bouteille de château-chalon. »

Les Allemands sont vaincus. La guerre finira, quand ils voudront bien cesser de faire les gestes du vainqueur. Ils sont vaincus. L'ennui est qu'ils ne veulent pas le reconnaître.

L'Europe allemande : ceux qui sont enfermés, ceux qui ont faim, ceux qui couchent sur des paillasses pourries, ceux qu'on frappe, ceux qu'on tue. Je pense à ces minutes entre la sortie de prison et le commandement du chef du peloton d'exécution, ce commandement qui fut le dernier son humain qu'entendirent les adolescents tués à Besançon.

D'après le B.I.T., les transferts de populations européennes auraient touché trente millions de personnes. Ce chiffre semble invraisemblable. Quoi qu'il en soit, meurtres et transferts, on me donne à absorber une somme de souffrance trop forte. On sait que les gros traumatismes sont moins douloureux que les blessures légères. Ils dépassent la sensibilité. La somme des souffrances qu'on me donne à résorber est trop forte. Je ne les sens plus. Je n'ai plus de sensible que mon égoïsme, je ne sens plus que mes souffrances propres.

On donne à la Comédie-Française une pièce de Paul Claudel. Si j'étais à Paris, je voudrais aller au Petit Casino. Là, pas d'artisterie. Un art éternel. On chante la romance. Un art qui varie peu, qui varie lentement, comme les images chinoises.

Il faudrait faire de cela autre chose qu'un facile paradoxe.

Beau sujet d'image d'Épinal à mettre au mur d'une chaumière, s'il y avait encore des imagiers et des chaumières. « M. Otto Abetz ayant repris ses fonctions, a passé deux jours à Vichy... Le maréchal a invité l'ambassadeur d'Allemagne à un déjeuner, auquel prirent part également le président Laval et l'ambassadeur de Brinon. »

Batailles de Russie et d'Italie, cadavres de Russie et d'Italie, prisons, camps, tortures, exécutions. Telle est mon Europe. Mais quelle est l'Europe de la vieille Parisienne, de cette Mme Pugnard, qui vit seule en sa maison en contre-bas, près de Bourg, en son cloaque? Quelle est l'Europe de la Pugnard du cloaque?

Cette Pugnard du cloaque a l'imagination courte. Ce qui se passe loin d'elle n'a que des couleurs pâles.

Depuis la débâcle, son cloaque est troublé. Un grand soldat et un ministre énergique, qui ont l'oreille des Allemands, y rétabliraient le calme, n'étaient les voyous qui troublent l'ordre. N'étaient ces voyous, elle trouverait comme autrefois du beurre au marché. Mais les voyous font dérailler les trains (à quoi ça sert-il?) et pillent les bureaux de tabac. Telle est, je crois, l'Europe et telle est la France de la Pugnard du cloaque.

10 décembre

Laurent, qui est allé à la foire de Gigny, a appris que des hommes armés et masqués ont contraint le buraliste de Montagna à leur livrer sa provision de tabac. « Ceux du maquis ont besoin de tabac... », ont-ils dit.

L'étonnant ici, c'est que Laurent, paysan prudent (et ami du buraliste) juge avec indulgence et même sympathie les hommes masqués de Montagna. Son sourire, qui ne désapprouve pas, est un signe.

Nos jugements politiques. J'ai à peu près complètement oublié le Staline d'avant la guerre, le Staline qui, pour les uns, était l'héritier de Lénine, pour les autres le Thermidorien. Et j'ai presque complètement oublié le Staline, signataire du pacte germano-russe. Je ne sais plus voir en Staline que le chef des troupes victorieuses, qui combattent contre le nazisme. Il y a quelques semaines encore, j'éprouvais un choc d'étonnement quand on nommait Staline le maréchal Staline. Aujourd'hui, je ne souris même pas. Staline est pour moi un vrai maréchal, le maréchal de la démocratie, le maréchal de la Liberté, l'organisateur de la victoire de la Liberté.

13 décembre

Le D.N.B. annonce « qu'environ quatre cent mille enfants polonais, déportés par les Soviets et séparés de leurs parents, sont morts faute de soins. Selon des témoins, les enfants qui ont pu quitter l'U.R.S.S. étaient de véritables squelettes vêtus de loques, couverts de la tête aux pieds d'eczéma et de plaies ».

Le rédacteur d'agence ne donne aucun nom de lieu. Il n'a pas eu le temps de choisir sur un atlas le nom d'une lointaine localité. Cependant il ne manque pas d'affirmer que ces enfants « ont été séparés de leurs parents ». Par un jeu d'écritures, par un jeu de macabre comptabilité, il opère un virement, il change de colonne les enfants du Vél' d'Hiv'.

Sans doute Mineur avait raison. La religion est un fait « social ». Mais tout ce qu'elle affirme est faux. Détachée de la coutume, qui supprime tout effet de surprise, qui endort notre sens critique, il n'est pas une seule de ses affirmations que nous accepterions.

« Mais qu'est-ce donc que votre morale sans religion? – C'est une morale pure et dure, trop dure sans doute pour les âmes religieuses... Et qu'est-ce donc que votre Église devenue tolérante ou qui feint de l'être devenue, que votre Église, qui a perdu sa certitude, puisqu'elle ne tue plus les mécréants pour les sauver? »

17 décembre

Trois Allemands tués à Oyonnax. Cinq otages fusillés. Deux cents personnes arrêtées.

Depuis la débâcle, L... préfère Gœthe à Shakespeare. Quant aux thèmes vulgaires de la propagande, avec quelle étonnante adresse de prestidigitateur il les allège! Maniés par lui, ils ne sont plus que nuances et reflets. Quelle que soit l'issue des événements, l'une au moins de ses idées miroitantes servira de preuve à son loyalisme jamais interrompu envers le vainqueur, quel qu'il soit.

Oscillations populaires. « À Louhans, me dit Aimé François, la popularité des Anglais diminue. Ils feraient bien de ne pas trop tarder. »

On serait tenté de croire que la Pugnard du Cloaque est tout immondice et cruauté. Mais ce n'est pas aussi simple. « Je viens d'apprendre, m'a-t-elle dit, que N... a été fusillé... » Elle a beaucoup connu N... autrefois. Et elle m'a annoncé cette nouvelle avec une distraite impassibilité qui, sur l'instant, m'étonna. Comme elle m'eût annoncé que N... avait été condamné à cinq francs d'amende. Je crois qu'elle eût versé quelques larmes, si elle eût appris que N... était mort de la grippe. Elle connaît cette catégorie de la mort. On meurt dans son lit, quelquefois, à la guerre. Mais il n'y a pas de case dans sa tête pour accueillir la mort par fusillade. Son imagination ne lui représente rien. Ce n'est pas pour elle une vraie mort.

20 décembre

Un article du journal sur le lieutenant Psichari, petit-fils de Renan. On nous dit que le lieutenant Psichari avait dans ses cantines les *Sermons* de Bossuet et les *Pensées* de Pascal. Rien ne paraîtrait plus naturel si le lieutenant n'était déjà « converti plus qu'aux trois quarts », s'il ne cherchait en Bossuet et en Pascal que des émotions d'art. Mais Pascal et Bossuet (hors les colonnes d'un journal) sont-ils si facilement conciliables ? Sont-elles donc si facilement conciliables l'angoisse de Pascal et la sereine orthodoxie de Bossuet, qui passe confortablement du spirituel au temporel et qui, par exemple, dans l'*Oraison funèbre* de Michel Letellier manifeste, sans un doute, sans un trouble, comme un dur politique, la totale jubilation que lui inspire la révocation de l'Édit de Nantes ?

On a pendu à Kharkov quatre criminels de guerre : trois Allemands et un traître russe. (Ils étaient accusés d'avoir poussé dans une chambre à gaz des femmes et des enfants, comme on fait pour les chiens à la fourrière.) Cinquante mille personnes, nous dit-on, assistaient à ces pendaisons. C'est trop de curieux, même pour regarder en face la justice.

L'Internationale, comme hymne national, sera remplacée, à partir du mois de mars 1944, par un chant soviétique. Je pense à cette foule, à Berlin, qui remplissait le cirque Busch et chantait *L'Internationale* en quatorze langues. (C'était un congrès anti-fasciste.) Le vieux militant à côté de moi, le vieux routier des réunions publiques, accoutumé aux foules, ses yeux pourtant s'embuèrent.

Je ne savais reconnaître que deux airs : *La Marseillaise* et *L'Internationale*. Il ne me reste plus qu'un air. C'est une culture musicale à refaire.

Je donne, tel quel, le récit de Mme Marie : « Cette dame était là, elle a vu... Elle pleurait encore en me le racontant. C'est hier que c'est arrivé..., près de Thonon-les-Bains. Ils étaient onze jeunes gens, qui se cachaient pour ne pas aller en Allemagne. Ils s'étaient réunis dans une ferme. Les Allemands sont venus. Ils n'ont pas eu de peine à les trouver : ils avaient été dénoncés. Les Allemands étaient cinq, avec des fusils. Ils ont frappé les jeunes gens. L'un d'eux, qui portait des lunettes, des morceaux de verre se sont piqués dans ses yeux. C'était un ami de son fils. Puis les Allemands les ont frappés à coups de crosse, leur ont cassé des bras, des jambes, les ont jetés par terre, leur ont donné des coups de pied et ils les ont tués à bout portant. »

Radio-France dénonce la bassesse, l'indigence des Maurras, des Montherlant et de quelques autres Chardonne. Mais, un petit déclic du temps et déjà ils ne sont plus rien. Pas même une lointaine pourriture, des fantômes de pourriture.

L'indigence mentale de Maurras fut toujours évidente, sauf pour quelques cuistres frottés de bachot. On peut même reconnaître un imbécile à ce qu'il ne sait pas que Maurras est un imbécile. Mais quelque chose reste incomplètement expliqué, c'est sa jubilation totale pour la défaite. On s'étonne de ne pas trouver chez lui les résidus d'un patriotisme livresque. On est en droit de supposer que son patriotisme était simulé.

Un homme, s'il aime une femme qui le trompe (la France trompait Maurras avec la démocratie) peut injurier cette femme, la frapper ou même concevoir des pensées de meurtre. Mais si cette femme est insultée ou menacée par un autre, si cette femme est malade à en mourir, cet homme perd la force de juger, cet homme s'attendrit et n'est plus que tendresse. Mais il n'y a même pas chez Maurras de Déroulèdisme. Il assiste, sadique et jubilant, au châtiment par Hitler de la France, infidèle à Louis XIV et à Maurras.

24 décembre

La cruauté, le sadisme allemand, le sadisme organisé. Torture pour faire parler, torture pour faire souffrir. Meurtres en masses. Comment mesurer la part de responsabilité de chaque Allemand? Sans doute, la cruauté des coloniaux français est d'un ordre de grandeur infiniment plus faible. Et jamais elle ne fut système, doctrine (sauf en des groupes d'administrateurs véreux). Et toujours, presque toujours, elle fut dissimulée, hypocrite. Mais elle fut. Qu'on considère donc la part de responsabilité de chaque Français en ces actes de cruauté. Qu'on considère aussi que la plupart de ces actes étaient ignorés des Français. Qu'on évalue le nombre des Français chez qui cette ignorance était elle-même un crime, qui voulaient ignorer.

Qui, considérant les actes de cruauté des Allemands, peut ne pas haïr l'Allemand? Regarder cette haine en face. Il faut regarder cette haine en face. Faut-il céder complètement? Peut on croire qu'un monde nouveau, qu'un monde moins abject peut naître de cette haine? Que faut-il faire de cette haine, qui est en nous? Que faudra-t-il faire de cette haine, quand les motifs n'en seront plus que dans le passé? Le pire serait d'oublier. Le pire serait de tout subordonner à cette haine. Et comment faudra-t-il punir? Quelles punitions seront efficaces? Oui, comment faudra-t-il nous comporter avec notre haine? Avec notre haine des Allemands, qui tuèrent et torturèrent, avec notre haine des Français qui furent leurs complices?

Message du pape. Quelques idées générales – combien générales – sur la paix, l'humanité, le droit. Que le matérialisme dialectique paraît plein, paraît humain!

Message du maréchal. La voix ne chevrote pas, elle tremble, comme tremble un bloc de gélatine.

Un des gardes-voies arrêtés (à Condal ou Moulin-des-Ponts) a été relâché. Riffault l'a vu. Trois fois par jour, on le frappait et on lui criait : « Avoue!... Avoue!... » Un simple rite. Car il n'était pas du tout soupçonné de la moindre complicité dans le déboulonnage des rails.

On donne ce soir un film, tiré d'un roman de Clément Vautel [1]. Et cependant il y a une civilisation française.

Coagulations de foule. Il y a séance de cinéma, tous les dimanches. La salle est toujours pleine. Et, depuis la guerre, dit Mlle P..., la modiste, il y a plus de monde à la messe qu'il n'y en eut jamais. (Déjà, après la guerre de 1914...)

26 décembre

J'ai appris à connaître mes retraits d'égoïsme et mes choix désintéressés, universels, si l'on veut. Et comment s'imbriquent mon égoïsme et mes dépassements.

27 décembre

Émission littéraire de *Radio-Vichy*. C'est d'une déconcertante stupidité. Un Sélénite tombé du ciel ou même un Huron débarqué d'aujourd'hui, s'ils avaient entendu cela, penseraient que la France aura beaucoup de peine à se relever.

Nous avions crevé les abstractions nationales, le Français, l'Allemand, le Chinois. Nous allions à la recherche de l'homme individuel, de ce qui, en chaque homme, lui est propre, de lui, en lui,

1. Le journaliste Clément Vaulet alias Vautel (1876-1954) a écrit des romans qui connurent un certain succès, tel *Mon curé chez les riches* (1920).

est lui. Nous avions passé de l'abstrait à l'individuel. Mais nous chassions l'histoire, au lieu de la dominer. Il nous faut faire le passage inverse. Non pas retourner à l'abstrait, mais ayant retrouver l'homme national, le dominer, comme nous savons parfois dominer l'homme physiologique ou l'homme social.

Espoirs. Un cuirassé allemand coulé. Les Russes, à l'ouest de Kiev, avancent de quarante kilomètres sur un front de quatre-vingts kilomètres.

Philippe Henriot. Le serrage de la voix en bout de lèvres, en haut de palais, l'intonation gouape. Ce n'est pas naturel. Il joue à jouer les traîtres.

L'idée que se font du maquis les paysans est plus forte que toutes les idées que tentent de leur imposer la propagande allemande ou hitléro-vichyssoise. On peut, sans rien forcer, dire que le maquis se confond avec leur France, avec leur liberté (au sens le plus gros, le plus matériel). Quel que soit le maquis, il est leur maquis. S'ils en parlent, c'est d'un ton affectueux.

À Nantua ou Annemasse, les hommes du maquis ont puni une femme, qui dénonçait les réfractaires. Ils ne l'ont pas tuée. Ils l'ont jetée dans la rue en chemise, après l'avoir badigeonnée de couleur.

Cent cinquante jeunes gens arrêtés et rassemblés par les Allemands dans des wagons plombés. Ils ont ouvert le toit des wagons et se sont enfuis dans la campagne. Il n'en est pas resté vingt-cinq. L'un d'eux, qui avait sauté d'un wagon aux environs de Saint-Amour, a conté son aventure à un milicien, de garde sur les voies. Mais le milicien ne l'a pas dénoncé. Ce milicien est le fils d'un ancien gendarme; il s'était engagé dans la milice, parce qu'il n'avait pas de quoi manger; mais il n'est pas pour les Allemands. (Je donne, sans y rien changer, le récit de Laurent.)

Les Cahiers de Libération [1] citent Alain (*N.R.F.* du 1er mai 1928). « Savoir en qui se trouve l'amour de la patrie, en qui, non, c'est impossible. Et même ceux qui disent qu'ils ne l'ont point, je ne les croirais point trop. Savent-ils bien ce qui en est? Il faudrait les voir sous le joug étranger. Qui conspirerait alors? Qui serait en prison pour trop aimer sa patrie? Le même homme, je le parie que nous voudrions mettre en prison parce qu'il ne veut point dire qu'il l'aime. Et qui serait alors hors de prison et servirait l'étranger selon son métier et sa fonction? Plus d'un sans doute

1. Cette citation figure dans le premier des *Cahiers* publiés à compter de septembre 1943 par le Mouvement de Résistance Libération Sud et dont le comité de rédaction clandestin se compose de Jean Cassou, Pierre Leyris, Louis Martin-Chauffier, Roger Massip.

de ces hommes d'ordre et d'obéissance qui n'ont que la patrie à la bouche. »

30 décembre

« Ils ont, me dit Laurent, fait stopper le car, près de Coligny. Et ils ont pris le tabac, que le buraliste était allé chercher à Bourg. » Et il me dit cela en souriant.

Il devrait avoir peur pour ses vaches, son blé. Il devrait maudire les bandits communistes. Mais il me conte cela comme une bonne blague. Cette mise en place paysanne est un signe.

Ces torturés qui, pendant huit jours, quinze jours, ne livrent rien et cèdent après huit jours, quinze jours, cèdent à l'excès de la douleur physique et de l'épuisement.

Le bourg parle beaucoup moins du ravitaillement que lorsqu'il n'était que difficile.

Suzanne et Claude sont partis. Je vois leurs visages – comme par une faculté plus haute que la mémoire des yeux – réduits au plus fugitif, au plus attendrissant, au plus immatériel de leur expression.

IX

PARIS RETROUVÉ : BIZARRE PARIS

5 janvier 1944

J'AI décidé de partir, demain, pour Paris.

6 et 7 janvier

Louhans fantomatique, la Seille, les arbres au bord de la Seille pris dans une brume dure de nuit froide, passée au clair de lune.

Salle d'attente. Un gendarme en voyage, magnifique comme un général de Napoléon. Trois gendarmes de service visitent les bagages (pour le beurre ou la viande), visitent les bagages, sans acharnement. L'un d'eux, souriant, opère en homme du monde, au-dessus de cette besogne. Il a un sourire de conférencier mondain. Les deux autres ont des têtes d'une invraisemblable épaisseur, des têtes de monstres écrasés.

Train. Les couloirs sont remplis de voyageurs debout, assis au plancher ou sur une valise. Pris dans une seule masse, on dirait un lot d'émigrants. L'un d'eux ressemble à Gandhi. Une casquette de soldat allemand apparaît, disparaît. Un remous m'a rapproché de Gandhi qui, sans préambule, me dit : « Ils ne sont plus là pour très longtemps... » C'est pour lui une joyeuse évidence et il n'imagine pas qu'elle puisse être à d'autres moins agréable. Et il ajoute : « Le communiqué de midi était bon... »

Un peu avant Dijon, une femme, brune, pas laide, assez élégante, par-dessus quelques épaules et quelques têtes, s'adresse à moi. Elle m'a choisi. Elle me demande de quel côté on descend à Dijon. Voyageur debout, j'ai le corps raide et la peau rêche. Je suis somnolent, je me berçais à la musique de l'Harmonica Zug, comme écrivait Larbaud. Mais je me fais tout jeune, tout vif et tout flambant. Je lui réponds avec une galante et noble courtoisie. C'est une étrangère. Elle parle avec un accent que je prends pour un accent anglais. Mais Gandhi murmure : « C'est une Allemande. Elle vient de Chamonix. »

Je regrette mon amabilité envers l'occupante. J'en ai honte, comme d'une trahison. À Dijon, elle appelle par la portière des soldats allemands, qui sont sur le quai. Elle leur parle longuement, d'une voix trop haute. Elle semble prêcher par la portière : elle est de mauvaise éducation. Un des soldats monte dans le wagon, prend ses valises.

Alors je me laisse aller à de vagues ruminations. Je suis descendu à Dijon. Cette femme m'a cédé. C'est la douzième ou la vingt et unième Allemande qui, dans les mêmes conditions... Voyons... Est-ce la douzième ou la vingt et unième ? Et chaque fois ma vengeance fut la même. À chacune j'ai dit, en la quittant (et avec quelle élégance je les quittais, les laissais sur leur route et reprenais ma route). À chacune j'ai dit, à chacune j'ai fait cet horrible conte : « Tout cela ne fut qu'une vengeance, une atroce vengeance, longuement préparée. J'ai contracté volontairement, il y a quelques semaines, la v... et d'une femme qui l'a rapportée d'Afrique. (La v... y est beaucoup plus grave qu'en Europe.) Adieu, Madame, vous êtes pourrie jusqu'à la moelle. »

Sept heures du matin, à la sortie de la gare de Lyon. Il fait nuit. Étrange Paris. Un bloc noir, piqué d'étroites lumières rougeâtres du ciel au sol. Il y a trois ans et demi que je n'ai pas vu Paris. Et c'est devenu ce bloc noir. Frénésie aveugle des couloirs du métro. Mais aussitôt, je sens une chaleur de ville.

Que l'asphalte est douce et tendre aux pieds ! Qu'elle est belle la façade de la maison d'en face !

9 janvier

J'ai vu à Varsovie le quartier Nalewki, ces vieux Juifs à cadenettes, qui marchaient tête vers le sol, comme poursuivis par un éternel coup de pied au cul de la fatalité. Tantôt le peuple saint, le peuple préfigurateur, tantôt le peuple construit par les antisémites : tout-puissant temporellement ou virus dans le corps sain des autres peuples.

(Voir le premier chapitre de *La Réforme* dans l'*Histoire de France*, de Michelet.) L'anti-sémitisme au XVe siècle est superposable à l'anti-sémitisme des tsars, à l'anti-sémitisme de Hitler.

On entendit parfois des médecins se plaindre que les Juifs encombraient la médecine française [1]. Je n'ai jamais entendu un professeur de Sorbonne se plaindre qu'il y eût à la Sorbonne trop

1. Une remarque pertinente : une bonne partie des médecins français fait volontiers profession dans les années trente d'un anti-sémitisme déclaré ; prenant prétexte de l'arrivée de médecins juifs réfugiés d'Allemagne, le corps médical fait voter dès avril 1933 la loi Armbruster qui limite l'exercice de la médecine aux seuls Français de naissance.

de philosophes juifs. Faut-il accepter de cela une explication grossièrement matérialiste? On hésite. Et pourtant...

15 janvier

Promenade avec Suzanne. Promenade nocturne. Je ne sors que la nuit. Les boutiques sont des oasis de discrètes lumières. Dans les boutiques, il y a des hommes, des femmes et non des ombres. Il y eut l'an mille, la fin du monde. Mais le monde ne fut pas détruit complètement. Il reste quelques îlots de vie et de lumière : ces boutiques, ces bribes d'apothéoses dans le noir. La teinturière est une flamme oubliée. Elle a dû naître, elle va mourir comme ces monstres légers, qui se tordent et s'effilent dans le feu.

Boulevard Saint-Germain, un peuple d'ombres glisse dans le noir. On est au fond de la mer. On est frôlé par une faune abyssale, par une faune d'ombres verticales, d'ombres d'hippocampes.

Basch (81 ans) et sa femme tués à Lyon, par la milice [1]. De la génération des professeurs qui croyaient à la justice. Engendrements et avortements de l'Affaire Dreyfus. Je l'ai fui, parce qu'il y avait en lui trop d'éloquence. Je me sentais submergé. Comité pour la défense de la liberté d'opinion. Salle du journal. Pujo. Wilm. Un murmure de réprobation, quand Wilm parla un langage d'avocat grossier : « Il n'y a nulle opposition, nulle contradiction, nulle antinomie... » Une après-midi, entre 1912 et 1914, j'ai été chez lui, rue Huysmans, avec Mirbeau. Il y a deux ans ou trois, à Lyon, j'accompagnai Latarjet à la bibliothèque. Basch était assis à une table, lisait, travaillait. Il se leva, traversa la salle. Il avait le pas vif et l'échine droite. Il ne me vit pas, je ne me fis pas connaître. Le hasard de ces rencontres dessine la vie de Victor Basch, « militant » et professeur, voué à ce qu'on appelait alors l'idéalisme social.

Je lis. Mauriac : *Souffrances et bonheur du chrétien.* Pascal et Bossuet admirablement filtrés. En allant à Dieu, Mauriac fait quelques signes à Gide et à Proust. Le style est parfait, le mot juste est toujours cherché et toujours trouvé. Cela est honnête, cela donne prise à l'objection. Mais cette perfection du goupillage, ce serrage doivent un peu agacer Dieu.

Il y a chez Mauriac un drôle de mélange de chrétien, de viti-

1. Victor et Hélène Basch sont arrêtés, à Lyon, le 10 janvier, après une enquête menée par le Deuxième service de la Milice dirigé par Paul Touvier ; ils sont assassinés près de Neyron, un village de l'Ain, par deux chefs miliciens, Joseph Lécussan et Henri Gonnet, en présence de August Moritz, membre du S.D. Professeur honoraire à la Sorbonne, Victor Basch a présidé, en 1935, le comité du Rassemblement populaire, tout en étant président de la Ligue des Droits de l'Homme.

culteur et de littérateur. Sincère, il ne cherche pas à dissimuler ses « infrastructures ».

Son horreur de la concupiscence n'a-t-elle point pour origine une chair débile, une chair impuissante, une chair pauvre? Une chair plus littéraire que charnelle? L'obsession de la chair a pour cause souvent la faiblesse de la chair. Et j'entends, non pas la chair qui se cède à elle-même, mais la chair qui, cherchant en vain, se prend elle-même en horreur.

16 janvier

La Seine, la nuit, la Seine invisible. Je cherche en vain les colonnades de reflets, les colonnades de palais enchantés qu'y projetaient les réverbères des ponts. Je cherche en vain la Seine. Je ne distingue pas même, entre les deux rives, un creux.

17 janvier

Stendhal dit souvent : « Ce grand homme. » Le mot est sur la façade du Panthéon. Mais on ne s'en servait plus. Le grand homme, au sens de l'histoire, était une catégorie morte. On me communique une brochure de Philippe Barrès, faite d'articles sur le général de Gaulle. En juin, en juillet 1940, la France était un tas de cendres. La France possède un grand homme.

D'une lettre d'une moyenne bourgeoise : « On parle de nous évacuer! J'espère que ce n'est qu'un bobard au milieu de tant d'autres... Je ne me vois pas abandonnant toute ma maison. Et pour aller où, grands dieux? Enfin, qui vivra verra. Mais certainement nous risquons surtout de voir du bien laid. Car avec les Anglais rappliqueront communistes et autres, et ce sera vraiment charmant pour les bourgeois comme nous! Qui peut encore mettre sa confiance dans des gens semblables? Bien fous sont ceux qui le font! À dire vrai, je n'ai confiance en personne, si ce n'est en notre cher maréchal. Mais il n'est peut-être pas entouré comme il le voudrait et libre de faire ce qu'il veut. Le pauvre homme a une triste fin de vie et je le plains de tout mon cœur. »

Cela est la propagande faite chair. Quant à l'attendrissement sentimental sur le maréchal, il a des sources plus lointaines, plus obscures en ces espaces, où se créent les légendes historiques et où les personnages réels se transforment en personnages de théâtre, en entités de mélo, d'une mécanique simplifiée. Déjà, sur les routes de la débâcle, un commerçant de Paris me disait : « Que je plains Pétain, vainqueur de Verdun, montant en vaincu dans le wagon de Rethondes! »

Je cite encore : « Les mœurs soviétiques s'implantent de plus en plus chez nous et nous donnent un avant-goût de ce que nous réserve la victoire russe. Pauvre France, dans quel affreux tournant nous nous trouvons! Et qu'allons-nous être obligés de voir? On tremble chaque jour un peu plus. »

Dans la même lettre, elle fait allusion à ses deux fils, déportés. « Comme on est en souci pour tous! Quelle vie! »

Son innocence ne donne que plus de prix à son témoignage, à son témoignage historique. On pourrait constater qu'elle hait les Russes, mais qu'elle n'a pas un mot de réprobation pour les Allemands, qui lui ont pris ses deux fils. Mais ce ne serait que logique et polémique. Ce serait croire qu'elle s'exprime elle-même en ses lettres. La propagande lui souffle la haine du Russe et ne lui suggère, pour ses fils déportés, qu'une loyaliste résignation.

Le 1er mars 1871, les Prussiens entrent dans Paris. *« Quelques filles qui avaient osé franchir les limites (des quartiers occupés), pour aller festoyer avec les officiers allemands, sont saisies par la foule gouailleuse : les unes sont fouettées sur la place, les autres plongées dans le bassin de la Concorde. »* (Alexandre Zévaès, *Histoire de la troisième République.*) Fouettera-t-on sur la place, plongera-t-on dans le bassin MM. Florent Schmitt, de Segonzac, Derain, Vlaminck et autres?...

25 janvier

Febvre me prête *La Troisième République* [1], par Léon Émery, avec avant-propos de Dominique Sordet. Non pour me documenter, mais par une sorte de prosélytisme du dégoût. Sordet, en son avant-propos, reproche à Émery de n'être pas suffisamment anti-Juif. Cependant Émery affirme que les Juifs et les Francs-Maçons sont responsables de la guerre. Mais il avoue candidement, à quelques lignes de distance, qu'il ne possède aucune documentation sur la question. Il sait que Juifs et Francs-Maçons ont déclenché la guerre. Mais il le sait, les yeux fermés, par certitude de foi. La tête d'Émery est le réceptacle de tous les arguments que la presse et la radio allemandes développent depuis quatre ans. Ces arguments ne sont même pas, pour parler comme Lucien Febvre, des « concepts bien rabotés ». Les idées ne sont ici que frémissements politiciens. Elles sont invertébrées. Elles glissent les unes sur les autres. Elles sont savonneuses. Du néant encaustiqué. Et l'auteur écrit en 1943, insensible aux plus grosses évidences de l'occupation.

1. Léon Émery, syndicaliste et enseignant connu dans la région lyonnaise comme militant de la gauche laïque, a basculé dans la collaboration par anticommunisme et ultrapacifisme. Ce survol de la troisième République (l'ouvrage paraît en 1943) est partial mais n'est pas sans intérêt. La préface de Dominique Sordet, journaliste d'extrême-droite, fondateur de l'agence *Inter-France*, est sans surprise, exprimant notamment un anti-sémitisme hargneux et obsessionnel.

Tout n'est pas clair en ces têtes. La trahison n'y est pas entrée de but en blanc. Logique formelle du pacifisme? Ambition égalée? La politique devenue un jeu abstrait, irréel?

28 janvier

Bruits vagues. Sitôt après le débarquement, tout civil circulant dans les rues de Paris serait immédiatement abattu. La rue serait également interdite aux femmes et aux enfants. Ainsi les Parisiens auraient le choix entre mourir d'une balle de mitraillette ou mourir de faim. Avant-hier, la police a fait une rafle devant la gare Montparnasse. Les Allemands, à qui chaque jour apporte une goutte de défaite, semblent plus redoutables qu'au temps où ils détenaient la totalité de la victoire.

« Ça ne va pas vite », dit Andrée François, qui a écouté la radio.

L'atmosphère est lourde, la durée est lourde. Dans vingt ans, tout sera rassemblé en deux pages de manuel scolaire, réduit à des faits calligraphiés, avec pleins et déliés.

29 janvier

À l'Alhambra, Mistinguett. Cette gloire a la vie plus longue que les autres gloires de music-hall. Elle enjambe les époques. L'Eldorado de Lyon. Tirer de ma mémoire cette époque. Des années, des années : le bal des Petits lits blancs. Elle apparaissait, immobile, mais prolongée par je ne sais combien de paires de jambes agiles, celles de ses *boys*. Une bête luisante, à tentacules.

« Actuellement, Galerie Pomone *Au Bon Marché*, 50 ans de dessin français 1914-1944. » La peinture dans les grands magasins. Mystérieux rapports de la peinture et des guerres modernes. Déjà la guerre de 1914 avait consolidé la Bourse et la peinture. Celle-ci semble augmenter encore son pouvoir de pénétration, lui offrir de nouveaux « débouchés » en des couches sociales nouvelles. Où est le temps où, dans une salle retirée, les Grands Magasins vendaient des tableaux bien finis et des bronzes d'art non artistiques?

30 janvier

Hier soir, dîner chez Febvre, avec les Marc Bloch. Une belle nappe et des cristaux sous la lumière, une eau de lumière baignant les verres. On ne parle pas tout de suite des événements. Il y a un temps de conversation souple, qui n'appuie pas. On se croirait dans les années d'avant la guerre. Dans la soirée, on touche à la guerre. Churchill est le Clemenceau de cette guerre. Son cabinet est un cabinet de guerre. Churchill, il y a quelques années, témoigna de sa sympathie pour Mussolini, de sa haine du bolchevisme. Les

Américains ont du communisme une peur enfantine. Ils voient encore dans Pétain une garantie de l'ordre.

Pour moi, je me perds dans ces nuages de la grande politique. Et j'ignore tout de l'Amérique et même de l'Angleterre. Je me raccroche au débarquement transfigurateur.

Mme V... Comme Suzanne lui parle de la cruauté allemande, des « atrocités » : « Je ne sais rien, dit-elle. On ne sait rien. Je ne connais pas de victimes de la cruauté allemande. » Il y a un type de la dame qui ne sait pas. Salope.

« Et Jeanne, comment réagit-elle? Comment reçoit-elle, en elle, la guerre? – Jeanne, répond Madeleine B..., Jeanne ne fait pas de politique. »

J'ai peur de notre néo-patriotisme. Où nous mène-t-il? Où me mène-t-il? Je sais qu'il est plein d'embûches. Mais quoi? Fuir? Vers les cimes. Quelles cimes? Ceux même qui croient à la charité tiennent pour excellent de tuer du nazi. Mais, à ce propos, les Allemands croyants? Quelles cimes! La littérature, en ce temps, bonne tout au plus pour des hommes séchés en herbier? La science spéculative? Ils sont dix à travers le monde qui se font des signes, que je ne comprends pas. Je ne sais même pas si elle est aussi belle qu'on le dit. Ceux qui fuient ne cherchent qu'une table comme leur table d'avant la guerre. Et ne cherchent leur refuge que dans leur bridge ou leur cinéma.

31 janvier

Hier, nuit de lune. Je n'ai pas retrouvé la Seine lourde et noire et ses colonnes de reflets, la Seine est pâle, j'allais dire blonde. Ces derniers soirs, j'errais dans une ombre épaisse, sans contours. Mais la clarté de la lune dessine les espaces, leur étendue et les façades qui les limitent. Si bien que Paris, sans passants, sans autos, ressemble à un immense projet d'architecture, à une immense maquette d'urbaniste. Je marche longtemps dans cette solitude, dans ce vide. Je rencontre enfin quelques passants. J'entends leurs pas. Cinq ou six piétons font à eux seuls le bruit d'un Paris sans rumeur de fond, un bruit de socques, qui me rappelle les nuits d'Indochine. Puis de nouveau silence et solitude jusqu'à Saint-Sulpice, où, devant le cinéma Bonaparte, s'allonge une queue de candidats spectateurs.

Personne ne m'a dit un mot du discours de Hitler. François, qui a fait la queue devant l'épicerie, ne m'a rien dit de ce discours. La rue n'a pas écouté Hitler. La rue n'a pas cherché à deviner l'avenir dans le discours de Hitler. Comme si elle le tenait hors du jeu. Je ne l'ai connu que par un numéro de *Paris-Midi*, qui enveloppait des harengs.

« Si le colosse bolchevique était vainqueur, dix ans plus tard le plus vieux continent civilisé aurait perdu toutes ses caractéristiques. »

Deux remarques. Hitler a de drôles de notions sur l'ancienneté des civilisations. D'autre part, l'U.R.S.S., dont il s'est à plusieurs reprises vanté d'avoir détruit la puissance militaire, il lui reconnaît aujourd'hui un caractère « colossal ». C'est sa seule concession aux événements, à la réalité. Son système, son délire n'ont rien perdu de leur rigidité. Les cadres de sa pensée sont d'une assez vaste généralité pour que tous les contraires et tous les imprévus s'y puissent loger. Sa méthode ressemble à celle des cartomanciennes des foires. Quant à ses idées, elles sont exactement celles de la moyenne bourgeoise, dont j'ai plus haut cité les lettres. Entre la peur de l'une et la rage de l'autre, il y coïncidence. Sans doute Hitler est l'initiateur. Mais ce n'est peut-être qu'une apparence. Ils se renvoient la balle. Mieux, ils s'étayent l'un l'autre, le sang de l'un se mêle au sang de l'autre. L'effet renforce la cause. Ils se créent l'un l'autre.

Mort de Giraudoux. Ce ne fut qu'un cagneux, orné d'élégances diplomatiques et littéraires. Je n'ai jamais pu lire dix lignes de lui. Il écrivait, pour les primaires du secondaire, avec du vide et de l'ennui.

Je suis entré dans la vieillesse, c'est-à-dire dans le souvenir.

J'ai relu Lucie Cousturier. Qui a lu ses livres? Ils sont admirables [1]. « Voilà une âme enfin vidée de l'usuel et des grandeurs de bazar. » J'écrivais cela en 1920. Je retrouve ces mots dans une lettre d'elle, où elle me remercie de lui attribuer les vertus qu'elle voudrait avoir. Elle les avait. Mon amitié ne me trompait pas. Elle voit peintre sans pédantisme pictural. Elle est humaine, sans rondeur oratoire. Elle est poète, sans acrobatie d'images. Et quelle fidélité à son motif, sans trompe-l'œil!

Envoûtée par la beauté plastique et la grâce des Noirs, elle nous contraint au même envoûtement. Effet magique. Mais aussi, par les moyens d'une dialectique agile, elle brise les cadres où la brutale stupidité du Blanc colonial et l'insolence des ethnographes primaires prétendent enfermer le Noir. *« Mais je n'aime pas l'ethnographie. Je l'aimerais, si elle n'était qu'une science, même exacte, comme les autres. Mais elle est un art de trahir les peuples pour les diviser, pire que l'histoire. Donner la vie de quelques individus pour la vie de tous, c'est la tromperie de l'histoire. Donner les formes collectives de la vie d'un peuple pour ce peuple lui-même, c'est la*

1. Lucie Cousturier a séduit Léon Werth pour deux raisons : elle a écrit sur les peintres (entre autres sur Seurat) et a défendu les Noirs (voir notamment *Des inconnus chez moi*, éd. de la Sirène, 1920).

trahison bien plus grave de l'ethnographie. Elle nous montre la chaîne et le collier d'un chien en nous disant : ceci est un chien; le cachot d'un prisonnier en nous disant : ceci est un prisonnier; une pelote de ficelle en nous disant : ceci est une guirlande de fleurs et de fruits. »

« Les coloniaux ethnographes nous montrent les rites de la circoncision, tous les rites des sociétés nègres, en nous disant : voici des nègres, voyez et touchez et reconnaissez que ce ne sont pas là des hommes. » (*Mes inconnus chez eux. Mon amie Soumaré*, page 106.)

2 février 1944

Dîné chez Hany Lefebvre. Noémi conte sobrement son séjour à Fresnes. Les prisonnières communiquaient par les bouches de chaleur. Elles s'envoyaient des billets, du pain, des chandails. Commerce clandestin et magnifique entre une femme, agrégée d'histoire, catholique croyante, une femme de la « haute société protestante », une ouvrière d'usine qui, à l'âge de huit ans, gagnait sa vie, qui avait vécu des années de faim et de taudis, et elle-même. Ces femmes, si diverses, si séparées par leurs origines, par leur classe, quelle forme de l'esprit les animait, les unissait? Mais que restera-t-il, la guerre finie, de leur unité, de leur amitié?

Noémi couche, ce soir, chez sa mère. Son mari lui a téléphoné (sans explications, il va de soi) que c'était plus prudent. La *Gestapo* a arrêté Prenant [1]. Une lettre de Louise [2] nous apprend que le maire du Villars, âgé de 72 ans, et son fils ont été arrêtés.

Pendant ce temps, F... continue ses petites besognes de journalisme et de radio. Si je lui signalais ces faits et les tortures et les exécutions, il me dirait : « Ah! oui... En êtes-vous bien sûr? Il est bien difficile de connaître la vérité. » Peut-être irait-il jusqu'à manifester quelque trouble, une vague inquiétude. Mais la prison, les déportations, la torture et la mort, il les chasserait loin de lui, il les annulerait. Pour un peu, il me dirait, lui aussi : « Je ne fais pas de politique. » D'ailleurs n'a-t-il pas payé sa dette? En 1940, comme il avait quitté Paris, des ouvriers, qui réparaient un tuyau d'écoulement des eaux, n'ont-ils pas pénétré, par le balcon, dans son appartement, et ne lui ont-ils pas volé un pyjama tout neuf?

1. Marcel Prenant, biologiste de renom (cf. supra p. 361) et militant communiste actif, s'engage dans la Résistance à son retour d'*Oflag* à la fin de 1941. Il devient le chef d'État-Major du comité militaire des F.T.P. de 1942 au 28 janvier 1944, date de son arrestation. Torturé, il sera déporté et reviendra du camp de Neuengamme.

2. Louise Nicot est une cousine de Suzanne Werth (citée p. 654).

États d'esprit, attitudes, jugements et sentiments d'après la guerre de 1914. D'une lettre de Lucie Cousturier du 22 janvier 1919 : *« Avant de lire dans votre lettre que la paix actuelle est aussi laide que la guerre, j'avais pensé bien des fois à une conversation que nous avons eue ensemble. Je vous avais exprimé ma crainte que, dans le cas d'une victoire allemande, les Allemands ne devinssent stupides d'orgueil. À quoi vous répondîtes justement que, la stupidité devant échoir au vainqueur, mieux valait qu'elle nous fût épargnée. Vous aviez donc pressenti les " expositions de la Victoire ", les discours de Lecomte (général), ou Lecomte (Georges), des Siegfried, etc.* [1] *?... »*

Dernier discours de Hitler. Il ne combat plus les Anglais ou les Russes, mais les Juifs et les bolchevistes. (Il est vrai que les Alliés, à en croire l'essentiel de leur propagande, ne combattent plus les Allemands, mais les nazis.) Ainsi Hitler peut penser qu'il ne saurait être vaincu par les Anglais ou les Russes, puisqu'il n'est pas en guerre avec eux.

La femme d'un tailleur juif de la rue Vavin avait obtenu l'autorisation d'aller voir, accompagnée de sa petite fille, son gendre, à Compiègne. Comme elles quittaient le camp de Compiègne, on les a arrêtées et dirigées sur le camp de Drancy.

Ce qui m'est apparu d'abord de Noémi, autrefois souvent capricieuse, c'est sa simplicité, sans l'ombre de vanité ni de romantisme, à vivre cette vie nouvelle et dangereuse, comme si elle l'avait toujours vécue, comme s'il était tout naturel qu'elle la vécût.

3 février

Le maquis de Haute-Savoie. Escadrons de gardes mobiles. La foule française ballotte entre l'espoir et l'impatience d'un débarquement, qui va jusqu'à une sourde colère contre l'Angleterre. Une curieuse déclaration (ou interview) de Montgomery. Elle peut se résumer ainsi : « Je commence à en avoir assez de la guerre... Mais je n'entreprends d'opération stratégique que lorsque je suis sûr qu'elle réussira. »

Une revue se fonde à Alger, *L'Arche*. Gide en est le directeur. Pédérastie, évangélisme, jusqu'au-boutisme de 1914, communisme et aujourd'hui Résistance... Je n'aime guère les passages de Gide, sa sensibilité littéraire aux idées. Les idées ne sont pas comme l'eau. Trop filtrées, elles deviennent impures. Gide me semble un anti-conformiste conformiste, un branleur ébranlé.

1. Georges Lecomte, est un écrivain prolixe qui se spécialise dans le récit historique; Jules Siegfried, républicain libéral, a été député, sénateur et ministre; son fils André, politologue, enseigne à l'École libre des sciences politiques.

Mon égoïsme, mes passions d'art, le devoir révolutionnaire que je me croyais, je n'ai jamais su les concilier. C'étaient des routes différentes dans lesquelles je m'engageais tour à tour. Je rebroussais chemin, je repartais. Ce qui me plaît, ce qui est admirable en Lucie Cousturier, c'est l'unité de ses révoltes, de son art d'écrivain, de sa perception visuelle des choses et des êtres.

4 février

Je pense à l'enseigne des vieilles auberges : « On loge à pied et à cheval. » Le divan de la grande pièce, chaque soir, est transformé en lit. Nos hôtes couchent une nuit, deux nuits, s'absentent, reviennent. Ainsi le colonel Vendeur [1], qui commanda un régiment de tirailleurs marocains, Aymé-Guerrin [2]...

Le risque couru pour un acte déterminé, pour un acte, est facilement supportable. On mesure (illusion d'ailleurs) le risque à l'acte. Le risque semble localisé. Ce qui est intolérable, c'est le risque qu'on porte en soi-même, qui se confond avec la personne, qui n'a pas d'autre dessein, d'autre limite que la personne même. Tel est le cas du communiste ou du soi-disant communiste ou du Juif. Il porte son risque en lui, son risque et lui ne font qu'un. Pas une minute il n'y peut échapper. Un tel risque détériore et l'on conçoit qu'une race, un groupe humain qui le portent en eux marchent la tête basse et sombrent dans une basse humilité.

« Les Juifs, dit Mme N..., tenaient tous les leviers de commande. Ils devraient comprendre que l'Allemagne est bien obligée de se défendre. Ils devraient comprendre qu'ils n'ont rien à gagner à organiser la terreur. Les Juifs n'ont qu'à se tenir tranquilles. Nous avons des amis juifs. Ils n'ont à se plaindre de rien. » (Comment déterminer la limite où bassesse et bêtise se confondent? Les paroles de Mme N... font comprendre la justice et la sagesse de l'article du Code : « Nul n'est censé ignorer la loi. »)

Suzanne a donné, pour quelques nuits, un lit à une jeune femme juive, traquée par la *Gestapo*. Timide, apeurée. Sa voix est en veilleuse. Son mari est prisonnier. Ses frères sont déportés, ses sœurs sont traquées. Son père, tailleur, sans travail, puisque tout travail lui est interdit, malade, usé, s'est réfugié dans un hospice de Saint-Cloud où déjà la *Gestapo* a arrêté des vieillards.

Jusqu'à ces derniers jours, elle a travaillé, comme fraiseuse,

1. Ce Résistant logera souvent rue d'Assas chez Suzanne Werth (cité pp. 579, 599, 605, 610, 615, 619, 626, 627, 629, 636, 640, 644, 647, 653, 659, 661, 673, 688, 700, 716).

2. Aymé-Guerrin est un Résistant travaillant avec Suzanne Werth (cité pp. 686, 692, 703).

dans une usine. Elle n'était pas chez elle, quand la *Gestapo* a frappé à la porte de son logement et enfoncé la porte. Les voisins ont pillé le logement, se sont partagé le linge, les casseroles. Des religieuses lui ont trouvé une place de bonne à tout faire, à Tours.

Elle doit partir demain matin. Elle a hésité. Devait-elle partir ou rester près de son père ? Elle voulait l'emmener, elle pensait, à Tours ou aux environs, pouvoir le cacher. Mais il ne veut pas bouger. « Je suis trop vieux, dit-il. S'ils veulent me prendre, ils me prendront. Je souffrirai, s'il faut souffrir, avec les autres. »

Aujourd'hui, elle est allée voir des amis. Une heure avant, ils avaient été arrêtés. Les scellés étaient sur la porte.

Elle ne possède plus rien qu'un peu de linge, qu'elle emporte moitié dans un paquet, moitié dans un cabas.

Entre la Collaboration et la Résistance, il semble qu'il y ait la différence du blanc au noir. Et il est vrai que quelques êtres, dès juin 1940, ont trouvé dans leurs profondeurs, leur certitude. Mais combien ont oscillé, sans qu'on puisse bien savoir s'ils cédaient à leur intérêt, aux pressions des propagandes, à un étourdissement par les chocs de l'époque.

Depuis bientôt un demi-siècle, François Poncetton [1] et moi sommes amis. À vingt ans, il était déjà « réactionnaire », à vingt ans déjà il méprisait le socialisme autant que « l'humanitarisme ». Et cela aux environs de 1900. Seul parmi nos camarades. Au point que je l'accusais parfois d'une affectation de cynisme et d'une paradoxale fantaisie. D'une famille de grande bourgeoisie, de principes de la République. Obéissait-il à cet esprit d'opposition à la famille, fréquent chez les très jeunes gens ? Ou cédait-il au plus réel de la tradition familiale ? Retrouvait-il les passions conservatrices cachées sous les apparences, sous les rites de la liberté républicaine ? Toujours est-il qu'il n'y avait en lui ni barrésisme ni aucune autre chose de cette sorte. Il était conservateur à sa mode, il créait son conservatisme lui-même, une sorte de philosophie de bon tyran et de lord anglais. Ou plutôt de mauvais tyran, hypocrite et cynique, défendant la propriété, à condition qu'elle fût demeure familiale dans un beau site et complémentaire d'une bonne culture classique. Royaliste au besoin, mais méprisant Maurras et la pauvreté du nationalisme, il avait immédiatement saisi que le nationalisme de Maurras était une altération démocratique. Poncetton n'acceptait un roi, que si ce roi était royal et non national, non pas subordonné à l'État, non pas démagogique, non pas même simulant un ignoble respect du peuple, mais tenant ferme la bride au peuple.

Nous n'avons, comme on dit, point d'idées en commun. Mais

1. Sur François Poncetton, cf. supra p. 89.

souvent, si nous flairons un être, nos narines portent un même jugement.

Mais les N..., les P..., ces balancés, ces ballottés, ces corps flasques, qui n'avouent même pas leur cynisme, qui peut-être ne se l'avouent pas à eux-mêmes, ces collaborateurs, qui tournaient un œil vers Londres, ces gaullistes, qui parfois encore tournent un œil vers Vichy, ces fidèles amis, qui attendent, sans d'ailleurs le désirer, le retour d'un monde où j'aurais le droit de vivre, qui tolèrent si bien le monde qui m'exclut, renouer avec eux la moindre camaraderie, c'est nier le peu à quoi je crois, c'est mourir.

Les enfants de lumière. « Je ne comprenais pas qu'on puisse se tuer. » Qui parle ainsi ? La concierge. Et ce n'est pas à elle qu'elle pense. C'est aux traqués, aux parqués, aux séparés.

7 février

Un livre de Ramon Fernandez sur Barrès [1], qui vient de paraître. Évidemment en temps normal je n'aurais pas lu ça. Mais Febvre se plaît à me faire de ces sortes de blagues. Il me passe le livre non coupé. Il sait bien, le grand lâche, que, désœuvré, emprisonné, je finirai par y jeter un coup d'œil. Il me passe ce livre, comme on jette à un chat une boulette de papier. Il y a un attrait du papier frais, de l'encre d'imprimerie. Et je céderai à l'automatisme de la lecture.

Barrès fut toujours pour moi un sang pauvre, un truqueur adroit à dissimuler son indigence. Mais il fut pour une classe de bourgeois demi-lettrés un Baedeker d'idées. Barrès, ce n'est rien, mais on ne peut nier le barrésisme.

Fernandez analyse et commente Barrès, se jette dans ce petit lac, dans ce bassin de jardin comme dans un océan. Et il nage soutenu par une ceinture de déchets de Sorbonne. Mais il lui faut accommoder son Barrès à la révolution nationale. Je ne m'étais jamais inquiété du *pedigree* de Barrès. J'ignorais que sa mère fût « originaire du Palatinat ». Et les admirateurs ou disciples de Barrès, avant qu'ils ne fussent touchés par la grâce doriotiste, n'ont jamais beaucoup insisté sur le sang allemand que Barrès charriait dans ses veines. Mais on nous fait entendre que ce sang, si Barrès avait vécu davantage, l'eût incliné à la collaboration.

Fernandez n'y met pas de méchanceté. Il travaille à longueur de journée dans l'amplification scolaire, comme un employé du métro à longueur de journée poinçonne des billets. Il n'imagine pas qu'il puisse exister des rapports entre les mots et les choses,

1. Dans cet ouvrage paru en 1943 aux éditions du Livre moderne, Ramon Fernandez s'essaye à démontrer que Barrès a été fortement influencé par l'Allemagne rhénane.

mais il sait qu'il y a des rapports entre les mots et qu'à condition de les alléger de leur sens (comme on jette du lest) il est bien peu de mots qui ne puissent glisser le long d'autres mots.

Je ne citerai que ceci : « *C'est que le grand jeune homme ne s'est point dépouillé du complexe de l'enfance, et si l'on conjoint la maturité d'une intelligence à la recherche d'elle-même et toute hypnotisée par une sensibilité aiguë, et l'immaturité d'un adolescent que raidissent encore les contractions de l'enfance, on n'est plus loin de comprendre cet angoissé méticuleux*... etc. »

Tout y va : la psychanalyse et Plotin, Schopenhauer et l'élan vital. S'il prétend que Barrès, grand artiste, fut un maigre penseur, il évoque la querelle des Universaux. Il jongle avec la conscience épiphénoménale et Kant, ce « génial héritier de Descartes ». Il pète du bachot, comme d'autres pètent du feu.

Je me souviens que, peu d'années avant la guerre, il m'arriva de dîner avec Fernandez, un Fernandez alors monté sur roulement à billes para-communiste. Pendant tout le repas, il discourut avec enthousiasme sur un certain vin, en précisa le corps et le bouquet. Par un étrange et révélateur hasard, le vin que nous buvions était précisément celui-là. Fernandez ne s'en aperçut pas, but ce vin sans le reconnaître et continua à le commenter jusqu'au dessert. Glose en suspension dans l'espace, jugement rendu par contumace, l'accusé étant présent.

Si on lui criait : « Vendu à Doriot », Fernandez serait étonné, il ne comprendrait pas. Il n'a rien vendu que des idées, c'est-à-dire rien. Il n'y a pas mis de méchanceté. Les idées, comme les guidons de bicyclette, sont réversibles. Et lui-même est réversible. Métèque, il est tout prêt à démontrer, selon l'heure ou selon le maître, que fonder la patrie sur la race est contraire à la science, à la sagesse, à la plus banale expérience ou bien que les fils d'étrangers doivent être éliminés de la communauté française.

C'est trop longtemps parler de Fernandez. Non... Voici presque un demi-siècle qu'on raille les primaires. Mais on n'a rien dit des primaires du secondaire. Fernandez en est le type. Ils sont nourris d'une culture pseudo-humaniste, qui peu à peu s'est vidée de toute substance, semblable à ces troncs d'arbres creusés par les termites et qui ne sont plus qu'une pellicule d'écorce.

Il cite Barrès reprochant aux Juifs d'être de purs rationalistes, insensibles aux puissances du sentiment. Et Barrès prend pour exemple Spinoza, Marx et Naquet (Naquet [1], joint à Spinoza et Marx!). Il est impossible, dit Barrès, de rien découvrir à travers leur œuvre de la personne de Spinoza ou de Marx. À croire que

1. Alfred Naquet (1834-1916), d'ascendance juive, a milité activement chez les Républicains avant de passer dans le camp boulangiste; son nom est associé à la loi rétablissant en France le divorce (1884).

Barrès n'avait pas plus d'idées ou de sensibilité aux idées que le général Boulanger lui-même. Ne rien saisir en Spinoza de sa frénésie de sérénité, en Marx de son évangélisme économique, de ses refus, du sentiment qu'il avait de l'intolérance! Quant à Heine, Barrès ne le cite pas.

C'est par là que les Barrès sont méprisables. Leurs jeux d'art dissimulent les consentements à la plus grossière politique. Ainsi Barrès, tout comme Maurras pendant l'Affaire Dreyfus, accepta, pour ce qu'il croyait le plus grand bien de son nationalisme, le mensonge et le faux.

Est-elle vraie cette anecdote de Lyautey, reprochant à Barrès, peu de temps après l'Affaire, d'avoir été lâche devant les faits, de n'avoir pas sauvé l'honneur du nationalisme, d'avoir tout sacrifié à sa carrière académique?

L'histoire de France n'est faite que de périodes instables et courtes. Rien n'est absurde comme cette unité traditionnelle du bon vieux temps, cliché de mauvaise littérature. Les protestants, le désordre des finances, les jansénistes, les jésuites, les intrigues de cour, cette histoire n'est faite que de conflits, d'équilibres provisoires. La troisième République, qui naît avec une voix de majorité. Mais il y a des périodes où l'air d'époque qu'on respire racle aux narines. Ainsi pour les guillotinés de la Terreur, ainsi pour les victimes du fascisme et du nazisme.

Recrudescence. On arrête un Juif, vieillard de soixante-douze ans, malade. On arrête aussi l'infirmière qui le soignait, parfaite « aryenne ». Elle a beau crier sur tous les tons la pureté de sa race, elle est toujours enfermée.

Sinistres jeux de cache-cache.

8 février

L'abbé Perrenet vient d'être arrêté par la *Gestapo*.

Il dirige avec son frère le patronage Ollier. De nos fenêtres, nous voyons le bâtiment et la cour du patronage.

Promenade jusqu'au Carrousel. Paris désert, les arcs voltaïques voilés de bleu, rien de plus que des lucioles. Paris, sans lumière venue de la terre, éclairé seulement par la lune qui pâlit les façades. Les rues sont les couloirs d'une nécropole fluide. La cour du Louvre, je ne l'ai jamais vue si belle. Elle est délivrée de son poids d'architecture. Seul, l'arc de triomphe tient à la terre. Une lueur rougeâtre y affleure, comme du sang sous la peau.

L'abbé Perrenet ne sait pas de quoi son frère est accusé. Il tient d'un employé des postes, ancien élève du patronage, que les Allemands saisissent chaque semaine dix sacs de lettres.

Il a tenté de se faire arrêter à la place de son frère. Mais les Allemands ont regardé de près les prénoms.

« On a cru, a-t-il dit à Suzanne, que Pétain était un honnête homme. On s'est trompé. »

Ni les paysans, ni les gens du bourg ne connaissent le nom de Déat. Mais, sur les murs de Paris, j'ai vu son nom, en lettres presque aussi grosses que celui de Mistinguett.

Je ne sors que la nuit.

J'ai voulu revoir la cour du Louvre. Mais le ciel était couvert, la lune cachée par les nuages. Tout était noir, épais. La façade était monumentale et charbonneuse et l'arc de triomphe, massif et serré comme un poing.

10 février

B..., industriel important, dit que les ouvriers français en Allemagne songent assez peu à saboter, mais ont surtout le souci d'épater les Allemands. Cette vanité serait pleinement satisfaite : les Allemands auraient la plus vive admiration pour la virtuosité de la main-d'œuvre française.

Selon Mme B..., les ouvrières de la ceinture rouge feraient avec les Allemands une noce crapuleuse. Quoi de vrai dans tout cela? On sait que parfois les femmes sont hypnotisées par le soldat vainqueur. Mais il semble que le temps de cette hypnose soit passé.

La Seine, que j'ai vue ces jours derniers, privée des reflets de la ville, était agrandie comme un appartement sans meubles. Cette Seine pâle, étalée comme un lac, cette Seine au visage d'aveugle, je ne la reconnaissais pas. Mais, du Pont-Neuf, sous un ciel opaque aux étoiles immobiles, j'ai retrouvé un peu de la Seine ancienne, de la Seine de Paris, noire Sirène, allongée sous les boîtes des bouquinistes.

En 1939-1940, Madeleine B..., patriote à la mode de 1914, s'habilla d'une belle tunique militaire et d'une jupe-culotte et se coiffa d'un calot. En ces temps anciens, quand elle entendait à la radio le récit d'un combat aérien où des avions allemands en flammes s'étaient écrasés au sol, une flamme de luxure tremblait dans ses yeux, la salive lui venait à la bouche. Puis vint le temps où elle dit : « Il ne faut pas oublier que nous sommes vaincus. » Et, comme on dit : « Je ne me sens pas le courage d'enlever aux vieilles femmes la foi qui les console », elle dit aussi : « Vous avez foi dans l'Angleterre, je ne veux pas vous enlever vos illusions. » Et elle dit aussi : « La France est pourrie; l'Allemagne, peuple jeune, peut la régénérer. » Aujourd'hui, elle est gaulliste, gaulliste fervente. Mais elle ne cacherait pas cinq minutes d'horloge un parachutiste anglais.

Bat... a oublié qu'après la débâcle il disait : « Que l'Europe soit faite par l'Allemagne ou par un autre peuple, qu'importe... Moi, je préfère Gœthe à Shakespeare et les Anglais n'ont ni philosophes ni musiciens. » Il l'a oublié complètement. Et, si on le lui rappelait, il le nierait de bonne foi. La mémoire est une étrange faculté.

13 février

On entend partout le mot : gaulliste. On entend moins souvent le nom de de Gaulle. Il y a contraste entre l'immense rôle historique, qui fut, qui est le sien et on ne sait quel effacement de son personnage. Il a parlé, quand tout se taisait, quand tous se taisaient ou parlaient lâchement. Il a agi, quand tous renonçaient. Il a fait rentrer dans l'histoire la France, qui en était expulsée. Mais on ne lui a pas fabriqué, il ne s'est pas fabriqué de légende. Il ne rend pas la justice sous un chêne. Il ne pince pas l'oreille des engagés volontaires.

Il est possible que cette guerre ait affaibli ou même tué l'ignoble patrie des académiciens et des marchands de canons. L'homme de demain saura peut-être découvrir la patrie.

Mandouze m'a apporté quelques numéros du *Courrier français du Témoignage chrétien* [1] *(Lien du front de résistance spirituelle contre l'hitlérisme)*. Le thème en est qu'il faut aller au plus pressé. Le danger présent, c'est Hitler. Pour « pervers » qu'il soit et redoutable par son matérialisme, le bolchevisme n'est qu'un risque éventuel. Et d'ailleurs : « ... Nous ne nous opposons pas à tout dans ce mouvement complexe qu'est le communisme. Nous ne nous opposons pas à sa volonté de sortir la classe ouvrière d'une misère imméritée..., de supprimer certains privilèges que rien ne justifie plus. Nous accueillons l'immense aspiration qui le traverse, parfois en dépit de la doctrine, à la justice et à la fraternité. Si nous n'hésitons pas à marquer les points essentiels sur lesquels nous sommes irréductibles, parce qu'ils impliquent une méconnaissance des valeurs spirituelles, il ne s'ensuit pas que nous considérions le communisme comme le mal pur, comme une sorte d'incarnation de Satan. »

Mais quel révolutionnaire, quel marxiste acceptera que le marxisme soit la négation « des valeurs spirituelles », de toutes les valeurs spirituelles, de la totalité des valeurs spirituelles ? Et ne laisse-t-il point entendre que ce bloc indéfini « des valeurs spiri-

1. En mai 1943, paraît le premier numéro (tiré à 50 000 exemplaires) du *Courrier français du témoignage chrétien*, lancé avec le plein assentiment du R.P. Chaillet et dirigé par André Mandouze (cf. supra p. 208). Ils espèrent élargir ainsi l'audience des *Cahiers* à la présentation austère.

tuelles » se désagrège et s'anéantit, si l'on en détache les valeurs proprement catholiques ?

Et voici l'archevêque de Toulouse qui parle un langage d'une sonorité quasi marxiste : « La plaie du prolétariat doit disparaître. » « Il est scandaleux que l'abondance produise la misère et que la technique, au lieu de libérer le travail, l'asservisse. » « L'avènement du machinisme, s'il avait été accompagné d'une haute moralité, aurait amené non pas l'esclavage de la classe ouvrière, non pas le prolétariat, non pas le chômage, mais une augmentation du standard de vie chez tous les peuples et dans toutes les classes, une augmentation des heures de loisir utiles à la culture intellectuelle, artistique et morale. » – « Les richesses ne manquent pas. Elles augmenteront avec le machinisme. La répartition des richesses est à réviser. »

J'apprends d'autre part que les communistes d'Alger proposent (étrange surenchère politique) que les écoles libres soient subventionnées par l'État.

Les catholiques et les communistes collaborent dans les organisations de résistance.

Ainsi, le conflit du catholique et du communiste ne serait plus que d'ordre philosophique ? Et sans doute l'amour de Dieu, les pièges du malin, le péché originel ne sont pas des créations plus déconcertantes que l'amour de l'humanité, sans lequel on ne voit pas pourquoi le révolutionnaire poursuivrait un autre but que celui de son bonheur personnel. Planante idéologie mondaine. – Quel est le communisme d'aujourd'hui ? Quelles sont les racines de ce néo-christianisme, quelle est sa place, quelle est son autorité dans le catholicisme ? Quoi qu'il en soit, les mécréants regardent avec étonnement ces catholiques : ils n'ont rien de commun avec les bourgeois, qui considèrent l'Église comme l'auxiliaire de la garde mobile, ni avec les pédérastes, qui opéraient, vers 1940, des conversions retentissantes, au point que l'on put croire que la conversion ne faisait qu'un avec l'inversion, que la foi se confondait avec la sodomie, ni avec ces écrivains qui cherchent dans le catholicisme une émotion qu'ils ne trouvent plus au bobinard.

16 février

Nuit. Petite pluie. Boulevard Raspail. Que de souvenirs ensevelis dans ce bloc noir ! Je ne vois que des lambeaux de façades et de pauvres lumières, lumières aussi ternes que les ombres. Mes yeux vont à tâtons. Ainsi les morts, s'ils se promènent, essayent en vain, avec des signes éteints, épars et mal fixés dans l'espace, de recomposer leurs souvenirs qui les fuient.

22 février

Rumeurs de ces jours derniers : évacuation du VIe et du VIIe arrondissements. Déjà elle est éteinte. Autre rumeur : on prépare le Vel' d'Hiv' pour y parquer des francs-maçons, des Juifs, des « hommes de gauche ».

Un numéro de *La Semaine*, du 4 mars de l'an dernier. Style magazine, fait de photos et de titres, de coups de poing typographiques. Ce gros titre : « Tandis qu'à Mexico on juge Franck Jacques, l'assassin de Trotsky. » Quelques mots sur la vie de Trotsky, présenté comme un bandit de cinéma. Tandis qu'il écrit, « deux énormes revolvers sont posés à portée de ses mains ». Il y a là un genre qu'ignoraient les auteurs des vieux traités de rhétorique, un des genres du journalisme. On ne peut même pas dire que ce genre est tout de mensonge; le mensonge est chose trop consistante, trop réelle, trop vraie. Mais les mots et les images n'y ont qu'un sens fantomatique et provoquent chez le lecteur un demi-rêve, où passent des soldats, des chars de combat, des cabots, des stars, des révolutionnaires, des coureurs cyclistes et des cuisses de femmes.

Je pense gros, je pense avec la foule. Et après? Suis-je donc si admirable, si exceptionnel que je ne puisse penser que dans une tour d'ivoire?

Je n'aime pas le style pincé, qui simule si facilement la profon deur, le style des Barrès et des Valéry, le style qui fait penser à ces visages de vieilles femmes, dont un spécialiste de la « chirurgie esthétique » a remonté la peau.

25 février

Coups de sonnette. Quelques-uns qu'on attendait ne viennent pas, ne viendront pas de longtemps, ne viendront peut-être jamais plus.

Musique. De tous les amis de ma jeunesse, un seul aimait la musique, entendait de la musique, et encore il n'en abusait pas.

Il y a des affinités, un lien, une maçonnerie entre tous ceux que la musique ne touche pas ou touche peu.

Je passe, dans la nuit, devant la maison de Francis Jourdain. Je rêvassais, je ne pensais à rien. Brusquement, la maison m'apparaît. Sans préparation, sans transition. Et avec elle les souvenirs qui y dorment. Et l'époque elle-même qui interrompit l'amitié, *« l'exercice des âmes, sans autre fruit »*.

Untel a quitté sa femme, vit avec une autre. Dans les époques troubles, les passions amoureuses n'ont pas d'expression littéraire, la mode littéraire les écarte, mais elles n'en sont ni plus faibles, ni plus fortes. Elles continuent leur bonhomme de chemin, le même bonhomme de chemin.

« Religion des hommes supérieurs : besoin d'une discipline. Ils n'ont pas la foi : ils croient parce qu'ils veulent croire. C'est le goût que j'ai souvent de la prison. » (*Journal* de Jules Renard [1906-1910], page 1019.)

26 février

Radio. Émission du Commissariat spécial aux questions juives. La doctrine de la prédestination étaye le capitalisme, est une défense du capitalisme. Le calvinisme n'est que cruauté coloniale et mercantilisme. Le calvinisme est très proche du judaïsme, n'est qu'une forme renouvelée du judaïsme. Ce résumé schématique réduit le texte à une poussière inerte, le vide de son comique et de sa crapulerie d'idées en pâte de guimauve. Aucune adresse dans ce jeu d'idées, un mauvais boniment de camelot. Les Fernandez ont plus de bagout. Et la voix du lecteur, une voix crasseuse, mal lavée.

Un sociologue devrait étudier comment se forment les idées de propagande, les idées des dictateurs plébéiens et des maréchaux gâteux.

Il y a des éléments communs à tous les systèmes de Cagoule, qu'ils soient faits d'idées rigides ou d'idées en liquéfaction. Ainsi, avant Hitler et les post-hitlériens français, Maurras, au début de sa carrière, dénonçait sur un même plan les Juifs, les Francs-Maçons, les métèques et les protestants.

Je dis à Febvre que cela me paraît politiquement idiot, qu'on ne peut créer en France un anti-protestantisme analogue à l'anti-sémitisme. Le mot manque, le mot chargé de haine et de mépris. Il y faudrait quelques siècles encore. « Ne croyez pas cela, me dit-il, là où l'anti-sémitisme a mordu, on peut faire mordre l'anti-protestantisme. En quelques mois. Les sources sont les mêmes. »

Peut-être a-t-il raison. En quelques milieux bourgeois, j'ai parfois saisi un fond d'anti-protestantisme flou, irraisonné. Il suffirait de creuser jusqu'à ce fond. Je me souviens de L..., par exemple, me parlant de « l'orgueil protestant ». On passe de là facilement à l'hypocrisie protestante, à la haute banque protestante. Et « ils se soutiennent entre eux ». Si la vague anti-protestante se formait, le moyen bourgeois catholique opérerait comme pour les Juifs. Il ne verserait au compte du protestant que ce qui est médiocrité, corruption ou bassesse.

Ce qui compte dans la foi, ce n'est pas son objet. C'est le saut. Ce n'est pas vrai.

De Lyon. Vingt-deux cadavres de jeunes gens de dix-huit à vingt-deux ans ont été déposés au Pavillon d'anatomie. Tous tués d'une balle de revolver dans la tête.

Un soldat allemand avait été tué. Ils avaient été pris comme otages.

Rumeurs. « Les Anglais ne débarqueront pas en masse. Ils établiront en Belgique une tête de pont, comme ils en ont une en Italie. Deux fronts immobiles et on n'en verra pas la fin. Quant aux Russes, ils s'allieront avec les Japonais contre l'Angleterre. »

Numéro de *La Gerbe*, du 24 février... Je n'avais jamais vu de numéro de *La Gerbe*, du *Pilori*, de *L'Œuvre* [1]. Pas d'imprévu. Verve à la Béraud.

Un article de Robert Vallery-Radot [2]. La civilisation spiritualiste, venue de l'Égypte, de l'Inde et de la Chine aboutit au christianisme. Elle est menacée par le rationalisme matérialiste. C'est intitulé : « La Bête ou les Dieux ». La bête, ce sont les encyclopédistes et Marx. Hitler est parmi les dieux. De toute évidence, l'auteur est un débile mental. Résumé d'une conférence de Chateaubriant : « Le vivant principe de la communauté raciale est seul capable de s'opposer au flot des masses vidées d'images nobles. » Lyrisme de potache, trahison déguisée en première communiante. L'un y va de son agrégation, un autre, de son bachot, un autre de son hoquet.

À noter que la doctrine (si l'on ose dire) hitlérienne tantôt prétend défendre les valeurs de la « vieille civilisation chrétienne » et tantôt dénonce la pourriture du judéo-christianisme.

Blanche Bour..., pauvre femme qui vit de pauvres besognes de bibliothèque, est attaquée dans la rue, près de la porte de Saint-Ouen : « Donne-moi ton argent ou je te tue. » – « Je suis pauvre, dit-elle. Vous ne pouvez pas être plus pauvre que moi. » L'homme la palpe dans la nuit. « Tu as une belle serviette. » Il la lui arrache et disparaît. La serviette contenait un peu d'argent, des papiers et des photographies de son enfant, mort à trois ans, en 1918.

Je pense simple, je pense comme un électeur : opposition de la droite et de la gauche, de la France et de l'Allemagne, du nazisme

1. Léon Werth découvre la presse collaborationniste de zone Nord; *L'Œuvre*, quotidien qui est reparu en septembre 1940, est contrôlé politiquement par Marcel Déat; *La Gerbe*, hebdomadaire apparu en juillet 1940, est fondé par Alphonse de Chateaubriant, chef du mouvement Collaboration; *Au Pilori*, hebdomadaire créé en juillet 1940, s'est spécialisé dans la propagation d'un antisémitisme extrême et meurtrier.

2. Robert Vallery-Radot, catholique intégriste, s'est spécialisé dans la lutte contre les Francs-Maçons; il est le rédacteur en chef des *Documents maçonniques*. Cet article ne présente effectivement strictement aucun intérêt.

et de l'humanité, du capitalisme et du socialisme. Je pense comme les auditeurs des meetings. Cela n'est pas distingué, cela n'est pas « littéraire ». Ce sont des pensées grossières, gorgées de sentiment. Il ne me plaît pas de les habiller d'un vêtement littéraire, de justifications pseudo-historiques, et, brassant les siècles et les cimes, d'en faire des pensées élégantes et mortes.

2 mars 1944

Le Matin. La technique de l'agent provocateur appliquée à l'information.

En titre : « Ils voulaient faire sauter la Sixtine. Les rouges y avaient déposé une bombe anglo-américaine. »

« Rome, 1er mars. La garde pontificale a découvert, jeudi 17 février, une bombe à retardement dans la chapelle Sixtine. » (L'information, comme la bombe, est à retardement.)

« ... Une enquête menée par des experts a établi que la bombe était d'origine anglo-américaine... Dans les milieux ecclésiastiques on est persuadé qu'il s'agit d'un attentat communiste. »

Étonnante identité des rouges, des Anglo-Américains et des communistes.

L'information a sa métaphysique : la Providence nazie oppose au matérialisme marxiste, sa philosophie de l'histoire, son ethnologie. La bombe de la Sixtine appartient à la technique policière de l'absurde ou du rêve absurde (l'absurde des films d'il y a un quart de siècle).

Dans cet ordre, *L'Intransigeant* publiait, quelque temps après la révolution russe, une dépêche signée Caro. On y lisait que les commissaires du peuple délibéraient dans une chambre où sur des pancartes apposées aux murs étaient écrits ces mots : *Russland nieder.* L'informateur pensait exprimer ainsi symboliquement que les chefs bolcheviks étaient des sans-patrie. Traduire : « À bas la Russie » en russe eût été mieux. Mais l'imprimeur n'avait pas de caractères russes et d'ailleurs les lecteurs n'auraient pas su lire le russe. L'informateur, sans doute, avait pensé qu'une langue étrangère, quelle qu'elle fût, apportait à son affirmation une indiscutable garantie d'authenticité.

3 mars

Gœring a parlé à l'occasion du « jour de l'aviation ». Laval parle à « 120 présidents de Chambres de Métiers, l'élite de l'artisanat français... » La proclamation de Gœring est d'un homme style militaire. Gœring parle, Laval parle. On n'écoute pas. Le discours de Laval ne compte pas plus que le discours qu'il eût prononcé, il y a vingt ans, à l'inauguration d'un hôpital ou d'une maison de tolérance. Je lis quand même. « Si je me souciais de ma personne, je ne serais pas là ! Je n'ai pas besoin d'être là ! J'aime la campagne, plus encore que vous ne pouvez le supposer ; j'aime les champs comme un paysan aime ses champs ; j'aime la vie de la terre ; j'aime la vie simple... » Laval ici égale Jarry dans la création d'un père Ubu bucolique.

« On a parlé, dit-il, d'une tentative de débarquement. » On ne saurait mieux dire. Il est vrai qu'on en a parlé. « Se produira-t-elle ? Personne ne le sait. » Mais « si cette tentative se produit... elle sera précédée, accompagnée, suivie » de terribles effets destructeurs. Mais l'armée allemande est là qui à la fois anéantira les armées d'invasion et les Français qui les pourraient aider. Laval avertit les Français que « l'armée allemande ne tolérera pas de désordre chez nous... et que les mesures seraient dures et les ripostes cruelles ». Il n'espère plus rien que de notre peur.

Ce que nous appelions l'esprit : une table délicate, entourée d'amis, une nourriture intelligente, des vins riches de terroir ou de style, quelques conversations sur des livres, des tableaux, était-ce davantage ce que nous appelions l'esprit ? Mais les croyants ?... Je sais ce qu'ils ajoutaient à cela. C'était plus frivole encore : quelques conversations avec Dieu.

Le plus sérieux (mais c'est loin et d'une certitude peu mathématique), c'est encore cet espoir révolutionnaire, cet espoir, par-delà les révolutions, d'un homme délivré.

Dans *Le Matin* d'hier 2 mars, une photo où l'on voit réunis de Chateaubriant, de Brinon, Philippe Henriot et le docteur Eich [1]. Ils inaugurent un « club de la Presse pour Français, Allemands et étrangers ». (Les Allemands ne sont plus dans la France de de Brinon des étrangers.)

J'essaye un croquis d'après cette photo, un croquis honnête, sans idée préconçue, sans intention de caricature.

Chateaubriant est pris de trois quarts, presque de dos. Pauvres épaules. Tout est voûté en lui, dolent, déçu, gris.

De Brinon : tête de comique, de comique de subventionné, de haut cabot, menacé de graisse, rictus cordial. Tout est courbe du talon au nez, dont le bout semble tiré, par un fil invisible, vers le sol.

Henriot : huissier de province, qui rase les murs dans la rue du lupanar.

La face de l'Allemand est ronde, finaude. Elle pourrait aussi bien être d'un portier d'hôtel, d'un marchand de *Delikatessen* ou

1. Le *Sonderführer* Eich est le chef du groupe Presse dans les services de la propagande allemande.

d'un diplomate. Au temps de Guillaume II, eût beaucoup parlé de *Bildung* et *Kultur*. Son sourire est épanoui, ni forcé ni dédaigneux. Peut-être ne méprise-t-il pas ces trois Français, peut-être ne les tient-il pas pour traîtres à leur pays. Peut-être croit-il assez à la force d'attraction de son prussianisme et de son nazisme pour imaginer que leurs passions sont les siennes et qu'ils s'absorbent, dans ce prussianisme et ce nazisme, par amour politique.

Chez l'Allemand, l'héroïsme militaire a deux sources : la discipline et la cruauté. Quand il ne peut être cruel avec les autres, il l'est avec lui-même.

4 mars

Noémi, la nuit, dans un champ. L'avion a-t-il pu atterrir ? Où est-elle ? À Londres ? Ou dans la mer ? Je la vois, flottant, noyée en robe blanche, en longue robe blanche. Pourquoi en robe blanche ?

Le procès Pucheu [1]. Quelques bribes de radio. Il ne fut pas collaborateur. Il tenta de sauver des otages. Il n'est pour rien dans la répression, dans l'organisation d'un régime policier. C'est la faute à Darlan. Il jouait double jeu. Ces lambeaux d'un compte rendu en style d'agence ne permettent pas d'établir s'il ment, s'il use d'une subtile dialectique, si même il y a dans sa défense une parcelle de vérité.

Il y a quelques mois, j'aurais été curieux de découvrir, de reconstruire le personnage. Aujourd'hui, je ne m'intéresse plus à l'escrime d'un Pucheu. Que l'Allemand touche les deux épaules. La psychologie viendra après, si elle veut.

Qu'il s'agisse des hommes ou des événements, je néglige les détails, les nuances. Je ne cherche plus à les interpréter, à leur donner un sens. Ainsi ces journalistes, qui n'assistent pas aux débats d'un procès criminel, mais qui attendent dans les couloirs, le verdict.

5 mars

Bribes de radio. Le R.P. Panicci à Notre-Dame. Sur l'égoïsme, l'individualisme, le socialisme marxiste, qui est « à base d'indi-

1. Boursier, ancien normalien, Pierre Pucheu entre dans l'industrie privée avant de militer au P.S.F. puis au P.P.F. Darlan le fait entrer dans son ministère en février 1941 : il est secrétaire d'État à la production industrielle et surtout ministre de l'Intérieur ; à ce titre, il joue un rôle actif dans le choix des otages fusillés en octobre 1941. Évincé par Laval, il finit par gagner en 1943 le Maroc, croyant bénéficier de la protection de Giraud. Interpellé quelques jours après son arrivée, interné, il est jugé par un tribunal militaire et condamné à mort, le 13 mars 1944, pour collaboration avec l'Allemagne et intelligence avec l'ennemi. Il sera exécuté au polygone d'Hussein-Dey, le 20 mars, après que Charles de Gaulle a refusé sa grâce.

vidualisme ». C'est creux, nul, appuyé sur des arguments d'une lamentable pauvreté. Et d'un moralisme émollient. Où est le catholicisme? Là ou dans les *Cahiers du Témoignage chrétien*?

Deux secondes de Philippe Henriot. Une voix serrée, sans aération, crapuleuse. Les barbares anglo-saxons bombardent les merveilles de l'antique Italie. Un commandant nègre en particulier. Ils veulent arracher à Philippe Henriot « ses deux étoiles consolatrices : la civilisation et la chrétienté ». Il semble que le catholicisme et le nazisme se font discrètement la révérence. Je rêve d'une réunion publique, d'un meeting où un brave militant dénoncerait l'opium du peuple et j'ai envie de m'agenouiller pieusement devant une icône de Lénine.

6 mars

À peine si je sens encore quelque impatience. Qu'on vienne me réveiller quand ce sera fini. Les plus belles opérations militaires des Russes me laissent froid. Je n'accepte plus que du définitif.

Quelques-uns de nos plus récents amis couchent chaque soir dans un lit différent.

8 mars

« Il faut fusiller Pucheu, dit le colonel Vendeur. Pas de formalités juridiques ou de considérations philosophiques. Tant que l'Allemand sera là, je veux être une brute militaire, je ne veux être qu'une brute militaire. »

Un détachement armé de soldats allemands passe devant ma fenêtre. Ils chantent. Mais par ordre.

Ainsi chantait à Bourg, le jour de la visite du maréchal, un détachement de ses flics.

Quand je faisais mon service militaire, nous chantions sur les routes de belles chansons obscènes. Mais non par ordre.

Du *Petit Parisien* :

« M. Jean Lard..., rue Louis-le-Grand, ayant été assailli chez lui par quatre malfaiteurs armés, qui se disaient policiers, dut leur remettre pour un million de pièces d'or et deux millions de timbres. »

Et trois autres agressions du même style.

« Un gamin de seize ans, Claude C..., arrêté pour vagabondage et trafic de cartes d'alimentation, fut conduit au commissariat de Saint-Vincent-de-Paul. Peu de temps après son arrestation, il parvenait à s'évader. Poursuivi et sur le point d'être rejoint, il brisa une vitre et, du troisième étage de l'immeuble où il s'était réfugié, se jeta dans le vide. Le malheureux a été tué sur le coup. »

Aspects de Paris. Ce gamin qui saute par la fenêtre d'un troisième étage, ces faux policiers, ces collectionneurs, qui ont chez eux pour un million de pièces d'or et deux millions de timbres.

Du même *Petit Parisien* : « Plusieurs femmes et un vieillard sont tombés sous les coups des terroristes. – Neuf terroristes sont passés par les armes. – Philippe Henriot, s'adressant d'Annecy par radio aux jeunes du maquis, les adjure de réfléchir à leur devoir avant d'être entraînés vers le crime. »

Mais voici qui rend un autre son :

« Lutte contre les traîtres et le banditisme.

Marcel Gerbas a été exécuté le 14 février pour espionnage, tentative de trahison et vol de 10 000 francs au préjudice d'un artisan de Coligny.

Gustave Lacroix a été exécuté à Coligny le 19 février, pour : 1° Dénonciation d'un patriote, qui fut odieusement torturé; 2° Complicité et recel des 10 000 francs volés; 3° Complicité continuelle et avérée avec la milice et la *Gestapo*; 4° Chantage ignoble sur le fils Gerbas : il l'a rendu complice de ses sévices, lui a pris les 10 000 francs volés, sur lesquels il lui a remis 50 francs, l'a placé devant cette alternative : ou bien être dénoncé à la police, ou bien servir celle-ci en allant au maquis pour le trahir.

Le maquis se devait de mettre ordre à ce banditisme, qui accompagne si souvent la trahison. »

Les Francs-Tireurs et Partisans Français [1].

Cela fut copié par le père François. Il nous a envoyé cette copie sans commentaire. Il y a seulement ajouté : « Feuilles distribuées le samedi matin 19 février, tout de suite après l'exécution, à 8 heures. »

Nul bourg de France ne paraissait moins propre au drame que celui-là. Il y a, au fond des bourgs, des passions lentes à s'éveiller. Elles se sont éveillées.

Avenue d'Orléans. Splendeur et poésie des vitrines au clair de lune : souliers, abat-jour, chapeaux. Objets merveilleux, objets de contes de fées.

9 mars

R... a une grosse situation administrative. Je l'ai rencontré deux fois à Lyon, en 1941. Il était alors tout dressé à la fois contre

1. Les Francs-Tireurs et Partisans Français sont la branche militaire du Front national, animé par le P.C.F. clandestin. Depuis l'automne 1943, les Mouvements de Résistance hésitent de moins en moins à exécuter celles et ceux qu'ils tiennent pour des traîtres, tout en s'efforçant de lutter contre un banditisme qui se développe sous couvert d'actions de résistance.

Londres et contre Vichy. Adroite position? Selon que tournerait la chance, il rappellerait au gagnant l'hostilité qu'il avait témoignée au perdant. Il n'approuvait pas les mesures anti-sémites de Vichy, mais il reprochait aux Juifs de former bloc. De plus, à l'en croire, il n'était pas de musicien juif qui, pour garder sa place dans un orchestre, n'invoquât un aveu *in extremis* de sa mère. Il n'était pas de musicien juif dont la mère n'eût, à son lit de mort, déclaré qu'il n'était pas le fils de son père légal, mais d'un amant catholique. Tout cela était conté doux, enveloppé, d'une voix de velours, avec des gestes discrets, mais si onctueux.

Journaliste, il eut toujours une réputation de vénalité. Je ne connais de lui que des actes désintéressés. Drôle de carrière, où le talent et la combine se sont toujours associés en variables proportions.

Après la guerre, il dira sans doute : « Je n'ai jamais fait de politique. » Ces journalistes, adroits à tous les jeux d'équilibre, resteront-ils en place? La fureur populaire exigera-t-elle qu'on les déloge? Ou bien la rancune des folliculaires sans talent?

Rumeur. Un inspecteur de l'Université a dit à Paul Pharabod, professeur de mathématiques, que les élèves des lycées seraient envoyés en Allemagne, encadrés par ceux de leurs professeurs âgés de moins de trente cinq ans.

10 mars

Opérations militaires des Russes. Les Alliés ne débarquent pas. Je me demande s'ils n'ont pas décidé de se limiter à une guerre d'usure par le ciel. Mais je saisis mal ces problèmes aux vastes dimensions. Je n'ai pas de goût pour la stratégie. Je la voudrais foudroyante et n'y plus penser ensuite. Et me voici notant de l'infinitésimal, du néant, cédant à une ridicule manie de chercher dans les mots un sens ou une musique, m'amusant, m'irritant du style d'un journaliste. Je lis dans le *Petit Parisien* : « Parti de France le 30 août 1941 pour rejoindre son poste à Washington..., M. Henry Haye, ambassadeur de France aux États-Unis, remettait hier matin, à 7 h 40, les pieds dans la capitale... »

L'anonyme auteur de ces lignes a le génie de l'image. Sans lui, je n'aurais jamais pensé aux pieds de cet ambassadeur.

Ne serais-je qu'un chercheur de perles pour almanachs ou journaux humoristiques? Mais tout se lie, tout se tient. Avec un fragment d'os, Cuvier reconstruisait un megatherium. Avec une phrase se reconstruisent un folliculaire et son milieu.

Rumeurs. La rumeur se fortifie de l'évacuation du VIe arrondissement. Cinquante kilos de bagages par personne.

Types d'esprits. Les uns étirent le plus petit fait à la dimension d'une grande idée. Chez d'autres, l'idée n'est que le trop-plein des faits.

11 mars

Pucheu est condamné à mort.

– Je ne le plains pas, dis-je.

Et aussitôt je vois dans sa cellule l'homme devant sa mort. Ses calculs, ses combinaisons, ses crimes sont tombés au fond de lui-même, y forment un dépôt que rien ne remue. Il a oublié le normalien devenu homme d'affaires, saoulé par l'argent d'abord, par la politique ensuite. Il est, après l'audience, vide, léger, tel qu'un enfant, tel que ces criminels d'assises, qui parlent avec indifférence de leur crime refroidi, d'un crime qui n'est plus le leur.

Qu'est-il devenu le peintre allemand George Grosz [1] qui, après la guerre de 1914, disait, passant devant le musée de Berlin : « Tout cela ne vaut pas la vie d'un manœuvre. » Qu'est-il devenu, George Grosz, dessinateur de l'atroce, l'atroce étant ici l'Allemand d'après la guerre, l'Allemand à nuque monstrueuse, l'atroce étant ici une visible pourriture et un macabre érotisme? Qu'est-il devenu, George Grosz, qui aima le communisme, comme d'autres aiment la grâce de Dieu, George Grosz qui, en chacun de ses dessins, se purifiait d'une Allemagne intolérable, se vengeait d'elle, vengeait tous les hommes et quelques Allemands peut-être?

Je ne sors que la nuit. Je ne vois que des façades sombres. Derrière quelques-unes de ces façades, il n'y a que des appartements vides. Les Allemands ont tout déménagé. Vide l'appartement de Francis Jourdain. Dans l'appartement de la mère de Jean-Richard Bloch, la *Gestapo*, me dit-on, n'a laissé, par oubli, qu'une petite cuiller sur une table. Vide, l'appartement où vécut Frédéric Rauh [2], qui fut un des hommes qui s'inquiéta le plus de la justice.

Une élève de l'École de Sèvres et une de ses amies, étudiante en médecine, ont été arrêtées, enfermées dans une maison de la rue de Châteaudun, dont les caves servent de cellules. La Sévrienne a été relâchée après une journée d'incarcération dans une cave. On n'a pas de nouvelles de l'étudiante en médecine.

1. Le peintre et dessinateur allemand George Grosz (1893-1959), traumatisé par la guerre et décidé à en découdre avec la société bourgeoise, s'est orienté vers un expressionnisme où s'entremêlent le grotesque et l'abject. Il a gagné les États-Unis en 1923.

2. Frédéric Rauh est un oncle de Léon Werth.

À Nîmes, dix-sept réfractaires ont été pendus par les Allemands [1]. À leurs cadavres des pancartes ont été attachées : « Ainsi seront traités tous les terroristes français. » Les passants avaient été refoulés vers le lieu de l'exécution, contraints d'assister à ces dix-sept pendaisons : les hommes, les femmes, les enfants. Dès que tomba la nuit, des projecteurs furent braqués sur les suppliciés. En fut-il ainsi ou une légende s'est-elle faite, une légende atroce de complainte populaire ?

R... quitta l'Italie après les occupations d'usines, partit pour la Russie, fut du *Komintern*, puis, en désaccord avec les Staliniens, se réfugia en France. Je l'ai connu, il y a une dizaine d'années. Il aimait la révolution par sa tête, son cœur et sa chair. Elle était sa religion. Il sentait en lui la présence réelle, quand il discutait un point de doctrine ou de tactique. Il fait maintenant d'obscures besognes dans je ne sais quelle revue de collaboration. Il assemble des documents, que d'autres utilisent. Depuis la débâcle, il ne demande rien, sinon qu'on l'oublie. Il trahit modestement, sans éclat comme sans espoir.

La Comédie-Française met à la scène *Le Soulier de satin*, de Paul Claudel.

Je ne suis point tout à fait incapable de saisir le style plein de Claudel.

J'ai vu jouer chez Copeau, il y a bien des années, *L'Annonce faite à Marie*. Ma voisine dormait à longueur d'acte. Mais, dès que le rideau se fermait, avertie par un instinct jamais en faute, elle se réveillait en sursaut et applaudissait avec frénésie.

La lettre de Claudel au grand rabbin de France [2], où il témoignait sa réprobation, son horreur des persécutions et sa sympathie pour les Juifs persécutés. D'après le journal de Jules Renard, Claudel était anti-sémite. D'un anti-sémitisme qui, selon Renard, était fait d'une haine, d'une envie diffuse, qui ne savaient où se poser. Qui a déterminé cette évolution de Claudel ? Amitiés juives ? Tendance actuelle d'un certain catholicisme ? Plus simplement générosité, indignation ?

On n'a pas dit que, pour cette lettre, les Allemands ou Vichy l'aient inquiété. L'a-t-on menacé ? L'a-t-on amadoué ? On le joue au Français. Aurait-il promis de ne pas recommencer ? Aux temps de la civilisation, on eût pu imaginer que le prestige d'un ambassadeur et d'un écrivain grave intimidait les puissances. Mais aujourd'hui ?

1. Le 2 mars 1944, les Allemands pendent sur le parapet du viaduc et à des branches d'arbres quinze femmes et hommes, dont treize otages de la région de Nîmes et deux prisonniers du maquis Bir Hakeim. Ces exécutions barbares suscitent une très vive émotion.

2. Sur la lettre de Paul Claudel au grand rabbin, cf. supra p. 437.

Les bavards de la politique et les philosophes du journalisme instituent des débats scolastiques sur l'individu et la société. Les sociologues sont quand même moins bêtes. Mais que de choses il faudrait avoir appris, avant d'exercer son cartésien de bon sens.

Quand un nouveau-né a tété, il rejette un peu de lait dans sa bavette. C'est fort bien. Mais quand un homme d'âge vomit un peu de ses lectures dans sa cravate, c'est répugnant.

14 mars

L'historien Marc Bloch a été arrêté à Lyon [1].

15 mars

Visite de Altman [2], qui « travaillait » avec Marc Bloch. Comme il est frais, confiant! Il a gardé une fleur de jeunesse. Le risque l'équilibre. Je lui donne, pour une feuille souterraine, quelques-unes de ces notes. Je ne suis capable de rien que d'écrire. Et encore... pourrait-on dire.

18 mars

Lorsque les armées allemandes entraient en Tchécoslovaquie, lorsqu'elles envahissaient la Pologne, lorsqu'elles envahissaient la France, la force guerrière de l'Allemagne modelait le monde à l'image du délire hitlérien. En ce mois de mars, chaque minute fait tomber sur l'Allemagne une goutte de défaite. Entre la réalité et le système délirant, la contradiction éclate.

Dans le même temps que les Russes approchent de la frontière roumaine, l'Allemagne, par la voix du *Gauleiter* Sauckel « s'adressant aux Français », affirme que la « terrible puissance de la Juiverie » est la cause unique de la guerre et la cause unique de la totalité du mal et du malheur sur la terre.

« Les Juifs tentent de réaliser leurs plans d'hégémonie universelle... Mais le peuple allemand a reçu de la Providence et pour son salut un chef doué de la grâce. »

Délire de persécuté persécuteur. Délire érotomaniaque aussi, qu'on a pu observer même chez les soldats des troupes d'occupation : l'Allemand se croit aimé. Il croit que, même dans les circonstances présentes, il peut être aimé, aimé par les Français.

1. Le grand médiéviste, entré dans le Mouvement Franc-Tireur en mars 1943, est arrêté à Lyon, le 8 mars 1944; il sera exécuté le 16 juin.

2. Georges Altman, journaliste, qui milita au P.C.F. jusqu'en 1929, avant d'écrire dans des journaux de gauche, est rédacteur au *Progrès*, quand il accepte, en mars 1942, d'entrer dans le Mouvement Franc-Tireur, dont il dirige le journal; cité p. 584.

À Saint-Étienne, trois lycéens, qui ont distribué quelques tracts, sont dénoncés par la milice, sont arrêtés par la *Gestapo*. Les hommes de la *Gestapo* brisent dans un étau les poignets de l'un d'eux. Un autre est frappé de cinquante coups de nerf de bœuf. Au troisième, ils arrachent un testicule. Ils envoient à ses parents son caleçon ensanglanté.

20 mars

Je retrouve des lettres que Justin Rosny [1] m'adressa au front, en février et mars 1915.

« Il crevait les yeux de tout homme capable d'observer et de raisonner que l'Allemagne était prête à faire la guerre, que la guerre était son idéal... Les Allemands ne voulaient que la guerre, non pas les Bourget et les Barrès allemands, mais tous les Allemands du grand au petit, les socialistes et les Junkers, les soldats et les professeurs, les ouvriers et les propriétaires...

« Ils se croyaient une nation élue. Nous avons cru cela aussi sous la forme napoléonienne. Ils s'étaient jetés dans la force, dans l'organisation, dans toutes les rengaines qui mènent à la guerre. Ils ont fait cela lourdement, en hommes du Nord, qui ont aussi de gros organismes. Une fois la force regardée comme l'idéal, l'engrenage est fatal : mensonge, cruauté suivent.

« Se demander si les autres nations auraient pu en faire autant me paraît aussi vain que de se demander, au moment où un homme assassine sous vos yeux, si vous avez le droit d'intervenir entre lui et sa victime, sous prétexte que vous pourriez aussi, les circonstances aidant, devenir un assassin... »

Je n'ai aucun souvenir des lettres que j'écrivais alors à Rosny. Mais il est sûr que je lui avais confié dans quel état d'esprit j'étais parti pour le front, croyant à la responsabilité unique de l'Allemagne, non pas dans la préparation morale, mais dans le déclenchement de la guerre et bien décidé à tuer la guerre dans le ventre de la guerre.

À quoi Rosny me répondait : *« Donc, mon cher ami, votre intuition ne vous a pas trompé, lorsqu'elle vous a jeté sur les Allemands... »* Mais je lui avais confié aussi mon insurmontable dégoût de la guerre, la certitude qui s'installait en moi que cette guerre était mensonge et absurde cataclysme. À quoi Rosny répondait : *« Une chose reste debout : cette énormité, la guerre. Les Allemands l'ont faite, parce qu'ils étaient sûrs de vaincre et ils n'ont pas craint d'exercer les plus abominables cruautés, parce qu'ils étaient sûrs qu'on ne pourrait pas exercer sur eux de représailles... Maintenant*

1. Justin Rosny (1859-1948), alias Séraphin-Justin Boex, a écrit avec son frère aîné nombre de romans naturalistes et fantastiques qu'ils signèrent J.H. Rosny.

on peut se demander si une autre nation dans le même cas?... Assurément, c'est possible, c'est même certain, seulement cela prouve qu'il ne faut pas laisser se produire le cas...

« N'oubliez pas les ordres du jour de Stenger, ceux de Bulow et les joyeux massacres. Le triomphe de l'Allemagne, c'était la France massacrée, c'était le retour des vieilles théories antiques : une race supérieure, les Allemands, puis quelques singes destinés à recevoir des coups de pied, les Français. »

Un mois environ plus tard, Rosny m'écrivait : *« Vous pensez si j'ai été content de recevoir votre lettre. Vous pensez aussi si elle m'a donné une violente émotion. Oui, c'est terrible. On reste stupéfait. Mais, mon cher ami, nous marchions, depuis quarante ans, dans une sorte de rêve idyllique... Mais vous voyez bien qu'il ne suffisait pas de ne pas vouloir la guerre : les Allemands la voulaient et la voulaient avec tous les crimes... Et ne croyez pas que nous l'évitions en laissant battre les Russes. Nous n'évitions rien. Ces gens-là, gonflés de leur victoire, socialistes en tête, seraient entrés chez nous, comme ils sont entrés en Belgique... Ce qui nous paraissait impossible, l'agression sans cause, l'assassinat en masse, de tout cela les Allemands étaient capables. Je ne dis pas que nous n'ayons pas été un peu là, quand nous ravagions la Hollande et surtout quand nous assassinions les protestants. Car il y a une grande analogie de procédés entre les Allemands et les Jésuites. La* Kultur, *c'est le Jésus d'Ignace. Les Jésuites aussi se croyaient très au-dessus des autres hommes, en possession d'une méthode supérieure... »*

En ces années qui précédèrent la guerre de 1914, mon admiration pour les Rosny, leurs paysages minéraux, leur poétique paléontologie. Mon amitié avec Justin Rosny. (Je n'ai pas connu l'aîné.) Son amour pour la doctrine de l'évolution. Nos causeries nocturnes de Passy à l'Église de Montrouge. Cette tempête soudaine sur le lac d'Hossegor, où nous faillîmes nous noyer. Après 1920, je l'ai à peine revu. Pourquoi le fil s'est-il cassé?

Radio. Philippe Henriot rend hommage au général de Castelnau, qui vient de mourir, au grand soldat et au président de la Fédération des unions catholiques de France. Selon Henriot, Castelnau avait depuis longtemps prévu et redouté l'esprit de subversion, qui est aujourd'hui celui « d'un certain clergé en révolte » et de ces fidèles qui « plutôt que les voix de Rome, écoutent les voix des Mauriac et des Maritain ».

Parmi les formes contradictoires de la propagande collaboratrice, celle-ci est curieuse à observer, qui tient pour criminelle toute persistance chrétienne dans le catholicisme et tente de rajeunir le cléricalisme et de le lier au nazisme français.

Altman sait, par je ne sais quelle communication avec Lyon,

qu'on a vu dans un couloir Marc Bloch, le visage tuméfié et ensanglanté. On considère qu'il est possible qu'il ne soit pas exécuté.

Passé la soirée chez Lucien Febvre. Sur le tapis de l'escalier, quelques brins de paille. Cela suffit pour évoquer un déménagement. En effet, les Allemands ont, dans la matinée, vidé complètement l'appartement sous scellés du voisin de palier. Les pendules de 1870 furent-elles une préfiguration?

21 mars

Pucheu a été fusillé hier, à l'aube, au polygone d'Hussein-Dey.
Sensibilité nationale. « Je ne sais, me dit Suzanne, comment exprimer ce sentiment. Les mots l'altèrent et lui donnent une consistance, une netteté qu'il n'a pas. Quand les Allemands tuent, j'éprouve d'abord de la tristesse; la haine ne vient qu'après. Mais l'exécution de Pucheu, qui ne m'attriste pas, me laisse un sentiment de malaise. Je me sens responsable. »

« Cette exécution signifie que les Bolcheviks sont bien devenus les maîtres de notre Empire [1]. » (*Le Petit Parisien*, signé Claude Jeantet.) Les Américains et les Anglais, lit-on dans le même article, ne voulaient pas que Pucheu fût exécuté. Mais Staline, « par l'intermédiaire de de Gaulle, leur jette en défi la tête de Pucheu... »
Mais les Juifs, alors? On sait qu'ils sont les maîtres de l'Angleterre et des États-Unis, comme de la Russie. Comment Staline, judéo-bolchevik, peut-il être en désaccord avec les judéo-anglais et les judéo-américains?

Du journal : « Des crayons explosifs, lancés par des avions anglo-américains font deux victimes. » En 1939, ces crayons étaient allemands. Et c'est peut-être le même « informateur » qui rédigea la dépêche de 1939 et la dépêche de 1944.

22 mars

Je me suis efforcé souvent d'entrer dans la peau des traîtres, de ne point expliquer, de façon simpliste, la trahison, de ne pas transformer les traîtres en traîtres de mélodrame ou de cinéma. Je repoussais l'explication unique par l'intérêt, par l'argent. Le « c'est plus compliqué que ça » prenait valeur de méthode? Non, il n'était pas vrai que le traître, assis à la même table que l'Allemand, face à face avec lui, tendait la main et empochait un paquet de gros billets. Et j'inventais des explications d'une psy-

1. Sur cette exécution, cf. supra p. 578. C'est là un thème classique de la presse collaborationniste comme des causeries de Philippe Henriot : de Gaulle est tout au plus un Kerenski.

chologie contournée, beaucoup plus compliquées en effet que ce « ça » simpliste et grossier. Beaucoup plus compliquées, mais non pas moins naïves. Et plus arbitraires encore, peut-être. J'avais en particulier construit un Chateaubriant, dont la trahison était l'effet de je ne sais plus quelles toxines littéraires. Or, on me dit que ce même Chateaubriant a créé *La Gerbe* avec un capital de quarante-cinq mille francs et qu'il l'a vendue pour neuf millions.

Les consignes allemandes à la presse autorisent, me dit Christian [1], et ordonnent même, en ce qui touche la progression des Russes, quelque « objectivité », même dans les gros titres. Ainsi on lit dans *Le Petit Parisien* du 21 mars : « Entre le Dniester et le Boug, les assauts soviétiques ont encore augmenté de violence. » Les Allemands considèrent qu'augmenter la peur du bolchevisme leur est un avantage, qui compense l'aveu d'un fléchissement de leurs troupes. Il est étrange qu'ils puissent se tromper aussi lourdement. Ils raisonnent hors le temps. C'est cliché de journalisme que les Allemands ne sont pas « psychologues ». Ce cliché, en la circonstance, est vrai. Leur psychologie n'est conforme à la réalité que quand leurs armées sont victorieuses.

Il arrive que la psychologie des Allemands soit plus juste. Ainsi, il y a quelques jours, par sabotage, un rapide a déraillé. Une cinquantaine d'Allemands tués. Interdiction à la presse de faire à ce déraillement la moindre allusion. Cinquante cadavres allemands ne sont pas en France, aujourd'hui, de bonne propagande. La nouvelle augmenterait le tonus du vaincu.

Quelques soldats allemands passent devant ma fenêtre. Les nuques penchent en avant. Ce ne sont pas des nuques de vainqueurs. Quelques instants après, un sous-off passe, d'une démarche chaloupée, le nez vers le ciel. Cela suffit pour que je lui trouve un air de vainqueur.

Ils ont leur candeur. Un prisonnier qu'ils libèrent, s'il a été frappé, ils le font jurer de n'en rien dire.

Le Dr Bohn [2], son air de jeune prince timide. Selon Noémi, il est probable qu'il a été condamné à mort. Le Dr Grenaudier craint qu'il n'ait été exécuté.

À Nîmes, les Allemands ont fait de la répression spectaculaire. Mais le plus souvent ils l'enveloppent de mystère. Ils n'annoncent pas les transferts en Allemagne, les condamnations à mort, les exécutions. Une terreur n'est complète que si l'inquiétude et la peur n'ont point de limites, que si on ne peut les circonscrire dans

1. Christian de Rollepot est un cousin germain de Suzanne Werth (cité pp. 601, 648, 666, 671, 706, 719).
2. Le docteur Bohn est pédiatre à Paris.

l'espace et le temps, que si la menace est indéterminée, que si la menace est partout.

Le général de Castelnau, selon la Radio anglaise, a dit à un ami : « Dire que je prie tous les jours pour la victoire des Russes. »

Selon la même radio, Philippe Henriot mentait, quand il présentait un Castelnau réprouvant les tendances démocratiques « d'un certain clergé » et la haine du nazisme.

On me dit que jamais le trafic des drogues ne fut aussi intense dans les boîtes de nuit. Les Allemands reviennent de permission, les poches pleines de morphine et de cocaïne.

Certains livres de la *Pléiade* se vendent 1 000 et même 1 500 francs. Spéculerait-on sur les livres, comme sur les tableaux? Lecteurs affamés de culture ou souffrant d'un automatisme interrompu, privés de livres, comme d'autres sont privés de tabac ou de morphine?

La guerre de 1914 provoqua une boulimie de lecture. On lut n'importe quoi. Et les lecteurs passaient, sans s'en apercevoir, de la *Critique de la raison pure* au roman policier.

Apparente incohérence de l'information dirigée par l'Allemand.

Max Jacob est mort au camp de Drancy [1]. Non seulement les journaux annoncent sa mort, mais encore publient une notice nécrologique, semblable par le ton et la dimension, à celle qu'ils eussent publiée avant l'occupation. « Max Jacob fut aux origines du cubisme, écrivit hermétiquement pour un public restreint, exposa des gouaches, des dessins à l'encre, qui révélaient un don, que sa fantaisie dédaigna d'exploiter. »

Ils suppriment Heine. Mais ils annoncent la mort de Max Jacob. Ils annoncent la mort de Max Jacob et ordonnent qu'il soit parlé de lui, comme s'il n'était pas juif. Ils annoncent sa mort, mais ne disent pas qu'il est mort à Drancy.

Tel est leur amour de la poésie, telle est leur impartialité, qu'elle domine leur anti-sémitisme. On voit ainsi que sous le règne de l'Allemand les Lettres et les Arts fleurissent. Comment croire alors les inventions de la radio anglaise et des journaux clandestins, comment croire aux atrocités?

Ils tentent de créer un état d'oscillation et de déséquilibre, de nous faire passer du doute à la certitude et de la certitude au doute, d'ajouter à la terreur brute des nuances plus efficaces. Le nazisme a perfectionné la technique de la terreur.

1. Arrêté, parce que Juif, par l'occupant dans l'abbaye de Saint-Benoît-sur-Loire, Max Jacob, qui a 68 ans, est transféré le 28 février 1944 dans le camp de Drancy, où il décède, vraisemblablement le 4 mars, d'une broncho-pneumonie.

Le Dr Bohn n'a pas été exécuté. Il a été déporté en Allemagne.

L'abbé Perrenet, qui dirige le patronage Ollier, est toujours à Fresnes.

Les locataires de quarante maisons, voisines de l'École militaire, auraient été avertis qu'ils devaient évacuer leurs appartements dans le délai d'un mois.

En juin 40, quittant Paris, je me suis dit, sur le trottoir, devant ma porte : « Que le sort fasse son métier... Si nous sortons indemnes de l'aventure, je fais abandon des objets que, par souvenir ou par manie, j'aime. » Comme si j'eusse foulé aux pieds mon passé, comme si je partais pour un recommencement. Aujourd'hui, après bientôt quatre ans passés, je retire mon consentement, je ne veux plus. Le sort n'a pas profité de ma permission. Tant pis pour lui, c'est trop tard.

C'était, en juin 40, un faux sacrifice. Je cédais tout en bloc. J'exorcisais le mauvais sort. J'acceptais une catastrophe à laquelle, au fond, je ne croyais pas. Le risque était d'un obus tombant sur la maison. La chance pouvait faire qu'aucun obus ne tombât sur la maison. Je m'abandonnais à la fatalité et ma paresse trouvait son compte. L'obus, enfin, tombe comme la foudre. Sa chute est l'effet d'une méchanceté d'homme qui s'exerce à distance. Il vient on ne sait d'où, comme le hasard.

Mais ce ne serait point cette fois l'obus aveugle. S'il fallait évacuer la maison, des hommes souilleraient, de leurs mains, de leurs yeux, les choses de mon passé, les choses de moi-même, les saccageraient ou les emporteraient. Cette image m'est bien plus intolérable que celle de la destruction totale, immédiate.

J'ai pris machinalement sur un rayon le *Barnabooth*, de Larbaud. Je trouve entre les pages quelques lettres que Larbaud m'écrivit de Nice, de Florence. Il m'encourage au travail, me reproche de ne pas travailler, envoie ses amitiés à Mme Châles, notre femme de ménage. Ces lettres datent de plus de trente ans. Que de causeries, de discussions, alors !...

Ces aquarelles, ces dessins au mur... Ils ne sont pas seulement eux-mêmes. Ils sont chargés de moi-même. Qui de toute sa volonté a décidé de rompre; un regard, un seul regard tue sa volonté. Il n'est point ici un objet qui ne pose sur moi un regard.

La presse a reçu l'ordre d'insister sur l'affaire Petiot [1].

1. Médecin marron, gestapiste, se faisant passer pour un résistant, auteur d'au moins vingt-sept assassinats crapuleux, Marcel Petiot est en fuite, après qu'un feu de cheminée a fait découvrir, le 11 mars 1944, au 21 rue Lesueur, deux cadavres; il finira par être arrêté le 31 octobre 1944 et sera guillotiné le 25 mai 1946. La presse présente alors Petiot comme le chef d'un Mouvement de Résistance.

AVIS

Tous les habitants, en particulier les médecins et toutes autres personnes donnant des soins, qui traitent de quelque manière que ce soit des blessures causées par des armes à feu ou des explosifs, sont tenus de déclarer ce fait sans aucun délai à la *Feldkommandantur* ou à la *Kreiskommandantur* la plus proche ou au service le plus proche de la police allemande, en indiquant le nom et le lieu de séjour actuel du blessé.

Quiconque ne se soumettra pas à l'obligation de déclarer les blessés soignés par lui s'exposera aux peines les plus sévères, le cas échéant à la peine de mort, conformément au paragraphe 22 de l'ordonnance du 18 décembre 1942 concernant la sauvegarde de l'armée allemande. (VOBIF, p. 457.) *(Der Militaerbefehlshaber in Frankreich.)*

X

PLUS DE TORPEUR QUE D'IMPATIENCE

25 mars 1944

J'ESSAYE en vain de relire des livres que j'ai lus ou parcourus. Je suis atteint d'anaphylaxie. Je ne les tolère plus. Je ne retrouve plus ce que je lisais entre les lignes, sous les lignes. Et ce qui est dans les lignes ne m'intéresse plus. L'auteur est pour moi comme un ami, qui ne me parlerait plus que de la pluie et du beau temps.

Segonzac serait inquiet. Il craint qu'après la guerre il ne lui soit interdit d'exposer sa peinture, il craint d'être obligé de quitter la France. Je n'ai pas de détails. Je ne sais pas si Segonzac a peur ou a honte.

Que fera-t-on, après la guerre, des Segonzac, des Derain, des Vlaminck, des Despiau, des Friesz, des Florent Schmitt et autres visiteurs d'Hitler? Oublierait-on? Ceux qui se souviendront ne seront-ils que des artistes jaloux? Ou cherchera-t-on pour eux un traitement juste?

27 mars

Hany Lefebvre tente de sauver des condamnées à mort que Noémi a connues à Fresnes. Deux Français, dont l'un est marié à une Allemande, sont en contact avec un général allemand et avec des chefs de la *Gestapo.* L'un de ces Français interviendrait par générosité; l'autre, avant toute intervention, se ferait verser tantôt quarante mille, tantôt vingt mille francs, et partagerait ces sommes avec les Allemands.

Le kilo de viande coûte de 100 à 250 francs.

Discours de Déat. « L'Allemagne supporte héroïquement un effort prodigieux, parce qu'elle a suffisamment poussé sa révolution, parce qu'il n'y a plus chez elle un prolétariat suspect et excommunié, parce que cette grande nation forme un bloc matériel et moral sans fissure... » Puis une paraphrase du « Je souhaite la victoire de l'Allemagne » de Laval, une paraphrase appuyée sur la milice.

Croit-il à tout cela? Que croit-il de tout cela? Les discours d'un Déat, pas plus que ceux d'un Laval, ne répondent à la question. Les mots ne sont pour eux qu'engins de propagande. L'agrégé de philosophie Déat méprise les mots et les idées, autant que l'illettré Laval.

Pendant la débâcle, une femme me disait : « On sera comme le Maroc... on ne sera pas plus malheureux... on continuera à travailler. » En 1940, un Laval, un Déat pouvait croire qu'il serait un bey de Tunis, un sultan du Maroc. Mais aujourd'hui? Se disent-ils : « Nous sommes embarqués?... » Persévèrent-ils, comme un cabot sifflé, qui continue à chanter? Espèrent-ils, à défaut d'une victoire allemande, une paix de compromis, qui leur permettrait de sauver, tout au moins, leur peau?

Discours de Churchill. Je ne sais ce que les Anglais ont lu entre les lignes. Je n'y lis rien, sinon une volonté de dire peu. Il peut se résumer ainsi : depuis un an, les bonnes nouvelles sont plus nombreuses que les mauvaises.

J'éprouve maintenant plus de torpeur que d'impatience.

Par instants, je souhaite – oh! je sais bien, c'est un faible souhait – d'être déporté au fond de la Pologne, d'être avec ceux qui souffrent, avec ceux qui souffrent le plus. Ainsi, pendant la guerre de 1914, un soldat, dans une tranchée de Woëvre, me disait : « Je ne crois à aucun des arguments par lesquels nos maîtres prétendent justifier la guerre. Je ne me bats pas contre l'Allemagne. Je partage une souffrance. Ce partage me justifie d'être là. »

Héritage de christianisme. Christianisme par osmose.

29 mars

Petit Parisien. Neuf dangereux terroristes condamnés à mort par la cour martiale française de Lyon. Chaque jour, la presse utilise à doses massives les « dangereux terroristes ».

« En Haute-Savoie, le plateau des Glières a été nettoyé de ses bandes terroristes [1]. » Couplet des égarés, qui croyaient sauver la France et s'aperçoivent qu'ils font le jeu des brigades internationales, des communistes et des bandits de droit commun.

1. Des Résistants sont « montés » sur le plateau des Glières pour assurer la réception de parachutages d'armes; ils sont encerclés le 13 février par quelque 1 500 hommes des forces vichyssoises du maintien de l'ordre; le 26 mars, l'attaque est lancée à la fois par la *Wehrmacht* et la Milice; deux jours plus tard, la plupart des maquisards seront tués ou faits prisonniers (et promis alors à la torture).

Depuis quelques jours, une campagne a commencé contre l'indulgence des tribunaux correctionnels. Les bureaux de presse allemands soufflent une consigne de rigide vertu.

Les Russes ont pris Nikolaiev et sont à quelques kilomètres de Jassy. Les Allemands occupent la Hongrie, la Roumanie.

Au coin de la rue Vavin, deux hommes d'âge moyen et de visage moyen sont penchés sur une carte. On entend : « Le Prout... frontière roumaine... »

Un astronome allemand a dit à Paris que l'Allemagne était perdue.

Gœring veut acheter « le plus gros diamant du monde ».

Un déporté, évadé d'Allemagne, conte qu'un lot de déportés, dont il faisait partie, a été enfermé dans un wagon, pendant quatorze jours. Pendant quatorze jours les portes du wagon ne furent pas ouvertes. On passait aux enfermés leur nourriture par un trou d'aération et ils faisaient leurs déjections dans un coin du wagon.

Quand ils arrivèrent à destination, un autre convoi était en gare. C'étaient des Russes, dont le voyage avait duré vingt jours. On les fit descendre. Beaucoup, dès qu'ils avaient mis le pied sur le quai, tombaient évanouis. Ceux qui tombaient, les Allemands les crevaient à coups de baïonnette.

À la station Sèvres-Babylone, un vieux vend une carte du front russe, non pas une belle carte en couleurs, mais un pauvre schéma noir, sur mauvais papier. En quelques minutes, son lot est épuisé.

Le bureau de presse allemand a mal calculé. Le lecteur résiste. Il choisit son événement, rejette ou même nie l'événement vers lequel on veut l'orienter. Impossible d'animer les cadavres du Dr Petiot. « L'affaire Petiot, dit L..., qui pourtant n'a guère l'habitude du paradoxe, est inventée de toutes pièces. C'est un mythe inspiré de l'affaire Landru. Il n'y a jamais eu, rue Lesueur, l'ombre d'un cadavre. »

Grandeur de l'amitié. « Les sympathies interrompues..., dit Flaubert. Il n'y a pas d'amitiés interrompues. L'interruption n'est que hasard ou apparence. Sinon, l'amitié n'est pas amitié. »

L... a arrêté le temps. Il est désorienté. Ce n'est même pas un homme de 1914, c'est un homme de 1870. Il ignore le fascisme et Hitler. Il ne dit pas : Radio ou T.S.F., mais « la télégraphie sans fil ». Cela me fait rire. Mais il me dit : « Je ne suis pas comme les sauvages, qui s'accoutument immédiatement aux inventions de la mécanique. »

Curieux effet du régime sur la technique du cambriolage. Je lis dans *Le Petit Parisien* : « Créée voici quinze jours, la section spéciale contre les faux policiers en a déjà arrêté quarante. »

Les journaux publient, chaque jour, une note sur la démission de l'administrateur de la Comédie-Française. Et, chaque jour, cette note est plus mystérieuse.

Exposition de Roussel. Je ne puis la voir : je ne sors que la nuit. Suzanne me « raconte » les tableaux.

Mes relations avec la peinture n'ont pas changé. J'ai dans ma tête une belle collection.

La milice ou la *Gestapo* ont arrêté, à Lyon, la veuve du Dr Weil, âgée de quatre-vingt-sept ans et sa fille. (Le Dr Weil fut un médecin notoire, une rue de Lyon porte son nom.) Quelle utilité ? L'absurde, le gratuit semblent ici dépasser la cruauté. Erreur. L'inutile, l'absurde sont ici condition de l'utile. Faire souffrir et tuer ceux qui agissent, luttent, résistent, ce n'est encore que rigueur. Pour créer la terreur, il faut frapper sans règle apparente. Chacun se sent menacé. Personne n'échappe à la menace. Pas même l'enfant, pas même le vieillard, pas même ceux qui ne « s'occupaient de personne » et vivaient calfeutrés.

La *Gestapo*, perquisitionnant chez Alfred Pose [1], qui s'était embarqué pour Alger, un des policiers aperçut sa photographie sur une table, dans la chambre de sa femme. Il la déchire et dit à Mme Pose : « On ne garde pas la photographie d'un homme qui a abandonné sa femme et ses enfants... »

Colère de brute ? Candide hypocrisie, propre à l'Allemand ? Je suis tout prêt à une belle généralisation ethnique. Les pensées de l'Allemand glissent sans ordre, s'agglutinent comme elles peuvent, et chacun de ses actes lui apparaît comme le reflet d'une morale universelle.

L'imbécillité n'est pas propre à l'Allemand. Mais l'homme de la *Gestapo* n'avait aucun but d'intérêt et s'adressait à une femme inquiète et sans défense. Quelque chose reste en propre au compte de l'Allemand : grossièreté et volonté d'humilier.

Furetant dans un rayonnage, je trouve un livre non coupé : *Le Scandale de la « Gazette du franc ». La Gazette du franc*,

1. Alfred Pose, un banquier, qui a pris sous sa protection Suzanne Werth, est devenu le directeur de la Banque Nationale du Commerce et de l'Industrie pour l'Afrique ; nommé délégué général de l'Économie en Algérie, il a été l'un des instigateurs du complot monarchiste contre Darlan.

Mme Hanau... Est-ce de 1928 [1]? Est-ce du Moyen Âge? C'est un livre bâclé, écrit sur un événement tout chaud mais, après tout, aussi sérieux et documenté que les livres des historiens académiques sur un passé plus lointain. Étranges contacts des politiciens, des financiers, des maîtres chanteurs. Poincaré s'informe auprès d'Anquetil. Et cela est d'autant plus significatif que Poincaré n'eut jamais la réputation d'un politicien crapuleux. Les décisions du gouvernement dépendent d'un article du *Journal*. Lazare Bloch, mari divorcé de Mme Hanau, a des rendez-vous à Rome avec Mussolini : ils travaillent ensemble à la création d'une banque franco-italienne. Le directeur de *La Gazette du franc* est un ancien directeur du cabinet de de Monzie. Un ancien chef de cabinet de de Monzie est arrêté. Quand le récit rassemble tous ces gens, on se demande lequel, à la page suivante, sera arrêté. Le magistrat ne signe un mandat d'arrêt que sur l'ordre du ministre. Mais le ministre, même s'il ne collabore point avec eux, a peur du financier véreux et du maître chanteur.

1er avril 1944

La ruse allemande est parfois trop grosse. « Jeunes marins de France, engagez-vous dans la *Kriegsmarine*; c'est la flotte de l'Europe nouvelle, la flotte de la victoire et du redressement européen et français... » Suit un texte long d'une colonne entière. Et ce n'est pas signé du *Gauleiter*. Mais « de jeunes Français qui servent dans la *Kriegsmarine* adressent cet appel à leurs camarades qui ont gardé l'amour de la mer ».

De Monzie, comme Mme V..., est, paraît-il, tout étonné et sceptique, quand on lui parle de tortures exercées par les Allemands.

Les troupes allemandes seraient, en Roumanie, en pleine débâcle. Une division a quitté la Normandie pour le front Est. Départ tête basse. Les Allemands auraient le sentiment de la défaite.

Des Suisses d'industrie lourde, de finance et d'économie, des Suisses importants enfin ont déclaré que les Anglo-Américains porteraient le grand coup au plus tôt en juin, au plus tard en septembre.

L'ouvrier tailleur, qui a coupé une veste à Claude, est Grec. Il habite une mansarde, rue de Charonne. Il y vivait, il y a quelques mois, avec sa femme. Mais elle est juive : la *Gestapo* est venue, a

1. Marthe Hanau a fondé en 1925 un hebdomadaire financier, *La Gazette du franc*; elle monte également bon nombre de sociétés financières qui lui permettent de faire et de commettre escroqueries sur escroqueries. Après que fut découvert l'un des plus grands scandales politico-financiers de l'entre-deux-guerres, Marthe Hanau et son mari sont arrêtés le 4 décembre 1928.

emmené sa femme, l'a expédiée en Pologne, croit-il. Il n'en a aucune nouvelle.

Mme Pose est à Fresnes.

Ce qu'on voudra pour les Laval et Déat. Mais, pour Pétain, la dégradation militaire. Si peu intelligents que soient les ministres et les maréchaux, il faut qu'ils comprennent que la trahison n'est pas un délit de simple police.

Noémi nous dit la fin de Médéric. Longtemps il échappa à la police française et à la *Gestapo*. La police française l'arrête et découvre son identité. Alors il joue son va-tout : « Vous savez qui je suis... Lâchez-moi... » Les policiers hésitaient, inclinaient à le relâcher. Mais un divisionnaire s'y opposa. « Trente secondes plus tard, dit Noémi, il était mort. » Pour être sûr de ne pas parler sous la torture. Quel poison? Je ne sais pas. On ne peut en avoir que « de l'autre côté » (en Angleterre) [1].

4 avril

Le Petit Parisien. Thème central de la propagande : « Barrer la route aux Soviets », travailler ou se battre « pour l'Europe ».

J'ai oublié de noter, il y a quelques jours, un texte diffusé par le Commissariat aux questions juives. Quelle que soit notre accoutumance aux démonstrations les plus démentielles, il étonne. On l'a voulu d'un lyrisme apocalyptique : les Juifs veulent tuer tous les chrétiens, pour nourrir le veau d'or, ils veulent détruire les cathédrales. Ils déterrent les morts. À quoi s'oppose l'imprudente tolérance des chrétiens, qui n'ont jamais touché à leurs synagogues.

Je m'étais dit et j'avais dit : « J'aime mieux ne pas fumer, plutôt que de fumer l'âcre tabac sans goût, que les paysans m'ont appris à préparer. » Ce tabac, maintenant, je le fume. Comme une femme se donne à un rustre.

Les guerres modernes me semblent prouver suffisamment la faillite de vingt siècles de christianisme.

Un jour viendra peut-être où les peuples s'opposeront aux effets de la « stupidité historique », avant qu'ils ne soient définitifs.

Que P... ne soit pas pris au dépourvu. Je le préviens. Suzanne est bien décidée à le mettre en accusation, pour n'avoir pas, sitôt

1. Gilbert Védy – pseudonyme Médéric –, l'un des chefs du Mouvement Ceux de La Libération, est arrêté le 21 mars, trois jours après avoir été débarqué sur une plage bretonne; le divisionnaire, Dufour, du commissariat des Grandes carrières le livre au commissaire David, qui dirige l'une des « brigades spéciales »; c'est alors que Médéric choisit de se suicider, en avalant une dose de poison; il mourra à l'Hôtel-Dieu.

après la débâcle, montré une certitude ferme en ses plus microscopiques détails, pour n'avoir pas, dès après la débâcle, fermé brutalement la porte au nez de tout argument, où se pouvait abriter le plus faible doute sur la totale ignominie de Vichy, pour n'avoir pas, d'un mot, deviné toute la trahison, la trahison banale, la trahison des traîtres.

J'ai rencontré P... à Lyon, en décembre 40. J'ignorais tout de la zone occupée. Avant la débâcle, je connaissais le fascisme d'une partie de la bourgeoisie française : « Mussolini nous a sauvés du bolchevisme. » Mais je ne savais rien du nazisme des « intellectuels ». Les Drieu, les Montherlant n'étaient pour moi que d'insolents galopins. Je vivais si loin du quotidien de la politique que j'ignorais que Hitler, depuis longtemps, finançait un nazisme français. Je n'en savais pas plus que les paysans, parmi lesquels je vivais et, de fait, je pensais paysan.

J'appris que les Drieu avaient un système d'idées politiques, une « position ». P... m'exposa ce système, me décrivit cette position. Comme il m'eût exposé un système métaphysique, datant de dix siècles : « Le nazisme, disent-ils, au moins dans le privé, spirituellement n'est rien. C'est une forme vide. À nous de la remplir. » Cette solution de physique élémentaire c'est encore le double jeu. Et c'est aussi la vieille histoire de la Grèce et de Rome.

Il est des âmes nobles qui prêtent de leur noblesse aux âmes les plus pauvres. Telle est l'âme de P... De plus, il a le goût des idées. Il se plaît à suivre une idée, comme on suit la course d'une étoile filante. Ainsi les pauvres arguments de ces cuistres déguisés en costauds et « hommes modernes », il les épurait. Il opérait une sorte de « sublimation ». Il refoulait sa honte, notre honte et peut-être la honte allemande. Ainsi il édifia devant moi un système cohérent et cristallin, une musicale mathématique.

Je me méfie de ceux qui parlent sans cesse de la France éternelle. Rien n'est éternel, sinon l'éternité. (Quand je me mêle d'être profond.) Si la France est, par essence, éternelle, alors il n'y a plus qu'à se croiser les bras.

Sans doute il y a les ancêtres et la postérité. Mais des éternités s'écoulèrent avant qu'aucun de nos ancêtres fût né. Et des éternités passeront, après que le dernier de nos fils sera mort.

Je préfère Michelet, aimant la France, comme une personne. Aux raisons que nous avons d'aimer un être s'ajoute celle-ci qu'il est fragile et unique. Un être naît. Aucun ne fut tout à fait semblable à lui, aucun jamais ne lui sera tout à fait semblable.

Pourquoi transcrire ces « grandes pensées »?

Cinq « terroristes » condamnés à mort par un conseil de guerre allemand siégeant à Paris. Et exécutés.

Bruits de rue, bruits dans les loges. On dit que les N... ont accumulé dans leur cave des tonnes de provisions. Les N... ont leur légende de bourgeois féroces et insolents. Georges et sa femme, qui logent dans une mansarde de la même maison, ont dit à Suzanne : « Ne vous en faites pas... Si on manque de vivres après le débarquement, on saura bien trouver le chemin de leur cave. Et on vous promet une belle boîte de sardines. »

La Terreur et la guerre civile, me disait Jacques, on croit que c'est spectacle, que c'est théâtre, que les pavés sont rouges de sang, que le sang coule dans les ruisseaux. Mais non... Nous avons la Terreur et la guerre civile. Et on ne voit rien que des rues vides.

On loge à pied et à cheval. Mais notre appartement, le jour, est plutôt un bureau de voyages, un bureau de consulat, avec service de cartes d'identité et de documents cartographiques.

Le colonel couche à la maison. Il prépare son passage en Espagne. On annonce des parachutistes. Suzanne et Claude accomplissent des besognes, où il n'est guère d'autre risque que la mort. Mais elles se mêlent si naturellement à la vie quotidienne – c'est absurde, mais c'est ainsi – qu'à peine si j'en aperçois le risque.

J'entends à la radio : « Seize divisions allemandes sont encerclées et menacées d'anéantissement. » Et cela éveille en moi des images sublimisées, douces, pacifiques.

Discours de de Gaulle. Nécessité de l'unité, du modéré au communiste. La voix appuie, mais ne s'enfle jamais par truc oratoire. Il appuie sur la pédale sourde.

De ma fenêtre.

Une vieille femme, qui est du métier, une chiffonnière, trie la poubelle. Elle est pliée en deux. Ses doigts écartent, creusent, crochètent. Passe une autre vieille femme, mais brossée net, du type petite-bourgeoise, femme de retraité, de celles qui vont à petits pas et tremblent à la pensée qu'elles pourraient « se faire remarquer ». Cependant elle s'arrête, elle se penche vers la poubelle. Ses doigts frôlent ceux de la chiffonnière et elle glisse dans son sac en moleskine des débris de salade et de choux.

Radio. Chanteur de charme : une voix qui pue l'eau de vaisselle, le graillon et le musc.

6 avril

Je ne sais pas comment procèdent actuellement les Allemands par l'intermédiaire des journaux de la zone Sud. Depuis trois mois je n'ai pas vu un seul de ces journaux. Mais, en décembre de l'an dernier, la propagande des journaux de zone Sud était moins brutale que n'est aujourd'hui la propagande des journaux parisiens. Ceux-ci usent d'une méthode d'obsession publicitaire, dont la simplicité déconcerte. Ils semblent ne plus disposer que d'une seule idée, d'un seul thème : le péril bolcheviste. Et le plus étonnant est qu'ils persévèrent dans ce monoïdéisme publicitaire malgré l'évidence de son inefficacité. Les Gœbbels sont-ils stupides? À bout d'arguments? S'obstinent-ils automatiquement et sans espoir à des paroles conjuratoires, auxquelles ils ne croient plus?

Ou délirent-ils? Ou pensent-ils qu'une idée délirante en vaut bien une autre pour le peuple? Je lis dans *Le Petit Parisien* de ce matin, 6 avril, que, selon von Ribbentrop, « c'est grâce au *Reich*, si l'Angleterre dispose encore de pétrole ». Interrogé par le représentant à Berlin de l'agence roumaine Rador, von Ribbentrop répond : « Selon vous, que serait-il par exemple advenu à l'heure actuelle des intérêts vitaux de l'Angleterre dans le Proche-Orient si l'armée allemande et ses alliés n'avaient pas contenu sur le front de l'Est toutes les forces dont dispose l'U.R.S.S.? S'il n'en avait pas été ainsi, croyez-vous que l'Empire britannique disposerait encore actuellement d'une goutte de pétrole? »

Délire réel ou simulé? Délire sénile dont l'armature logique s'affaisse. Ribbentrop est-il fou ou suis-je décidément inapte à saisir les machinations de la grande politique?

Lampada tradunt... Les flambeaux ne sont pas des réverbères. Peut-être les seuls porteurs en distinguent-ils la flamme. Et la foule grouillante n'y voit que du feu.

Récit d'un dessinateur à la Compagnie du Nord, de source presque directe. Déraillement quelque cent mètres avant la gare d'un bourg voisin de la frontière belge. Deux wagons du train étaient occupés par des soldats allemands. Pas un mort, pas un blessé. L'officier, qui commandait ces soldats, abat le chef de gare à coups de crosse, puis tue à coups de revolver six ou sept employés de la gare. Au bourg, il fait rassembler tous les hommes sur la place, fait braquer les mitrailleuses, donne l'ordre de tirer. Plus d'une centaine de tués [1].

En quelques heures l'événement s'est répandu dans Paris, de boutique en boutique, de loge en loge, amplifié en cruauté et dimension. Une de ces versions secondaires est curieuse en ceci qu'elle exprime un inconscient besoin de la foule. Selon cette version, l'officier tueur aurait été exécuté par les Allemands « eux-mêmes ».

1. Dans la nuit du 1er au 2 avril, un convoi de la division *S.S. Adolf Hitler Jugend* était immobilisé à Ascq (près de Lille) par un sabotage qui provoquait le déraillement de trois wagons, sans causer de victimes allemandes. Les *S.S.* massacrent alors 86 civils d'Ascq qui seront enterrés le lendemain devant une foule considérable. La tuerie a été arrêtée par l'arrivée d'officiers supérieurs allemands alertés par le chef de gare; mais aucun officier *S.S.* ne sera exécuté.

Ainsi la foule, attribuant aux Allemands une réprobation de l'excès dans l'atroce, se satisfait par un dénouement vengeur et rassure sa peur d'une répression sans limites.

À l'Europe selon Hitler je me laissais aller à opposer une coalition d'innocentes démocraties. Mais une conversation avec F... me laisse à entendre que le monde délivré ne glissera pas sur des rails d'innocence. Les Américains, en Afrique du Nord et Italie du Sud, établiraient un cours des changes, qui alarme les populations. (Je ne comprends rien à ces histoires de monnaie.) La radio de Brazzaville donne là-dessus des informations qu'on chercherait en vain dans les émissions de la radio anglaise. Et le discours de de Gaulle (pour qui sait l'entendre) marquerait un refus à cette voracité américaine.

Une longue lettre, une sorte de mémoire rédigé par un observateur de qualité. La Suisse ferme ses frontières aux Français qui cherchent chez elle un asile. Quant aux réfugiés qu'elle a déjà accueillis, elle leur impose des conditions de travail semblables à celles des camps hitlériens. Mais elle accueille les réfugiés fascistes de l'Italie du Sud, les protège et les aide et par exemple – s'il s'agit de riches réfugiés – débloque immédiatement leurs comptes en banque. La politique suisse ne serait que terreur de tout socialisme et prosternation devant tout capitalisme.

7 avril

Deux parachutistes sont arrivés à Londres. Mais R... qui les hébergea est arrêté.

Enfermé complètement, même le soir. Il fait jour très tard et Christian m'a conseillé ce cloîtrage. Suzanne m'apporte du dehors les nouvelles, les rumeurs. J'ai la bizarre illusion qu'elle les fait bonnes ou mauvaises à sa volonté, qu'elle en est responsable. Cela me fait comprendre la coutume des princes qui condamnaient à mort les messagers porteurs de mauvaises nouvelles.

Diptyque.
L'intelligence de L... ne saisit ni squelettes de muséum ni fleurs d'herbier. Elle attrape des écureuils dans les arbres. Je ne sais personne dont la culture soit plus nuancée. Mais jamais cette culture n'eut un effet de désagrégation, ne l'a conduit à cette forme du doute qui est voisine de la stupeur. Jamais il n'a connu les petites hésitations devant les grands événements, cette oscillation qui fait que tant d'hommes de talent comprennent moins bien l'événement que le plus grossier des manœuvres. Il sait, quand il le faut, penser foule. Il n'a pas eu, depuis la débâcle, un doute. C'est comme on

respire qu'il a rejeté la collaboration et la peur du Russe. Sa carrière fut simple, sans intrigues, toute droite.

Mais quelle dureté! S'il apprend qu'un ami est en prison et court le risque de mort, il accueille la nouvelle avec l'impassibilité d'un général en chef qui ne peut, pendant une attaque, s'apitoyer sur la casse. Insensibilité? Pudeur? Il a organisé l'économie de son âme sur un plan de haute raison, il ne veut pas se battre contre la nécessité.

La carrière de G... fut tortueuse et courtisane. Il connaît les ministères et les journaux comme un pilote connaît une passe, ses fonds et ses rochers. Il sait naviguer, on peut même dire qu'il sait nager. Son intelligence est souple, sa culture est mieux que « comme il faut », mais il sait la dissimuler sitôt qu'elle atteint le point où elle pourrait inquiéter. Il se scandalise avec les honnêtes gens; il échange avec les canailles des coups d'œil de complicité. Les grands événements, il ne les arrête point au passage pour les interroger. Il ne leur demande rien que de glisser sans le toucher. Ce n'est même pas seulement par prudence, c'est aussi parce qu'il n'est point un sot qu'il ne se lia pas, de façon retentissante, avec les gens de Vichy ou les nazis parisiens. Mais il entretient avec eux, en coulisse, des relations plus que courtoises. Discrètes, si discrètes qu'il espère bien n'en point éprouver de dommage quand d'autres les remplaceront. Il va de l'un à l'autre d'un pas feutré. Tout est feutré en lui, même et surtout les idées.

Que Dieu aura de peine à s'y reconnaître au jour du Jugement dernier, si j'en juge par ma peine à bien classer les hommes! Entre L... et G... le contraste est net. On croirait le bon Fridolin et le méchant Thierry. Mais comparez l'un et l'autre, si un de leurs amis est emprisonné. L... constate l'effet d'un processus historique. G..., de son pas feutré, va aux puissances et tente l'impossible.

9 avril

La radio bat son plein. Et soudain je m'aperçois que Suzanne et moi ne l'écoutons pas ou plutôt n'y apportons qu'une inconsciente attention, un résidu d'attention, une somnolente et sous-jacente attention. Et je m'aperçois que nous causons et de choses qui ne sont pas de la guerre. Cependant nous serions insatisfaits, exaspérés même, si nous n'avions pu accrocher l'émission. Que les rites, les rites morts se créent vite.

Déat avoue net qu'il organise la déportation en Allemagne. Qu'espère-t-il? Espère-t-il quelque chose? Glisse-t-il sur une pente qu'il ne peut plus remonter?

Peut-être, n'ayant pris à l'Université qu'une culture formaliste, une mécanique agilité de l'esprit, joue-t-il avec les idées, comme un enfant joue aux osselets. Beaucoup d'hommes, que l'on dit cultivés, aboutissent à l'ignominie, pour avoir manié leurs idées comme des caisses dont ils ignoraient le contenu. La déportation, comme l'Europe d'Hitler, ce n'est peut-être pour Déat qu'une idée entre mille idées politiciennes. Peut-être ne voit-il pas, comme on voit avec les yeux, les départs, les gares, les séparations, l'exil. Mais un homme du peuple, écoutant son discours à la radio, disait : « C'est l'esclavage. » Et sa femme : « Quel salaud ! »

Pendant la guerre de 1914, F... disait : « Il vaut mieux être un Allemand vivant qu'un Français mort. » Le problème s'est compliqué. La vie et la mort n'ont plus le même goût.

Pacifique... Les nouvelles de la guerre japonaise nous importunent. Ce n'est pas la guerre dans le Pacifique qui nous rendra notre tabac et notre civilisation. Laissez-nous tranquilles avec le Pacifique. Nous attendons un débarquement à Dieppe.

Mais d'ici vingt ans, nous aurons compris peut-être que le sort du monde dépend des Empires à grandes masses et qu'il n'y a pas à tenir compte des petits pays : la France, l'Angleterre, l'Allemagne, la Hollande, la Belgique, le Japon.

Les Anglais, me dit-on, n'ont pas bombardé les puits de pétrole de Roumanie qui appartiennent en partie à des groupes anglais. Les Allemands, pendant leur retraite, n'ont pas détruit les puits de pétrole du territoire russe. Mais cet autre me dit qu'il n'y avait pas de puits sur le trajet de la retraite. On cite en Allemagne des usines que l'aviation anglo-américaine n'aurait point bombardées. Alors ? Encore le bassin de Briey, les fournitures de nickel à l'Allemagne, pendant la guerre de 1914 ? Alors ? Si l'on néglige la folie hitlérienne, cette guerre, en son essence, serait-elle identique à la précédente ?

Sur la côte d'Azur, des Polonais en uniforme allemand construisent sans ferveur des fortifications. Des Russes, dans le Pas-de-Calais, protègent la côte. Des Géorgiens en uniforme allemand gardent je ne sais plus quelle autre côte. Le commandant d'une escadrille russe sert dans une escadrille allemande.

À la limite, on en viendra peut-être à considérer que les nations et les armes ne sont que des fictions vides et que l'uniforme seul est une réalité.

10 avril

Les Américains ne reconnaissent pas, ou reconnaissent sans le reconnaître, le comité d'Alger. On dit qu'une bande de Chautemps travaille l'Amérique [1].

Hier soir, nous sommes allés chez Febvre. Je n'avais encore vu qu'un Paris de ténèbres. Les arbres du Luxembourg n'étaient que des schémas d'arbres. Du jardin, je ne voyais que les grilles. Le Luxembourg était une cage. J'errais entre des façades sans épaisseur, parmi des ombres. Mais maintenant, à neuf heures, la nuit n'est pas complètement tombée. Une suprême lumière gonfle de modelés délicats les arbres déjà garnis de feuilles. Je suis l'aveugle qui a retrouvé la vue. Ainsi s'éveille la Belle au Bois Dormant. Je suis le témoin de la résurrection des arbres, des statues et de tous les parcs du monde. Nous traversons le Petit Luxembourg. Ma jeunesse est là, qui m'attendait et la perspective des frondaisons parallèles.

Radio. J'entends la fin d'un texte sur les Juifs : je regrette de n'avoir pas tout entendu. Mais déjà la fin est un curieux document. « Le Juif, rageur et sanguinaire, accumule sur nous les assassinats. Il veut en finir avec le genre humain ». Le speaker parle sur un ton de fureur, de rage et de fureur inspirées. Quant au texte, il ne prétend même pas apporter à la raison de l'auditeur de fallacieux arguments ou une documentation fabriquée : il n'est pas question du Juif qui tient les leviers de commande, du Juif ferment de dissolution, du Juif aux doigts crochus, traître de la finance. On dirait des versets d'Apocalypse, les versets d'une Apocalypse de propagande. L'intention est de provoquer un état frénétique.

On a proposé à M..., l'année dernière, de diriger *La Gerbe* ou un journal de cette sorte. Il entra en pourparlers, il accepta en principe. Mais l'affaire ne se fit pas. Aujourd'hui, il est gaulliste et parle avec mépris de E..., qui collabore au journal qu'il a failli diriger.

Il est entendu que les Allemands sont foutus. Mais, si je considère le présent immédiat, je pense à cette vieille blague de journal comique : Un soldat crie à son capitaine : « Mon capitaine, j'ai fait

1. Des trois Grands, ce sont les États-Unis qui adoptent à l'égard du C.F.L.N. la position la plus restrictive : la Maison-Blanche « reconnaît le C.F.L.N. comme l'organisme gouvernant les territoires d'outre-mer qui reconnaissent son autorité ». Rien de commun avec une reconnaissance *de jure*. Sans doute, le radical-socialiste Camille Chautemps, ancien président du Conseil radical, réfugié aux États-Unis, est-il effectivement antigaullien; mais la position adoptée par Washington est avant tout inspirée par Roosevelt lui-même, se défiant profondément de Charles de Gaulle dont le nationalisme outrecuidant peut de surcroît gêner la politique américaine.

un prisonnier... » – « Amène-le... » – « Il ne veut pas venir, mon capitaine. »

11 avril

Les morts et les blessés par les bombardements anglais. Deux voix :

« Les Parisiens sont admirables. Ils comprennent que la guerre a de terribles nécessités. » – « Ils s'en foutent..., ils se foutent de tout ce qui ne les touche pas immédiatement. »

Giraud veut rester commandant en chef et n'accepte pas d'être inspecteur général des troupes... (Du moins *Le Petit Parisien* l'affirme.) Que Giraud reste ou disparaisse. Mais qu'il se taise. Ce n'est peut-être pas sa faute si quelques crétins ont espéré trouver par lui le salut qu'ils attendaient de Pétain. Mais il semble bien qu'il ne soit capable que de sauter le mur et de commander une escouade.

« Qu'il était différent, me dit Suzanne, le Paris de 1941. On narguait l'Allemand. Les femmes associaient dans leur costume du bleu, du blanc et du rouge. Elles portaient la Croix de Lorraine en broche. La police intervint. On vit alors des femmes groupées par trois, l'une portant du bleu, l'autre, du blanc, la troisième, du rouge et elles marchaient se tenant par le bras. Et ce jour où Noémi descendit l'avenue des Champs-Élysées en bicyclette, trois voiles, un bleu, un blanc, un rouge, attachés aux épaules et, soulevés par le vent, flottant derrière elle comme les voiles d'une Loïe Fuller. Il y avait là peut-être un peu d'enfantillage. On ne mesurait pas la situation. La terreur n'était que pour le lendemain. Mais la rue vivait encore. »

Et aujourd'hui, c'est le maquis.

12 avril

À huit heures du matin, coup de sonnette. Le colonel demande à Suzanne de le mettre aujourd'hui même en rapport avec l'abbé Fanget.

Rendez-vous pris pour l'après-midi. Comme ils attendaient dans la sacristie, un abbé, qui n'était point mêlé à ces sortes d'affaires, s'approcha d'eux et leur dit : « Vous venez sans doute pour un mariage?... »

L'abbé Fanget est d'une incroyable audace. Pour le « travail » de nuit, il quitte sa soutane et endosse un veston.

Andrée François revient de Saint-Amour. Elle a vu dans Louhans et Bruailles, au-delà du remblai, deux locomotives couchées... Et, tout le long du trajet, des wagons couchés et des débris de wagons. Au Vernay, entre Saint-Amour et Coligny, les saboteurs ont emmené et mis en lieu sûr les gardes-voies, pendant tout le temps nécessaire à la préparation du déraillement.

À Paris, ces derniers jours, je n'ai guère perçu que lassitude et déception. Et même une sorte de rancune envers les Anglo-Américains à cause du débarquement différé. D'après Andrée, les gens du bourg et les paysans sont plus fermes. Par exemple, malgré l'orchestration des journaux et de la radio, les morts de Villeneuve-Saint-Georges et de Lille sont acceptés par eux comme des morts de guerre. (Il est vrai que ce sont des morts lointains.) La Résistance, ils la touchent, ils en ont des images directes. Le maquis n'est pas pour eux un étrange et lointain pays : ils connaissent les bois et les réfugiés qui s'y cachent. Le moindre déraillement, ils en savent le lieu, les effets. Quelques-uns ont pu les observer d'un champ en bordure de voie. Le retard d'un train, le bourg en est informé. Les arrivées et les départs étaient naguère des repères du temps, comme le lever et le coucher du soleil. Une gare de grande ville est un P.C. On n'y entend que des bruits de pas et des sifflets de locomotives. Voyageurs et cheminots y glissent sans se connaître, comme des fourmis. Mais la gare du bourg tient du café et du salon. Sur le quai, à la buvette, on cause. Les cheminots apportent des nouvelles.

Suzanne entre dans une boutique d'antiquaire. Elle tient à la main une carte des Balkans, qu'elle vient d'acheter. L'antiquaire sourit d'un sourire désabusé et lui dit : « Ça vous intéresse encore, ces histoires-là ?... »

Dans *Le Petit Parisien*, un « reportage » sur les étudiants annamites : « Paris, capitale d'Empire. » Un journaliste prête à des étudiants annamites des propos sans vraisemblance ou plutôt sans signification. Confondant l'Indochine et la Chine des music-halls de 1900, il attribue à l'un de ces étudiants le nom de « Fleur de Modestie ». Il dit avoir passé une soirée avec eux, une soirée à Paris. Il les nomme. J'en ai connu quelques-uns. Ils ne se sont jamais trouvés à Paris en même temps. Quelques-uns ont dépassé la cinquantaine. Sans doute, le journaliste a pris dans un annuaire leurs noms et l'indication de leurs titres universitaires. Il les groupe et prétend les avoir rencontrés ensemble dans le même lieu et dans le même temps. Ainsi, un peintre, composant l'apothéose d'Homère, réunit sur sa toile des poètes de tous les siècles.

Cela n'est rien qu'un misérable article de journal. Mais je me souvenais qu'un jeune homme, revenant celui-là d'Indochine, m'avait soumis, il y a quelques années, un article un peu plus adroit, mais non moins misérable. L'un et l'autre de ces articles appartiennent à un genre spécial, né de la linotype et du lecteur automate. Il ne comporte ni vérité ni mensonge, il exclut les nuances entre le mensonge et la vérité. Les idées y sont saisies au point où elles sont désincarnées de toute allusion au réel, les mots, au point où ils sont désincarnés de toute idée. Il a pour caractères une paroxystique banalité, une fluctuante décence qui, par une miraculeuse rencontre à peine volontaire, s'accorde, jour à jour, aux consignes des journaux.

Combien de siècles, combien de régimes faudra-t-il pour que cette forme de l'écrit disparaisse ou soit tenue pour crime?

Refoulement : ceux qui nient les atrocités, les cruautés, les emprisonnements.

Une partie de la bourgeoisie est anti-gaulliste : elle a perdu sa foi en Pétain ou Laval, mais elle ne s'y résigne pas, parce qu'elle les tenait pour les garants de sa sécurité.

13 avril

Il va de soi que les journaux n'ont point annoncé le déraillement et la tuerie des environs de Lille [1]. Les mêmes journaux consacrent des colonnes entières aux victimes de l'aviation anglaise, dont on sait bien qu'elles ne furent pas visées, dont on sait bien que la mort ne fut pas voulue. À chacun ses morts, ses morts de propagande.

Ne serait-ce pas temps de renoncer à ces dissections du journal, à ces commentaires de néant? Est-il possible que ces gloses gardent le moindre intérêt vingt-quatre heures après la fin de la guerre? Ces articles, ces informations déformantes (et si grossièrement), ces ruses et ces feux d'artifice typographiques, ce sont des symptômes. Si minces et légers qu'ils soient, ce sont des symptômes. Mais ne suffisait-il pas de les décrire et d'en montrer le sens une fois, une fois pour toutes?

14 avril

« Hitler est l'unique responsable de la guerre, son nom, pendant des siècles, sera voué à l'exécration universelle... » « L'éternelle Allemagne. » Menteuse et fourbe par essence. Couplet sur les chiffons de papier. Tel était le thème d'un article de Philippe Henriot, que cite Schumann à la radio anglaise et qui parut dans *Gringoire*, le 7 septembre 1939.

Ce n'est que du Philippe Henriot. Mais c'est aussi le problème de l'homme, qui change. Et cela conduit au problème de la sincérité.

Je sais par raison et intuition que ce Henriot est une fripouille.

1. Sur le massacre d'Ascq, cf. supra p. 600.

Cela ne me suffit pas. Je veux connaître les nuances de sa fripouillerie, je veux savoir s'il est un traître d'une seule pièce. Je veux savoir s'il est un fourbe vacillant ou un traître rigide.

Un homme change par la révélation de faits ignorés. Ainsi, pendant l'Affaire Dreyfus, l'anti-dreyfusard qui devenait partisan de la révision. Le cas est rarement si simple. Plus souvent, qui ne veut pas mentir change par l'effet d'un choc de hasard qui le cogne à de l'inconnu. Un lieu commun l'endormait, de rondes certitudes l'apaisaient, toutes chargées de ces décentes émotions qui traînent dans les livres, les journaux et les rues, dans l'air du temps. Le choc casse le lieu commun. Les certitudes se morcèlent. Et les morceaux se tordent comme des tronçons de ver. L'homme aux certitudes cassées cherche à les recomposer. Ainsi, les Français, après 1930, se jetaient dans les partis extrémistes de droite ou de gauche qui, les uns comme les autres, lui promettaient un ordre réparateur.

Ainsi, en 1939, Henriot, des milliers de Henriot, se dressaient contre l'Allemagne, « éternellement menteuse ». En juin 40, fut-il saoulé par « l'odeur forte des capitaines vainqueurs »? Il est plus vraisemblable que, se trompant sur l'issue de la guerre, il n'ait fait qu'un calcul électoral, le calcul même du politicien qui choisit entre les partis celui qui lui apporte le plus de chances d'être élu.

Trois étapes. – I. Quelques jours après la déclaration de guerre, il voue Hitler à « l'exécration universelle ». Il cède au conformisme de guerre. La guerre déclarée, toute opinion contre la guerre est dangereuse. Il cède d'autant plus facilement au conformisme de guerre qu'il semble la suite naturelle de ses habitudes oratoires, de ses réflexes politiciens. – II. La débâcle : Un conformisme de l'effondrement succède au conformisme de guerre. Il s'y jette. – III. Avril 1944. Il se jetterait dans la Résistance, si la Résistance avait déjà trouvé son conformisme. Il ne peut plus que glisser sur la pente et souhaiter qu'au dernier jour de la guerre les gendarmes arrivent assez tôt pour le sauver, par la prison, d'une pendaison sans jugement [1].

Un « sapin » découvert, un sapin de jadis passe devant ma fenêtre. Dans la rue déserte et sans rumeur, les sabots du cheval font, sur l'asphalte, un bruit de langue qui claque, un bruit de gouttes d'eau tombant sur une flaque.

À la gare de Lyon, à cause de l'arrivée de quelques officiers supérieurs, les Allemands ont établi un service d'ordre. Ils mobilisent les voyageurs qui font queue à la consigne des bicyclettes. Comme l'un d'eux, impatient, déborde d'un pas et se détache de la queue, un soldat allemand, d'une bourrade, le repousse. L'homme,

1. Sur la mort de Philippe Henriot, cf. infra p. 675.

les épaules en avant, tête dressée (un ouvrier d'une quarantaine d'années) prêt à frapper, grommelle : « Doucement... hé... doucement. » Mais un camarade lui met une main sur l'épaule : « Allons... allons... rouspète pas... » L'Allemand, d'un ton brutal et d'un accent presque faubourien ajoute : « Oui, rouspète pas... ça vaudra mieux. »

Colères des rixes banales ou colère étouffée, qui demain s'enflera en colère de ville, en colère de peuple?

La propagande anti-américaine quitte les cimes de la politique et descend à Bobino. Le chanteur Georgius déclare au *Petit Parisien* : « On ne nous parle en toute occasion que de burlesque! Cela sent son importation américaine. J'ai voulu rompre avec ces sottes imitations de l'étranger. Affirmons-nous français jusque dans notre rire. Nous parlons français? Eh bien! Rions en français! »

Les Allemands ont obtenu d'un médecin français un certificat attestant que la fille du général Giraud était morte de mort naturelle. Contre la promesse de renvoyer en France les trois enfants. Les trois enfants revinrent en France. Mais, quelques semaines plus tard, la *Gestapo* les reprenait et les renvoyait en Allemagne [1].

Cette duplicité contournée jointe à la cruauté, est-ce un trait spécifique de l'Allemand?

Le fait ne semble pas douteux.

15 avril

Le frère du général Catroux vient d'être arrêté. Non pas par la *Gestapo*, mais par la police de Vichy, qui prend pour otages les parents des dissidents. L'un de ses fils est en Amérique; les deux autres sont encore à Paris. « Qu'ils se cachent, lui ont dit les policiers qui l'ont arrêté, ou qu'ils passent à l'étranger s'ils le peuvent. »

Mme Catroux est venue hier soir. Mais il ne s'agit pas de fabriquer de banales fausses cartes d'identité. Il faut trouver mieux. Suzanne alerte Masiée et l'abbé Fanget [2].

Pierrette G... et son mari. Mélange de gandhisme, de pacifisme et de paresse. « La résistance est vaine. Tout ce qui est de la guerre est stupide, plus stupide encore qu'atroce. La guerre est un cataclysme. On ne se bat pas contre un cataclysme. On tâche de s'en

1. Renée Granger (cf. supra p. 475) est vraisemblablement morte de mort naturelle, le 24 septembre 1943, dans un village de Thuringe, Friedrichroda; ses quatre (et non trois) enfants, ramenés en France, ont dû effectivement repartir, quatre jours après, en Allemagne.

2. Résistant, Masiée sera arrêté et exécuté par les Allemands (cité p. 695); l'abbé Fanget, Père du Sacré-Cœur, officie dans une église près du boulevard de La Chapelle; ce Résistant est cité pp. 605, 620, 649, 664, 680, 683, 700, 703, 709.

protéger. » J'ai pensé cela en 1916. Mais mon espoir n'était pas de retrouver, la guerre finie, une vie capitonnée.

Le cardinal Liénart, aux obsèques des victimes de Lille : « Ah! si du moins ma voix pouvait parvenir jusqu'aux cœurs des Anglais et des Américains, nos anciens alliés... » « ... Au nom du Christ, je demande à ceux qui dirigent la guerre de lui ôter ce caractère inhumain, de ne plus infliger à nos cités l'horreur des bombardements aériens qui étendent leurs ravages bien au-delà de ce qu'exigent les besoins militaires [1]. »

Que pensent de cela les rédacteurs des *Cahiers du Témoignage chrétien*? 1° : Le cardinal Liénart ne dissimule pas que, fidèle à Vichy, il a cessé de tenir les Anglais et les Américains pour nos alliés; 2° : Chaque jour, des Français sont fusillés par les Allemands. Cette forme de la guerre, le cardinal n'en dénonce pas l'inhumanité. On peut en conclure de son allocution que ces exigences, les Anglais et les Américains les dépassent toujours et les Allemands jamais; 3° : On en peut conclure aussi qu'il est possible « d'ôter à la guerre son caractère inhumain » et que ce caractère ôté, il reste une guerre humaine, une guerre selon le Christ et que cette guerre est celle que mènent les Allemands.

Le Petit Parisien. Gros titre : « Le dynamisme, l'inspiration, la fraîcheur des Sudistes peuvent contrebalancer la supériorité technique et tactique du Nord. »

C'est du football français qu'il s'agit.

Le colonel a offert à Suzanne un album de reproductions de Gauguin. Il a écrit sur la page de garde : « En souvenir de notre foi commune, pour que finisse le martyre de notre patrie, hommage d'un vieil Africain à une grande Française. Colonel V..., commandant le 7e régiment de tirailleurs marocains. »

Les grands mots sont ce qu'on y met. Il est des heures pour les grands mots. Je n'ai pas eu envie de sourire.

Des écrivains ont consacré à la patrie des pages où miroitent mille artifices de décence et de convention. Je n'ai pas pour patrie leur patrie de pipelets artistes. Je ne me sens rien de commun avec eux. Mais je me sens un lien avec ce colonel d'Afrique. Saurai-je dire de quoi il est fait?

Andrée François feuillette l'album Gauguin. « Les paysages ne sont pas laids, dit-elle. Les personnages, ce sont des Chinois qu'*ils*

1. Le 14 avril se déroulent les obsèques des quelque 400 victimes du raid effectué par la R.A.F., dans la nuit du 10 au 11 avril, sur l'agglomération lilloise. L'assemblée des cardinaux et archevêques de France allait officiellement demander aux évêques américains et anglais d'intervenir auprès de l'État-Major anglo-saxon pour arrêter les bombardements sur les villes de France.

ont voulu faire en égyptien. » M. John Rewald, qui a écrit la préface, est plus documenté, mais il définit moins bien.

Le sport est une école d'énergie. Ils oublient d'ajouter : en ce qui concerne la pratique du sport. Beaucoup d'hommes de trente à quarante ans développent ce triste cliché. Ils croient à la vertu universelle du sport, comme on croit à une religion. Parmi ces fidèles, les uns ont joué au football, les autres, aux cartes. Mais déjà le maître de musique et le maître à danser du *Bourgeois gentilhomme* raisonnaient ainsi.

« Maître à danser : – Lorsqu'un homme a commis un manquement dans sa conduite, soit aux affaires de sa famille, ou au gouvernement d'un État, ou au commandement d'une armée, ne dit-on pas toujours : " Un tel a fait un mauvais pas dans une telle affaire? "

Monsieur Jourdain : – Oui, on dit cela.

Maître à danser : – Et faire un mauvais pas, peut-il procéder d'autre chose que de ne savoir pas danser? »

16 avril

La vie d'une famille française en avril 1944. Le père (cantonnier), qui, depuis plusieurs mois, a reçu son ordre de départ pour l'Allemagne, se cache dans les bois. Le fils est en Allemagne. Le gendre vient de recevoir son ordre de départ.

Mais voici la lettre que Mme R... nous écrit de Chapelon, le village où nous avons, pendant la débâcle, passé quinze jours. J'en respecte l'orthographe et le style parlé.

« ... J'avais beaucoup de travail avec mon petit Jean-Paul (son petit-fils) et la maman est bien fatigué de cette mauvaise angine le docteur lui a dit qu'elle en avait pour 6 mois a se remettre vue les restrictions et puis il y a toujours du tourment elle a reçu une dépêche de son mari venir je part en Allemagne alors cela lui a fait un coup et puis nous sommes tous bien embete elle est partie pour voir ce qu'il ces passe car il y avait 15 jours qu'elle ete la je m'ennuie beaucoup de ne pas savoir ce qu'il a fait. Pour mon mari il court toujours les champs et ces bien triste pour nous nous avons passe les fetes de Paques tous les 3 avec le petit sans avoir les notres avec nous et voila apresent ces encore un autre qu'il veulent a vivement la fin de cette misère. Je n'ai pas de nouvelles de mon fils depuis trois semaines et tous le monde et pareil on s'ennuie beaucoup.

« Recevez chère Madame et Monsieur nos bonnes amitiés.

« Je ne sais plus ce que je dit j'ai la tête un peu folle, je ne me rappelle plus de rien. »

Giraud adresse aux troupes un ordre du jour d'adieu. Sa vie fut assez remplie, il a suffisamment accompli pour renoncer à son commandement sinon sans mélancolie, du moins sans amertume. Il rend hommage à son passé. Sans son intervention, les Américains n'auraient point fourni aux troupes françaises un matériel moderne. C'est à lui qu'on doit l'organisation des troupes d'Afrique, le ralliement des escadres, le retour à la France de la Corse et de la Tunisie. Mais désormais il ne sera plus que le spectateur de la victoire. Qu'importe? « Les hommes passent et la France demeure. » Il n'ajoute pas : « Et de Gaulle reste. »

Il ne sait que sauter le mur. Et, après, il est perdu dans la campagne, ne sait pas s'orienter, lire la carte. Soldat courageux, soldat vaniteux, il sait risquer sa vie, mais tout autre risque l'effraye. Il connaît les commandements de l'École de régiment, il ne pardonne pas à de Gaulle de connaître le secret de commandements plus compliqués. Devant de Gaulle, il est gêné comme un adjudant devant une recrue « calée dans le civil ». Il était le soldat qui « ne cherche pas à comprendre ». Depuis qu'il faut comprendre, il est perdu. Un peu de son cœur est resté à Vichy. Pour un peu, il irait pleurer dans les bras du Maréchal [1].

En 1914 et pendant des années on a dit : « le Boche ». Le mot était d'un usage presque universel. (Quelques-uns cependant ne s'en sont jamais servis. Je ne m'en suis jamais servi. Le mot était rempli de haine, de légende et si je puis dire, d'absolu. On disait : le Boche, comme les anti-sémites de propagande disent : le Juif. Depuis 1939, je l'ai bien peu entendu. Il a disparu et il n'a pas été remplacé. J'ai entendu des paysans ou des gendarmes dire les Fritz, les Fridolins ou les Ch'leux. Mais ce n'était qu'élégance de la conversation. Ainsi les poètes disaient coursier pour cheval. Ce n'étaient point des mots pour toutes circonstances. Ils disaient par exemple : « Les Fridolins sont venus voir s'il y avait des œufs. » Ils n'auraient pas dit : « Les Fridolins ont reculé. » De même a disparu la Bochie. On dit : les Allemands. Il y a la matière pour un philologue.

Les « terroristes » sont-ils la France? Si on répond : « non », il n'y a plus rien en France qui soit la France, rien qui soit un pays. Il n'y a plus rien qu'une masse petite-bourgeoise qui attend que les Anglais, les Américains, les Russes ou n'importe qui lui rendent les bonheurs du ventre et la liberté du confort.

1. Depuis le 8 novembre 1943, Giraud a cessé de faire partie du C.F.L.N. tout en demeurant commandant en chef de l'armée française; divers accrochages entre les deux hommes incitent de Gaulle à mettre fin à ce commandement, le 8 avril, tout en lui proposant le poste d'inspecteur général des armées, que Giraud refuse le 15 avant d'adresser aux troupes un ordre du jour d'adieu amer mais digne. L'analyse faite par Léon Werth sur Giraud et le giraudisme ne manque pas de pertinence.

17 avril

Pendant la guerre de 1914, une femme me disait : « La guerre ne m'intéresse pas. Ce que je veux, c'est ma tranquillité. »

Beaucoup de collaborateurs ne le sont point à l'état aigu. Ils détestent le communisme, les insurgés, les pétroleuses, mais n'ont aucun souci de l'Europe d'Hitler ou de Laval-Déat. Ce qu'ils veulent, c'est leur tranquillité. Ils ne sont nazis ni par doctrine ni par passion. L'Allemagne nazie de 1939 brûlait de nazisme. Ils ne brûlent pas. Ils acceptent Hitler et le nazisme. Mais leur Hitler est vidé d'Hitler, leur nazisme est vide de nazisme. Ils se sont fait un nazisme stérilisé. Tous les faits de cruauté, de sadisme qu'on peut leur citer, ils les annulent, ils les refoulent. Les faits tombent au fond d'eux-mêmes, y forment un précipité qu'ils prennent bien garde de ne pas remuer. Ils se sont fait un nazisme en pantoufles. C'est la masse des collaborateurs mous.

Mais il y a aussi les résistants mous. Ils espèrent la délivrance par évaporation des Allemands et un débarquement en pantoufles.

Une lycéenne de dix-neuf ans, Nicole Kritter (si fraîche, m'a dit Suzanne, et frémissante d'une candide ferveur) est venue hier : « Je voudrais être utile. Aidez-moi à être utile. » – « Vous savez quels sont les risques. » – « Je le sais. » – « La prison et même la mort. » – « Je le sais. » – « Mais vos parents ? » – « Mes parents savent que je suis venue. »

18 avril

Le Petit Parisien : « Vingt-sept terroristes condamnés à mort par un tribunal allemand. »

« Avis. Il est de nouveau rappelé à la population que tout habitant qui traite des blessures causées par des armes à feu ou des explosifs est tenu, sous risque de punition sévère, de déclarer ce fait sans aucun délai à la *Feldkommandantur* ou à la *Kreiskommandantur* la plus proche ou au service le plus proche de la police allemande, en indiquant le nom et le lieu de séjour actuel du blessé... » « *Der Militaerbefehlshaber in Frankreich.* »

De ma fenêtre, caché derrière les rideaux. La rue est vide. Elle n'est qu'asphalte. Dans ce désert, passe une charrette traînée par un petit âne d'Afrique, une autre traînée par un poney de cirque.

Un article de Daniel Halévy [1] sur Anatole France. C'est d'une canaillerie littéraire, distinguée, académique. Situant France débu-

1. Daniel Halévy (1872-1962), féru d'histoire et auteur de plusieurs essais, a participé à l'aventure des *Cahiers de la quinzaine* auprès de Péguy avant de se rapprocher de l'Action française.

tant parmi ses contemporains, Halévy met sur le même plan Zola et Ohnet. Plus un blanc est bête, disait Gide, plus il méprise le nègre. J'ajouterai : plus un lecteur a la tête vide, plus il dénonce la pauvreté philosophique de Victor Hugo. J'ajouterai : plus il dénonce le manque de goût ou le scientisme de Zola.

Le style de France, le scepticisme de France... Halévy s'incline. Mais ne peut encaisser un France socialiste. Ce socialisme de France et même son dreyfusisme lui sont proprement intolérables. Ils ne sont, au dire d'Halévy que de passagères aberrations. Ils se résorbent dans un scepticisme fondamental. Il faut une religion pour le peuple. Mais il ne faut pas lui dire la vérité. « ... Il y eut toujours un ésotérisme au sein de son socialisme... » « ... Le vin rouge de la messe révolutionnaire était un peu gros pour un être de sa qualité. » Et Halévy fait dire à France : « Des guerres... il y en aura toujours mais il ne faut pas le leur dire. » – « Ceux auxquels il ne fallait pas le dire, c'étaient les simples, c'était le peuple, les socialistes ses frères. »

« Il y aura toujours des guerres. » Isolé, ce propos est aussi bien d'un habitué du café du Commerce que d'Anatole France. Et Halévy ne cache plus qu'il fut tenu « à des intimes, peu avant 1914 ». Un peut-être, un sans doute, une inflexion de voix ont pu nuancer l'affirmation.

Et l'on se demande pourquoi le scepticisme d'Anatole France ôte toute valeur à ses paroles, s'il annonce la fraternité universelle, mais leur laisse leur pleine signification, s'il déclare que la guerre est un mal éternel.

Un Halévy ne peut tolérer l'inélégance du socialisme. Il se bouche les narines. Il jette le voile sur ce vice d'Anatole France, sur ce vice indigne d'un délicat. Et il entraîne France dans les régions supérieures, dans l'éther où il se réconcilie avec Lemaître et Maurras. J'ai tenté de discerner (à propos de la feuille *Un Cadavre*, rédigée par quelques surréalistes au lendemain de la mort de France) [1] les hésitations de France, la lutte en lui d'un patriotisme traditionnel et d'une espérance révolutionnaire qui, elle aussi, quoi qu'en puisse penser un Halévy, a ses traditions françaises. France adhéra même au communisme [2]. Et Halévy n'en dit rien. Il est des choses qu'il faut cacher. En vérité Halévy attribue à Anatole France un scepticisme rudimentaire et un mépris du peuple, qui est d'Halévy et non de France. Il arrive qu'un cuistre, imperméable à son époque ne comprenne pas un lettré.

1. Dans un pamphlet collectif paru le jour des funérailles nationales d'Anatole France, en 1924, André Breton s'en est pris violemment au prix Nobel de littérature de 1921 et y a délivré un refus d'inhumer.

2. Contrairement à une idée couramment reçue, Anatole France n'a pas adhéré au P.C.F.; il a, il est vrai, apporté son appui à la révolution d'Octobre et célébré le communisme.

Le Petit Parisien. « On s'attend à Berlin à une tentative de débarquement... » (Veulent-ils nous casser les nerfs par le jeu de l'espoir et de la déception? Ou préparent-ils l'Allemagne à la défaite? Comme on télégraphie non pas : état désespéré, mais : état grave?) « Berlin... avril. Dans les milieux allemands, on n'émet aucun doute sur la supériorité de la marine de guerre et de l'aviation anglo-américaine... On pense que les expériences anglo-américaines en Afrique et en Italie leur ont permis d'établir une tactique, qui conduise par surprise à des succès... » Cependant, « on envisage avec confiance en Allemagne une tentative d'invasion. » Mais cette confiance n'est guère fondée que sur « les capacités éprouvées du commandement allemand et l'esprit combatif de la *Wehrmacht.* »

À quoi tend ce texte étrange? Ce n'est plus en ses avions et ses navires que l'Allemagne a confiance, ce n'est plus en ses armées, ce n'est plus en sa force, c'est en l'héroïsme de ses soldats. Si elle va de ce train, demain elle ne croira plus qu'au miracle.

Il y a des travaux de littérature ou de journalisme où les mots, dégorgés de tout sens, n'ayant plus que la valeur de sons fluctuants, se lient selon de vieux automatismes déglingués. Une linotype, à peine perfectionnée, pourrait les composer, toute seule. Quelques boutons ou manettes, correspondant chacun à un thème de fréquent usage, déclencheraient une mécanique de truismes dégoupillés et de lieux communs ferraillants.

Il y a peut-être un lointain rapport entre cette logorrhée mécanique et les guerres.

Une photo et cette légende : « Adolf Hitler fête demain son 55e anniversaire. » Hitler, à la portière d'un wagon, se penche vers une petite fille. La photo est mauvaise; les plans se mêlent. Hitler étend le bras et sa main semble posée sur la gorge de l'enfant. On dirait qu'il l'étrangle.

Bizarre photo : Hitler souriant étrangle une petite fille. De là à dire que cette photo est symbolique, qu'elle exprime la sentimentalité et la cruauté mêlées chez l'Allemand... Ce pauvre document, cette photo aux plans confondus, suggère de mystérieuses correspondances et d'obsédants contrastes. L'Allemand, dès qu'un enfant paraît, est pris d'une crise de tendresse, d'un exhibitionnisme de tendresse. Puis il l'arrache à sa mère, en fait une bête de troupeau, l'envoie mourir en Pologne ou en Silésie.

Le colonel a déjeuné avec nous. Un type d'homme que les livres académiques ont trahi. Délivré de la peur du communisme, s'il l'eût jamais. Tradition guerrière. « Un chef n'est vraiment obéi que s'il est aimé. »

Pendant la guerre, un de ses lieutenants était peu courageux. Il se cacha pendant quarante-huit heures dans un trou. À son retour de captivité, il s'engagea... dans le premier régiment de France [1]. Ce n'est qu'une coïncidence; mais c'est ainsi.

Près du Théâtre-Français, deux jeunes femmes suivent la rue Saint-Honoré. Un officier allemand s'approche, salue et leur dit : « N'allez pas par là... Il y a une rafle. » C'était vrai.

Il est possible que cet officier allemand soit de ceux qui, dans les bureaux de la *Gestapo*, pour « faire parler » les résistants, leur arrachent les ongles.

1. Le 1er régiment de France regroupe quelque 3 000 hommes. C'est ce qui subsiste de l'armée d'armistice dissoute, à la demande de l'occupant, en novembre 1942.

XI

BOMBES ANGLAISES. « QU'ILS VIENNENT VITE! »

20 avril 1944

« ROUEN et sa banlieue : 1 200 morts. Paris et sa banlieue : 556 morts. Seine-et-Oise : 184 morts [1]. » – « Six faux policiers raflent 27 millions. » – « Olek ne pourra boxer en Belgique. »

– « Commenter un article de *Paris-Soir*, vous avez du temps à perdre... » – « Vous auriez raison si cet article n'était que banal ou n'était que mensonge. Mais il est de ce genre où les mots, leur sens ayant été brûlé, ne sont plus que fumées. »

« Dans les asiles de province, on se contente de garder les aliénés. Dans ceux de Paris, on les guérit. Leur guérison est obtenue soit par l'impaludation, soit par la chirurgie du cerveau. » Il n'est pas besoin d'être un grand clinicien pour saisir selon quel mécanisme l'auteur a transformé les propos d'un infirmier bavard. Mais, de telles fumées, qui peut se vanter de les chasser toujours de sa tête? Il y a toujours un point où nous brûlons le sens des mots.

Philippe Henriot, hier soir : « Les bombardements anglais n'ont pas de signification militaire. Les Anglais donc n'ont d'autre but qu'un but de sauvage destruction. Ils veulent anéantir Berlin, Budapest, Bucarest, Rome et " les trésors d'art ". » C'est d'une voix furieuse, d'une voix en transe qu'il dément la Radio anglaise, qui l'accuse d'être « contrôlé par l'Allemagne ». Il semble difficile de lui accorder cette sorte de sincérité qui vient par automatisme de la répétition des mêmes arguments, la sincérité de l'abêtissez-vous.

21 avril

Radio. Philippe Henriot : « Les assassins sont attirés par le lieu de leur crime... Les Anglais sont venus rallumer le bûcher de la Sainte. »

1. Dans la nuit du 18 au 19 avril, un millier d'avions de la R.A.F. bombardent les gares de triage de Juvisy, Noisy-le-Sec, Rouen, Tergnier; c'est un des raids anglo-saxons les plus meurtriers avant celui de la Pentecôte.

En première colonne, dans *Le Petit Parisien* : « Le 20 avril 1429, Jeanne d'Arc sommait les Anglais de lever le siège d'Orléans. Et, comme ils n'obéissaient pas, elle les y contraignit. Ce sont de ces choses qu'un Anglais n'oublie pas. On le fit bien voir à l'héroïque enfant qui, plus grande que Spartacus, que Vercingétorix, que Wittikind, que Schamyl... Il restait peut-être à faire disparaître de sur [*sic*] une dalle de pierre une goutte de sang de la sainte mal essuyée par les mercenaires de Bedford et de Cauchon ; une de ces traces indélébiles qui maculent pour l'éternité les mains de Lady Macbeth. »

Le bolchevisme est oublié. La consigne est d'évoquer lyriquement « le massacre des Français par les Anglo-Américains » et Jeanne d'Arc.

Le peuple de Paris ne croit plus aux journaux. Il est imperméable aux journaux. Il sait qui les inspire et qui les dirige. Il sait qu'ils mentent. Il a confronté avec la carte les informations sur la guerre en Russie. Il a comparé l'idyllique Europe, promise par la propagande hitlérienne et la réalité de l'Occupation.

Mais les morts de Rouen et de Seine-et-Oise, il sait que ce ne sont pas des morts inventés. Ceux de la rue, de la loge, de la boutique ont pour l'instant perdu leur impassibilité stratégique. Ils étaient fermes, ils disaient : « C'est la guerre. » Mais ces bombardements, ces incendies, ces décombres, ces morts les font vaciller. Ces morts sont trop nombreux et trop proches. Ils avaient fait un pacte inconscient : « C'est la guerre... il faut ce qu'il faut. Nous vous accordons vingt morts, soixante morts par-ci par-là... Mais, cette fois, il y en a trop. Ce sont des morts intolérables, nous ne pouvons vous les accorder, les verser aux profits et pertes de la guerre. » Ces morts trop proches et si nombreux, ce ne sont plus des morts abstraits, ce sont des cadavres. Et il y a des enfants ensevelis et des enfants qui pleurent dans les décombres.

Demain ces morts ne seront plus qu'une triste abstraction, des morts historiques. Ils seront ensevelis dans l'histoire, comme tant de morts oubliés. Et, si nous les tenons pour d'inutiles victimes dont rien ne justifie la mort, s'il n'y a point en nous une part de consentement à leur mort, si nous opposons à toute justification de leur mort un refus total, c'est Hitler que nous acceptons.

Et cela touche à tous les problèmes que posent les guerres, les guerres nationales et les guerres civiles.

Cette nuit, pendant une heure trois quarts, à partir de minuit, bruit roulant des moteurs d'avions, pétarades de la D.C.A., bruit d'éclatement de bombes, éclairs, vitres tremblantes.

Dans la boutique, dans la loge, dans la rue, on entend : « C'est abominable, c'est absurde. Dites-moi à quoi ça sert. C'est pas la guerre... c'est des sauvages. » Je suis tenté de conclure : leurs sentiments sont ceux que leur soufflent les journaux et la radio allemande. Ils sont « contre les Anglais ». Demain ils seront avec Laval contre les Anglais. Mais leur sensibilité en révolte n'est plus du ton des journaux. Leur certitude trébuche, elle ne tombe pas. Ils ne croient pas du tout que les Anglais tuent par plaisir des Français et préméditent la destruction des cathédrales. Le « c'est absurde » domine le « c'est abominable ». Plutôt qu'ils ne s'indignent, ils dénoncent une atroce erreur. Et déjà l'épicière méprise les faibles qui ne savent que trembler de peur ou pleurer : « C'est malheureux; mais il n'en faut pas plus pour retourner les imbéciles ». Mais elle est seule, « dans le quartier », à parler ainsi.

Le comique dans le tragique. Qu'ils aiment « les trésors d'art »! On n'imaginait pas que les Allemands, les journalistes collaborateurs et les vieilles actrices aimaient à ce point « les trésors d'art ». Mme Cécile Sorel, qui était en tournée à Rouen, évoque la nuit de cauchemar : « On peut perdre tout, voir brûler les choses que l'on aime, c'est possible... Voir massacrer ainsi une ville d'art comme Rouen, c'est inacceptable... » Et cette actrice, experte en l'art militaire, pesant mûrement les exigences de la stratégie et de la tactique, ajoute : « Et tellement inutile... »

Hitler défenseur du christianisme contre les barbares de l'Ouest. « Le Vatican dément qu'une bombe anglo-américaine ait été, comme l'annoncent les journaux allemands, trouvée à la Sixtine. »

« *Petit Parisien* : Trois faux policiers pratiquaient l'attaque nocturne. »

Un nouveau type d'homme : l'homme à valise. La canadienne, le béret, la grosse chemise de couleur. Ainsi est vêtu le colonel. Mais il n'a pas de papiers dans sa valise, du linge seulement ou des livres sans danger. Les papiers, il les cache dans sa cravate.

Des jeunes femmes sonnent à la porte, restent quelques minutes, disparaissent. Il y a un labyrinthe, un réseau dans lequel le colonel et l'abbé Fanget les dirigent. Celle-ci ressemble à la jeune fille dans un parc des images de 1930. Qui la pourrait soupçonner? Celle-là est élégante, comme une dactylographe. Cette autre est vendeuse dans un magasin. Cette autre est « peuple ». Cette autre, selon qu'on veut, ressemble à une étudiante parisienne ou à une jeune Russe, du temps qu'on jetait des bombes sur les grands ducs.

Près de la station Torcy du métro. Quartier populaire. Trois maisons en bordure du chemin de fer ont été touchées. Une femme et ses six enfants avaient été, au cinquième étage, ensevelis sous les décombres. Pour les sauver on a dû les amener à l'étage inférieur par un trou pratiqué dans le plancher. « On n'aurait pas cru du monde. Ils étaient comme des paquets. »

Les pompiers travaillent. Les locataires fouillent dans ce qui fut leur logement, y cherchent on ne sait quoi, du linge, une photo. « C'est là que nous habitions, dit une femme qui serre contre elle une petite fille, c'est quand même triste, on a de l'amitié pour ses meubles. »

Pas un mot de colère, pas de larmes. Pas de stupeur non plus. Ils sont calmes, d'un calme qui étonne, d'un calme qui est grand.

Depuis l'aube, l'abbé Fanget a aidé au sauvetage, risquant cent fois sa vie. Cette tache noire, au petit jour, agile dans les décombres, étonna un pompier qui le prit pour un cambrioleur, pour un pilleur d'épaves.

22 avril

« Paris bombardé. 438 morts, 377 blessés. » – « Le maréchal Pétain et le président Laval flétrissent ce nouveau crime de nos anciens alliés. »

La propagande allemande serait-elle atteinte de fureur infantile ? Un maladroit, dans *Le Petit Parisien* en vient, pour mieux montrer l'ignominie anglaise, à exalter l'héroïsme et la puissance russes. « Ce terrorisme aérien... c'est une guerre évidemment moins héroïque et moins efficace que celle menée par les Soviets, mais bien moins coûteuse. »

Les journaux ne disent jamais rien des rafles.

Les couche-partout ont, malgré le lit et l'eau courante, un air d'après une nuit de chemin de fer. L'angle des paupières est plissé et gris.

L'Entrave de Colette [1]. Un méchant disait : « Que resterait-il si on supprimait tout ce qui est odeur ou parfum ? » Mais ce n'était qu'un méchant.

Pour les petits pois, je fais un acte de priorité rétrospectif (si j'ose ainsi parler). Je leur ai attribué, le premier dans la littérature, l'odeur de chien mouillé. Mais, qu'il s'agisse des petits pois, des fromages ou de ce fruit d'Extrême-Orient qu'on nomme dourian ce ne sont qu'allusions d'un odorat retranché en lui-même et séparé du goût.

Ce vice impuni, la lecture... « À Léon Werth, ce livre où il trouvera un écho de nos anciennes discussions sur les poètes. » Larbaud a souligné discussions. Je suis tenté de croire que le trait qui souligne a valeur de guillemets, corrige le sens raide et didactique du mot. Mais Larbaud n'abandonne pas ainsi la controverse. Et je lis à la page 266 : « *Il y a une autre théorie, celle qu'on peut*

1. Paru en 1913, sous la signature de Colette, ce roman relate les manœuvres amoureuses d'une jeune femme.

inférer du reproche fait souvent au romantisme de n'être pas adéquat à l'esprit du XIXe *siècle; le reproche fait à la poésie contemporaine d'être étrangère à la pensée de notre époque. Mais d'abord ce reproche n'a pas même le petit mérite d'être nouveau : rien ne rappelle plus le sonnet fameux où Campanella reproche aux poètes de son temps de ne pas chanter* " delle grandi cose di Dio ", *que l'article de Léon Werth contre* Les Poètes. » Avouerai-je qu'aujourd'hui encore je ne connais pas le sonnet de Campanella?

Hélas! je ne puis reprendre avec Larbaud la controverse. Je lui dirais : « Je n'ai plus besoin de poètes. Je me fabrique à moi-même ma poésie, ce n'est qu'une façon de regarder, d'agir, d'être. » Et déjà je sens que, disant cela, je mentirais. La vérité est que je ne sais plus où est la poésie... La poésie est un beau miroir terni, couvert de buée. Je n'y distingue plus rien. C'est l'époque sans doute qui a soufflé dessus.

24 avril

Le Petit Parisien. Contradictions. « Un joli cabaret récemment ouvert, la *Boîte à cocktails*, s'était mis en frais samedi pour accueillir le Tout-Paris des Champs-Élysées. » – « Hier après-midi, dans un établissement de la place du Tertre, vingt couples valsaient joyeusement. Descente de police... Une verte leçon fut donnée par un groupe de miliciens... »

Des dangers de l'académisme et des concessions académiques. À propos du quatre-vingt-huitième anniversaire de Pétain, *Le Petit Parisien* publie quelques extraits du discours de Paul Valéry recevant le maréchal à l'Académie, en 1931. Le style est en périodes, le travail est soigné, inspiré des plus beaux morceaux de l'éloquence de la chaire, des plus belles, parmi les harangues du passé, retombant en beaux plis : *« ... Mais vous, Monsieur, renfermé dans ce grand calme presque légendaire qui atteste la confiance dans la durée; préservé par cette raison vigilante qui vous distingue, par cette prudence et cette clairvoyance qui ont fait de vous la sagesse de l'armée; vous qui gardez comme une frontière de vos pensées un silence que l'on sent fortifié de faits, solidement organisé en profondeur... »* Et aussi : *« C'est que votre attitude froide et nette, la réserve dans les propos, l'économie de promesses et de pronostics séduisants, votre règle constante d'accepter le réel, de vous tenir au vrai, de le dire à tous risques, ont fait que l'on garde la mesure avec vous et que vous puissiez demeurer assez impassible, ne redoutant ni les révélations tardives, ni le retour sur vos actes, ni l'analyse des événements. »*

Combien peu, parmi les académiciens, eussent été capables de ce témoignage d'élégante scolarité et de culture fine. Il va sans dire que Valéry ne songeait qu'à accomplir un acte de politesse et de conformisme sans conséquence, auquel le contraignaient la tradition académique et aussi son préalable consentement à cette tradition. (Voilà que j'use aussi du style à larges plis.) Valéry prononçait l'éloge de Pétain, comme il eût rédigé, du temps qu'il était en rhétorique, l'éloge du grand Condé ou d'Alexandre le Grand. Mais, s'il n'eût pas consenti à être de l'Académie, il n'eût jamais écrit cela qu'il ne pensait pas. Il eût évité cette apparence de complicité et le soufflet que l'histoire aujourd'hui lui allonge.

Georgette R... nous écrit de Coligny. « À la suite d'attentats sur la voie, Coligny a été visité à fond. Rafles... etc... La maison de ma tante a été bouleversée de fond en comble. Tous ses bijoux ont été volés. »

Il faut reconnaître à la *Gestapo*, touchant les vols de bijoux, quelque impartialité. La tante de Georgette R... est une collaboratrice à l'état pur, sans alliage.

Des femmes, appartenant à la *Gestapo*, visitent les maisons du quartier Clignancourt et prennent note des appartements non occupés.

Mélanges posthumes de Laforgue. Cela brille un peu comme les paillettes d'une robe de clown métaphysicien. Mais quel brio dans le saut périlleux. Et quel sens de la peinture, avec les erreurs nécessaires qu'évitent seuls les snobs prudents. Pourquoi les critiques qui ont écrit sur l'impressionnisme, ne le citent-ils jamais?

La rue, la boutique, la loge et le bureau :

Dialogues entendus : « Pour déboulonner quatre rails, ce n'était pas la peine de faire tant de morts... » – « Ce sont des sauvages... » – « Ils font la guerre à l'Allemagne et l'Allemagne est en France. » – « Des sauvages, je vous dis... » – « Si nous sabotions davantage les voies, nous-mêmes, ils ne seraient pas obligés d'y aller à coups de bombes. » – « Et les femmes... Et les enfants?... » – « Dans une cave, il y a quarante personnes ensevelies. Dans une autre, soixante-dix... On ne peut pas les dégager... Ils mourront asphyxiés... Les conduites de gaz sont éclatées... » – « Encore... si on était sûr qu'ils viennent. »

– « Des sauvages... » – « Quand c'étaient les Allemands, vous n'en disiez pas tant... » – « Ce n'est pas la même chose. »

« Ce n'est pas la même chose. Encore si on était sûr qu'ils viennent. » Cris passionnels. Oscillation d'une passion de foule. Colère et rancune d'un amour qui se croit trahi. Espoir qui transparaît dans l'injure et l'invective. « Lui, lui m'avoir fait cela... Et encore, si j'étais sûr qu'il revienne. »

25 avril

Le journal, école du rêve. Les frontières entre la vie et la mort sont annulées : « C'est dans l'église coloniale des Sœurs missionnaires du Saint-Esprit... que j'ai rencontré Salavina, un des plus grands poètes antillais. Sa vie terrestre s'est arrêtée un matin de mai 1902, un matin que le mont Pelé éclata dans Saint-Pierre de la Martinique. Ce jour-là, la ville la plus gaie du monde disparut sous la lave. Et avec elle la jeunesse de Salavina. Depuis, il a écrit des vers magnifiques, où s'est exhalée sa douleur, et il a prié. »

De Gaulle déconcerte le bourgeois moyen. Quand il se plongeait dans la défaite, de Gaulle lui dit : « Vous n'êtes pas battus. » Quand se dessine une lointaine image de victoire, il le déconcerte encore par son calme. Il ne grossit pas l'image, il ne la rapproche pas. Et quand l'image prend un contour ferme il refuse au bourgeois l'effusion oratoire qu'il attendait et délibère avec des communistes. Et quelques-uns, qui longtemps firent confiance à Pétain disent : « Un général, c'est bien inquiétant... »

Beaucoup de ceux qui travaillent dans la Résistance sont imprudents. Ils négligent souvent les précautions utiles et celles dont ils usent ne valent pas beaucoup mieux que des moyens conjuratoires. Ainsi ils se croient en sûreté s'ils ont tourné trois fois la tête avant de descendre dans le métro. Ou ils laissent pousser leur moustache, comme on apaise, par un sacrifice, un dieu barbare.

« Tonnerre et rubis aux moyeux... » La nuit dernière, pendant l'alerte, je lisais, dans mon lit, Mallarmé. Si une bombe était tombée sur moi, je serais mort en lisant Mallarmé. C'eût été bien littéraire.

Je crains d'avoir donné de l'effet moral des bombes tombées sur Paris une image inexacte. Je crains d'avoir exagéré l'héroïque résignation aux nécessités de la guerre. On me rapporte aujourd'hui des exemples de révolte, de refus total. Mais ceux qui rejettent ainsi l'Angleterre sont parmi les non touchés, ils n'ont subi aucun dégât. Et les sinistrés – stupeur, consentement à la fatalité ou sentiment de délivrance qui suit les catastrophes accomplies – se taisent.

26 avril

D'un rapport que Paul Claudel, ambassadeur de France à Washington, adressa, en 1932, à Laval ce portrait de Churchill : « C'est un homme bouffi, voûté, ne donnant aucunement l'impression de cette aptitude sportive qu'on attribue en général à ses compatriotes. (La politique de Claudel ne dépasserait-elle pas le niveau des « attributions générales ? ») Mais le petit œil éraillé et insolent, le bout du nez cynique, la large bouche toujours prête à l'invective et à la repartie, composent une physiognomonie redoutable qui tient à la fois du publiciste de combat et du condottiere parlementaire. »

La politique tirée de la physionomie.

C'est adressé à Laval. Je ne savais pas que Claudel était capable de cet humour féroce.

« Saintes. – Des crayons et des boîtes à gâteaux contenant des engins explosifs ayant été lancés par des avions anglo-américains sur le canton de Cozes, les maires de plusieurs communes ont mis la population en garde contre les dangers que ces engins font courir aux enfants. » En 1939, les Allemands étaient les spécialistes du stylo explosif.

Je ne crois pas, je l'avoue, que les Anglais cherchent à tuer ou mutiler des enfants français. Je ne croyais pas non plus aux stylos explosifs de 1939. Pas plus qu'à la tartine de confiture, avec laquelle on prenait un régiment allemand.

Mais tout se complique. Febvre me dit qu'un de ses amis, qu'il me nomme, pendant l'autre guerre, ramassa, dans une maison d'un village bombardé, je ne sais plus quel objet, que cet objet était chargé d'un explosif, que son ami fut blessé et qu'on dut lui couper un bras.

Voici mieux : Quand Febvre, en 1918, alors lieutenant d'infanterie, entra avec sa compagnie dans un bourg de Flandre, le cadavre d'un soldat allemand était allongé au travers de la route. Un innocent cadavre. Mais déjà on savait que les Allemands avaient usé du cadavre comme arme de guerre. En effet, les sapeurs du génie constatèrent que ce cadavre était lié à une mine. La compagnie passa, l'enjamba, enjamba le cadavre explosif.

Affiches de Doriot dans le métro. Les communistes sont liés aux deux cents familles. L'association des communistes et des capitalistes est un des thèmes courants de la propagande allemande et vichyssoise depuis 1940. Mais pourquoi arrête-t-on les communistes et laisse-t-on en liberté les capitalistes ?

27 avril

Rêve. Je suis, dans je ne sais quelle chambre, avec Jean Guéhenno. Soudain une voix qui vient je ne sais d'où : « Jean Guéhenno est tué. » Il pousse un cri, tombe. Je crois me souvenir que je tombe aussi. Mais je constate qu'il est mort, *mort d'avoir appris sa mort* [1].

Hors la présence de Guéhenno, que je n'ai pas vu depuis dix

1. L'ancien directeur de l'hebdomadaire *Vendredi*, qui a milité activement pour le Front populaire, est alors âgé de 54 ans; il décédera en 1978.

ans, toute la matière de ce rêve est faite de souvenirs récents et banals.

Mœurs et déontologie.

Je reçois, par la poste, la carte suivante, typographiée :

« Mme Bout... a la tristesse de vous faire part du décès de son mari et de vous informer qu'elle a choisi pour le remplacer le Dr Prob, qui continue à employer la même méthode de traitement des maladies du nez, de la gorge et des oreilles. »

Ni les journaux ni la radio n'avaient annoncé, la veille, que Pétain et Laval viendraient à Paris pour la cérémonie de Notre-Dame.

Des badauds, quelques cris poussés par ordre, quelques cris aussi de « Vive la France », dont on ne peut mesurer l'intention. Cela à l'Hôtel de Ville. Boulevard Saint-Germain, silence complet. On eût dit une actualité de cinéma dont on eût oublié la sonorisation.

La radio suit le maréchal à l'hôpital. Il interroge : « Où êtes-vous blessé?... » Comme le blessé répond faiblement, le speaker intervient, meuble le silence, relève le ton et plusieurs fois répète : « Colonne vertébrale... colonne vertébrale... », de la même voix professionnelle, roulante et bousculante, que s'il rendait compte d'un match de football.

Un maréchal anachronique a promené dans Paris sa légende morte, sa vieille imagerie.

28 avril

L'Allemagne a d'autres soucis que militaires; elle prépare l'organisation de la France. « Le centre d'études franc-comtois de Nuremberg met à son ordre du jour du 3e trimestre 1944 la question suivante : " une maison de Franche-Comté à Paris ", organisation inter-régionale d'expansion franc-comtoise : tourisme, gastronomie, folklore, industrie artisanale. Les lecteurs que la question intéresse sont priés de se mettre en relation soit avec le promoteur : Edmond Pidel, secrétaire responsable, Hercules Werke, 191, Furtherstrasse, Nuremberg W. (Deutschland), soit avec le correspondant pour la France : Paris-Jura, 10, rue de la Mairie, à Gentilly (Seine). »

Photo : l'entrevue de Hitler et de Mussolini [1]. Le *Führer* accueille Mussolini à sa descente de wagon. Ils sourient l'un et l'autre d'un sourire épanoui, total, de victoire. À leur place, j'aurais pris un air grave. Ce sourire me paraît de mauvaise propagande. Ne paraî-

1. Hitler a reçu officiellement Mussolini, accompagné de Graziani et de Mazzolini les 22 et 23 avril, en présence de Joachim von Ribbentrop et du maréchal Keitel.

tra-t-il pas déplacé aux familles des morts de Russie, aux habitants des villes bombardées ? Mais cette photo n'est peut-être que d'exportation. Et peut-être en sont-ils réduits à travailler et sourire au jour le jour.

Mussolini est amaigri. Il sourit béatement, comme les vieux priseurs, tapotant leur tabatière, qu'on voyait jadis sur les chromos. Et son visage écarquillé lui donne un air de polichinelle.

Réfraction dans la rue des combats du Jura [1] et de l'Ain. Suzanne circulait ce matin dans Paris, à bicyclette. (Sa plaque de police porte l'indication : « Jura ».) Par trois fois, on lui a crié : « Vive le Jura. » Et ce n'était pas par manière de blague cordiale. Cela venait, comme dit Pétain, du « cœur de Paris ». Deux piétons, une jeune cycliste saluèrent en Suzanne une ambassadrice du maquis.

Je tiens du colonel qu'un soldat allemand a été tué dans le bois de Vincennes. Le bois a été cerné. Les hommes arrêtés, presque tous des jeunes gens, ont été exécutés.

Tuer par colère ou jalousie, ce n'est jamais que pis-aller, dérivatif, comédie ou crise de nerfs. C'est un acte pauvre. Le justicier revoit sa victime, ces yeux qui lui furent un regard. Et il pleure, comme il a tué. Mais celui qui a tué cet Allemand, s'il ne le connaissait pas, s'il le voyait pour la première fois, quelle joie de haine put être la sienne, quelle joie de haine épurée, quelle joie sans mélange ! Il tue avec désintéressement, il tue dans l'absolu, il frappe tout un peuple, se venge de tout un peuple, il frappe et se venge comme un dieu.

29 avril

Je me souviens de ce que j'ai écrit sur la colonisation. Et j'attends, ce soir, le colonel de tirailleurs. Et il y a accord entre nous. Que restera-t-il de cet accord, après la guerre ?

Et pourtant, ô Florent Schmitt, j'aurais voulu garder sans qu'il fût corrompu le souvenir de Carantec et d'Artiguemy. Et pourtant, ô Vlaminck, j'aurais voulu garder sans qu'il soit corrompu le souvenir de l'atelier de la rue du Départ, le souvenir d'Auvers et de la Tourillière.

30 avril

Le colonel. *« C'était un homme droit, franc, vrai et d'une vertu simple, unie, militaire... »* (Saint-Simon). L'Afrique qu'il aime est

1. Pour réduire les maquis du Jura, l'occupant emploie la manière forte; pour le seul Haut-Jura, au cours du mois d'avril, 56 Jurassiens sont fusillés, 456 sont arrêtés, dont 307 dans la ville de Saint-Claude, le 8 avril (172 d'entre eux mourront en déportation).

une Afrique où des chefs français et des chefs arabes se traitent noblement, en guerriers. « Non, dit-il, non, je vous assure qu'ils ne font pas figure de vaincus et que nous ne sommes pas des vainqueurs insolents ». Dignité des chefs. Leur équilibre, qui n'est tout à fait ni de la paix ni de la guerre, au sens d'aujourd'hui. Aussi loin des pacifistes vides que des cabotins héroïques. Mais n'appartiennent-ils point à un univers dans l'univers, à un vieux monde de tournois et de combats singuliers, de traditions, qui ne sont point à l'échelle du présent? Je vois les beaux plis des nobles burnous. Mais le colon, l'Arabe pauvre et l'économie?

Un beau regard, large ouvert, souvent d'une innocence enfantine. Rien du regard d'un bleu délavé, où tout a été pompé, où on a fait le vide, qui est celui de tant de vieux militaires et qui semble faire partie de l'uniforme.

Ne s'est pas enfermé dans cette vie militaire, qui est une vie simplifiée. Aime les livres. Ne s'y enferme pas non plus. Si le vent de conversation entr'ouvre la fenêtre et y pousse une idée, il n'a pas peur du courant d'air et ne referme pas la fenêtre.

Les Em..., les Rel... nient qu'il y ait terreur. En effet, ils n'ont rien à craindre.

Guyon. Vingt ans. Son père est capitaine de corvette et sert sous de Gaulle. Actuellement élève au lycée Saint-Louis, classe de Centrale. Mais c'est à Navale qu'il veut entrer, si jamais il est une École Navale. Déjà, il a tenté de passer, avec son frère, la frontière espagnole, pour s'engager en Afrique. Ils avaient donné 42 000 francs à un « passeur », qu'un père jésuite croyait sûr. C'était à Perpignan. Le passeur les a fait monter dans un camion, les a cachés sous des bottes de paille. À deux kilomètres de la frontière espagnole, un camion allemand dépasse leur camion et se met en travers de la route. Ils sont arrêtés, envoyés à Compiègne, puis dirigés sur l'Allemagne, dans un fourgon, où ils sont enfermés avec des déportés et des évadés repris. Ils font un trou dans un panneau du wagon. Ils sautent du train en marche. Huit autres jeunes gens sautent aussi. L'un d'eux a les jambes écrasées. Deux autres sont tués à coups de mitrailleuse. Son frère a été repris et a été déporté en Allemagne. Il a pu s'échapper. Il veut passer en Espagne, puis à Alger et s'engager.

Il partira peut être avec le colonel. Ils tenteront leur chance ensemble.

Sur les murs du métro, une affiche de *Germinal*. Parmi les collaborateurs, Challaye, Giono, Hamp, Céline, Delaisi, Montherlant [1]...

1. *Germinal*, « hebdomadaire de la pensée socialiste française » paraît pour la première fois le 28 avril 1944; la plupart de ses collaborateurs viennent de la

Giono, cuistre au style en *chewing-gum*, idées-nouilles, fausse Provence.

Challaye. A passé une partie de sa vie à dénoncer les crimes et les abus de la colonisation. Par quel chemin a-t-il abouti au nazisme?

Montherlant : un « Sciences-Po » qui veut faire croire qu'il a été au boxon.

Hamp : étonna les littérateurs, parce qu'il consultait des statistiques. Pendant la guerre de 1914, jusqu'au-boutiste de l'arrière. En 1917 ou 1918, je publiai un article où j'annonçais la mort de Hamp au champ d'honneur. Mais j'entendais le champ d'honneur du conformisme, des coins abrités, des sinécures de l'arrière. Un littérateur hollandais, peu sensible à ce genre de blague et trompé par le titre : « Mort au champ d'honneur », m'écrivit pour me demander en quelles circonstances Hamp mourut d'une mort héroïque. En juillet 1914, Hamp était fonctionnaire. À la fin de la guerre, il était devenu homme d'affaires.

Céline : amplificateur éructant. En proie aux mots. Bagout de camelot littéraire, qui semble aux petits-bourgeois puissant et pathétique.

2 mai 1944

Oh! mon ami, vous souvenez-vous? Comme, au début de 1940, nous discutions du personnage d'Hitler, vous me disiez : « On ne peut lui refuser le don d'annuler l'inutile détail, où s'embarrasse le timide technicien, vous ne pouvez lui refuser le sens et peut-être le génie de la simplification. »

Aujourd'hui, vous me dites qu'il y a à Alger des éléments impurs, qu'Alger est une mare où coassent trop de grenouilles politiciennes. Manqueriez-vous de cette sorte de génie, que vous admiriez chez Hitler? Êtes-vous incapable de résorber le détail et de saisir l'essentiel?

De Gaulle sans légende. Sans cette gloire de théâtre, au fond de laquelle il y a des aberrations de foule et des *Marseillaises* pourries. Ainsi Boulanger fut la revanche. Ainsi Pétain fut et le grand vainqueur et le grand vaincu. De Gaulle est distant, j'allais dire : pudique. Il ne parle pas à la foule, mais à un peuple.

Comment expliquer que Riv..., si prudent, ait lié son sort à celui des Germano-Vichyssois? D'autant qu'il sait et qu'il affirme que

gauche pacifiste. Henri Bourillon, alias Pierre Hamp (1876-1962), un ouvrier devenu ingénieur, auteur de romans populistes, a milité à gauche jusqu'au début des années trente; François Delaisi, devenu journaliste, a été lié aux milieux syndicalistes révolutionnaires; ultramunichois, il a rejoint Déat et le R.N.P. Ni Giono, ni Montherlant n'écriront dans *Germinal*.

leur sort est précaire. Est-il pris de vertige devant le pouvoir, devant n'importe quel pouvoir? La seule présence de l'homme en place le met-elle en état de transe?

Il n'avait jamais manifesté une opinion politique. Il a des amis de droite et de gauche et même à droite et à gauche. « Messieurs, ami de tout le monde... » Il se fabriquait un regard ingénu d'enfant qui ne comprend pas, si on exprimait devant lui une pensée qui touchait à la politique. Et le voilà plongeant dans la collaboration, dans le temps même où, si ce n'est point courage, c'est du moins folie. Cas unique, je crois, et incompréhensible.

« Je serais à Londres ou à Alger, si on n'y retrouvait pas des hommes comme X... ou Z... » Défaite, qui dissimule la peur ou la paresse.

Le colonel devait déjeuner avec nous. Il n'est pas venu. Parti en mission? Arrêté? Nous apprenons par Mlle G... qu'Hélène (nous ne la connaissons pas sous un autre nom) est à Fresnes. On sait que son moral est excellent. Elle chante. On sait qu'elle a été dénoncée par un jeune homme, rencontré dans un groupe d'amis. Une fausse carte d'identité avait été fabriquée devant lui. Si Hélène parlait, nous serions tous pris.

3 mai

Depuis la débâcle, Sacha Guitry, chaque jour, récite son texte. Les autres acteurs du moins n'ont pas écrit leur rôle. Ils n'ont pas fabriqué eux-mêmes leur prison. Je pense à ces écrivains, pour qui se relire est intolérable. Les mots, quand ils passent de leur tête au papier, leur semblent fermes, musclés, chauds. Ils relisent : les mots leur semblent inertes, des cadavres.

Chaque jour, Sacha Guitry joue. Chaque jour, des camions prennent la route de Fresnes, chaque jour des jeunes hommes veillent dans le maquis, chaque jour des hommes, des femmes sont traqués dans le maquis des villes, chaque jour la *Gestapo* torture, chaque jour des cours martiales condamnent à mort et, dans l'heure même peut-être où s'égrènent au théâtre les derniers applaudissements, on entend dans les cours des prisons et dans les cimetières les salves d'un peloton d'exécution.

« N'insiste pas sur ce synchronisme; c'est d'un assez vulgaire romantisme. – Soit. » L'auteur-acteur continue son métier. Il n'a que faire du souci des révolutions et des guerres. Son destin est de danser. Une âme légère et pure de funambule habite en lui. Son univers est un fil tendu entre rampe et frise. Ses pensées sont des danses. Mais le funambule a fait son choix, un choix qui n'est ni de cirque, ni de théâtre. Ses amis ne sont pas seulement du

Tout-Paris, mais aussi du Grand Paris. Ses amis commandent les pelotons d'exécution.

Huit heures du matin. Coup de sonnette. « Qui est là ?... – Renseignements... – Mais qui ?... – Préfecture de police... »

Suzanne parle derrière la porte et, il va de soi, n'a pas ouvert. « Une minute, dit-elle, je suis en chemise de nuit... Je m'habille. » Elle me tend son sac à main, quelques papiers. Je passe sur le balcon. (Nous habitons le premier étage.) Je passe sur le toit de zinc d'un petit hangar, je descends par un montant métallique dans la cour du Patronage. Solitude de la cour. Il y a les cabinets. J'hésite, mais cela ne me plaît pas de m'abriter dans les cabinets. Je préfère le hangar. Mais je m'y ennuie. Je fais quelques pas dans la cour, je jette un coup d'œil sur les salles vides, les bancs scolaires. Une des salles a été transformée en salle de billard.

Que dirai-je à l'abbé, s'il vient ? Je prépare une belle phrase de légende, la phrase du réfugié, qui invoque les droits sacrés de l'hôte. Mais l'abbé ne vient pas.

Seul dans la cour. Depuis des jours, je ne me suis pas senti si léger, si aéré. Je suis délivré de la menace vague du poids devant l'orage qui, depuis des jours, pèse sur moi. D'un mot, je me sens soulagé. Ce qui arrivera arrivera. Je me soumets à la fatalité. Je ne prépare aucune réponse à l'événement. C'est l'événement qui répondra. La réponse de l'événement sera immédiate, elle viendra toute seule.

Dix minutes environ. Un « hou... hou » de Suzanne. Sa tête apparaît à la fenêtre. Elle me fait un signe. Je grimpe par le montant du hangar, je fais un rétablissement. Souvenirs dans tout le corps d'une gymnastique, oubliée depuis mes années de lycée : grimpage, comme à la corde lisse, rétablissement sur le toit de zinc. Je passe du toit de zinc au balcon. Je m'aperçois que j'ai toujours ma pipe à la bouche.

L'homme de la Préfecture de police n'était pas venu pour moi, mais pour Claude et il était chargé seulement de vérifier le recensement de la classe 45.

Avec toute l'indignation convenable, *Le Petit Parisien* annonce qu'on a découvert chez le président du tribunal civil de Carpentras, M. Leyris, des armes ou des explosifs. « Il était le chef d'une bande de terroristes, spécialisés dans les attentats contre les locomotives. » Le rédacteur souhaite qu'il soit jugé immédiatement. Il « espère qu'un de ces très proches matins l'air serein de notre Provence sera déchiré par le crépitement sec d'un feu de salve ».

Il n'est pas difficile de donner son vrai visage à ce magistrat, qui a accepté de détenir chez lui quelques armes, sans mettre l'affaire en délibéré et qui sans doute connaît la jurisprudence de l'insurrection. Mais est-ce de bonne propagande que de montrer que les terroristes ne se recrutent pas tous dans les bas-fonds?

Je disais : « Ne faites pas trop le dégoûté, parce que le comité d'Alger contient quelques politiciens sans génie. Voyez l'essentiel. » Quand même, entendant à la radio le nom d'un sénateur de la vieille radicaille, j'ai senti un choc désagréable.

La tuerie de Voiron [1]. Les assassins de la famille Jourdan ont été fusillés. Deux élèves et un surveillant de l'École professionnelle. Et ceci : « Dans le peloton avaient pris place des volontaires, appartenant aux forces de police de Lyon, qui avaient eux-mêmes demandé à faire justice de ces assassins. » On voit ici l'âme de ces volontaires ou, si le fait est faux, l'âme de ceux qui l'ont imaginé.

Tout reste obscur. Le journal annonce une triple exécution, nous apprend – cela va de soi – que les meurtriers avaient obéi à des meneurs communistes. La cour martiale de Lyon a prononcé trois condamnations. Mais les complices, sauf un « renvoyé devant le parquet », n'ont pas comparu. On nous apprend seulement que les assassins, avant de mourir, se sont repentis avec une unanime spontanéité. Avant de mourir, ils ont écrit à leurs familles. Celui-ci : « J'ai cru agir en patriote et j'ai été un misérable. » Celui-là : « J'ai cru agir pour un idéal et je n'ai été qu'un assassin. » Et « ayant entendu la sentence de mort, ils exprimèrent le vœu que leur condamnation soit un exemple pour les jeunes gens de leur âge qui, comme eux, risquent de se laisser égarer jusqu'au crime par de faux prétextes patriotiques ». Tout cela sent la fabrication. On ne nous dit pas comment fut tuée la petite fille de deux ans et demi. Le journal ne nous dit rien de ces atroces meurtriers, sinon que la sagesse du maréchal est, avant qu'ils ne meurent, descendue en eux.

Andrée François revient de faire son marché. « Je n'ai rien trouvé, dit-elle, il est temps qu'ils viennent. »

L'article de Halévy sur Anatole France. Il ne dit rien de la brochure, où France montre dans le petit père Combes une sorte de défenseur de l'Esprit. Incarner ainsi l'esprit est par trop scandaleux, par trop inélégant. L'Esprit souffle de droite. France, prenant parti en politique, s'égare et se salit, mais non pas Barrès.

« Ces pauvres Allemands, disait Mme Riv..., il faut bien qu'ils se défendent. »

1. Le 20 avril quatre élèves de l'école professionnelle de Voiron exécutent Jourdan, le chef de centre de la Milice de Voiron (dans l'Isère), deux autres miliciens, et assassinent la mère, la femme et les deux enfants de Jourdan; deux des meurtriers et un surveillant de l'école sont condamnés à mort par une cour martiale milicienne et exécutés le 3 mai, à Lyon, en présence d'une vingtaine d'élèves et de professeurs de l'école qui seront, eux, déportés.

Les cours martiales [1] jugent sur pièces. Les accusés n'assistent pas à l'audience. Le préfet régional prépare les exécutions, avant que les sentences ne soient rendues.

J'entends à la radio : « L'Europe ne doit pas être une entité économique, elle doit être aussi une entité spirituelle. »

Y a-t-il une Europe? Fondée sur quoi? Sur le christianisme? La raison? La science expérimentale? L'Europe me semble loin.

Peut-être un accord sur le respect de l'homme, pris comme hypothèse de travail. Mais sur le sens du respect qu'on doit à l'homme, que de désaccords déjà! Et ce que j'écris là n'est que discours académique.

Il y eut toujours une droite et une gauche. Ainsi les Jésuites et les Jansénistes.

Un auteur ne réussit pas sans quelque talent. Mais il faut que son talent soit en correspondance avec l'époque. J'allais dire : le savant est plus heureux, il n'est jamais anachronique. Cela doit être faux. Ainsi Mendel [2] est mort ignoré.

5 mai

Le Petit Parisien. « Neuf chefs de la dissidence sont condamnés à mort par la cour martiale, à Annecy. Cinq d'entre eux ont été immédiatement passés par les armes. » – « Le film de M. Sacha Guitry, *De Jeanne d'Arc à Philippe Pétain*, a été présenté hier à l'Opéra. »

Le rapprochement de ces deux titres suffit.

Le film que Sacha Guitry avait composé sur la vie de Pasteur est d'une sensibilité d'homme-fille. On y voit un Pasteur faux, berceur d'enfants, grand-papa de théâtre. Cela m'avait écœuré. Je ne suis donc pas étonné par cette nouvelle imagerie, où Jeanne d'Arc, à travers les siècles, embrasse le vieux traître [3].

Dans les lettres de Voltaire, on mesure l'importance de la comédie égale à l'importance de la philosophie. Puis Talma, Rachel, Sarah Bernhardt, Got, etc. Les acteurs du Boulevard. Bartet jouant *Béré-*

1. Une analyse inexacte : les accusés sont bien présents, mais ils ne sont assistés par aucun avocat et les jugements ne sont passibles d'aucun recours. Les préfets régionaux n'interviennent que très rarement : ce sont bien plutôt les responsables de la Milice qui programment des procès dont les sentences sont le plus souvent prononcées avant que ne commencent les débats.

2. Le moine morave Mendel (1822-1880) est l'un des fondateurs de la génétique; ses lois de l'hybridation (notamment la loi de dominance) seront appelées – mais bien après sa mort – « lois de Mendel ».

3. S'inspirant d'une pièce de théâtre ayant pour héros Pasteur, le film est sorti en 1935. Werth, comme nombre d'opposants à Vichy, déteste un Sacha Guitry paradant mondainement avec l'occupant.

nice. « Avez-vous vu Coquelin dans *Les Précieuses?* » Le théâtre Antoine. Puis les Quatre. Mais déjà les Quatre avaient un public spécial, un public qui était dans la confidence, soit snob, soit curieux d'un théâtre qui était expérience autant que spectacle.

Le théâtre était devenu un cercle clos. Je me souviens de conversations d'hommes cultivés, vraiment cultivés, dans ces vingt dernières années. Il y était question de peinture, de cinéma, de tout, mais jamais de théâtre. Ils n'y allaient jamais.

Henri hésite entre une formation sanitaire dans le centre et une ferme dans l'Yonne. L'hôpital où il était bénévole ou remplaçant d'externe a été évacué, les malades répartis ici et là, les internes, les externes, sans service. Une jeunesse hésitante, inquiète, écrasée.

Radio. Philippe Henriot invoque la morale éternelle. Accélérations et ralentissements du débit, changements de ton adroits. La voix passe de la sérénité confidentielle à la violence hargneuse et inversement. Mais le timbre est canaille. Une voix à offrir des cartes obscènes.

6 mai

Atmosphère et couleur du jour : « Quimper. Le tribunal militaire allemand a condamné à mort vingt-trois Français et un Espagnol affiliés à des groupements de résistance. Le jugement a été exécuté... Les treize bandits, qui avaient attaqué le commissariat de Saint-Dié, ont été exécutés... En raison de la difficulté de transporter la guillotine, tous les condamnés à mort seront-ils fusillés? »

« Les Anglais se sont mis à la discrétion des Américains et des Soviets, qui ne voient dans l'Europe qu'une proie à exploiter et à dévorer. » *(Petit Parisien.)* Ces simplifications, ces personnifications, ces transpositions de relations complexes en allégories, c'est de cela qu'est faite la politique du polémiste et souvent la politique tout court. Tantôt elle s'alimente d'images hors logique, tantôt elle lie des abstractions et des entités. Tantôt logique, tantôt ultralogique. Absurde, mais agissant sur le réel et lui imposant son absurdité. (Que ce commentaire est pédant!)

Les mots du vocabulaire politique sont usés. Ils ne sont plus qu'une vieille monnaie. Ainsi Hitler, Pétain, les cardinaux et les communistes veulent tous « abolir la condition prolétarienne ».

Cela fait penser au mot de Degas : « Ils nous fusillent, mais ils font nos poches. »

Duparcq [1] frappé à droite, frappé à gauche, frappé de partout. Fait prisonnier en 1940, affecté à une ferme d'État, employé à

1. Duparcq est un sculpteur que connaît Léon Werth.

l'arrachage des pommes de terre. Souffre atrocement du froid. Tète le pis d'une vache atteinte de fièvre aphteuse, parce qu'il a faim, mais aussi dans l'espoir d'attraper la maladie. N'y réussit pas. Deux ans passent. Attrape une broncho-pneumonie. Est rapatrié.

Il vient d'apprendre qu'au cours d'un des derniers bombardements sur Valenciennes, son frère, sa belle-sœur, son oncle, sa tante ont été tués.

« Une Allemagne qui s'est retrouvée sous Hitler donne la main à une France qui se retrouve sous Pétain », déclare le professeur Grimm [1].

Philippe Henriot dénonce le bolchevisme de certains milieux ecclésiastiques, de Maritain, etc.

Hors de toute réalité, se persuadent-ils eux-mêmes ou n'ont-ils plus qu'une arme, une arme absurde, semblable à ces accusés qui nient contre toute évidence et qui espèrent vaguement que leur négation transformera le présent et corrigera le passé?

Lettre de Febvre. À Saint-Amour, les Allemands ont visité quelques maisons. (Il y aurait un maquis à Saint-Jean d'Étreux.) Le maire de la Balme d'Épi a été exécuté, parce qu'on a trouvé chez lui un vieux fusil de chasse à un coup. Ils peuvent dire : « Nous exécutons les francs-tireurs. » Mais ceci est caractéristique, spécifique, « totalitaire » : ils ont exécuté un chirurgien de Lons qui, ayant extrait une balle à un jeune réfractaire, ne l'avait pas dénoncé.

« Qu'ils viennent vite!... » disait Andrée François. « Qu'ils viennent vite! » disent la rue, la loge et la boutique. « Qu'ils viennent vite! » disons-nous tous. Il est temps. Nous vivons une vie qui n'est plus que d'attente, d'oscillation de la peur à la rage.

L'esprit? Est-il une forme supérieure de la sensualité? Est-il l'art? Est-il la raison raisonnante? L'exercice de l'intelligence en quête du réel? Le sens de la perfection et des allégements de la matière? Amour de Dieu, charité? Est-il tout cela à la fois ou fragments de ce tout en variables combinaisons?

Renan, avant la trentaine, quand, dans ses lettres à Berthelot, il fait allusion à l'esprit, l'esprit est pour lui une telle combinaison, dont il n'exclut guère que la raison raisonnante.

Mais quel que soit l'esprit, il nous fuit. « Qu'ils viennent vite! » Que nous soyons délivrés du pugilat! Que nous retrouvions la complication du monde et de l'esprit!

1. L'avocat et professeur de droit international, Friedrich Grimm, est devenu un des experts attitrés de Hitler pour les questions européennes. Il sillonne la France en multipliant les conférences de propagande.

Enfermé en moi-même. Je deviens un vieux à habitudes, à bibelots. J'ai peur pour quelques livres, quelques toiles, souvenirs d'amis, souvenirs d'une époque ancienne, pour ces pots et ces écuelles paysannes, que j'aime.

À croire que vivre, c'est oublier. La guerre de 1914 est dans je ne sais quel retrait de la mémoire. Nous avons lu ça, quelque part. Et celle-ci même... Qu'ils sont nombreux ceux qui n'ont retenu que les gros faits, qui ont oublié comment ils les reçurent en eux. Bien avant que ne se constitue l'histoire des historiens, chacun de nous se fabrique pour lui-même une histoire arrondie, passe au papier de verre, passe à la lime les pointes de ses jugements successifs et de ses passions contradictoires. On croirait que l'histoire a sa vie propre indépendante des exécutants. Le collaborateur oublie que Laval s'inscrivit au parti communiste. Laval [1], sans doute, ce n'est que du néant. Mais Staline?... En moi-même, qui veux me souvenir, s'effacent les images du Staline d'octobre 17, du Staline du temps de Lénine, du Staline d'après la mort de Lénine. Et je ne vois plus que le Staline vainqueur, le maréchal Staline.

À joindre aux textes de Flaubert et de Sarcey. D'une lettre de Berthelot à Renan, du 29 mars 1871 : *« Ce pays a perdu tout sens politique, toute notion de patrie, toute intelligence des choses générales; les hommes se sont laissés mobiliser sans résistance, mais pour s'enfuir plus vite encore pendant la guerre. J'ai vu tirer de la rivière la Rille des sabres d'officier, tout neufs, jetés pour fuir plus vite un ennemi éloigné de plusieurs jours de marche. »*

Où l'on voit que la France n'en est pas à une débâcle près.

Et, selon Renan, le peuple n'est point incapable de ce transfert de sentiments, que nous avons constaté chez les bourgeois collaborateurs. Il écrit à Berthelot, le 17 avril 1871 : *« Les Prussiens interviendront-ils, après l'aveu d'impuissance de Versailles? C'est infiniment probable... Il n'est pas impossible qu'alors la Commune cède; car ils sont très frappés de l'ascendant prussien et une foule de gens du peuple disent :* " Plutôt les Prussiens que les Versaillais! " *Une bande de fanatiques poussera cependant à la résistance jusqu'aux dernières extrémités. »* (*Correspondance de Renan et de Berthelot.* Calmann-Lévy, pages 399, 401 et 402.)

9 mai

« Les obsèques du chef milicien Élie Penot ont été célébrées à l'Hay-les-Roses. On se souvient qu'il avait été lâchement abattu, alors qu'il sortait de son domicile. M. Joseph Darnand assistait à la cérémonie. »

1. Sur cette affirmation inexacte, cf. supra p. 528.

« Ce Penot, nous dit Mme X..., qui connaît sa famille, était de son métier voyageur de commerce. Non pas une fripouille, mais un pauvre d'esprit, un fanatique, que n'importe quelle propagande brutale eût entraîné. Toute sa famille est contre l'Allemand, toute sa famille est gaulliste. Un brutal. Peu de temps avant qu'il ne fût assassiné, discutant avec son jeune frère, il le frappa. Son enterrement fut un défilé de miliciens armés, qui protégeaient Darnand. Six femmes, amies de sa mère, y assistaient. Hors les miliciens, pas un homme. »

On dit chez l'épicière que les conduites d'eau seront coupées, que des cuisines roulantes distribueront des soupes de maison en maison, que Pétain est à Rambouillet, que Laval est à Berlin. On dit aussi qu'il s'est enfui en Suisse. Je ne sors pas, je ne quitte pas ma chambre. Tout cela m'arrive décoloré, par bribes.

Yvonne a vu Hélène à Fresnes. Elle chante. Les Allemands n'ont pu lui arracher aucun nom.

La Résistance et la dénonciation sont les deux images complémentaires de ce temps.

Le colonel déjeune avec nous. Sa vie errante. Il porte depuis des jours la même chemise kaki.

Nous sommes cinq, en ce moment dans l'appartement, cinq, abrités par les mêmes murs. Chacun de nous est plus ou moins menacé.

Les défenses bizarres, les moyens de cinéma. Le bruit a couru que les jeunes femmes non mariées seraient envoyées en Allemagne. Affolée, une amie des D... veut contracter un mariage blanc. Au besoin, elle payerait, elle donnerait une petite somme à son conjoint.

Suzanne, depuis quatre ans. Elle a aidé, caché, sauvé des traqués. Par dizaines. Elle a passé treize fois, clandestinement, la ligne de démarcation. Tantôt dans un fourgon de marchandises, tantôt à travers champs. Une fois, pour passer Seurre, elle a fait le trajet de Navilly à Saint-Jean-de-Losne, allongée sur une planche, glissée sous la locomotive, entre les roues d'avant. Elle recevait des pierres, projetées du ballast. Elle était enveloppée d'un nuage de vapeur.

Et, chaque fois, elle arrivait à la gare de Saint-Amour, souriante, les traits à peine tirés, comme si elle descendait d'un wagon-lit.

10 mai

« Le Maréchal s'installe dans la zone Nord. » Mais on ne dit pas où [1]. Son domicile est quelque part dans la France occupée. Étrange,

1. Sous la pression de l'occupant, Philippe Pétain séjourne du 7 au 28 mai en Île-de-France, dans le château de Voisins.

ce chef d'État sans domicile fixe, cet ange, ce génie, qui est partout et nulle part.

Les boulangeries de la région parisienne ouvrent et ferment par roulement.

« Toute tentative de débarquement se transformera en aventure sanglante », déclare le maréchal Rommel.

Les Russes reprennent Sébastopol.

À Nyons (Drôme), une bande de terroristes tue six personnes.

Cela n'est que statistique. Mais un des tués de Nyons était le propriétaire de l'hôtel où, il y a une dizaine d'années, j'ai logé. La place, les platanes, les joueurs de boule, le Midi enfin. Je revois son visage. Il n'y était pas écrit qu'il devait mourir pour Pétain.

La mode a sa vie propre. Les cataclysmes n'ont pas sur elle un pouvoir d'anesthésie, n'interrompent pas ses variations. C'est pendant la guerre de 14 que naquit la jupe courte. Et aujourd'hui les chapeaux des femmes sont en voiles de caravelle ou en troncs de cône.

Essai d'analyse.

Collaborateur honnête (je suppose qu'il existe). C'est un métaphysicien pacifiste; il oppose l'abstraction de la paix à l'abstraction de la guerre. De l'idée de paix, il passe à l'idée de collaboration et à l'idée d'Europe. Mais il faut supposer qu'il n'a aucun contact avec le monde extérieur, qu'il n'entend aucune radio, qu'il ne lit aucun journal (le mensonge de journal étant source de vérité pour un homme de sens moyen), qu'il ne cause avec personne. Et il faut supposer aussi qu'il ne va jamais chez le boulanger ou le boucher, que sa nourriture quotidienne lui est apportée par un ange invisible et silencieux.

Collaborateur moyen : produit de propagande. Sa politique est l'anti-communisme et l'anti-sémitisme. Nourri de légendes anciennes, bien antérieures à Hitler : le Juif, financier unique et « partageux » démolisseur. Incapable de former une pensée sur le communisme et ses variations ni sur quoi que ce soit.

Comment le nationalisme narcissique est devenu nazisme? Pouvoir hypnotique du vainqueur, peur du peuple. Cette peur du peuple, Renan et Berthelot, en leur jeunesse, n'y échappent pas. (*Correspondance de Renan et Berthelot*, 1874-1892).

Le résistant moyen n'a pour l'instant besoin d'aucune doctrine. Il sent le poids de l'occupant. Il sent les libertés les plus simples, comme les libertés spirituelles, blessées en lui. Il sent la liberté blessée en lui. Il n'a pas besoin de la définir, pour la connaître. Il a mal à sa liberté.

Un chat noir fouille dans la poubelle. Naguère, les chiens quelquefois (et encore par vice), fouillaient dans les poubelles. Jamais les chats.

Le chat est parti. Une vieille femme le remplace, qui n'est pas une chiffonnière.

« ... Je vendrais la France pour trouver une vérité qui fît marcher la philosophie... Que les cosaques viennent, pourvu qu'ils me laissent les bibliothèques, des penseurs pour commercer, une académie pour m'entendre (voir N° 65) et liberté de penser et de dire! Je m'anoblirai intérieurement; que m'importe que la vanité s'attache au nom *de France ou de cosaques! »* (Renan, 1845 ou 1846. *Cahiers de jeunesse,* page 246.)

Mais que dit-il au N° 65?

« Ah! Dieu! je n'ai pas dit ce que je disais au N° 58 dans l'esprit plat-érudit de M. Quatremère, par exemple, qui verrait volontiers le monde en feu, pourvu qu'il y eut dix personnes à son cours de persan. Non, non, je pensais à l'idéal vital et beau. »

Ainsi ce détachement, il ne le permet qu'à lui-même ou à quelques âmes fortes.

Et il faudrait lire ce qui précède. Renan explique l'amour de la patrie, chez les petits, chez les humbles, par l'amour de la gloire. De la gloire, il passe à la gloriole de l'académicien, à la vanité. De là, sa pensée glisse aux cosaques. Mais déjà le premier terme : la patrie, s'est effacé.

Ainsi, Renan, ici, permettait la gloire au peuple, comme Loos, l'ornement aux artisans. Le cordonnier a droit de composer sur les souliers des piqûres ornementales, parce qu'il ne peut prendre dans Racine ou dans Gœthe son plaisir esthétique.

Ne pas oublier que Renan avait alors vingt-trois ans. Ces notes abondent en éclatements de jeunesse contre tout dogmatisme, contre toute scolastique. L'ancien séminariste s'ébroue. Renan, la foi perdue, est ivre de science, de christianisme, d'humanisme. Isolée, la phrase « Je vendrais la France... » fait pétard. Mais déjà il cherchait toutes « les faces du monde ».

12 mai

Procès de l'amiral Derrien [1]. Ces procès, plus tard, documenteront les problèmes du loyalisme et de la trahison, nous révèleront ce que les chefs militaires, dans les années 40, entendaient par trahison, loyalisme, discipline.

Photo, en première page, du *Generalfeldmarschall* Sperrle se rendant au quartier général d'un autre *Generalfeldmarschall*, pour

1. Le 10 mai s'ouvre à Alger le procès de l'amiral Derrien qui commandait à Bizerte en novembre 1942; après avoir tergiversé, il avait finalement livré la base aux Allemands qui débarquaient en Tunisie. Inculpé de crimes contre le devoir militaire, il sera condamné à la détention à perpétuité et à la dégradation militaire.

« examiner les mesures à prendre en cas d'invasion ». La silhouette et la tête de ce *Generalfeldmarschall* se prêtent mal à la propagande d'exportation. Énorme, colossal, c'est l'ogre. Une caricature d'Allemand, telle qu'on l'eût publiée dans le même journal, les premiers mois de l'année 1940.

Le maréchal Pétain, qui habite toujours quelque part dans la zone Nord, a visité hier la bergerie nationale. « Il s'intéressa particulièrement à la tonte des mérinos. »

Les Parisiens (ceux qui ont les moyens de quitter Paris) se demandent s'ils doivent aller à la campagne, se demandent où ils risquent le moins de crever de faim.

Belle lumière de printemps d'Île-de-France, sur les façades, l'asphalte et les rares passants.

Un trio Bonnet, Frossard, de Monzie sort de coulisse [1] et propose ses services : « Nous étions aussi prêts que les autres à livrer la France aux Allemands. On n'a pas voulu de nous. C'est une injustice. Nous avons droit à une compensation. »

Sitôt après la débâcle, Frossard et Maurras échangeaient de nobles saluts. En Frossard et Maurras, le primaire et le secondaire se réconciliaient et communiaient dans la jubilation de la défaite. Bientôt de Monzie publiait un livre (voir plus haut). Il y dénonçait les excès de la répression. Laquelle? Celle qui frappait les modestes clients du marché noir et quelques imprudents bavards, traduits en correctionnelle. De Monzie ignorait les camps de concentration et les pelotons d'exécution. De ce thème des beurre et œufs passant au spirituel, il invoquait les deux hautes figures, qui dirigeaient sa pensée, ses desseins, sa politique. Il témoignait de sa fidélité au maréchal, sauveur de la France, et de sa vénération pour Maurras.

Bonnet, Frossard, de Monzie, la fripouillerie, la vieille fripouillerie parlementaire, classique, leur est consubstantielle. On les sait véreux. Mais de Monzie, en plus, a de l'orthographe. D'où il conclut qu'il a de la culture.

Il nous dit : « Bientôt Laval ne sera plus possible. Prenez-moi. Je suis aussi Laval que Laval. Et je vous accorderai tout ce qu'il vous plaira de gaullisme. De gaullisme sans de Gaulle. Car de Gaulle, vous le savez bien, de Gaulle est dangereux. Communiste d'abord, ancien élève de l'Institut Karl Marx. Mais surtout il nomme trahison ce que nous nommons virages, passages, glissements, détours et combinaisons. Prenez-moi : je suis le conciliateur, je vous apporte la synthèse des contradictoires. »

1. Le radical-socialiste Georges Bonnet symbolise la politique munichoise; Oscar-Louis Frossard, qui fut l'un des fondateurs du P.C.F. avant d'appartenir à la S.F.I.O., puis aux socialistes indépendants a fait partie du premier gouvernement Pétain et continue une carrière de journaliste; sur Anatole de Monzie, cf. supra p. 503. Ces trois ci-devant parlementaires, pour le moins attentistes, cherchent effectivement à se refaire une virginité politique.

Ils croient que les foules ne balaieront pas leurs ruses d'avocats et que leur électoralisme est à l'échelle du monde.

120 000 Français exécutés, dont 70 000 dans la région parisienne [1]. (Chiffres donnés par la Radio anglaise.)

14 mai

Bruits de paix de compromis. On dit qu'après le débarquement les Allemands feront des rafles, visiteront les maisons, ramasseront tous les hommes.

On brasse de l'historique à pleines mains. Le maquis? Voué à la défaite, à l'éparpillement? Émeute avortée ou bloc d'âmes, dans lequel l'histoire taillera du sublime? Et les lâches, la foule des lâches, des ventres purs?

« Dans l'*Oflag* dont j'étais le chef, me dit le colonel, sitôt après la débâcle, la propagande pour Pétain et la révolution nationale était favorisée par les Allemands. Et même un officier fut puni pour avoir écrit à sa femme une lettre où, imprudemment, il émettait des doutes sur Pétain. Preuve que, dès l'armistice, il y avait accord entre Pétain et les Allemands, non seulement sur les conditions matérielles de l'occupation, mais aussi sur les « idées » à répandre. Preuve que les Allemands tenaient la révolution nationale pour une forme auxiliaire de leur politique.

« Cette propagande fut efficace. Pouvions-nous nous imaginer qu'un chef respecté fût un traître? Ceux qui les premiers y virent clair furent des officiers dans la cinquantaine. De vieux chefs de bataillon, sans raisonnements compliqués, tout d'un coup y virent clair, comme des brutes... » Et il répète : « Comme des brutes... »

La simplicité et l'harmonie enfantines de la vie militaire en Afrique. Tout est simplifié, comme au théâtre. Un peu scolaire. Cela leur fait souvent un regard ingénu. Que notre anti-militarisme d'avant 1914 était pauvre!

Il arrive que, devant des problèmes qui ne sont pas strictement militaires, ils perdent la tête et sont acculés au mensonge, comme ces enfants qu'une éducation trop serrée affaiblit et comprime. (À la limite, l'Affaire Dreyfus.)

Difficultés dans les organisations de résistance. Paresse, compétitions de vanité, parfois même impureté des chefs, qui distribuent avec parcimonie les fonds qu'ils détiennent. Ils laissent errer sans secours de pauvres bougres brûlés. Parmi les officiers de carrière,

1. Des chiffres sans nul doute exagérés; on estime que l'occupant a fusillé près de 30 000 Françaises et Français; quelque 80 000 autres ont trouvé une mort violente en France même, mais la majorité d'entre eux ont péri sous les bombes allemandes ou anglo-saxonnes.

beaucoup veulent bien se donner pour le gros coup, mais ne veulent pas, dès maintenant et pour un temps indéterminé, abandonner leurs familles.

Le Silence de la mer, de Vercors. Plein de talent et de dignité. Un peu intellectuel, quand même. Son Allemand vit dans un étrange isolement philosophique. Est-il possible qu'il lui ait fallu dix ans pour apercevoir la volonté de destruction du nazisme? Et encore n'en voit-il encore que la barbarie. Et pas la sauvagerie (au sens banal du mot) [1]. N'importe, c'est un beau livre.

La voix de Schumann : aérée, généreuse. La voix de Henriot, une voix qui souille les mots, une voix sale.

Pascal craint le divertissement. Le divertissement chasse l'homme de lui-même, l'éloigne de lui-même et de Dieu, lui ferme le chemin de la charité. Tout pour Pascal est divertissement. Bon pour un saint et encore un saint méditant, un saint immobile. Car la charité même (au sens banal) devient divertissement.

Le contraire est vrai aussi. À vivre sans contact avec le monde, à vivre emprisonné, avec soi-même sans diversion, le moi devient semblable à un appartement vide. La poussière s'y met et les bois moisissent.

Vous tous, oh! mes amis de Londres, de New York ou d'Alger, vous contemplez la guerre comme une tragédie, éloignée dans le temps et l'espace. Vous vous penchez sur elle, comme on se penche sur un gouffre. Mais que d'un seul mouvement du corps, vous vous redressiez, vous voyez la terre, vous voyez le ciel. Et le vertige passe. Mais sur nous tombent toutes les minutes de la guerre. Comme des gouttes d'eau tombent sur une roche et la trouent.

De minimis... La Société nationale des Beaux-Arts décerne le prix Puvis de Chavannes à M. Jean-Gabriel Domergue [2]. Oh! temps révolus où il n'était de crime que de mal peindre, temps où le Bien et le Mal étaient séparés, où Bouguereau ne s'efforçait pas de peindre comme Cézanne, temps où les foules admiraient les Domergue d'alors (je ne l'ai pas cherché, je le laisse) et se pâmaient de rire devant le *Pauvre pêcheur*. Temps des révélations, temps des haines sacrées.

Ces deux noms juxtaposés : Puvis et Domergue. Le bagout des Domergue est-il un crime? Jaurès, en sa jeunesse, disait : « Lorsqu'un même navire emportera vers les terres lointaines de la

1. *Le Silence de la mer* est le premier ouvrage publié par les Éditions de Minuit, fondées dans la clandestinité. Léon Werth n'en prend connaissance que tardivement, puisque le livre commence d'être lu sous le manteau en octobre 1942. C'est ce qui explique pour partie son jugement nuancé.

2. Jean-Gabriel Domergue (1889-1962), portraitiste très parisien, fait volontiers dans l'érotisme mondain.

relégation l'anarchiste militant et le politicien véreux, ils s'apparaîtront l'un à l'autre comme l'aspect complémentaire d'un même ordre social. » Les Domergue sont-ils un des aspects d'un mauvais ordre social?

17 mai

Que sera demain? Que deviendront demain ces systèmes, religions et passions, qui ont signé un armistice ou que l'oppression réduit au silence? Comment, l'occupant disparu, se comporteront, les uns avec les autres, chrétiens, communisants, communistes, patriotes? Et, l'occupant disparu, quelle aura été leur transformation? De quoi seront nourris leurs sentiments nouveaux? Que seront les hommes de demain, non pas les hommes-catins, les hommes? Je chasse l'idée d'un monde exténué, où il n'y aurait plus que des hommes-catins et des hommes dormants.

Et les collaborateurs? J'entends non pas ceux qui ont publiquement trahi, mais ceux qui ont trahi en désir et pensée, ou les pauvres idiots qui, jusqu'à la fin, balbutièrent la légende du maréchal? Sans doute ils disparaîtront dans la masse. Mais en quelles régions de cette masse? Et leurs toxines s'y résorberont-elles?

Un fiacre, un sapin découvert. Une rétrospective de la carrosserie. Mais le cocher est coiffé d'un chapeau mou, anachronique. C'est quand même le Paris d'il y a quarante ans. Deux époques glissent l'une sur l'autre, comme des cartes brassées.

Jacques Decour [1], qui fonda cette revue clandestine : *Les Lettres françaises*, fut par les Allemands fusillé le samedi 30 mai 1942.

Quel sera demain le sort des Céline plus ou moins Drieu, des Drieu plus ou moins Céline, des Montherlant plus ou moins Thérive? Et quel sera le sort de ces peintres, sculpteurs et musiciens qui banquetaient en Allemagne, dans le même temps que les Allemands fusillaient un Jacques Decour? Leur interdira-t-on de publier, exposer ou faire jouer leurs œuvres?

On a conté que Hitler, peu de temps après qu'il eut pris le pouvoir, au lieu d'emprisonner un peintre suspect d'anti-nazisme, le laissa dans son atelier, sous la surveillance de deux sentinelles, baïonnette au canon, qui avaient l'ordre de l'empêcher de peindre. Supplice de Tantale, supplice de théâtre. C'était dans le temps où déjà, huit ans avant la débâcle, la presse française prêtait à la répression nazie de subtiles nuances et des teintes délicates.

1. Daniel Decourdemanche, alias Jacques Decour, agrégé d'allemand et militant communiste, a accompli un travail exemplaire pour mobiliser les intellectuels dans un Front National des écrivains; il est l'un des fondateurs des *Lettres Françaises* clandestines, avant d'être arrêté en janvier 1942 et fusillé le 30 mai de la même année.

– Peut-on interdire, même à un criminel, de penser et de dire?
– Sophisme... Trahir n'est pas penser.
– Les communistes ne s'inspirent-ils pas de Moscou, comme ces peintres, ces écrivains s'inspiraient de l'Allemagne? Les uns travaillent pour la révolution, les autres pour une certaine idée de l'Europe.
– La France n'est pas en guerre avec la Russie... Les Russes n'ont pas fusillé cent vingt mille civils français. D'autre part, croyez-vous qu'un homme sain d'esprit puisse comparer une doctrine philosophique, quelle qu'elle soit, à cette série de hoquets qu'on nomme hitlérisme?
– Ce n'est que votre opinion...
– Si vous voulez, je ne tiens pas tant à fonder sur la philosophie. Que le cœur décide...
– Quelle peine votre cœur inflige-t-il à ces écrivains, à ces peintres, à tous les artistes du beau voyage? Vous voilà au pied du mur.
– Les jurés, à tort ou à raison, acquittent souvent les auteurs de crimes passionnels. La trahison de ces Drieu et Segonzac n'est pas un crime passionnel. Je déclare, en mon âme et conscience, qu'ils sont coupables avec préméditation.
– Mais la peine?
– Qu'elle ne soit pas inférieure à celle dont on punit les déserteurs. Car le déserteur accomplit un acte en quelque sorte négatif. Il ne sert pas directement l'ennemi. Tandis que les Drieu et Segonzac...

Quand Bel... dit : « C'est un grand peintre » ou « c'est un beau tableau », il n'exprime pas une opinion, il n'avoue pas un plaisir, une émotion, mais il fait acte de loyalisme envers la peinture et l'art en général.

Quiconque a passé par l'Université ou touché au journalisme n'est pas complètement à l'abri du vice de remplissage. Mais en Stendhal lui-même, pour des raisons de librairie, n'y a-t-il pas des pages entières de remplissage? Oui, mais, cyniquement, il les prenait chez les autres.

21 mai

En Italie, la ligne Adolf Hitler est percée.

« Un effort extraordinaire est fait en Angleterre, afin de convaincre les Français que leur fierté nationale et leurs intérêts essentiels les destinent à mourir pour le roi d'Angleterre. » (*Petit Parisien*, Jacques Roujon.) En effet, quelques Français, dupés par la propagande anglaise, sont assez stupides pour vouloir délivrer l'Angleterre occupée par les troupes allemandes et soumise à la *Gestapo*. En quoi cela les intéresse-t-il que les jeunes Anglais soient déportés en Allemagne? Qu'ont-ils à se mêler à un conflit strictement limité à l'Angleterre et à l'Allemagne?

« Le soldat russe, écrit dans le même journal un correspondant de guerre *Waffen S.S.* français, est fanatique. » Cependant, « il cesse de combattre dès qu'il ne sent plus derrière lui le Juif, qui le pousse avec son revolver... » De plus, « il est mal nourri, mal vêtu et n'a pas les moyens de se laver à fond ».

Ce soldat, qui « n'a pas les moyens de se laver à fond », bat le soldat allemand. Gœbbels et ses correspondants *Waffen S.S.* français (celui-là se nomme Lousteau [1]) croient-ils encore à leur victoire, à une chance de victoire, au miracle d'une victoire? Ou quelque litanie de propagande remonte-t-elle en eux du fond de leur automatisme, comme une prière d'enfant aux lèvres d'un agonisant?

À l'occasion du 53e anniversaire de l'encyclique *Rerum novarum* du pape Léon XIII sur la condition des ouvriers, le cardinal Liénart, évêque de Lille, a défini une fois de plus la position de l'Église face aux problèmes sociaux. Le cardinal n'hésite pas devant la conciliation des contraires. « Le travail, dit-il, appartient d'abord à l'ouvrier... » Il faut « affranchir véritablement l'ouvrier ». Mais, pour cet affranchissement, il faut s'en remettre à la Charte du maréchal.

« La représentation du Théâtre National de Hambourg, donnée hier soir à l'Odéon, était un message d'amitié à la France. » Les incarcérations, les déportations et le recensement de la classe 45 sont un autre message d'une même amitié.

Dépêche de Marseille. « Les colons d'Afrique noire française ont reçu l'ordre d'abandonner complètement leurs plantations de café et de cacao... Le Brésil, pour son entrée en guerre aux côtés des Alliés, exige la destruction de ces plantations, facteur de la mévente des cafés brésiliens... Ainsi l'Afrique française offre aujourd'hui une première vision du caractère affairiste de la guerre menée par les Alliés. »

Un camarade de D..., qui fabriquait en grande série de fausses cartes d'identité, vient d'être arrêté.

Le colonel, quelque temps après son retour d'Allemagne, fut reçu par Pétain.

– Où commandiez-vous, pendant la guerre?

Le colonel lui désigne le secteur qu'il occupa en 1940.

– Mais non..., lui dit Pétain, je vous parle de l'autre guerre, de la mienne.

Gorgé de sa légende. Un garde champêtre, qui a avalé sa plaque.

1. Jean Lousteau est l'un des trois journalistes de *Je suis partout* qui portent l'uniforme de correspondants de guerre de la *Waffen S.S.*

22 mai

On a lu à la radio une très belle page de Bernanos sur les dernières heures des condamnés à mort, sur les dernières heures d'un jeune homme de seize ans. Bernanos efface le schéma, où nous réduisons tout, même la mort d'un enfant assassiné, efface l'image que notre lâcheté, notre paresse ont vite fait d'encadrer dans la nécessité. Il nous contraint à ne pas détourner les yeux, à ne point enregistrer la fatalité. Cellule. Dernière nuit. Nous sommes les témoins des derniers pas que fait l'enfant entre la prison et le peloton, les témoins responsables. Oui, responsables, dans la mesure où nous cédons au besoin de l'oubli, au besoin d'être délivrés de l'intolérable. Bernanos repousse l'attendrissement, s'il n'est que ce besoin de délivrance, prétexte à nous délivrer des martyrs, à « ne pas les suivre ».

Un logement au sixième étage. L'homme, évadé d'Allemagne, la femme, une petite fille de quatre ans. Les Allemands frappent à la porte. L'homme passe par la fenêtre, fuit par les toits. La femme ouvre la porte. « Où est votre mari? – En Allemagne... Je n'ai pas de ses nouvelles. » Un des Allemands se penche vers l'enfant : « J'ai une petite fille, une petite fille comme toi. » Il joue avec elle, la prend sur ses genoux : « Où est ton papa?... Il faut me dire où est ton papa... » Et l'enfant, à qui on avait fait la leçon, répond : « En Allemagne » et répète : « En Allemagne, en Allemagne, en Allemagne », vite, vite, comme par jeu, comme si elle avait peur d'être interrompue.

Cela fut conté à S... par la blanchisseuse ou la crémière. Récit véridique ou légende? Le trait final me ferait croire à la vérité du récit : l'enfant, entraîné par les mots, répétant, comme par jeu, le : « En Allemagne, en Allemagne. »

Ceux qui croient dur comme fer à l'immortalité de l'âme ont moins de mérite que les mécréants à faire le sacrifice de leur vie. Mais cela n'est que pauvre logique, qui ne tient pas compte du sentiment de la mort, de l'angoisse de la mort. Selon notre état de plénitude ou d'anxiété, notre image de la mort varie autant que notre image de la vie. Et aussi et surtout notre « croyance en la mort ». Chacun a son néant personnel.

23 mai

Rumeurs contradictoires. Arguments de propagande contradictoires.

Un « ouvrier revenu d'Allemagne » a dit que les villes allemandes étaient terriblement bombardées, mais que d'innombrables usines étaient intactes.

Les usines épargnées par les avions anglo-américains fonctionneraient avec des capitaux anglais associés aux capitaux allemands. Cette guerre aurait-elle ses bassins de Briey [1] ? Je me souviens qu'un sénateur conservateur révéla à la tribune que des usines françaises, pendant la guerre de 1914, fournissaient du nickel à l'Allemagne. Je me souviens que les grands Q. G., pendant toute la guerre de 1914, ne furent jamais bombardés. Quelle que soit mon anglophilie d'homme de la rue, je me souviens de 1914 et je me demande s'il n'y aurait point quelque règle du jeu ésotérique, que les puissances cachent aux foules ?

Mais *Le Petit Parisien* de ce matin affirme au contraire que les usines françaises sont visées. (Signature : André Algarron.) « ... C'est de Londres, c'est de Washington, c'est de Moscou que partent les ordres qui visent à notre asphyxie économique et à notre désagrégation sociale. L'Angleterre et l'Amérique ont tout intérêt à étouffer la concurrence de l'industrie française pour l'après-guerre... »

Mais la propagande allemande (par la voix ou la plume des mêmes Algarron et Roujon de radio ou de presse) nous répète sans cesse que les aviateurs anglais et américains ne visent ni ne touchent nos usines et nos nœuds ferroviaires, mais les populations innocentes, les églises, les hôpitaux et les nurseries.

Londres, Washington et Moscou... Parfait accord entre Moscou, la finance de la *City* et de *Wall-Street*. La *City* et *Wall-Street* souhaitent la contagion du communisme. La *City* et *Wall-Street* sacrifient (ainsi parle le journal) « sur l'autel d'une internationale judéo-capitalo-marxiste ».

Cela ne peut étonner que ceux qui ne savent pas que marxisme et capitalisme sont les deux visages d'un même judaïsme.

Si une telle propagande est efficace auprès des Allemands, il en faut bien conclure que les Allemands sont un peuple stupide.

« On a vendu le lit et l'ameublement de François Coty [2]... Le lit a été adjugé 300 000 francs. C'est un grand lit à crosses en bois sculpté, repeint et redoré. Il est orné de moulures à guirlandes de

1. Le bassin de Briey, où François de Wendel possédait de nombreuses usines, a été occupé par les Allemands dès le recul stratégique décidé le 30 juillet 1914. Des voix à droite et surtout à l'extrême gauche ont accusé le maître des Forges d'être intervenu pour empêcher le bombardement de ses usines travaillant désormais pour l'industrie de guerre allemande. L'accusation est dénuée de tout fondement, quand bien même elle ait la vie dure.

2. François Spoturno, alias Coty, est un autodidacte qui a réussi dans les parfums ; désirant être un grand patron de presse, il lance *L'Ami du peuple* en mai 1928, s'assure pour quelque temps le contrôle du *Figaro* ; quant à sa carrière politique, elle n'est pas à la hauteur de ses ambitions : il finit par se faire élire maire d'Ajaccio en 1931 et la Ligue qu'il créa, La Solidarité française, ne dépassa pas les 25 000 adhérents ; il meurt le 25 juillet 1934.

fleurs, bouquets, rinceaux, feuillages et volutes. D'époque Louis XV, il a une garniture en ancien velours frappé de Lyon, à décor polychrome de gerbes fleuries enrubannées. »

Se représenter dans le grand lit à crosses le parfumeur en pyjama.

« Quatre fossoyeurs de Bagneux cambriolaient les tombes... Une surveillance organisée a permis de les arrêter. Interrogés, ils ont reconnu avoir violé un certain nombre de sépultures, pour s'emparer des bijoux des morts. Ces bijoux avaient été revendus à un bijoutier du quartier du Père-Lachaise, moyennant dix mille francs. »

Le lit de Coty, le décor polychrome de gerbes fleuries enrubannées, le lit de 300 000 francs et les fossoyeurs qui tirent les bagues des doigts des mortes.

Le lieutenant de spahis circule dans Paris, armé de papiers allemands, attestant son rapatriement. Pour le cas où leur authenticité serait mise en doute, il porte en bandoulière, sous son veston, une mitraillette.

Le colonel, pour juger un homme, ne peut se passer tout à fait des moyens de la hiérarchie militaire. « Il a fait une belle carrière. » Ou bien : « À vingt-quatre ans, il est décoré de la Croix de guerre et de la Légion d'honneur. » Mais – si l'on va tout à fait au fond – cette enfantine acceptation ne vaut-elle pas l'orgueil par système de l'homme qui se récompense lui-même, ne veut pas être le bon élève et refuse les témoignages de satisfaction, les rubans et les ferblanteries militaires, académiques? Au fond, tout au fond? On s'engage dans le refus comme on s'engage dans l'armée. Par choix ou par imitation. Une minute décide de tout et le pacte est signé.

Que me voilà sceptique. Serais-je lâche, usé? Le refus ou l'acceptation sont quand même traits de caractère? Ainsi Élie Faure écrivit un article « pour remercier Bonnard, Vuillard, Roussel et Vallotton d'avoir refusé la Légion d'honneur ». Ainsi je me souviens de mon plaisir, dans le jardin de Giverny, à « réaliser » soudain que ni Monet ni Mirbeau n'étaient décorés. Et ces bouts de lettres, citées par Geffroy, de lettres d'excuses, que Renoir, quand il accepta d'être décoré, écrivit à Monet.

Rafles rue de Rennes. Ce sont les agents de la police parisienne qui opèrent. Suzanne a vu passer deux cars de police, pleins.

Un correspondant de guerre *S.S.* du *Petit Parisien* converse avec un paysan hongrois. « Celui-ci m'exprime toute sa sympathie envers mon pays, qu'il considère comme un des piliers de la civilisation européenne. »

En haut, un de Brinon, par exemple, d'ambition aigrie, toxicomane ayant perdu toute pudeur, jouant sa politique, comme un acteur joue un rôle, y croyant comme un acteur croit à son rôle, ne se croyant pas criminel, s'il joue le rôle d'un criminel, coupé de tout lien avec le réel, touchant son salaire, comme le traître du mélodrame touche le sien.

En bas, cet obscur journaliste, intercalant dans son article le texte dactylographié que, chaque jour, lui communique le bureau de presse allemand. Je demande à C... quel est cet homme? « Un brave type calme, une tête moyenne de petit comptable. Il ne touche que ses maigres appointements. Il est convaincu, il croit que le bureau allemand lui communique chaque jour une tranche de vérité. » Peut-être au début a-t-il cru n'exécuter qu'une tâche de journalisme, une besogne de métier. Il eût commencé ainsi une campagne sur l'enlèvement des ordures ménagères, le danger des rats, la prophylaxie de la typhoïde. Peut-être la conviction lui est-elle venue par automatisme, selon la loi de « l'Abêtissez-vous ».

Les Vir... nient les déportations, les exécutions, les tortures, les enfants du Vel' d'Hiv'. Il y a vraiment deux mondes distincts, étanches : le leur et le nôtre.

Désigné pour l'Allemagne, un jeune homme, depuis des mois, vit, caché dans une chambre, dont il ne sort jamais, même la nuit.

G... affirme qu'Alger est une mare aux grenouilles, où les politiciens coassent. Un voyageur clandestin, que Christian connaît bien, porte sur Alger le même jugement. De Gaulle ne serait-il que le soldat de 1940? Incapable de se garer des politiciens flasques? De Gaulle ne saurait-il pas contraindre les événements et les hommes? Sa pureté même le perdrait-elle? Ou est-il le « grand homme » aux vastes desseins, saisissant dans le chaos d'aujourd'hui les jeux des passions et de l'économie? Peut-être. Sans quoi pourquoi les puissances de la finance et de la routine le mordraient-elles aux talons?

Du fait qu'il refuse de reconnaître le comité d'Alger, Churchill donne consistance aux plus vagues rumeurs : on verrait bientôt un « renversement d'alliances ». Les Américains se sépareraient des Russes, feraient alliance avec Pétain, avec Chautemps, avec d'autres encore en coulisse, entreprendraient la guerre contre le communisme. On dit aussi que Franco transmettrait des propositions allemandes de paix. Ainsi la paix serait la paix de Vichy. La France ne serait plus organisée par l'Allemagne aidée de la milice, mais par la milice aidée de l'Allemagne.

« Que ceux qui sont pour les Allemands, dit cet employé de banque, se battent à côté des Allemands. Que ceux qui sont pour les Anglais se battent à côté des Anglais. Moi, je suis pour les Français. Je n'ai pas à me battre. »

J'apprends la mort de Brossolette [1]. La version allemande est qu'il a tenté de s'enfuir et qu'une sentinelle a tiré.

L'abbé Fanget est l'homme aux deux personnalités alternantes, que construisirent les psychologues, quand fleurissait l'hystérie de Charcot. L'homme en soutane, l'homme en veston. L'homme en veston a été deux fois dénoncé. Trois de ses collaborateurs ont tenté de tuer un chef de la *Gestapo*. Il fut touché, mais non pas tué. À croire qu'il portait une cuirasse. Deux ont été arrêtés. Le troisième a pu fuir. L'abbé organise des groupes de vingt à trente hommes. On parle de ceux qui ont été exécutés, me dit S..., sans attendrissement, sans effusion. On constate, on enregistre. Le risque était connu, accepté. Cette acceptation donne peut-être une grande paix.

Ainsi dans les escadrilles. Il n'y a point de pleureuses pour les morts. Celui qui n'est pas revenu, que chacun le pleure en soi-même. Il n'y a point de cérémonial funéraire. On continue à chanter à la popote les chansons habituelles, les chansons d'obscénité liturgique.

L'abbé apprend le catéchisme aux enfants du faubourg, dégage des cadavres dans les ruines des maisons bombardées, procure aux traqués des cartes d'identité, organise des groupes et les échelonne. Quelle est sa France? Quel est son Dieu? Son Christ est-il le Christ au faubourg des tableaux naïfs? Est-il un Christ plus mystique ou plus savant? Peut-être l'a-t-il si bien trouvé qu'il n'a plus à se mettre en peine de le chercher ou de le définir.

Quoi pousse Suzanne à aider, sauver, risquer? Quoi pousse l'abbé? Quoi pousse le communiste, qui croit?

Tout est menacé, tout est pris, le ventre et l'âme. Jeunes gens traqués. Otages de quatre-vingts ans. Et point d'autre refuge que le dégoût ou une rage aussi impuissante que le dégoût.

On disait hier qu'un ordre d'évacuer les rues voisines du Sénat était affiché à l'intérieur de la mairie. Andrée François a passé devant la mairie. Elle n'est pas entrée. Elle s'abandonne à la fatalité.

En 1914, les mœurs de la liberté étaient fortes, plus fortes parfois que la guerre. Il arrivait que la liberté fît peur à la guerre.

La peur créatrice. Et d'abord cette croyance, en quelque sorte mystique, si commune chez ceux qui furent combattants, que ceux

1. Pierre Brossolette a été arrêté, le 3 février 1944, alors qu'il tente de regagner l'Angleterre sur le bateau *Jouet des flots*, d'abord incarcéré à Rennes, il est reconnu le 19, transféré à Fresnes, le lendemain, amené au siège de la *Gestapo*, avenue Foch, le 22; redoutant de livrer des informations, il se jette, dans la soirée, du cinquième étage et meurt dans la nuit à l'Hôtel-Dieu, sans avoir repris connaissance.

qui ont, avant une attaque, le pressentiment de leur mort, sont tués. Mais ici, c'est le pile ou face de la cartomancienne. On ne retient que les cas favorables. Ceux qui ne sont pas tués oublient ce pressentiment. La peur créatrice, c'est autre chose. Ainsi la peur du désordre chez les Pétain de toutes sortes crée ou ouvre les voies au plus atroce désordre. Ainsi la peur de la guerre dans les années 1930 a créé la guerre.

Quand fut créée la Milice, j'ai cru, les paysans ont cru qu'elle était un résidu de la Légion, une Légion renforcée de policiers et de sans-place qui s'engageaient « pour la croûte ». On ne prévoyait pas le règne de Darnand, les miliciens tuant eux-mêmes ou guidant les Allemands, les fournissant de Français à tuer, comme les gardes des chasses présidentielles faisaient lever du gibier pour les souverains invités [1].

28 mai

Cinq soldats allemands attendent je ne sais quoi au coin de la rue d'Assas et de la rue Madame. Désœuvrés, silencieux. Une jeune femme passe, en corsage rose et pantalons blancs (un drôle de costume moitié ski, moitié Côte d'Azur). Pas un n'a levé la tête, pas un ne l'a suivie des yeux. Faut-il croire que ce peuple est plus enclin au vol et à la cruauté qu'au viol ?

29 mai

On s'accroche à tout. « Si, dans un message, a dit Mme C..., il est question de rhinocéros ou d'hippopotame, cela signifie que le débarquement est imminent. Dans un des messages d'hier soir, j'ai entendu le mot : hippopotame. Mais il n'y a pas eu de débarquement ce matin. »

Le fantôme du père Ubu, parlant à Nancy [2], a envisagé l'hypothèse d'un débarquement et a donné aux Français le conseil de rester neutres, de ne pas se mêler des affaires des autres.

Hier soir, Philippe Henriot défendait à la radio « l'art, patrimoine sacré de la patrie ». *Andromaque*, disait-il, avait été monté au théâtre Edouard-VII, dans un style « zazou ». Et les acteurs,

1. Dans la Milice, notamment dans sa branche armée, la Franc-Garde, se sont bien engagés des jeunes de condition modeste, notamment des ouvriers agricoles, attirés, entre autres choses, par le montant de la solde. Mais les têtes de la Milice, et en premier lieu son secrétaire général Joseph Darnand, sont des militants, presque tous issus de la droite extrême qui ont désormais le projet politique d'établir un régime totalitaire. En 1944, Vichy est devenu un État paramilicien.

2. Il s'agit évidemment de Philippe Pétain, qui se rend à Nancy le 26 mai. La neutralité exigée revient à interdire aux Français d'aider les Anglo-Saxons.

jouant dans le même style inverti et décadent, attentaient à la majesté d'un chef-d'œuvre, consacré par « tous les aréopages spirituels »[1].

On s'étonne qu'un seul homme puisse contenir en lui tant de clichés, lieux communs et poncifs, mêlés à tant de pathos. Et ces poncifs, lieux communs et clichés n'étaient point débités comme par acquit de conscience, mais d'une voix âpre et furibonde, qui se voulait pathétique. Et ce pathos pathétique et ces clichés impudiquement accumulés ne glissaient pas, comme il en va d'ordinaire, inertes et de tout repos, mais se dilataient, comme des gaz dans le ventre d'un noyé.

Je ne sais si le metteur en scène du Théâtre Edouard-VII a tenté de débarrasser *Andromaque* de trois siècles de gloses (ainsi Jouvet montant *L'École des femmes*) ou s'il a cédé à un pauvre snobisme décoratif. Mais je ne vois pas comment ils ont pu faire à Racine plus de tort que telle actrice du Français qui tantôt ronronne le vers et tantôt le dépèce et toujours bafouille.

Quels sont nos rapports avec les classiques? Du pauvre bachoté plus ou moins bachotant, en montant jusqu'à l'abbé Brémond, jusqu'aux délicats. Et toi-même, moi-même, tout nus devant *Andromaque* et *Britannicus*?

« Nous autres hommes du Moyen Âge... » Nous autres les classiques.

30 mai

« Le Préfet de police interdit les représentations d'*Andromaque* au Théâtre Edouard-VII... – La Milice lui avait fait savoir que, soucieuse de la protection intellectuelle de la France autant que de la moralité publique, elle s'opposerait au spectacle actuel du Théâtre Edouard-VII. »

Les miliciens défendant Racine, une interprétation officielle de Racine selon la Milice.

Orthodoxie racinienne selon la Milice. Je propose à la propagande un thème touchant la relativité universelle. « La relativité est une doctrine juive. Elle contient en elle tous les pouvoirs de désagrégation et corruption. Selon le Juif Einstein, tout est relatif. Ainsi les lois les plus sacrées, les plus hautes obligations de la morale éternelle sont sans fondement et peuvent être enfreintes et violées, s'il y va de l'intérêt du communo-capitalisme. Einstein, hypocritement, formula d'abord une doctrine de la relativité restreinte, mais, bientôt après, il imagine la relativité universelle,

1. Le jeu de Jean Marais et d'Alain Cuny a déplu au petit monde collaborationniste. La Milice qui, décidément, tranche de tout, fait interdire par la préfecture de police les représentations de la pièce.

c'est-à-dire la contamination de l'univers entier par le poison judéo-maçonnique. »

« Plus de 5 000 Français massacrés en deux jours par les Anglo-Américains. – Indignation de l'épiscopat français. » Une fois de plus, on se demande pourquoi l'épiscopat français ne s'indigne pas quand les Allemands fusillent des Français ou emprisonnent comme otages des Français de quatre-vingts ans. Il est vrai que les journaux ne publieraient pas les témoignages de cette indignation. On en aurait connaissance, cependant, ne fût-ce que par les arrestations de quelques prélats.

M. Louis Marin (patriotisme lorrain et libéralisme bourgeois) [1] parle à la radio de Londres. Ses paroles sont d'une extrême banalité. Mais se scandaliser de cette banalité n'est peut-être que préjugé littéraire. Le discours politique n'est peut-être qu'un langage liturgique. Le peuple en connaît la tendance, l'orientation.

Ainsi cette histoire suisse :

Le père : « – As-tu été au temple, ce matin ? » Le fils : « – Oui. » « – Qu'a dit le pasteur ? » « – Il a prêché. » « – Sur quoi ? » « – Sur le péché. » « – Et qu'en a-t-il dit ? » « – Il était contre. »

Nous sommes tous prêts à toutes les libéralités. Combien de cadavres français donneraient les collaborateurs pour que l'Allemagne soit victorieuse ? Et combien, nous-mêmes, pour que l'Allemand quitte le sol de France ?

1er juin 1944

Claude, classe 45. Devra-t-il fuir, se cacher ? À Paris, à Saint-Amour ? On parle de fermes merveilleuses, d'entreprises forestières. Les journaux répandent des bruits de dissidence dans la dissidence. Sans cesse retardé, le débarquement semble un mythe, la lointaine allégorie d'une délivrance dans l'autre monde. Dégoût, torpeur. Et puis on se revigore avec cette idée simple : « Pourquoi, s'ils n'avaient pas l'intention de débarquer, s'obstineraient-ils à bombarder usines et voies ferrées et à atteindre par erreur les quartiers d'habitation ? Pour le seul plaisir (comme le dit la propagande allemande, quand elle ne dit pas le contraire) de tuer des enfants et des femmes ? »

1. Député de Nancy depuis 1905, plusieurs fois ministre, président de la fédération républicaine (un parti de la droite classique), une figure du nationalisme traditionnel, Louis Marin s'est opposé au clan de l'armistice et a voté contre les pleins pouvoirs. Mais jusqu'alors, il est demeuré silencieux et ne s'est pas engagé dans la Résistance.

Ils souhaitent le départ des Allemands par évaporation miraculeuse. Après quoi, il leur plairait de donner le pouvoir à un vague roi ou à quelque parlementaire crapuleux, qui serait pour eux de tout repos.

Cette bouteille de Chardonnay, autour de laquelle se cristallisent vingt ans de paysages et d'amitié.

Parmi les résistants, tel maintenant pèse sur moi d'un terrible poids d'ennui. Je l'admirais, je groupais ses actes. Mais il est terne dans les intervalles. L'histoire, la littérature annulent les intervalles, les temps de point mort. Mais c'est dans ces temps que je suis en contact avec lui. Et je deviens stupidement injuste. Je ne saisis plus son centre, son lieu d'animation. J'appelle à mon secours les absents avec qui respirer, c'était autant que parler. Que S... va mieux à l'essentiel! Quand elle a vu la petite lumière du fond de l'être, si la petite lumière vacille ou s'éteint, elle y voit encore dans l'obscurité.

Il est des hommes si pauvres de richesse intérieure qu'on ne les admire pas, quand ils risquent leur vie. Ils n'ont point autre chose à donner.

Un ancien lieutenant du colonel sert dans le premier régiment de France. « Quel genre d'homme? – Intelligent, très pieux et aimant l'ordre. » Il aime l'ordre, comme d'autres veulent se marier, désirent l'état de mariage, mais ne savent pas avec qui. Il peut arriver qu'ils épousent une catin.

2 juin

Le journal : « Rouen et sa cathédrale ravagés par les flammes. Le centre de la ville n'est plus qu'un immense brasier. »

« Le tribunal militaire allemand a condamné à la peine de mort quinze jeunes gens des groupes de résistance... Le plus jeune d'entre eux a dix-huit ans. »

Que valent nos images d'Épinal? Les Anglo-Américains débarquent. L'Allemagne capitule. Un univers « démocratique » tente de naître. Mais quelle démocratie? Churchill n'est pas un apôtre et Roosevelt n'est pas Walt Whitman. De Staline, nous ne savons plus rien, sinon qu'il est maréchal. Quel sera le jeu de la haute finance, de l'industrie lourde et de la vieille politique des diplomates? Et les peuples, les foules? Foules lasses, foules rêvant de justice? Et quel sens donnera-t-on au mot liberté?

Je raisonne à vide. Je suis un grain de sable dans le désert, une goutte d'eau dans la mer.

« Une délégation du parti populaire français, ayant à sa tête M. Barthélemy, s'est rendue sur la tombe du Soldat inconnu, puis au Mur des Fédérés, où eurent lieu les exécutions de 1871 [1]. »

Ainsi les doriotistes déposent des gerbes au Mur des Fédérés. Hypocrisie ? Pas même. L'hypocrisie transforme, invertit, simule, mais n'affirme pas ce qu'elle nie et ne nie pas ce qu'elle affirme. Chez les nazis et leurs épigones, la pensée n'est qu'un moyen de détruire toute pensée et de créer un animal humain qui n'obéit qu'au cri.

Le président du Conseil municipal de Paris télégraphie au maire de Rouen : « Avec la destruction de la cathédrale et des trésors d'art qui l'enchâssaient, l'humanité s'est trouvée brutalement appauvrie d'une de ses plus prestigieuses et plus authentiques parures. » (Que peut bien être un « trésor d'art » pour qui parle ce langage ?) Quand j'entends ces gémissements sur les vieilles pierres, je me sens devenir un barbare.

Éliminer la jérémiade politicienne, la cuistrerie, le boniment, chercher le vrai rapport d'une œuvre d'art à nous-mêmes. La relation est instable, fragile. On y perd son esthétique et, au besoin, sa sincérité.

Fenêtres mortes, nudité de la rue, un monde désert en asphalte. Il y avait des coins de Paris ainsi vidés, en 1914, le premier jour de la mobilisation.

À force d'être inquiet, on prend une mauvaise conscience.

Un avion anglais, nous dit Louise, est tombé dans un champ, à la Chapelle-Thècle (entre Tournus et Louhans). Un seul des aviateurs a pu utiliser son parachute. Les Allemands ont déshabillé les cadavres, ont pris leurs vêtements. Puis, entr'ouvrant les mâchoires de ces cadavres, ils en ont arraché les bridges et les dents aurifiées.

Babel, dans un récit de la guerre entre l'Armée rouge et les troupes de Koltschak, Wrangel ou Denikine, montre les Russes blancs arrachant les dents en or des cadavres.

De sa fenêtre, boulevard Arago, la fille de la blanchisseuse de la rue Vavin a vu un milicien abattre un jeune homme à coups de revolver. On ne sait rien d'autre, sinon que le bruit a couru que ce jeune homme avait, le jour même, passé son bachot.

1. Ancien militant du P.C.F., Victor Barthélemy a suivi Doriot au P.P.F. et est devenu secrétaire général du parti. Une fraction de l'extrême droite se pique d'honorer les morts de la Commune, des hommes et des femmes victimes de la bourgeoisie ploutocratique.

Les Anglo-Américains sont dans les faubourgs de Rome.

Chronique de la guerre civile : « Trois médecins d'Eymoutiers assassinés... Un facteur et sa fille sont enlevés et tués... Un bandit abattu par un cultivateur... Des miliciens victimes d'agression, etc. »

La distribution d'électricité est supprimée de 7 heures à 13 heures et de 13 heures et demie à 22 heures. Cela coupe des ponts entre l'événement et nous. Nous ne pourrons plus interroger la radio à nos heures, selon nos manies ou notre commodité.

Un numéro de *Je suis Partout*, un numéro du *Pilori*, du commencement de l'année dernière, entouraient des paquets. Ceux qui écrivent en ces feuilles croient-ils à ce qu'ils écrivent? C'est mal poser la question. L'habitude c'est la conviction. La stupidité même de leurs arguments laisserait croire qu'ils sont convaincus que leur conviction se suffit à elle-même, se nourrit d'elle-même.

Quand vous dites : « Pensent-ils ce qu'ils écrivent » le mot : pensée déjà est ambigu. Le polémiste ne pense pas de pensées. Il lance des pensées comme il jetterait des pierres. Il n'y a dans la pierre ni vérité ni mensonge. Se demander si les rédacteurs de ces feuilles sont ou ne sont pas sincères, c'est être dupe, c'est entrer dans leur jeu. Leur conviction est, en elle-même, crapuleuse et vénale. La vénalité leur est une faculté de l'âme.

En cette sorte d'hommes, les idées glissent, l'homme glisse. Bien avant la guerre, quelques-unes de ces bêtes glissantes avaient été touchées par le fascisme et le nazisme.

En sa leçon d'ouverture au Collège de France, Henri Wallon montrait comment, si même on élimine la vénalité, ces systèmes contaminent. Ils méprisent ou plutôt haïssent l'intelligence, façonnent l'être humain en bête de troupeau. « Ils en appellent à l'homme originel et, faisant passer au premier plan ce qu'il y a de biologie en lui, le sang, la race, ils y rattachent, par une extravagante confusion, des systèmes déterminés de pensée, qui prennent ainsi une sorte de fatalité et ne sauraient plus être discutés. »

À la limite, l'improbité de l'esprit se distingue mal de la bêtise. La bêtise et la vénalité même se confondent comme se confondent deux couleurs sur un disque tournant. Parler de conviction n'a plus de sens. La conviction, chez le journaliste véreux, est abolie comme la pudeur physique chez la fille publique.

Mme Ph... revient de Saint-Amour. En ce bourg de deux mille habitants, deux cents miliciens sont installés. D'après le maire, un compromis se serait établi : ils s'opposent peu au ravitaillement du maquis, à condition que les paysans les ravitaillent aussi. Ils ont interrogé quelques habitants, dénoncés comme suspects. Ils ont tué, dans la « charrière », étroit chemin creux, un réfugié inconnu, dont l'identité n'a pu être établie.

Que je suis cultivé! J'ai à portée de ma main, sur ma table, par hasard, Descartes, Pascal et Mallarmé. À portée de la main, mais le cœur n'y est pas. La philosophie de Descartes me semble hiératique. Mallarmé me semble un bibelot de jade. Pascal ne me brûle plus. Je m'en approche, comme un vieux chien approche de la cheminée.

J'en suis là, ce matin, je suis si vide que j'ai envie de faire une réussite. Je ne connais pas de pire humiliation. Je cherche les cartes. Je ne les trouve pas. Je passe dans la pièce voisine. Assis sur son lit, Claude dispose les cartes et se prépare à en faire une. Je m'éloigne et je ne lui dis pas que moi aussi...

XII

DÉBARQUEMENT EN NORMANDIE

6 juin

DÉBARQUEMENT.

La radio américaine de huit heures et demie, ce matin, n'annonçait rien. À midi, Claude revient du lycée. Un bruit vague de débarquement s'y était répandu, auquel personne ne croyait. On disait que des péniches remontaient la Seine. « Mais oui..., avait dit un farceur, les Américains défilent sur le quai Saint-Michel. »

Suzanne revient un peu plus tard. L'événement l'a approchée davantage. Elle a rencontré Gar..., homme sage et froid. « La radio suisse, lui a-t-il dit, a annoncé le débarquement sur plusieurs points de la côte... J'ai entendu, entendu moi-même, de mes oreilles. »

Mais il tremble de peur : « Comment se fera le ravitaillement? Va-t-on se battre dans Paris? »

Durel [1] était dilaté de joie, d'espoir.

À une heure, nous prenons la radio de Londres. Je voudrais tirer sur les mots, pour qu'ils disent davantage, comme si les mots avaient le pouvoir de créer les événements. Je me sens délié, allégé. Comme si j'avais porté sur mes épaules tout le poids de la guerre, comme si on venait de m'en délivrer.

Émission de Vichy. Le maréchal lance un « solennel avertissement... » La voix d'un fantôme [2].

La rue est telle que les jours précédents : asphalte, passants décents, ménagères au cabas, cyclistes.

« Un des malades de mon service, me dit Henri Febvre, étudiant en médecine, a jeté une cigarette à peine fumée. Comme je m'en

1. Auguste Durel est un collègue de Suzanne Werth à la B.N.C.I., où il travaille au service de la publicité.

2. *Radio-Vichy* diffuse à 14 h 15 un « Message », rédigé le 19 février 1944, que l'occupant, en prévision d'un débarquement anglo-saxon, avait fait enregistrer depuis quatre bons mois. Le Message se termine sur ces mots : « Je vous adjure, Français, de penser avant tout au péril mortel que courrait notre pays si ce solennel avertissement n'était pas entendu ».

étonnais, il m'a répondu : “ Plus besoin maintenant de garder les mégots ”. »

Souvent on lit : « Nos troupes n'ont subi que des pertes minimes. » Mais les « perdus », ce « minimes » semblent réduire à rien leur mort. Ils ne sont plus qu'une réduction de morts, des ombres de morts. Un mort égale, en vérité, un million de morts. Je souffre de cette arithmétique humaine, de cette application des quatre règles à l'homme.

J'entends pour la première fois Hérold-Paquis [1]. On dirait l'agitation d'un singe, d'un singe qui casse des mots.

7 juin

Il faut l'avouer : nous ne sommes pas heureux, dilatés, comme nous l'espérions. « On a trop attendu... », dit je ne sais plus qui. Mais c'est autre chose, je crois. Certes, le débarquement ne nous apparaissait plus comme l'ange exterminateur qui, d'un seul souffle, anéantirait l'ennemi et nous donnerait la victoire et la paix. Mais nous attendions quand même, au fond de nous, je ne sais quel immédiat changement dans l'air du temps. Ils sont au Havre, à Caen, si près. Et tout est pour nous comme avant. Rien de plus que s'ils avaient débarqué dans une île du Pacifique. Nous sommes déconcertés par ce contraste. L'événement est immense, mais il n'est qu'objet de pensée. Rien de palpable ne le lie encore à nous. Nous en cherchons une preuve sensible comme on tend la main avant l'orage, pour sentir les premières gouttes de pluie.

Rien ne nous délivre encore de notre monotone angoisse quotidienne. Quelles sont les intentions des Allemands? Grouper les hommes, les diriger vers l'Allemagne? Les parquer en France? Les utiliser à des travaux de défense? On dit qu'ils ont compulsé à la mairie les feuilles de recensement. La boulangère a vu passer trois camions remplis de jeunes gens, gardés par des policiers allemands et français.

Le Petit Parisien : « La plus grande partie des troupes qui ont abordé par mer a été rejetée... » et : « presque toutes les troupes de parachutistes sont anéanties entre le Havre et Cherbourg. »

Force de l'affirmation, quelle qu'elle soit et d'où qu'elle vienne. Cela suffit pour que j'éprouve un doute bref et je ne sais quelle déception. Au fond de moi-même, je croyais peut-être que le premier Anglais ayant débarqué, les bureaux et les imprimeries des journaux flamberaient d'une seule flamme et ne seraient plus qu'un tas de cendres.

1. Sur Hérold-Paquis, cf. infra p. 680.

Suzanne, le colonel, sont étonnés du calme des rues, un calme grave, disent-ils, qui n'est pas indifférence, mais sentiment du tragique. Ne projettent-ils pas au-dehors leur propre sentiment?

Le capitaine Charpentier a dit à Suzanne qu'il venait d'assister à une réunion d'anciens officiers de son régiment. Ils étaient quarante-trois. Trois ou quatre sont prêts à se battre. Les autres, bien décidés à ne pas bouger. « C'est Pétain, dit le capitaine, qui est responsable de cela. » Non pas lui seulement. Ce sont des bureaucrates militaires, qui n'aiment pas la bataille et qui ne marchent pas sans fascicule de mobilisation. Mais est-ce par hypocrisie ou stupidité qu'ils prennent pour caution la conscience de Pétain?

8 juin

Journal : « Le centre d'Information régionale organise un grand concours entre les jeunes écoliers et écolières français... Tous les enfants de sept à quinze ans pourront prendre part à ce concours, dont le sujet est une lettre sur le thème : *Pourquoi l'Europe s'est-elle unie pour combattre le bolchevisme?* et qui devra définir les bénéfices immenses que l'Europe nouvelle doit retirer de sa victoire à l'Est. »

Les enfants de sept ans font souvent d'agréables dessins. Peut-être ont-ils aussi d'étonnantes intuitions sur le bolchevisme, le matérialisme et les lois de l'économie. Et après tout on leur demande bien de définir quels sont les rapports réciproques des trois personnes qui sont en Dieu. (Je sais... je suis primaire.)

« Je suis guerrier, me dit le colonel. J'aime la bataille. » – « Vous aimez le souvenir de la bataille, mais êtes-vous bien sûr que vous aimiez la bataille, la bataille pour elle-même? » Il me conte quelques souvenirs de guerre. De son récit, d'autres récits sans mensonge, je dégage ce schéma : 1° Anxiété avant l'attaque; 2° Dès l'attaque commencée, libération de cette anxiété d'attente, par la substitution du risque réel au risque imaginé. Tout semble à jamais résolu. La peur et le courage poussent en avant le chef comme le soldat. L'air est plus léger. Le corps plane comme en certains rêves. Une grande simplification s'est faite; 3° Le chef est sous le regard des soldats. Il est regardé, se sait regardé, se sent regardé. Il ne sait plus s'il entraîne les soldats ou si les soldats le poussent. (Quelques chefs m'ont avoué une sorte de plaisir analogue à celui de l'acteur en état d'échange avec son public.)

9 juin

Bayeux. Caen. Cherbourg. Je ne sais pas penser par tête de pont. Je ne vois que des chars qui s'entrechoquent et, dans le ciel, des parachutistes.

Style paysan. Le correspondant de guerre du *Petit Parisien* exécute sa consigne avec une déconcertante naïveté. Il fait ainsi parler un « bon paysan » de Normandie : « Les Anglais et les Américains ne pouvaient donc pas nous laisser en paix?... Cette histoire d'invasion ne durera plus longtemps, grâce à la force défensive des Allemands. J'espère qu'ils repousseront bientôt les envahisseurs de notre belle France pacifique et que nous pourrons alors vivre de nouveau en paix. »

On dit (et c'est vraiment : « On » qui parle, un « on » à qui personne ne peut donner une identité, un visage, une situation dans l'espace), on dit que, depuis le débarquement, les Allemands qui sont à Paris ont très peur et qu'ils sont étonnés de l'immobilité de la population.

Faut-il voir, dans le texte concernant le couvre-feu, une preuve de cette inquiétude, de cet étonnement? Le *Militaerbefehlshaber* « prolonge la couvre-feu de 0 heure à 1 heure afin de permettre à la population de se rendre aux spectacles cinématographiques, prévus pour les heures tardives de la soirée. »

« Cette décision, prise depuis quelques jours déjà, entre en vigueur par suite de l'attitude calme dont a fait preuve jusqu'ici la population parisienne en dépit de l'invasion. »

Le « jusqu'ici » est-il l'inconscient aveu d'une inquiétude pour l'avenir? Le « en dépit de » laisse-t-il entendre que, selon le *Militaerbefehlshaber*, l'émeute à Paris eût été la répercussion normale du débarquement?

Je voudrais qu'un historien braquât pour moi sa lanterne. Les hommes de l'âge dit classique ne considéraient que l'homme universel. Non pas seulement quand ils composaient des tragédies. Le professeur Brunot (la seule fois que je l'ai rencontré) me disait que les jésuites (dans je ne sais plus quelle Amérique) avaient favorisé les unions des Blancs avec les femmes indigènes, à condition qu'elles ne fussent pas concubinages. Mais c'était aussi l'époque des castes. La noblesse était raciste : elle avait du sang bleu.

10 juin

Normandie, Italie. Algèbre de chars et d'avions. Bayeux, première ville redevenue française. Paris est immobile. Les quatre ans d'occupation ont agi comme l'injection de curare qui n'insensibilise pas, mais paralyse.

Si l'Allemagne avait envahi l'Angleterre, quels couplets de propagande n'entendrions-nous pas sur le génie organisateur et le « dynamisme » de l'Allemagne!

Au marché, cinquante femmes font queue devant quelques salades. Chez la fruitière, les planches sont nues. Rien à vendre, sauf deux ou trois bouteilles de vin, à 196 francs. Plus de colis à domicile par chemin de fer ou camion.

Rumeurs : le premier régiment de France, le régiment de Vichy, a pris le maquis. Le maquis est maître de quelques villes du centre : Tulle, Limoges. Giraud, de Lattre de Tassigny en ont pris le commandement [1].

Toujours est-il que le maquis a délivré les otages que Vichy avait incarcérés au Mont-Dore et, parmi eux, le frère du général Catroux.

Le colonel dit que la guerre ne fait que commencer. Je crois qu'il se trompe. Il oublie que, comme le disait de Gaulle, l'Allemagne a pris « l'habitude de la défaite ». Depuis quatre ans, les événements s'enchaînent selon la pauvre logique d'une défaite et d'une trahison bureaucratisées. Ils se traînaient au sol, entre les bottes. Demain, tout neufs, éclatant d'imprévu, ils jailliront comme des étincelles.

Il y a, à un carrefour des temps, un poteau indicateur avec flèche vers l'avenir et distances kilométriques. On y peut lire : « Ère nouvelle... Démocratie... Justice... » Ainsi Churchill et Roosevelt n'ont point d'autre fin que justice et démocratie? Ainsi l'avenir est tout blanc de candeur? Ainsi tous les hommes d'état, sauf Hitler, ont balayé les calculs de la finance et de la grosse industrie? Et même les persistances, les séquelles du stupide jeu diplomatique? Si même ils mentaient, si même ils mentent, leur mensonge ne se détachera pas d'eux, leur mensonge les contraindra, emportera avec lui quelque chose d'eux-mêmes et du monde. Cela dépend des peuples. Pourtant après 1918? Après 1918, les peuples ont dansé, dansé sur leurs dix millions de morts.

11 juin

De Gaulle déclare qu'il n'y a pour l'instant aucun accord entre le Comité d'Alger et les Alliés, pour l'administration du territoire français, au fur et à mesure de sa libération. Il proteste contre les proclamations du général Eisenhower, qui « paraissent annoncer une sorte de prise de pouvoir du commandement interallié sur la France [2] ».

1. Paris effectivement bruit de rumeurs. Seule information exacte : les 7 et 8 juin, les résistants s'emparent de Tulle; mais dès le 9 au matin, la ville est sous le contrôle d'éléments de la division *S.S. Das Reich* qui pendent aux balcons et aux branches d'arbres de la ville 99 otages. Quant au 1er régiment de France (cf. supra p. 616) une partie de ses 3 000 hommes combattent l'occupant.

2. Le 6 juin, le général Eisenhower s'est adressé aux peuples norvégien, hollandais, belge et luxembourgeois, en leur disant qu'il entendait collaborer avec eux. Mais comme la Maison Blanche estimait qu'il n'existe pas de gouvernement français représentatif, Eisenhower a invité les Français à « exécuter ses ordres »,

De Gaulle proteste. De plus, il proteste net, clair, sans réticences, sans contournements de pensée ou de langage, sans interposer entre les Anglais et lui un matelas de précautions ambiguës, sans circonlocutions capitonnées. De Gaulle serait-il enfin l'homme d'État qui rompt avec le style diplomatique, avec le style à endormir les peuples ?

12 juin

J'apprends par hasard la mort de Roussel... Il est mort, il y a une dizaine de jours. La guerre prison. La guerre crée d'étranges interruptions d'amitié. Que j'aurais voulu le revoir ! Bonnard, Vuillard, Roussel [1], tous si différents. Mais, dans leurs radiations, leur présence, quelque chose de commun : une gravité gaie. Ceux qui vinrent après étaient techniciens, boxeurs, conseillers de préfecture.

Le P. Sertillanges [2], parlant à l'Académie des sciences morales et politiques, « condamne le capitalisme libéral ». – « Je suis plus socialiste que vous », disait l'habitué du café du Commerce.

Pauvres mots. À force de tirer dessus, ils finiront par les casser.

Électricité et gaz au compte-gouttes. Trafic télégraphique et trafic téléphonique, régional et interurbain, suspendus dans une partie de la zone occupée. Qu'entendent-ils par zone occupée ? Selon la radio et les rumeurs circulantes, les forces armées de l'intérieur tiennent plusieurs villes.

État de guerre, moins déprimant, moins avilissant que l'état léthargique d'occupation.

tout en ajoutant qu'ils « choisiront eux-mêmes leurs représentants et leur gouvernement ». Pour protester contre ce qu'il considère comme une immixtion intolérable dans des affaires strictement françaises, Charles de Gaulle refuse de prononcer une allocution à la suite de l'intervention du généralissime américain ; il n'interviendra sur les ondes de la B.B.C. qu'à 18 heures ; le 10 juin, dans une déclaration à l'agence A.F.I., il proteste officiellement contre la politique américaine et notamment contre la mise en circulation dans les territoires libérés d'une « monnaie prétendument française ».

1. Ker Xavier Roussel (1867-1944) était ami d'enfance et le beau-frère de Édouard Vuillard (1868-1940) ; tous deux membres du groupe des Nabis, sont connus l'un et l'autre pour leurs décorations murales et leurs décors de théâtre.

2. Le Père Antonin Sertillanges, qui passait dans les années trente pour être un dominicain progressiste, a clairement pris position en 1940 pour une révolution chrétienne et nationale.

« Douai. Le tribunal correctionnel a infligé quatre mois de prison à Marcel Sidrac, cinquante ans, de Sin-le-Noble (Nord), qui avait volé un chien pour le manger. »

Déat lance aux travailleurs français un appel radiodiffusé [1]. Tout y est d'une orthodoxie hitlérienne. Étonnante fidélité dans l'instant même où les armées d'Hitler partout reculent. « Avant que la guerre civile allume ses torches, dit Déat, avant qu'un assaut démentiel soit tenté contre l'unité nationale, avant qu'une répression impitoyable et irrésistible impose l'ordre aux factieux et aux dissidents, il faut que le devoir ait été clairement défini à l'usage de ceux (les travailleurs) qui, incontestablement, ont le plus souffert et continueront de souffrir. »

Ainsi Déat déclare que, quoi qu'il arrive, « les travailleurs continueront de souffrir ». Ainsi Déat prend joyeusement son parti « d'une répression impitoyable et irrésistible », d'une nouvelle répression versaillaise. Mais Déat, qui d'ordinaire sait par où prendre les mots, serait-il troublé au point que sa syntaxe en trébuche, au point qu'il ne sache plus distinguer entre une hypothèse, une menace et une prédiction ? « Avant que la guerre civile allume ses torches... » Quelle relation marque ce « avant que » ? Déat veut-il dire que la guerre civile est inévitable, mais qu'il y a obligation morale à définir ce devoir, avant qu'elle ait allumé ses torches ? Ou que, ce devoir ayant été défini, cette définition aura pour effet de la faire avorter ?

Chacun chemine son chemin par-dessous la guerre. Rue Vavin, en vitrine d'une petite galerie (comme il en pullule) était exposée une statue de nu. Rien de moins érotique : une femme nue, qui n'était nue que parce que les sculpteurs ont l'habitude de sculpter des femmes nues, qui était nue par une tradition sculpturale vieille de quarante siècles, une femme nue vêtue de la plus chaste nudité. Je ne sais qui a protesté au nom de la décence. Le commissaire de police a fait enlever la statue.

Ni la chatte siamoise, ni Riv..., ni Bel... ne savent qu'il y a la guerre, l'Occupation, la Résistance, le maquis et que, selon l'issue de la guerre l'esprit (ce qu'on est bien forcé, faute d'un autre nom, d'appeler ainsi) gardera quelques chances ou les perdra toutes.

Pour un temps tout au moins. Car, si l'on raisonne sur quelques dizaines de siècles, on ne sait pas.

Que j'étais enfantin et « intellectuel », quand je m'évertuais, en 1940, à démontrer qu'Hitler était un imbécile. Si Hitler n'était

1. Tout en continuant de séjourner à Paris, Marcel Déat est, depuis mars 1944, ministre du Travail et de la Solidarité nationale.

pas la sorte populacière d'imbécile qu'il est, il n'eût pas atteint cette dimension dans l'espace.

Et Napoléon même, s'il eût été aussi intelligent que Benjamin Constant, n'eût pas été empereur.

D'où l'on peut conclure qu'il y a avantage pour les hommes à ne point mépriser l'intelligence.

Sur la coiffeuse de Suzanne, mêlés aux brosses, aux flacons, aux objets de la trousse à ongles, des cartes d'identité, des papiers roulés, des plans et des croquis. Sur un de ces croquis, je vois le nom de la Clarté. La Clarté... souvenir de vacances heureuses avec Gignoux.

Une femme de chambre d'un hôtel, où logent des officiers allemands, donne des renseignements à l'abbé Fanget. Grâce à quoi deux indicateurs ont été pris comme des lapins au terrier.

14 juin

Souvent, par l'effet de la lassitude ou par impuissance à conter ce qui, ayant été vécu, ne s'insère pas dans les cadres d'une vérité moyenne bien établie, les témoignages des prisonniers sont aussi incertains que ceux des soldats du front, pendant la guerre de 1914. Mais voici un témoignage clair et direct : un camp de trois cent cinquante prisonniers. Les Allemands prétendent leur imposer des travaux de terrassement. Les prisonniers invoquent la convention de Genève, refusent. Chaque nuit (on est en plein hiver), les gardiens en réveillent quelques-uns, les font sortir des baraquements, les attachent à des poteaux et les y laissent trois heures. Les prisonniers cèdent, sauf trois, qui sont fusillés. Mais la répression ne cesse pas et elle est ignoble. Quand arrivent les colis, les destinataires sont rassemblés. Ils ont reçu l'ordre d'apporter leur gamelle. Alors, devant eux, les Allemands dépaquettent les colis, ouvrent les boîtes de conserves, brisent en plusieurs tronçons les paquets de cigarettes et mélangent les sardines, le chocolat, le thon et le tabac. Et, de ce mélange, ils remplissent les gamelles.

La propagande allemande est vraiment stupide. On lit dans *Le Petit Parisien* : « La nouvelle nous vient que, étant donné l'attitude exemplaire de la population marseillaise à la suite des derniers événements, le *Führer* a donné l'ordre de libérer un nombre important de prisonniers de guerre, originaires de la grande cité phocéenne... Ceci, c'est la vraie libération... Quelle réplique spontanée et humaine aux 1 694 morts de Marseille [1] ! »

1. C'est le bilan officiel du raid effectué par la R.A.F., le 27 mai, sur Marseille.

Je me cache. Je ne sors pas. Je suis une araignée au centre de sa toile. De temps en temps une rumeur vient s'y prendre.

Grande pensée : la vérité, si on l'impose, elle meurt. Mais la justice, comme l'injustice, se réalise par des moyens militaires.

Pourquoi ai-je affirmé hier à Mme Catr... que, dans deux mois les Allemands ne seraient plus à Paris. Par quelle stupide effervescence de pensée ou de parole ?

Peuple de Paris. Depuis le débarquement, des camions allemands passent camouflés de branchages. Par moquerie, des cyclistes, des piétons se plaquent des feuilles entre la casquette et la nuque. Les mêmes sans doute qui, en 1941, esquissaient dans le métro un mouvement de nage. (Des bruits circulaient alors de tentatives ratées de débarquement en Angleterre, de soldats allemands noyés ou brûlés par les flammes de nappes de pétrole.)

15 juin

De Gaulle a passé quelques heures en France [1]. La gloire de de Gaulle, pur et pleine montera-t-elle du cœur des masses ? La bourgeoisie est envers lui réticente. Il n'est pas le soldat de tout repos. Alors qu'elle réclamait un gardien de coffres-forts, alors qu'elle se baignait dans la défaite, il ne proposait rien que la victoire, une victoire qu'elle ne désirait pas. Aussi l'accusa-t-elle d'ambition. Pauvres âmes qui ne conçoivent pas qu'il est un point où l'ambition se confond avec un haut dessein et se résorbe en lui. Et c'est cela même qui fait les grands destins.

L'Europe du nazisme est vidée de réalité humaine et même nationale, si l'on entend que la nation puisse être une communauté spirituelle. Le nazisme absorbe l'être humain dans une matière sociale et dans une matière biologique d'une grossièreté jamais encore conçue. Le sang, l'abstraction du sang. Ils n'en sont même pas aux chromosomes.

L'Europe s'arrête à Vienne. Au-delà de Vienne ce n'est plus l'Europe ou ce n'est plus que l'Europe informe. L'Europe de France ou d'Angleterre est-elle une idée en décomposition ou un diamant enseveli ? Il faudrait définir une Europe, des Europes possibles. Mais je ne suis pas assez savant et je ne pourrais exécuter que des exercices de vol plané à la portée « d'un chacun ».

1. Débarqué du contre-torpilleur *La Combattante* sur la plage de Courseulles, le 14 juin au matin, Charles de Gaulle arpente la petite portion de France libérée, notamment Bayeux et Isigny qui lui réservent un accueil chaleureux. Il installe à Bayeux le Commissaire de la République François Coulet, avant de regagner l'Angleterre dans la nuit.

16 juin

L'immobilité, l'inaction m'ont amené à un état de bizarre torpeur. Il me semble que j'ai mis mon moi en dépôt quelque part, je ne sais où. Si on m'arrêtait, il me semble que ce ne serait pas moi qu'on arrêterait.

Le commerce et la prévision de l'enthousiasme. Un commerçant avait fait fabriquer, par centaines, des drapeaux anglais et américains. Il y eut dénonciation. Les drapeaux furent saisis. Il y en avait plein un camion.

Christian de Rollepot [1] est arrêté. On ne sait rien, sinon qu'il a du être transporté à Vichy. Sa femme vient de nous l'annoncer. Sitôt qu'elle nous a quittés, S... me dit qu'elle craint qu'on ne le torture. « Mais non, mais non... », dis-je, comme si le mot repoussé, écarté, cela suffisait pour que Christian fût préservé. Mais je comprends vite que S... a raison et j'ai honte d'avoir cédé à cet optimisme, qui n'est qu'une façon de s'évader du malheur des autres. En fait, la police française use souvent des mêmes moyens que la *Gestapo*.

17 juin

Chez l'épicière, une dame qui se dit renseignée par quelqu'un de la préfecture : « Il n'y a de vivres à Paris que pour un mois. Après quoi, le ravitaillement ne pourra être renouvelé, parce que les Allemands réquisitionnent tous les camions pour le front de Normandie. Ils réquisitionnent les conducteurs en même temps que les camions. Ils contraignent, revolver braqué, ceux qui tentent de résister et " couvrent d'or " ceux qui consentent immédiatement. Quand Paris sera vide de toute nourriture, les cuisines roulantes distribueront un sandwich à midi et une soupe le soir. »

Je reproduis telles quelles ces paroles volantes. Peur informe qui s'incarne en document imaginé, bavardage de commère ou solide information ? En tous cas, la réquisition des camions n'est pas douteuse.

Création de tribunaux du maintien de l'ordre [2] pour les crimes contre le devoir ou la discipline militaire. Pas d'instruction préalable, défenseur désigné d'office, jugements immédiatement exécutés. Les fonctionnaires qui auront accompli des actes contre l'exécution des lois ou contre les ordres du gouvernement seront

1. Sur Christian de Rollepot, cf. supra p. 588.

2. Prise le 16 juin, cette nouvelle mesure renforce le contrôle de l'institution judiciaire par la Milice. Ces tribunaux, chargés de la répression des « menées antinationales » sont instaurés dans le ressort de chaque cour d'appel.

déférés devant les cours martiales constituées en cours criminelles extraordinaires.

De septembre 39 à mai 40, Madeleine B... aima la France et détesta la barbarie germanique. De septembre 39 à mai 40, les règles de la décence sociale, de la civilité puérile et honnête, étaient sans complications apparentes. Il n'y avait qu'un traître, du moins on n'en montrait qu'un. Ferdonnet [1] était le traître unique. Madeleine fut patriote.

Vint la débâcle, l'hypnose du vaincu devant le vainqueur, le masochisme de la défaite, la propagande de Vichy, c'est-à-dire des puissances et de l'autorité. Madeleine respecta toujours les puissances et l'autorité. C'est mauvaise éducation que de ne pas leur obéir. Si elle avait habité la zone non occupée, peut-être se fût-elle contentée d'être collaboratrice. Mais à Paris, la propagande allemande agissait directement : les journaux de langue française prêchaient ouvertement non pas seulement la collaboration, mais aussi l'hitlérisme. La collaboration rend un son politique, économique. Elle est résignation, consentement de la raison, elle est sans chaleur. Madeleine est mystique; elle ne se prête pas, elle se donne. Elle se donna à Hitler. « Nierez-vous, disait-elle, que cet homme soit grand, soit pur ? N'a-t-il pas renoncé à tout ce qui est plaisir des sens ? Il est l'âme de son peuple. Il n'est pas un Allemand qui n'acceptât de mourir pour lui. La France est pourrie. Peut-être fera-t-il renaître en elle le sens du sacrifice. »

Le temps a coulé. Madeleine est devenue gaulliste, anglophile. Mais la résistance aux pouvoirs établis, quels qu'ils soient, lui semble contraire aux règles de la civilité. Elle trouve mal son équilibre entre le gouvernement d'aujourd'hui et les partisans du gouvernement de demain. Aussi elle s'évade de la politique et se voue à la pitié. Elle a pitié, dit-elle, de tous les soldats qui meurent et que leurs mères ne reverront pas, pitié de tous les fils et de toutes les mères. Mais qu'on ne lui parle pas d'aider un fugitif traqué. Elle plaint tous les hommes, sauf ceux qu'elle pourrait aider.

À Lyon, l'historien Marc Bloch a été torturé : immersions dans l'eau glacée, brûlures de la plante des pieds, trois côtes cassées. Il vient de faire une broncho-pneumonie [2].

1. Sur Paul Ferdonnet cf. supra p. 401.
2. Marc Bloch (cf. supra p. 584) est exécuté le 16 juin 1944 à Saint-Didier de Formans, sous les balles de 4 tueurs.

La radio de Londres donnait hier soir le disque de l'appel que le général de Gaulle adressait aux Français, le 18 juin 1940 [1].

Je ne connaissais pas le texte de cet appel. Le 18 juin 40, j'étais sur les bords de la Loire. Ne venaient à moi que les rumeurs de la route et d'incohérentes bribes d'informations mensongères, données par un médiocre poste, branché sur accus d'auto. Ainsi, ce 18 juin 40, je n'ai pas entendu de Gaulle. En ces heures où tout en France se décompose, sauf la trahison, de Gaulle annonce l'avenir et le contraint. Pourquoi la radio de Londres n'a-t-elle pas détaché tel morceau de cet appel de juin 40 et ne l'a-t-elle pas, comme on fait d'un slogan, chaque jour répété ?

Pendant la première moitié de juillet, réfugiés à Chapelon, chez les Delaveau, nous avons eu entre les mains deux journaux en tout : un numéro d'un hebdomadaire de Montargis et un numéro de *Paris-Soir*, hâtivement rédigé par les Allemands. Il y avait bien un poste de radio dans la cuisine des Delaveau; mais des sous-officiers allemands y prenaient leurs repas et des soldats y passaient à toute heure. Cependant quelque chose de de Gaulle, l'essentiel des paroles de de Gaulle est venu jusqu'à nous. Par quelles voies mystérieuses ? Je serais aujourd'hui incapable de le dire.

À croire que chacun trouve dans l'air du temps sa pâture, la pâture qu'il mérite. Le dernier jour de notre exode, nous nous arrêtâmes, quelques heures chez les Tremblet. Ils n'avaient pas, dans leur ville, dans leur jardin, dans leur maison, respiré la même pâture que nous. Ils dénonçaient la perfide Albion. Le mal, disaient-ils, le mal de la France et le mal du monde viennent des appétits sans contrôle et sans frein des masses populaires, tendues vers la jouissance.

Ils pensaient qu'il faudrait au moins trois mois pour que tout rentre à peu près dans l'ordre. Peut-être même six. Passés ces trois ou six mois, ils pensaient dégager à la consigne de l'histoire quelques-uns des bagages qu'ils y avaient déposés, à savoir quelques départements français et quelques parcelles de liberté.

La trahison, chez Pétain, s'explique assez bien par l'amour de l'ordre, au sens père Ubu. Mais il faudrait aussi montrer le « complexe d'infériorité » qui, depuis 1914, a fait de lui un maniaque de la capitulation. Le colonel A..., que j'ai connu en Saône-et-Loire, m'a dit qu'on trouverait là-dessus des détails typiques dans les *Mémoires* de Mangin (inédits, je crois) [2].

1. L'information est erronée : ce ne peut être le disque originel; la B.B.C. n'a pas gardé l'enregistrement de l'appel historique du 18 juin.

2. Les *Mémoires* de Charles Mangin, un des « grands chefs » de la Grande Guerre, qui commanda ensuite les forces d'occupation françaises en Rhénanie, sont effectivement inédits.

Le beurre est à 850 francs le kilo [1].

L'avion sans pilote [2], le monstre de l'air, l'engin d'Apocalypse. La propagande allemande annonce sans plus « l'évacuation de Londres ». Engin efficace ou engin de propagande? Peut-être, dans quarante-huit heures, n'en sera-t-il plus question.

Proposition pour l'après-guerre :
Établir tous les actes de torture ou de cruauté, selon les règles de la plus rigoureuse critique.
Proposer à des professeurs et savants allemands de participer à la constitution des faits.
Leur proposer d'attester sans commentaires la réalité des faits qu'ils auraient contribué à établir.
S'ils refusent, opposer leur refus à la multiplicité des preuves, à leur évidence.
Publier le tout en brochures, livres, affiches. Ces livres et brochures seraient publiés en Allemagne, ces affiches seraient apposées en Allemagne.
Mais j'oubliais que la *Gestapo*, les *S.S.* ne furent pas seuls à torturer, que la police et la Milice, en France... Hé bien! que l'on publie tout, que l'on compare, qu'on mette au clair ces chapitres de la bestialité humaine.

22 juin

« Jeunes de France, le commandant Darmor vous dit : ... " La *Kriegsmarine* vous ouvre ses rangs, ainsi qu'à l'élite de la jeunesse européenne. Allemand est l'uniforme, européenne et française est la cause "... »
Cent textes analogues ont paru, paraissent dans les journaux, sont répandus par affiches. Personne n'y prête attention. Et j'ai tort de les commenter par lapalissades, de persévérer dans cette absurde manie. Si encore j'en faisais un étude systématique, si je contribuais à une étude de la propagande allemande pendant la guerre et pendant l'occupation. Mais procéder ainsi, au hasard. À quoi bon?
Immédiatement après la débâcle, malgré l'anglophobie d'une partie de la bourgeoisie française, ce texte eût paru l'œuvre d'un fou. La propagande allemande se cachait derrière le moralisme masochiste du maréchal. Puis vint l'époque de la « politique de Montoire » et de la collaboration. « Collaborateur » est resté dans le langage courant, s'y oppose à « gaulliste ». Mais qui se souvient

1. Dans les semaines qui vont suivre, le prix du kilo de beurre atteindra 1 300 francs; rappelons que le salaire mensuel d'un ouvrier qualifié dans la région parisienne est de 4 500 francs.
2. C'est le 12 juin que Londres est frappé par les premiers V1.

de Montoire? Est-ce un homme, est-ce un village? Puis vint l'époque de l'anti-communisme. Le thème est celui de la défense de « notre vieille civilisation », de la « civilisation chrétienne ». Puis de vieille et de chrétienne, la civilisation devient européenne. L'accent est sur l'Europe; les caractères ancien et chrétien deviennent secondaires.

Autre gradation. En 1942, un magazine publia la photographie d'une prise d'armes aux Invalides : un officier français, en uniforme allemand, y recevait la croix de fer. Ce spectacle militaire parut répugnant. Latarjet, qui me montra cette photo, en était écœuré et stupéfait. Aujourd'hui, *la légion des volontaires français contre le bolchevisme*, la L.V.F., peut être encore un objet de dégoût mais non pas d'étonnement. Ce fait est là, installé.

Cet appel de la *Kriegsmarine*, en juin 1944, n'est que de haute clownerie. Mais on imagine facilement tel enchaînement, telle combinaison de faits militaires ou politiques, un autre cours de l'histoire enfin, au bout duquel un tel appel n'eût pas été complètement inefficace. Il s'en est peut-être fallu de peu. Quelques victoires allemandes eussent suffi, une *Gestapo* plus adroite et moins cruelle, une politique qui eût touché, en ses profondeurs, la vanité française Que sais-je?... À qui corrige le passé, il n'est jamais de démenti.

1939... L'héroïque petite Finlande.
1944... Ils nous emm..., les Finlandais.

On nous annonce que l'eau demain sera coupée. S... remplit d'eau des bouteilles et la baignoire. Un mystificateur avait téléphoné à la concierge d'une maison voisine.

Henri Febvre me lit une lettre de son père, qui est à Saint-Amour. Le maquis a pris possession de Saint-Amour, le 6 juin. Le maire s'est réinstallé à la mairie. Les miliciens ont disparu. Le bourg s'est mis en état de défense. Des troncs d'arbres barrent les routes. On abattit des bêtes. Les bouchers vendirent librement de la viande. Le beurre réapparut au prix de la taxe.

Le maquis est resté au bourg huit ou dix jours. Un train blindé annoncé, le maquis a regagné ses abris, emmenant avec lui l'ex-adjudant-épicier et le pâtissier hitlérien.

Les Allemands ont perquisitionné dans quelques maisons et arrêté le Dr P...

Je tente d'imaginer la joie du bourg quand il se crut pour toujours délivré. Qui cherchait dans la rue un cœur à cœur, une vérité plus grande que lui? Qui se cachait derrière ses volets?

Gar..., du temps qu'il était collaborateur ou presque, préférait, disait-il, Gœthe à Shakespeare.

« J'aime la musique allemande, disait Riv..., les Anglais ne sont pas un peuple musicien... »

Sans phrase et sans boniment, quel est notre lien à Shakespeare et à Gœthe? Et même à nos classiques, avec leur Grèce et leur Rome en peluche? Et j'entends pour ceux qui les ont lus, lus pour de vrai et non pas pour les bacheliers de cinquante ans, saouls encore de leur bachot.

Les Anglais ne sont pas musiciens? Les Anglais sont bien trop aristocrates pour faire leur musique eux-mêmes.

Christian a été relâché. L'homme et la femme, avec qui il était en liaison, n'ont pas parlé.

Première nuit (à Paris) menottes aux poignets, la chaîne des menottes attachée à un radiateur. Trajet Paris-Vichy, commissaires courtois, pas voyous de tout. Vichy. Le Casino sert de prison [1]. On le conduit d'abord dans les sous-sols, sous les cuisines. Pas de jour, eau suintante. On ne l'y laisse pas. On le conduit dans la salle du cinéma. Il passe la nuit assis dans un fauteuil. Des miliciens errent dans la salle armés de mitraillettes. L'un d'eux montre son arme : « Si tu bouges, je tire. » Visages de gouapes (beaucoup d'anciens joyeux parmi eux). Deux jeunes gens, deux adolescents plutôt, semblent égarés là. Introuvable, le chef milicien, qui doit l'interroger. Deux jours d'attente. Interrogatoire : « Vous m'avez l'air d'un fieffé menteur. » Puis, à la fin, cédant à on ne sait quelle inquiétude : « Si ce que vous dites est confirmé, vous serez relâché immédiatement. » Pendant ces deux jours, pas de nourriture. Reconduit dans la salle du cinéma. Au lieu d'un fauteuil, on lui assigne une loge. Il aura ainsi une nuit de sommeil. Pendant le trajet des bureaux à la salle de cinéma, il a vu un milicien, corde au cou, jambes liées, dos et reins nus, que d'autres miliciens frappaient à coups de ceinturon. La chair saignait. Sadisme nazi, sadisme transplanté d'une part. D'autre part, dans les bureaux, incohérence de policiers improvisés. Il va de soi que Christian était « coupable ».

Entre 1914 et 1918, Dor... eut peur. Un observateur grossier eût dit qu'il avait peur de mourir. Ce n'était pas si simple. Tout de la guerre lui était en horreur. Mais il ne haïssait pas en la guerre la souffrance des autres, le stupide carnage. Sa haine de la guerre était purement égoïste, une haine de délicat. Il ne voulait pas être enfermé dans cette ignoble caserne : la guerre, il ne voulait pas être touché par la guerre. L'absence de risque ne le satisfaisait pas. Ainsi le dépôt ou l'hôpital lui était aussi intolérable que lui eût été le front. Il était devant la guerre comme ces gens qui, devant une araignée, tremblent de dégoût autant que d'horreur et qui appelleraient à leur secours le monde entier. Il appela le monde

1. C'est dans le Petit-Casino de Vichy et dans le château proche des Brosses que les Miliciens interrogent et torturent celles et ceux qu'ils arrêtent.

entier : ses amis, des médecins, des hommes politiques. Mais, réformé, il vivait dans l'angoisse, craignait sans doute les dénonciations et les commissions récupératrices, mais redoutant aussi la présence des soldats qui revenaient du front, souillés de guerre.

En 1939, il n'eut ni peur ni phobie. Il n'était plus mobilisable, il était au-dessus de la guerre. Et cette guerre, d'ailleurs, était moins bruyante, plus discrète que l'autre.

Ce cas pathologique me fait penser à un livre : *La Peur* [1], paru entre 1920 et 1930. L'auteur réduisait à la peur tous les sentiments de l'homme méditant sur la guerre ou contraint d'y participer. Il n'est pas possible que l'auteur n'ait rien aperçu de la complication des mobiles innombrables et contradictoires qui, outre la peur, poussent un homme à se transformer en soldat. Sans doute, voulait-il se laisser porter par la vague de pacifisme, alors déferlante. Le conformisme de l'héroïsme était épuisé. On lui substituait le conformisme de la peur.

Une lettre de Mme M..., où il est question de l'occupation de Saint-Amour par le maquis.

« Nous avons été coupés du reste du monde pendant plusieurs jours. Routes, voies ferrées, télégraphe, téléphone, etc. Les partis se sont succédé, donnant des ordres contraires. La population a marché avec l'un, avec l'autre, le nez baissé. Que de nouvelles contradictoires et presque toujours fausses. Les gens se montaient la tête les uns les autres et tremblaient dans leurs chausses... Et voilà... tout est redevenu comme avant. Nous avons eu la chance d'avoir peu de casse et de pouvoir considérer cette courte période comme un vaudeville. »

Cette lettre fut écrite le même jour que celle de F... Incertitude du témoignage, incertitude de l'histoire? Développement facile, auquel se complaît le bourgeois de demi-culture, surtout quand l'histoire ne va pas dans le sens qu'il voudrait. En fait ces deux témoignages diffèrent surtout par le son des voix, par la façon dont les faits furent accueillis, par leur résonance en chacun.

La lettre de F... contient des faits, désigne des personnages. La lettre de Mme M... est beaucoup plus unanimiste. Innocemment, elle généralise et juge plus qu'elle ne conte. Elle met en scène des groupes indéterminés : « la population, les gens... ». Il ne semble pas qu'elle ait rien vu. Les événements lui arrivaient dissociés, pauvres. Où elle n'a vu qu'un vaudeville villageois, F... a vu jaillir un peu d'avenir. On ne répétait pas la pièce encore, mais on collationnait les rôles.

On dit que, dans un bourg de quelque quinze cents habitants, près de Tulle ou Limoges, les *S.S.* ont rabattu les hommes dans

1. C'est en 1930 que Gabriel Chevallier – il a 35 ans –, a publié *La Peur*, un récit sans concession sur la Grande Guerre qui fit sensation.

des granges, les femmes et les enfants dans l'église et les ont brûlés vifs [1].

24-25 juin

Légende peut-être, mais belle [2]. On dit qu'après l'occupation les Allemands appelèrent Paris la ville sans regard. Ils entendaient par là que les Parisiens, sans même détourner les yeux, avaient l'air de ne pas les voir.

Regard qui annule, transforme un être de chair en personnage invisible, le fait douter de sa propre existence, passe sur lui, comme une roue tourne sur la route.

J'ai vu hier dans le métro, me dit le colonel, deux soldats allemands, très jeunes, déconcertés par ce refus de tous les regards. J'ai vu souvent la foule, devant l'occupant, « grave et absente ».

Grave et absente. Mais, parfois aussi, et surtout immédiatement après la débâcle, sans décence ni pudeur. Je revois cette belle jeune fille, à Chalon, le 14 juillet de 1940, s'avançant d'un pas royal, souriante, entourée de quelques soldats allemands qui lui composaient une cour.

Un article d'Abel Hermant, intitulé : *L'Esprit de la collaboration.* « Cet esprit veut le concours du cœur. » Quelle courbe! Un premier livre, *Le Cavalier Miserey*, anti-militariste, comme on disait alors, qu'un colonel fit brûler sur un tas de fumier devant son régiment. Puis des livres fabriqués, mais non pas sans talent [3]. Puis tous les consentements, toutes les concessions. « Ernest Renan, écrit cet académicien, s'il n'est pas l'inventeur de la collaboration, en est du moins le parrain ». Et il cite le Renan de 1872, appliquant les formules du Renan de 1872 à l'époque présente.

1. Il s'agit évidemment d'Oradour-sur-Glane, un bourg de Haute-Vienne situé à une quinzaine de kilomètres de Saint-Junien et à une vingtaine de Limoges; il est investi, le 10 juin, par 120 hommes de la 3e compagnie du 1er bataillon de la division *S.S. Das Reich*, qui a pour mission de faire régner la terreur sur sa route avant de rejoindre le front de Normandie. Prenant prétexte de la disparition, à 50 kms de là, d'un officier *S.S.*, les assassins mitraillent ou brûlent vifs 642 hommes, femmes et enfants (dont 54 réfugiés lorrains), avant d'incendier le village.

2. Ce n'est pas à proprement parler une légende. Le jour même où les Allemands pénètrent dans Paris, le 14 juin, la quasi-totalité des Parisiens qui sont demeurés dans la capitale choisissent de demeurer derrière leurs volets, même après la levée du couvre-feu. Les rapports allemands parlent d'« une ville sans regard » *(die Stadt ohne Blick)*. Dans les jours qui suivent, il est vrai, certains Parisiens assistent aux parades de la *Wehrmacht*, et ils sont alors filmés par les services de la propagande allemande.

3. Abel Hermant (1862-1950) commence effectivement sa carrière prolifique de romancier par cet ouvrage, publié en 1887, qui fait du bruit, où s'exprime un antimilitarisme bourgeois tapageur. L'académicien Abel Hermant est pour l'heure l'un des chantres de la Collaboration.

Dans *Deutschland-Frankreich*, Albert Buesche, « après avoir analysé les tendances actuelles en peinture, sculpture, décoration et illustration », note une ressemblance surprenante entre l'art français et l'art allemand, où il voit « les présages d'une communauté à venir. »

« Joseph de Croy consacre au problème de *L'Origine germanique des Capétiens*, une étude érudite... » – « rappelle que quelques-uns parmi nos plus grands rois avaient reçu du sang allemand, de Philippe-Auguste à Louis XIV, qui fut le descendant des Habsbourg et des Wittelsbach ». – Il conclut en disant : « Collaborer avec l'Allemagne, c'est former l'espoir qu'il en sortira une fois de plus dans l'histoire de la France la régénération des Français. »

Autre forme d'une même propagande. À peine avais-je parcouru ces extraits de *Deutschland-Frankreich*, j'apprenais par Hany que cinquante jeunes gens, réfugiés dans un bois, près de l'Isle-Adam, ont été fusillés.

Les Américains sont dans Cherbourg.

26 juin

Dans *Le Petit Parisien*, André Salmon « rend hommage au zèle intelligent, à la bonne volonté patriotique des cheminots affairés à réparer le mal fait par les criminels du terrorisme ».

Cynisme? Conformisme de journaliste? Clause de style?

On connaît ce négociant d'almanach qui, perdant sur chaque objet, se rattrapait sur la quantité. Ainsi la propagande allemande : les défaites multipliées donnent un total de victoire.

« Les ouvriers, me disait V..., ne veulent rien d'autre que l'apéritif. » Il fonde ce mépris sur les réactions des typos de journaux. « Quand les bombes tombent à vingt kilomètres de chez eux, les Anglais sont les libérateurs; quand elles touchent leurs maisons ou tombent dans leur quartier, ils détestent les Anglais, ces tueurs. » Je crois qu'ici V... voit court. Ce que dit un typo, ce que disent dix typos n'est qu'un signe entre mille. L'âme des masses est plus secrète. Elle n'est pas tout entière dans une parole de peur ou de colère.

Mais voici le signe contraire. C'était dans le métro, pendant une alerte, qui dura près d'une heure. Une femme dit qu'elle avait neuf enfants, que son mari était mort en 1940, que des maisons tout près de la sienne avaient été détruites par des bombes anglaises. Elle parlait sans colère et sans gémissement. Elle répétait seulement : « Ça ne devrait pas être... Ça ne devrait pas être... » Puis elle dit : « Mon aîné, qui a dix-neuf ans, je ne le comprends pas... Il dit que c'est très bien, que ça doit être ainsi. Et les bombes tomberaient sur la maison qu'il dirait encore que c'est très bien... »

Un prisonnier rapatrié conta qu'il avait travaillé dans une ferme, près de Stuttgart. Comme un jour des enfants, devant la ferme, défilaient en rang serré, le fermier lui dit : « Autrefois, c'étaient les curés. Aujourd'hui, c'est Hitler. » Ce prisonnier avait-il bien compris le fermier? Reproduisait-il exactement ses paroles?

Quelques blessés anglais traversent le hall de la gare Saint-Lazare, encadrés par des soldats allemands. Des passants s'arrêtent ou même s'approchent, dessinent dans l'espace le geste de deux mains qui s'étreignent. Les soldats allemands les repoussent. Mais les femmes, moins dociles, sont plus lentes à s'éloigner. Alors les Allemands leur lancent des injures qu'elles ne comprennent pas, les menacent de leurs revolvers, de leurs mitraillettes et les chassent « à coups de genou dans les fesses ».

Une camionnette s'arrête dans la cour du Louvre. Deux soldats allemands en descendent et, tour à tour, se photographient l'un l'autre sur fond de Carrousel.

Le sculpteur français B... avait connu, bien avant la guerre, le sculpteur allemand Breker. Amitié montparnassienne. Depuis l'occupation, Breker fit plusieurs démarches pour obtenir des nouvelles de quelques artistes français, prisonniers ou déportés, dont on ne savait plus rien. Il poussa plus loin son « amabilité ». Sans en prévenir B..., Breker obtint du gouvernement français une commande pour B... Il va de soi que B... tint cette commande pour inacceptable, pour indécente. Breker fut vexé de ce refus et n'en a pas encore compris la raison.

« Si l'Allemand est lourd, me dit P..., qui aime le paradoxe, c'est parce qu'il est musicien. La musique étant une bizarre mathématique émotionnelle, un art pour les muscles au fond. Toute musique est militaire. »

Il ne se fait point d'illusions sur ces pensées faciles, mais y voit une invitation à chercher ce que la musique touche en nous.

28 juin

Philippe Henriot tué. Ce ne fut pas un coup d'impulsif, mais une expédition organisée [1].

Quand Pucheu fut condamné à mort, il n'y eut point unanime approbation. Des gens disaient : « Le sang appelle le sang » ou bien :

1. L'expédition a effectivement été organisée. Les Groupes Francs du Mouvement de Libération Nationale ont programmé d'enlever Philippe Henriot et de le tuer en cas de résistance, parce qu'il est l'un des symboles de la Collaboration, comme ministre de l'Information, comme éditorialiste à *Radio-National* et comme Milicien. Seize hommes neutralisent le 28 juin au matin le ministère de l'Information. Cette exécution a un énorme retentissement.

« Il ne faut pas faire de martyrs ». À cela beaucoup de raisons, dont la plus simple est que le peuple connaissait à peine le nom de Pucheu et qu'il connaissait en Henriot l'homme qui parlait pour l'Allemand. La mort de Henriot est accueillie par la rue et la boutique (et ce quartier n'est pas un quartier populaire) avec une bizarre et souriante légèreté. « C'est bien fait », dit-on sans appuyer. Curieuse réaction, sans haine apparente. Cette mort paraît au peuple satisfaisante et sans tragique.

Laval, en son allocution nécrologique, se lamente sur la guerre civile. Son texte est ambigu. On ne sait pas s'il déplore une guerre civile déjà installée ou s'il en redoute la menace.

Mais le meurtre de Henriot n'est pas encore un acte de guerre civile. C'est un des derniers épisodes de la guerre étrangère.

Je ne retrouve pas, à la radio, la voix de Laval, je n'en retrouve pas les gravats gras, les effets de voix « sombrée ». Est-ce parce qu'il fait effort pour parler d'un ton serré, uni, non oratoire? Ou bien faut-il accuser l'appareil?

« Ce n'est pas un assassinat, me dit le colonel. C'est une exécution. » Non... ne cherchons ni euphémisme, ni justification juridique. On y court le risque d'hypocrisie.

À la Ferté-Saint-Aubin, près Orléans, vingt jeunes gens de dix-huit à vingt ans ont été fusillés. Ils étaient du maquis, sauf deux, arrêtés par hasard, avec les autres [1].

Des *Cahiers de la Libération* et signé Armand Lanson :

« Si nous avions été occupés (comme on dit poliment) par des Suédois, il nous resterait du moins un pas de danse, un goût des rubans jaune et bleu; par des Hottentots, des Italiens, des Hongrois, il nous resterait une chanson, un sourire, une petite secousse de tête... Mais d'eux chacun voit bien qu'il ne nous restera rien. Pas un chant, pas une grimace... Ils ne sont pas animés. Ils auront passé comme un grand vide. Comme s'ils étaient morts. Seulement cette mort, ils la répandent autour d'eux. C'est même la seule chose qu'ils sachent faire. »

30 juin

Image du jour d'après le journal : « Sur tous les fronts, l'Allemagne remporte d'importants succès défensifs. » Des prisonniers anglais passent par Paris. « Ce fut, pendant un grand moment, le

1. Il faut apporter quelques précisions complémentaires : des dizaines d'élèves des classes préparatoires aux grandes écoles ont quitté Paris pour rejoindre des maquis, avec pour point de ralliement en Sologne des fermes autour de La Ferté-Saint-Aubin; mais ils ne passent pas inaperçus : trente d'entre eux, arrêtés le 10 juin au matin à la ferme du By, sont fusillés sur place; douze autres subissent le même sort à quelques kilomètres de là; quatorze encore seront déportés à Dachau.

défilé ininterrompu des prisonniers, sous les huées, nées d'une colère indicible. »

La rue, la boutique optimistes. « Chez l'épicière, tout le monde dit qu'au mois d'août on en sera débarrassé. »

– Voyons... soyons justes. Il n'y a pas qu'eux. Pensez aux Français dans le Palatinat, aux Français des colonies, à la répression versaillaise. À Abdul-Hamid, aux pogromes de Russie. Nous pourrions dresser un tableau récapitulatif, qui prouverait que les Allemands n'ont rien inventé.

– Si... Ils ont inventé de tout mettre en système. Ils ont inventé la prolongation du supplice et la multiplication de la douleur par l'angoisse. Ainsi ces jeunes gens, ces enfants, sur lesquels les parents n'ont aucun indice. Les parents ne savent pas s'ils ont été déportés ou fusillés. Ces enfants qui, pour les parents, ne sont plus en aucun point de l'espace, qu'ils cherchent en tous les points de l'espace.

Notes dans le journal sur la vie de Henriot. Licencié, petit professeur dans un petit collège ecclésiastique de province. Peut-être avait-il songé à l'agrégation, à une carrière universitaire. Mais le voilà pion en province, raté, sans espoir d'avenir, un mur devant lui. La politique est là, pour son ambition, pour ses passions aussi. Car il n'est pas sceptique, il n'est pas davantage « esprit fort ». Je tiens cela de G... qui a fait avec lui ses études secondaires et qui est un catholique fervent. Mais chez Henriot, la foi est naturellement cléricale, comme chez d'autres elle est naturellement chrétienne. (Le second cas est plus rare.) Aucun mystère dans les débuts politiques de Henriot. Il est porté par les passions du 6 février. Accord parfait entre ces passions et lui-même. Tout s'explique facilement jusqu'au jour où le fascisme inconsistant devient nazisme, consentement à l'Allemagne, trahison. Tout alors devient plus obscur. À croire qu'on ne sait quelle logique historique domine ici les réactions des individus, à croire qu'ils sont entraînés sur le « tapis roulant de l'histoire ». Un bon psychologue, un bon historien en pourrait élucider ce cas, s'il en valait la peine.

Ma peur de simplifier, d'expliquer un Henriot artificiellement par des mobiles d'une bassesse continue, hors humanité, m'a conduit, je viens d'en avoir à l'instant la preuve, à des complications arbitraires, à des contorsions psychologiques qui n'atteignent rien de Henriot ou des Henriot. Leurs revirements sont trop brusques pour qu'on puisse leur attribuer quelque illusion de sincérité. Je lis dans *Les Lettres Françaises* une citation de Henriot. Le texte est du 16 mars 1940. « Après six mois d'une guerre où l'Allemagne a fait éclaté aux yeux des plus aveugles son culte de la force brutale, son mépris de l'humanité..., au moment où Hitler se glorifie de ses crimes et se déclare prêt à les intensifier, devant les menaces de la guerre totale, de la destruction systématique et de l'anéantissement de la civilisation, on trouve des gens qui recommencent à bêler la générosité, le pardon des injures, l'oubli des parjures, des assassinats et des forfaits de toute nature... Et vous ajoutez : pas de châtiment! On croit rêver! Quoi!... Nous voyons revivre les pires époques de la barbarie, les déportations, les exécutions spectaculaires, les enfants fusillés en tas, les trains arrêtés dans les campagnes glacées, jusqu'à l'heure où les occupants ne seront plus que des cadavres... L'imagination demande grâce devant le sadisme diabolique d'un peuple où nous finirons par croire qu'on naît bourreau. »

16 mars 1940. Trois mois plus tard, la débâcle. Et la débâcle suffit pour que les bourreaux et les monstres deviennent les défenseurs de la civilisation européenne. Il n'eut que la peine de changer Allemands en Anglo-Américains. Le texte n'a pas varié et le ton de rage est le même.

Poser à propos des Henriot la question de sincérité ou de conviction, c'est céder à des abstractions, c'est déjà entrer dans leur jeu. Chez cette sorte d'hommes, le mot entraîne la conviction. Et le mot n'est que l'arme d'une bataille de politique et d'intérêt. Demande-t-on à un joueur de poker ou un joueur de dames s'il est convaincu? Il joue cependant et il peut jouer avec passion. Et il veut gagner. Et il joue aussi bien avec les pions noirs qu'avec les blancs.

Parler ici de conviction ou de sincérité, c'est ne rien comprendre à ce type d'hommes. Ils sont atteints d'une sorte de frigidité devant toute idée ou passion qui dépasse leur peau, leur corps ou leur argent, l'argent étant la seule abstraction à laquelle ils se haussent. D'autres sont ainsi devant les femmes. Ils font, par imitation, les gestes de l'amour, ils simulent admirablement la passion mais ne l'éprouvent pas. Leur frigidité intérieure les pousse de femme en femme. Ils n'en préfèrent aucune. Il arrive qu'ils en souffrent. À proprement parler, ils ne sont pas plus « infidèles » aux femmes que les premiers aux idées. Ils ne se détachent pas, ne pouvant s'attacher. Il y a les robots de l'idée, comme il y a les robots de l'amour.

Le petit livre de Philippe Barrès sur Charles de Gaulle [1]. Les journées qui ont immédiatement précédé et suivi la débâcle. Barrès montre comment de Gaulle domina la panique, la bêtise et la trahison. De Gaulle fut grand pour avoir pensé l'événement, quand

1. Dans un ouvrage publié à Montréal en 1941, le fils de Maurice Barrès fait un éloge dithyrambique de Charles de Gaulle, tout en critiquant vertement l'inaction de la classe politique en juin 1940. Les Mouvements Unis de Résistance en ont publié une édition abrégée.

les ministres et le haut commandement ne savaient que lui céder ou le fuir.

J'ai souvent entendu : « De Gaulle... non... je me méfie des militaires... » On voit dans le petit livre de Philippe Barrès que de Gaulle n'a rien en lui de la puérilité roublarde qui apparaît souvent comme le caractère dominant des grands chefs. Ce militaire a la manie de raisonner (on le lui eût à la rigueur pardonné), mais il a, ce qui est plus grave, le goût de raisonner juste. Bien avant 1939, il repousse l'académisme stratégique de l'École de Guerre. Juin et juillet 1940 : si quelque chose existe qui ait pour nom la France, ce quelque chose on ne voit plus où il est, s'il n'est en de Gaulle.

Il se détache sur fond de fantoches civils et militaires. Quand il propose la création de divisions blindées, je ne sais quel général invoque le goût classique et lui répond que la France a assez de chars, que la France est le pays de la mesure.

À Bordeaux, le 22 juin, chefs de cabinets, colonels, ambassadeurs anglophiles la veille, en une nuit, sont devenus furieusement anglophobes. Mme de Portes est partout où elle ne devrait pas être et bouscule Paul Reynaud [1].

Le livre de Philippe Barrès est clairement rédigé, utile. Mais que de contradictions en ceux qui ont navigué dans les hautes sphères du journalisme! Philippe Barrès ne fut-il pas, avant la guerre, rédacteur en chef du *Matin*, dont la politique était fasciste [2]? Les collaborateurs objecteront immédiatement le néo-patriotisme des communistes.

Mais voici qui est imprévu et à quoi les grands chefs militaires ne nous avaient pas accoutumés. De Gaulle, en 1933, jetant un coup d'œil sur les échanges et les conflits de la France et de l'Allemagne dans le passé, en vient à un parallèle entre le génie français et le génie allemand. Exercice périlleux où plus d'un historien se casserait le cou. Exercice périlleux où l'on craint qu'un militaire ne joue imprudemment avec des réminiscences de manuels scolaires ou d'essais académiques. Mais de Gaulle, tout naturellement, sans même coquetterie, parce qu'il semble absurde de limiter à la stratégie le problème de deux peuples voisins, compose de l'un

1. Le propos doit être nuancé : les propos anglophobes sont déjà monnaie courante depuis un bon mois. Quant à Hélène de Portes, la très remuante égérie de Paul Reynaud, elle a effectivement tout fait pour tenter de convaincre son amant de signer au plus vite une convention d'armistice.

2. Depuis 1903, Maurice Bunau-Varilla, homme d'affaires et patron de presse, dirige de manière dictatoriale *Le Matin*; le quotidien, très marqué à droite, vante effectivement l'Italie mussolinienne et l'Espagne franquiste, avant d'adopter des positions ultramunichoises. Dès l'été 1940, *Le Matin* prône une politique de collaboration active avec le *Reich*. Philippe Barrès, promu rédacteur en chef en juin 1935, avait démissionné le 22 octobre 1938, au lendemain de Munich.

et l'autre peuple un portrait en nuances, évitant à chaque pas le risque des généralités, des schémas usuels et des vues à vol d'oiseau.

Le couvent des dominicains (près de la rue Sarrette). Un groupe de miliciens et d'Allemands réclame un des Pères. Il apparaît. Il est abattu à coups de revolver.

Je n'ai pas d'autre précision. Mais cela me fut transmis par un témoin, capable de critique.

2 juillet 1944

« Si dans trois jours, a dit l'abbé, je ne suis pas revenu, c'est que je n'aurai pas réussi. » Il n'en dit pas plus.

Quelle relation entre cette sorte d'activité et le christianisme? Et le catholicisme? Cloisons étanches, comme entre science et religion chez les prêtres qui font de la science? Ou défend-il la liberté d'être chrétien? Identifie-t-il France et christianisme, comme d'autres identifient France et révolution?

D'un ton tranquille de technicien, l'abbé parle de la supériorité du fusil-mitrailleur sur la mitraillette.

Dans quelques jours, s'il revient, il réunira Claude et quelques jeunes gens pour les initier au maniement du revolver et de la mitraillette.

4 juillet

Propagande à contre-temps ou à retardement. Le journal : « Nos libérateurs ont fait l'unanimité contre eux... », déclare le sous-préfet de Fougères. – « Les Anglo-Américains n'ont obtenu aucun succès au sud-ouest de Caen. » – « À Gérardmer, des soldats allemands sauvent une mère désespérée. »

5 juillet

Dans une librairie de la rue du Four. Hérold-Paquis dédicace, aujourd'hui, ses livres, à tout venant. (Quand je vivais parmi des paysans, et qui écoutaient la radio, je n'ai pas entendu une seule fois son nom.) Quand je suis arrivé à Paris, je l'ignorais.

Il ne me semble pas que le peuple, à Paris, ait pour Hérold-Paquis la haine qu'il avait pour Henriot. On le tient pour un rigolo. Je viens d'écouter ce camelot volubile. Ses paroles tournent comme un écureuil en cage, dans son cylindre [1].

1. Jean Hérold alias Hérold-Paquis, collaborationniste convaincu, est devenu un journaliste de radio sur les ondes franquistes de *Radio-Saragosse*; il se fait un nom en étant promu en 1942 chroniqueur militaire de *Radio-Paris* car il termine ses interventions sur une formule-choc : « ...car comme Carthage, l'Angleterre sera détruite ». Remarquons au passage que Léon Werth pas plus que les agriculteurs de Saint-Amour n'ont été des auditeurs assidus de *Radio-Paris*.

Du délire politique et de la propagande.

Le *Führer* (parlant aux chefs de la production de guerre) : « ... Un commandement comme le nôtre, qui a le bonheur de pouvoir dire que depuis quatre années il n'a remporté que des succès... »

D'un article de Gœbbels : « Le bolchevisme récoltant le butin sanglant... une Europe devenue un monstre collectif sans âme. »

Dans ce flou de propagande, il y a beaucoup à découvrir : logique et illogisme des systèmes, absurdités passionnelles, aveux inconscients.

Non pas rumeur de rue, mais récit fait à Hany par un jeune homme témoin du fait, mêlé au fait. Il surveillait le trafic en gare de Lagny-Pomponne. Un wagon de marchandises sur une voie de garage. Une main à une vitre. Il s'approche. Il alerte le maquis. Dans le wagon, cent vingt-cinq hommes, enfermés depuis trois jours, sans nourriture, sans même un verre d'eau. Et vingt-cinq cadavres.

8 juillet

Marcel B... collaborateur. Curieux personnage. D'un talent fin, mais entortillé. En 1915, alors que nous étions l'un et l'autre au front, il m'adressait un billet d'un ton cordial, dont je n'ai jamais pu savoir quel était le sens. Enfin, m'écrivait-il, nos opinions contraires sur la guerre et la politique, la guerre elle-même les rapprochait, jusqu'à les rendre identiques. Mais je ne sais pas encore aujourd'hui, s'il voulait dire que j'en étais venu à penser comme lui ou lui comme moi. Tout s'enchevêtre en son style au point qu'on ne peut croire qu'il n'y ait pas au fond de lui le même enchevêtrement. Curieux style en labyrinthe d'incidentes, où les relatifs ne sont pas soutien vertébral, mais cartilage. Style d'homme serpent : où l'on s'attendait à voir les bras, on voit les jambes; où l'on s'attendait à voir le dos, on voit le ventre; on perd le sens des directions, du haut et du bas.

Je lui croyais le goût du traditionnel, corrigé par une pointe de mystification littéraire (comme dans un cocktail un trait d'angostura). Je ne le savais pas nazi. Mais peut-être absorbe-t-il une dose de nazisme, comme ces esthètes qui parfois boivent sur le zinc un demi-setier de gros rouge. Et peut-être demain, sur le mode subtil, avec un clignement d'œil aux initiés, chantera-t-il le sol sacré de la patrie, délivré des hordes barbares, la démocratie, le grand Walt.

J'ai tenté d'expliquer Henriot, je veux dire les Henriot, par une sorte d'insensibilité, d'impuissance à vivre une idée. Mais il est possible que cette frigidité n'affecte que les idées politiques. Possible aussi qu'ils se délivrent de leur vulgarité, dès qu'ils s'éloignent de la politique. « Quelques mois avant la guerre, me disait F...,

Henriot fit une démarche aux bureaux de la Recherche scientifique. Il demandait qu'on allouât un crédit à un jeune entomologiste, dont les recherches d'ailleurs n'étaient pas sans intérêt. Le crédit fut alloué. Mais l'inattendu, est que Henriot parla entomologie sans que personne songeât à sourire et en vint à exprimer (il s'agissait de l'étude des papillons) quelques idées qui n'étaient pas empruntées au dictionnaire de la conversation, qui témoignaient d'une intelligente curiosité. » Cela est presque incroyable si on se souvient des sordides clichés qu'il accumula, parlant, à la radio, d'*Andromaque*.

Complication de l'homme, étanchéité de ses compartiments.

G..., qui fut le camarade de collège de Henriot, G..., qui risque sa vie chaque jour dans la Résistance, m'affirme qu'on ne peut expliquer Henriot que par l'argent. « Mené par l'argent, inconsciemment peut-être. Croyant sincèrement l'idée qui paye... »

10 juillet

Les Russes à Vilna. Caen pris. Seules, les torpilles volantes inquiètent. Mais elles ne suffisent pas à rassurer complètement Gœbbels. « Le peuple allemand, a-t-il dit, est en danger. »

De Gaulle a promis qu'avant la fin de l'année il n'y aurait plus un Allemand en France, sinon prisonnier ou mort. Nous croyons à la victoire. Mais quelles en seront l'odeur, la couleur, la saveur? « Le monde, m'écrivait Serge [1] peu après la débâcle, rebondira comme une balle bien lancée. » Est-il sûr que le monde rebondira mieux qu'après 1918? Peut-être s'affaissera-t-il. Peut-être se ruera-t-il vers des plaisirs stupides.

Civilisation, barbarie? Pour Racine, c'était simple. Les barbares, c'étaient les Gothiques, les architectes des cathédrales. La civilisation, c'était la Grèce et Rome en pourpoint et haut-de-chausse. Il est vrai que dans le même temps Descartes et Spinoza...

Pour nous, c'en est fini d'une culture fondée sur Plutarque, nourrie de gréco-romain. Truisme. Oui, mais Stendhal, à Rome, Stendhal encore est tout plein de la Rome ancienne. *« La Rome ancienne malgré moi l'emportait sur la moderne, tous les souvenirs de Tite-Live me revenaient en foule. » (Henri Brulard.)*

Quelle civilisation, quelle culture naîtra, liée enfin aux masses et s'accommodant de la machine, intégrant enfin la machine? Ceux qui ont plus de cinquante ans n'en verront rien peut-être. Et les jeunes gens n'auront même pas la sensation d'un contraste. Ils y arriveront tout nus. S'ils pleurent la vieille culture, ce ne sera que par imitation. Ils ne l'ont pas connue : elle se mourait quand ils venaient au monde.

1. Sur Victor Serge, cf. supra pp. 78, 79.

Hauts problèmes. Mais ai-je encore un autre désir que celui d'une vie délicate? *« J'ai besoin de temps en temps,* dit Stendhal, *de converser le soir avec des gens d'esprit, faute de quoi je me sens asphyxié. »*

Une belle jeune fille au grand chapeau (Clara d'Ellébeuse ou Almaïde d'Étremont [1]) a dix aviateurs anglais à caser. Cette jeune fille, c'est la nièce du comte Sforza.

12 juillet

L'abbé [2] est revenu. Il a voyagé sur une locomotive. Dans une gare, il fut arrêté par les Allemands. Quatre heures d'interrogatoire. Miracle, on examine ses provisions de bouche et non ses documents. Mais une femme de la *Gestapo* est plus méfiante que les hommes. « Les pires, dit-elle, ce sont ceux qui sont tout à fait en règle et ceux qui ont l'air le plus naturel. » Quatre Allemands le conduisent à la route. Il fait ensuite quarante kilomètres à pied. Il s'agissait de préparer une liaison entre quelques milliers de parachutistes et le Maquis.

Le jeune Jourdan me dit qu'un ami met à sa disposition, pour parachutistes sans abri, une chambre de bonne, d'où la fuite, par les toits, est sûre et commode.

Il m'apporte le recueil des allocutions de Henriot à la radio. Je remarque que la radio est plus confidentielle que l'imprimerie. En effet, comme je parcourais ce livre, j'ai reconnu, avec une faible irritation, des clichés de journalisme, des lieux communs de polémique : les « recommencements de l'histoire », la patrie jalonnée de Vercingétorix à Foch et Clemenceau par Jeanne d'Arc et Napoléon, un passé historique malléable à volonté, solidement appuyé sur du manuel scolaire. Les journalistes et les historiens académiques nous ont accoutumés à ce bagout. Cela ne nous irrite plus. Nous savons que ce qui ne vaut pas la peine d'être dit on l'imprime. Mais ce même texte, entendu à la radio, était obsédant. La voix, la voix seule, isolée, désincarnée, la voix sans corps, la voix seul signe de la présence soulignait les tares du texte, révélait l'homme.

Pourquoi ce journal? Il fallait avoir le courage d'entreprendre un ouvrage solide, composé, organique, de ne pas céder à l'obsession de la guerre. Ainsi un roman sur l'angoisse métaphysique, l'angoisse religieuse, l'angoisse sociale. Le héros se délivrant de ces trois angoisses par une pédérastie sublimisée. Le titre? Quelque

1. Noms de personnages de jeunes filles chez le poète Francis Jammes (cf. le poème *Elle va à la pension...*, dans le recueil *De l'Angelus de l'aube à l'Angelus du soir*).
2. Sur l'abbé Fanget, cf. supra p. 609.

chose comme « Les Pourritures célestes » ou « Le Vertige de l'attente ».

En presque un demi-siècle de journalisme, de l'Affaire Dreyfus à la guerre de 1914, à la guerre de 1939 et à la débâcle, Riv... traversa avec une sceptique indifférence toutes les crises françaises. Mais il était en relation avec pas mal de ministres de toutes opinions. Il savait avec chacun d'eux le ton qu'il fallait prendre. Transposition de la flatterie de cour. Sous les gouvernements mous de la troisième République, la flatterie était plus nuancée, n'était que le lubrifiant d'une intrigue adroite. Mais les régimes d'autorité sont plus exigeants. Et, quand ils vacillent, plus compromettants.

Riv... [1] en vint à s'avouer le partisan de Déat, de Henriot, de de Brinon. Comment expliquer qu'en 1943 il ait pu – lui rompu à toutes les subtilités de la jungle – jouer partie liée avec les Berlinois déjà vaincus ? Victoire, défaite, résistance et collaboration, il les opposait sans doute de même façon qu'il eût opposé les nuances électorales de deux politiciens. Peut-être a-t-il cru que les règles de la pensée et celles même du cœur n'ont pas d'autre valeur que les règles d'un jeu. Il n'y a point de bassesse à respecter les règles différentes de jeux différents.

Il n'a pas compris qu'il y a des instants où nulle idée n'est inoffensive, où la plus pauvre entraîne avec elle des lambeaux de réalité et de chair, des lambeaux d'homme. On croyait avoir joué des jetons. C'est soi-même, c'est son âme qu'on jouait.

13 juillet

Curieux aveu de la propagande allemande : les Français fidèles à Vichy ne sont qu'une poignée. Un reporter du *Petit Parisien* est reçu par Antonesco [2], qui redoute la disparition de la civilisation chrétienne. Il le rassure, mais assez mal : « Je rassurai le président du Conseil et lui parlai de cette poignée de Français courageux qui, bravant l'impopularité, tient ferme derrière le maréchal. »

Oserai-je écrire cette stupide rêvasserie ? On me conduit au peloton d'exécution. Mon attitude est extraordinaire de calme et de fierté. Soudain un cri rauque qui vient d'assez loin. Ordre de surseoir à l'exécution.

1. Léon Werth vise selon toute vraisemblance Paul Rives. Cet enseignant, franc-maçon et ancien député de la S.F.I.O., s'est rallié précocement au nouveau régime et est devenu le directeur du journal *L'Effort* qui prend, au fil des semaines, un ton de plus en plus collaborationniste. Marcel Déat en a fait, en mars 1944, son délégué officiel à Vichy.

2. Le 3 septembre 1940, une révolution de palais a amené au pouvoir le très autoritaire général Ion Antonescu qui prend le titre de *Conducator* (« guide ») ; il restera en place jusqu'en août 1944 après avoir résolument engagé la Roumanie aux côtés du *Reich* dans la campagne de Russie.

« Le prix de la Nouvelle France (trente mille francs) est décerné à M. Gilbert Dupé. Cent cinquante mille francs seront distribués annuellement par cinq journaux de Paris, sous la rubrique des prix littéraires. »

Quelle menace pour les Lettres que cette multiplication des prix littéraires (antérieure d'ailleurs à cette guerre). Le jeune écrivain va devenir une bête à concours. Si les Goncourt pouvaient savoir le mal qu'ils ont fait.

Comœdia. Un article de Copeau sur Henri Ghéon [1], mort il y a quelques jours. Copeau évoque le capitaine Dupouey, catholique et soldat, tué pendant la guerre de 1914. Mais ce capitaine Dupouey n'est-il pas celui qui écrivait à sa femme, dans une lettre publiée après 1918, qu'il avait dans sa compagnie un soldat syndicaliste, qu'il le tenait à l'œil et qu'il était tout prêt à l'abattre à coups de revolver? Est-ce bien cette sorte de soldats, cette sorte de catholiques que vous aimez, Copeau?

Amitié. Nous nous connaissons depuis l'enfance. Jamais l'un de nous n'a trahi l'autre, même par un mot sournois, même par une de ces obscures rancunes, qui parfois sommeillent sous l'amitié.

« Dans trois semaines, me dit-il, les Allemands ne seront plus là. » Mais il n'entend rien à la stratégie. Voilà le mot sournois.

Nation, patrie. N'en peuvent parler juste qu'un philosophe, un vrai historien ou un simple, si le simple n'est pas de ceux que les mots excitent et dupent.

On nous amène, pour le déjeuner, un jeune aviateur anglais (navigateur), qui a sauté en parachute, près de Rambouillet, le 1er juin (l'avion abattu par un chasseur). Trois de ses camarades de bord tués, deux prisonniers. Un Canadien a pu s'échapper et, sachant le français, se tirer d'affaire, peut-être.

Bobby a été brûlé à la nuque, à la main et au poignet gauche. Les cicatrices sont rougeâtres, mais non horribles. Elles ne font pas « infirmité ».

Claude était allé le chercher à la station Denfert-Rochereau. Il venait de Chevreuse, où il était hébergé par Cherbonnier. Cherbonnier, libraire à Chevreuse, hébergeait cinq autres aviateurs. Cela est presque incroyable. Six aviateurs cachés dans un logement, au-dessus de la librairie, une petite boutique à journaux. Et cela dans une bourgade. Quelles précautions pour les amener, la nuit, et pour que, le jour, rien ne révèle leur présence! Mais Cherbonnier est un admirable spécialiste de ces travaux.

1. Léon Vangeon alias Henri Ghéon (1875-1944), qui est un des fondateurs de la *N.R.F.*, a animé le Vieux-Colombier et s'est efforcé de relancer le théâtre populaire chrétien.

Cet Anglais est un grand garçon de vingt-cinq ans. Visage de bébé. Doux, calme. Ils sont des milliers ainsi, que les puissances et le processus historique offrent à la mort. Des milliers, mais lointains. Lui est là, avec nous.

Il n'aime ni le thé, ni les confitures et ne fume pas.

Antoinette (de son vrai nom Anne-Marie de Dudzeele) l'a conduit de Chevreuse jusque chez nous. Dans le métro, quelqu'un demande l'heure au jeune Anglais. Il ne sait pas un mot de français. Antoinette jette un coup d'œil sur son bracelet et dit : « Je viens justement de prendre l'heure... Voyez... » Et elle montre son poignet. L'Anglais incline sa tête et feint de somnoler.

Dans l'après-midi, une des filles d'Aymé-Guerrin et Claude le conduisent à la gare de l'Est, puis de là au Raincy, où il sera abrité dans une maison sûre. Ils sont habitués à ces transits et convoyages.

Dans Paris, l'Anglais marche derrière ses guides.

Bobby nous a conté ceci qui est peut-être vrai : un aviateur, ayant sauté de son avion en flammes, a pu arriver aux environs de la frontière espagnole. Il monte dans un train. Il n'a pas de papiers, tout au moins n'en a pas de faux. Un policier monte dans le wagon, réclame les pièces d'identité. L'aviateur tire de sa poche une feuille de papier blanc et y inscrit ces trois lettres : R.A.F. Le policier lui rend la feuille, s'incline, disparaît.

15 juillet

Depuis plusieurs jours, le bruit circulait (de la rue à la boutique, des étages à la rue, de la boutique à la rue) que Georges Mandel et Zay [1] avaient été assassinés par la milice. Un peu plus tard, une autre nouvelle circula, mais sur un circuit moins étendu, une nouvelle d'un contour plus précis, qui se donnait des cautions et des sources, s'appuyait sur des confidences de médecins et, en particulier, du docteur Paul : Herriot avait été empoisonné [2].

Ce matin on lit dans *Le Petit Parisien* : « Mort de Georges Mandel... Durant son transfert dans un camp d'internement, la voiture qui le transportait a été attaquée sur la route et, au cours de l'échauffourée, M. Mandel a été tué. Une information judiciaire est ouverte. »

Ils tuent, n'osent pas avouer qu'ils tuent et mentent avec une grossièreté ingénue qui déconcerte. Cette attaque, menée par des

1. Jean Zay – mais on n'en aura la preuve que beaucoup plus tard – est assassiné, le 20 juin, entre Riom et Vichy sur ordre des responsables de la Milice.

2. C'est une rumeur : Édouard Herriot est tout au plus dépressif; interné à la prison d'Évaux en 1942, il a été transféré dans une maison de santé à Maréville, près de Nancy; c'est là où Laval vient le chercher le 12 août pour tenter d'ultimes manœuvres qui seront vaines.

assaillants indéterminés, par une abstraction d'assaillants. Cette « échauffourée » [1]...

Ont-ils tué par peur du témoignage de Mandel? Vraisemblablement. Mais ils savent bien que Mandel n'emportera pas tous les faits dans la mort. Ils ont tué par haine, par une haine qui, chaque jour, s'accroît, en même temps que leur chute approche. Ni l'envie banale ni la jalousie n'atteignent à la fureur intime de la haine politique. Qu'on songe à Clemenceau, qui faillit faire fusiller Caillaux [2]. Et ce n'étaient pas des aigrefins, des hommes de milieu ou de milice, mais deux bourgeois policés.

La dépêche est sans date. Ils n'ont annoncé la nouvelle que lorsqu'elle leur échappait, lorsqu'elle fusait de toutes parts. Comme les auteurs de crimes crapuleux, qui commencent par tuer et n'inventent qu'ensuite d'absurdes mensonges.

16 juillet

Les Russes ont pris Grodno.

17 juillet

L'information créatrice.

« De Berlin.

« Après l'occupation de Cherbourg, les gaullistes ont commencé une chasse à l'homme contre ceux qui, durant l'occupation allemande, avaient continué à exercer leurs fonctions... Un métis, mettant à profit le désordre général, ouvrit les portes de la prison, afin de renforcer en ville les rangs des gaullistes. Les voleurs, les meurtriers profitèrent alors de leur mise en liberté pour perpétrer de nouveaux crimes. Ils se mirent à piller et à commettre des agressions contre les femmes. Si bien que les Américains durent constituer un groupe spécial pour leur donner la chasse. Ils ne réussirent cependant qu'à en reprendre un petit nombre, la plupart ayant pu s'enfuir dans la campagne, où ils sont maintenant la terreur des paysans. »

1. Léon Werth voit juste : l'assassinat de Georges Mandel est perpétré à peu près de la même manière que celui de Jean Zay; lors d'un pseudo-transfert vers une nouvelle centrale pénitentiaire, l'ancien chef de cabinet de Clemenceau, l'ancien ministre de l'Intérieur de Paul Reynaud est assassiné par des Miliciens, le 7 juillet, près de Fontainebleau.

2. Une formulation un peu trop appuyée : dès son arrivée au pouvoir, en novembre 1917, Georges Clemenceau cherche à obtenir la tête politique de Caillaux qu'il accuse d'être un défaitiste notoire; il parvient à le faire arrêter le 14 janvier 1918 pour tractations occultes avec l'ennemi; son procès se déroulera devant le Sénat transformé en Haute-Cour de février à avril 1920; il sera condamné à 3 ans de prison, 5 ans d'interdiction de séjour et 10 ans de privation des droits civiques.

Dans cette schématique construction d'un Cherbourg livré à une pègre terrorisante, il y a pourtant une ébauche de personnage individuel, d'être de chair : apparaît le métis, l'étonnant métis, qui ouvre les portes des prisons. Mais ce métis lui-même, on ne sait pas de quel croisement il est né, c'est le métis en soi, le métis en tant que tel; il reste en quête d'un auteur, il reste dans les limbes de l'abstraite propagande.

Mais voici l'information désespérée, l'information tête en bas. « Les habitants de Laon ont voulu lyncher un aviateur américain. Lors d'une incursion aérienne au-dessus de Laon, plusieurs avions américains furent abattus et leurs équipages tués, à l'exception d'un seul aviateur. Comme des motocyclistes allemands amenaient celui-ci, qui était blessé, vers une ambulance, à Laon, un groupe d'habitants, croyant qu'il s'agissait d'un aviateur allemand, s'approchèrent avec sympathie. Mais dès qu'ils reconnurent la nationalité du blessé, les paroles de compassion se transformèrent en violentes invectives et les motocyclistes eurent beaucoup de peine à protéger leur prisonnier des sévices de la foule, qui voulait le lyncher. »

Phénomènes du même ordre : Mussolini, Hitler appliquent quelques mesures socialistes, soupapes de sûreté.

Vers 1900, quelques peintres des Salons mirent du violet dans leurs ombres. Degas disait : « Ils fusillent, mais ils nous font les poches. »

L'apologétique catholique se maquille en critique historique et demande à la paléontologie quelques surcroîts de preuves.

« Toutes ces jeunes femmes, ces jeunes filles, me dit P..., qui, chaque jour, risquent leur vie, auront-elles jeté dans leur héroïsme quotidien tout ce dont elles disposent d'amour et de faculté sublimante? Retomberont-elles inertes au sol ou auront-elles gagné le goût d'une vie forte et d'une âme tendue? »

On dit que Herriot et Bucard ont été tués avec le consentement de Laval. On parle d'une mutinerie des politiques à la Santé, après laquelle les Allemands auraient exécuté deux mille prisonniers. Tués dans les caves, à coups de mitraillettes dans le tas [1].

Une amie d'amis du colonel loge une « souris grise » dans une chambre réquisitionnée de son appartement. L'Allemande avait annoncé qu'elle allait partir, pour une quinzaine, en permission.

1. Herriot est en fait emmené en Allemagne; quant à Marcel Bucard, le chef des Francistes, il a gagné l'Allemagne (il sera condamné à mort pour trahison et fusillé le 21 février 1946). À la prison de la Santé, a bien éclaté, le 14 juillet, une mutinerie fomentée par des détenus de droit commun, dont les Miliciens, appelés en renfort, arrivent facilement à bout; après avoir réuni une cour martiale, ils fusillent sur le champ 28 détenus.

Elle ne partit pas. « Ma permission est différée, dit-elle, c'est ma semaine de conception pour Hitler. »

En principe, je ne crois pas à ces histoires. Je me souviens de l'époque où les journaux français affirmaient que les Russes avaient décrété la collectivisation des femmes. Mais il n'est pas d'aberration où ne puisse conduire une mystique politique, bien pétrie et bien levée.

Quand même l'amie des amis du colonel n'est guère curieuse. J'aurais voulu quelques détails. La génisse aryenne a-t-elle le droit de choisir le lampadophore de la race? Et le lampadophore la génisse? Sinon, amène-t-on le lampadophore à la génisse ou la génisse au lampadophore? Fait-on le demi-jour ou la pleine obscurité? Le lampadophore prononce-t-il quelques paroles rituelles ou doit-il opérer dans un tragique silence?

A... a rencontré le peintre Segonzac. Il est façonné par deux peurs, peur des Russes déferlants, peur des Gaullistes, qui pourraient le punir du beau voyage en Allemagne [1].

Segonzac ne pardonne pas aux trublions, qui ont empêché l'avènement de la paix allemande, d'une nouvelle *pax romana.* Si on lui parle d'assassinats ou de tortures, il écarte d'un geste ces exagérations, ces inventions discourtoises, ces boniments indignes d'un homme bien élevé et tels qu'on en servait dans les meetings d'antan. Historien accoutumé à jongler avec les statistiques de la mort, il tente une justification de l'Allemagne et de Hitler. « Si les Allemands ont tué des communistes et des Juifs, ils n'ont fait que leur rendre la pareille. Ce sont les Juifs et les communistes qui ont commencé. Avez-vous oublié la Hongrie et Bela Kuhn? » À croire qu'il a passé en Hongrie les deux tiers de sa vie.

La justification du crime par le crime m'a toujours paru répugnante. J'étais écœuré, en Indochine, quand les coloniaux, à bout d'arguments, me disaient : « L'oppression par le gouvernement colonial n'est pas pire que fut l'oppression par les mandarins. » D'autant que, si l'on accepte ce jeu de bascule des répressions, l'autorité française serait, après la victoire, autorisée par les soixante mille morts de la Commune à pendre Segonzac.

Curieuse défense d'une conscience hypocrite, inconsciemment hypocrite peut-être. (Ainsi, selon Freud, les éléments de substitution et de compromis dans le rêve.) Segonzac chasse de sa conscience claire les cent vingt mille Français tués par les Allemands depuis l'armistice, les déportations, les tortures, et leur substitue les morts lointains, les morts exhumés d'une récente propagande.

Segonzac, il fait du dessin de maître en grande série, et, quand il peint, il joue du couteau pour nous faire peur. Déjà, dans les

1. André Dunoyer de Segonzac est un peintre et un graveur connu pour ses paysages et ses portraits. Sur son voyage dans le *Reich* cf. supra p. 256.

années 1920, je posais dans *El Sol* cette question : « Qu'y a-t-il sous la carapace de ses tableaux ? »

Dessins de maître, non pas de tel ou tel maître, mais d'essence magistrale. Entité du dessin de maître, tourniquets des salles latérales. Segonzac fait du maître à la limite, comme Picasso faisait de l'Ingres.

Ce couple : l'homme racolait dans Paris des jeunes gens pour un fictif passage en Espagne; sa femme, garde-barrière, les cachait quelques heures, le temps de prévenir la *Gestapo* et de les livrer. Elle a été abattue.

Rumeur de boutique. Les soldats allemands, à Paris, ont désarmé la *Gestapo*. Rumeur idéaliste et dangereuse, qui tend à suggérer l'image des deux Allemagne, la bonne et la mauvaise [1].

Vichy a encore une presse et une radio, comme ces vieillards qui parlent tout seuls.

20 juillet

Un coq a chanté, ce matin, dans le paysage d'asphalte et de façades.

Le charbonnier de la rue Madame élève une poule, qui se promène en liberté devant la boutique.

Le bruit a couru d'un armistice entre la Russie et l'Allemagne.

Lettre du père François à sa fille. « Ça se bat à Cuiseaux, Champagna, Loisia. » Lettre de Febvre (mise à la poste à Bourg, il y a une quinzaine). Il dit les premiers épisodes de la libération au bourg. Il n'est pas dupe de ses propres passions, mais il n'est pas dupe davantage de son doute. Febvre habille les faits sur mesure.

Attentat contre Hitler. Aucun détail.

22 juillet

Le *Führer* parlant au peuple allemand : « Si je m'adresse aujourd'hui à vous, c'est afin que vous entendiez ma voix et sachiez que je suis sain et sauf... »

Charles-Louis Philippe contait cette histoire : un sultan possédait un service à café, merveille entre les merveilles, d'une matière aussi subtile que la lumière de la lune, orné d'arabesques plus belles que les plus beaux corps de femmes. Ce service n'était point utilisé, mais parfois le sultan le contemplait longuement. Cependant, un jour, voulant honorer un grand chef, il ordonna que le

1. La rumeur est prématurée : dans les heures qui suivent l'annonce de l'attentat du 20 juillet contre Hitler, des unités de la *Wehrmacht* arrêteront bien des responsables de la *S.S.* et de la *Gestapo* mais devront les relâcher aussitôt.

café fût servi dans ces tasses magnifiques, qui ne servaient d'ordinaire qu'à la contemplation. Un grand nègre, puissant et lisse, les apporta sur un large plateau. Mais à peine avait-il repoussé derrière lui les deux tapis qui fermaient la salle du festin, qu'il fit un faux pas et tomba. Le service ne fut plus que débris de porcelaine. Le nègre se releva et s'enfuit. Le sultan et son hôte étaient atterrés et silencieux. Quelques secondes passèrent. Et soudain on vit, entre les deux tapis, passer la tête du nègre : « Je ne me suis pas fait mal... », cria-t-il. Et il disparut.

23 juillet

Un soldat allemand est entré chez le cordonnier, a demandé je ne sais quelle menue réparation. Et, sans préambule : « On en a marre... On en a marre de la guerre. » Et il s'appuie du bout des doigts sur le bord d'une table, affaissé, inconsistant. « Et voyez, dit-il, comme on est habillé. » Et il montre sa manche déchirée, l'étoffe usée où le fil ne peut plus tenir.

Je sais... il y a des mois, des soldats allemands, engageant la conversation avec des paysans, leur disaient aussi : « On en a marre. » Et l'on ne savait pas si c'était confidence de soldat ou amorce d'agents provocateurs.

Et tous les soldats de toutes les armées du monde en ont marre. Mais il y a cent façons d'en avoir marre.

Deux aviateurs anglais nous sont amenés. Il y eut, sur le trajet, un incident. Ils rencontrèrent un camion allemand arrêté au ras du trottoir, pneu crevé. Des soldats changeaient la roue. Les deux Anglais s'arrêtent, hésitent à s'engager parmi les soldats, éparpillés sur le trottoir. Le guide se retourne et leur crie : « Venez... » Et l'un des Anglais répond : *« Yes. »* Tout se passa très bien. Le mot se perdit dans le bruit des voix et des outils.

L'un des Anglais est long, élégant, blond. Ce qui étonne, c'est l'accord du blond et du rose, d'un rose répandu sur tout le visage, quelque chose comme une lumière rose, qui viendrait de l'intérieur de la tête. Le jeune lord des romans anglais de l'autre siècle. L'autre est brun, trapu. Beaucoup moins « voyant » pour le transit. Il ne sait pas s'il est ou non père de famille. On lui a annoncé, la naissance d'un enfant pour fin juin. Mais, depuis, il est sans nouvelles.

Très différents de Bobby, qui avait un air « absent ». Ils s'offrent, ils se donnent. Ils sont frais, ils sont gais... oui, gais.

C'est à deux heures de la nuit que leur avion a été touché par la chasse. Ils étaient à deux mille mètres. Une ou deux minutes de parachute. (Je calcule que cela correspond à vingt-cinq minutes de marche à pied.) Chappie (le brun) s'est blessé au nez contre le plancher de l'avion. La blessure est cicatrisée et la cicatrice zigzague des sourcils aux narines... Ils ont marché quarante minutes. Puis rencontré des paysans. Chappie a pu laver son visage couvert de sang.

Je ne me sens pas trop honteux, parce qu'en ce moment le risque que nous courons est aussi grand que le leur.

Je les surprends seuls. Ils n'ont plus l'air gai. Pas tristes non plus. Ils ont l'air soldat en guerre, maussaderie d'homme désaffecté. À peine suis-je entré que leur sourire réapparaît. Je leur apporte quelque chose de la vie, quelque chose qui n'est pas la guerre.

On leur offre un asile sûr, dans une maison des environs de Paris, entourée d'un vaste jardin. Ils refusent. Ils veulent rejoindre leur escadrille. Et le jeune lord fait le geste de jeter des bombes sur une ville imaginaire.

Suzanne, Claude et moi pensons aussi simple qu'eux. Puissent les choses et les politiciens être contraints à quelque chose de cette simplicité.

Ce pneu de Aymé-Guerrin à Suzanne. Le texte m'en paraît clair. Et j'ai peine à croire que la *Gestapo* en serait dupe. Mais, la vraie prudence étant à peu près impossible, on emploie des moyens conjuratoires. On est poli et réservé envers le sort : « Chère Madame, trois de nos petits chiots ont déjà été emmenés hier en province. Pour les transporter rapidement par petits groupes, on me demande comment les joindre rapidement, en quelques heures. Voulez-vous être assez aimable pour établir d'urgence les liaisons nécessaires ? Pour éviter toutes pertes de temps..., etc. »

Note sur un mouchard ; taille : 1 m. 75, yeux clairs, front dégarni. A tué et volé un Allemand, qui transportait une grosse somme d'argent. A accusé de ce meurtre un Français, qui a été exécuté. A dénoncé plusieurs réfractaires ou résistants.

Suzanne n'aime pas transmettre ce genre de message. C'est le premier, d'ailleurs, je crois.

Un officier allemand aurait dit à la pension Orfila : « Nous avons assez de blessés et de morts. »

On dit que, dans les environs de Paris, trois *S.S.* ont arrêté de jeunes réfractaires et les ont traités avec une ignoble cruauté.

24 juillet

À huit heures du matin, on frappe à la porte. Ce n'est pas un frappement inquiétant, autoritaire ou professionnel. Ce n'est pas non plus le frappement du petit télégraphiste, hâtif, peu scandé. Ni celui, hésitant, de la vieille dame, perdue dans les escaliers. Ce frappement ne m'inquiète pas beaucoup. Je l'identifie à peu près. Il s'agit des deux Anglais qui ont passé la nuit dans « la grande pièce », l'un sur le divan, l'autre sur un matelas au plancher. Sans doute on a modifié l'heure de leur départ ou leur lieu de destination. C'était presque cela, du moins c'était du même ordre. Il s'agissait de documents à transmettre.

XIII

LA GUERRE A LA VIE DURE

24 juillet 1944

DÉBARQUEMENT, bombe sur Hitler... N'y aura-t-il donc jamais l'événement qui entraîne tout, l'événement qui bouscule la cadence des événements ? La guerre est comme un chien crevé que des gamins, en vain, à coups de pierre, essayent de faire couler à fond.

On me parle de je ne sais plus quelle pièce en je ne sais quel théâtre. L'un des personnages souffre d'une impuissance du cœur, souffre d'avoir le cœur sec. Étrange contraste que celui d'une époque à gros cataclysmes et d'un subtil divertissement psychologique, en bordure de la psychiatrie.

Qui souffre de la faim ou craint pour sa liberté tiendra pour ridicule la souffrance de qui souffre de ne pas souffrir. Mais la peine d'un réfugié, qui a tout perdu, famille et biens, a peut-être le même effet de stérilisation que la peine d'un cœur impuissant.

Suzanne s'occupe du transport d'un poste émetteur.

Un papier, qui vaut mieux qu'une carte d'identité. Ce n'est pas un faux, il a été volé : « Fiche de démobilisation. Centre de libération du département de la Seine (rive droite). *Stets bei sich tragen*! Toujours porter sur soi ! *Entlassungsschein.* Document de libération. »

Les deux Anglais, nos Anglais, sont partis. Qu'ils étaient légers, discrets !

25 juillet

Jeanne V... revient de Saint-Amour. Il y a huit jours, deux cent cinquante Allemands environ sont arrivés. Ils se sont assez peu occupés du bourg. Ils ont visité surtout les hameaux et les fermes isolées. « À Chantemerle [1], dit-elle, on les voyait venir de partout,

1. Chantemerle est le chalet de vacances de Suzanne et Léon Werth.

du chemin de Ch'Coulot, du chemin de Vaucenan, du bois à Besson. Goudeau, dans sa vigne, regardait avec une jumelle tous ceux qui venaient par la route en contre-bas. Ils tirèrent sur lui. Il gagna sa maison. En rampant. »

À Allonal, chez Raffin, ils se firent apporter du vin. Quand la fermière eut posé les bouteilles sur la table, ils exigèrent qu'elle bût avant eux la moitié d'un verre.

À Bel Air, ils fouillèrent les armoires. Quand ils arrivèrent, le vieux père Perrot, vénérable comme un vieillard de théâtre, tordu comme un sarment, lisait une lettre de Raymond (son petit-fils). Ils la lui arrachèrent des mains.

À Balanod, ils tuèrent, après un simple examen de leurs papiers d'identité, un Juif réfugié et deux inconnus qu'ils avaient amenés on ne sait d'où et sur les cadavres desquels on ne trouva pas de papiers.

Ils entrèrent dans notre maison, habitée par des amis. Ils leur volèrent une montre. Ils regardèrent sous les lits, arrachèrent les draps et les couvertures. Chez Billet [1], ils prirent le lapin et le morceau de cochon qui étaient sur la table.

Ils ont emmené à Salavre, distant de 15 kilomètres environ, pour la vérification de leurs papiers, les hommes au-dessous de quarante ans. L'officier qui commandait leur adressa une rauque allocution, leur recommanda de « bien obéir au maréchal Pétain ».

L'un des Allemands dit qu'ils brûleraient toutes les maisons (comme à Moulin-des-Ponts et ailleurs) si le maquis réapparaissait.

J'oubliais ceci : sur la terrasse de Chantemerle, un Allemand se pencha vers le plus jeune des enfants de nos amis Pharabod, un enfant de deux ans, le souleva dans ses bras et lui adressa de tendres paroles. Cela éclaire tout d'une lumière allemande. Une mitraillade n'est complètement allemande que si le mitrailleur peut se pencher sur un berceau.

26 juillet

Nous apprenons l'arrestation de Masiée. Je ne l'ai jamais vu. Mais je sais par Suzanne, son courage, sa noblesse, sa pureté.

Fête au patronage. Accordéons, saynettes, monologues. L'abbé, qui vient de quitter Fresnes, fait une brève allocution : « En ce lieu particulier d'où je viens, j'ai constaté le plus complet optimisme, le plus beau dévouement, la plus complète union. » Il dit cela, debout sur une petite estrade, dans la cour du patronage. Il n'a pas peur des mouchards. Mais que deviendra, après la guerre, cette complète union ?

1. Marius Billet, le fermier de Suzanne Werth, (cf. supra p. 74) est ici cité sous son vrai nom.

À Saint-Amour, les maquisards ont quelque peu abîmé les boutiques de l'adjudant-épicier et d'un pâtissier. Mais les bourgeois et hobereaux collaborateurs n'ont pas été inquiétés. Peut-être ont-ils été plus prudents en leurs paroles. Et ils ne sont pas de plain-pied avec la rue.

Andrée François reçoit de Louhans une lettre de son frère. Louhans est sous le contrôle des forces de résistance. Aimé François ignore complètement et l'occupation de Saint-Amour par les mêmes forces, le 6 juin, et l'arrivée de deux trains blindés allemands, huit jours plus tard. Entre Saint-Amour et Louhans (vingt-huit kilomètres) les communications sont coupées. Deux bourgs, distants de moins de trente kilomètres, sont complètement séparés l'un de l'autre.

Et soudain tous les bourgs isolés reçoivent, on ne sait comment, une même nouvelle, celle qui leur est nécessaire, la reçoivent ou la créent.

Un Canadien, descendu en parachute, près de Chevreuse, avait erré quatre jours. Il repoussa ceux qui voulaient l'aider, le cacher. Il disait qu'il en avait marre et il n'avait qu'une idée : se livrer aux Allemands pour en finir.

27 juillet

Discours de Gœbbels, à propos de l'attentat contre Hitler. « Le *Führer*, dit Gœbbels est entre les mains de Dieu... Le peuple allemand remercie le Tout-Puissant d'avoir pris le *Führer* sous sa protection bienveillante. »

Et cette bienveillante protection n'est que vaguement providentielle. Elle n'est pas davantage l'effet de ces positions astrales qui, selon les astrologues, inclinent un destin plutôt qu'elles ne le contraignent. Elle se manifeste par l'intervention directe de la Divinité dans le cours des événements : « J'ai entendu tous les rapports des témoins oculaires, dit Gœbbels. J'ai visité la pièce où a eu lieu l'attentat. Je puis dire que si le fait que le *Führer* a échappé à la mort n'est pas un miracle, c'est qu'il n'y a pas de miracles. »

La fin du discours : « Vous allez voir ce que vous allez voir. » Armes nouvelles, etc. Mais déjà Hitler avait promis la peau de l'ours russe. Et ce fut Stalingrad.

28 juillet

Après 1918, un monde fut cassé. Le monde des chapeaux et des sentiments fleuris, des jupes longues et des chevelures où une tête d'homme pouvait tout entière se cacher. Un second Second Empire. Mais déjà la bourgeoisie avait égaré ses principes.

Après cette guerre, cassera-t-on le monde en plus petits morceaux ou remplacera-t-on la vaisselle?

Parcouru le journal de Marie Lenéru [1]. Trop intellectuel, d'une tension dont on ne sait pas toujours si elle est puissance vraie ou jeu de petite fille. (Cette surdité, dans laquelle elle fut enfermée et qui explique et justifie tout.)

Ce que je veux retenir d'elle, c'est son pacifisme pendant la guerre de 1914. Rien d'un pacifisme bêlant. Un pacifisme en opposition avec tout son milieu, en opposition même avec les sentiments du préfacier, François de Curel : il semble demander au lecteur de vouloir bien excuser ce pacifisme qui blesse la civilité.

Ce pacifisme est d'autant plus solide qu'il contredit en apparence sa fidélité à la caste de marins, dont elle est, dont elle s'enorgueillit d'être. Elle aime le marin, elle aime le soldat, elle hait la guerre. Elle rejette la phraséologie des économistes, des diplomates et des historiens. Elle rejette la « phrase de perroquet » : « Tant qu'il y aura des hommes, il y aura des guerres. » La guerre n'existe que par le conformisme de tous et le consentement des non-combattants. *« Devant la guerre, nous avons encore l'attitude qui était celle des esprit distingués, sous Louis XIV, à l'égard de Dieu. C'est le dernier dogme que l'esprit critique n'ait pas atteint. »*

« Ce qui me frappe et plus que l'horreur encore m'a rendu la guerre insupportable – il y a bien de l'horreur aussi que nous acceptons dans la nature – c'est la gratuité, l'artificialité, la non-nécessité du fléau. Et cela, comme toujours au monde, venant peut-être uniquement d'une erreur verbale. – Ce qui me révolte dans la guerre, c'est que je n'ai pas rencontré d'obstacle sérieux à combattre, c'est que ce fléau monstre n'est qu'un moulin à vent; quiproquo sinistre... »

Elle est trop soldat, trop marin pour que son pacifisme puisse être défaitisme. La guerre déclarée, il faut s'en remettre à l'héroïsme du combattant. (Sait-elle bien tout ce qu'il y a de grégaire dans cet héroïsme?) *« Décidément, sur la guerre, je ne puis plus lire que des soldats ou des pacifistes. »*

Un bêlant rugira, parce que ce pacifisme se juxtapose au respect d'une tradition militaire. Il ne m'en plaît que davantage. Il est vivant, il n'a pas la perfection d'un délire sentimental. Il n'est pas une couche de fard sur un visage de cadavre.

Même aujourd'hui, le pacifisme de Marie Lenéru reste, sur le plan du moralisme, riche, émouvant : il est beaucoup moins planant qu'on ne pourrait croire.

J'ai mal dit comme il m'avait touché. Sans doute, parce que

1. Marie Lenéru a écrit quelques essais et une dizaine de pièces de théâtre; elle acquiert une renommée *post mortem* quand est publié, aux éditions Crès en 1922, son journal où s'exprime un féminisme volontiers anticonformiste.

j'étais agacé par son respect de quelques fausses gloires littéraires. Qu'est-ce que ça fait, si ce qui pousse en elle n'est pas livresque?

Lassitude. Les meilleurs de mes amis, leur image s'éloigne. Qui fuit? Moi, eux, le temps? La littérature, n'en parlons pas. La peinture, elle m'ennuie avec ses quarts de ton. Je voudrais une chambre grise, quelques lithos de Lautrec, d'une perfection chinoise, aux murs, et fumer quelques pipes d'opium.

La radio anglaise a cité sans commentaire ceci, qui est de Hérold-Paquis. Elle a eu raison de ne pas commenter : « En criant : " *Heil Hitler* ", j'ai la certitude que je crie : " Vive la France! " »

Atmosphère d'époque. Un couvent à Melun. Des armes y étaient déposées. Sept religieux exécutés [1].

Peuple, patrie, nation.

Le sol? Qu'il incline peu ou beaucoup (voir Febvre, *La Terre et l'Évolution humaine*), quelques idiots seuls peuvent croire encore que l'homme en est le produit brut. C'est définir l'homme par la plante de ses pieds.

Le nationalisme semble mort. Jadis revanchard, boulangiste, tantôt anti-allemand, tantôt anti-anglais, il aime maintenant Hitler, comme une fille publique aime son maquereau.

Il y a d'éphémères patries mystiques : la Russie, patrie de tous les prolétaires. Mais n'est-ce pas confondre nation et religion?

Le peuple, en ces heures, donne peut-être une nuance nouvelle à la définition de la France.

Il y eut, dit Michelet, la période de la grâce de Dieu, puis la période de la grâce du Roi. 1789, c'est l'avènement de la justice. (Cela fait rire les historiens académiques et les journalistes spécialisés de la tradition.)

Et Proudhon : *« D'où me vient cette passion de la justice, qui m'entraîne et m'irrite et m'indigne?... Je ne puis m'en rendre compte. C'est mon Dieu, ma religion, mon tout; et si j'entreprends de la justifier par raison philosophique, je ne le peux pas. »*

Et Cournot écrit qu'on ne conçoit pas le génie français sans « un certain pli d'opposition ».

Peut-être une patrie non protozoaire est-elle faite d'idées qui s'opposent et même se haïssent. Pendant que Bossuet fait un morceau de France, un libertin en fait un autre. Peut-être aujourd'hui quelques catholiques et quelques révolutionnaires s'accordent-ils

1. Le 24 juillet, la *Gestapo* investit à La Brosse-Montceaux le couvent des oblats de Sainte-Marie-Immaculée, à la recherche d'armes qui y avaient été déposées pendant quelques jours; pour intimider les religieux, Wilhelm Korpf abat successivement six d'entre eux et condamne à la déportation les 86 oblats survivants (ils échapperont, il est vrai, au camp, car le convoi qui les emmènera sera bombardé en cours de route).

dans une même France, définie par leur haine commune du bourgeois stupide, avare et cagot.

Propagande. L'art du glissement d'idées. Ainsi le gibbon, sans avoir l'air de prendre son élan, glisse d'une branche à l'autre.

31 juillet

Un camion transporte au lieu d'exécution des résistants condamnés à mort. Un groupe de maquisards arrête le camion, délivre les condamnés et « ficelle » les Allemands. Il y a là plus de puissance d'aventure et de courage difficile qu'il n'en faut pour la guerre régulière.

Il semble certain qu'un groupe de généraux de la *Wehrmacht* a tenté de renverser le régime. Cela ressort de la feuille confidentielle, chaque jour communiquée à la presse, et qui rassemble les dépêches qui ne doivent pas être publiées.

Les agents parisiens qui gardent les hôtels réquisitionnés pour les officiers allemands ont, dans la nuit de l'attentat, reçu l'ordre de quitter immédiatement les lieux. *Wehrmacht* et *Gestapo* voulaient se battre sans témoins.

C'est du moins ce qu'affirme un agent, qui est le concierge de Mme C...

Le Français, les Français; l'Allemand, les Allemands. Quand nous avions vingt ans, nous accordions trop à un moralisme (dans les deux sens du mot) anarchisant. Anarchie signifiait l'espérance d'un homme délivré des contraintes grossières de l'économie. L'anarchiste ne croyait pas à une âme immortelle, mais à un moi périssable, d'autant plus précieux d'être périssable, à un moi, si l'on peut dire, à la fois absolu et périssable. Un moi n'était ni français, ni allemand. Il ne différait d'un autre moi que par ses qualités humaines. Un moi classique en quelque sorte.

Nous savons maintenant que les définitions ethniques ne sont pas de pures abstractions. Et il est telles heures – toutes choses égales d'ailleurs – où prendre tout un peuple pour unité de raisonnement nous écarte moins de la réalité que tenir compte des moi distincts qui composent ce peuple. Ainsi nous raisonnons aujourd'hui sur l'Allemand et non sur les Allemands. Hypothèse provisoire. Tout serait perdu si nous ne retrouvions pas un jour les Français, les Allemands, si à l'abstraction d'un moi absolu nous devions à jamais substituer une abstraction ethnique, un éternel absolu national.

Mais le moi, a dit Wallon, est à l'intersection du biologique et du social. Connaissant ses conditions, il se connaîtra mieux lui-même.

Claude a traversé Paris à bicyclette, portant à l'abbé Fanget, dans un sac de tourisme, un poste émetteur.

Le colonel porte, cousus dans sa cravate, des plans de fortifications.

2 août 1944

Une information fausse ou altérée ne nous étonne plus. Nous sommes habitués à l'annuler, à la corriger ou à la retourner. Mais un raisonnement déraisonnant nous surprend toujours un peu. Ainsi je lis dans *Le Petit Parisien* ce commentaire de Berlin sur la Turquie et le *Reich* : « L'issue de la guerre n'est nullement décidée à l'heure actuelle. Mais même si les prédictions anglaises sur l'évolution du conflit étaient exactes (le ton n'est guère flamboyant), la Turquie ferait fausse route en cherchant à s'appuyer davantage sur la Grande-Bretagne... » Ce qui revient à dire que la Turquie aurait avantage à s'unir à l'Allemagne vaincue plutôt qu'à l'Angleterre victorieuse.

Un rêve dont je m'explique facilement les épisodes par des souvenirs plus ou moins récents. Mais ceci que je ne sais à quoi rattacher : sur un palier, l'un des barreaux de la rampe d'escalier est descellé, n'offre plus aucune résistance. Je me penche, je le remets dans son logement.

Je lis un article nécrologique sur Bunau-Varilla [1], « propriétaire du *Matin* depuis un demi-siècle ».

Je n'avais guère plus de vingt ans, j'accomplissais, dans un journal, une obscure besogne. J'apportai un soir, dans ma poche, une couleuvre, une romantique couleuvre. Elle inspirait à tous peur ou dégoût. Elle créait autour de moi un cercle isolant, un cercle de pureté.

Mais aussi le bruit des machines, l'odeur de l'encre d'imprimerie, et, plus tard, les ascenseurs balistiques. Les linotypes, les rotatives. La pensée était peu de chose devant cette machinerie. Cela rendait modeste et, en même temps, grisait.

Ce que je désire? Un certain état de la France, de l'Europe, du monde? Ou simplement – tels qu'avant la guerre – ma vie nombreuse en plaisirs, villes et routes, et le son pur de l'amitié et ses résonances?

3 août

Discours de Churchill aux Communes.

Dégâts causés par les V-1 (4 735 morts, 14 000 blessés,

1. Sur Maurice Bunau-Varilla, cf. supra p. 679.

17 000 maisons détruites, 800 000 endommagées) et possibilité de désagréables surprises. Ce n'est pas un chant de victoire. Mais, plusieurs fois déjà, on a constaté que Churchill imite ces parents qui feignent, devant leurs enfants, de ne pas savoir si le père Noël a « apporté quelque chose ». Il use, pour annoncer des succès, des mêmes précautions que les Allemands pour annoncer des revers.

« En six mois, les grèves ont coûté à l'Angleterre trois millions de journées de travail. » *(Le Petit Parisien)*. En 1914, les spécialistes de l'économie et le haut-commandement affirmaient que, pour des raisons économiques, la guerre ne pouvait pas durer plus de trois semaines. Et, depuis 1939, que de fois j'ai entendu de savantes prévisions sur les conséquences du manque d'essence, d'huile, de manganèse ou de tungstène. À croire que l'économie est une illusoire métaphysique ou que tous les économistes sont idiots.

Les Alliés sont à Rennes et à Dinan.

Il m'est arrivé, en Indochine, d'avoir honte d'être blanc, d'avoir honte d'être Français.

Chaque Allemand est responsable de l'Allemagne, de la *Gestapo*.

Mais cette sorte de responsabilité, il nous faut apprendre à la mesurer. Tolstoï vivait dans le même temps que le tsarisme organisait des pogromes.

La biologie nie l'hérédité des caractères acquis. Mais une patrie, sous peine d'être une vaine entité, ne vit que par la transmission de ces caractères. Une patrie, c'est ouvrage d'homme.

Riv... a joué, comme ils disent, la mauvaise carte. Il se défend ainsi : « L'Allemagne perd. Je suis avec les collaborateurs, avec les vaincus. (Il oublie de dire que les vaincus détiennent encore les places et que, parmi ces places, il en détient une, qui est d'importance.) Collaborateur je reste; parce que je n'ai d'autre passion que la musique et que l'Allemagne est un pays musicien, parce que l'Allemagne est le pays de Mendelssohn (il ne dit pas que la musique du Juif Mendelssohn est interdite en Allemagne), le pays de Beethoven, le pays de Wagner. »

La grossièreté de ce sophisme étonne. « Ma politique est grecque, parce que j'aime la victoire de Samothrace. Je me fais naturaliser citoyen de Bogota, parce que je ne sais pas de plus belles sculptures que les lunaires et silencieuses sculptures pré colombiennes. »

4 août

Mort de Ramon Fernandez [1]. Que Dieu ait son âme. Il a dû déjà proposer à Dieu une définition de Dieu.

5 août

Le bruit a couru hier dans l'après-midi que les Américains avaient pris Nantes et Alençon. La radio ne fait ce matin mention ni de Nantes ni d'Alençon. Mais le Paris de la rue et de la boutique n'éprouve aucune déception. Sa certitude n'est plus d'un ordre que la critique entame. Paris, sa rue et sa boutique, brassent et resserrent dans le temps l'événement accompli et l'événement que virtuellement il annonce. Chez l'épicière, on dit, malgré tout, que Nantes a été pris. Et l'on dit aussi que Paris, d'ici trois semaines, sera délivré. « Qui dit cela?... – On le dit chez le libraire... – Qui?... – Un Monsieur qui est commandeur de la Légion d'honneur. »

Il faut, je crois, distinguer ces nouvelles anticipatrices, qui bousculent l'événement, des nouvelles qui, aux heures de panique, semblent naître par génération spontanée.

6 août

Radio-Paris raille les crédules résistants qui croient que les Américains déjà, approchent de Brest et de Nantes. Devant quel tribunal plaident ces avocats? Ils ne peuvent plus – ils le savent – émouvoir l'opinion. Pensent-ils émouvoir l'événement?

Jeunes gens, à qui l'époque, hors les techniques, est étrangère. Ou pris par des religions, où ils se jettent, avant de les avoir connues, avant de les avoir aimées. Comme on se jette à l'eau. Mais Pierre, ni catholique, ni marxiste, sensible, artiste, ne sait quoi saisir. « Les hommes de mon âge, me dit-il (il a trente ans), sont dans un grand trouble. Nous voulons que l'Allemand soit chassé. Mais après?... »

« Pierre, il faut inventer l'avenir... »

Mandouze se cache à Paris. Sa bibliothèque, à Bourg, a été détruite.

1. Ramon Fernandez est un critique littéraire relativement connu, qui par haine de la démocratie libérale flirte avec l'extrême gauche avant de rallier le P.P.F.; il s'est donné pour mission de redonner aux masses le goût de la culture.

7 août

Un certain Ingrand [1] habite, rue d'Assas, une maison voisine de la nôtre. Il a je ne sais quelle fonction au Ravitaillement ou dans les bureaux de de Brinon. Fonction de quelque importance, puisque sa porte était, jour et nuit, gardée par deux agents. Mais il n'y a plus d'agents à sa porte. On dit qu'il a démissionné. Il prend des précautions pour l'avenir, laisse entendre qu'il n'a pas partie liée avec le gouvernement. Il ne craint pas de tenir conversation dans les boutiques et y annonce, d'un ton léger, la déroute allemande. « Je m'absente pour quelques jours, a-t-il dit hier à l'épicière. Quand je reviendrai, les Anglais seront peut-être ici. »

La propagande allemande avoue la défaite, mais affirme que cette défaite contient en elle une victoire cachée.

La rue, la boutique, Aymé-Guerrin et l'abbé Fanget : « Ils seront à Paris dimanche prochain. »

De Gaulle écrivait, en 1934, dans *L'Armée de métier* :

« Ce qu'il y a de profond, de singulier, de solitaire dans l'homme fait pour les hautes actions, est mal goûté hors des jours difficiles... Au reste, ses facultés, pétries pour de rudes exploits, se refusent à la plasticité, aux intrigues et aux parades, dont sont faites pendant la paix la plupart des brillantes carrières. »

Et voici qui n'est pas seulement analyse de moraliste, mais confidence d'un grand soldat :

« Aussi serait-il condamné à s'étioler ou à se corrompre, s'il lui manquait pour le soutenir l'âpre ressort de l'ambition. Non point que doivent l'animer la passion des grades et des honneurs, qui n'est rien que de l'arrivisme, mais, oui certes, l'espérance de jouer un grand rôle dans de grands événements. »

N'y a-t-il point là un portrait de de Gaulle par lui-même, le portrait idéal du soldat et du politique qu'il voulut être? N'y a-t-il point là comme le pressentiment de son destin?

Mais qu'il devait être seul parmi les Père Ubu du Haut-Commandement!

9 août

Onze heures du soir. J'écoute vaguement la radio. Soudain j'entends : « Le pilote français de Saint-Exupéry, qui appartenait à une

1. Le personnage a beaucoup plus d'entregent que ne le croit Léon Werth : le préfet Jean-Pierre Ingrand a été le délégué pour la zone Nord du ministre de l'Intérieur; ce qui n'est pas rien.

formation dissidente, a été porté manquant à la suite d'une mission au-dessus de la France [1]. »

Les événements historiques me sont indifférents. Je vois la chute d'un avion désemparé, je vois un avion qui brûle. Je vois son visage.

Je pense à tant d'heures d'amitié. Il venait parfois tard dans la nuit. Les hauts problèmes et les tours de cartes. Et l'auberge de Fleurville, ces heures de l'auberge de Fleurville, où la vie eut pour nous comme un goût de perfection.

Je pèse les mots : « porté manquant ». Je cherche des raisons d'espérer. Suzanne espère. Mais c'est pour que j'aie moins de peine.

Pensées stupides : c'est douter de lui, c'est le trahir que de croire à sa mort. J'espère. Il est tombé blessé. Il est soigné chez des paysans.

10 août

Je continue machinalement ce journal. Je n'ai plus rien que de la peine. L'absolu de ma peine, s'en réjouirait-il? M'inviterait-il à une sagesse qui se refuse aux pleurs d'enfant? Comme il disait de Mermoz, je ne puis le voir « dans la perfection de la mort ».

C..., rédacteur au ministère des Travaux publics. On a révoqué des cantonniers suspects de gaullisme. Les comités d'organisation n'ont d'autre but que de favoriser les gros fournisseurs. La fourniture des casquettes des cantonniers : ce haut problème occupe les grands chefs.

M..., agrégé d'allemand, interprète de de Brinon. Il a peur. Il est logé rue des Saussaies. Pris par l'argent et séparé du monde par des huissiers à chaînes.

Rennes, Laval, Le Mans. On compte les kilomètres. Paris tend les bras aux armées alliées, Paris les aspire. Cependant *Radio-Paris* dénonce « l'aberration collective » des Français, qui se réjouissent de la transformation de la France en « terre brûlée ».

11 août

Le bruit court d'une grève générale des chemins de fer [2].

Des autocars passent, remplis de blessés allemands, debout, serrés.

1. Malgré ses 43 ans, Antoine de Saint-Exupéry a obtenu d'être versé dans l'aviation de reconnaissance; il ne revient pas, le 31 juillet, d'une mission sur Annecy : son P. 38 Lightning est touché alors qu'il s'apprête à atterrir, près de Bastia, sur l'aérodrome de Bongo. Léon Werth fera le récit de cette mort dans le petit ouvrage qu'il consacrera à son ami (*La vie de Saint-Exupéry*, éditions du Seuil, 1948).

2. C'est effectivement le 10 août que les syndicalistes résistants déclenchent une grève, dont les mots d'ordre sont avant tout patriotiques. Le mouvement gagne progressivement l'ensemble des cheminots.

Un ami d'Alain Bourdon, prisonnier évadé, a vu en gare de Varsovie des Polonais pendus. Il a vu des Juifs, poussés à coups de crosse dans les wagons. Quand un wagon était plein, bondé, les Allemands mitraillaient les Juifs qui, sur les marchepieds s'accrochaient, qui tentaient en vain d'entrer dans le wagon.

Le train emmenait les Juifs à quelques kilomètres. Les soldats les faisaient descendre et les mitraillaient.

Les Allemands ont délivré aux collaborateurs notoires, qui écrivent dans les journaux (Les Lousteau, Brasillach, Luchaire, etc.), des passeports pour Wiesbaden.

On dit que dix-huit cheminots ont été fusillés. La grève des chemins de fer serait générale.

Des camions stationnent devant les hôtels occupés par les Allemands. Des soldats y entassent des matelas, des tapis, des machines à coudre. On pense aux pendules de 1870. « Un déménagement de Guignol », me dit-on. Ils opèrent de nuit et de jour.

Au Sénat, par-dessus les matelas, les couvertures et les ustensiles les plus variés, ils ont empilé quelques « souris grises ». On dit qu'à la gare de l'Est, d'où les trains ne partaient plus, affolées, elles se sont battues.

En certains milieux de bourgeoisie, me dit Mandouze, on hait Mauriac. Ses lecteurs se reconnaissent en ses personnages de catholicisme pourri, ne tolèrent point ce qu'il y a de chrétien en lui.

P... a dit à Suzanne : « Vous raisonnez comme un charpentier, vous êtes sentimentale comme la foule. Vous ne comprenez rien au jeu des intérêts politiques. Les Américains et les Allemands sont d'accord. Les Allemands se font battre, exprès, en Normandie et en Bretagne. Ils abandonneront Paris. Laval les y recevra. Ils traiteront avec lui. Après quoi, il cédera le pouvoir à Jeanneney, qui le cédera à de Gaulle [1]. »

Qui parle ainsi? Un primaire, un dément précoce? Non, un bourgeois cultivé, dont la bibliothèque est pleine d'éditions de luxe.

Le fou lui-même reflète en ses propos quelque chose de son époque. Jadis, il se croyait possédé par le diable, il dit aujourd'hui que ses ennemis dardent sur lui des courants électriques et des rayons X. Ainsi, P... traduit en images les calculs des capitalistes anglo-américains, qui ne sont pas tous de démocratique pureté. Et, si folles que soient ses paroles, on y retrouve l'intention, inconsciente sans doute, de compromettre de Gaulle, en le rapprochant de Laval et Pétain et de sauver Laval et Pétain, en les rapprochant de de Gaulle. Bruits circulants, qui sont une réaction de défense bourgeoise.

1. Jules Jeanneney présidait le Sénat. Il sera ministre d'État dans le ministère formé le 9 septembre 1944 par Charles de Gaulle.

Crachats payés.

Dans les journaux (et sans doute au cinéma) une photo prise dans une rue de Paris. On y voit des femmes qui crachent sur des prisonniers américains, protégés par des soldats de la *Wehrmacht*. Cette photo est « authentique ». Ces prisonniers sont de vrais soldats américains et ces femmes crachent. Mais elles sont des figurantes, payées par la *Gestapo*. (Crist... sait où et comment ces femmes ont été embauchées.)

Boulevard Saint-Michel. Dialogue entre un milicien très jeune et une ménagère :

– Ce n'est pas un gamin comme vous qui ferez peur à une femme comme moi...

– Vous faites les fiers, parce qu'ils sont à vingt kilomètres de Paris...

Dans une librairie :

Une cliente :

– Je voudrais une carte du front...

La vendeuse :

– Je vous conseille de prendre une carte de France.

À Nyons, en juin 1940. On vient d'apprendre que l'armistice a été signé. Une vieille bonne femme sanglote. On tente de la calmer. « Voyons... tout n'est pas perdu... » Elle sèche ses larmes et dit : « Je pense à ces pauvres généraux... » Il y a dans le peuple et la petite bourgeoisie un fond d'héroïsme selon la légende, une hypnose devant les généraux dorés et médaillés, une imagerie d'Épinal, une sentimentalité militaire. Ainsi, sur les routes de la débâcle, ce commerçant parisien qui n'avait de pitié que pour le héros de Verdun vaincu.

À Caen, les Allemands, avant de quitter la ville, ont libéré les prisonniers de droit commun et ont tué les prisonniers politiques. (Deux cent cinquante politiques, d'après *Le Courrier français du Témoignage chrétien*).

D'une lettre écrite par une ouvrière, femme d'un ouvrier métallurgiste : « Mon mari doit recommencer à travailler mercredi, s'il n'y a pas d'événements avant, car ça s'approche. Qu'allons-nous devenir ? J'ai un peu la frousse et je pense tellement à ma sœur qui est tellement exposée là-bas : enfin chacun sa destinée. J'ai appris ce matin la mort d'un ouvrier qui travaillait avec mon mari. Il a été tué au dernier bombardement de Clichy il y a quelques jours, ça m'a fait beaucoup de peine car nous avions fait l'exode ensemble et il était si gentil enfin chacun son heure mais je m'inquiète pour mon mari car dans toutes ces usines ils sont en danger. »

Oradour-sur-Glane. Les hommes fusillés, les femmes et les enfants brûlés dans l'église. (10 juin.)[1]

Radio. Un combattant allemand parle à ses « camarades français ».

Grâce aux armes nouvelles, l'Allemagne gagnera la guerre.

« Staline, Churchill et Roosevelt passent leur temps à regarder avec épouvante leur montre, chaque minute les rapprochant d'un désastre fatidique. Ils savent que " la partie est définitivement perdue pour eux ". »

Le camarade allemand a consulté plusieurs astrologues. Tous ont prédit la victoire de l'Allemagne, sauf l'un d'eux, qui, gaulliste notoire, n'a pas voulu donner les résultats de ses investigations sidérales.

De Gaulle est-il aimé du peuple? Il n'y a point en lui l'ombre de boulangisme raccrocheur. L'amour du peuple pour de Gaulle est encore silencieux. Demain, il montera du fond de la foule, comme un immense soupir, comme une lame de fond.

Cahiers du Témoignage chrétien.

Citation de Péguy. « Ils aiment autant au fond labourer que moissonner et semer que récolter, parce que tout cela c'est le travail, le même sacré travail, à la face de Dieu. »

Et, traitant de la reconstruction de la France, le rédacteur des *Cahiers* écrit : « Mystique du labeur et non de la récolte[2]... »

Cela sans doute est vrai des travaux de l'esprit. Mais, touchant les travaux manuels? Inconsciemment, Péguy et le rédacteur des *Cahiers* ne sont-ils pas ici les dépositaires d'une vieille idée bourgeoise, d'une doctrine d'asservissement? La mystique du travail assure-t-elle la dignité du travailleur ou son exploitation? Le travail est une nécessité. Je veux rêver du jour où il sera un luxe.

Cette mystique du travail est propre à l'Occident industriel. Elle est à peu près étrangère à l'Orient et à l'Extrême-Orient, où l'on n'aurait point de peine à découvrir une mystique du repos, du loisir et, si l'ont veut, de la méditation, qui n'est peut-être qu'un repos plus délicat.

J'ai vu parfois en Indochine un Annamite couché sur un lit de camp. Au-delà de ce que nous nommons paresse, il me faisait pressentir une poésie, un art de l'immobilité.

Cahiers du Témoignage chrétien.

Parfois un peu d'idéologie planante, mais aussi de courageuses affirmations : « ... En perdant le *sens de l'histoire*, les Français,

1. Sur Oradour-sur-Glane, cf. supra p. 673.

2. La citation est extraite du Cahier *Espoir de la France*, sorti à Lyon et à Paris en juillet 1944.

certains Français ont perdu le *sens de l'ennemi... Ce n'est point du côté de l'étranger, mais du côté de son propre peuple qu'une partie de la bourgeoisie française a décelé l'ennemi.* Les cadres de ce pays ont moins vu dans la mobilisation la guerre contre l'Allemagne qu'une mise au pas du peuple, une revanche de 1936... Pour certains officiers de 1939-1940, l'ennemi n'était pas en face, mais leur propre soldat [1]... »

Et :

« ... Il ne faut pas beaucoup de pénétration pour reconnaître sous les violences de mots des anti-patriotiques du début de ce siècle le dépit amoureux d'hommes qui allaient à la France et voyaient la voie se fermer à eux, comme si, pour devenir vraiment Français, il eût fallu d'abord subir l'épreuve de l'initiation à la bourgeoisie [2]. »

Mais, dans un autre *Cahier*, « *Les voiles se déchirent* », un manifeste rédigé par des catholiques d'Europe actuellement en Amérique, condamnant le matérialisme biologique du nazisme, ils portent sur le marxisme un jugement qui me paraît mal fondé : « Le matérialisme historique du marxisme requiert pour triompher dans le monde la destruction de la religion, de la famille, de tout ce qui protège la personne humaine et empêche son absorption dans la masse sociale [3]. » Que le marxisme ait vu dans la religion une force associée au capitalisme, oui. Mais il n'est pas vrai qu'il « requiert la destruction de la famille ». Il n'est pas vrai qu'il tende inévitablement « à l'absorption de la personne dans la masse sociale ». Est-il vraiment un « marxiste » pour qui le terme du développement ne soit pas la délivrance de la « personne »? Sans doute, la personne n'est pas pour lui une âme immortelle en relation avec Dieu. Mais ce moi périssable peut n'en être que plus inquiet et scrupuleux. Il n'a pas le recours de l'absolution.

14 août

Au Raincy, bagarre entre maquisards et Allemands. Les Allemands ont tiré dans les rues à la mitrailleuse.

Sur l'esplanade des Invalides, trois camions, remplis de prisonniers qu'on dit canadiens, sont arrêtés. Un cercle de foule s'est formé. Les hommes hissent les femmes à bout de bras pour qu'elles puissent embrasser les prisonniers. Les Allemands qui les gardent n'interviennent pas, semblent indifférents. Quelques instants plus tard, ils dispersent ce commencement de foule. En tirant en l'air, disent les uns, sans tirer, disent les autres.

1. Ibidem.
2. Ibidem.
3. Ce Cahier, un peu plus ancien, est sorti en août 1943, en zone Sud et en décembre 1943 en zone Nord.

Transfert de panique.

Du *Petit Parisien.* « Berlin... " Dans le but de semer la panique dans la population française, l'ennemi publie des informations mensongères. On peut affirmer que la ville de Chartres est aux mains des Allemands et qu'on n'a pas encore vu jusqu'ici de voiture blindée de reconnaissance américaine ". » La panique? L'auteur de cette dépêche n'a pas vu ou a trop bien vu avec quelle joie impatiente, quel élan de confiance Paris accueillit la nouvelle, partout répandue, mais prématurée de l'entrée des Américains à Chartres.

De même, les chroniqueurs de *Radio-Paris* transfèrent leur peur à l'ensemble des Parisiens.

Le métro ne circule plus. Électricité de dix heures et demie à minuit. On dit que le gaz sera coupé. Cent grammes de pain par jour, au lieu de trois cents [1].

15 août

On dit que la lutte est plus aiguë entre Laval et Déat-Doriot. Mais Paris ne s'embarrasse plus de ces nuances [2].

G..., qui fut un bourgeois socialisant, défend maintenant Laval. « Il a sauvé ce qu'il a pu... Sans lui, c'eût été pire. » Laval est devenu le Pétain des bourgeois paresseux.

Le bruit court que les agents sont en grève [3]. Aucun détail.

La vie de quelques-uns de vingt ans. Claude a reçu, dans un café proche du Palais, d'un inconnu envoyé par Cherbonnier, un message, qu'il doit transmettre à l'abbé F... [4] : « Si possible parachuter poste émetteur-récepteur région Bourg-d'Oisans, pour compte du Cap, et répartition dans les secteurs limitrophes ainsi que pour l'organisation extérieure. »

Communication du général von Choltitz, gouverneur militaire de Paris, sur l'ordre, le ravitaillement et la sécurité dans la capitale. Texte étrange, rédigé en un français incertain, plein d'aveux involontaires [5].

1. La vie au quotidien se complique effectivement de jour en jour. La remarque est significative, car Léon Werth gémit rarement sur son sort.

2. Pierre Laval, effectivement, en est réduit à pratiquer un jeu de politique-fiction, en tentant vainement de jouer les intermédiaires entre les uns et les autres. Mais l'occupant le contraint, le 17 août, à gagner Belfort.

3. Le mot d'ordre de grève lancé par les trois Mouvements de Résistance de la police parisienne prend effectivement effet le 15 août au matin. L'insurrection des Parisiens est proche.

4. Sur l'abbé Fanget cf. supra p. 609.

5. Hitler a nommé le 3 août le général Dietrich von Choltitz, qui lui apparaissait suffisamment sûr politiquement, commandant du *Gross-Paris*. Le général affirme malgré tout que l'ordre sera maintenu « à tout prix ».

Le général von Choltitz avoue redouter l'activité terroriste, c'est-à-dire la Résistance. Reconnaît que la proximité du front, que l'approche des Anglo-Américains éveillent une espérance qui peut aller jusqu'à l'émeute. Quelques images claires restent après lecture : une Allemagne invincible, dont les moyens de transport sont à peine gênés par le sabotage, une bienveillante Allemagne qui ravitaille Paris en électricité... Une Allemagne implacable, décidée à la « répression la plus sévère, voire la plus brutale ». Mais aussi une Allemagne hésitante et qui « plaide ».

À noter que le motif donné de l'avance du couvre-feu n'est pas celui que le *Wehrmachtbefelshaber* en donnait, il y a trois jours. Le texte a été rédigé si hâtivement qu'on n'a pas eu le temps de masquer ou supprimer cette contradiction.

Le temps passe et l'histoire bat son plein.

Pas un agent devant le commissariat de la place Saint-Sulpice. Le commissariat est fermé.

Pour parler comme P..., je raisonne comme un charpentier, je n'ai jamais autant raisonné comme un charpentier. Je hais ceux qui ne raisonnent pas comme un charpentier. Et je vois, défilant avenue des Champs-Élysées, des groupes de communistes, de chrétiens et une colonne de flics de Paris.

Où est Tonio? Maintenant, je le crois vivant. La certitude qu'il est vivant s'est installée en moi [1]. Mais que cette certitude est inquiète!

Il y a, dans les *Cahiers du Témoignage chrétien*, des pensées fortes et nobles. Et aussi un anti-cléricalisme qu'on sent vrai. Mais est-il aussi bien défini qu'il est sincère? Mais ces jeunes chrétiens ne vivent-ils pas dans un Évangile mort, comme les hommes d'après la Renaissance vécurent dans un Plutarque vivant? Et l'Église, que dit l'Église? Et demain que dira-t-elle?

Dîner : quelques carottes, quelques nouilles cuites avec un morceau de couenne.

Loin, mon rêve de charpentier. Les flics ne seraient pas en révolte. On les aurait provisoirement mis à pied et désarmés.

Comme on plaide l'absurde, comme on affirme le pire pour être contredit, comme on avoue un frisson de pensée, Suzanne me dit : « Il est certain que, si tous les Français s'étaient jetés dans les bras d'Hitler, il y aurait eu moins de ruines matérielles et de morts. Et nous serions sûrs que Tonio est vivant ».

1. Malgré la différence d'âge, Léon Werth s'était lié d'amitié avec Antoine de Saint-Exupéry qui lui a dédié en 1943 *Le Petit Prince*. Sur la mort de « Tonio », cf. supra p. 704.

– « Si on enfermait un jeune homme dans un asile de vieillards, il ne courrait que de faibles risques. Mais ce n'est là qu'une pauvre arithmétique. Il mourrait sans doute d'atonie. Il mourrait peut-être de la plus banale maladie. »

XIV

BATAILLE DANS PARIS

15 août 1944

La Radio anglaise annonce officiellement que des troupes françaises, commandées par le général de Lattre de Tassigny, des troupes anglaises et américaines ont débarqué sur trois plages, entre Nice et Marseille [1].

Comment Hitler, à l'intérieur de lui-même, réagit-il à cette accumulation de coups durs? On ne peut nier qu'il croit à lui-même, et peut-être à sa mission. Chaque coup dur lui apparaît comme une injustice.

16 août

Vingt à trente personnes font queue devant la boutique du libraire, espérant un journal, espérant en interpréter les titres.

À Mandouze et aux chrétiens. Nous devons, vous et nous, confesser les dernières limites de nos exigences et de nos concessions. Nous devons dire ce que, dans la minute présente, nous taisons, par courtoisie, par camaraderie de combat.

De fait, nous sommes communo-gaullistes. Et demain sans doute les communistes dénonceront notre boulangisme bourgeois.

Et nous sommes devenus staliniens, depuis que Staline est devenu maréchal et que l'armée russe a sauvé la « démocratie ».

Réversibilité des passions politiques. Nous avons oublié le conflit Trotsky-Staline.

Mais notre variation n'est pas celle des Fouché, qui servent tous les régimes. Don Juan, dit-on, poursuit un même amour en des femmes différentes; ainsi, peut-être, notre passion de justice est-

1. L'opération *Dragoon*, lancée le 15 août, entre Cavalaire et Agay, au pied des Maures et de l'Estérel, est un succès complet. Les forces françaises placées sous le commandement du général Jean de Lattre de Tassigny totalisent sept divisions sur les onze engagées.

elle fidèle à elle-même quand elle néglige la variation des symboles politiques. La distinction n'est pas facile.

Entre la ruse politicienne et l'adaptation tactique à des situations et des époques différentes. Le problème de la sincérité politique est un problème difficile.

Dans un village breton, près de Plouguernével, les Allemands ont pendu dix-sept jeunes gens. Ils ont interdit qu'on détachât les cadavres. Les parents, qui venaient réclamer les cadavres, ils les ont fouettés. (Témoin, un ami d'Alain Bourdon [1].)

Les chambres à gaz, le supplice des mères qui ne savent pas si leurs enfants sont vivants ou morts. Il est possible que le peuple allemand ignore ces atrocités systématiques, comme le peuple français ignore les actes sporadiques de cruauté de ses coloniaux. Il faut que ce peuple sache. « Cela, dites-vous, ne fera que renforcer son sadisme. » – « Possible. Mais il faut tenter l'expérience. »

Un ancien cagneux (classe de préparation à l'École Normale), qui sait six langues, résume, pour Laval toutes les émissions de radio. Selon lui, Laval est persuadé qu'il « aura » les Américains. Il ignore tout du monde extérieur. Il vit dans une cloche où l'on a fait le vide. Toute une cour le flatte et ne lui communique que les documents qui justifient son illusion. Je trouve là la confirmation de ce que j'écrivais, en 1941 ou 1942, sur cette âme électorale, sur cette réduction de l'univers à une combinaison électorale.

La Résistance est dans ses bureaux, à sa table d'écoute. Tout ce qu'il dit est connu de la Résistance.

N'est pas cruel, paraît-il, apprend sans plaisir l'emprisonnement de tel suspect de gaullisme. Mais que les Allemands torturent et tuent des milliers de Français, cela, c'est pour lui de l'abstrait. Il ne lui viendrait pas la plus vague velléité de révolte.

Le bruit d'un accord germano-russe fut lancé de Paris pour préparer un coup de Bourse, où Chasseigne [2], entre autres, ramassa beaucoup.

17 août

Cette nuit, coups de revolver dans la rue. On dit que les Allemands ont tiré parce qu'on ne leur ouvrait pas assez vite la porte de l'hôtel réquisitionné où ils couchent.

Le Petit Parisien, en gros titre : « De durs combats se déroulent dans la région Chartres-Dreux. » Mais le peuple dit : « *Ils* sont à Chartres, ils sont à Dreux... »

1. Il s'agit du poète Armand Robin.
2. Sur François Chasseigne, cf. supra p. 356.

Une affiche sur la façade du commissariat de Saint-Sulpice. Les agents sont avec la population parisienne. Ils ont rejoint trois centres de Résistance. Les agents, dans la proportion de 97 %, n'obéissent plus à Bussière, homme de la *Gestapo* [1]. (Rapporté à Andrée François par le cordonnier.) Comment expliquer que les Allemands n'aient pas détruit ces affiches ? Mon rêve de charpentier renaît.

Rumeur : les Américains seront à Paris, ce soir.

Autre rumeur : grève des Postes.

Tout nourrit mon rêve de charpentier.

À cinq heures de l'après-midi, l'affiche est toujours au mur du commissariat.

Des groupes se serrent, se pressent devant elle. Je m'étonne et cela me paraît un signe d'une extraordinaire importance que ni *Gestapo* ni milice ne l'aient lacérée. « Si quelqu'un, me dit Claude, tentait de la déchirer, il se ferait déchirer lui-même. »

« Quelqu'un qui travaille à la mairie » a dit au directeur de l'école Saint-Sulpice, qui l'a répété à la concierge, que Paris était déclarée ville ouverte [2].

Les soldats du poste de D.C.A., installés sur le toit de la maison qui fait l'angle de la rue Madame, descendent, par une poulie, une mitrailleuse, des caisses. Ils les alignent sur le trottoir. Cela fait déménagement de pauvres. Des enfants, sur le trottoir d'en face, regardent.

C'est vers trois heures que nous est venue sous sa première forme la nouvelle de Paris ville ouverte. Quelques minutes après trois heures, arrive le colonel. Il a traversé Paris. Il ne sait rien, il n'a rien entendu. C'est donc une nouvelle sourde, une nouvelle qui chemine et n'éclate pas d'un coup.

Vers cinq heures, le terme : ville sanitaire s'est substitué au terme : ville ouverte. Si j'émets un doute sur : ville ouverte, on me répond par : ville sanitaire.

Mais aucun de nous ne sait exactement ce qu'est une ville ouverte ou une ville sanitaire.

À sept heures, nous sommes tous convaincus que les Allemands auront évacué Paris et qu'à minuit les Américains entreront dans Paris. Les Allemands sont en déroute. Et le plus urgent problème est pour nous celui de l'occupation de Berlin. À cinq heures, nous avions décidé que la *Wehrmacht* quittait Paris, mais que la *Gestapo* y demeurait. À sept heures, nous affirmions qu'elle partait. Cepen-

1. Bussière est, plus exactement, le dernier préfet de police du gouvernement de Vichy. Quant à la grève des policiers parisiens, elle est effectivement massivement suivie.

2. L'information est évidemment inexacte. Le général Dietrich von Choltitz a pour mission de se battre dans Paris.

dant aucune information complémentaire ne nous était venue. La nouvelle au milieu de nous, avait cuit et mijoté dans son propre jus.

Poussière de bruits : Laval les recevra... Herriot les recevra... Les infirmiers, les croque-morts sont en grève [1].

On dit que les Allemands, comme ils ont fait à Caen, ont fusillé à Fresnes cent quarante prisonniers politiques. Qu'ils ont fusillé cent Français qui travaillaient pour la *Gestapo* [2].

La Radio anglaise de 23 heures 30 ne fait aucune allusion à Paris ville ouverte.

18 août

Pas de journal.

Les chroniqueurs de *Radio-Paris* sont partis. Le bruit circule qu'un gouvernement gaulliste, dont sept communistes font partie, est constitué à l'Hôtel de Ville. Je demande à Andrée François de qui elle tient cette nouvelle, si elle a été affichée, de qui l'affiche est signée. « C'est Mme Bigot (la concierge) qui me l'a dit... », me répond-elle avec mauvaise humeur. Elle vit minute à minute et je l'exaspère en essayant de donner un sens aux nouvelles et en écartant les plus absurdes.

Nous ne savons rien, sinon que les agents ont passé à la Résistance et que les soldats du poste de D.C.A. ont déménagé leur mitrailleuse.

On dit que le maintien de l'ordre dans Paris est confié à un régiment de *S.S.* On dit aussi que les Américains arriveront dimanche.

On dit que la police américaine remplacera la police allemande, que les politiques de Fresnes et les internés de Drancy ont été libérés, qu'un gouvernement Chautemps déjà est établi. Quelle confusion! quelle incohérence! Que de bruits spontanés, que de bruits calculés! On y voit aussi la naïve ruse des politiciens, qui, quand ils se noient, croient que cacher un fait, c'est le supprimer ou que l'annoncer, c'est le créer.

Les nouvelles restent un instant en suspension dans l'espace et tombent comme des flocons de neige.

1. Pierre Laval essaie d'utiliser Édouard Herriot pour réunir la Chambre des députés.

2. Un certain nombre de prisonniers politiques sont bien exécutés dans la région parisienne; mais un accord conclu entre le consul de Suède Nordling et l'entourage du général Choltitz permet de sauver un grand nombre de détenus politiques.

19 août

Dans la nuit, quelques coups de feu isolés, assez proches. Radio de minuit et demi : Montgomery [1] déclare que la bataille de Normandie est gagnée, que les Allemands fuient, que les Alliés sont « aux lisières de Paris ». Cependant il semble bien que les Allemands quittent Paris. Cependant il est sûr que les Allemands quittent Paris. Mais quel rapport entre ce départ et les bruits, qui, depuis quarante-huit heures, ont circulé sur l'accord qui faisait Paris ville ouverte? Ces bruits n'étaient-ils qu'une préfiguration? Annonçaient-ils, sinon une capitulation, tout au moins l'impuissance des Allemands à se défendre dans Paris?

Nous ne savons pas où vont les détachements qui occupaient Paris. Nous ne savons pas si la *Gestapo*, elle aussi quitte Paris. Nous ne savons pas qui, demain, à Paris, tiendra le pouvoir. Nous ne savons rien, mais, comme on sent la mer avant de la voir, nous sentons la liberté.

On dit que Pétain et Laval ont suivi les Allemands à Nancy [2]. Le colonel et moi le condamnons à la dégradation militaire. Suzanne a tort, disant : « N'en faites pas un martyr. » Mais elle a raison, disant : « Laissez-le disparaître, se résorber en Allemagne. »

Parlant de de Gaulle, on me rapporte que V... aurait dit : « Je me méfie des généraux. » Oui... mais il fallait trouver un civil qui, de 1940 à 1944, pensât aussi haut, aussi loin.

Parlant de *La Nation armée* et de *Au fil de l'épée*, le Dr Del... dit : « C'est un grand poète... » Cela est vrai, si l'on entend par poésie autre chose qu'un jeu de métaphores réservé aux clowns musicaux.

Vous souvient-il de cette soirée, à la salle de garde de Saint-Antoine? On fêtait la fin de l'autre guerre. Deux guerres, deux paix. Serons-nous dupes encore?

Deux soldats allemands ont été tués hier, au Bois, à la cascade. Encerclement, mitrailleuses braquées. Trente-sept personnes exécutées. Mascret a vu les cadavres entassés. « Comme des petits pains... » – « J'ai distingué un vieillard, des jeunes gens, une jeune fille [3]... »

1. L'opération *Overlord* a été placée sous le commandement du général britannique Montgomery.

2. Hitler entend que soit maintenue la fiction d'un gouvernement français agissant es qualités. Pierre Laval doit gagner Belfort où le rejoint Philippe Pétain emmené de force de Vichy le 20 août.

3. L'information n'est pas très exacte : les Allemands ont massacré à la grenade et à la mitraillette, dans la nuit du 16 au 17 août, à la cascade du bois de Boulogne, 35 jeunes résistants, qui, partis à la recherche d'armes, sont tombés dans un piège tendu par la *Gestapo*.

Affiches des comités de résistance.

Quelques noms bien fatigués. Marty, symbole usé d'un temps où les révoltes naissaient de la vague et du ciel dans les yeux bleus des marins [1]. Cachin, dont on ne sait plus s'il fut d'Abdul-Hamid ou de Staline le scribe mélancolique.

Le drapeau français est hissé sur l'Hôtel-Dieu et la préfecture de police.

Quel est leur « statut »? Quelques-uns circulent encore dans Paris. Seul dans une auto, un officier conduit de la main gauche et tient un revolver dans sa main droite.

Des civils armés patrouillent dans les rues. Les civils et les Allemands n'ont pas l'air de se connaître.

Couvre-feu à deux heures de l'après-midi?

Ce n'est qu'un faux bruit.

Crépitements, salves. Qui tire? Sur qui? On dit qu'une femme a été tuée à l'angle de la rue Madame et de la rue de Fleurus.

Cela ne trouble en rien les conciliabules calmes au seuil des portes.

Bagarres au bas du boulevard Saint-Michel. La concierge de l'immeuble où habitent les Kreher [2] a été blessée à la jambe pendant qu'elle fermait la porte cochère. On l'a transportée à l'hôpital. Mme Kreher (son mari, Me Kreher, est déporté) est descendue dans la cour où des blessés s'étaient réfugiés et les a pansés. Seule des locataires de l'immeuble, elle a ouvert sa porte aux F.F.I. (qui tireront de ses fenêtres). Ils ont eu la gentillesse de ne point forcer les portes des locataires qui avaient tiré leurs verrous.

D'un poème, écrit après la guerre de 1914, par le poète allemand Erich Kaestner :

Si nous avions gagné la guerre
Nous serions peuple orgueilleux
Et nous mettrions dans nos lits encore
Le petit doigt sur la couture du pantalon.

Si nous avions gagné la guerre,
Le ciel serait national.
Les prêtres porteraient les épaulettes
Et Dieu serait général allemand.

1. André Marty, alors officier mécanicien, se solidarise avec des matelots lors d'une mutinerie déclenchée, en mer Noire, en avril 1919, et y prend une part active.

2. Mme Kreher est une cousine éloignée de Suzanne Werth; Me Kreher, avocat, reviendra de déportation.

La frontière serait une tranchée.
La lune un bouton d'uniforme.
Nous devrions avoir un empereur
Et puis un casque au lieu de tête.

On jouerait les guerres comme les opérettes
Si nous avions gagné la guerre.
Par bonheur nous ne l'avons pas gagnée.

(*Les Bannis*, poème traduit de l'allemand.
Éditions de Minuit, 1944.)

D'une lettre de Lucie Cousturier [1], du 22 janvier 1919 :

« Avant de lire dans votre lettre que la paix actuelle était aussi laide que la guerre, j'avais pensé bien des fois à une conversation que nous avons eue ensemble. Je vous avais exprimé ma crainte que, dans le cas d'une victoire allemande, les Allemands ne devinssent stupides d'orgueil; à quoi vous répondîtes justement que la stupidité devant échoir aux vainqueurs, mieux valait qu'elle nous fût épargnée. Vous aviez donc pressenti les " expositions de la victoire ", les discours des Lecomte (général) ou Lecomte (Georges), des Siegfried, etc. ?... »

Le sujet doit être traité à fond, vidé. Et pas sur le mode plaisant.

Quant à la victoire actuelle, elle a déjà pour elle d'avoir été une défaite.

20 août

Hier soir, coups de feu tirés du boulevard Montparnasse, de la rue de Rennes.

Vers vingt et une heures trente, coups de feu à l'angle de la rue Vavin. Une patrouille allemande a, dit-on, tiré sur un promeneur attardé et l'a tué. Ce matin, on voyait sur le trottoir du sang et une casquette.

La radio de Londres annonçait hier « l'imminence » de la libération de Paris. Mais, depuis deux jours, Paris se croyait libéré. « Le dernier Allemand, à minuit, devait avoir quitté Paris. »

Cependant les hommes de la Résistance et les soldats allemands se livrent des batailles sporadiques.

La bataille est sérieuse place Saint-Michel et aux abords de la préfecture de police.

Tout est obscur. Nous ignorons dans quelle proportion les Allemands ont quitté Paris. Ils tirent au coin des rues, mais semblent incapables d'une massive démonstration de puissance militaire. Le général commandant Paris annonçait, il y a quelques jours, en

1. Sur Lucie Cousturier, cf. supra p. 562.

cas de « commencement d'émeute », des mesures « brutales ». Ce général est-il encore à Paris ou a-t-il été dirigé sur Nancy? Les résistants n'ont-ils pas pris les armes trop tôt? Sans accord avec les chefs des troupes alliées, qui avancent sur Paris? Londres semble ignorer complètement ce qui se passe à Paris. La jubilation par la mystérieuse et limpide ville ouverte est passée. L'espoir persiste, mais avec un peu d'ahurissement. « On ne comprend pas. »

Six heures de l'après-midi. Il semble bien qu'une trêve ait été conclue entre les résistants et les Allemands [1]. Je n'en sais pas davantage. Les Allemands vont-ils se terrer dans leurs tanières ou passer les portes de Paris?

Je crois que la bataille devant la préfecture de Police fut vraiment une chose belle, héroïque, une œuvre du peuple.

« Dans les couloirs du métro, dit Victor P..., j'ai aidé à faire passer des munitions. Les Allemands ne savaient pas que, à la station Cité, il y a une communication entre la préfecture et les couloirs du métro.

« Ils ont amené des chars... Dès qu'un char était visible, il était signalé d'une rue à l'autre, d'un pont à l'autre, à coups de sifflet.

« Les Allemands ont eu au moins trois cents morts. Il y en a de durs... J'en ai vu trois dans un camion en flammes qui continuaient à tirer. On leur disait de se rendre... ils se sont laissés brûler. »

Christian [2], vers vingt et une heures, par téléphone, nous confirme l'accord entre la Résistance et les Allemands. Les Américains sont à Mantes, à Fontainebleau, à Versailles. Pourquoi n'entrent-ils pas dans Paris? Quand défileront-ils, musique en tête?

Je ne sais pas quelles furent les informations de la rue. Mais la rue n'est pas comme les autres soirs.

Non pas excitée et tendue, mais dans une calme béatitude. Les groupes des pas des portes, plus nombreux qu'à l'ordinaire, plus serrés aussi et comme gonflés. Les enfants ne jouent pas, ne se dispersent pas, ils attendent que l'événement apparaisse en chair et en os, une fuite visible de l'Allemand, le passage d'un char américain.

Un phonographe joue *La Marseillaise*. Des drapeaux surgissent aux fenêtres, masquent un instant une poitrine, un visage, qui aussitôt disparaît dans l'ombre. Des applaudissements se répandent, glissent, comme une eau vive entre l'asphalte et les façades. On a hissé un drapeau sur le toit de la maison où était installée la D.C.A. allemande.

1. Une trêve a été effectivement conclue, sous le patronage du consul Nordling, entre des membres de l'entourage de Choltitz et certains responsables de la Résistance : elle établit une manière de partage territorial qui laisse aux troupes allemandes des axes de repli.

2. Sur Christian de Rollepot, cf. supra p. 588.

Le soir de ce dimanche d'été est lourd et tiède. On dirait un 14 Juillet sorti du tombeau. La tension de mes quatre ans d'attente fléchit d'un coup.

21 août

Coups de feu dans la nuit. Il y a toujours des Allemands à Paris. « Les gens sont contents, dit Andrée François, mais ils disent qu'ils n'y comprennent rien. »

Tous les drapeaux hissés aux fenêtres ont été enlevés. « Ordre de la police. » – « Quelle police ? » – « Il vaut mieux les enlever, c'est pas la peine de faire tuer du monde pour rien. »

La trêve serait rompue [1]. Tout est de plus en plus nébuleux. Quels postes de commande possèdent les résistants ? Quels ordres ont les Allemands ? (Il aurait encore cinq mille Allemands dans Paris. D'autres disent : dix mille.)

Claude a travaillé ce matin à dresser une barricade de pavés autour de la station du métro Odéon. Comme il se baissait, un pavé lancé par un maladroit l'a blessé à la tempe. Il a été pansé immédiatement.

Les F.F.I. demandent aux jeunes gens qui passent de les aider. Aucun n'ose refuser, quelques-uns ont l'air peu satisfait. Mais la plupart proposent leur aide spontanément.

On dit que les Allemands veulent prendre la mairie du VIe.

Le jeune L... et deux de ses amis se promènent avec un revolver pour trois et un peu de romantisme. Le jeune Roux n'est que dévouement. Il a tiré, d'un toit, toute la journée d'hier. Chez Claude et chez lui, aucun romantisme. Une évaluation des risques, prudence, si le risque est inutile, acceptation totale, s'il est utile.

« On ne comprend pas, me dit Claude, la tactique des Allemands. Boulevard Saint-Germain, entre la place Saint-Michel et la rue de l'Ancienne-Comédie, ils arrivent en camion, à fond de train. On crève les pneus et on les descend.

« J'ai vu transporter six blessés allemands, dont un mourant. On les soigne au poste de secours installé à la Faculté. Il y a même un prêtre. Les Allemands sont soignés par la Résistance, ils n'ont là aucune organisation de secours. »

Un F.F.I. cherche, à la Faculté de médecine, les sacs de sable, les vieux sacs de sable de la défense passive. « Avez-vous un ordre

1. La trêve n'avait pas fait l'unanimité dans le camp résistant, notamment chez les communistes, tandis que des unités *S.S.* se refusent à la respecter. Le 21 août, après des discussions serrées, les membres du C.N.R. et les responsables militaires de la résistance intérieure décident de rompre la trêve ; le lendemain, 22 août, Paris se couvre de barricades.

écrit? », demande un fonctionnaire prudent. Le F.F.I. lui met contre la poitrine le canon de son revolver.

Une vieille femme, dans un conciliabule de pas de porte, dit : « Si c'était que de moi, je les aurais laissés partir tranquilles. »

Un bourgeois calfeutré, ex-libéral, ex-socialisant, dit : « Il n'y avait qu'à attendre tranquillement l'arrivée des Américains. Cette guérilla des rues est organisée par les communistes. »

J'apprends par *L'Information Officielle*, qui circule à rares exemplaires, qu'on s'est battu à la mairie de Neuilly et que la Résistance a dû l'abandonner.

Les soldats allemands casernés au Luxembourg tirent sur les habitants de la rue Guynemer, s'ils mettent le nez à leur fenêtre.

Tout cela est conté partout avec beaucoup de calme, sans jérémiades de commères.

À l'angle de la rue de Vaugirard et de la rue Férou, en face du musée, deux soldats allemands montent la garde, comme, nuit et jour, depuis quatre ans. Mais à l'angle de la rue Bonaparte, à cent mètres des deux Allemands, deux gardes (mobiles ou républicains) ont pris la faction.

Le poste de D.C.A., à l'angle de la rue Vavin, est à nouveau occupé par les soldats allemands. Ils sont armés de mitraillettes, mais ils n'ont pas ramené de mitrailleuse.

21 août (20 heures)

Un roulement lointain, dans le silence. Toute la rue dit : « C'est eux. »

22 août

On dit que la mairie du Ve est prise par les Allemands.

Exode des ministres et des journalistes collaborateurs. Quoi dans ces têtes? Cynisme de traîtres? Effarement de politiciens et polémistes, découvrant soudain le châtiment, dans un monde où ils ne craignaient, au pire, que l'insuccès.

Rue de l'École-de-Médecine : cinq prisonniers allemands, l'air las et accablé passent, conduits par un jeune homme au brassard tricolore, revolver au poing. Image de l'histoire faisant la culbute.

C'est un film incohérent, une suite de tableaux historiques : barricades, chars immobilisés ou brûlant. Mais je ne vois pas comment ces images ont été « déclenchées ».

Sans doute, tout a été conçu, prémédité. Mais il est des heures où tout bat ensemble : le sol des rues et le cœur des hommes.

L'imagination anticipe; ils sont partis. Et déjà on sent venir l'oubli. La guerre va se coller à d'autres guerres dans le passé. La guerre n'est plus rien que deux dates, que les enfants réciteront. Il ne reste plus rien de la guerre que ce qu'il en faut pour le certificat d'études ou le bachot.

Oubliera-t-on aussi l'incroyable dans l'atroce? Oui, comme le reste. Comment faire pour qu'on ne l'oublie pas? Comment faire pour que l'on n'oublie pas les tortures à la prison du fort Montluc, à Lyon, pour que l'on n'oublie pas les tortures que subissent, aujourd'hui encore peut-être, les déportés politiques au camp de Ravensbrück [1]. (*Courrier français du Témoignage chrétien*, numéro spécial de la Libération.)

23 août

Deux tanks ont été pris, place Maubert, par les F.F.I.

Quelque chose est changé, nous n'analysons plus les coups de sonnette.

Les trois lettres F.F.I. n'ont pas encore complètement engendré le mot : « Effefi ».

« On veut bien se bagarrer, dit un homme qui fait la queue pour le pain. Mais il faudrait des armes... Rue du Louvre, on était deux cents et on avait cinq fusils... »

Image de ces journées; retour aux barricades et un essaim de petits Bara, attaquant les tanks à la grenade.

Une feuille (est-elle plus grande qu'une feuille standard de machine à écrire, est-elle imprimée ou tirée au Ronéo?), une feuille lacérée, sur un mur. C'est « l'ultime message » de Pétain. Elle semble venue du fond du temps. Deux bourgeois, deux fantômes de bourgeois : « Il y en a, dit l'un d'eux, qui ont fait pis... Il a fait ce qu'il a pu. »

Un directeur d'école libre, non collaborateur, quasi gaulliste. Mais il a peur de la « lie du peuple », des communistes et des étrangers. Il est inquiet. Il sait par un patron d'usine que « les ouvriers et même les employés ne rêvent que chambardement. »

Il y a huit jours encore, la femme de Riv..., à une amie qui discrètement s'inquiétait de son sort, répondait : « Mais la partie n'est pas perdue. Les V 2 vont bientôt sortir. »

1. Le camp de déportation de Ravensbrück, situé au nord de Berlin, est un camp de femmes. Le Français moyen manque alors d'informations précises sur les camps de déportation et d'extermination. Le retour des survivants des camps provoquera un durcissement de l'épuration légale.

Roux et Claude ont passé cinq minutes à la maison. Ils retournent immédiatement place Saint-Michel, à leur poste de F.F.I. En blouson et les mains noires.

On dit que des miliciens et des doriotistes tirent des toits [1].

« La Roumanie a accepté les conditions d'armistice présentées par le gouvernement soviétique. »

« Les Alliés ont débarqué près de Bordeaux [2]. »

Les Américains sont-ils ou non porte d'Orléans?

Toute nouvelle suit sa trajectoire, comme un projectile, touche les murs et éclate avec une grande puissance de déflagration.

Sacha Guitry est arrêté [3].

Deux auto-mitrailleuses allemandes passent rue de Rennes en direction du boulevard Saint-Germain. Les mitrailleurs ont la tête levée vers les façades. Prêts à tirer. Visages tendus, crispés.

Un tank est arrêté devant le *Lutetia* par une barricade. Il manœuvre, fait marche arrière, tire trois coups de canon, sur la barricade sans doute, disparaît. Le bruit des éclatements a rempli le couloir sonore de la rue de Rennes.

Les deux auto-mitrailleuses, bardées d'hommes, le tank et surtout le bruit ont transformé notre triomphale imagerie d'Épinal en image dure, inquiétante. Ces trois coups de canon, tirés à bout portant sur la barricade du *Lutetia*, sont la réalité brute, qui seule un instant nous emplit.

Sitôt que le bruit a cessé, les groupes du pas des portes, qui s'étaient repliés, réapparaissaient. On voit à nouveau aux fenêtres des bouquets de visages.

Nous rentrons chez nous, vers sept heures. Nous nous mettons à la fenêtre. Un homme, qui passe dans la rue, lève le nez vers nous et nous crie : « Entendez-vous le bourdon de Notre-Dame? »

Je ne sais comment nous avons appris que deux blindés du général Leclerc, étaient arrivés devant l'Hôtel de Ville.

Je ne savais pas que l'histoire existait. Je ne croyais pas à l'histoire. Et voici que tout est plein de résonances historiques. Ma poitrine est gonflée d'histoire.

1. On exagéra le nombre de ces tireurs collaborationnistes, miliciens et autres; mais ils ont bien existé.

2. L'information est inexacte.

3. Une information exacte : Sacha Guitry avait été très vite arrêté par des F.F.I., tant il symbolisait une manière de collaboration mondaine; il bénéficiera, en août 1947, d'un non-lieu. Sur le jugement porté par Léon Werth à l'endroit de Sacha Guitry, cf. supra p. 632.

Vers vingt heures, D... et sa femme sonnent à notre porte. D... nous entraîne à l'Hôtel de Ville. Il ne veut pas attendre au lendemain pour respirer dans la rue l'air de Paris délivré. Respirer Paris, mais non le voir. Voir Paris, il n'en est pas question. Il fait nuit noire.

Nous suivons la rue Madame jusqu'à Saint-Sulpice, la rue Madame d'ordinaire inerte, aux façades mortes, aux fenêtres qui semblent donner, non pas sur une rue vivante, mais sur la cour. La rue est noire. Mais, sur la chaussée et les trottoirs, on chante *La Marseillaise.* Groupes étanches qui ne se mêlent pas, qui ne tendent pas à composer, comme il arriverait dans une rue populaire, une masse unique. Groupes séparés, comme des personnes qui n'ont pas été présentées les unes aux autres. Mais ces groupes chantent et dans les maisons on chante aussi. Toutes les *Marseillaise* refoulées déferlent sur la chaussée ou tombent en cascades des fenêtres. On ne voit que des masses d'ombre. C'est la rue et les maisons qui chantent.

La rue de Buci est presque déserte. Quand nous arrivons à l'angle de la rue de Seine, des coups de feu éclatent. Les Allemands sans doute tirent au Sénat. Des gens, dont nous ne voyons pas les visages, s'abritent dans le renfoncement des portes cochères. Un homme de la défense passive nous conseille de rentrer chez nous et d'éviter les grandes artères. Nous rebroussons chemin. Tout s'est éteint, chants et lumières.

Jusqu'à l'aube, nous entendons le canon et des salves de mitrailleuses.

25 août

Les Allemands tirent du Luxembourg. Rafales de mitrailleuses, obus. L'après-midi, la canonnade est plus violente.

Trois passants, sous nos fenêtres, sont blessés au pied et à la jambe. Ils se réfugient chez le libraire. Quand j'entre dans la boutique, deux déjà sont pansés sommairement et étendus au plancher sur des couvertures. On téléphone à un poste de secours. Quelques minutes après, les brancardiers les emportent.

Cinq jeunes gens en blouson, armés de revolvers, bondissent d'une porte à l'autre et avancent en direction du Luxembourg. Deux autres, d'aspect plus militaire, coiffés de casques et armés de fusils, se postent à l'angle de la rue Madame, hors la ligne de tir qui suit la rue d'Assas.

Cependant, un tank de Leclerc, qui est venu par la rue Vavin, tire sur le blockhaus de la rue Guynemer. En deux coups, il l'anéantit. Sitôt après les éclatements, les fenêtres se sont remplies de visages. Et, à chaque fenêtre, on crie : « Bravo ». On applaudit, comme s'il s'agissait d'un exercice de tir, d'un spectacle organisé.

Les applaudissements fusent dans chaque couloir de rue. J'ai le nez à la fenêtre. Je vois s'allumer et s'éteindre le trait de feu d'une balle traçante.

Le tank remonte la rue d'Assas, s'arrête à l'angle de la rue Auguste-Comte devant le lycée Montaigne et tire sur les sacs de sable entassés à l'angle de la façade. Un Allemand lance un bidon d'essence enflammée. Mais il n'atteint pas le char qui déjà a démarré.

Les jeunes gens (F.F.I.), que j'avais vus, de ma fenêtre, avançant par bonds, ont atteint la rue Guynemer. Ils lancent des grenades sur le blockhaus, tuent plusieurs Allemands. Mais l'un d'eux tombe la face en avant.

Une voiture d'ambulance, toute blanche, est arrivée. Des hommes, casqués et vêtus de blanc, agitent des fanions blancs, comme s'ils célébraient une cérémonie rituelle. Ils placent le mort sur un brancard, glissent le brancard dans la voiture qui disparaît dans la rue vide.

À la moindre accalmie, des groupes se forment au seuil des portes, au long des trottoirs. Des tanks de Leclerc, en direction du Luxembourg, passent rue de Fleurus, dix, vingt, trente. Je ne sais..., je suis étourdi par leur nombre, leur masse et leur bruit. Une haie de badauds s'est formée, acclame les soldats. Elle bouche complètement la rue Madame. On y voit des femmes et des enfants en robes claires. De cette foule peu dense, légère, monte une rumeur émerveillée, semblable à la rumeur qu'on entend les 14 Juillet quand glissent dans le ciel les figures d'un feu d'artifice.

Les tanks allaient vers le Sénat. Nous nous attendions à un fracas d'artillerie, à je ne sais quel terrible point final de la « bataille du Luxembourg ». Mais le canon s'est tu. Et soudain on entend à nouveau le roulement des tanks. Ils ont dû contourner le Luxembourg puisqu'ils débouchent par la rue Auguste-Comte. Ils suivent la rue d'Assas et vont vers la rue de Rennes.

Ils se suivent à court intervalle. Chaque tank est couvert d'une grappe humaine. Des Allemands prisonniers sont serrés, debout, flanc à flanc, ventre à dos, tous les mains sur la nuque.

Jamais je n'oublierai ces hommes aux mains jointes sur la nuque, ces cariatides aux uniformes décolorés, dans une posture de damnés. L'un d'eux, à peine un adolescent, a laissé glisser sa tête sur la poitrine de son voisin. Il dort.

C'est la victoire. Les larmes me viennent aux yeux, larmes de délivrance. Mais je suis ému par l'évidence d'une éclatante contradiction : ces terribles, ces lourdes machines ont fait travail de justice. Par elles sont préservées des nuances de la pensée humaine. Non... je n'ai pas peur de ces grosses idées, je me moque de ceux qu'elles font sourire. Ces tanks passent et m'offrent ma part de victoire, ma part de liberté. Joie trop forte, joie que je ne peux garder longtemps en moi sans qu'elle s'altère. Je souffre de l'humiliation de ces hommes. Elle est nécessaire, elle est selon la justice même. Je l'approuve, elle me satisfait, elle m'apaise et je ne peux pas m'en réjouir.

Ce sentiment est-il donc si compliqué, si difficile à saisir? Ceux à qui je l'ai avoué m'ont tous dit : « Vous oubliez ce qu'ils ont fait, les assassinats, les tortures... » Je n'oublie rien. Mais un homme humilié, son humiliation est en moi.

26 août

Quelques maisons plus loin que la nôtre. On vient de passer à la tondeuse les têtes de quatre femmes. Les chevelures sont dans le ruisseau. Ces quatre femmes, on va les promener par les rues. Un cortège les accompagne, avec une sorte de dignité, sans cris. Mais un vieux leur crache au visage et veut les frapper. On l'en empêche.

Les têtes rases de ces femmes... Et l'une d'elles avait le visage terreux et les yeux dilatés, que j'ai vus à un condamné à mort qu'on menait à la guillotine.

De Gaulle descend, à pied, l'avenue des Champs-Élysées. De la foule, qui attend, monte un clapotis de cris et de rumeurs. Quand il paraît, tous les cris, toutes les rumeurs s'assemblent en une vague unique, à peine oscillante, qui emplit tout l'espace entre terre et ciel.

INDEX

TABLE DES MATIÈRES

II

DU PREMIER DÉBARQUEMENT À LA LIBÉRATION

CET OUVRAGE
A ÉTÉ ACHEVÉ D'IMPRIMER
PAR L'IMPRIMERIE FLOCH
À MAYENNE EN MARS 1993

N° d'éd. 36. N° d'impr. 33984.
D.L. : janvier 1993.
(Imprimé en France)